Die Kinder- und Jugendliteratur in der Zeit der Weimarer Republik

Kinder- und Jugendkultur, -literatur und -medien

Theorie – Geschichte – Didaktik

Herausgegeben von Hans-Heino Ewers,
Ute Dettmar und Gabriele von Glasenapp

Band 74

PETER LANG

Frankfurt am Main · Berlin · Bern · Bruxelles · New York · Oxford · Wien

Norbert Hopster (Hrsg.)

Die Kinder- und Jugendliteratur in der Zeit der Weimarer Republik

Teil 2

Unter Mitarbeit von Joachim Neuhaus

PETER LANG
Internationaler Verlag der Wissenschaften

Bibliografische Information der Deutschen Nationalbibliothek
Die Deutsche Nationalbibliothek verzeichnet diese Publikation in der Deutschen Nationalbibliografie; detaillierte bibliografische Daten sind im Internet über http://dnb.d-nb.de abrufbar.

Umschlaggestaltung:
© Olaf Glöckler, Atelier Platen, Friedberg

Umschlagabbildungen im Uhrzeigersinn von links oben:
Rudolf Schlichter, Titelbild zu: Berta Lask:
Auf dem Flügelpferde durch die Zeiten. 1925
Mit freundlicher Genehmigung
© Viola Roehr von Alvensleben, München. 2011.
Fritz Franke, Titelbild zu: Pau Jordan (d. i. Paul Etzel):
Mit Barett und bunter Mütze. Jungengeschichten von Fahrt und Schule. Stuttgart: Union Deutsche Verl. Ges., 1931
Wiederabdruck mit freundlicher Erlaubnis
von Herrn Schulz, Kurator des Vereins „Bund zur Errichtung der Rheinischen Jugendburg Nerother Wandervogel". 2011.
Titelbild zu: Hanns Günther: Die Eroberung der Tiefe. 1928,
© 1928. Mit freundlicher Genehmigung des
Franckh-Kosmos Verlags GmbH & Co. KG, Stuttgart. 2011.
Walter von Ruckteschell, Titelbild zu: Paul von Lettow-Vorbeck:
Heia Safari! Deutschlands Kampf in Ostafrika.
Leipzig: Koehler, 1920.
Mit freundlicher Genehmigung von
Christian von Lettow-Vorbeck, Düsseldorf. 2011.

Gedruckt auf alterungsbeständigem,
säurefreiem Papier.

ISSN 1435-4721
ISBN 978-3-631-60058-0

© Peter Lang GmbH
Internationaler Verlag der Wissenschaften
Frankfurt am Main 2012
Alle Rechte vorbehalten.

Das Werk einschließlich aller seiner Teile ist urheberrechtlich geschützt. Jede Verwertung außerhalb der engen Grenzen des Urheberrechtsgesetzes ist ohne Zustimmung des Verlages unzulässig und strafbar. Das gilt insbesondere für Vervielfältigungen, Übersetzungen, Mikroverfilmungen und die Einspeicherung und Verarbeitung in elektronischen Systemen.

www.peterlang.de

Inhalt

Teil 2

Teil 1

Sandra Ladwig

Die Diskussion um die Kinder- und Jugendliteratur in der Weimarer Republik

Anders als in der Zeitspanne vor der Reichsgründung 1871 bis zum Ende des Ersten Weltkrieges zeigen sich in der Kinder- und Jugendliteratur der Weimarer Republik mannigfaltige Strömungen: „So stehen althergebrachte Backfischgeschichten neben solchen der Neuen Sachlichkeit mit Darstellungen des emanzipierten Kindes, völkisch-faschistische neben kommunistisch-stalinistischen Tendenzen, Gesellschaftsbejahendes neben gemäßigt bis radikal Kritischem, Kriegs- neben Antikriegsbüchern, Triviales neben Anspruchsvollem, Experimentelles neben Überkommenem.“ (Leutheuser 1995, S.48) Diese literarische Vielfalt sorgt bei den Jugendschriftenkritikern für großen Diskussionsbedarf. Der kinderliterarische Diskurs findet hauptsächlich in den *Vereinigten deutschen Prüfungsausschüssen für Jugendschriften* (VdPfJ) und deren Organ der *Jugendschriften-Warte* (JSW) statt. Der Einfluss der Jugendschriftenkritiker ist groß. Durch eine gut aufgestellte Basis und die Verbreitung von Listen empfehlenswerter Jugendlektüre beeinflussen sie sowohl die Literaturproduktion wie auch Buchhändler, Bibliothekare, Käufer, Lehrer und Autoren. (Vgl. Tost 2005b, S.41) Auch außerhalb der Prüfungsausschüsse wird der kinderliterarische Diskurs geführt. In allen Diskussionen stehen zumeist die Befürworter einer zeitgenössischen Literatur und moderner Medien den führenden konservativen Pädagogen der Prüfungsausschüsse gegenüber, gegen die sie sich nur schwer durchsetzen können. Das Besondere an der in den 1920er Jahren geführten Diskussion um die Kinder- und Jugendliteratur ist der Kontext, in dem sie steht, denn politische und gesellschaftliche Aspekte beeinflussen die Arbeit aller Kritiker und Theoretiker. Bereits im Ersten Weltkrieg treten pädagogische Forderungen in den Vordergrund und drängen die seit Ende des 19. Jahrhunderts gestellten literar-ästhetischen in den Hintergrund. So ist es nicht verwunderlich, dass auch die Kritiker selbst versuchen, Einfluss auf die Kinder- und Jugendliteratur zu nehmen, indem sie als Autoren tätig werden.

Hinsichtlich der unterschiedlichen Standpunkte erscheint es notwenig, die Diskussion um die Kinder- und Jugendliteratur in einem größeren zeitlichen Rahmen als in der Zeitspanne von 1918 bis 1933 zu betrachten, denn die Jugendschriftenbewegung ist aus der Reformpädagogik zu Beginn des 20. Jahrhunderts hervorgegangen und immer wieder von ihr beeinflusst worden.

Der literar-ästhetische Ansatz

Um die Jahrhundertwende dominiert zunächst eine an ästhetischen Maßstäben orientierte Kinder- und Jugendliteraturkritik die Jugendschriftenbewegung. Der Vordenker dieser Richtung ist der Volksschullehrer, Sozialdemokrat und führende Vertreter des Hamburger Jugendschriftenausschusses Heinrich Wolgast (1860–1920). Wolgast stellt den Kunstwert von Dichtung in den Mittelpunkt: „Die Jugendschrift in dichterischer Form muß ein Kunstwerk sein." (Wolgast 1910, S. 24) Er will zu einer „literarischen Genußfähigkeit" (ebd., S. 23) hinführen, die zugleich eine poetische Geschmacksbildung nach sich zieht. Die Hochliteratur und die ästhetischen Maßstäbe der Erwachsenen dienen dabei als Orientierung. Im Gegensatz zu seinen Kritikern, die einer religiös-sittlichen bzw. pädagogischen Bewertung der Kinder- und Jugendliteratur den Vorrang geben, geht es Wolgast primär um eine tendenzfreie und literar-ästhetische Literatur. Die Kinderliteratur solle weder moralisieren bzw. in irgendeiner Absicht erziehen, noch auf den kindlichen Adressaten Rücksicht nehmen. Damit wird der spezifischen Kinderliteratur eine Absage erteilt.

Wolgasts Vorstellungen von Kind und Kunstwerk stehen immer im Zusammenhang mit seinen Reflexionen über die wirtschaftlichen, sozialen und politischen Gegebenheiten seiner Zeit. Der Pädagoge Wolgast sieht in der von ihm geforderten „ästhetischen Kultur" (Wilkending 1981, S. 284) auch eine identitätsbildende Kraft, die ein Zusammengehörigkeitsgefühl entwickle und auf Heimat, Nation und Volk verweise. Für ihn besteht zwischen der Einheit des Volkes und dem Kind an sich ein enger Zusammenhang. So sieht er in der (älteren) nationalen Volksliteratur die „Kindheit des Volkes" (ebd.) verwirklicht. Die literarischen Gattungen, die dieser Auffassung entsprechen, sind für den Pädagogen Heimaterzählungen, Märchen und Sagen. Gemäß seiner sozialdemokratischen Haltung sieht Wolgast in der Kunst die Möglichkeit, die Klassengegensätze zu überwinden. Malte Dahrendorf betont, dass Wolgast seine Ästhetik durchaus sozialpolitisch verstanden habe: „[…] denn immer wieder deutet er an, daß ästhetische Erziehung für ihn ein Weg der Ausbildung des ‚ganzen Menschen' und insofern ein Mittel sei, der durch Industriearbeit bewirkten Entfremdung entgegenzuwirken." (Dahrendorf 1980, S. 44) Wolgasts[1] literar-ästhetischer Ansatz dient den meisten Jugendschriftenkritikern zunächst als Grundlage ihrer Theorien. Doch bereits im ersten Jahrzehnt des 20. Jahrhunderts beginnt sich die Jugendschriftenbewegung von dem Postulat ihres geistigen Vaters Heinrich Wolgast zu lösen, bis dieses in der Spätphase der Weimarer Republik fast völlig in den Hintergrund gerät.

Das Jahrhundert des Kindes

Mit der Wende vom 19. zum 20. Jahrhundert entwickelt sich der erstmals im 18. Jahrhundert auftauchende autonome Kindheitsbegriff zum regelrechten Kampfruf: Proklamiert wird das „Jahrhundert des Kindes“ (Vgl. Key 1904). Das spielende Kind ersetzt das gebildete Kind der Aufklärung. So fordert Ellen Key:

> „Stelle an die Kräfte des Kindes und an seine Selbstbeherrschung proportionell zu dem betreffenden Entwicklungsstadium weder größere noch geringere Ansprüche als an die Erwachsenen, aber bringe auch den Freuden des Kindes, seinem Geschmack, seiner Arbeit, seiner Zeit dieselbe Achtung entgegen wie der eines erwachsenen Menschen!“ (Ebd., S. 172 f.)

Die Kinderkultur prägt von nun an die bildende Kunst, die Literatur und das Alltagsleben der Erwachsenen. Die neu entstehende Entwicklungspsychologie festigt wissenschaftlich die Idee von der Autonomie des Kindes. Grundlegend für die Literaturpädagogik der Weimarer Republik wird Charlotte Bühlers Konzeption der Lesephasen, die sie 1918 in ihrem Werk *Das Märchen und die Phantasie des Kindes* beschreibt. Basierend auf der Beobachtung, dass die Lieblingslektüre einer bestimmten Altersstufe auf feststehende, alterstypische literarische Bedürfnisse hinweise, teilt Bühler die Kindheit in drei Phasen ein.[2] Dem Konzept misst Helga Karrenbrock eine „epochale Bedeutung“ bei, „weil es mit unterschiedlichsten erziehungspraktischen und politischen Ideen gefüllt werden kann und selbst so widersprüchliche Kombinationen erlaubt wie die von völkischer Ideologie und reformpädagogischer Intention.“ (Karrenbrock 1995, S. 31)

Auch die Psychoanalyse, deren bekanntester Vertreter Siegfried Bernfeld[3] ist, wendet sich in der Weimarer Republik verstärkt dem Kind zu. (Vgl. Steinlein 1996) Die psychoanalytische Richtung wird im Gegensatz zur psychologischen Richtung von den Jugendschriftenkritikern weniger euphorisch angenommen. Der Grund dafür ist deutlich: Die Psychoanalyse

> „gewinnt ihre Einsichten überwiegend an Beispielen der Rezeption ästhetisch wie pädagogisch wenig angesehener Literatur, deren geringes offizielles Ansehen aber in diametralem Gegensatz zu ihrer Beliebtheit bei kindlichen oder jugendlichen Lesern steht, also z. B. triviale Kinder- und Jugendliteratur, Abenteuerliteratur oder eben auch Heftchen- und so genannte Schundliteratur. Den anderen wesentlichen kinderliterarischen Paradigmenbereich der frühen Psychoanalyse bilden die Märchen.“ (Steinlein 1996, S. 132)

Innerhalb der Schulbildung werden Persönlichkeit, Recht und Phantasie des Kindes zu Unterrichtskriterien, deren Umsetzung reformorientierte Lehrer und Pädagogen in unterschiedlichem Maße betreiben. Der Unterricht soll den kindlichen Charakter wecken und die Persönlichkeit stärken. Das neue Lernprinzip der Schule ist die so genannte Erlebnispädagogik. Sie beinhaltet die Beschäftigung mit Kunst, Sprache, Literatur, Musik sowie das aktive und produktive Gestalten im Arbeitsunterricht.

Dichtung „vom Kinde aus"[4]

Mit der Proklamation des „Jahrhunderts des Kindes" ändern sich auch die Bewertungskriterien in der Jugendschriftenbewegung im ersten Jahrzehnt des 20. Jahrhunderts. Die einseitig literar-ästhetischen Forderungen Wolgasts werden in Frage gestellt. Verständnis, Interesse und Bedürfnis des Kindes werden als Bewertungskriterien in die Jugendschriftenkritik aufgenommen. Es kommt zur ersten großen Debatte um Tendenz. Dabei bilden sich vier in ihren Ansätzen unterschiedliche „reformpädagogische Parteien". (Wilkending 1996, S. 28) Die Hamburger Gruppe rund um Wolgast sieht in der Beschäftigung mit der Volksliteratur die Möglichkeit für das Kind, den Anschluss an die Literaturgeschichte der Gegenwart zu gewinnen. Die so genannte Umweltliteratur verteidigen die Bremer Lehrer Fritz Gansberg und Heinrich Scharrelmann. Diese Literatur beschreibt die Alltagswelt der jungen Rezipienten und soll von Lehrern verfasst werden, die, so die Meinung von Gansberg und Scharrelmann, mit der kindlichen Seele und Erfahrungswelt vertraut sind. (Vgl. ebd., S. 39) Im Gegensatz dazu steht die von Berthold Otto geforderte Literatur der „Altersmundart". (Vgl. Otto 1905) Hierbei handelt es sich um Texte, die von Kindern selbst bzw. von erwachsenen Schriftstellern in kindlicher, dem Alter angemessener Sprache verfasst werden. In der „Literatur der Kunstmoderne" (Wilkending 1996, S. 42), die Franz Lichtenberger, der Charon-Kreis[5] und Richard Dehmel vertreten, steht nicht das Kind im Mittelpunkt, sondern der Künstler, der „schaffen kann wie ein Kind." (Ebd.)

So fordert der Volksschullehrer und Schriftsteller Franz Lichtenberger (1881–1942) eine „kindertümliche" (vgl. Lichtenberger 1930b) Kunst für das Kind.[6] Er will Kunst nicht als etwas Besonderes verstanden wissen, das nur nach ästhetischen Grundsätzen bewertet werden kann, sondern vielmehr als etwas Natürliches. Er verteidigt auch eine spezifische Kinderliteratur, denn „da es so sehr wenig wirklich kindertümliche, jugendtümliche Bücher gibt, müssen sie eben geschaffen werden, ganz bewußt." (Ebd., S. 36) Unter einer dem Kinde angemessenen Sprache versteht er „die Sprechsprache von Erwachsenen, die sich auf ein bestimmtes Kinderalter eingestellt haben und dadurch ihre Sprache der Kindersprache ‚annähern', ‚angleichen'." (Lichtenberger 1930a, S. 32) Was Lichtenberger unter einem für Kinder angemessenen Inhalt versteht, bleibt uneindeutig. Im Vorwort von *Der neue Weg der deutschen Jugendschrift* (1930) bezieht er sich auf Ernst Linde und dessen Charakterisierung der „kindertümlichen Schrift“, die „rein, frisch, natürlich, schlicht, gesund, innig, herzenswarm, lebensfreudig, weltzugewandt, heiter, freundlich, harmonisch“ sein soll. (Ebd., S. 6; vgl. dazu Linde 1901, S. 245 ff.) Nur die Darstellung einer heilen und positiven Welt, welche die negativen Aspekte der Realität ausspart, hält Linde für Kinder geeignet. Betrachtet man die Themenauswahl in der Reihe *Marholds Jugendbücher*, die Lichtenberger ab 1929 herausgibt, lässt sich erahnen, was er mit „kindertümlichem“ Stoff meint, nämlich Genres, die das Interesse von Kindern wecken. In der Reihe finden sich Märchen und Sagen, Abenteuergeschichten und Gedichte, fiktionale Texte und Sachliteratur zu Themen wie Tier- und Pflanzenleben, Wirtschaft und Technik, außerdem Theaterstücke für die Schule. Den zeitgenössischen Sachbüchern steht Lichtenberger skeptisch gegenüber. Die Komplexität der wissenschaftlichen Sprache mit schwierigem Satzbau und Fachausdrücken ist seiner Auffassung nach für Kinder und Jugendliche unangemessen. (Vgl. Lichtenberger 1930b, S. 70) Nur durch eine angemessene Sprache könne Bildung verwirklicht werden. So müssten als geeignete Autoren an die Stelle von Wissenschaftlern Volks- und Jugendschriftsteller treten, die mithilfe der erforderlichen Sprachkultur dem Kind bzw. dem Volk die Sachverhalte in passender Sprache darböten. (Ebd., S. 70) Lichtenbergers Forderung nach einer „kindertümlichen“ Kunst für das Kind, die in ähnlicher Weise bereits zu Beginn des Jahrhunderts von Ernst Linde zur Diskussion gestellt wurde, entspricht einer Synthese von künstlerischer und erzieherischer Grundeinstellung, die zur neuen Grundlage der Jugendschriftenfrage wird.

Hoffnung Jugend

Nach dem Ersten Weltkrieg befindet sich die Jugendschriftenbewegung in einem veränderten Erziehungsdiskurs. In der Weimarer Republik gilt die Erziehung als wichtigste Kraft zum Erreichen gesellschaftlicher Veränderungen. Sämtliche politische Gruppierungen und auch der Staat selbst setzen ihre Hoffnung auf die Jugend, die sich zur pädagogischen Herausforderung entwickelt. Aufgrund der veränderten Altersstruktur der Bevölkerung und der neuen Lebens- und Arbeitsformen seit 1890 wird die Jugend noch vor dem Ersten Weltkrieg zum Gegenstand der Jugendfürsorge bzw. Jugendpflege, der öffentlichen Jugendpolitik und der wissenschaftlichen Jugendforschung. (Vgl. Herrmann 1991, S. 167) Es entsteht der Mythos Jugend (vgl. *"Mit uns zieht die neue Zeit" : der Mythos Jugend*. 1985), der sich zum einen in der eng mit der Reformpädagogik verbundenen Jugendbewegung, zum anderen in der Jugendkulturbewegung manifestiert.[7] Wie das Kind wird auch die Jugend für einen großen Teil der Bevölkerung zum Hoffnungsträger, um die als Krise empfundene Moderne überwinden zu können.

In der Weimarer Republik entwickeln sich Reformpädagogik und Psychologie weiter und nehmen Einfluss auf die literarische Erziehung und die Kinder- und Jugendliteratur. Neben Charlotte Bühlers Lesealterkonzeption werden auch die Theorien Eduard Sprangers (1882–1963) und sein bekanntes Werk *Psychologie des Jugendalters* (1924) begeistert aufgenommen. Seine psychologische Argumentation ersetzt Spranger darin oftmals durch eine metaphysische und philosophische. Er ist stark geprägt von der romantisierten Vorstellung einer reinen, bürgerlichen Jugend. Neben einer durch Gesetze geregelten Welt sieht Spranger das Problem für das Hineinwachsen der Jugendlichen in die Gesellschaft in der fehlenden organischen Gemeinschaft: Verbunden mit dem Kulturpessimismus der 1920er Jahre spricht Spranger von einer Künstlichkeit, die dem Jugendlichen den Weg in die Zukunft erschwere. Die Gesellschaft der Erwachsenen, die er als realistisch, phantasielos und poesielos beschreibt, entspreche nicht den Träumen der Jugend.

> „Das Leben in der Phantasie, die Eindrücke, die aus dem Theater, dem Kino, der Abenteuerlektüre herüberklingen, mischen sich immer in den monotonen Rhythmus des Lebens. Und da die triebhafte Seelenstruktur des Kindes anfangs noch stark nachwirkt, so kommt es leicht zu gefährlichen Konflikten […].“ (Spranger 1925, S. 160)

Spranger lehnt die demokratisch-republikanischen Prinzipien der Weimarer Republik ab. Entgegen dem Individualismus steht im Mittelpunkt seines Verständnisses die „metaphysische Einheit des Volkes.“ (Spranger 1932, S. 148f.) Innerhalb der Jugendschriftenkritik gewinnt die aufkommende Kinder- und Jugendpsychologie mehr und mehr an Bedeutung. Während Wolgast davon ausging, dass das Erkenntnisvermögen des Kindes sich von dem des Erwachsenen nur „gradmäßig“ unterscheide, wird mit dem Aufkommen der psychologischen Untersuchungen von einer „Artverschiedenheit“ gesprochen. (Eichbaum 1933, S. 117)

Auch für Wilhelm Fronemann (1880–1954), einen der bedeutendsten Vertreter der Jugendschriftenbewegung, sind die einseitig literar-ästhetischen Bewertungskriterien Wolgasts aufgrund der sozialen Veränderungen zu Beginn des 20. Jahrhunderts nicht mehr tragbar. Insgesamt gestaltet sich für den Volksschullehrer Fronemann der Jugendschriftenkomplex weitaus vielschichtiger: Die künstlerische Erziehung in der Jugendschriftenfrage sieht er ergänzt um den psychologischen, den pädagogischen und den organisatorisch-praktischen Aspekt und nicht zuletzt um den Kampf gegen Schmutz und Schund, der in der Weimarer Republik seinen Höhepunkt erreicht.[8] Diesen betreibt Fronemann von Frankfurt am Main aus äußerst engagiert. Vehement kämpft er mit anderen Pädagogen gegen die jugendspezifische Presse, das Kino, das moderne Theater, den Rundfunk und die so genannten Schmutz- und Schundschriften. Die Ursachen für die Popularität der „untergeistigen Literatur“ (Fronemann 1930,

S. 283) sieht Fronemann im Großstadtleben und in der Industrialisierung. Die Schundliteratur gestaltet sich für ihn als ein sozialpsychologisches und sozialpathologisches Problem. (Vgl. Fronemann 1927, S. 160f.)

Geprägt von den 1920er Jahren und dem Gedankengut führender Pädagogen wie Spranger und Ernst Krieck, entwickelt Fronemann eine konservative und ins Völkische gewandte Kulturkritik. Als tiefen Einschnitt in die Kultur und das geistige Leben empfindet er den Ersten Weltkrieg, vonnöten erscheint ihm daher eine „Vergeistigung des in furchtbaren Kriegs- und Nachkriegsjahren innerlich verrohten deutschen Menschen." (Ebd., S. 84) Konkret bedeute dies den Aufbau einer Kultur, die der künstlerischen und gleichzeitig „jeder höheren Welt mit offenen Sinnen gegenübersteht." (Ebd.) Die Unsicherheit hinsichtlich der veränderten Gegenwart veranlasst Fronemann, sich auf ein Weltbild zu stützen, welches er in den Vorstellungen der Spätromantik wiederfindet. In einer Volksgemeinschaft sieht er die Chance zur Überwindung des Individualismus sowie der übrigen in seinen Augen negativen Erscheinungen der Moderne. Dementsprechend muss nach Fronemanns Verständnis eine für Kinder angemessene Literatur zwei wesentliche Aufgaben erfüllen: Sie soll sowohl zur Hochliteratur als auch zu einer Volksgemeinschaft führen bzw. die Persönlichkeit in diese eingliedern. Dafür sieht Fronemann besonders das Sachbuch als geeignet, welches er gleichwertig neben die Dichtung stellt; „mit der Darstellung persönlicher Art, mit Kunst, Sitte, Kultur, sozialen Strömungen, rundet sich die deutsche Wesensschau." (Fronemann 1929, S. 21) Hinsichtlich seiner Funktion als Vermittler von Wissenschaft will Fronemann das Sachbuch explizit in einer kindgemäßen Sprache verfasst wissen. In der Dichtung hingegen sei eine äußere Angemessenheit der Lektüre sekundär. Fronemann propagiert eine Literaturästhetik, die sich an der Volkspoesie orientiert, denn „nur im Lichte der künstlerischen Äußerungen der Primitiven tritt die künstlerische Veranlagung des Kindes scharf hervor." (Fronemann 1927, S. 41) Dementsprechend lehnt Fronemann die moderne Literatur für Kinder ab, vielmehr müsse die Lektüre für Kinder „von der Primitive herkommen." (Ebd.) In der Volkspoesie sieht er die nationale, ursprüngliche Seele des Volkes dargestellt. Die Verwandtschaft zwischen dem Wesen des Kindes und dem der ursprünglichen Volksgemeinschaften gelte es zu entfalten. Das Kind wird für ihn zur Inkarnation jener in der Volksgemeinschaft angelegten Möglichkeiten, die er in der Realität noch nicht verwirklicht sieht. Legitimiert wird diese Haltung von der zeitgenössischen Psychologie, insbesondere der Charlotte Bühlers, deren Anhänger Fronemann ist. So entwickelt er in Anlehnung daran und mit Blick auf seine nationalpädagogischen Bestrebungen einen eigenen literarischen Kanon für die Schule, der neben Prosa- und Versdichtung auch dramatische Dichtung und Sachliteratur beinhaltet. (Vgl. Fronemann 1929, S. 30ff.) Die Volkspoesie wird zur Hauptgattung: Volksmärchen, Sagen, Schwänke, Volksbücher, -lieder und -reime bestimmen die Auswahl. Im Gegensatz zu Wolgast geht es Fronemann nicht mehr um die Erziehung zur „literarischen Genußfähigkeit“, sondern um Literatur als Lebenshilfe. Fronemanns Bestrebungen lassen sich mit Malte Dahrendorf als „apolitische Radikalisierung des Dichtungsbegriffs von Wolgast“ (Dahrendorf 1980, S. 54)[9] beschreiben, der ihn immer näher in Richtung nationalsozialistischen Gedankenguts treibt. Fronemann passt seine ideologische Haltung stets den politischen Verhältnissen an, das zeigt sich auch in seinem Standpunkt gegenüber der Tendenzschrift. 1934 befürwortet er die politische Jugendschrift (als Teil der spezifischen Jugendliteratur), stellt sie sogar gleichwertig neben die volkseigene Dichtung. (Vgl. Fronemann 1934)

Die Debatte um die gegenwartsbetonte Jugendschrift

Um den Gebrauch der Kinder- und Jugendliteratur für außerkünstlerische Zwecke geht es unter anderem auch in der letzten großen Auseinandersetzung in den VdPfJ am Ende der Weimarer Republik. Die von den Hamburger Prüfungsausschüssen im Oktober 1930 herausgegebene *Liste gegenwartsbetonter Jugendbücher* ist der Auslöser für die Debatte um die gegenwartsbetonte Jugendschrift. Der modernisierte Kanon soll Politik, aktuelle soziale und weltanschauliche Fragen nicht mehr ausklammern, denn

> „die Dichtung muß ein Spiegelbild des Menschlichen dieser Zeiten sein. […] So erwächst neben der Forderung nach dem gegenwartsbetonten Jugendbuch zugleich die Forderung, nicht nach ästhetischen, sondern soziologischen Gesichtspunkten auszuwählen.“ (Barfaut 1930, S. 86)

Die Forderung, mehr Aktualität in die Kinder- und Jugendliteratur zu bringen, kommt bereits zu Beginn des 20. Jahrhunderts auf. So appelliert der progressive Reformpädagoge Fritz Gansberg in zahlreichen Schriften für Gegenwärtigkeit im Kinderbuch. (Vgl. Tost 2005a, S. 46f.) Während des Ersten Weltkriegs brechen die Prüfungsausschüsse mit ihren strengen Grundsätzen, in der JSW erscheinen mehrere Verzeichnisse und Beurteilungen zu „empfehlenswerten“ Kriegsbüchern. (Vgl. Azegami 1996, S. 137) Zum ersten Mal treten die literarästhetischen Ansprüche zugunsten einer pädagogischen Forderung in den Hintergrund; gleichzeitig leisten die Prüfungsausschüsse mit der „literarischen Mobilmachung“ (ebd.), wie Taiji Azegami es formuliert, ihren Beitrag zum Krieg. Mitte der 1920er Jahre kommt es erneut zu dem Appell, moderne und realistische Umweltgeschichten in die Bücherlisten aufzunehmen. Denn „wenn wir den tiefsten Wünschen der Kinder entgegenkommen wollen, dann müssen wir ihnen Stoffe bieten, die den Zusammenhang mit dem wirklichen Leben bewahren“ (Kießmann 1925, S. 39), so die Forderung des Lehrers Alex Kießmann. Respektiert werden müssten die Bedürfnisse der Kinder, die nach Kießmann

„ein unbegrenztes Wohlgefallen äußern an spannenden Erzählungen, an einer konkreten anschaulichen Darstellung, an Lebenswahrheit, Humor und Innigkeit, soweit sie ihnen in ihrer Sprache gegeben werden." (Ebd., S. 40)

Eine Flut an realistischen Büchern[10] ab 1926 führt dazu, dass sich die Jugendschriftenkritiker differenzierter mit der eigenen Arbeit auseinandersetzen. In so genannten pädagogischen Experimenten (erstmals 1926) untersuchen sie das Leseverhalten von Kindern und Jugendlichen. Anhand der empirischen Leseforschung stellen die Literaturkritiker fest, dass der von ihnen propagierte Lektürekanon nicht mit den Lesewünschen und -bedürfnissen der Jugendlichen übereinstimmt. In der Juli-Ausgabe der JSW von 1930 stellt Willy Gensch die Ergebnisse seiner Untersuchung an Volksschulen, Höheren Schulen und Fortbildungsschulen vor. (Vgl. Gensch 1930) Die Befragung zeige, dass die Schmutz- und Schundliteratur zur Lieblingslektüre der Jugendlichen gehöre: „Frank Allan ist die meistgelesenste Schrift Deutschlands!" (Ebd., S. 61) Auch werde das Lesen fast ausschließlich als Befriedigung eines Lustbedürfnisses gesehen. Vor allem aber würden die Lebensverhältnisse und -umstände die Kinder und somit auch ihre Lektürebedürfnisse prägen. Die Jugendschriftenkritiker müssten erkennen, dass die von ihnen abgelehnten Bücher die Jugendlichen und Schüler am meisten begeisterten. Nicht Götter-, Heldensagen und Märchen seien die beliebtesten Bücher, sondern realistische Erzählungen wie *Peter Stoll* (1930) von Carl Dantz und *Taschkent, die brotreiche Stadt* (1923/25) von Alexander Newerow. Gelesen würden bevorzugt Bücher, die sich mit aktuellen Inhalten und dem Alltag der Jugendlichen beschäftigten. Lektüre werde als praktische Lebenshilfe angesehen, bei der die Identifikation mit dem Helden eine wesentliche Voraussetzung sei.

Ein Teil der Jugendschriftenkritiker steht den sozialen und gesellschaftlichen Veränderungen und den Bedürfnissen der Leser offen gegenüber und plädiert für ein Angleichen der Literatur an die Gegenwart, ohne die literar-ästhetischen Forderungen völlig aufzugeben. So gibt Kurt Hildebrand in der JSW zu, „daß auch hinter der jüngsten Jugendliteratur künstlerischer Ernst steckt." (Hildebrand 1931, S. 52) Für ihn bestehe kein Grund zum Pessimismus, denn „unsere Jugend ist lesefreudig und bücherhungrig, trotz der vielen Ablenkungen, denen sie ausgesetzt ist." (Ebd.) Zeitgenössischen Erzählungen wie Kästners Werken spricht er trotz ihres Bezugs zur Neuen Sachlichkeit und dem damit verbundenen „Rationalismus des praktischen Lebens" eine „realistische Romantik" mit „Tiefe des Gefühls" zu. (Ebd., S. 50) Zugleich geht Hildebrand davon aus, dass für die meisten Jugendschriftenkritiker aufgrund ihrer konservativen Haltung eine vorurteilsfreie Beurteilung der gegenwärtigen Literatur fast unmöglich ist.

Einheitliche Entscheidungen in der Beurteilung von Büchern werden innerhalb der Prüfungsausschüsse in der Tat immer schwieriger. Teilweise können die

Mitglieder den „Wunsch nach mehr Gegenwartsorientierung“ anerkennen, doch „wirklich realistische Darstellungen, und damit auch Elendsschilderungen, hielt ein großer Teil der Mitglieder weiterhin für tendenziös.“ (Tost 2005a, S. 53) Für die Kinder und Jugendlichen werden sie damit als ungeeignet bewertet. So heißt es z. B. bei dem Lehrer Karl August Vaupel:

> „Für die Jugendschrift kommt nur solche Dichtung in Frage, die gebunden ist, d. h. Dichtung, die keine Weltbild-Hypothese bringt, keine Dichtung, die das entblößte Ich innerhalb der sozialen Sphäre demonstriert, auch nicht Dichtung, die es wagt, figürlich gedachte Schicksale auf dem Hintergrund der Gegenwart zu zeigen, die nicht gelebt wurde.“ (Vaupel 1931a, S. 42)

In der politischen Tendenzliteratur sieht Vaupel eine Gefahr für Kinder und Jugendliche, Kindheit ist für ihn ein „schützenswerte(r) Gegenentwurf zu den Entfremdungserscheinungen der Moderne.“ (Weinkauff 1993, S. 41) Vielen der Kritiker, die einem konservativen Standpunkt verhaftet sind, gelingt es nicht, die modernen Jugendbücher hinsichtlich ihrer sie bedingenden Realitäten zu beurteilen. Ein Beispiel ist der Lehrer Severin Rüttgers. Die für ihn einzig vertretbare Basis der Literaturpädagogik ist „unser Volkstum […], ist Gegenwart und Vergangenheit in einem; aber es ist mehr als dies: es ist die Zukunft, die ganze und einzige Zukunft.“ (Rüttgers 1930, S. 108) Verbunden mit einem idealisierten spätromantischen Bild des Kindes lehnt er eine Tendenz in der Literatur völlig ab:

> „Es [das Kind, S. L.] ist dem Leben gegenüber realer (und gerechter), als manche Erzieher zu erkennen im Stande sind. Weil dies so ist, lehnen wir es auch ab, eine Literatur an ihm zu ‚versuchen‘, die mit ‚ausgesprochener Einseitigkeit, mit unfraglicher enger Sicht zum Leben‘ geschaffen wurde, die bestimmt ist, diese Lebensenge schon in die Kinder zu pflanzen – wenn es möglich wäre.“ (Ebd.)

Politische Erziehung

An der Diskussion um die Kinder- und Jugendliteratur nehmen auch die Arbeiterbewegung und die Sozialdemokraten teil. Bereits vor dem Ersten Weltkrieg kommt es zu Forderungen nach einer bewusst sozialdemokratischen Erziehung, die beispielsweise Clara Zetkin und Karl Liebknecht fordern. (Vgl. Richter 1973, S. 14) Anstelle der bürgerlichen Lesebücher, welche die Vorstellung einer heilen Welt transportieren und das Kind von einem Konflikt mit der Wirklichkeit verschonen, empfiehlt die so genannte politische Erziehung Lesebücher, in der die soziale Wirklichkeit abgebildet wird. Bücher, die Kinder mit den Gegebenheiten der Realität konfrontieren und in denen Helden vorkommen, mit denen sich die jungen Leser identifizieren können. Von einer politischen Erziehung spricht vor allem das Bürgertum. Die eigene Ideologie wird von der bürgerlichen Klasse als apolitisch und überparteilich beschrieben. Folglich liest sich der Begriff „politisch" ähnlich dem des „Etiketts *tendenziös*: es bezeichnet zumeist die der herrschenden bürgerlichen Ideologie entgegengesetzte Tendenz." (Richter 1973, S. 12) Die Auseinandersetzung mit den bürgerlich konservativen Theoretikern der Weimarer Republik macht jedoch deutlich, dass auch „unter dem Deckmantel einer apolitischen Erziehung" Kinder und Jugendliche „politisch indoktriniert werden." (Ebd., S. 20)

In der Debatte um die gegenwartsbetonte Jugendschrift nimmt schließlich auch die Politisierung zu. (Vgl. Tost 2005a und Weinkauff 1993) Der Hamburger Lehrer Max Baumann fordert, die politische Aktivierung der proletarischen Jugend als Ziel der Literaturpädagogik anzusetzen, „denn jedes Buch muß mithelfen, in dem jungen Leser, in der jungen Leserin den tätigen Menschen zu wecken." (Baumann 1930, S. 87) Baumann geht es um eine Erziehung hin zur aktiven Mitgestaltung der jungen Leser an der sozialen Ordnung, parteipolitische Mitarbeit hingegen wird in seinen Forderungen nicht laut. Im Gegensatz zu anderen Jugendschriftenkritikern fordert Baumann radikal eine Abkehr vom Standpunkt Wolgasts. Dessen Grundgedanke, die Erziehung *zum* Buch, wird von Baumann völlig aufgegeben zugunsten einer aktiven Erziehung *durch* das Buch. (Vgl. Tost 2005a, S. 55) Auch der Lehrer und langjährige Vorsitzende der VdPfJ John Barfaut (1891–1965) sagt sich los von der bisher geforderten Tendenzlosigkeit im Jugendbuch:

> „Das Weltbild der Generation, die die Kunsterziehungsbewegung schuf, wuchs aus anderen Voraussetzungen empor, unsere Zeit ist gekennzeichnet durch die stärkere Verkettung der Menschen mit den Fragen ihrer Zeit, durch den Durchbruch eines neuen Realismus. Wir sind uns klar, daß das Kunstwerk unserer Tage anders aussieht als das vergangener Zeit, daß das heutige Kind in seiner geistig-seelischen Struktur von dem früherer Tage verschieden ist." (Barfaut 1931, S. 74)

Barfaut legitimiert die Verwendung der Kinder- und Jugendliteratur zu außerkünstlerischen Zwecken. Er fordert, die Kinder durch die Lektüre zu aktiven, staatsmännischen Menschen zu erziehen:

> „Die brennendste Frage der Zeit ist die soziale Frage, die Aufgabe der Neuordnung der menschlichen Gesellschaft, das Hineinstellen der Masse unseres Volkes in eine neue Volksgemeinschaft. Der verantwortungsvolle Erzieher hat an dieser Aufgabe mitzuwirken. [...] Aus dieser Verpflichtung heraus hat er dem Kind gegenwartsbetonte Bücher, Bücher, die diese Probleme anklingen lassen, in die Hand zu geben." (Barfaut 1930, S. 85)

Im Gegensatz zu Baumann jedoch ist der Prüfungsausschuss-Vorsitzende Barfaut stets um einen Ausgleich zwischen den traditionellen Forderungen Wolgasts und den neuen, zeitgenössischen bemüht. (Vgl. Tost 2005a, S. 55 f.) Jedoch innerhalb der Prüfungsausschüsse sind auch klarer formulierte Ablehnungen der Wolgastschen Grundsätze vertreten, so dass es immer wieder zu

Meinungsverschiedenheiten kommt. Einen offenen Streit in der JSW liefern sich unter anderem Barfaut und der Pädagoge Franz Hirtler. Als Gegner Wolgasts und damit der Wertungsprinzipien der Prüfungsausschüsse urteilt er scharf, die Hälfte der von diesen empfohlenen Bücher sei für die zeitgenössische Jugend wertlos. (Vgl. ebd., S. 54) Hirtler fordert „die Ablösung der überkommenen ästhetischen Prinzipien durch ethische, religiöse, soziologische und ökonomische Aspekte, die bei der Frage der Erziehung zum Buch bedeutend seien." (Ebd.) Hirtler, Baumann und andere Pädagogen bemühen sich um eine nach sozialistischen Gesichtspunkten ausgewählte Literatur für Kinder. Eine Konfrontation der jungen Leser mit Themen wie Armut, Arbeitslosigkeit, Masse und den neuen Medien stellt sich für die Pädagogen als unproblematisch dar, ein Aussparen der Wirklichkeit in der Literatur gilt für sie als obsolet. In seiner Kritik ist Hirtler davon überzeugt, dass der Sozialdemokrat Wolgast nicht fähig war, die „proletarische Wirklichkeit" realistisch zu sehen: „Was er sieht, ist die Oberfläche: ein Bild in den Farben idealistisch-sentimentaler Schönmalerei. Wo ist in diesem Bild die Not, das Elend […]?" (Hirtler 1930, S. 45)

Anders als eine sozialistische Erziehung durch die Kinder- und Jugendliteratur im Umfeld der SPD gestaltet sich die Funktionsbestimmung der Kinder- und Jugendliteratur in der KPD. Hier geht es vor allem um die Tugenden des Klassenkampfs und das Eingebundensein in das Konzept der proletarischen Pädagogik, das von Edwin Hoernle und Otto Rühle konzipiert wurde. Heinrich Kaulen fasst es folgendermaßen zusammen:

> „Das Kind ist Teil der proletarischen Klasse. Es nimmt gegenüber den Erwachsenen prinzipiell keine Sonderstellung ein, sondern ist aufgehoben in der Gemeinschaft des Kollektivs. In dem Sozialmilieu, in dem es aufwächst, gibt es, so wird unterstellt, anders als im bürgerlichen im Grunde keine ausdifferenzierte, autonome Kindheitssphäre und erst recht keinen Freiraum, kein Refugium kindlichen Glücks, im Sinne der romantischen Kindheitsutopie. […] Die Literatur der Kinder muss sich deshalb zwar in Umfang, Wortwahl, Stil, Verständlichkeit an die Auffassungsgabe der Jüngeren anpassen, sie bedarf aber keiner ausschließlich auf diese Zielgruppe zugeschnittener, ‚kindertümlicher' Mittel. Ebensowenig ist sie thematisch auf Gegenstände der kindlichen Nahwelt oder auf den Entwurf fiktionaler Phantasiewelten beschränkt. Sie reflektiert vielmehr die soziale Umwelt der Kinder, thematisiert exemplarische Konflikte im Arbeitsleben, in Politik, Zeitgeschehen und Geschichte, deckt in gleichnishafter Abstraktion soziale Grundstrukturen auf und appelliert bei alldem an das Denkvermögen und den politischen Handlungswillen der jungen Adressaten." (Kaulen 1997, S. 162f.)

Insbesondere der Schulunterricht und das Lesebuch werden seitens der Arbeiterbewegung kritisiert. In seiner Schrift *Das Lesebuch der Republik* (1922) beklagt der Volksschullehrer Oskar Hübner, dass in dem Lesebuch der vermeintlich demokratischen Weimarer Republik das Wilhelminische weiterlebe und damit verbunden „ein Mittel gegen den Klassenkampf des Proletariats." (Hübner 1922, S. 103) In einer detaillierten Untersuchung eines Berliner Schulbuchs kommt er zu dem Fazit: „Das Lesebuch der Republik erschwert die Erziehung zum reinen, freien Menschentum und ist ein Hemmnis für die Überführung des Autoritätsstaates in den freien Volksstaat." (Ebd., S. 114) Folglich fordert er einen Kampf der Lehrer und Eltern gegen das reaktionäre Lesebuch. Auch für den kommunistischen Theoretiker und Erzähler Edwin Hoernle (1883–1952) sind Pädagogik und Schulpolitik wichtige Teile des Klassenkampfs. Ähnlich wie Hübner charakterisiert er das Lesebuch und die „institutionellen Bedingungen des schulischen Lebens selbst" (Richter 1973, S. 40) als arbeiterfeindlich. So fordert er auf zur „Durchlöcherung und Zerstörung des bürgerlich-reaktionären Schulsystems" und zur „Stärkung des proletarischen Einflusses in der Schule." (Hoernle 1922; zit. in: Das politische Kinderbuch. 1973, S. 205) Gleichzeitig versucht er die „unorganisierten Formen der Kindermassenbeeinflussung" (Hoernle 1929; zit. in: Das politische Kinderbuch. 1973, S. 211–216) der Bourgeoisie zu bekämpfen. Dazu zählt er sowohl die bürgerliche Kinderliteratur als auch die Kinderzeitschriften, die teilweise auch zu Werbezwecken verteilt werden. Schundliteratur lehnt er gleichermaßen ab wie die „*gute* Kinderliteratur des Bürgertums", denn „*für die Klasse der Zukunft sind auch die Ideale der Klasse der Vergangenheit in gewissem Sinne ‚Schund' geworden.*" (Ebd., S. 214, Hervorhebung im Original) Im Sinne einer kommunistischen Erziehungsbewegung fordert er die Schaffung neuer Heldentypen „aus dem revolutionären Kampf der unterdrückten und ausgebeuteten Klassen und Rassen aller Zeiten und Länder." (Ebd.) Hoernle wünscht sich eine schriftstellerische Tradition der proletarischen Kinderliteratur, die durch „ihren proletarischen Idealismus" die „werktätige Jugend zum bewußten und gestählten Revolutionär erzieht." (Ebd., S. 215) Dies gilt auch für die Erzählform des Märchens, wobei Hoernle hier weniger eindeutig argumentiert. Verteidigt er zunächst die Volksmärchen gegen die Kritik des fehlenden politischen Aspekts (vgl. Hoernle 1921; zit. in: Das politische Kinderbuch. 1973, S. 216–220), fordert er kurze Zeit später, dem traditionellen Märchen das „proletarische und industrielle Märchen" (Hoernle 1923; zit. in: Das politische Kinderbuch. 1973, S. 220 f.) entgegenzusetzen. Seinen Begriff von politischer Erziehung versucht Hoernle in den von ihm gegründeten proletarischen Kindergruppen und anhand der Idee von politischen Bilderbüchern zu verwirklichen. (Vgl. Richter 1973, S. 42 f.)

Ablehnung der „Kolonialpädagogik"

Ein großer Gegner der Reformpädagogik der 1920er Jahre ist der Philosoph Walter Benjamin (1892–1940), der die Kinderliteratur und -kultur aus Sicht des Kritikers und des Sammlers von Kinderbüchern beurteilt.[11] Der Reformpädagogik stellt Benjamin sein Programm der proletarischen Erziehung entgegen,

Medium seines Erziehungskonzepts ist das proletarische Kindertheater. (Vgl. Benjamin 1928/29; in: W. B.: Ges. Schr. II. 2, 1972, S. 763–769) Auch Benjamin verlangt, ähnlich wie Hoernle, eine politische Erziehung der Kinder, die im Sinne kindlicher Erfahrungen und Tätigkeiten eine bewusste Teilnahme am Klassenkampf impliziert.

Frei von kulturkonservativen Ressentiments setzt sich Benjamin mit den kulturellen Umbrüchen der 1920er Jahre auseinander und verwertet sie produktiv. In einer Zeit, in der verstärkt nach einer neuen Form der Sachvermittlung gesucht wird, nutzt er das noch junge Medium Radio und schreibt zwischen 1929 und 1933 verschiedene Vorträge und Hörspiele für Kinder, „um als radikaler Publizist auf dem Weg der Konversation mit dem Hörer seinen Teil zur Aufklärung des Publikums beizusteuern." (Faber 2002, S. 158) Benjamins freier Umgang mit der Moderne und ihren Begleiterscheinungen erinnert an Erich Kästner und Bertolt Brecht.

Den Gegenstand der Kinder- und Jugendliteratur sieht Benjamin in erster Linie funktional. Literatur ist für ihn das Medium zum Literaturerwerb, zur literarischen Bildung sowie zur Persönlichkeits- und Identitätsbildung. Gleichzeitig führe sie dazu, dem Kind die Auffassung von Wirklichkeit und die Wahrnehmung der Welt zu erleichtern. Die spezifische Kinderliteratur lehnt Benjamin zunächst ab.[12]

Die kinderpsychologischen Erkenntnisse der Zeit sind für ihn nicht maßgebend. Zwar verlangt auch Benjamin, das Buch in die „gesamte kindliche Betriebsamkeit hineinzubauen" (Benjamin 1930a; zit. in: W. B.: Ges. Schr. III, 1972, S. 268), aber nicht im Sinne der Reformpädagogen Scharrelmann, Otto oder Lichtenberger. Ebenso entschieden wie die Kindertümlichkeit lehnt er das Lesealterkonzept Bühlers ab. Unter Kinderliteratur versteht Benjamin Bücher, die sich Kinder selbst vornehmen. Öffentlich plädiert er für eine nicht-intendierte Kinder- und Jugendlektüre. (Vgl. Benjamin 1929, S. 256) Er verteidigt jede Art der kindlichen Lesewünsche als Ausdruck des Verlangens nach lustvollem Lesen:

> „Ihr Lesen steht im innigsten Verhältnis viel weniger zu ihrer Bildung und Weltkenntnis als zu ihrem Wachstum und ihrer Macht. Darum ist es etwas ebenso Großes als alles Genie, das in den Büchern steckt, die sie sich vornehmen." (Ebd., S. 257)

Benjamin wendet sich gegen die Reformpädagogik des beginnenden 20. Jahrhunderts und nimmt eine radikale Gegenposition ein. Während er in den Rundfunkvorträgen erzieherisch-aufklärerisch auftritt, lehnt der selbsternannte Anti-Pädagoge[13] die zeitgenössische Pädagogik ab und bezeichnet diese polemisch als „Kolonialpädagogik". (Benjamin 1930b; in: W. B.: Ges. Schr. III, 1972, S. 272–274) Mit Blick auf Alois Jalkotzkys *Märchen und Gegenwart* (1930) spricht er von einer Lektüre, in „der die zarte und verschlossene Phantasie des Kindes gleich rückhaltlos als seelische Nachfrage im Sinne einer warenproduzierenden Gesellschaft verstanden und die Erziehung mit so trister Unbefangenheit als koloniale Absatzchance für Kulturgüter“ (ebd., S. 273) gesehen werde. Im Gegensatz zu den meisten Reformpädagogen vertritt Benjamin nicht die Auffassung einer autonomen Kinderwelt, die mit der Realität wenig gemeinsam hat. Stattdessen will er die Kinder auch mit den negativen Seiten des Lebens konfrontiert wissen. Es bleibt offen, inwieweit Benjamin als Kritiker des dominierenden pädagogischen Bewertungssystems und durch seine Parteinahme für das Kind sowie eine „im politischen wie im akademischen Sinne antiautoritäre(n)“ (Buck-Morss 1988, S. 97) Moral das Feld der Kinder- und Jugendliteratur und das der Pädagogik beeinflusst hat und beeinflussen konnte.

Der „Volksbildner“

Die Frage nach der Wirkungskraft ihrer Kritik gilt auch für eine weitere Gruppe in der Diskussion um die Kinder- und Jugendliteratur, die, wenn auch aus anderen Gründen als Benjamin, eine nicht-intendierte und nicht negativ sanktionierte Kinder- und Jugendliteratur sowie die neuen Medien toleriert. Zu dieser Gruppe gehört der Bibliothekar Erwin Ackerknecht (1880–1960), der als entschiedener Gegner der Kunsterzieher um Wolgast charakterisiert werden kann. Bereits 1914 bemängelt Ackerknecht die Streitigkeiten in der Jugendschriftenbewegung und fordert eine Einigung. Seine kinderliterarischen und volksbildnerischen Forderungen stoßen wiederum bei den Jugendschriftenkritikern auf Ablehnung. In der Frage um Schmutz und Schund grenzt sich der Bibliothekar deutlich von den Kunstpädagogen ab. In seinen „allgemein-psychologischen Auffassungen“ unterstützt Ackerknecht das noch „triebgesteuerte“ Kind (Ackerknecht 1914; zit. in E. A. 1924, S. 93), das Spaß an einer verbotenen und „kitschigen“ Lektüre hat. Die Schundliteratur und die Hochliteratur „verbindet ein Band; die triebhaft ‚moralische Auffassung‘ des Kindes ist als solche geradezu die Schrittmacherin des ‚künstlerischen Empfindens‘“ (ebd., S. 96), heißt es in dem Beitrag. Während Wolgast und seine Anhänger nach Ackerknechts Empfinden in ihrem „Bildungshochmut“ unter Schundliteratur alles künstlerisch nicht Wertvolle begreifen, versteht er darunter nur jene Erzählungen, die „auf die niederen Instinkte eines Kindes aufreizend wirken.“ (Ackerknecht 1917; zit. in: E. A. 1924, S. 110) Er unterscheidet explizit zwischen Kitsch und Schund, wobei er den Kitsch als „dichterisch nicht vollwertig aber moralisch einwandfrei“, den Schund als „dichterisch und moralisch minderwertige Schönliteratur“ bezeichnet. (Ackerknecht 1934; zit. in: E.A. 1950b, S. 8) Dem Kitsch bescheinigt er eine „seelisch und geistig aufbauende Wirkung“ (ebd., S. 10f.) und propagiert in diesem Sinne literarischen Kitsch als (kulturellen) Übergangswert zum ästhetischen Bewusstsein. Die von Ackerknecht vertretenen Ansichten hinsichtlich der Kinderliteratur waren nicht neu, konnten aber trotzdem von dem dominierenden Flügel der Jugendschriftenbewegung nicht als allgemeingültig anerkannt werden. Ackerknecht selbst bezeichnet sich als „Volksbildner", dessen Aufgabe „das Erlebnis der Volksgemeinschaft" sei. (Ackerknecht 1932; zit. in: E.A. 1950a, S. 11) Konkret bedeute dies eine Auseinandersetzung mit den „sozialen Gegensätzen", die schließlich zu einem „übernationale(n) Ideal" im Sinne „sozialer Wärmebildung" führe. (Ebd.) Seine so genannte Bildungspflege weitet Ackerknecht auf nicht literarische Bildungsmittel aus. Neben konventionellen Aktivitäten wie Vorlesestunden, Wandern, Turnen und Musizieren zählt er auch das Kino und die Schallplatte zu den wichtigen Mitteln der Volksbildung. Die Grundlage zur Lösung aller Aufgaben der zeitgenössischen Bildungspflege aber sieht er im Büchereiwesen. Ideologisch ist Ackerknecht konservativen Vorstellungen verpflichtet. Bestimmte Erscheinungen der Moderne empfindet auch er als Bedrohung. Es besteht für ihn kein Zweifel,

> „dass die fortschreitende Rationalisierung des menschlichen Trieblebens, d.h. mit anderen Worten die Entkräftung und Entwertung des Gefühlslebens zum Besten der Willens- und Verstandeskräfte einen Niedergang unserer deutschen Kultur, ein Aufgeben der eigentlich deutschen Bildungsideale zur Folge haben werde." (Ackerknecht 1914; zit. in E.A. 1924, S. 94)

Kulturkritische und kulturkonservative Ressentiments

Charakteristisch für die deutsche Geistesgeschichte in den ersten zwei Jahrzehnten des 20. Jahrhunderts ist eine Modernisierungskritik in „selbstquälerischer Radikalität" (Peukert 1987, S. 187), wie Detlev Peukert es ausdrückt. Geäußert wird die Kritik von Intellektuellen, die zugleich von den Aspekten der Moderne begeistert waren bzw. sie selbst künstlerisch zum Ausdruck brachten. Das Leben in der Weimarer Republik bewegt sich demnach zwischen dem so genannten Amerikanismus, dem Synonym für Modernität, und einer Kulturkritik.

> „So fand der Identifikationswechsel unter dem Zeichen des ‚Amerikanismus' von der Alten Welt zur Neuen Welt, von der traditionell gebildeten Persönlichkeit zum voraussetzungslos rational geformten Massenmenschen Affirmation wie Kritik." (Ebd., S. 181)

In der krisengeschüttelten Weimarer Republik aber nimmt der Kulturpessimismus zu. Die Wirtschaftskrise und die anwachsenden Probleme gefährden durch die damit verbundene politische Radikalisierung die von vielen Kulturkritikern ersehnte „Homogenität des Volkskörpers" (Nassen 1996, S. 160), so dass jene dem Verfall und der Zerstörung den Mythos einer heilen Vergangenheit entgegensetzen. Mit dem Festhalten an vergangenen Idealen und einer reaktionären Kritik verarbeitet vor allem die bürgerliche Gesellschaft ihre Ängste.

> „Die erstaunliche Rückkehr zum Bildungsbegriff, die Diskussion über einen neuen Humanismus, die Erneuerung nationaler Traditionen und Heimatgedanken wurden also nicht nur in Volksschule und Lehrerbildung pädagogisch diskutiert, sondern weitausgreifend in der politischen Öffentlichkeit." (Tenorth 1989, S. 115)

Maßgeblichen Einfluss haben dabei führende Kulturkritiker wie Paul Anton de Lagarde und Julius Langbehn. In Anlehnung an die Tradition der Romantik sind sie der Überzeugung, dass zur Schaffung einer deutschen Nation das Volk von größerer Bedeutung sei als der Staat und dass als Zeichen der Besonderheit der Deutschen gegenüber anderen Völkern unüberwindbare rassische Unterschiede in den Vordergrund gestellt werden müssten. (Vgl. Mosse 1991, S. 55) So verbreiten sie die Auffassung vom Staat als Organismus und die Idealisierung einer ständischen und religiösen Organisation der Gesellschaft. Die geistige Elite Deutschlands nimmt die Ideen De Lagardes und Langbehns zu Beginn des 20. Jahrhunderts ebenso enthusiastisch auf wie später – in radikalerer Form – die Nationalsozialisten. Auch der Pädagoge Ernst Krieck begeistert sich für die Ansätze der Kulturkritiker. Symptomatisch hierfür ist sein Werk *Philosophie der Erziehung* (1922). Pädagogik wird bei ihm zum Mythos, indem er Instinkt und triebhaftes Wachsen zu deren Grundbegriffen erklärt. Erziehung ist für ihn in erster Linie nicht intentional, sondern funktional, denn die bewusste Erziehung sei von den Gemeinschaftskräften und deren Funktion abhängig. Individualismus und Intellektualismus in der Erziehung lehnt Krieck ab, das gilt auch für die zeitgenössische Schule. Unterricht, den er als bloße „Technologie" (Krieck 1922, S. 279) bezeichnet, hat für ihn rationalen Charakter. Dieser aber müsse sich einer „organischen Erziehung" (ebd.) unterordnen.

Die Kritik an der Moderne und ihren Begleiterscheinungen macht sich auch in der kulturkonservativen Jugendbuchkritik bemerkbar. Übereinstimmungen in Denk- und Argumentationsformen gegenüber Modernisierungstendenzen sind von der Jahrhundertwende bis weit in die 1950er Jahre nachweisbar. Ulrich Nassen spricht von einem epochenübergreifenden „Kategorienset" (Nassen 1990, S. 263), das von konservativen Jugendbuchkritikern zur Beurteilung von Lektüre und Leseverhalten der Jugendlichen angewendet werde. Die Ablehnung des Rationalen und Intellektuellen, der Wunsch nach Ursprünglichkeit und Natürlichkeit, die Forderung nach dem Volkstümlichen, verbunden mit dem Wunsch nach einer (Volks-)Gemeinschaft, die in den Vordergrund gestellte Personen- und Ereignisgeschichte und das Ausklammern alles Negativen, z. B. der sozialen Probleme und individuellen Konflikte, sind auch Kategorien, die ein Großteil der Jugendschriftenkritiker der Weimarer Republik zu Grunde legt.

Viele der Jugendschriftenkritiker argumentieren nicht nur kulturkonservativ, sondern sind bereits von völkisch-nationalistischen Ideologien geprägt. Diese machen sich sowohl in ihren Kinderliteraturtheorien als auch bei ihren Tätigkeiten als Schriftsteller und Herausgeber bemerkbar. Eine „volkhafte Begründung und Zielsetzung der literarischen Erziehung" (Brüggemann 1962; in: Literarische Bildung und Erziehung. 1976, S. 88) vertritt auch der Düsseldorfer Volksschullehrer Severin Rüttgers (1876–1938). Er gilt als einer der erfolgreichsten Vertreter der Jugendschriftenbewegung der 1920er und 1930er Jahre. Charakteristisch für die Positionen von Rüttgers ist, dass er bewusst nicht mit dem Verstand argumentiert. Das Irrationale bestimmt sowohl seine Vorstellungen von Literatur, Kultur und Erziehung als auch seine Äußerungen selbst. Er selbst stellt keine „Forderungen [...] an den logischen Sinn" (Rüttgers 1933, S. 37) seiner Darlegungen. Vielmehr will er, dass der Leser ihm in die „Tiefe" folgt, „in den gewachsenen Urgrund, ins Quellgebiet aller Gestaltung und Kultur (Menschwelt), in dem die Mütter wohnen, die Keime liegen und alles Wachstum beginnt." (Ebd., S. 3) Rüttgers kulturkritische Äußerungen finden sich bereits zu Beginn seiner aktiven Teilnahme an der Debatte um die Kinderliteratur und ziehen sich kontinuierlich durch seine Abhandlungen, wobei er sich immer wieder auf De Lagarde, Langbehn und Krieck bezieht. Die konservativen Vorstellungen, die bei Fronemann in dem Wunsch nach einem homogenen Volkskörper und einer einheitlichen Geisteskultur kulminieren, weiten sich bei Rüttgers zu einer irrationalen Denkweise aus.

Während Fronemann eine Literaturästhetik vertritt, die sich an einer Volksliteratur orientiert und von mythischen Vorstellungen der Jugend geprägt ist, radikalisiert Rüttgers diese Einstellung, indem er seine völkisch-irrationalen und mystisch-mythologischen Vorstellungen von der Gesellschaft durch eine organisch-biologische Sichtweise und eine ‚Volk-ohne-Raum'-Ideologie ergänzt. (Vgl. Fröse 1988, S. 87) Im Gegensatz zu den Kunsterziehern will Rüttgers weder zur ‚literarischen Genußfähigkeit' erziehen, noch Literatur und Kunst im Sinne der modernen Ästhetik verstanden wissen. Ihm geht es allein um eine Rückbesinnung auf das ursprüngliche Verhältnis des Volkes zur Dichtung, eine mündlich weitergegebene Dichtung, die eine Volksgemeinschaft fördere und bewahre. In den Volksmärchen sieht er die absolute Kinderliteratur. (Vgl. Rüttgers 1931, S. 90 und Rüttgers 1933, S. 127) Die seit der Aufklärung entstandene Kinderliteratur lehnt der Pädagoge ab, da sie nicht aus den Ursprüngen des Volkes, sondern unter Einwirkung des Verstandes entstanden sei. Damit spricht er sich eindeutig gegen eine spezifische Kinderliteratur aus. In der zeitgenössischen Diskussion um die Lektüre für junge Leser sieht Rüttgers den pädagogischen Aspekt vernachlässigt; dessen Verwirklichung wird zu seinem Hauptanliegen. Rüttgers' Auffassung von Erziehung ist ebenso irrational wie sein Kultur- und Literaturbegriff. Erziehung ist für ihn „nichts anderes als Stärkung,

Aufzucht eingeborener Kräfte“ (Rüttgers 1933, S. 7), und „Erzieher kann nur der sein, der das von den Vätern übernommene Gut in persönlicher Leistung erwirbt und neu gestaltet, es in Gehalt und Form aus sich zu stellen vermag.“ (Rüttgers 1931, S. 29) Dementsprechend lehnt er die autoritäre Lernschule und den literarischen Unterricht ab und stellt das „Erlebnis der Dichtung“ (Rüttgers 1933, S. 69) in den Vordergrund. Auch mit dem Sachbuch setzt sich Rüttgers auseinander. Anders als in Bezug auf die Literatur argumentiert er hier weniger irrational. Er spricht sich für eine spezifische Sachliteratur aus und fordert gleichzeitig – neben der Erziehung vom Volke aus – eine Erziehung und Sachlektüre „vom Kinde aus.“ (Rüttgers 1931, S. 50) Dabei bemängelt er die Altersmundart und die Werke Ottos, hält aber die von Scharrelmann und Gansberger für sinnvoll, „weil sie aus dem Unterricht, aus dem zwangsläufigen Verkehr mit Kindern entstanden sind.“ (Rüttgers 1931, S. 88)

Die Erneuerung der gesamten Kultur wird das Hauptanliegen der extrem konservativ und kulturkritisch eingestellten Pädagogen. Indem sie ihre antimoderne Weltanschauung auf ihr literaturdidaktisches Konzept übertragen, bieten sie den Nationalsozialisten ein verfügbares Modell, welches diese ohne Probleme übernehmen können.[14]

Der am sogenannten Volkstum und der Literatur des Volkstums orientierten Kulturkritik von Fronemann und Rüttgers stand auch der Volksschullehrer und Lehrerausbilder Joseph Antz (1880–1960) nahe. (Vgl. Fröse 1988, S. 88ff.) Er ist insofern ein Sonderfall, als seine Kritik auf einen dezidiert katholischen Standpunkt gegründet war. Für ihn steht auch die Kinder- und Jugendliteratur im Vordergrund, die vermeintlich die echten Werte im Sinne echter Volksbildung vermittelt. Antz vermischt christlich-katholischen Traditionalismus und völkische Ideologie. In seinem Hauptwerk *Führung der Jugend zum Schrifttum* (1927) heißt es:

> „Wir gewinnen allmählich ein ganz anderes Verständnis für jene Dichtung, die aus der Welt des christlich-deutschen Volkstums organisch herausgewachsen ist, für die volkhafte, volksechte Dichtung.“ (Antz 1927, S. 12; zit. in: Fröse 1988, S. 90)

Von dieser Position her lehnt Antz auch eine Erziehung zur bloßen ästhetischen Genußfähigkeit im Sinne Wolgasts und der Prüfungsausschüsse ab. Er postuliert für die „Pädagogik die unabweisbare Pflicht […], die Werke der Dichtung auf ihren religiös-sittlichen Gehalt hin zu prüfen und sie von der Idee der deutschen Volksbildung aus für die Zwecke der Jugendbildung auszuwählen.“ (Ebd., S. 22; zit. in: ebd., S. 90) Antz ist Exponent jener am sogenannten Volk orientierten Volksschulbildung, für die Literatur nur als „Lebensgut“ (Antz 1929, S. 13) existierte und die bis in die 1960er Jahre gültig war, und er vertrat diese auch ab 1927 als Professor an der katholischen Pädagogischen Akademie Bonn. Am Beispiel Antz zeigt sich aber auch, selbst wenn er nach Fröse „der antidemokratischen Tradition und der völkisch-organischen Ideologie positiv gegenüberstand" (Fröse 1988, S. 94), dass eine konservative kulturkritische Überzeugung nicht zwangsläufig prä- bzw. pro-nationalsozialistisch sein musste, wie es bei Fronemann und Rüttgers der Fall war. Antz musste seine Stelle an der Bonner Akademie 1933/34 aufgeben. Nach 1945 spielte er im Rahmen der Lehrerausbildung wieder eine nicht unerhebliche Rolle.

Der dominierende konservative Standpunkt

Die Dominanz der Pädagogen innerhalb des kinder- und jugendliterarischen Diskurses ist in den 1920er Jahren unverkennbar. Als einflussreiche Kritiker und Autoren versuchen die Mitglieder der VdPfJ mithilfe der Lektüre den Kindern gesellschaftlich sanktionierte Normen und Wertevorstellungen zu vermitteln. Entgegen der Auffassung der Kunsterzieher um Wolgast wird in der Weimarer Republik die idealistische Definition von Kunst aufgegeben. Die literarästhetischen Forderungen Wolgasts treten in den Hintergrund, pädagogische und ideologische Aspekte in den Vordergrund. In dem veränderten sozialpädagogischen Klima der Weimarer Republik können die Prüfungsausschüsse „die Verwendung der Jugendliteratur für außerkünstlerische Zwecke legitimieren." (Azegami 1996, S. 241) Ob es sich um eine wertvolle bzw. weniger wertvolle Literatur oder Kunst handelt, hängt von nun an vom Bezug zur gesellschaftlichen Realität ab. Die pädagogischen Richtlinien verändern sich. Sachbuch, Einzelschrift und Schulbücherei werden in der JSW thematisiert; das Buch wird zur Lebenshilfe. Die literaturpädagogischen Schwierigkeiten der Zeit, wie die des Literaturunterrichts, der Erziehung zum guten Buch, der Bekämpfung von Schmutz und Schund und des Aufbaus eines Büchereiwesens werden von den Pädagogen nicht mehr nur durch die Literatur selbst zu lösen versucht, sondern vielmehr durch sozialreformerische Maßnahmen. Das Gedankengut der Pädagogen setzt sich dabei über spezifische Kinder- und Jugendliteraturnormen hinweg, „damit ist der entscheidende Schritt in Richtung auf politische Instrumentalisierung der KJL durch die Kritik wie die Praxis der Wertung getan." (Hopster 1988, S. 35) Die soziale und politische Gegenwart sowie die ideologische Ausrichtung der Kritiker spiegelt sich in der Auseinandersetzung mit der Kinder- und Jugendliteratur wider. „Die Vermittler dieser gesellschaftlichen Normen und Werte" stehen „ihrerseits ebenfalls innerhalb eines gesellschaftlichen Kontextes und der daraus resultierenden konkreten Lebenssituation." (Fröse 1988, S. 28) Für die Arbeit der VdPfJ bedeutet dies:

> „Man begann mehr und mehr, die Jugendschriften auf die Absicht und Weltanschauung des Verfassers hin zu prüfen, was den zensorischen Charakter ihrer Arbeit verstärkte. In diesem pädagogischen Klima stellte sich die Einstellung der VdPfJ, die sich zum einen zwar um eine Anpassung an die neuen Gegebenheiten bemühten, sich aber zum anderen

immer noch im Bann der künstlerischen und pädagogischen Einstellung Wolgasts befanden, als konservativ heraus." (Azegami 1996, S. 242)

Anmerkungen

1 Norbert Hopster bestreitet die Haltbarkeit der von Wolgast propagierten Theorie von der Kunst als „Mittel der Heilung": „Wolgast selbst hat – ebenso wenig wie die sozialdemokratische ‚Volksbildungs'-Bewegung, in deren Rahmen er gesehen werden muß – den Klassencharakter der bürgerlichen ‚Kunst' offenbar nicht durchschaut, damit auch nicht die Klassengebundenheit jener Defizite, die durch ästhetisch-künstlerische Phantasiearbeit vermeintlich zu beheben seien." (Hopster 1988, S. 34 f.)

2 Bühler unterscheidet das „Struwwelpeter-Alter" (Kleinkind), das „Märchenalter" (vier bis acht Jahre) und das „Robinsonalter" (12–15 Jahre). (Bühler 1958, S. 21 f.)

3 Der Reformpädagoge Bernfeld entstammt dem intellektuellen linken Milieu. Der Anhänger Sigmund Freuds gilt als progressiv und fortschrittlich. Seine Untersuchungen basieren auf einer direkten Beteiligung an der Jugendkultur.

4 Vgl. dazu Wilkending 1980.

5 Der Charon-Kreis, gegründet von den Schriftstellern Rudolf Pannwitz (1881–1969) und Otto zur Linde (1873–1938), strebt nach einer neuen Einheit von Philosophie, Kunst, Religion und Wissenschaft. Dabei distanziert sich der Dichterkreis kritisch vom Naturalismus.

6 Als eine Art Gegenpart zu den Verzeichnissen der *Hamburger Prüfungsausschüsse* gründet Lichtenberger 1905 die *Beiträge zur Jugendschriftenfrage*, die später unter dem Titel *Der heilige Garten* weitergeführt werden. Die Intention der Herausgabe besteht in der erhofften Klärung der Jugendschriftenfrage und darüber hinaus in „einer Festlegung der Gesetze der Ästhetik des Kindesgeistes." (Lichtenberger 1930a, S. 27)

7 „Jugend war nicht länger nur problembeladene individuelle Übergangsphase, sondern wurde jetzt verstanden als eine kulturerneuernde und kulturschaffende Kraft in der dekadenten Welt der Erwachsenen, die von sich aus keinen Ausweg aus der Krise wußten." (Herrmann 1991, S. 169) Gleichzeitig versteht sich die Jugendbewegung als eine Jugendkulturbewegung. Gustav Wyneken und Siegfried Bernfeld tragen dazu bei, dass die junge Generation ihre Erziehung selbst in die Hand nimmt. Anstelle einer Erziehung, die auf psychologischer Technik und Taktik beruht, fordern sie eine solche, in der sich die Gemeinschaft selbst erzieht.

8 Vgl. Tl. 2, Beitr. U. Dettmar: Der Kampf gegen „Schmutz und Schund"

9 Nach der Machtübernahme der Nationalsozialisten versuchte Fronemann eine Gleichschaltung der VdPfJ zu verhindern. Dennoch kann ihm eine Ablehnung des NS-Regimes nicht bescheinigt werden. Äußerungen Fronemanns in den 1930er Jahren lassen erkennen, dass er sich bereitwillig der nationalsozialistischen Ordnung und Jugendschrifttumspolitik fügte. Der Artikel *Idee und Aufbau der deutschen Jugendliteratur* in der JSW von 1934 verdeutlicht anschaulich Fronemanns damalige Position. Angepasst an den NS-Jargon würdigt er die Arbeiten von Severin Rüttgers und Ernst Krieck. Daneben vertei-

digt er die „Ausmerzung" der „antinationalen, pazifistischen, vaterlands- und gottfeindlichen, marxistischen, bolschewistischen, atheistischen und kulturfeindlichen Literatur." (Fronemann 1934, S. 2f.)

10 Es entstehen „neue kinderliterarische Genres, wie Kinderromane und -detektivgeschichten, die sich inhaltlich mit neuen, modernen Motiven präsentieren. Die sich nun verstärkt durchsetzende moderne Kinder- und Jugendliteratur ist eine mit den Alltagswahrnehmungen der Kinder und Jugendlichen jener Jahre synchronisierte Literatur, die der Gegenwart nicht mehr ‚hinterherhinkt'". (Tost 2005b, S. 46)

11 Die eigene Jugend spielt in Benjamins Theorien eine große Rolle. Durch den mehrjährigen Aufenthalt in dem von Gustav Wyneken geführten Landerziehungsheim Haubinda tritt Benjamin in Kontakt mit den Jugendbewegungen. Innerhalb der „Freien Studentenschaft" wird er in den Jahren 1913/14 einer ihrer radikalsten Vertreter. Die immer deutlicher hervortretenden reaktionären und antisemitischen Züge innerhalb der Bewegungen zu Beginn des Ersten Weltkrieges sowie Wynekens Befürwortung des Krieges veranlassen Benjamin, sich sowohl von der Bewegung als auch von dem Lehrer und Freund zu trennen. Den Bruch mit seiner eigenen Jugend vollzieht Benjamin radikal: Kindheit, Kinderkultur und Kinderliteratur ersetzen von nun an die „Metaphysik der Jugend". Damit verbunden wendet er sich verstärkt der Pädagogik zu.

12 Klaus Doderer weist zu Recht darauf hin, dass Benjamin zu diesem Zeitpunkt noch nicht die beginnende Diskussion um eine fortschrittliche Kinder- und Jugendliteratur wie die von Brecht und Kästner im Blick hatte. (Doderer 1988, S. 21)

13 Tenorth verweist auf die Widersprüchlichkeit des Theoretikers: „Benjamin ist zwar ein Kritiker der Pädagogik, aber er argumentiert dabei nicht unpädagogisch, sondern – wie sich rückblickend zeigt – sogar aus der Position des besten Erziehungstheoretikers." (Tenorth 1988, S. 33)

14 Trotz ihrer dominierenden konservativen Einstellung war die Auflösung der VdPfJ 1933 eine Folge der internen, immer größer werdenden Meinungsverschiedenheiten und nicht ein Übergang in eine nationalsozialistische Ideologie. „Zwar zeigte sich die JSW schon zu diesem Zeitpunkt in ihrer konservativen und daher leicht zu mißbrauchenden Grundhaltung ideologisch auf der Höhe der Zeit, doch fehlte ihr der totale Glaube an die nationalsozialistische Idee, so daß zwischen den VdPfJ und dem NSLB [Nationalsozialistischer Lehrerbund, S. L.] hinsichtlich der Theorie der KJL unterschiedliche Auffassungen herrschten." (Azegami 1996, S. 242)

Literaturverzeichnis

Literatur der Weimarer Zeit

Ackerknecht, Erwin: Jugendlektüre und deutsche Bildungsideale. – In: Erwin Ackerknecht: Büchereifragen. – Berlin : Weidmann, 1924. – S. 88 – 104 [EA: 1914]

Ackerknecht, Erwin: Jugendbücherei. – In: Erwin Ackerknecht: Büchereifragen. – Berlin : Weidmann, 1924. – S. 105 – 124 [EA: 1917]

Ackerknecht, Erwin: Zur Theorie der Volksbildung. – In: Erwin Ackerknecht: Aus der Werkstatt eines Volksbildners. – Hamburg : Stichnote, 1950a. – S. 9 – 14 [EA: 1932]

Ackerknecht, Erwin: Der Kitsch als kultureller Übergangswert. – Bremen : Verein dt. Volksbibliothekare, 1950b [EA: 1934]

Antz, Joseph: Führung der Jugend zum Schrifttum. – Paderborn : Schöningh, 1927

Antz, Joseph: Die neue Lehrerbildung und die Bewegung zur Reform der Jugendlektüre. – In: Jugendschriften-Warte. – 34 (1929), S. 13 f.

Barfaut, John: Die gegenwartsbetonte Jugendschrift in der Volksschule. – In: Jugendschriften-Warte. – 35 (1930), S. 85 f.

Barfaut, John: Jugend und Buch in der Gegenwart. – In: Jugendschriften-Warte. – 36 (1931), S. 69 – 74

Baumann, Max: Von der Notwendigkeit, gegenwartsbetonte Bücher in die Schule zu bringen. – In: Jugendschriften-Warte. – 35 (1930), S. 86 f.

Baumann, Max: Politische Bildung und Jugendschriftenfrage. – In: Jugendschriften-Warte. – 36 (1931), S. 21 – 24

Benjamin, Walter: Über Kinder, Jugend und Erziehung : mit Abbildungen von Kinderbüchern und Spielzeug aus der Sammlung Benjamin. – Frankfurt/Main : Suhrkamp, 1969

Benjamin, Walter: Literarische Rundfunkvorträge : Kinderliteratur. – In: Walter Benjamin: Gesammelte Schriften / unter Mitw. von Theodor W. Adorno u. Gershom Scholem hrsg. von Rolf Tiedemann u. Hermann Schweppenhäuser. – Frankfurt/Main : Suhrkamp, 1972 ff. – VII.I. Nachträge / hrsg. von Rolf Tiedemann u. Hermann Schweppenhäuser unter Mitarbeit von Christoph Gödde, Henri Lonitz u. Gary Smith. – 1989. – S. 250 – 257 [EA: 1929]

Benjamin, Walter: Chichleuchlauchra : zu einer Fibel [Bespr.:] Tom Seidmann-Freud: Hurra, wir lesen! Hurra, wir schreiben! : eine Spielfibel. Berlin 1930. – In: Walter Benjamin: Gesammelte Schriften / unter Mitw. von Theodor W. Adorno u. Gershom Scholem hrsg. von Rolf Tiedemann u. Hermann Schweppenhäuser. – Frankfurt/Main : Suhrkamp, 1972 ff. – III. Kritiken und Rezensionen / hrsg. von Hella Tiedemann-Bartels. – 1972. – S. 267 – 272 [EA: 1930a]

Benjamin, Walter: Kolonialpädagogik [Bespr.:] Alois Jalkotzky: Märchen und Gegenwart : das deutsche Volksmärchen und unsere Zeit. Wien 1930. – In: Walter Benjamin: Gesammelte Schriften / unter Mitw. von Theodor W. Adorno u. Gershom Scholem hrsg. von Rolf Tiedemann u. Hermann Schweppenhäuser. – Frankfurt/Main : Suhrkamp, 1972 ff. – III. Kritiken und Rezensionen / hrsg. von Hella Tiedemann-Bartels. – 1972. – S. 272 – 274 [EA: 1930b]

Benjamin, Walter: Programm eines proletarischen Kindertheaters. – In: Walter Benjamin. Gesammelte Schriften / unter Mitw. von Theodor W. Adorno u. Gershom Scholem hrsg. von Rolf Tiedemann u. Hermann Schweppenhäuser. – Frankfurt/Main : Suhrkamp, 1972 ff. – II. 2 / hrsg. von Rolf Tiedemann u. Hermann Schweppenhäuser. – 1977. – S. 763 – 769 [EA: 1928/29]

Bühler, Charlotte: Das Märchen und die Phantasie des Kindes / hrsg. von Hildegard Hetzer. – München : Barth, 1958 [EA: 1918]

Fronemann, Wilhelm: Wo stehen wir heute?. – In: Jugendschriften-Warte. – 31 (1926), S. 57 – 59

Fronemann, Wilhelm: Das Erbe Wolgasts : ein Querschnitt durch die heutige Jugendschriftenfrage. – Langensalza : Beltz, 1927

Fronemann, Wilhelm: Lesende Jugend : Reden und Aufsätze. – Langensalza : Beltz, 1930

Fronemann, Wilhelm: Der literarische Unterricht in der Volks- und Mittelschule. 6. neu bearb. Aufl. – Langensalza : Beltz, 1929 [1. – 5. Aufl. u.d.T.: Der Unterricht ohne Lesebuch]

Fronemann, Wilhelm: Idee und Aufbau der deutschen Jugendliteratur und die Frage der Jugendschriftenverzeichnisse. – In: Jugendschriften-Warte. – 39 (1934), S. 1 – 4

Gensch, Willy: Was liest unsere Jugend?. – In: Jugendschriften-Warte. – 35 (1930), S. 57 – 63

Hildebrand, Kurt: Die Jugendschrift der Gegenwart als Funktion unserer Zeit : eine kulturpsychologische Betrachtung. – In: Jugendschriften-Warte. – 36 (1931), S. 49 – 52

Hirtler, Franz: „Gegenwärtigkeit" : Epilog zum Preisausschreiben des Börsenvereins der Deutschen Buchhändler „Kann die Volksschule ihre Schüler zum guten Buch erziehen?". – In: Jugendschriften-Warte. – 35 (1930), S. 44 – 46

Hoernle, Edwin: Blick ins Märchenland. – In: Das politische Kinderbuch : eine aktuelle historische Dokumentation / hrsg. von Dieter Richter. – Darmstadt [u. a.] : Luchterhand, 1973. – S. 216 – 220 [EA: 1921]

Hoernle, Edwin: Schulreaktion und proletarische Elternräte. – In: Das politische Kinderbuch : eine aktuelle historische Dokumentation / hrsg. von Dieter Richter. – Darmstadt [u. a.] : Luchterhand, 1973. – S. 199 – 205 [EA: 1922]

Hoernle, Edwin: Das proletarische Märchen des industriellen Zeitalters. – In: Das politische Kinderbuch : eine aktuelle historische Dokumentation / hrsg. von Dieter Richter. – Darmstadt [u. a.] : Luchterhand, 1973. – S. 220 – 223 [EA: 1923]

Hoernle, Edwin: Unorganisierte Formen der Kindermassenbeeinflussung. – In: Das politische Kinderbuch : eine aktuelle historische Dokumentation / hrsg. von Dieter Richter. – Darmstadt [u. a.] : Luchterhand, 1973. – S. 211 – 216 [EA: 1929]

Hübner, Oskar: Das Lesebuch der Republik. – Berlin : Franke, 1922

Jalkotzky, Alois: märchen und gegenwart : das deutsche volksmärchen und unsere zeit. – Wien : Verl. Jungbrunnen, 1930

Key, Ellen: Das Jahrhundert des Kindes : Studien. – Autoris. Übertr. von Francis Maro [d. i. Marie Franzos]. – 6. Aufl. – Berlin : S. Fischer, 1904

Kießmann, Alex: Blast nur, ihr Stürme! : eine Erwiderung auf Rüttgers' „Weg die Fesseln". – In: Jugendschriften-Warte. – 30 (1925), S. 39 – 41

Krieck, Ernst: Philosophie der Erziehung. – Jena : Diederichs, 1922

Lichtenberger, Franz: Der neue Weg der deutschen Jugendschrift. – Halle : Marhold, 1930a

Lichtenberger, Franz: Die „kindertümliche" Jugendschrift. – In: Jugendschriften-Warte. – 35 (1930b), S. 69 – 72

Linde, Ernst: Kunst und Erziehung. – Leipzig : Brandstetter, 1901

Liste gegenwartsbetonter Jugendbücher. – In: Jugenschriften-Warte. – 35 (1930), S. 87 – 90

Otto, Berthold: Hauslehrerbestrebungen : Altersmundart und ihre Gegner. – Leipzig : Scheffer, 1905

Otto, Berthold: Kindesmundart. – Berlin : Modern-Pädag. u. Psychologischer Verl., 1908

Rüttgers, Severin: Über die literarische Erziehung als ein Problem in der Arbeitsschule : ein Beitrag zur Reform des Sprachunterrichts und der Lehrbücher und zu einem Leseplan für die deutsche Jugend. – Leipzig [u. a.] : Teubner, 1910

Rüttgers, Severin: Grundsätzliches vom Gegenwärtigen. – In: Jugendschriften-Warte. – 35 (1930), S. 105 – 108

Rüttgers, Severin: Literarische Erziehung : ein Versuch über die Jugendschriftenfrage auf soziologischer Grundlage. – Langensalza [u. a.] : Beltz, 1931

Rüttgers, Severin: Erweckung des Volkes durch seine Dichtung : Erwägungen und Hinweise zur volkhaften Erziehung. – Leipzig : Dürr, 1933

Spranger, Eduard: Psychologie des Jugendalters. – 3. durchges. Aufl. – Leipzig : Quelle & Meyer, 1925 [EA: 1924]

Spranger, Eduard: Volk – Staat – Erziehung : Gesammelte Reden und Aufsätze. – Leipzig : Quelle & Meyer, 1932

Vaupel, Karl: Stellungnahme zur „gegenwartsbetonten" Jugendschrift. – In: Jugendschriften-Warte. – 36 (1931a), S. 41 – 43

Vaupel, Karl: Jugend und Buch in der Gegenwart. – In: Jugendschriften-Warte. – 36 (1931b), S. 57 – 64

Wolgast, Heinrich: Das Elend unserer Jugendliteratur : ein Beitrag zur künstlerischen Erziehung der Jugend. – 4. Aufl. – Leipzig : Wunderlich, 1910 [EA: 1896]

Forschungsliteratur

Abels, Heinz: Jugend vor der Moderne : soziologische und psychologische Theorien des 20. Jahrhunderts. – Opladen : Leske + Budrich, 1993

Altner, Manfred: Kinder- und Jugendliteratur der Weimarer Republik. – Frankfurt/Main [u. a.] : Lang, 1991. – (Studien zur Germanistik und Anglistik ; 9)

Azegami, Taiji: Die Jugendschriften-Warte : von ihrer Gründung bis zu den Anfängen des „Dritten Reiches" unter besonderer Berücksichtigung der Kinder- und Jugendliteraturbewertung und -beurteilung. – Frankfurt/Main : Lang, 1996. – (Europäische Hochschulschriften : Reihe 1, Deutsche Sprache und Literatur ; 1551). – Zugl.: Bielefeld, Univ., Diss., 1995

Brüggemann, Theodor: Grundideen der Literaturpädagogik von 1900 bis heute. – In: Literarische Bildung und Erziehung / hrsg. von Harro Müller-Michaels. – Darmstadt : Wiss. Buchges, 1976. – S. 69 – 102 [EA: 1962]

Buck-Morss, Susan: „Verehrte Unsichtbare!" : Walter Benjamins Radiovorträge. – In: Walter Benjamin und die Kinderliteratur : Aspekte der Kinderkultur in den zwanziger Jahren / hrsg. von Klaus Doderer. – Weinheim [u. a.] : Juventa Verl., 1988. – S. 93 – 101

Dahrendorf, Malte: Kinder- und Jugendliteratur im bürgerlichen Zeitalter : Beiträge zu ihrer Geschichte, Kritik und Didaktik. – Königstein/Taunus : Scriptor, 1980

Doderer, Klaus: Walter Benjamins dreifaches Interesse an der Kinderliteratur : Sammler, Theoretiker und Autor. – In: Walter Benjamin und die Kinderliteratur : Aspekte der Kinderkultur in den zwanziger Jahren / hrsg. von Klaus Doderer. – Weinheim [u. a.] : Juventa Verl., 1988. – S. 11 – 30

Eichbaum, Gerda: Der heutige Stand der wissenschaftlichen Forschung auf dem Gebiete der Jugendlektüre : Probleme und Aufgaben. – In: Die Not des Jugendbuches : Reden und Debatten auf der Eröffnungstagung der Abteilung „Das Jugendbuch der Völker" des Instituts für Völkerpädagogik in Mainz (Zitadelle) am 2.–4. Oktober 1932. – Manuskript. – Mainz, 1933. – S. 113 – 128

Ewers, Hans-Heino: Eine folgenreiche, aber fragwürdige Verurteilung aller „spezifischen Jugendliteratur" : Anmerkungen zu Heinrich Wolgasts Schrift „Das Elend unserer Jugendliteratur" von 1896. – In: Theorien der Jugendlektüre : Beiträge zur Kinder- und Jugendliteraturkritik seit Heinrich Wolgast / hrsg. von Bernd Dolle-Weinkauff u. Hans-Heino Ewers. – Weinheim [u. a.] : Juventa Verl., 1996. – S. 9 – 25

Ewers, Hans-Heino: Walter Benjamin als Sammler und als Theoretiker des Kinderbuchs. – In: Aus „Wundertüte" und „Zauberkasten" : über die Kunst des Umgangs mit Kinder- und Jugendliteratur ; Festschrift zum 65. Geburtstag von Heinz-Jürgen Kliewer / hrsg. von Henner Barthel [u. a.]. – Frankfurt/Main [u. a.] : Lang, 2000. – S. 199 – 211

Faber, Richard: „Sagen lassen sich die Menschen nichts, aber erzählen lassen sie sich alles." : über Grimm-Hebelsche Erzählung, Moral und Utopie in Benjaminscher Perspektive. – Würzburg : Königshausen & Neumann, 2002

Fröse, Egbert: Jugendschriften und Jugendschriftentheorie in der Zeit der Weimarer Republik : zur Ideologie eines literarischen Genres in den Jahren 1918 – 1933. – Wuppertal, Univ. / Gesamthochsch., Diss., 1988

Herrmann, Ulrich: Pädagogisches Denken und Anfänge der Reformpolitik. – In: Handbuch der deutschen Bildungsgeschichte. – München : Beck. – IV. 1870 – 1918 : von der Reichsgründung bis zum Ersten Weltkrieg / hrsg. von Christa Berg. – 1991. – S. 147 – 178

Hopster, Norbert: Beständigkeit und Wandel : zur Geschichte der Kinder- und Jugendliteraturkritik seit dem Ende des 19. Jahrhunderts. – In: Sprache und Literatur in Wissenschaft und Unterricht. – 19 (1988) 62, S. 33 – 43

Karrenbrock, Helga: Märchenkinder – Zeitgenossen : Untersuchungen zur Kinderliteratur der Weimarer Republik. – Stuttgart : M&P Verl. f. Wiss. u. Forschung, 1995. – Zugl.: Osnabrück, Univ., Diss., 1993

Kaulen, Heinrich: Bertolt Brecht und die Kinderliteratur : Probleme und Fragen aus modernisierungstheoretischer Sicht. – In: Gesellschaftliche Modernisierung und Kinder- und Jugendliteratur / hrsg. von Reiner Wild. – St. Ingbert : Röhrig, 1997. – (Mannheimer Studien zur Literatur- und Kulturwissenschaft ; 12). – S. 157 – 176

Leutheuser, Karsten: Freie, geführte und verführte Jugend : politisch motivierte Jugendliteratur in Deutschland 1919 – 1989. – Paderborn : Igel-Verl. Wiss., 1995. – (Literatur- und Medienwissenschaft ; 45). – Zugl.: Saarbrücken, Univ., Diss., 1995

„Mit uns zieht die neue Zeit" : der Mythos Jugend / hrsg. von Thomas Koebner, Rolf-Peter Janz u. Frank Trommler. – Frankfurt/Main : Suhrkamp, 1985

Mosse, George L.: Die völkische Revolution : über die geistigen Wurzeln des Nationalsozialismus / aus d. Amerikan. von Renate Becker. – Sonderausg. 2. dt. Ausg. – Frankfurt/Main : Hain, 1991 [EST: The Crisis of German Ideology. 1964]

Nassen, Ulrich: Konservative und nationalsozialistische Positionen der Jugendschrifttumskritik : Jugendliteraturkritik als Bestandteil praktischer Sozialhygiene (1927 – 1933). – In: Theorien der Jugendlektüre : Beiträge zur Kinder- und Jugendliteraturkritik seit Heinrich Wolgast / hrsg. von Bernd Dolle-Weinkauff u. Hans-Heino Ewers. – Weinheim [u. a.] : Juventa Verl., 1996. – S. 151 – 164

Nassen, Ulrich: Kategorien kulturkonservativer Jugendbuchkritik von der Jahrhundertwende bis zum Ende der fünfziger Jahre. – In: Kinderliteratur und Moderne : ästhetische Herausforderungen der Kinderliteratur im 20. Jahrhundert / hrsg. von Hans-Heino Ewers, Maria Lypp u. Ulrich Nassen in Verbindung mit d. Arbeitsgemeinschaft Kinder- u. Jugendliteraturforschung. – Weinheim [u. a.] : Juventa Verl., 1990. – S. 261 – 269

Peukert, Detlev J.K.: Die Weimarer Republik : Krisenjahre der klassischen Moderne. – Frankfurt/Main : Suhrkamp, 1987

Das politische Kinderbuch : eine aktuelle historische Dokumentation / hrsg. von Dieter Richter. – Darmstadt [u. a.] : Luchterhand, 1973

Richter, Dieter: Vorwort. – In: Das politische Kinderbuch / hrsg. von Dieter Richter. – Darmstadt [u. a.] : Luchterhand, 1973. – S. 11 – 47

Springman, Luke: Carpe Mundum : German Youth Culture of the Weimar Republic. – Frankfurt/Main : Lang, 2007. – (Kinder- und Jugendkultur, -literatur und -medien : Theorie – Geschichte – Didaktik ; 50)

Steinlein, Rüdiger: Psychoanalytische Ansätze der Jugendliteraturkritik im frühen 20. Jahrhundert. – In: Theorien der Jugendlektüre : Beiträge zur Kinder- und Jugendliteraturkritik seit Heinrich Wolgast / hrsg. von Bernd Dolle-Weinkauff u. Hans-Heino Ewers. – Weinheim [u. a.] : Juventa, 1996. – S. 127 – 149

Tenorth, Heinz-Elmar: Walter Benjamins Umfeld : Erziehungsverhältnisse und Pädagogische Bewegungen. – In: Walter Benjamin und die Kinderliteratur : Aspekte der Kinderkultur in den zwanziger Jahren / hrsg. von Klaus Doderer. – Weinheim [u. a.] : Juventa, 1988. – S. 31 – 67

Tenorth, Heinz-Elmar: Pädagogisches Denken. – In: Handbuch der deutschen Bildungsgeschichte. – München : Beck. – V. Die Weimarer Republik und die nationalsozialistische Diktatur / hrsg. von Dieter Langewiesche u. Heinz-Elmar Tenorth. – 1989. – S. 111 – 149

Tost, Birte: „Kennwort: Gegenwärtigkeit“ : zur ‚Gegenwärtigkeits-Debatte‘ in der Jugendschriftenbewegung am Ende der Weimarer Republik. – In: Kinder- und Jugendliteraturforschung 2004/2005 / hrsg. vom Inst. f. Jugendbuchforschung d. Johann Wolfgang Goethe-Univ. Frankfurt/Main u. d. Staatsbibliothek Preußischer Kulturbesitz Berlin. – Frankfurt/Main : Lang, 2005a. – S. 43 – 60

Tost, Birte: Moderne und Modernisierung in der Kinder- und Jugendliteratur der Weimarer Republik. – Frankfurt/Main : Lang, 2005b. – (Kinder- und Jugendkultur, -literatur und -medien : Theorie – Geschichte – Didaktik ; 35). – Zugl.: Osnabrück, Univ., Diss., 2004

Weinkauff, Gina: Literaturpädagogik und Aktualität : die „Gegenwartsdebatte“ in der Jugendschriftenwarte 1930 – 32. – In: 100 Jahre Jugendschriftenwarte 1893 – 1993 / hrsg. von Geralde Schmidt-Dumont. – Frankfurt/Main : Inst. f. Jugendbuchforschung, 1993. – (Materialien Jugendliteratur und Medien ; 30). – S. 38 – 44

Wilkending, Gisela: „Kind und Kunstwerk, sind das nicht gewaltige unvereinbare Gegensätze?“ : historische Anmerkungen zu einer unentschiedenen Streitfrage. – In: sub tua platano : Festgabe für Alexander Beinlich / hrsg. von Dorothea Ader. – Emsdetten : Lechte, 1981. – S. 279 – 292

Wilkending, Gisela: Reformpädagogik, ‚Altersmundart‘ und Dichtung ‚vom Kinde aus‘. – In: Theorien der Jugendlektüre : Beiträge zur Kinder- und Jugendliteraturkritik seit Heinrich Wolgast / hrsg. von Bernd Dolle-Weinkauff u. Hans-Heino Ewers. – Weinheim [u. a.] : Juventa Verl., 1996. – S. 27 – 49

Wilkending, Gisela: Volksbildung und Pädagogik „vom Kinde aus“ : eine Untersuchung zur Geschichte der Literaturpädagogik in den Anfängen der Kunsterziehungsbewegung. – Weinheim [u. a.] : Beltz, 1980. – (Beltz-Forschungsberichte)

Ute Dettmar

Der Kampf gegen „Schmutz und Schund“

Traditionen und Funktionen des Kampfes gegen Schmutz und Schund

Der Kampf gegen den sogenannten Schmutz und Schund eint, bei allen Differenzen, die in der Diskussion um die Beurteilung der Jugendliteratur in den 1920er Jahren ausgetragen werden, die Literaturpädagogen und Volkserzieher. Akteure, Aktionen und Argumente schließen an Traditionen an, die sich mit der Verbreitung der Populärkultur bereits im Kaiserreich etabliert haben. Mit dem wirtschaftlichen Aufschwung der Gründerzeit, der wachsenden Freizeit, der Kommerzialisierung und Ausdifferenzierung der Angebote zieht das Vergnügen zunehmend in die Alltagskultur ein. Ein breites Angebot, von den Familienzeitschriften und den in hohen Auflagen verbreiteten Heftserien bis hin zu Revue, Varieté, Film und Kino, das sich als feste Spielstätte schnell etabliert, wird bald schichten- und generationenübergreifend genutzt.[1] Um gegen Massenkultur und -konsum organisiert vorzugehen, professionalisiert sich seit dem frühen 20. Jahrhundert der Schundkampf; er wird maßgeblich von der Jugendschriftenbewegung sowie den christlich-konservativen Sittlichkeitsvereinen getragen. Die sogenannten aufbauenden Maßnahmen zur Förderung der ‚wahren' Kunst und Kultur und die Bekämpfung der für schlecht und schädlich befundenen Angebote sollen in diesem Kampf konstitutiv zusammen wirken. Schund – d.h. sowohl die damit bezeichneten Kulturwaren, als auch das Schlagwort, das zur Abwertung aller Formen missliebiger Lektüre eingesetzt wird[2], – ist seither verbreitetes Gemeingut. So stellen die *Vereinigten Deutschen Prüfungsausschüsse für Jugendschriften*, der organisatorische Zusammenschluss der Jugendschriftenbewegung, 1918 in der *Jugendschriften-Warte* fest: „Die Bekämpfung der Schundliteratur hat dazu geführt, dass dieser Ausdruck eine landläufige Bezeichnung geworden ist, und bereits jedes deutsche Volksschulkind weiß heute, dass damit die bekannten billigen, grellbunten Hefte mit den Indianer-, Abenteuer, Räuber-, Verbrecher- und Detektivgeschichten gemeint sind.“ (Clasen 1918, S. 29)

Allgemein bekannt ist nicht nur, was mit Schundliteratur gemeint ist, bekannt ist zu der Zeit auch, was von ihr zu halten ist: Moralisch verderblich, den Sinn für Wahrheit, Wirklichkeit und höheren Kunstgenuss zerstörend, kriminell machend, zudem die Volkswirtschaft und – in zeittypischer Übertragung biologistischer und medizinischer Modelle auf gesellschaftliche Zusammenhänge – den Volkskörper und die Volksgesundheit schädigend. In diesem Assoziationsfeld von individuellem, gesellschaftlichem und national-kulturellem Verfall bewegen sich die seit dem frühen 20. Jahrhundert immer wieder reproduzierten Argumente.[3] In der Weimarer Republik wird die Diskussion unter den spezifischen gesellschaftlichen, politischen und kulturellen Rahmenbedingungen der Zwischenkriegszeit geführt. Die Folgen des verlorenen Krieges, die Erfahrung der Revolution, wirtschaftliche Krisen, kulturpessimistische Strömungen, politische Radikalisierung und ideologische Kämpfe schlagen sich in der Diskussion nieder; zudem setzt die sich weiter verbreitende Populär- und Großstadtkultur neue Reize. Die Rhetorik der Schundkämpfer, die immer wieder mit der Kollektivsymbolik von Dammbruch, Flut, Rausch und Krankheit operieren, um die Drohkulisse aufrecht zu erhalten[4], macht deutlich, dass im Kampf gegen die Formen des Vergnügens mehr auf dem Spiel steht, als die Bekämpfung von Unterhaltungsangeboten, die immer neue Angriffsflächen bieten. Schund, und auch hier haben die früheren Debatten bereits vorgearbeitet, dient als Projektionsfläche, auf die sich insbesondere in Zeiten gesellschaftlicher Umbruch- und Modernisierungsprozesse Ängste vor Bedeutungs- und Machtverlust, vor Abstieg und Entwertung, vor sozialen Umbrüchen und Destabilisierung auch der Generationen- und Geschlechterverhältnisse übertragen lassen.[5] In der Weimarer Republik wird das etablierte Deutungsmuster noch einmal mit zeitspezifischen Bedeutungen aufgeladen. In kulturwissenschaftlicher Perspektive ist dieses Kapitel des Schundkampfes aufschlussreich, wenn man die zeitgenössischen Verschiebungen der Positionen in den Blick nimmt. Rhetorik, Argumentation und Aktionen der Schundkämpfer zeugen von der zunehmenden Radikalisierung der Diskussion, und sie sind so selbst lesbar als Symptom einer Krisenzeit.[6]

Ausgangslage und Ansatzpunkte

Aus der politischen Situation nach 1918 leiten sich im Kontext des Schundkampfes zunächst neue Befürchtungen und Hoffnungen ab. Einerseits besteht nach der Außerkraftsetzung der während des Krieges von den Militärbehörden durchgesetzten Zensurmaßnahmen, so formuliert es der Literaturpädagoge Wilhelm Fronemann in der typischen Rhetorik des Schundkämpfers, „die Gefahr, daß das sehr anpassungsfähige und skrupellose Schundliteraturkapital binnen kurzem ganz Deutschland wieder mit niedrigster literarischer Massenware überschwemmen wird." (Fronemann 1918, S. 31) Die Auseinandersetzung konzentriert sich in den 1920er Jahren vor allem auf die Bekämpfung des literarischen Schundes, d.h. vor allem der Heftserien, sowie der „Kinoauswüchse." (Clasen 1918, S. 29)[7] Im Gegensatz zu dem als sittlich und religiös anstößig geltenden „Schmutz", dessen Verkauf an Jugendliche unter 16 Jahren durch die sogenannte Lex Heinze gesetzlich verboten ist[8], kann gegen die beanstandete ästhetische Mangel- und kommerzielle Massenware zunächst nicht mit rechtlichen Mitteln vorgegangen werden. „In religiöser oder sittlicher Beziehung anstößig ist die heutige Schundliteratur nur in Ausnahmefällen. Sie stellt lediglich nach Inhalt und Ausstattung gänzlich qualitätslose literarische Massenware dar, die zu rein geschäftlichen Zwecken hergestellt wird und auf Masseninstinkte berechnet ist.“ (Fronemann 1921a, S. 3)[9]

In der „neuen staatlichen Ordnung“ (Fronemann 1918, S. 31) wird nun auch eine neue Chance gesehen, mit dem sogenannten Schundkapital endgültig abzurechnen. Insbesondere soll das schon lange geforderte Gesetz gegen Schmutz und Schund durchgesetzt werden, um das Problem mit Hilfe der Staatsgewalt endgültig zu lösen. Einen frühen Erfolg können die Schundkämpfer mit Blick auf das Kino verzeichnen. 1920 wird das „Lichtspielgesetz“ erlassen, das „alle Bildstreifen“ für die Vorführung vor Jugendlichen ausschließt, „von welchen eine schädliche Einwirkung auf die sittliche, geistliche oder gesundheitliche Entwicklung oder eine Überreizung der Phantasie der Jugendlichen zu besorgen ist.“ (Kalb 1962, S. 73) Kinder unter sechs Jahren werden per Gesetz von Kinovorführungen ausgeschlossen. (S. ebd.). Die Forderung nach einem Gesetz zum Verbot auch der Schmutz- und Schundschriften wird bis zu seiner Verankerung in der Verfassung der Weimarer Republik 1926 immer wieder laut. Argumentativ wird diese Forderung nicht nur mit Zahlen unterlegt, die sich in Schwindel erregenden Höhen bewegen. So kalkuliert Fronemann mit „300 Serien mit einer Mindestzahl von drei Milliarden Einzelheften.“ (1922a, S. 142)[10] Staatliche und polizeiliche Maßnahmen gelten unter den zeitgenössischen Bedingungen als dringend erforderlich, um den Jugendschutz zu gewährleisten. Gefahr ist im Verzug, so wird argumentiert, denn „nach anerkannten Erfahrungen [hat; d. Verf.] die lange Kriegsdauer eine weitgehende Verwahrlosung der Jugend erzeugt, die sie noch weniger widerstandsfähig gegen alle schlechten Einflüsse macht, als es früher der Fall war.“ (Samuleit 1922, S. 20)

„Grenzenloses Vergnügen“: Populär-, Großstadt- und Jugendkultur in der WR[11]

In den ‚goldenen Zwanzigern‘ erlebt die Populärkultur einen neuen Aufschwung; massenkulturelle Phänomene breiten sich aus, technische und mediale Innovationen beschleunigen sich noch einmal sichtbar.[12] Schausportveranstaltungen (Sechstagerennen, Boxkämpfe, Fußball), Rummel und Cabaret, Film, Radio und Grammophon, Musik- und Tanzveranstaltungen, Kinos, Bars, Nacht- und Jazzclubs – die Medien und Stätten des Vergnügens prägen die Freizeit- und insbesondere die Großstadtkultur mit Berlin als dem Zentrum. Populär-, Kinder- und Jugendkultur gehen früh produktive und dauerhafte Verbindungen ein. Kinder zählen von Beginn an zu den eifrigsten Kinogängern und entdecken das Kino als Unterhaltungsmedium und Freiraum[13], die großstädtische Jugend nutzt von den subkulturellen wilden Cliquen bis zur Jeunesse dorée die sich bietenden Unterhaltungs- und Vergnügungsmöglichkeiten. Populärkulturelle Praktiken prägen Lebensstile, Moden und Szenen, internationale Sport- und Kinostars werden zu Stilikonen, die die geschlechtsspezifischen Erscheinungsbilder insbesondere der jüngeren Generationen beeinflussen. So orientiert sich die ‚neue Frau‘ bzw. das ‚neue Mädchen‘ an Mode-, Werbe- und Filmbildern und inszeniert sich als Flapper-Girl – jung, modern, selbstbewusst, unkonventionell, mit männlichen Attributen (kurze Haare, Zigaretten) und Vorlieben für Jazz, Tanz und Nachtleben.[14] Diese Tendenzen, die auch in der zeitgenössischen Literatur junger Autorinnen und Autoren, wie Irmgard Keun, Marie-Luise Fleißer und Klaus Mann, thematisiert werden, nehmen bürgerlich-konservative Pädagogen als Provokation wahr. Der sichtbare Einfluss von Massenmedien und Populärkultur auf Freizeitgestaltung und Lebensstile, auf Einstellungen und Wahrnehmungsweisen aktualisiert Ängste vor Amerikanisierung, Kulturverlust und Sittenverfall.

Die Romantisierung und Idealisierung der Jugend, die vor allem in Eduard Sprangers einflussreicher Schrift *Psychologie des Jugendalters* (1924) noch einmal in Reinkultur verbreitet wird, droht in den Augen kulturkonservativer Beobachter ins Gegenteil umzuschlagen. Die großstädtische Jugend, die auf der Suche nach Abwechslung und Ablenkung Gefahr läuft, die Hoffnungen, die auf sie gesetzt werden, zu enttäuschen, scheint nun selbst verloren: „Rettungslos zur Beute fallen mußte ihr [der Schundliteratur; d. Verf.] aber unsere Jugend […], deren Wesen in vielen Zügen von der Schundliteratur unmittelbar in Rechnung gestellt werden konnte, so ihre lebhafte Phantasie, ihre Abenteuerlust, ihr Tätigkeitsdrang, ihre Neigung zur Heldenverehrung, ihr Lesebedürfnis. Diese Kräfte, deren Veredelung die schwere aber schöne Aufgabe aller Erziehung ist, werden durch die Schundliteratur auf abschüssige Bahnen geleitet.“ (Clasen 1918, S. 29) In den 1920er Jahren werden die staatlichen Jugendschutz- und Jugendpflegeorganisationen ausgebaut; mit gesetzlichen Regelungen und staatlichen Interventionen soll der vorgeblichen Verwahrlosung entgegen gewirkt werden.[15] Angst um die Jugend erweist sich nicht zum ersten Mal als Angst vor der Jugend. So wird im Topos der *verwahrlosten Jugend* ein Deutungsmuster fortgeschrieben, das „unerwünschte gesellschaftliche Entwicklungen als Probleme des Schutzes der Jugend vor den Massenkünsten wahrnimmt.“ (Maase 1995, S. 277)

Insbesondere die Rezeptionspraktiken der Kinder und Jugendlichen, die sich die neuen Medien schnell zu eigen machen, stoßen immer wieder auf Vorbehalte und Kritik. Die Angst vor den neuen Medien, vor Umgangsweisen und ästhetischen Vorlieben, die weder künstlerisch anspruchsvoll noch pädagogisch wertvoll seien, dokumentiert sich auch in der Auseinandersetzung um die in hohen Auflagen verbreiteten Heftserien. Seitdem der Verlag A. Eichler 1905 zuerst Detektiv- und Westernserien wie *Nick Carter, Sherlock Holmes* und *Buffalo Bill* aus den USA importiert und im Anschluss daran deutsche Nachfolger (*Nat Pinkerton, Lord Lister genannt Raffles, der große Unbekannte*) auf den Markt gebracht hat, gehören die zwischen 10 und 20 Pf. kostenden Hefte zur Lieblingslektüre von Kindern und Jugendlichen. Für die Kritiker avancieren die sogenannten „Nick Carter-Hefte" (Schultze 1925, S. 14) ebenso schnell zu Hassobjekten. Mit großer Besorgnis wird das Wiederaufleben der Heftserien nach dem Krieg vermerkt. Teils haben die populären Serien die Verbote während des Krieges überlebt und sind weiterhin im Umlauf, wie entsprechende Überprüfungen bei Schülern ergeben haben. (S. Popert 1926, S. 88–96; Gensch 1930, S. 57ff.) Teils werden die populären Vorkriegsserien wieder aufgelegt. *Lord Lister* beispielsweise erscheint in einer zweiten Auflage von 1932–1935 mit modernisiertem Erscheinungsbild.

Zudem kommen in der Weimarer Republik zahlreiche neue Serien auf den Markt, die an das bewährte Erfolgsprinzip anknüpfen und dabei, so der aufmerksame Leser Fronemann, die Qualität der „Klassiker der Schundliteratur" (Fronemann 1921a, S. 6) noch unterschreiten.

Ein Beispiel: Die Heftserie Frank Allan

Vor allem die weit verbreitete *Frank Allan*-Serie – erschienen in dem als „Schundliteraturfabrik" (Fronemann 1921a, S. 8) berüchtigten Verlag Ostra[16] – rückt in den Fokus der Schundkämpfer. Die Serie um den zum „Rächer der Enterbten" geadelten Meisterdetektiv, der wöchentlich den heroischen Kampf gegen das Verbrechen aufnimmt, erschien in 533 Folgen, die eine große Reichweite erzielten.[17] Fronemann (1927, S. 155) rechnet mit 300000 wöchentlich verkauften Heften, Gensch bezeichnet *Frank Allan* als die „meistgelesene Schrift Deutschlands." (Gensch 1930, S. 61)

Lektürekritik: Argumente und Intentionen

Sein außerordentlicher Erfolg macht den Serienhelden schnell zur Zielscheibe der Kritik. Ins Feld geführt werden hier die üblichen Argumente, die das Übel vor allem an der unterstellten schädlichen Wirkung der Heftserien fest machen. So werden Geschichten kolportiert von Jugendlichen, die der Faszination des Verbrechens erlegen und in Folge der Lektüre zu Straftätern oder Selbstmördern geworden sind. Ein kritischer Beitrag zur Debatte weicht allerdings von diesem etablierten Muster ab. Hans Epstein legt bereits 1930 eine Untersuchung zu *Frank Allan* vor, die in mancher Hinsicht als Prototyp der späteren Auseinandersetzung mit der sogenannten Trivialliteratur angesehen werden kann. Er versteht seine Studie zum *Detektivroman der Unterschicht* (U.T.) explizit als eine „soziologisch-literaturwissenschaftliche“ (ebd., S. 5) Analyse. Epstein verzichtet weitgehend auf die sonst übliche Polemik[18]; ihm geht es, wie er einleitend feststellt, zunächst um „Sichtung“ und „objektive“ Beschreibung des Materials (ebd., S. 1), denn er will mit literaturwissenschaftlicher Analyse dem „Typus“ (ebd., S. 6) dieses Detektivromans auf die Spur kommen. Er arbeitet das „Schema“ (ebd., S. 7ff.) des Romans in seinen Variationen heraus, beschäftigt sich mit Handlungsmustern, Figurenzeichnungen und -konstellationen sowie mit Sprache und Stil. Epstein kommt zu einem Ergebnis, das zumindest mit Blick auf Weltbild und Moralvorstellungen die Befürchtungen der Kritik nicht erfüllt. Ganz im Gegenteil kritisiert er die „reaktionäre“ (ebd., S. 20) politische Tendenz der Serie, die, um in den von Ernst Bloch aufgestellten Thesen zur Kolportageliteratur zu sprechen, keineswegs Revolution träumt, sondern ein affirmatives obrigkeitstreues Gesellschaftsbild entwirft, das üblicherweise dem Kitsch vorgeworfen wird[19]: „Er [der Frank Allan-Roman; d. Verf.] ist nur – ganz objektiv betrachtet nicht sozialistisch, in seinen ganzen Anschauungen antisozialistisch […] und verdummt ästhetischen Finessen vom sozialistischen Standpunkt aus geschehen [sic!] – das Volk, die Hunderttausende seiner Leser.“ (Ebd., S. 35)

Die Lektürelust verdankt sich, Epstein folgend, dem Spiel mit dem Normverstoß, mit der Exotik des Verbrechens und seiner Schauplätze, dem Aufregenden, Schauerlichen und Abenteuerlichen, das sich in der Fiktion genießen lässt, auch weil, und das weiß jeder Leser von Anfang an mit Sicherheit, am Ende die Wiederherstellung der Ordnung „moralische Lust“ (Anz 1998, S. 133) verschafft. Epsteins abgeklärte Analyse ist, sowohl hinsichtlich der Methodik, des Bemühens um Sachlichkeit sowie des – für die bürgerlichen Ordnungsvorstellungen – wenig beunruhigenden Ergebnisses eine singuläre Erscheinung. Auf der Grundlage des 1926 erlassenen *Gesetz[es] zur Bewahrung der Jugend vor Schmutz- und Schundschriften* wurden der Verkauf und die Ausstellung der gesamten Serie 1931 schließlich verboten.[20] Hans Brunckhorst, der Vorsitzende des Hamburger *Kampfausschusses*, feiert das Verbot in der *Jugendschriften-Warte* als entscheidenden Schlag gegen das *Schundkapital* und sieht darin einen ebenso ermutigenden wie längst überfälligen Schritt zur konsequenten Anwendung der neuen rechtlichen Möglichkeiten. (S. Brunckhorst 1931, S. 19–20)

In der kritischen Auseinandersetzung auch mit anderen Lektüreangeboten wird allerdings deutlich, dass hier nicht nur Fragen von Moral und Ästhetik verhandelt werden. Provozierend wirken zudem Normverstöße gegen die herrschende

Geschlechterordnung: Die Serienheldin *Ethel King, der weibliche Sherlock Holmes*, die sich als Detektivin in der Welt des Verbrechens bewegt, provoziert die bürgerliche Frauenrolle, Backfischstreich-Serien wie die während der Weimarer Republik fortgesetzte Serie *Prinzessin Übermut : eine Serie lustiger Backfischstreiche*[21] verbreiten Unbehagen. In der Kritik stand bereits seit längerem die gesamte sogenannte Backfischliteratur, der das „Weichlich-Kitschige" (Gensch 1930, S. 59) sowie ein unterschwelliges Spiel mit der Erotik vorgeworfen wurde, das die Grenzen zur verpönten Schmachtliteratur überschreite.[22] Die gender-übergreifende Kritik an den Jugendstreich- und Detektivserien macht darüber hinaus deutlich, dass die Bedrohung nicht nur in den fiktionalen Freiräumen gesehen wurde, sei es im Eintritt in abenteuerlich-exotische Phantasiewelten, sei es im befreiend komischen Spiel mit den Autoritäten. Verfolgt wurden auch kinder- und jugendkulturelle Praktiken, die sich in spezifischer Weise mit der Lektüre verbinden bzw. an die literarischen Angebote anschließen. Sammeln, Verleihen, Tauschen, die Bildung von Clubs und Detektivbünden werden in der Kritik als weitere Spielart der Kriminalisierung, als gefährliche „Bandenbildung" (Schultze 1925, S. 25) wahrgenommen.[23] Schülern und Jugendgruppen, die sich bei entsprechenden Umfragen nicht offen zur Schundlektüre bekennen, weil sie die Intentionen solcher Befragungen vermutlich durchschauen, wird ein „Doppelleben" (Gensch 1930, S. 57) unterstellt; gerade die heimliche unkontrollierte Lektüre wird als Gefahr angesehen.

Kontrollverluste werden auch deswegen befürchtet, weil die Vertriebs- und Absatzwege sowie die Positionierung der Angebote für eine große Reichweite sorgen. So nutzen die Produzenten moderne Marketingelemente, arbeiten mit Strategien der Aufmerksamkeitserregung, etwa durch die plakative Gestaltung der Cover, die eine dramatische Szene in farbiger Illustration auf den Titel setzen. Leserbindung wird hergestellt durch das Fortsetzungsprinzip sowie durch Rück- und Querverweise auf vorangegangene Folgen. Ein engmaschiges Vertriebssystem führt am offiziellen Buchhandel vorbei über Grossisten und Kolporteure zu alternativen niedrigschwelligen Verkaufsstätten: Papier-, Zeitschriften-, Friseurläden, Kurzwaren- und Gemüsehändler, Zeitungskioske, Bahnhofsbuchhandel und Schundliteratur-Antiquariate haben die populären Heftserien im Sortiment. Schaufensterauslagen sorgen für Präsenz im öffentlichen Raum – und damit auch für Ansichten, die vor den Augen der Kinder verborgen bleiben sollen. Gensch berichtet von einer Schaufensterauslage erotischer Schriften, vor der „viele junge Menschen im Entwicklungsstadium [...] gierigen Blicks" (Gensch 1922, S. 9) standen. So werden Ansichten möglich, die im offenen Widerspruch zum Konzept einer bürgerlichen Kindheit stehen, die ihre Unschuld bewahrt, weil sie sich im behüteten und abgeschotteten Privatraum abspielt.[24]

Die Provokation der Populärkultur liegt so auf mehreren Ebenen. In Produktion, Präsentation, Verbreitung und Aneignung stellt sich die „moderne(n) Schundliteratur“ (Schultze 1925, S. 14) als das Gegenteil dessen dar, was Pädagogen als kindgemäß gilt und was insbesondere konservative Kulturvermittler mit dem klassischen Kulturgut Buch verbinden: Anonyme Autoren – Fronemann spricht von einem „Schriftstellerproletariat“, das sich „hinter wohlklingenden Decknamen“ (Fronemann 1922a, S. 139) verberge – statt große (deutsche) Dichter, in schneller Folge und in hohen Auflagen verlegte Massenware, die aus dem kommerziellen Interesse gar keinen Hehl macht, statt Originalkunstwerke, Fortsetzungsserien, die mit ihrer Spannungsdramaturgie samt eingebautem cliff hanger Lust auf mehr machen, statt in sich abgeschlossene, durchgeformte Kunstwerke, deren ästhetische Finessen immer wieder aufs Neue zu ergründen sind, (amerikanische) Helden, die als Markenzeichen fungieren, statt unverwechselbare Charaktere, Texte, die Spannung und Zerstreuung versprechen statt Konzentration und Kontemplation zu fordern, und die schließlich in kulturelle Praktiken integrierbar sind, die quer zum bildungsbürgerlichen Habitus entsagungsvoller Kunstaneignung stehen. „Endlos ergießen sich Riesenströme unsäglich flacher Reize über das Gehirn des Schundlesers, jede Fähigkeit zur Sammlung, Selbstbeherrschung und -entäußerung, zur Erlebnisfreiheit vernichtend. Welcher Dichter wünscht nicht für unsere Zeit eine Tiefe des Kunsterlebens zurück, die ein Lieblingsbuch zum ständigen Begleiter des Menschen machte, dessen Schönheit er nie auszutrinken vermeinte, das ihm immer wieder neues Erleben, Erquicken, Erheben schenkte?“ (Gensch 1922, S. 10)

In Äußerungen wie dieser wird deutlich, dass es in der Auseinandersetzung auch um die Herabsetzung konkurrierender Wahrnehmungs- und Erlebnismuster geht, um alternative Formen des Vergnügens, die als Bedrohung der „bürgerliche(n) hegemoniale(n) Kultur“ (von Saldern 1993, S. 28) erlebt werden. Nicht zuletzt ist mit dem befürchteten Anerkennungsverlust bürgerlicher (Kultur-) Werte und Normen der Status der Gebildeten selbst bedroht. Es ist, das wird in der Rhetorik von Rausch und Schwindel deutlich, auch in der Entgegensetzung von Wort und Bild, die vor allem im Kontext der Auseinandersetzung um Film und Kino eine Rolle spielt, auch eine Abwehr anderer Rezeptionspraktiken und neuer Medien, die die Wahrnehmungsgewohnheiten verändern und deren Genuss andere Decodierungskompetenzen voraussetzt.

Symbolische Kämpfe um die Jugend werden allerdings nicht nur von Seiten der bürgerlich-konservativen Pädagogen ausgetragen, die den Kampf gegen die Populärkultur als Frage der Kultur und der Jugendfürsorge begreifen.[25] Sie können dabei auch auf Teile der Jugendbewegung zählen, die sich mit den Idealen von Natur, Reinheit und Kunst identifiziert und den Kampf gegen Schmutz und Schund als eigene Sache versteht. (S. Popert 1926, 57f.; Donndorf 1922, S. 10)

Auch die Sozialdemokratie engagiert sich im Kampf gegen den Schund und setzt auf Bildung der Arbeiter(jugend). In der Weimarer Republik verschärft sich im Kontext der zunehmenden politischen Radikalisierung der Kampf um die Jugend, von der die Zukunft der politischen Sache abhängt. In Walter Schönstedts Roman *Kämpfende Jugend*, erschienen 1932 in der Reihe *Der Rote 1-Mark-Roman*, die als günstige proletarische Massenliteratur explizit gegen die sogenannte bürgerliche Schundliteratur und deren Identifikationsangebote geschrieben ist, wird dies am Ende der Weimarer Republik noch einmal explizit zum Thema. Die hier dargestellte kommunistische Jugend versucht, die nicht organisierten wilden Cliquen, die sich die Zeit auf dem Rummelplatz oder im Kino vertreiben, für den Kampf gegen den Faschismus zu mobilisieren und bewegt sie schließlich zum sinnvollen politischen Engagement im kommunistischen Jugendverband. Am entgegengesetzten Rand des politischen Spektrums werden die wilden Cliquen instrumentalisiert, um die kommunistische Arbeiterjugend als Teil der verwahrlosten Jugend vorzuführen. Schenzingers *Der Hitlerjunge Quex* (1932) stellt die kommunistischen Jugendlichen als Bande enthemmter, vergnügungssüchtiger, rauf- und sauflustiger Jugendlicher dar, vor deren Asozialität sich die geordnete Welt der Hitlerjugend in ihrer Kameradschaftlichkeit umso strahlender abheben soll.

Akteure – Aktionen

Der zu Beginn der Weimarer Republik bereits seit einigen Jahren tobende Schundkampf weist mit Blick auf die beteiligten Akteure, Aktionen und Organisationen Kontinuitäten auf. So zählt die in den *Vereinigten Deutschen Prüfungsausschüssen für Jugendschriften* organisierte Jugendschriftenbewegung auch weiterhin zu den treibenden Kräften im Kampf gegen den Schmutz und Schund. Die *Jugendschriften-Warte*, deren Leitung in den 1920er Jahren der bereits seit einigen Jahren in der Jugendschriftenbewegung aktive Frankfurter Pädagoge Wilhelm Fronemann übernimmt, bleibt das zentrale Organ der Auseinandersetzung. Innerhalb der Jugendschriftenbewegung werden jedoch Differenzen über angemessene Beurteilungskriterien der Jugendliteratur und Möglichkeiten der Lenkung der Jugendlektüre sichtbar.[26]

Kontrovers diskutiert wird etwa die Wirksamkeit des sogenannten positiven Schundkampfes, also der unterschiedlichen Maßnahmen, dem ‚Schund' durch Aufklärung, (Kunst-)Erziehung und eigene billige Angebote entgegen zu wirken. Insbesondere der Hamburger Prüfungsausschuss, der sich dezidiert in die Nachfolge Heinrich Wolgasts stellt, setzt die „Erziehung zum guten Buch" (Popert 1926, S. 48) fort. Mit Reihen wie *Deutsche Jugendbücherei, Bunte Bücher, Schatzgräber, Quellen, Blaue Bändchen, Grüne Bändchen, Volksbücher der Deutsche Dichter-Gedächtnis-Stiftung* soll ein „billiger Ersatz für Schund" (ebd., S. 52f.) geboten werden. Fortgeführt wird zudem die Aufklärungs- und Erziehungsarbeit: Empfehlungslisten werden erstellt, Verkaufsausstellungen organisiert, Vorträge und Unterhaltung für Arbeiter angeboten, die das Bewusstsein für und die Freude an der Kunst fördern sollen. Zudem setzen die Ausschüsse auf den Ausbau der Bibliotheksarbeit und der erfolgreichen Arbeit der Bücherhallen.[27] Schließlich wird auch die Forderung erhoben, ein eigenes System von Grossisten und Kolporteuren aufzubauen, um das sogenannte Schundkapital mit eigenen Waffen zu schlagen und die Kinder und Jugendlichen auf diesem Vertriebsweg zu erreichen. (S. Popert 1926; Fronemann 1921b) Auch Papier- und Schreibwarenhändler und Marktbuden werden „bearbeitet" (Popert 1926, S. 62), damit sie statt der Schundheftserien die guten günstigen Hefte anbieten.

Die Jugendschriftenbewegung forciert in den 1920er Jahren auch den negativen Schundkampf. So gründen auch die Hamburger Prüfungsausschüsse einen eigenen „Ausschuß zum Kampf gegen Schund und Schmutz in Wort und Bild" (Popert 1926, S. 61); seit 1925 wird ein eigenständiger Ausschuss ausgegliedert, der sich mit dem „Schmutz und Schund im Filmwesen" (s. Popert 1926, S. 61) beschäftigt. Hermann Popert schildert in der „Denkschrift" (Popert 1926, Vorwort) *Hamburg und der Schundkampf* im Detail das „generalstabsartige Vorgehen" (ebd., S. 68) der Ausschüsse. Die Aufklärungsarbeit setzt bei Erziehern und Eltern an, die mit Vorträgen, Flugblättern, Ausstellungen, der Verbreitung von Schundlisten für die Probleme sensibilisiert und zu entschlossenem Handeln ermuntert werden sollen. Kinder sollen sich mit Umtauschaktionen Gutes einhandeln, und durch die Einrichtung von „Giftschränken" (ebd., S. 68) vom Schund fern gehalten werden. Der Kampf gegen die „Schundindustrie" (ebd., S. 2) reicht von Boykottaufrufen bis zur Forderung nach Papierentzug und Verstaatlichung. (S. Fronemann 1919, S. 6; 1921a, S. 9) Insbesondere Wilhelm Fronemann, der die Möglichkeiten des aufbauenden Schundkampfes skeptisch beurteilt, solange die Lesegewohnheiten von der Massenliteratur geprägt seien, legt sich auf repressive Maßnahmen fest. Er betreibt die Stärkung der Autoritäten auf allen Ebenen: Lehrer und Eltern sollen eine „lückenlose Aufsicht" (Fronemann 1922, S. 147) garantieren, Sachverständige sollen bei der Erstellung von Verbotslisten mitentscheiden, und die Staatsgewalt soll die Produktion und Verbreitung verhindern: „Jeder behördliche oder private Kampf gegen die Erzeuger und Verbreiter der Schundliteratur muß seine Grundlage in einem Gesetz gegen das niedrigste Schrifttum finden." (Fronemann 1921a, S. 10)

Fronemann macht für die ungehinderte Verbreitung der Schundliteratur nach dem Krieg insbesondere Karl Brunner verantwortlich, den ehemaligen Sachverständigen im Berliner Polizeipräsidium und dortigen Leiter der *Zentralstelle zur*

Bekämpfung der Schundliteratur. Fronemann wirft Brunner vor allem dessen „Paktieren“ mit dem „Schundliteraturkapital“ vor. (Fronemann 1922b S. 17) Brunner hatte die Produktion sogenannter Volksliteratur, günstiger populärer Lesestoffe, unterstützt. Mit Brunner, der der christlichen Sittlichkeitsbewegung nahe steht, verbindet die Jugendschriftenbewegung eine langjährige, von beiden Seiten gepflegte Feindschaft, die sich nicht nur an den unterschiedlichen Bewertungsmaßstäben entzündet: Brunner hatte den Prüfungsausschüssen immer wieder mangelnden Patriotismus und die Nähe zur Sozialdemokratie vorgeworfen, während die Ausschüsse Brunner als „kunstblinde(n) Eiferer“ (ebd., S. 18) bekämpfen, dem es ausschließlich um Unbedenklichkeit in Fragen der Religion, Sittlichkeit und des Patriotismus gehe. Die patriotischen und religiös-moralischen Schriften wurden jedoch von der Jugendschriftenbewegung als Tendenzschriften abgelehnt. In der – bis zum Rechtsstreit gehenden – Auseinandersetzung Fronemanns mit Brunner zeigt sich auch, dass es in der Kontroverse um Macht und um Einflussnahme auch um die politischen Entscheidungsprozesse geht. Brunner wird auch in der Weimarer Republik zum Sachverständigen berufen, was den Zorn Fronemanns erregt, der selbst die Nähe zu den staatlichen Behörden sucht und als Vorsitzender des Sachverständigenrats in Frankfurt eng mit den Polizeibehörden zusammenarbeitet. Diese Kooperation ist insbesondere mit Blick auf die Ausformulierung des seit Jahren diskutierten Gesetzes gegen Schmutz und Schund von Bedeutung.

Das Gesetz zur Bewahrung der Jugend vor Schund- und Schmutzschriften

Forderungen nach einer gesetzlichen Grundlage für die Bekämpfung der Schundliteratur sind auch im Kaiserreich immer wieder aufgekommen, sie wurden jedoch nicht umgesetzt. Während des Krieges haben die Militärbehörden mit entsprechenden Verfügungen ein Verbot von Vertrieb, Verkauf und Auslage von Schundliteratur durchgesetzt – verboten wurden u.a. die bekannten Heftserien. Basis hierfür war die von Karl Brunner erstellte sogenannte Berliner Liste.[28] Die Jugendschriftenbewegung hat dieses Vorgehen bereits 1916 als „pädagogische Tat“ (Brunckhorst 1916, S. 1–2) gelobt und „das entschiedene Auftreten der Generalkommandos gegen die Schundliteratur als wirksamste Unterstützung ihrer Arbeit freudig begrüßt.“ (F. H. 1916, S. 31)[29] Nachdem die während des Krieges geltenden Erlasse außer Kraft gesetzt sind, kommen bereits kurz nach Kriegsende Forderungen nach einem Gesetz gegen Schmutz und Schund auf. Bereits in der November/Dezember-Ausgabe der *Jugendschriften-Warte* 1918 wird eine Eingabe abgedruckt, in der sich die *Vereinigten Deutschen Prüfungsausschüsse* gemeinsam mit dem *Deutschen Lehrerverein* und den *Deutschen Volksbildungsvereinigungen* in einer Eingabe an Reichskanzler, Bundesrat und Reichstag mit der „ergebenen Bitte“ wenden, „den während des

Krieges unter dem Belagerungszustand getroffenen und bewährten Maßnahmen zum Schutze der Jugend durch Schaffung der gesetzlichen Grundlagen auch für die Friedenszeit Fortdauer zu verleihen." (Clasen 1918, S. 29)[30] Unter Einbeziehung eines Sachverständigenrates, so der Entwurf, sollen Verbotslisten erstellt werden, die über die wegen ihrer Lückenhaftigkeit vielfach kritisierte Berliner Liste hinausgehen. Auch in der Folge arbeiten die Ausschüsse und Volksbildungsvereinigungen an der Vorbereitung des Gesetzes durch eigene Entwürfe mit.[31]

In Wilhelm Fronemanns Einlassungen zeigt sich auch, wie die Hoffnungen, die zunächst auf die „Staatsgewalt" (Fronemann 1919, S. 6) gesetzt wurden, in Ressentiments gegen die Revolution und den liberalen Staat umschlagen, nachdem sich die Verhandlungen über das Gesetz hinziehen. Fronemann berichtet bereits 1922 zur *Lage im Kampf gegen die Schundliteratur*: „Dann kam die Revolution und die Schundliteraturfabriken überschwemmten das deutsche Volk mit einem unerhört wüsten Schrifttum eben in dem Augenblick, als alle Dämme von Zucht und Sitte einstürzten. [...] Der seit Frühjahr 1920 einsetzende Kampf um das hier geforderte Gesetz hat sich bis heute zu einer konfusen Tragikomödie ausgewachsen, die unserer wirren, direktionslosen Zeit würdig ist." (Fronemann 1922a, S. 142 f.) Die Befürworter des Gesetzes wehren sich gegen die von verschiedenen Autoren, u. a. von Heinrich Mann und Kurt Tucholsky, aber auch vom Psychologen und Schulreformer Siegfried Bernfeld geäußerten Vorwürfe, es gehe ihnen um eine Einschränkung der Kunstfreiheit. Davon könne, da es sich ausschließlich um Ware handele, die im kapitalistischen Geschäftsgeist produziert werde, keine Rede sein. (S. Fronemann 1922b, S. 17 ff.) Die Kritik von „linksstehende(n) Parteien, entschiedenen Schulreformer(n), erste(n) Schriftsteller(n)" (Gensch 1922, S. 9) wird als „unbeeinflußt von irgendwelcher Sachkenntnis" (ebd.) abgetan. Um jedoch jeden „Mißbrauch" (Popert 1926, S. 11) des Gesetzes auszuschließen, fordert auch Popert in seiner „Denkschrift" (ebd., Vorwort), die ebenfalls einen Gesetzentwurf enthält, folgenden Satz in das Gesetz aufzunehmen: „Eine Schrift kann nicht wegen ihres politischen, religiösen oder konfessionellen Charakters als Schund- oder Schmutzschrift angesehen werden." (Ebd., S. 11)

Unter §1(5) wird eine vergleichbare Formulierung schließlich in das *Reichsgesetz zur Bewahrung der Jugend vor Schund- und Schmutzschriften* aufgenommen. Am 18. Dezember 1926 wird es vom Reichstag gegen die Stimmen der linken Parteien angenommen. Verboten werden mit dem Gesetz der Verkauf, der Vertrieb und die Auslage aller Schriften, die von den eingesetzten Prüfstellen in die entsprechenden Listen aufgenommen worden sind. Eine Definition dessen, was als Schmutz und Schund anzusehen ist, wird nicht in das Gesetz aufgenommen. Diese Frage wird durch die Auslegung der Prüfstellen in der

Praxis beantwortet. Die Oberprüfstelle benennt zwei Kriterien, die zusammen wirken müssen: „literarische Wertlosigkeit *und* Schädlichkeit, die in einer übertriebenen, den Wirklichkeitssinn der Jugend abstumpfenden Darstellung erblickt wird.“ (Gensch 1928, S. 47) D. h., „dass die Oberprüfstelle den Begriff der Schundschriften viel enger auslegte, als die Prüfungsausschüsse. Das galt nicht nur für die Bestimmung der Schundschriften an sich, sondern auch für die Anwendung dieses Gesetzes. Indem die Oberprüfstelle von der Schundschrift die *Wertlosigkeit in jeder Hinsicht* verlangte, fielen literarisch mittelmäßige Schriften amtlich nicht mehr unter die Rubrik *Schundschrift.*“ (Azegami 1996, S. 74)

Die Jugendschriftenausschüsse konnten sich mit ihrer Definition des Schunds als ästhetisch minderwertige Massenware nicht durchsetzen. Insgesamt blieb, trotz des Verbots der *Frank Allan*-Serie, die Wirksamkeit des Gesetzes beschränkt. Die Hoffnungen, die vor allem die Prüfungsausschüsse in die Rechtsgrundlage gesetzt hatten, um die kommerziellen Heftserien zu bekämpfen, erfüllten sich nicht.[32]

Schundkampf als Krisenerscheinung

Verbots- und Zensurforderungen, das wird nicht erst in den Diskussionen um das Gesetz deutlich, lassen sich als Abwehrreflexe gegen die als bedrohlich empfundenen gesellschaftlichen Umbruch- und Modernisierungsprozesse lesen. „Censorship represents an aspect of Pädagogisierung, and censors in particular often perceive newness, difference, or modernity as threatening“ (Springman 2007, S. 62) – so bringt Springman dieses Gesetz auf den Punkt. Nicht erst in der Auseinandersetzung um das Gesetz verschieben sich die Argumente gegen den Schund unter dem Einfluss zeit- und kulturkritischer Stimmungen in deutlich antimoderne Richtung und verbinden sich mit antidemokratischen, teils mit antisemitischen Ressentiments. (S. Maase 1997, S. 175 ff.; Maase 2001; Springman 2007) „Der Unterhaltungssektor“, so Maase, wurde „zum Kampffeld zwischen den Kräften der Demokratisierung und der Gegenmoderne.“ (1997, S. 115) Die kommerziellen Angebote werden in der Zwischenkriegszeit in „Realsymbole“ umgedeutet, in „Symptome einer vom Krebsgeschwür befallenen Gesellschaft.“ (Maase 2001, S. 11; s. auch Maase 1997)

Eine solche Umcodierung wird Ende der 1920er Jahre auch in den Positionen der Jugendschriftenkritik deutlich[33]; sie zeichnet sich auch in den Schriften Wilhelm Fronemanns ab, der sich selbst als Modernisierer der frühen, vor allem von Heinrich Wolgast geprägten Jugendschriftenbewegung versteht. Doch von den emanzipatorischen Idealen, die der der Sozialdemokratie nahe stehende Wolgast vertritt, der in der ästhetischen Erziehung eine Möglichkeit sieht, weiteren Bevölkerungsschichten den Zugang zu Bildung und Kunst zu eröffnen[34], ist bei Fronemann nicht mehr die Rede. In seinen literaturpädagogischen Beiträgen rücken spätromantisch-antimoderne Ideen in den Vorgrund[35], die deutlich ins National-Völkische gewendet werden. In Auseinandersetzung mit dem *Erbe Wolgasts* fordert Fronemann, „daß die Wolgastsche Idee der künstlerischen Jugendschrift heute sich verbreitert zu einer geistig-sittlichen Jugendpflege, bei der das Buch dichterischen und sachlichen Inhalts als Bildungsmittel lediglich im Vordergrund steht, und zu einer nach weiten Zielen orientierten Volksbildung, die letzten Endes eine einheitliche Volkskultur erstrebt, die der Kitt der lebendigen und nach jeder Seite hin aktiven Volksgemeinschaft sein soll." (Fronemann 1927, S. 84) Die bildungspolitischen Intentionen der frühen Jugendschriftenbewegung werden nun in den Dienst einer nationalpädagogischen Erziehung gestellt. „Die Jugendliteratur soll das werdende Geschlecht zum großen Schrifttum hinführen und gleichzeitig dem allgemeinen Erziehungsziel, Entwicklung der Erbmasse des jungen Menschen und Einfügung der werdenden Persönlichkeit in die Gemeinschaft dienen." (Fronemann 1930, S. 6) Die Idee der „Volksgemeinschaft", die „durch seelischen und geistigen Inhalt gefestigt ist" (Benfer 1926a, Vorwort), wird zum Fluchtpunkt der regressiven Utopie, in der die Verwerfungen einer ausdifferenzierten, von sozialen und politischen Gegensätzen geprägten Moderne überwunden sein sollen. Auf dieser ideologischen Basis wird der Kampf gegen Schmutz und Schund zu einer Frage der „geistigen Volkshygiene" (Fronemann 1921a, S. 10), gar zur Sache der „Zukunft unseres Volkes" (Benfer1926a, Vorwort) erklärt.

Die Schundliteratur erscheint in dieser Perspektive als Symptom einer Zeitkrankheit, als *sozial-pathologische Erscheinung.* (Benfer 1926b) Fronemann liest sie als „Wetterzeichen schlimmer Schäden im sozialen Gefüge des Volkskörpers." (Fronemann 1919, S. 5) In seiner Schrift *Schundkampf und literarische Jugendpflege* (1932) führt Benfer eine ganze Reihe von „sozialen Mißständen" (ebd., S. 6) auf, die hinter dieser Erscheinung stehen: „Wohnungselend" (ebd., S. 7), „Arbeitslosigkeit", „Naturentfremdung", Alkoholmissbrauch und die „verloren gegangen[e] Einheit der Familie." (Ebd., S. 8) Eine solche zeittypische Verbindung von Zeitdiagnose und Zeitkritik, die insbesondere die Großstadt als Ort des massenhaften Verfalls ausmacht, findet sich auch bei Wilhelm Fronemann. Er führt psychologische und sozialpsychologische Faktoren ins Feld, um die „seelischen Voraussetzungen der Unterhaltungs-, Ermüdungs- und Entspannungslektüre" (Fronemann 1922a, S. 140) zu erfassen.[36] Im Schund sieht er eine Projektionsfläche für Größenphantasien insbesondere für Jugendliche unterer Schichten, die keine anderen „Ausgleichsventile" (ebd., S. 141) haben. Die Lektüre versteht er als Weg aus der „sozialen Beengung der Großstadtjugend, aus der die Schundliteratur wenigstens gedanklich hinausführt." (Ebd.) Zudem scheint ihm die „fahrige, tausendfältig gereizte, allzeit reizhungrige Seele des Großstadtkindes", als „Nährboden" des Schundes. (Ebd.) Akzeptanz für die Bedürfnisse nach Entlastung, nach Spannung und Exotik, die im grauen Alltag Abwechslung verschaffen, bringt Fronemann allerdings nicht auf.[37] Es geht ihm um die Diagnose und d. h. die Konstruktion eines Problemzusammenhangs „sozialpsychologischer und sozialethischer Natur", der nicht mit ästhetischer Erziehung, sondern mit Maßnahmen „sozialer Fürsorge" bekämpft werden muss. (Ebd.) Neben der ungefestigten Jugend erklärt er die Unterschichten zum Objekt solcher fürsorglicher Maßnahmen. Die „Untiefen des geistig niedrig organisierten Menschen" seien die Einfallstelle des an „Abenteuerlust und Verbrechersinn, Sensationslust, Gefühle und Triebe sadistischer Natur [...] und antisoziale Instinkte" appellierenden Schundes. (Ebd.) In dieser Zuordnung von „untergeistige[m] Schrifttum" (Fronemann 1927, S. 147 ff.), Triebstruktur und Unterschichten manifestiert sich die Angst der Gebildeten vor der Masse, die ungehemmt kulturelle Ordnungs- und Persönlichkeitsvorstellungen niederzureißen droht.[38] Letztlich setzen „die Erben Wolgasts", so fasst Nassen die Forderungen nach Sozialreformen und Überwindung des Zeitgeistes zusammen, „auf nichts weniger als auf eine Erneuerung der Kultur, die einen Mentalitätswandel herbeiführen soll. Dieser Mentalitätswandel, der als Befreiung des Geistes deklariert wird, wäre vollzogene praktische Sozialhygiene." (Nassen 1996, S. 159)

Die Auseinandersetzung um den Schmutz und Schund ist mit ihren Abwehrreflexen, der Angst vor den „niedrigen Instinkten der Massen" (Fronemann 1921a, S. 4), den antimodernen Ressentiments und nationalistischen Tönen selbst ein Symptom für die Krisenjahre der Weimarer Republik. Kaspar Maase wendet sich in seiner Darstellung zwar gegen die Vorstellung einer „Kontinuitätslinie", die „von den Widerständen gegen die moderne Vergnügungskultur hin zum Faschismus" führt. (Maase 1997, S. 155) Die „demagogische Propaganda" konnte jedoch an die im Schundkampf verbreiteten Ressentiments gegen die urbane Massenkultur anschließen und „diese mit weiteren Erfahrungen von Verlust und Verunsicherung [...] verknüpfen und für antidemokratische Bewegungen einspannen." (Ebd., S. 153 f.) Dass sich die beschriebenen Deutungsmuster, der Rückgriff auf die Idee der Volksgemeinschaft, die Einbindung des Schundkampfs in Hygiene- und Pathologie-Diskurse und der Ruf nach durchgreifenden Autoritäten in die NS-Ideologie einfügen lassen, zeigt sich nicht zuletzt auch daran, dass Volkserzieher wie Rüttgers und Fronemann sich in den Dienst des sogenannten „Dritten Reichs" gestellt haben.[39]

Anmerkungsverzeichnis

1 Siehe hierzu die Beiträge in Maase; Kaschuba (Hrsg.; 2001) und Jäger (1991).

2 Der Vorsitzende des Jugendschriften-Ausschusses Potsdam, Robert Hahn, bezeichnet Ringelnatz' *Geheimes Kinder Spiel-Buch* als „übles Machwerk" und „widerwärtigen Schmutz." (Hahn 1924, Vorwort) Auch gegen die Literatur der Moderne wurde mit dem Verdikt Schmutz und Schund angegangen.

3 Maßgeblich ist dabei Ernst Schultzes schnell zum Klassiker der Debatte gewordene Schrift *Die Schundliteratur*, die 1909 zuerst erschienen ist, 1925 in der dritten Auflage verbreitet wurde. Jäger (1988) fasst die zentralen, auch die weitere Diskussion bestimmenden Vorwürfe zusammen: Der Sinn für Wahrheit und Wirklichkeit werde zerstört, die Normen verletzt, die Autorität untergraben, die Sinnlichkeit entfesselt, weil die skrupellosen Verleger mit ihren Produkten an niedere Instinkte appellierten. In systemtheoretischer Perspektive analysiert Storim (2002) die Funktionen der Diskussionen um Schmutz und Schund um 1900.

4 Siehe hierzu Springman (2007).

5 Siehe hierzu die grundlegenden Arbeiten von Maase (1995) und Maase; Kaschuba (Hrsg.; 2001).

6 Siehe Maase (1997) und Maase (2001).

7 Der Kitsch gilt als vergleichsweise harmloses Übel und wird, auch wenn die Grenzen zum sogenannten Schmachtroman fließend sind, von vielen Kritikern nicht bekämpft. Ackerknecht gesteht dem Kitsch als *kulturellem Übergangswert* (Ackerknecht 1950) sogar eine gewisse Berechtigung zu. Zur Debatte über den Kitsch siehe auch Kitsch (2007).

8 In §184a RStGB, der 1900 verabschiedet wurde, wird der Verkauf von Schriften, Abbildungen und Darstellungen, die das „Schamgefühl gröblich verletzen", an Personen unter 16 Jahren unter Strafe gestellt.

9 Fronemann weist allerdings darauf hin, dass „die neueste Entwicklung eine zunehmende erotische Verschmutzung [bringt]." (Fronemann 1921a, S. 3) 1922 konstatiert er: „Heute geht Schmutz und Schund ineinander über." (Fronemann 1922a, S. 138).

10 Popert rechnet in seiner „Denkschrift" (Popert 1926, Vorwort) mit zwei Milliarden Schundheften, die in Umlauf seien.

11 Zum „grenzenlosen Vergnügen", das die zeitgenössische Populärkultur bietet, siehe Maase (1997).

12 Siehe hierzu Schütz (1989).

13 Siehe hierzu Maase (1996).

14 Zur Figur des „neuen Mädchens" in der Kinderliteratur der Weimarer Republik siehe Tost (2003).

15 Siehe hierzu Springman (2007), insbesondere S. 63–69.

16 Ostra gehört zum Leipziger Verlag Vogel u. Vogel.

[17] 1949–1952 wurde die Serie fortgesetzt unter dem Titel *Der neue Frank Allan*. Als „Meisterdetektiv" agiert nun der Sohn von Frank Allan Sr.

[18] Sehr viel eindeutiger und einseitiger urteilt demgegenüber Ernst Krieck in seinem „Geleitwort" (Krieck 1930) zu Epsteins Untersuchung. Krieck führt die üblichen Argumente, das Schundkapital und die „geistigen Bedürfnisse eines primitiven Menschentums" (ebd., S. V) gegen die Serie ins Feld.

[19] Siehe Bloch (1935).

[20] Azegami (1996) sieht in der Studie einen der Gründe des Verbotes. Hier hat vermutlich Kriecks „Geleitwort" (Krieck 1930) gewirkt, das die psychische und soziale Schädlichkeit der Lektüre in den Vordergrund stellt.

[21] Zur Kritik an der Backfischliteratur im Allgemeinen und der Backfischserie *Prinzessin Übermut* im Besonderen siehe von Borstel (1916, S. 3–5).

[22] Siehe hierzu Wilkending (1996).

[23] Siehe hierzu Richter (1988).

[24] Siehe hierzu Maase (2008).

[25] Zu den unterschiedlichen (politischen) Ausrichtungen der Massenkulturkritik s. von Saldern (1993).

[26] Vgl. Tl. 2, Beitr. S. Ladwig

[27] Popert (1926) berichtet, dass bis zu 1 000 Kinder täglich in die Hamburger Bücherhallen gekommen sind.

[28] Zum Schundkampf während des Ersten Weltkriegs siehe Azegami (1996).

[29] Zur Differenzierung der Positionen der Jugendschriftenbewegung im Hinblick auf Verbot und Zensur siehe Wilkending (2001).

[30] Die Übergabe der Eingabe musste „bis zur Neugestaltung der Regierung verschoben werden." (Clasen 1918, S. 29)

[31] Zu den unterschiedlichen Positionen der Jugendschriftenbewegung im Hinblick auf die Forderung nach gesetzlichen Maßnahmen siehe Azegami (1996, S. 70).

[32] Azegami zitiert Fronemann, der konstatiert, dass das Gesetz sein Ziel, die Jugend vor literarisch minderwertigen Schriften zu schützen, „fast völlig verfehlt" (zit. in Azegami 1996, S. 80) habe.

[33] Zu den Positionen der führenden Jugendschriftenkritiker s. ausführlich Nassen (1996). Siehe auch Tl. 2, Beitr. S. Ladwig

[34] Womit er, auf dieses Paradox weist Hopster hin, „die Heilung der Menschen von den durch die bürgerlich-industriekapitalistische Gesellschaft verursachten Beschädigungen just von dem Medium erhoffte, dessen objektive Funktion nicht zuletzt darin bestand, jener Gesellschaft Legitimation zu verschaffen." (Hopster 1988, S. 34)

[35] Bereits in Wolgasts literaturpädagogischen Überlegungen spielt – neben Schillers ästhetischer Erziehung – das spätromantische Konzept einer nationalkulturellen Identitätsbildung eine Rolle. (S. Ewers 1996)

36 In den belastenden Arbeitsbedingungen sieht Fronemann einen der Gründe für die Popularität der Unterhaltungsangebote unter Erwachsenen: „körperliche Arbeit und einseitige mechanische Gehirntätigkeit können Ermüdungsgrade hervorbringen, die wie chronische Lähmung der geistigen Funktionen wirken. Diese Zustände verlangen aufregende Lektüre, die die Nerven aufpeitscht.“ (Fronemann 1922a, S. 141) Fronemann äußert hier Einschätzungen, die in der zeitgenössischen Diskussion über die Populärkultur insgesamt eine Rolle spielen. So argumentiert Karpfen in seiner Monographie über den Kitsch vergleichbar. Den Kitsch begreift er als Entlastungsmoment für den „Fronsklaven[s] der Großstadt“ (Karpfen 1925, S. 65), der „tagsüber wie ein Tier in die Sielen gespannt war.“ (Karpfen 1925, S. 61)

37 Zum Unterhaltungsmodell, das Fronemann skizziert, siehe Ewers (2002).

38 Maase spricht in diesem Zusammenhang von einer „von Klassenvorurteilen bestimmten Anthropologie“, die zur Abwehr von Mitbestimmungsrechten instrumentalisiert wurde: „Massenkünste als verrohend, kriminogen und realitätsverzerrend abzuwerten, hieß den Mitgestaltungsanspruch der ‚Ungebildeten‘ zurückweisen, deren unbeherrschte Triebe die Kulturindustrie angeblich ausbeutete.“ (Maase 2001, S. 1 f.).

39 Siehe hierzu Nassen (1996). Zum Schmutz und Schundkampf im NS siehe Hopster (1988) und Josting (1996).

Literaturverzeichnis

Literatur der Weimarer Zeit

Ackerknecht, Erwin: Der Kitsch als kultureller Übergangswert. – Bremen : Verein Dt. Volksbibliothekare, 1950 [EA: 1934]

Benfer, Heinrich: Kampf dem schlechten durch das gute Buch. – In: Bücherei für Jugendpflege. – Dortmund : Ruhfus. – H. 8. – 2. bed. erw. Aufl. – 1926a

Benfer, Heinrich: Schmutz und Schund als sozialpathologische Erscheinung. – Münster : Aschendorff, 1926b

Benfer, Heinrich: Schundkampf und literarische Jugendpflege. – Langensalza : Beltz, 1932

Borstel, Friedrich von: Neue und alte Schundliteratur. – In: Jugendschriften-Warte. – 23 (1916), S. 3 – 5

Brunckhorst, Hans: Eine pädagogische Tat. – In: Jugendschriften-Warte: – 23 (1916), S. 1 f.

Brunckhorst, Hans: Frank Allan verboten!. – In : Jugendschriften-Warte. – 36 (1931), S. 19 f.

Clasen, Georg: Eine Eingabe zur künftigen Gestaltung des Kampfes gegen die Schundliteratur. – In: Jugendschriften-Warte. – 25 (1918), S. 29 ff.

Donndorf: Der Kampf gegen Schmutz und Schund in Wort und Bild in Hamburg. – In: Jugendschriften-Warte. – 29 (1922), S. 10 f.

Epstein, Hans: Der Detektivroman der Unterschicht : I. Die Frank Allan-Serie. – Frankfurt/Main: Neuer Frankfurter Verl., 1930

F. H.: Ein starker Bundesgenosse in unserm Kampf gegen den Schund. – In: Jugendschriften-Warte. – 23 (1916), S. 31 f.

Frank Allan, der Rächer der Enterbten. – Leipzig : Ostra. – 28. Der rätselhafte Mister Rox. – 1930

Fronemann, Wilhelm: Die Bekämpfung der Schundliteratur im Rahmen der neuen staatlichen Ordnung. – In: Jugendschriften-Warte. – 25 (1918), S. 31

Fronemann, Wilhelm: Die Bekämpfung der Schundliteratur in Frankfurt a.M. unter der neuen staatlichen Ordnung. – In Jugendschriften-Warte. – 26 (1919), S. 5 f.

Fronemann, Wilhelm: Das Erbe Wolgasts : ein Querschnitt durch die heutige Jugendschriftenfrage : Langensalza : Beltz, 1927

Fronemann, Wilhelm: Der gegenwärtige Stand der Jugendschriftenfrage. – In: Lesende Jugend : Reden und Aufsätze. – Langensalza : Beltz, 1930. – S. 5 – 13 [EA: 1927]

Fronemann, Wilhelm: Die Lage im Kampf gegen die Schundliteratur. – In Volksbildungsarchiv. – 9 (1922a) 6/7, S. 137 – 149

Fronemann, Wilhelm: Die Schundliteratur nach dem Kriege. – In: Bücherei und Bildungspflege. – 22 (1921a), S. 2 – 16

Fronemann, Wilhelm: Was dann? : ein dringlicher Vorschlag. – In: Jugendschriften-Warte. – 28 (1921b), S. 10 f.

Fronemann, Wilhelm: Zur Frage der Bekämpfung der Schmutz- und Schundliteratur. – In: Jugendschriften-Warte. – 29 (1922b), S. 17 f.

Gensch, Willy: Schundfeststellung – Kunstgefährdung?. – In: Jugendschriften-Warte. – 29 (1922), S. 9 f.

Gensch, Willy: Das Gesetz zur Bewahrung der Jugend vor Schund- und Schmutzschriften. – In: Jugendschriften-Warte. – 33 (1928), S. 47

Gensch, Willy: Was liest unsere Jugend?. – In: Jugendschriften-Warte. – 35 (1930), S. 57 – 61

Hahn, Robert: Ursachen und Wirkungen des Schundlesens. – Langensalza : Beltz, 1924

Karpfen, Fritz: Der Kitsch : eine Studie über die Entartung der Kunst. – Hamburg : Weltbund-Verl., 1925

Krieck, Ernst: Geleitwort. – In: Epstein, Hans: Der Detektivroman der Unterschicht : I. Die Frank Allan-Serie. – Frankfurt/Main: Neuer Frankfurter Verl., 1930. – S. V – VIII

Lord Lister genannt Raffles der große Unbekannte : 10 Lieferungshefte in einem Band. – Hildesheim [u. a.] : Olms, 1979 [EA: Berlin : G. Müller, 1908 – 1910]

Lord Lister genannt Raffles der große Unbekannte. – Berlin : Neues Verlagshaus f. Volksliteratur. – 7. Pariser Apachen. – 1932

Popert, Hermann Martin: Hamburg und der Schundkampf. – Hamburg-Großborstel : Verl. d. Dt. Dichter-Gedächtnis-Stiftung, 1926

Ringelnatz, Joachim: Geheimes Kinder-Spiel-Buch. – Potsdam : Kiepenheuer, 1924

Samuleit, Paul: Aus der Geschichte des Kampfes gegen den Schund. – In: Geschichte und Wege der Schundbekämpfung : zwei Vorträge ; Flugschrift der Hauptstelle zur Bekämpfung der Schundliteratur in Berlin. – Berlin : Heymann, 1922

Schönstedt, Walter: Kämpfende Jugend : Roman der arbeitenden Jugend. – Berlin : Oberbaumverl., 1971 [EA: 1932]

Schenzinger, Karl Aloys: Der Hitlerjunge Quex. – Berlin : Zeitgeschichte-Verl., 1932

Schultze, Ernst: Die Schundliteratur : Ihr Vordringen – Ihre Folgen – Ihre Bekämpfung. – 3. Aufl. – Halle a.d.S. : Verl. d. Buchh. d. Waisenhauses, 1925 [EA: 1909]

Spranger, Eduard: Psychologie des Jugendalters. – Leipzig : Quelle & Meyer, 1924

Forschungsliteratur

Anz, Tomas: Literatur und Lust : Glück und Unglück beim Lesen. – München : Beck, 1998

Azegami, Taiji: Die Jugendschriften-Warte : von ihrer Gründung bis zu den Anfängen des ‚Dritten Reiches' unter besonderer Berücksichtigung der Kinder- und Jugendliteraturbewertung und -beurteilung. – Frankfurt/Main [u. a.] : Lang, 1996

Bloch, Ernst: Traumschein, Jahrmarkt und Kolportage. – In: Erbschaft dieser Zeit. – Zürich : Oprecht & Helbling, 1935. – S. 115 – 123

Ewers, Hans-Heino: Eine folgenreiche aber fragwürdige Verurteilung aller „spezifischen Jugendliteratur" : Anmerkungen zu Heinrich Wolgasts Schrift *Das Elend unserer Jugendliteratur* von 1896. – In: Theorien der Jugendlektüre : Beiträge zur Kinder- und Jugendliteraturkritik seit Heinrich Wolgast / hrsg. von Bernd Dolle-Weinkauff ; Hans-Heino Ewers. – Weinheim [u. a.] : Juventa-Verl., 1996. – S. 9 – 25

Ewers, Hans-Heino: Soll die Kinder- und Jugendliteratur der Unterhaltung dienen? : Versuch, eine alte Streitfrage der Literaturpädagogik zu schlichten. – In: Lesen zwischen Neuen Medien und Popkultur : Kinder- und Jugendliteratur im Zeitalter multimedialen Entertainments / hrsg. von Hans-Heino Ewers. – Weinheim [u. a.] : Juventa-Verl., 2002. – S. 33 – 50

Hopster, Norbert: Beständigkeit und Wandel : zur Geschichte der Kinder- und Jugendliteraturkritik seit dem Ende des 19. Jahrhunderts. – In: Sprache und Literatur in Wissenschaft und Unterricht. – 19 (1988) 62, S. 33 – 43

Jäger, Georg: Der Kampf gegen Schmutz und Schund : die Reaktion der Gebildeten auf die Unterhaltungsindustrie. – In: Archiv für Geschichte des Buchwesens. – 31 (1988), S. 163 – 191

Jäger, Georg: Medien. – In: Handbuch der deutschen Bildungsgeschichte / hrsg. von Christa Berg. – München : Beck. – IV. – 1991. – S. 473 – 499

Josting, Petra: Der Schmutz- und Schundkampf im „Dritten Reich". – In: Kinder- und Jugendliteraturforschung / hrsg. von Hans-Heino Ewers ; Ulrich Nassen [u. a.]. – Stuttgart [u. a.] : Metzler. – 2. 1995/96. – 1996. – S. 17 – 38

Kalb, Werner: Der Jugendschutz bei Film und Fernsehen. – Berlin [u. a.] : Luchterhand, [1963]. – (Jugend im Blickpunkt)

Kitsch : Texte und Theorien / hrsg. von Ute Dettmar ; Thomas Küpper. – Stuttgart : Reclam, 2007

Maase, Kaspar: Grenzenloses Vergnügen : der Aufstieg der Massenkultur 1850 – 1970. – Frankfurt/Main : Fischer, 1997

Maase, Kaspar: Kinder als Fremde – Kinder als Feinde : Halbwüchsige, Massenkultur und Erwachsene im wilhelminischen Kaiserreich. – In: Historische Anthropologie : Kultur – Gesellschaft – Alltag. – 4 (1996) 1, S. 93 – 126

Maase, Kaspar: Die moderne Massenkultur und das „Verschwinden der Kindheit" nach 1900. – In: Kindertheater und populäre bürgerliche Musikkultur um 1900 / hrsg. von Gunter Reiß. – Frankfurt/Main [u. a.] : Lang, 2008. – S. 15 – 32

Maase, Kaspar: Schundkampf und Demokratie. – In: Prädikat wertlos : der lange Streit um Schmutz und Schund / hrsg. von Kaspar Maase. – Tübingen : Tübinger Vereinigung f. Volkskunde, 2001, S. 8 – 17

Maase, Kaspar: Die soziale Konstruktion der Massenkünste : der Kampf gegen Schmutz und Schund 1907 – 1918. – In: Kunst und Sozialgeschichte / hrsg. von Martin Pappenbroch [u. a.]. – Pfaffenweiler : Centaurus-Verl.-Ges., 1995. – S. 262 – 278

Nassen, Ulrich: Konservative und nationalsozialistische Positionen der Jugendschrifttumskritik : Jugendliteraturkritik als Bestandteil praktischer Sozialhygiene (1927 – 1933). – In: Theorien der Jugendlektüre : Beiträge zur Kinder- und Jugendliteraturkritik seit Heinrich Wolgast / hrsg. von Bernd Dolle-Weinkauff ; Hans-Heino Ewers. – Weinheim [u. a.] : Juventa-Verl., 1996. – S. 151 – 164

Richter, Dieter: Die verfolgten Abenteuerer : Lese- und Detektivbünde von Jugendlichen in der Zeit vor dem Ersten Weltkrieg. – In: Alltag, Traum und Utopie : Lesegeschichten, Lebensgeschichten / hrsg. von Rainer Noltenius. – Essen : Klartext-Verl., 1988. – S. 101 – 109

Saldern, Adelheid von: Massenfreizeitkultur im Visier : ein Beitrag zu den Deutungs- und Einwirkungsversuchen während der Weimarer Republik. – In: Archiv für Sozialgeschichte. – 33 (1993), S. 21 – 58

Schultze, Ernst: Die Schundliteratur : ihr Wesen, ihre Folgen, ihre Bekämpfung. – 3. Aufl. – Halle : Buchh. d. Waisenhauses, 1925 [EA: 1909]

Schütz, Erhard: Medien. – In: Handbuch der deutschen Bildungsgeschichte. – München : Beck. – V. 1918 – 1945 : die Weimarer Republik und die nationalsozialistische Diktatur / hrsg. von Dieter Langewiesche ; Heinz-Elmar Tenorth. – 1989. – S. 371 – 406

Schund und Schönheit : Populäre Kultur um 1900 / hrsg. von Kaspar Maase ; Wolfgang Kaschuba. – Köln [u. a.] : Böhlau, 2001

Springman, Luke: Carpe Mundum : German Youth Culture of the Weimar Republic. – Frankfurt/Main : Lang, 2007. – (Kinder- und Jugendkultur, -literatur und -medien : Theorie – Geschichte – Didaktik ; 50)

Storim, Mirjam: Ästhetik im Umbruch : zur Funktion der „Rede über Kunst" um 1900 am Beispiel der Debatte um Schmutz und Schund. – Tübingen : Niemeyer, 2002

Tost, Birte: Nesthäkchens freche Schwestern : das „Neue Mädchen" in kinderliterarischen Texten von Autorinnen der Weimarer Republik. – In: Autorinnen der Weimarer Republik / hrsg. von Walter Fähnders ; Helga Karrenbrock. – Bielefeld : Aisthesis-Verl., 2003. – S. 239 – 255

Wilkending, Gisela: Die Kommerzialisierung der Jugendliteratur und die Jugendschriftenbewegung um 1900. – In: Schund und Schönheit : Populäre Kultur um 1900 / hrsg. von Kaspar Maase ; Wolfgang Kaschuba. – Köln [u. a.] : Böhlau, 2001. – S. 218 – 251

Wilkending, Gisela: Mädchenlektüre und Mädchenliteratur : „Backfischliteratur" im Widerstreit von Aufklärungspädagogik, Kunsterziehungs- und Frauenbewegung. – In: Theorien der Jugendlektüre : Beiträge zur Kinder- und Jugendliteraturkritik seit Heinrich Wolgast / hrsg. von Bernd Dolle-Weinkauff ; Hans Heino Ewers. – Weinheim [u. a.] : Juventa-Verl., 1996. – S. 105 – 125

Helga Karrenbrock

Sozialistische Kinder- und Jugendliteratur

1. Zur Forschungslage

Im Rahmen der Kinder- und Jugendliteratur (KJL)-Forschung hat die proletarische Kinder- und Jugendliteratur eine eher marginale Rolle gespielt, sie ist zudem in beiden deutschen Staaten unter unterschiedlichen politischen und ideologischen Vorzeichen aufgearbeitet worden. Im ‚real existierenden Sozialismus' der DDR war es hauptsächlich die behauptete Kontinuität des Fortschrittsmodells der kommunistischen Arbeiterbewegung, die zur Ausgrenzung von Schriften der sozialdemokratischen ebenso wie der anarcho-libertären und syndikalistischen Strömungen der Weimarer Zeit führte. Sie hatte eine Kanonbildung zur Folge, die vor allem die in der SBZ/DDR heimisch gewordenen Autoren in den Blick nahm. In der BRD dagegen fokussierte sich im Gefolge der Studentenbewegung die Aufmerksamkeit auf die Aufarbeitung revolutionärer Literaturtraditionen überhaupt, in ihrer antiautoritären Phase durchaus mit einer deutlichen Gewichtung auf auch undogmatische marxistische Geschichtskonzeptionen. Beide konkurrierenden Darstellungssysteme mussten zu einem jeweils verengten Blick auf den zu untersuchenden Forschungsgegenstand führen. Immerhin erschienen in der DDR unter obigem Vorzeichen erste Grundlagenforschungen, so die Bibliographie *Deutschsprachige Kinder- und Jugendliteratur der Arbeiterklasse von den Anfängen bis 1945* (Wegehaupt 1972) und die Dokumentationen wichtiger theoretischer und literarischer Quellen wie „*Überhaupt brauchen wir eine sozialistische* Literatur" (Holtz-Baumert 1972), *Spiegel proletarischer Kinder -und Jugendliteratur* (Kunze / Wegehaupt 1985) und *Das proletarische Kinderbuch* (Hrsg. Altner 1988). Erste literaturwissenschaftliche Arbeiten zum Thema folgten (so etwa Dreher 1975); z.T. bearbeitete Neuauflagen der proletarischen KJL der Weimarer Republik waren präsent, während sie in der BRD allererst wiederentdeckt werden mussten. Hier war es u.a. vor allem das Interesse der Linken an sozialistischen Erziehungskonzeptionen, das das Adornosche Postulat einer ‚Erziehung nach Auschwitz' bestätigte und die Wiederveröffentlichung der Schriften linker Erziehungstheoretiker und -praktiker, etwa von Edwin Hoernle, Otto Felix Kanitz und Otto Rühle, nach sich zog. In Bezug auf die intentionale KJL war es vor allem Dieter Richters undogmatische Dokumentation *Das politische Kinderbuch* (1973), die umfassend auf die Frage proletarischer Erziehung, Kinderkultur und Kinderliteratur der Weimarer Republik einging und an der sich weitere Arbeiten zum Thema, etwa Dolle-Weinkauff 1984, Karrenbrock 1981a; 1995, orientierten.

Erst mit dem großen Projekt eines *Lexikons sozialistischer Literatur* (1994), das zu weiten Teilen noch zu DDR-Zeiten entstand und unter Einbeziehung westdeutscher Beiträger über die Wende gerettet wurde, erfolgte die Einbeziehung der von der SED bisher nicht anerkannten Traditionen. In der Erweiterung des Kanons sozialistischer Literatur auch auf sozialdemokratische, libertäre und undogmatische linke Positionen wurden hier erstmals „die vielfältigen Wege und Ursprünge, die verschiedenartigen Zielvorstellungen, Visionen und ästhetischen Ausprägungen, die Anläufe und die Abbrüche und auch die Verluste" (Lexikon Sozialistischer Literatur. 1994, Vorbemerkung, S. VI) in der Geschichte sozialistischer Literatur zur Kenntnis genommen – eine Chance auch für die Neukontextualisierung der Kinderliteratur der Arbeiterbewegung. Dennoch hat das Thema nicht unbedingt Konjunktur; wie für die sozialistische Literaturbewegung insgesamt, hat es im letzten Jahrzehnt kaum neuere Forschungen zur sozialistischen Kinder-und Jugendliteratur gegeben. Dabei bestehen erhebliche Defizite allein schon bei der Sichtung der in Frage kommenden Texte. Ein neuer Blick durch die Aufarbeitung der Quellen (wie z. B. der zahlreichen Kinderbeilagen der Parteiorgane; Zeitschriften der organisierten Kinderbewegungen; der Beiträge gerade auch bisher nicht kanonisierter Autorinnen und Autoren u. ä.) steht zum großen Teil noch aus, so dass hier vorerst nur ein Zwischenstand aufgezeigt werden kann.

2. Kulturpolitische Prämissen

Schon die Vorkriegs-Sozialdemokratie hatte spätestens seit der Aufhebung der Sozialistengesetze 1890 mit einem funktionierenden Verlagswesen und Vertriebssystem ein relativ dichtes mediales Netz proletarischer Gegenöffentlichkeit aufgebaut. Als Teil dieser Gegenöffentlichkeit wurde auch die Frage nach der Schaffung einer spezifisch sozialistischen Kinderliteratur verhandelt, die der entstehenden bürgerlichen Kindermassenliteratur, die immer mehr Anpassungs- und Beschwichtigungscharakter, aber zunehmend auch chauvinistische und militaristische Tendenzen aufwies (vgl. Christadler 1978), die Stirn bieten und den Proletarierkindern gesellschaftliche Widersprüche transparent machen sollte. In der heftigen Auseinandersetzung um diese Frage, die auf den sozialdemokratischen Parteitagen und im theoretischen Organ der Partei, der *Neuen Zeit*, geführt wurde (vgl. Holtz-Baumert 1972, Das proletarische Kinderbuch. 1988), bildeten sich Positionen heraus, die noch in der Weimarer Zeit wirksam waren. Eine starke reformistische Fraktion, vertreten etwa durch Karl Kautsky und Heinrich Schulz, lehnte die Bemühungen um eine eigene sozialistische KJL ab, mit dem Argument, dass es „eine Versündigung an der Jugend und an der gerade durch ihre goldene Naivität und Unberührtheit so wunderbaren Kinderjahre wäre, wollte man ihnen durch Parteipolitik ihre durch nichts zu ersetzenden Vorzüge rauben." (Schulz: Zur Jugendschriftenfrage. 1901; in: Das proletarische Kinderbuch. 1988, S. 45–50, hier S. 46) Wurde damit eine frühe sozialistische Klassenerziehung überhaupt für überflüssig erklärt, so betonte im Gegensatz dazu die Parteilinke (Clara Zetkin, Edwin Hoernle, Karl Liebknecht) gerade ihre Notwendigkeit, die sie in der identischen Klassenlage proletarischer Kinder und Erwachsener begründet sah.

Dennoch gab es seit den 1870er Jahren vereinzelte Versuche einer explizit sozialistischen Literatur für Arbeiterkinder (vgl. Kunze / Wegehaupt 1985), so etwa Lorenz Bergs *König Mammon und die Freiheit* (1879) oder (anonym:) *Arm und Reich : der Arbeit ABC* (1894), vor allem aber das *Bilderbuch für große und kleine Kinder* (4 Bde. 1893–1900) aus dem sozialdemokratischen Dietz-Verlag. Aber nach Kunze und Wegehaupt „verdichtet sich der Eindruck, dass gebildeten Führern der SPD diese literarisch wie künstlerisch kümmerlichen Erstlinge schlechterdings peinlich gewesen sind." (Kunze / Wegehaupt 1985, Einführ. S. 18) Der Zeitgenosse Franz Mehring war da langmütiger: „Es ist noch ein weiterer Fortschritt möglich." (Mehring: Jugendliteratur. 1894; in: Das proletarische Kinderbuch. 1988, S. 253–255, hier S. 254) Aber auch er befand, dass unter den Waffen die Musen zu schweigen hätten und empfiehlt, anzuknüpfen an das bürgerliche Erbe, „aber für neuen Wein in alten Schläuchen zu sorgen." (Ebd.) Daran knüpfen die Reformisten in der Partei an, wenn sie für die Auswahl geeigneter Literatur die Orientierung an den Empfehlungslisten der Jugendschriftenbewegung vorschlagen. Explizit dagegen wendet sich Julian Borchardt, der zu bedenken gibt, man dürfe sich „nicht völlig blind von einer bürgerlichen Bewegung ins Schlepptau nehmen lassen. Die Form ist nicht alles; die Wertung des Inhalts aber, der in künstlerischer Form vermittelt werden soll, ist bei Bourgeoisie und Proletariat grundverschieden." (Borchardt: Urteil über die Jugendschriftenausschüsse. 1904; in: Das proletarische Kinderbuch. 1988, S. 86–88, hier S. 87). Genauer formuliert Clara Zetkin 1906 das anzustrebende Ideal einer neuen sozialistischen KJL, wenn sie – in Umkehrung – feststellt, was eben die bürgerliche nicht enthält:

> „Sie schweigt von den Idealen der Brüderlichkeit, der Solidarität der Arbeits- und Kampfgenossen, der proletarischen Freiheitsliebe, kurz, sie kennt nicht die sozialen Tugenden, welche der proletarische Klassenkampf gebiert, deren er bedarf und die auf der Grundlage der sozialistischen Weltanschauung entstehen." (Zetkin. Sozialdemokratie und Volkserziehung. 1906; in: Das proletarische Kinderbuch. 1988, S. 89–91, hier S. 90)

Auffällig ist, wie sich in der Vorkriegsdebatte unterschiedliche Diskurse, der politische und der ästhetische, kreuzen und in Widerspruch geraten, den zumindest die reformistische Fraktion der SPD unter dem Einfluss der Jugendschriftenbewegung mit dem Dispositiv des romantischen Kindheitsmythos von der ‚goldenen Kinderzeit' zu versöhnen sucht. Ganz anders Hoernle, Mitglied der sich im *Spartakusbund*, der späteren KPD, von der SPD abspaltenden linken Opposition, der provozierend zu bedenken gibt:

> „Soll aber der Proletarier sein Kind mit dem Märchen vom ‚sonnigen Kinderland' ablenken? Sein eigenes Kind würde ihn auslachen und verachten. Denn die Sonne hat sich längst hinter dem Rußschwaden der Fabrikschornsteine und den steinernen Felsgipfeln der Mietskasernen verkrochen, deren ‚Gärten' nur asphaltierte, frostschauernde, mit Mülleimern verzierte Hinterhöfe sind." (Hoernle: Grundlagen proletarischer Erziehung. 1929. Reprint 1969, S. 118; zit. in: Das proletarische Kinderbuch. 1988, S. 37 f.)

Im Gegenzug schließt Hoernle die beiden Diskurse kurz, wenn er die Kunst „als echte Bundesgenossin der Revolution begrüßt, aber ganz deutlich nur eine, ‚Kunst, die selbst revolutionär, selbst Kampf ist.'" (Hoernle: Sozialistische Jugenderziehung und sozialistische Jugendbewegung. 1919; zit. in: Kunze / Wegehaupt 1985, Einführ. S. 28) Das ist im Wesentlichen die Linie, die die Literaturpolitik der KPD in der späteren Weimarer Republik bestimmen wird.

Die unterschiedlichen Positionen, die nicht nur die Kinderliteratur, sondern die Rolle von Literatur und Kunst im Prozess proletarischer Emanzipationsbewegungen überhaupt betreffen, stehen sich in der Weimarer Republik unversöhnlich gegenüber. Mit dem Aufstieg der SPD von den ‚vaterlandslosen Gesellen' zur staatstragenden Partei wird die Frage nach einer spezifisch proletarischen Ästhetik zumindest offiziell ad acta gelegt. Sozialistische Kultur bedeutet im sozialdemokratischen Verständnis nun nicht mehr Klassenkultur, sondern eigentliche Menschheitskultur. Ihre ausdrückliche Trennung von der politischen Ebene formuliert einer der Mitbegründer der sozialdemokratischen Zeitschrift *Kulturwillen*, Valtin Hartig, programmatisch: In der Kultur als „dritter Säule" der sozialistischen Bewegung, neben der politischen und wirtschaftlichen Organisation, sei „der Sozialismus eine überzeitliche Angelegenheit ohne Klassenscheidung, die aus dem Wirtschaftlichen stammt. Hier hat sein Prinzip bereits allgemein gesiegt." (Hartig 1925, S. 885) Dagegen wird die KPD am Konzept einer offensiven proletarischen Gegenkultur festhalten und ihr Konzept proletarisch-revolutionärer Literatur und Kunst entwickeln, die Johannes R. Becher für den 1928 gegründeten *Bund Proletarisch-revolutionärer Schriftsteller* (BPRS) als eine Literatur definiert, „die die Welt vom Standpunkt des revolutionären Proletariats aus sieht und sie gestaltet." (Becher: Unser Bund. 1928; in: Zur Tradition der deutschen sozialistischen Literatur. 1979, S. 95)

Festzuhalten ist: Für die Produktion, Distribution und Rezeption sozialistischer Literatur hatten beide Fraktionen der Arbeiterbewegung ein funktionierendes Verlags- und Pressewesen aufgebaut; aber eine ausgearbeitete sozialistische Literaturpolitik, eine diesbezügliche Programmatik der Partei, hat es nicht gegeben, – auch die relativ späten Vereinheitlichungsversuche der proletarisch-revolutionären Literaturkonzeption durch den BPRS stießen schon innerhalb der Mitgliederschaft, wie z. B. die Debatten in seiner Zeitschrift *Die Linkskurve* zeigen, durchaus nicht auf einhellige Resonanz. (Vgl. Safranski / Fähnders 1995) Wohl aber gab es in beiden Fraktionen vielfältige theoretische Überlegungen und eine reichhaltige literarische Praxis, die sich zwar im Wesentlichen an den oben skizzierten Positionen ausrichtete, aber durchaus auch Durchlässigkeit und Abweichungen von der jeweiligen Generallinie aufwies.

Das betrifft besonders auch die kinderliterarischen Experimente, für die sich erst langsam die Erkenntnis durchsetzte, dass die Ansprüche an sozialistische Kinderliteratur eben nicht umstandslos denen der Erwachsenenliteratur gleichzusetzen sind. An einen viel jüngeren Adressatenkreis gerichtet, muss sie sich an den – trotz identischer Lebenslage – besonderen Rezeptionsbedingungen und Erfahrungsweisen proletarischer Kinder und den sich daraus ergebenden Konsequenzen orientieren. (Eine altersspezifische Differenzierung des Adressatenkreises in Kinder bzw. Jugendliche wurde im Übrigen hier – wie auch in der allgemeinen Diskussion etwa der Jugendschriftenbewegung – erst im Laufe der Weimarer Republik üblich). Es geht hier also nicht nur um die generelle Auseinandersetzung um das Primat der Parteilinie oder das der Ästhetik, sondern unter funktionalem Aspekt zu bedenken sind auch die jeweils unterschiedlichen Vorstellungen und Organisationsformen sozialistischer Erziehung von Kindern und Jugendlichen überhaupt, wie sie neben denen der SPD und KPD auch von anarchistisch-syndikalistischen Gruppierungen wie dem Kreis um Alice und Otto Rühle, den austromarxistischen ‚Kinderfreunden' oder der undogmatischen Linken entwickelt wurden. (Vgl. von Werder 1974; Mikota 2004)

3. Konzeptionen sozialistischer Kinder- und Jugendliteratur nach 1918

Die frühe sozialistische Kinderliteratur war angetreten mit dem Anspruch, den Arbeiterkindern die Ursachen für ihre miserable Lage und den Weg in eine bessere Gesellschaft aufzuzeigen. In der von Krisen geschüttelten Weimarer Republik hatte sich trotz einiger Verbesserungen an dieser Lage nichts Grundlegendes geändert. (Vgl. Deutsche Kinderfibel. 1933; Kindsein kein Kinderspiel. 2000) Noch 1929 gibt Walter Benjamin zu bedenken:

> „Das Proletarierkind ist hineingeboren in seine Klasse, genauer in den Nachwuchs seiner Klasse, nicht in die Familie. Es ist von vornherein ein Element dieses Nachwuchses, und

> was aus ihm werden soll, bestimmt kein doktrinäres Erziehungsziel, sondern die Lage der Klasse. Diese Lage ergreift ihn vom ersten Augenblick an, ja schon im Mutterleibe, wie das Leben selbst, und die Berührung mit ihr ist ganz danach angetan, von früh auf in der Schule von Not und Leiden sein Bewußtsein zu schärfen. Es wird zum Klassenbewußtsein. Denn die Proletarierfamilie ist dem Kinde kein besserer Schutz vor schneidender sozialer Erkenntnis, als sein zerfranstes Sommermäntelchen vom schneidenden Winterwind." (Benjamin: Eine kommunistische Pädagogik. 1929; in: W. B.: Über Kinder, Jugend und Erziehung. 1969, S. 88)

Die sozialistische KJL reagierte darauf auf unterschiedliche Art und Weise. Einen Ausweg aus dieser Situation sehen die Weimarer Sozialdemokraten darin, das Recht auf einen für das Bürgertum selbstverständlichen ‚Schonraum Kindheit' auch für Proletarierkinder allererst einzuklagen, auch mit literarischen Mitteln. Das hingegen erscheint den Kommunisten als reformistische Ablenkung vom eigentlichen Ziel, der Revolution nach dem Vorbild der Sowjetunion, dem auch die Kinderliteratur letztlich zu dienen habe. Dabei berufen sich beide Lager auf das proletarische Klassenbewusstsein; gemeinsam ist ihnen die Kritik an den sozialen Verhältnissen, aus denen heraus und gegen die sie geschrieben haben. Ihre Verfasser sind kaum je ausgesprochen professionelle Schriftsteller, geschweige denn Nur-Kinderbuch-Autoren, sondern Erziehungstheoretiker und -praktiker, Parteiarbeiter, sympathisierende Intellektuelle. Sie alle knüpfen an literarische Genres an, die schon von der Vorkriegssozialdemokratie erprobt worden waren, funktionalisieren diese aber auf je spezifische Weise. So wird nach 1918 die Tradition proletarischer Autobiographien und der Anthologien als Lesebücher ‚für Jung und Alt' fortgesetzt, auch werden für die Kleinen weiterhin vor allem proletarische Märchen produziert; für die Zeit bis 1925 könnte man nachgerade vom ‚Märchenalter' der sozialistischen Kinderliteratur sprechen. (Vgl. Dolle-Weinkauff 1984) Nicht nur bei den Märchenerzählungen, auch im Bereich szenischer Darbietungen erfolgen dabei Innovationen über die alten Muster hinaus: Im Rückgriff auf das volkstümliche Handpuppentheater wird die respektlose Kasperfigur in einen *Roten Kasper* (so der Titel einer Reihe des sozialdemokratischen Arbeitertheaterverlags Alfred Jahn) umfunktioniert, der in der sozialdemokratischen Kinderfreundebewegung und den ‚Kinderrepubliken' der ‚Roten Falken' den Ausbeutern auf der Nase herumtanzt und für die Sache des Proletariats eintritt. (Vgl. Weinkauff 1982) Das Handpuppentheater spielt auch im Bereich der linken Avantgarde eine Rolle, so erscheint 1922 in der Sammlung revolutionärer Bühnenwerke des der KPD nahestehenden, aber parteiunabhängigen Malik-Verlags Felix Gasbarras *Preußische Walpurgisnacht*, hier veröffentlicht auch Karl August Wittfogel seine Reflexionen über die besondere Bedeutung des Puppenspiels im Rahmen der Grenzen und Möglichkeiten der revolutionären Bühnenkunst. (Vgl. Revolte im Kasperhaus. 1983)

In der Revolutionsemphase der unmittelbaren Nachkriegszeit wird darüber hinaus im Kontext der proletarischen Laienspielbewegung mit neuen Kunstformen experimentiert, so mit den Weihespielen und Sprechchören, in denen sich das Gemeinschaftsbewusstsein der Klasse in symbolhaft-pathetischen Massenauftritten manifestiert, die ihrerseits solidarisierende Wirkung entwickeln. (Vgl. Weinkauff 1992) Sozialdemokratische Autorinnen und Autoren wie Emil Reinhardt Müller und Lobo Frank und kommunistische wie Berta Lask oder Gustav von Wangenheim tragen zu dieser Art von Arbeiterfestkultur bei, die zumindest im Umkreis der SPD zum Bestandteil proletarischer Feierstunden in Vereinen und Schule, z. B. bei der Jugendweihe, wurde, während das „revolutionsromantische Muster“ (ebd., S. 108) seit der Phase der relativen Stabilisierung im Umkreis der KPD aber an Bedeutung verliert. In Maxim Vallentins Truppe *Rotes Sprachrohr* macht es dem flexibleren und direkter in aktuelle Auseinandersetzungen eingreifenden Agit-Prop-Theater Platz.

Ab Mitte der zwanziger Jahre geht der allgemeine Trend auch im Bereich der erzählenden KJL eindeutig hin zu realistischen, die unmittelbare Gegenwart betreffenden Geschichten aus dem proletarischen Kinder-und Jugendalltag.

3.1 KJL im Umkreis der SPD

Die Zuordnung der Texte orientiert sich maßgeblich an ihrer Veröffentlichung in parteinahen oder Parteiverlagen.

Im Bereich der Literatur für die Jüngsten, den Märchen, erfährt der klassenkämpferische Impetus der frühen sozialistischen Märchen keine Fortsetzung. (Vgl. Tl. 1, Beitr. II. Karrenbrock: Märchen) Im Sinne des Sozialismus als Kulturbewegung geht es in den hier dargestellten Titeln um die Vermittlung von proletarischem Selbstbewusstsein durch Wissen, wie die anthropomorphisierenden naturwissenschaftlichen Märchen Bruno H. Bürgels (*Die seltsamen Geschichten des Dr. Ulebuhle*. 1920) zeigen, oder sie treten als phantastische Wunscherfüllungsgeschichten auf; ‚Märchen‘ sind sie also nur in dem Sinne, dass sie (noch) nicht wahr sind (z. B. Robert Grötzsch: *Der Zauberer Burufu*. 1922; Bruno Schönlank: *Der Kraftbonbon und andere Großstadtmärchen*. 1928). Statt in einem utopischen ‚Es wird einmal‘ siedelt dagegen der aus der linken Bremer Reformpädagogik kommende Lehrer Carl Dantz seine ‚Märchen der Wirklichkeit‘ direkt im gegenwärtigen Kinderalltag an (*Vom glückhaften Stern*. 1927). Hier geschieht nichts Wunderbares, das die Kinder im Handumdrehen aus aller Not befreite. Aber es verbirgt sich in den Überlebenstechniken proletarischer Kinder, in ihren Spielen und Abenteuern des Alltags, in denen die Hoffnung auf Zukunft sich manifestiert.

Anders als ihre Vorbilder, die frühen Arbeiterautobiographien (vgl. Proletarische Lebensläufe. 1974; Hrsg. Wolfgang Emmerich), variieren dagegen die proletarischen Kinderbiographien mit z.T. autobiographischen Bezügen die Ideologie von der heilen Kinderwelt (Heinrich Schulz: *Jan Kiekindiewelt*. 1924; Heinrich Lersch: *Manni*. 1926), oder sie propagieren die Erziehung der Proletarier zu ‚neuen sozialistischen Menschen', denen zumeist eine bessere Ausbildung den Ausweg aus dem üblichen proletarischen Schicksal bietet. Die Helden dieser Geschichten werden Lehrer, Flugzeugtechniker usw. (so etwa bei Johannes Schönherr: *Befreiung*. 1927; Ernst Preczang: *Zum Lande der Gerechten*. 1928; *Ursula*. 1931). Erkennbar orientiert am Muster des bürgerlichen Entwicklungsromans, scheinen sie der These von der Verbürgerlichung sozialdemokratischer Kultur recht zu geben (vgl. Emig 1980); im Selbstverständnis der Weimarer Sozialdemokratie formuliert sich in ihnen dagegen der Anspruch, die ‚ganze Kultur' in die eigene Hand zu nehmen. Nicht als bloße Anpassung, sondern als „eine Art ‚Höhentest' – als demonstrativer Nachweis, dass man selbst in der Gipfelluft der Kultur keine, aber auch gar keine Atemnot bekomme" (Bausinger 1973, S. 40), will Hermann Bausinger die Adaption bürgerlicher Muster verstanden wissen. Eine Ausnahme bildet auch hier der linke Sozialdemokrat Carl Dantz, der mit seinem *Peter Stoll : ein Kinderleben ; von ihm selbst erzählt* (1925) und *Peter Stoll, der Lehrling, erzählt von Flegel-, Lehr- und Wanderjahren* (1930) einen anderen Anspruch an klassenbewusstes biographisches Erzählen entwirft, dass nämlich der erzählende Autor verschwinden müsse hinter den Dingen, die durch ihn sprechen. (Vgl. Boehncke / Merkel / Richter 1978) Dem Leben selber eine Stimme geben, könnte man diesen Ansatz nennen, der sich nicht dichterisch einfühlt in die kindliche Perspektive, sondern ihr selber das Wort erteilt. Als Lehrer an einer Bremer Versuchsschule im Hafenviertel war Dantz mit den Lebensbedingungen und spezifischen Mitteilungsformen proletarischer Kinder vertraut. Die hier erprobten neuen Schreibformen wie der ‚Freie Aufsatz', die Kinderreportagen und -korrespondenzen für die Schülerzeitung sollten die Kinder zur Eroberung ihres Alltags ermutigen; sie liefern das Material, mit dem Dantz seinen Helden Peter in einer lockeren Abfolge einzelner Berichte und Szenen aus seinem Leben erzählen lässt. Weit entfernt von den Vorstellungen eines idyllischen Kinderlandes geht es um die blanke Realität proletarischen Kinderlebens, um Wohnungsnot, Arbeitslosigkeit, Hunger, Kinderarbeit und Kindersterben, aber auch um Spiele, Schule und pfiffige Bewältigungsstrategien, bis zur Erfahrung proletarischer Identität. Peter Stoll, so stellt die Einleitung ihn vor,

> „ist ein Kind des Fabrikviertels. Seine Gestalt ist unscheinbar, unansehnlich; bleich und saftlos, hat er nichts von der sonnengebräunten Frische, dem strotzenden Gedeihen glücklicherer Kinder an sich. Denn der Mangel war in seinem Leben ein häufiger, die Sonne ein seltener Gast. Und doch steckt ein unverwüstliches Leben in ihm, das gewalt-

> sam den Weg über seine Zunge nimmt und nach Mitteilung drängt. Peter Stoll erzählt. Erzählt von den alle Tage auf ihn einstürmenden Wundern seiner Welt." (Dantz: Peter Stoll. Ein Kinderleben. Von ihm selbst erzählt. 1925, Einleitung S. 5)

So gleich im ersten Kapitel, in dem er von der polizeilichen Anmeldung erzählt und die ordnungspolitische Perspektive sogleich in Frage stellt:

> „Ich soll nicht nach der Polizei, weil ich mit der Sprache nicht fertig werden kann, sagt Mutter. Da hab ich sie solange ausgefragt, bis ich alles gewußt habe. Und bin hingegangen. Unterwegs habe ich es mir aufgesagt. Die Polizeistube ist beim Hafen. Da sitzt ein Schreiber drin, der ist hinter einem Gitter, daß er nicht auf die Leute losgeht. Ich habe aber keine Angst gehabt.
> Ich heiße Peter Stoll, hab ich gesagt. Und im nächsten Jahr werde ich sieben. [...] Und der Schreiber hat alles aufgeschrieben. Und hat mich nach Vater seiner Arbeit gefragt. Und nach der Kirche.
>
> Vater ist ein Arbeitsmann, hab ich gesagt. Er hat man nicht immer Arbeit. Und nach der Kirche gehen wir nicht. Und beten tun wir auch nicht. Vater ist Zialdemokrat, bloß der Kassierer sagt Genosse. Und lesen tun wir die Arbeiterzeitung.
>
> Da haben sie laut losgelacht, und sie haben mich noch mehr gefragt. Da hab ich gemerkt, daß sie bloß ihren Spaß haben wollen. Und hab gesagt:
>
> Ich laß mich hier nicht veräppeln!
>
> Und bin gegangen." (Ebd., S. 7)

Ein solches Schreiben könnte einen „Realismus bilden helfen, der nicht nur die gesellschaftliche Wirklichkeit beschreibt. Der vielmehr verlangt, die Wirklichkeit schreibend zu verändern." (Boehncke u.a. 1978, S. 186)

Der Bereich der Literatur für jugendliche Leser überschneidet sich weitgehend mit dem der Erwachsenen – immerhin treten Arbeiterkinder mit 14 Jahren als Lehrlinge in das Erwerbsleben ein. Hier sind es vor allem die von der Forschung noch wenig erschlossenen Anthologien und Jahrbücher, die vor allem als Jugendweihegaben weitere Verbreitung fanden, so etwa die Neuausgabe der berühmten sozialdemokratischen Lyrik-Anthologie *Von Unten auf: ein neues Buch der Freiheit* (Diederich 1911), die von der linkssozialdemokratischen Kulturpolitikerin und Schulpädagogin Anna Siemsen unter dem Titel *Von unten auf: das Buch der Freiheit* 1928 besorgt wurde, ebenso wie Siemsens *Buch der Mädel* (1926) und das von ihr herausgegebene Geschenkbuch zur Jugendweihe *Kämpfende Menschheit* (1929). Sie bedienen sich aus dem Fundus des fortschrittlichen bürgerlichen Erbes sowie der sozialistischen Traditionen mit Texten aus Politik, Publizistik und Literatur.

Mit der Gründung der beiden sozialdemokratischen Buchgemeinschaften, dem *Bücherkreis* und der *Büchergilde*, verfügte die sozialdemokratische Öffentlichkeit ab 1924 erstmals über Bücher, die geeignet waren, die Leseinteressen auch der lesehungrigen Jugendlichen zu befriedigen, die ansonsten zum geschmähten

Karl May gegriffen hätten. Als ein Gegengewicht zur bürgerlichen Massenliteratur wollten die von der Buchdruckergewerkschaft getragene *Büchergilde* und der von der Partei lizensierte *Bücherkreis* ihren proletarischen Abonnenten die Möglichkeit bieten, auch unterhaltende „Bücher voll guten Geistes und von schöner Gestalt" (so das Motto der *Büchergilde*) billig zu erwerben. Im Programm der *Büchergilde* standen Werke der Weltliteratur, der bildenden Kunst, populärwissenschaftliche Abhandlungen und neue Literatur wie die oben erwähnten Arbeiter-Lebensgeschichten; der *Bücherkreis* strebte eine engere Leserbindung, etwa durch Programmvorschläge bezüglich der Stoffauswahl, an und war vor allem ein Forum jüngerer, noch nicht arrivierter Autoren. (Vgl. Karrenbrock 1981a) In den Programmen beider Buchgemeinschaften spiegelt sich spätestens seit 1928 aber auch die Notwendigkeit, verstärkt auf linke Strömungen an der Basis zu reagieren. Von Interesse für die Unterhaltungs- und Spannungsbedürfnisse jugendlicher Leser waren hier vor allem die in der *Büchergilde* erschienenen Romane Jack Londons (u.a. *Der Sohn des Wolfs*. 1929; *Abenteuer des Schienenstrangs*. 1928; *Lockruf des Goldes*. 1930; *Alaska Kid*. 1931), vor allem aber auch die in der Gilde zunächst exklusiv erschienenen abenteuerlichen Romane des schon damals geheimnisumwitterten B. Traven. Sie waren die größten Erfolge der *Büchergilde* und wirkten weit über den gewerkschaftlich organisierten Leserkreis hinaus.

Travens (d.i. Ret Marut) Position als Hausautor der *Büchergilde* scheint paradox, entspricht doch sein rebellisches literarisches Programm sehr wenig dem sozialdemokratischen ‚Kulturwillen': Der einstige Herausgeber der stirnerianisch-anarchistischen Zeitschrift *Der Ziegelbrenner* (1917–1921) und Aktive in der Münchener Räterepublik lebte seit 1923 im mexikanischen Exil. Durchaus kein Parteigänger der Sozialdemokratie, betonte er immer wieder, es seien „allein nur die proletarischen Mitglieder der Büchergilde, denen zur Freude und Liebe" er seine Bücher gebe, und er verwahrte sich gegen das Etikett ‚Arbeiterdichter': „Ich sehe keine Arbeiter und habe die Arbeiter auch gar nicht im Sinne. Ich sehe immer nur Menschen." (Briefwechsel Preczang-Traven; zit. in: Preczang 1964, S. 17) Aber mit bedingungsloser Parteinahme für die Unterdrückten und Ausgestoßenen verarbeitet er in den Romanen seine Erfahrungen als Baumwollpflücker (*Der Wobbly*. 1926), Goldgräber (*Der Schatz der Sierra Madre*. 1927) und Forschungsreisender (*Die Brücke im Dschungel*. 1929). Seine Helden sind ausnahmslos Habenichtse, für die der Zwang, jede Arbeit annehmen zu müssen, zum Kampf ums Überleben wird in einer Gesellschaft, die nur durch extreme Formen der Ausbeutung funktioniert (*Das Totenschiff*. 1926). In seinen eindringlichen Darstellungen vom Leben der mittelamerikanischen Landbevölkerung verweist Traven als einer der ersten auf die besonderen Bedingungen von Rebellion und Revolution in den kolonialisierten Ländern der sogenannten Dritten Welt (*Die weiße Rose*. 1928; *Der Karren*. 1930; *Regie-*

rung. 1930; *Der Marsch ins Reich der Caoba.* 1933). Was hier als Abenteuer erscheint, ist das Gegenteil zu Freiheit und Ungebundenheit; ist der Optimismus, mit dem Traven zeigt, warum die Verhältnisse, weil sie so sind, Rebellen und Revolutionäre hervorbringen.

3.2 Proletarisch-revolutionäre Kinder- und Jugendliteratur im Umkreis der KPD

Gegen die sozialdemokratischen Erziehungsvorstellungen, nach denen die Arbeiterkinder durch proletarische Erziehungsgemeinschaften wie die *Kinderfreunde* – ebenso wie auch durch Literatur – behutsam nach und nach in die Klassenproblematik einzuführen seien, sieht der bedeutendste kommunistische Schulpolitiker und Pädagoge, Edwin Hoernle, die Aufgabe politischer Erziehung darin, das Kind bewusst, organisiert und in den konkreten Formen kindlicher Erfahrung und Betätigung teilnehmen zu lassen am Kampf seiner Klasse, vornehmlich in den von ihm organisierten *Kommunistischen Kindergruppen*. Auch die für sie konzipierte Literatur hat als Literatur im Klassenkampf die Aufgabe, dazu beizutragen. Neben Hoernles *Oculi-Fabeln* (1920) stellt die Reihe *Märchen der Armen* erste Versuche einer solchen proletarisch-revolutionären Kinderliteratur vor (Hermynia Zur Mühlen: *Was Peterchens Freunde erzählen.* 1921; *Ali, der Teppichweber.* 1923; Eugen Lewin-Dorsch: *Die Dollarmännchen.* 1923; Maria Szucsich: *Silavus.* 1924; vgl. Tl. 1, Beitr. H. Karrenbrock: Märchen; Dolle-Weinkauff. 1984). Erschienen im parteiunabhängigen Malik-Verlag, sind sie eher vom Impetus der linksexpressionistisch-avantgardistischen Intellektuellen bestimmt, die sich um 1920 darum bemühten, das Verhältnis zwischen Literatur, Revolution, Proletariat und Schriftstellern neu zu bestimmen, nicht etwa von der neugegründeten KPD, die derlei Versuchen zunächst reserviert gegenüberstand (Vgl. Literatur im Klassenkampf. 1971). Vor allem die politischen Märchen Hermynia Zur Mühlens, (später auch *Das Schloß der Wahrheit.* 1924; *Es war einmal ... und es wird sein.* 1930; *Schmiede der Zukunft.* 1933 u.a.) bedienten sich des Märchenmusters, um die kapitalistische Wirklichkeit bereits für kleinere Kinder begreifbar zu machen und ihnen in der solidarischen Aktion der Ausgebeuteten den Weg in eine bessere Gesellschaft aufzuzeigen. Ob es aber ein dem Stand der Produktivkräfte und der Klassenkämpfe entsprechendes reines „proletarisches und industrielles Märchen" ergab, wie es Hoernle erwartete, also „ein vom Proletariat im Erzählen erdichtetes Märchen, in dem die Kohlenschächte und chemischen Retorten lebendig werden und zu sprechen anfangen, wie einst der Wolf und der Wasserkessel" (Hoernle: Grundfragen proletarischer Erziehung. 1929, S. 222), bleibt zu fragen. Die Entwicklung der proletarisch-revolutionären Kinderliteratur verlief – wie die der revolutionären Literatur insgesamt – nicht stromlinienförmig; sie orientierte sich zudem ab Mitte der zwanziger Jahre zunehmend auch an Konzepten realistisch-zeitbezogener Prosa mit unmittelbarer Handlungsanleitung, wie sie im Märchen kaum möglich ist.

Eine Übergangsphase repräsentiert die geschichtserzählende KJL. So präsentieren die im Neuen Deutschen Verlag Willi Münzenbergs 1924/25 erschienenen acht Heftchen der *Proletarischen Jugendschriften* historische Freiheitskämpfer der sozialrevolutionären Bewegungen als Vorbilder (u. a.: Anonym: *Spartakus, Befreier der Sklaven*; Elli Janisch: *Florian Geyer : ein Ritter und Bauernführer*; Karl August Wittfogel: *Die spannenden Abenteuer des 12jährigen Freiheitshelden Antonio Mascaro im Bauernaufstand zu Mallorka*). Die antibürgerlichen „Geschichtsstunden mit Spartakus und Robin Hood“ (Dolle-Weinkauff 2000, S. 168) gehörten bereits zum Bestand der Vorkriegs-SPD; besonders die Beschäftigung mit dem deutschen Bauernkrieg war in der geschichtserzählenden sozialistischen KJL „nahezu obligatorisch.“ (Ebda.) Auch Berta Lask widmete sich diesen unterdrückten historischen Lektionen: In ihrem Kinderbuch *Auf dem Flügelpferd durch die Zeiten* (1925) erfährt der Arbeiterjunge Karl, von einem „Gedankenpferd“ getragen, Einblicke in die wichtigsten Epochen der Geschichte als einer Geschichte von Klassenkämpfen. Aber das Flügelpferd, eine Art „proletarischer Pegasus“ (Dolle-Weinkauff 2000, S. 174), kann zwar Zeiten überwinden, nicht aber die für die Aufbegehrenden niederschmetternden Resultate in Siege verwandeln. Anders verfährt Berta Lasks Kinderbuch *Wie Franz und Grete nach Rußland kamen* (1926), das am Beispiel der russischen Revolution revolutionären Optimismus vorführen kann; ebenso wie die Heftchen der Reihe *Roter Trommler* (1927–1930) aus dem Verlag der Jugendinternationale mit ihren hauptsächlich von sowjetischen Autoren (Helena Bobinska, Vera Figner, Ilja Ehrenburg) verfassten Erzählungen aus dem nachrevolutionären Sowjetrussland, aber auch mit Georg W. Pijets *Wiener Barrikaden* (1930).

Angesichts dieser Produktionen fasst Hoernle 1929 den Stand der bis dahin erfolgten Versuche zusammen:

> „Die proletarisch-revolutionäre Kinderliteratur nimmt ihre ‚Romantik‘, ihre ‚Abenteuer‘, aus den großen Spannungen und gewaltigen Umwälzungen der proletarischen Revolution und aus den Rebellionen der unterdrückten Kolonialvölker. Es kommt sehr viel darauf an, daß allmählich eine künstlerische und schriftstellerische Tradition auf dem Gebiete proletarischer Kinderliteratur geschaffen wird, die an psychologischer Einfühlung in die Eigenart des Kindes und Jugendlichen, an bewußter Anpassung an die jugendliche Vorliebe für heroische Phantastik, an Lebendigkeit, Anschaulichkeit und Spannung die bürgerliche Schmutzkonkurrenz schlägt und durch ihren proletarischen Idealismus, d.h. durch ihre intensive Hingabe und Begeisterung für die Freiheitskämpfe aller Zeiten, insbesondere aber für den gegenwärtigen Kampf der Arbeiterklasse, die werktätige Jugend zum bewußten und gestählten Revolutionär erzieht.“ (Hoernle: Grundfragen proletarischer Erziehung. 1929, S. 100f.)

Obwohl Hoernle durchaus zugesteht, dass es der proletarischen KJL insgesamt an den aufgeführten Aspekten noch mangele, sieht er hier (wie übrigens ein großer Teil der mit diesem Thema beschäftigten Forschungsliteratur) weiterhin nur unerhebliche Unterschiede zwischen einer Literatur für Kinder und einer Literatur für Jugendliche. In der literarischen Praxis begann aber gerade in der krisenhaften Endphase der Republik ein Umdenken und eine maßgebliche Besinnung auf die altersgemäß differenzierten Leseinteressen. Gemäß ihrer Parole ‚Heran an die Massen' versuchte die KPD angesichts der überwältigenden Konkurrenz durch die auf das jeweils Aktuellste bedachte bürgerliche Massenpresse und die neuen Massenmedien wie Rundfunk und Kino – nicht nur in Sachen Kinder- und Jugendliteratur – verlorengegangenes Terrain wettzumachen. Das hieß aber auch, sich eingehender mit den unterschiedlichen Leseinteressen auseinanderzusetzen.

Dem strikten revolutionären Erziehungsprogramm Hoernles entsprechen am ehesten die an die jugendlichen Lehrlinge und Arbeiter gerichteten Anthologien und Jahrbücher. Anders als die sozialdemokratischen Jugendanthologien, deren Beiträge im Wesentlichen um den allgemeinen Nenner Solidarität kreisen, will etwa der von Johannes R. Becher, Kurt Kläber und Fritz Rück 1928 besorgte und vom Exekutiv-Komitee der Kommunistischen Jugendinternationale herausgegebene *Kampf-Genoss* neben dem traditionellen ‚Grundwissen des jungen Kommunisten' direkte Handlungsanweisungen vermitteln, ebenso wie die in verschiedenen Ausgaben vorliegende Organisationsausgabe *Mein Genosse* (1921; 1925, 1929) mit dem programmatischen Aufruf „Werde ein Klassenkämpfer" (Ausg. 1929, Vorspruch) oder gar „Werde Soldat der Revolution!" (Ausg. 1925, Vorspruch). Anders als diese revolutionären Katechismen zeigt insbesondere eine Handvoll proletarischer Adoleszenzromane, mit welchen Schwierigkeiten die Jugend sich bei der Einlösung dieser Forderungen konfrontiert sieht, so etwa in Rudolf Braunes *Das Mädchen an der Orga Privat* ((1930) und *Junge Leute in der Stadt* (1932), Walter Schönstedts *Kämpfende Jugend* (1932) oder Georg Glasers *Schluckebier* (1932), einem illusionslosen Roman über die Rebellion von Fürsorgezöglingen.

Einen bedeutenden Schritt vom aufklärerisch-klassenkämpferischen Märchen für die Kleinen hin zur politischen Aktualität proletarischen Kinderalltags bedeutete Lisa Tetzners *Hans Urian. Die Geschichte einer Weltreise*. In Zusammenarbeit mit dem kommunistischen Filmtheoretiker Béla Balázs entwickelte Tetzner den Stoff 1929 zunächst für das proletarische Kindertheater, das Buch erschien 1931. Die phantastisch-realistische Geschichte vom Arbeiterjungen Hans, der auszieht, um für seine hungernde Familie Brot zu besorgen, gehört zu den bekanntesten proletarischen Kinderbüchern der Weimarer Republik. Auf dem Rücken eines fliegenden Hasen gelangt der Junge, eine Art proletarischer

Nils Holgersson, in verschiedene Kontinente, um mit der Erfahrung zurückzukommen: „Auf der ganzen Welt gibt es kein Brot ohne Geld und kein Geld ohne Arbeit, und Arbeit und Geld zu bekommen, ist schwer." (Tetzner: *Hans Urian.* 1944, S. 5). Etwas scheinbar Selbstverständliches wie Brot ist in den geschilderten Ausbeutergesellschaften unerreichbarer als das Gold des Märchens. Das phantastische Element des fliegenden Hasen, des Vertreters einer klassenlosen Hasengesellschaft, funktioniert dabei als Korrektiv des ‚fremden Blicks', der die herrschenden Zustände ihrer Selbstverständlichkeit beraubt und nachdrücklich dazu animiert, scheinbar Natürliches zu hinterfragen. Auf der Folie des Kinderbuchs *Jean-sans-pain* von Paul Vaillant-Couturier (deutsche Ausgabe u. d. T. *Hans ohne Brot*, 1928 im Verlag der Jugendinternationale) wird hier auf der Basis des proletarischen Internationalismus mit dem Motiv einer ‚märchenhaften' Reise die Entdeckung der sozialen Wirklichkeit der realen Klassengesellschaft inszeniert. (Vgl. Dolle-Weinkauff 1984)

In ihren folgenden Kinderbüchern kommt Lisa Tetzner ohne diese phantastische Staffage aus. Die ersten Geschichten ihres im Exil weitergeführten Zyklus über die *Kinder von Nr. 67* (*Der Fußball.* 1932; *Erwin und Paul.* 1933) sind Beispiele für eine realistische kleine Literatur über Kinderöffentlichkeit im proletarischen Kiez. In enger Zusammenarbeit mit einer von Lisa Tetzner betreuten Rundfunk-Kindergruppe entwickelt, geben sie recht authentische Einblicke in den kindlichen Umgang mit der normalen alltäglichen Misere wie Hunger, Wohnungskündigung oder auch nur dem fast utopischen Wunsch, mit einem richtigen Fußball zu spielen. Wie auch Ruth Rewalds *Müllerstraße* (1932) oder Anni Geiger-Gogs *Fiete, Paul & Kompanie : die von der Webergasse* (1932) erzählen diese Texte, die man als ‚Kiezliteratur' bezeichnen könnte, von den Überlebenstechniken und pfiffigen Widerstandsformen proletarischer Straßenkinder, die gemeinsam stark sind und sich selber zu helfen wissen.

Dagegen knüpfen die Hefte der *Gelben Zehn-Pfennig-Serie*, die 1932 im Verlag der Jugendinternationale erschienen, enger an die organisierten Formen der aktuellen politischen Auseinandersetzungen an. Geschrieben von Funktionären des *Kommunistischen Jugendverbandes* (KJVD), berichten sie in reportagehaften Momentaufnahmen von kämpferischen Aktionen der Kinder (Ernste [d. i. Hein Butt]: *Das Lied der Weberkinder*; anonym: *Vater streikt*; Emko [d. i. Emil Kortmann]: *Der Sieg der 15 Gießerstifte*) oder auch vom organisierten Lagerleben der *Roten Jungpioniere* (Ernste: *Zwölf Zelte am See*). Diese Versuche fanden wegen ihrer gestalterischen Defizite auch in der kommunistischen Presse nicht unbedingt einhellige Zustimmung.

Noch 1931 moniert eine Kinderbuchrezensentin in der *Linkskurve*, dem Organ des *Bundes proletarisch-revolutionärer Schriftsteller*: „Die proletarischen Schriftsteller haben die Kinder ein wenig vergessen. Die Produktion der letzten

Jahre ist jämmerlich gering, wenn auch schon wichtige Bücher (Lask, Zur Mühlen) vorliegen.“ (Loos: Vier neue Kinderbücher. 1931; in: Das politische Kinderbuch. 1973, S. 266–271, hier S. 270) Als einen nicht unwesentlichen Fortschritt preist sie Alex Weddings Kinderroman *Ede und Unku* (1931), wenngleich er noch nicht die formale Meisterschaft und die Unmittelbarkeit des Ausdrucks erreicht habe wie die Kinderbücher des „sogenannten Linksbürgers“ (ebd.) Erich Kästner, z. B. sein Buch *Pünktchen und Anton* (1931), das allerdings wegen seiner klassenversöhnlerischen Problemlösung sozialer Konflikte proletarischen Kindern nicht zu empfehlen sei.

Auch Alex Wedding (d. i. Grete Weiskopf) schätzte die schriftstellerischen Qualitäten des überaus erfolgreichen Kästner, von dem ihrer Ansicht nach die proletarisch-revolutionären Kinderbuchautoren durchaus lernen könnten: so die „genaue Kenntnis der Psychologie des Kindes, Vermeidung von Onkelhaftigkeit und Belehrung mit dem Zeigefinger, eine naive Phantasie, Fabulierkunst, Wort- und Situationswitz, Spannung, und nicht zuletzt eine gute, verständliche Sprache.“ (Wedding: Aus vier Jahrzehnten. 1975, S. 224) Mit *Ede und Unku* (1931), dem nach heutiger Ansicht bedeutendsten Werk der proletarisch-revolutionären Kinderliteratur aus der Weimarer Republik, hat Wedding dann auch einen „Anti-Kästner“ (Dahrendorf 1980, S. 58) vorgelegt, eine proletarische Alternative zu *Pünktchen und Anton*. Wie bei Kästner geht es um eine nicht ganz alltägliche, solidarische Kinderfreundschaft, doch lösen sich nicht alle Probleme im Happy-End eines Großstadtmärchens auf. Im Gegenteil: Der zwölfjährige Ede, dessen Vater arbeitslos wird, muss lernen, dass Kindsein allein kein Bonus ist für das Überleben in der Krise. Dabei stehen ihm seine Freunde auf unterschiedliche Weise bei: das Zigeunermädchen Unku durch tatkräftige Hilfe ebenso wie durch ihre pure Existenz, die Edes Vorurteile über ‚Zigeuner‘ immer wieder Lügen straft, sein Freund Maxe Klabunde durch die Vermittlung einer Arbeitsstelle als Zeitungsjunge und Maxes Vater durch seine Unterweisung in Sachen politischer Ökonomie und Kommunismus, die ganz ohne Phrasen und politische Parolen auskommt. Dennoch ist Politik aus dem Alltag dieser Kinder nicht wegzudenken, ob Ede nun seinen (sozialdemokratischen!) Vater davon abhält, zum Streikbrecher zu werden, oder die Kinder den als kommunistischer Rädelsführer verfolgten Vater Klabunde vor der Polizei verstecken.

Wedding zeigt ohne Larmoyanz, wie der Kindheitsstatus des traditionellen Familiengefüges durch die gemeinsame Notlage aufgesprengt wird und die Kinder zu aktiv handelnden Zeitgenossen werden. Dass das trotz ihrer unverhohlenen Sympathie für den überaus positiv gezeichneten Kommunisten Klabunde ganz ohne Propaganda für die kommunistische Kinderorganisation vonstatten geht, ist der Autorin von der Parteipresse (*Die Rote Fahne*) angekreidet worden: „Der

Wedding besitzt mehrere tausend Junger Pioniere. Sollten sie niemals dem 12jährigen Ede begegnet sein?" (Anonym: Das proletarische Kinderbuch. 1931; zit. in: Das proletarische Kinderbuch. 1988, S. 332) Dagegen sieht der bedeutendste Kultursoziologe und Filmkritiker der Weimarer Republik, Siegfried Kracauer, gerade darin den Wert des Buches, dass es – anders als die Agit-Prop-Heftchen der kommunistischen Kinderbewegung – eben nicht nur die sowieso schon Überzeugten im Blick habe, sondern auch die „Kinder anderer Schichten und Städte. Denn es ist für die Jugend unter allen Umständen nützlich, unsere sozialen Zustände kennen zu lernen, und überdies kann die Sprache des Buches, die ersichtlich in den Straßen des Berliner Nordens frisch vom Munde abgezapft worden ist, ihrer drastischen Anschaulichkeit wegen allenthalben unschwer verstanden werden." (Kracauer 1931) Eine Szene, in der Ede dem Dieb seines Fahrrads hinterherruft: „Laß dich hier nicht mehr blicken, sonst brech ich dich in der Mitte auseinander und mach zwei jugendliche Arbeitslose aus dir" (Wedding: *Ede und Unku.* 1931, S. 183), belegt Kracauers Urteil auf nachdrückliche Weise.

Das Projekt einer sozialistischen Kinder- und Jugendliteratur bewegte sich seit seinen Anfängen im Wesentlichen zwischen zwei Polen: dem der milieuhaften, sich in die Lebensweise proletarischer Kinder einfühlenden und auf Identifikation bedachten Schilderung und dem der auf Operationalität von Handlungsmodellen unmittelbar abzielenden politischen Didaxe. Inwieweit dieses Projekt inzwischen selber historisch geworden ist, bliebe zu diskutieren.

Literaturverzeichnis

Primärliteratur

[Anonym]: Arm und Reich: der Arbeit ABC : ein lehrreiches Bilderbuch für kleine und große Kinder. – Berlin : A. Hoffmann, [um 1894]

[Anonym]: Spartakus, der Befreier der Sklaven. – Berlin : Neuer Dt. Verl., 1924. – (Proletarische Jugendschriften ; 1)

[Anonym]: Vater streikt. – Berlin : Verl. d. Jugendinternationale, 1932

Balázs, Béla: Das richtige Himmelblau. – Berlin : Williams, 1931 [EA: 1926]

Berg, Lorenz: König Mammon und die Freiheit. – Leipzig : Verl. d. Genossenschaftsdr., [um 1879]

Bilderbuch für große und kleine Kinder. 4 Bde. – Stuttgart : Dietz, 1893–1900

Braune, Rudolf: Das Mädchen an der Orga Privat. – Frankfurt/Main : Societäts-Verl., 1930

Braune, Rudolf: Junge Leute in der Stadt. – Berlin [u. a.] : Agis-Verl., 1932

Bürgel, Bruno H.: Die seltsamen Geschichten des Dr. Ulebuhle. – Berlin : Ullstein, 1920

Dantz, Carl: Peter Stoll : der Lehrling erzählt von Flegel-, Lehr- und Wanderjahren. – Berlin : Dietz, 1930

Dantz, Carl: Peter Stoll : ein Kinderleben : von ihm selbst erzählt. – Berlin : Dietz, 1925. – Als Repr. erschienen: ... / Hrsg. Johannes Merkel ; Dieter Richter. – München : Weismann, 1978. – (Sammlung alter Kinderbücher ; 3)

Dantz, Carl: Vom glückhaften Stern. – Berlin : Büchergilde Gutenberg, 1927

Emko [d.i. Emil Kortmann]: Der Sieg der 15 Gießerstifte. – Berlin : Verl. d. Jugendinternationale, 1932. – (Gelbe 10-Pfg.-Serie ; 2)

Ernste [d.i. Hein Butt]: Das Lied der Weberkinder. – Berlin : Verl. d. Jugendinternationale, 1932. – (Gelbe 10-Pfg.-Serie ; 1)

Ernste [d.i. Hein Butt]: Zwölf Zelte am See. – Berlin : Verl. d. Jugendinternationale, 1932. – (Gelbe 10-Pfg.-Serie ; 4)

Es wird einmal : soziale Märchen der Weimarer Republik / hrsg. von Bernd Dolle, Dieter Richter u. Jack Zipes. – München : Weismann, 1983. – (Sammlung alter Kinderbücher ; 8)

Gasbarra, Felix: Preußische Walpurgisnacht : groteskes Puppenspiel. – Berlin : Malik, 1922

Geiger-Gog, Anni: Fiete, Paul & Kompanie : die von der Webergasse. – Stuttgart : Gundert, 1932

Glaser, Georg: Schluckebier. – Berlin [u.a.] : Agis-Verl., 1932

Grötzsch, Robert: Der Zauberer Burufu. – Berlin : Dietz, 1922

Hoernle, Edwin: Die Oculi-Fabeln. – Stuttgart : Wohle, 1920

Janisch, Elli: Florian Geyer : ein Ritter und Bauernführer ; Bilder aus dem Deutschen Bauernkrieg 1525. – Berlin : Neuer Dt. Verl., 1924. – (Proletarische Jugendschriften ; 4)

Kämpfende Menschheit : ein Geschenkbuch zur Jugendweihe / hrsg. von Anna Siemsen. – Leipzig : Arbeiter-Bildungsinst., 1929

Kampf-Genoss : ein Buch für die proletarische Jugend / hrsg. von Johannes R. Becher, Kurt Kläber u. Fritz Rück. – Berlin : Verl. d. Jugendinternationale, 1928

Lask, Berta: Auf dem Flügelpferd durch die Zeiten : Bilder vom Klassenkampf der Jahrtausende. – Berlin : Vereinigte Internat. Verl.-Anst., 1925

Lask, Berta: Wie Franz und Grete nach Rußland kamen. – Berlin : Vereinigte Internat. Verl.-Anst., 1926

Lersch, Heinrich: Manni. – Stuttgart [u.a.] : Dt. Verl.-Anst., 1926

Lewin-Dorsch, Eugen: Die Dollarmännchen. – Berlin : Malik, 1923

Die Märchen der Armen / von Hermynia Zur Mühlen, Eugen Lewin-Dorsch, Maria Szucsich. – Nachdr. d. Ausg. Berlin 1924. – Leipzig : Zentralantiquariat d. DDR, 1982

Mein Genosse : ein Buch für die proletarische Jugend / hrsg. vom Exekutiv-Komitee d. kommunistischen Jugendinternationale. – 2. erw. Aufl. – Berlin : Verl. d. Jugendinternationale, [1925] [EA: 1921]

Mein Genosse : ein Buch für die schaffende Jugend / Hrsg. Kommunistische Jugend Deutschlands. – Berlin : Verl. „Junge Garde“, 1921

Pijet, Georg W.: Wiener Barrikaden und andere Erzählungen. – Berlin : Verl. d. Jugendinternationale, 1930. – (Roter Trommler ; 10)

Preczang, Ernst: Ursula : Geschichte eines kleinen Mädchens. – Berlin : Büchergilde Gutenberg, 1931

Preczang, Ernst: Zum Lande der Gerechten : der Roman einer Kindheit. – Berlin : Büchergilde Gutenberg, 1928

Proletarischer Kindergarten : ein Märchen- und Lesebuch für Groß und Klein / hrsg. von Ernst Friedrich. – Berlin : Buchverl. d. Arbeiter-Kunstausstellung, 1921

Rewald, Ruth: Müllerstraße. – Stuttgart : Gundert, 1932

Schönherr, Johannes: Befreiung : Geschichte eines jungen Menschen. – Berlin : Büchergilde Gutenberg, 1927

Schönlank, Bruno: Der Kraftbonbon und andere Großstadtmärchen. – Berlin : Büchergilde Gutenberg, 1928

Schönstedt, Walter: Kämpfende Jugend. – Berlin : Internat. Arbeiter-Verl., 1932. – (Der Rote 1 Mark-Roman ; 8)

Schulz, Heinrich: Jan Kiekindiewelt. – Berlin : Dietz, 1924

Siemsen, Anna: Buch der Mädel. – Jena : Urania-Verl., 1926

Szucsich, Maria: Silavus. – Berlin : Malik, 1924

Tetzner, Lisa: Der Fußball : eine Kindergeschichte aus Großstadt und Gegenwart. – Potsdam : Müller & Kiepenheuer, 1932

Tetzner, Lisa: Erwin und Paul : die Geschichte einer Freundschaft. – Stuttgart : Gundert, 1933

Tetzner, Lisa: Hans Urian : die Geschichte einer Weltreise. – Stuttgart : Gundert, 1931 [Spätere Ausg.: Zürich : Büchergilde Gutenberg, 1944]

Vaillant-Couturier, Paul: Hans ohne Brot. – Berlin : Verl. d. Jugendinternationale, 1928

Von unten auf : ein neues Buch der Freiheit / hrsg. von Franz Diederich. – Berlin : Verl. Buchh. Vorwärts, 1911

Von unten auf : das Buch der Freiheit / hrsg. von Anna Siemsen in Zusammenarbeit mit Franz Diederich. – Dresden : Kaden, 1928.

Wedding, Alex [d.i. Grete Weiskopf]: Ede und Unku : ein Roman für Jungen und Mädchen. – Berlin : Malik, 1931

Wittfogel, Karl August: Die spannenden Abenteuer des 12jährigen Freiheitshelden Antonio Mascaro im Bauernaufstand zu Mallorka. – Berlin : Neuer Dt. Verl., 1924. – (Proletarische Jugendschriften ; 3)

Zerfaß, Julius: Die Reise mit dem Lumpensack. – Berlin : Dietz, 1925

Zur Mühlen, Hermynia: Ali, der Teppichweber. – Berlin : Malik, 1923. – (Märchen der Armen ; 3)

Zur Mühlen, Hermynia: Es war einmal – und es wird sein. – Berlin : Verl. d. Jugendinternationale, 1930

Zur Mühlen, Hermynia: Das Schloß der Wahrheit : ein Märchenbuch. – Berlin : Verl. d. Jugendinternationale, 1924

Zur Mühlen, Hermynia: Schmiede der Zukunft. – Berlin : Verl. d. Jugendinternationale, 1933

Zur Mühlen, Hermynia: Was Peterchens Freunde erzählen. – Berlin : Malik, 1921. – (Märchen der Armen ; 1)

Sekundärliteratur

1. Zeitgenössische Beiträge, Dokumente

[Anonym]: Das proletarische Kinderbuch (1931). – In: Das Proletarische Kinderbuch : Dokumente zur Geschichte der sozialistischen deutschen Kinder- und Jugendliteratur / hrsg. von Manfred Altner. – Dresden : Verl. d. Kunst, 1988. – S. 332 – 335

Becher, Johannes R.: Unser Bund (1928). – In: Zur Tradition der deutschen sozialistischen Literatur : eine Auswahl von Dokumenten 1926 – 1935 / hrsg. Alfred Klein. – Berlin [u.a.] : Aufbau-Verl. – 1 (1979), S. 112 – 117

Benjamin, Walter: Eine kommunistische Pädagogik. – In: Benjamin, Walter: Über Kinder, Jugend und Erziehung. – Frankfurt/Main : Suhrkamp, 1969. – S. 87 – 90 [EA: 1929]

Borchardt, Julian: Urteil über die Jugendschriftenausschüsse (1904). – In: Das proletarische Kinderbuch : Dokumente zur Geschichte der sozialistischen deutschen Kinder- und Jugendliteratur / hrsg. von Manfred Altner. – Dresden : Verl. d. Kunst, 1988. – S. 86 ff.

Deutsche Kinderfibel / hrsg. von Ruth Fischer u. Franz Heimann. – Berlin : Rowohlt, 1933

Hartig, Valtin: Kulturbewegung im Sozialismus. – In: Die Tat. – (1925) 12, S. 885

Hoernle, Edwin: Grundfragen proletarischer Erziehung. – Reprint. – Frankfurt/Main : Fischer, 1969 [EA: 1929]

Hoernle, Edwin: Sozialistische Jugenderziehung und sozialistische Jugendbewegung. – Berlin : Verl. Junge Garde, 1919. – (Internationale sozialistische Jugendbibliothek ; 4)

Holtz-Baumert, Gerhard: „Überhaupt brauchen wir eine sozialistische Literatur ...“ : Skizzen vom Kampf um eine sozialistische deutsche Kinderliteratur ; mit einem Dokumenten-Anhang. – Berlin : Der Kinderbuchverl., 1972. – (Resultate)

Jack London : ein Dichter der Arbeiterklasse / hrsg. von Franz Jung. – Wien : Verl. für Literatur u. Politik, 1924

Kracauer, Siegfried: Dolittle und Ede. – In: Frankfurter Zeitung. – 1931, vom 20. 12.

Kunze, Horst: Spiegel proletarischer Kinder- und Jugendliteratur 1870 – 1936 / Horst Kunze Heinz Wegehaupt. – Berlin : Der Kinderbuchverl., 1985

Literatur im Klassenkampf : zur proletarisch-revolutionären Literaturtheorie 1919 – 1923 ; eine Dokumentation / hrsg. von Walter Fähnders u. Martin Rector. – München : Hanser, 1971 [Spätere Ausg.: Frankfurt/Main : Fischer, 1974]

Loos, Anna: Vier neue Kinderbücher. – In: Das politische Kinderbuch : eine aktuelle historische Dokumentation / hrsg. von Dieter Richter. – Darmstadt [u.a.] : Luchterhand, 1973. – (Sammlung Luchterhand ; 87). – S. 266 – 271

Mehring, Franz: Jugendliteratur (1894). – In: Das proletarische Kinderbuch : Dokumente zur Geschichte der sozialistischen deutschen Kinder- und Jugendliteratur / hrsg. von Manfred Altner. – Dresden : Verl. d. Kunst, 1988. – S. 253 ff.

Das politische Kinderbuch : eine aktuelle historische Dokumentation / hrsg. von Dieter Richter. – Darmstadt [u.a.] : Luchterhand, 1973. – (Sammlung Luchterhand ; 87)

Preczang, Ernst: Bücher voll guten Geistes : 40 Jahre Büchergilde Gutenberg. – Frankfurt/Main : Büchergilde Gutenberg, 1964

Das proletarische Kinderbuch : Dokumente zur Geschichte der sozialistischen deutschen Kinder- und Jugendliteratur / hrsg. von Manfred Altner. – Dresden : Verl. d. Kunst, 1988

Proletarische Lebensläufe : autobiographische Dokumente zur Entstehung der Zweiten Kultur in Deutschland / hrsg. von Wolfgang Emmerich. – 2 Bde. – Reinbek : Rowohlt, 1974

Schulz, Heinrich: Zur Jugendschriftenfrage (1901). – In: Das proletarische Kinderbuch : Dokumente zur Geschichte der sozialistischen deutschen Kinder- und Jugendliteratur / hrsg. von Manfred Altner. – Dresden : Verl. d. Kunst, 1988. – S. 45 – 50

Revolte im Kasperhaus : ein Lesebuch in Dokumenten zum Puppentheater der Arbeiterjugendbewegung / hrsg. von Ernst-Friedrich Suhr u. Gina Weinkauff. – Köln : Prometh-Verl., 1983

Wedding, Alex [d. i. Grete Weiskopf]: Aus vier Jahrzehnten : Erinnerungen, Aufsätze und Fragmente ; zu ihrem 70. Geburtstag / hrsg. von Günter Ebert. – Berlin : Der Kinderbuchverl., 1975

Wegehaupt, Heinz: Deutschsprachige Kinder- und Jugendliteratur der Arbeiterklasse von den Anfängen bis 1945 : Bibliographie. – Berlin : Der Kinderbuchverl., 1972

Zetkin, Clara: Sozialdemokratie und Volkserziehung (1906). – In: Das proletarische Kinderbuch : Dokumente zur Geschichte der sozialistischen deutschen Kinder- und Jugendliteratur / hrsg. von Manfred Altner. – Dresden : Verl. d. Kunst, 1988. – S. 89 – 91

Zur Tradition der deutschen sozialistischen Literatur : eine Auswahl von Dokumenten 1926 – 1935 / hrsg. von Alfred Klein. – Berlin [u. a.] : Aufbau-Verl. – 1 (1979)

2. Forschungsliteratur

Altner, Manfred: Die Deutsche Kinderliteratur zwischen Gründerzeit und Novemberrevolution. – Berlin : Der Kinderbuchverl., 1981. – (Studien zur Geschichte der deutschen Kinder- und Jugendliteratur ; 5)

Altner, Manfred: Hermynia Zur Mühlen : eine Biographie. – Bern : Lang, 1997

Bausinger, Hermann: Verbürgerlichung – Folgen eines Interpretaments. – In: Kultureller Wandel im 19. Jahrhundert / hrsg. von Günter Wiegelmann. – Göttingen : Vandenhoeck & Ruprecht, 1973. – S. 24 – 49

Blumesberger, Susanne: Alex Wedding (1905 – 1966) und die proletarische Kinder- und Jugendliteratur / Susanne Blumesberger ; Ernst Seibert. – Wien : Praesens-Verl., 2007

Boehncke, Heiner: Anhang / Heiner Boehncke ; Johannes Merkel ; Dieter Richter. – In: Dantz, Carl: Peter Stoll : ein Kinderleben ; von ihm selbst erzählt / hrsg. von Johannes Merkel u. Dieter Richter. – München : Weismann, 1978. – (Sammlung alter Kinderbücher ; 3). – S. 134 – 192

Bolius, Gisela: Lisa Tetzner : Leben und Werk. – Frankfurt/Main : dipa-Verl., 1997

Christadler, Marie-Luise: Kriegserziehung im Jugendbuch : literarische Mobilmachung in Deutschland und Frankreich vor 1914. – Frankfurt/Main : Haag + Herchen, 1978. – (Studien zur Kinder- und Jugendmedien-Forschung ; 3)

Dahrendorf, Malte: Kinder- und Jugendliteratur im bürgerlichen Zeitalter. – Königstein/Ts. : Scriptor, 1980

Dolle-Weinkauff, Bernd: Das Märchen in der proletarisch-revolutionären Kinder- und Jugendliteratur der Weimarer Republik. – Frankfurt/Main : dipa-Verl., 1984

Dolle-Weinkauff, Bernd: Geschichtsstunden mit Robin Hood. – In: Geschichtsbilder : historische Jugendbücher aus vier Jahrhunderten / hrsg. von Carola Pohlmann u. Rüdiger Steinlein. – Wiesbaden : Reichert, 2000. – S. 168 – 182

Dreher, Ingmar: Die deutsche proletarisch-revolutionäre Kinder- und Jugendliteratur zwischen 1918 und 1933. – Berlin : Der Kinderbuchverl., 1975. – (Studien zur Geschichte der deutschen Kinder- und Jugendliteratur ; 6)

Emig, Brigitte: Die Veredelung des Arbeiters : Sozialdemokratie als Kulturbewegung. – Frankfurt/Main : Campus-Verl., 1980

Josting, Petra: ‚Zigeuner' in der Kinder- und Jugendliteratur der Weimarer Republik am Beispiel von Jo Mihalys Michael Arpad und sein Kind : ein Kinderschicksal auf der Landstraße (1930). – In: „Laboratorium Vielseitigkeit" : zur Literatur der Weimarer Republik / hrsg. von Petra Josting u. Walter Fähnders. – Bielefeld : Aisthesis-Verl., 2005. – S. 171 – 190

Karrenbrock, Helga: Abriß sozialistischer Kinder- und Jugendliteratur. – In: Sozialgeschichte der deutschen Literatur von 1918 bis zur Gegenwart / hrsg. von Jan Berg, Hartmut Böhme u. a. – Frankfurt/Main : Fischer, 1981a. – S. 76 – 83

Karrenbrock, Helga: ‚Büchergilde' und ‚Bücherkreis'. – In: Sozialgeschichte der deutschen Literatur von 1918 bis zur Gegenwart / hrsg. von Jan Berg, Hartmut Böhme u. a. – Frankfurt/Main : Fischer, 1981a. – S. 72 – 75

Karrenbrock, Helga: Märchenkinder – Zeitgenossen : Untersuchungen zur Kinderliteratur der Weimarer Republik. – Stuttgart : M u. P, Verl. für Wiss. u. Forschung, 1995. – Zugl.: Osnabrück. Univ. Diss. 1993 [2. erw. Aufl. – Stuttgart [u. a.] : Metzler, 2001]

Kindsein kein Kinderspiel : das Jahrhundert des Kindes 1900 – 1999 / hrsg. von Petra Larass. – Halle/Saale : Verl. d. Franckeschen Stiftungen, 2000. – (Kataloge der Franckeschen Stiftungen zu Halle ; 7)

„Laboratorium Vielseitigkeit" : zur Literatur der Weimarer Republik / hrsg. von Petra Josting u. Walter Fähnders. – Bielefeld : Aisthesis-Verl., 2005

Lexikon sozialistischer Literatur : ihre Geschichte in Deutschland bis 1945 / hrsg. von Simone Barck. – Stuttgart : Metzler, 1994

Mikota, Jana: Alice Rühle-Gerstel : ihre kinderliterarischen Arbeiten im Kontext der Kinder- und Jugendliteratur der Weimarer Republik, des Nationalsozialismus und des Exils. – Frankfurt/Main : Lang, 2004. – (Kinder- und Jugendkultur, -literatur und -medien ; 30). – Zugl.: Siegen, Univ., Diss., 2003

Safranski, Rüdiger: Proletarisch-revolutionäre Literatur / Rüdiger Safranski ; Walter Fähnders. – In: Literatur der Weimarer Republik / hrsg. von Bernd Weyergraf. – München : Hanser, 1995. – (Hansers Sozialgeschichte der deutschen Literatur ; 8). – S. 205 – 231

Sozialgeschichte der deutschen Literatur von 1918 bis zur Gegenwart / hrsg. von Jan Berg, Hartmut Böhme u. a. – Frankfurt/Main : Fischer, 1981

Weinkauff, Gina: Der Rote Kasper : das Figurentheater in der pädagogisch-kulturellen Praxis der deutschen und österreichischen Arbeiterbewegung von 1918–1933. – Bochum : Dt. Inst. für Puppenspiel, 1982

Weinkauff, Gina: Ernst Heinrich Bethges Ästhetik der Akklamation. – Frankfurt/Main : Nold, 1992

Werder, Lutz von: Sozialistische Erziehung in Deutschland 1848–1973. – Frankfurt/Main : Fischer, 1974

Gabriele von Glasenapp

Jüdische Kinder- und Jugendliteratur

Einleitende Bemerkungen

Die kurze Epoche der Weimarer Republik gilt als Blütezeit in der Geschichte der Kinder- und Jugendliteratur, eine Feststellung, die auch Gültigkeit hat für die Geschichte der jüdischen Kinder- und Jugendliteratur. Beide Literaturen weisen vor allem für das Textkorpus der originären Kinder- und Jugendliteratur eine deutliche Steigerung sowohl auf quantitativer als auch auf qualitativer Ebene auf, sie sind darüber hinaus in ähnlicher Weise geprägt von vielfältigen Modernisierungserscheinungen auf stofflicher, thematischer und inhaltlicher Ebene sowie hinsichtlich der in Anwendung gebrachten Gattungs- und Medienvielfalt. Während jedoch die nicht-jüdische Kinder- und Jugendliteratur dieser Epoche seit geraumer Zeit bereits in allen Bereichen als gut erforscht gelten kann, ist die jüdische Kinder- und Jugendliteratur (in deutscher wie hebräischer Sprache) und ihre komplexe Geschichte erst spät, erst im Verlauf der 1990er Jahre, in den Fokus der Kinder- und Jugendliteraturforschung geraten – diese Aussage hat ihre Gültigkeit auch für die jüdische Kinder- und Jugendliteratur der Weimarer Republik, inklusive der sie flankierenden lektürepädagogischen Debatten. Mittlerweile kann wenigstens das Textkorpus der jüdischen Kinder- und Jugendliteratur in seiner Gesamtheit als gut erforscht gelten (vgl. Shavit/Ewers 1996), und es liegen darüber hinaus auch erste Untersuchungen über die Geschichte der jüdischen Kinder- und Jugendliteratur in ihrer Gesamtheit (vgl. Völpel/Shavit 2002) wie auch Abhandlungen über einzelne Epochen (vgl. Völpel 2008) vor.

Um sich angemessen mit dem Gegenstand beschäftigen zu können, ist zunächst eine wissenschaftlich tragfähige Definition des Gegenstandes unabdingbar. Erst auf der Basis einer solchen Definition kann auf die Beschaffenheit, aber auch auf die Besonderheiten jüdischer Kinder- und Jugendliteratur in der Epoche der Weimarer Republik eingegangen werden. Da es zur jüdischen Kinder- und Jugendliteratur gerade dieser Epoche mittlerweile mehrere aktuelle und gut zugängliche Überblicksdarstellungen gibt (vgl. Völpel/Shavit 2002, S. 271–340; Völpel 2008, S. 263–270), wird ihnen in diesem Beitrag keine weitere hinzugefügt werden. Im Zentrum dieser Abhandlung soll vielmehr eine Auseinandersetzung mit den vielfältigen lektürepädagogischen Debatten der Jahre zwischen 1918 und 1933 stehen, die wiederum den Gegenstand jüdische Kinder- und Jugendliteratur auf entscheidende Weise geprägt haben. Daher ist es bei der Darstellung dieser Diskurse unabdingbar, sowohl auf die Modernisierungstendenzen dieser Literatur als auch auf ausgewählte Aspekte des Gattungsspektrums wie der dort verhandelten Inhalte einzugehen. Dies soll anhand von drei Exkursen geschehen. Im ersten werden zwei zentrale, die jüdische Kinder- und Jugendliteratur der Weimarer Republik prägende Publikationsformen (Periodika und Anthologien) dargestellt; im zweiten wird die Erweiterung des Gattungs- bzw. Sprachenspektrums transparent gemacht; im dritten wird exemplarisch auf zwei der bedeutendsten und vielseitigsten Autoren, Emil Bernhard Cohn und Cheskel Zwi Klötzel, Bezug genommen.

Weiterhin vorausgeschickt werden muss an dieser Stelle, dass es in einem Beitrag über die jüdische Kinder- und Jugendliteratur der Weimarer Republik nicht darum gehen kann, diese Literatur in ihren unterschiedlichen Ausprägungen lediglich auf ihre Bezüge bzw. Nicht-Bezüge zur nichtjüdischen Kinder- und Jugendliteratur der Epoche zu befragen. Vielmehr müssen im Zentrum Fragen nach der Eigenständigkeit sowie den Eigengesetzlichkeiten von jüdischer Kinder- und Jugendliteratur stehen. Erst in einem zweiten Schritt kann dann die Frage nach möglichen Verbindungen zwischen beiden Literaturen gestellt werden.

Definition des Gegenstandes

Jeder Versuch, eine wissenschaftlich tragfähige Definition von jüdischer Kinder- und Jugendliteratur zu geben, geht einher mit vielfältigen Schwierigkeiten, eine solche adäquate, haltbare und auch praktikable Begriffsbestimmung überhaupt erst einmal zu formulieren. Diese Schwierigkeiten resultieren vorrangig aus der Tatsache, dass zunächst eruiert werden muss, was die Wissenschaft unter dem Begriff jüdisches Schreiben versteht. Auch hier hat man um Begriffsbestimmungen gerungen, und wiewohl diese Diskussionen noch keineswegs an ihr Ende gelangt sind, hat sich mittlerweile folgende Definition zumindest vorläufig durchgesetzt: Unter jüdische Literatur fallen all jene Texte, deren Autoren jüdischer Herkunft sind und die inhaltlich im weitesten Sinne jüdische Themen verhandeln. (Um Missverständnissen vorzubeugen, muss hinzugefügt werden, dass die jüdische Herkunft des Autors hier nicht durch eine rassistisch motivierte Recherche zu ermitteln ist, sondern sich diese Herkunft in der Weise manifestiert, dass sich der Autor selbst in welcher Weise auch immer innerhalb des literarischen Handlungssystems als jüdischer Autor bezeichnet.) Hinzukommen *kann*, was aber nicht zwingend ist, dass der Text in einem jüdischen Kontext (Verlag/Zeitschrift) publiziert worden ist und seine jüdische Thematik bereits durch paratextuelle Signale zu erkennen gibt.

Es bietet sich an, diese Kriterien auch für das Textkorpus der jüdischen Kinder- und Jugendliteratur zu übernehmen – sie sind gleichsam die Basis, die es nun in einem zweiten Schritt ermöglicht, weitere Differenzierungen vorzunehmen. In diesem Zusammenhang ist es notwendig, darauf hinzuweisen, dass allen Definitionsversuchen eine deskriptive Herangehensweise zu Grunde liegt, d.h. es wird vom Textkorpus der jüdischen Kinder- und Jugendliteratur selbst ausgegangen und nicht etwa, indem an das Textkorpus präskriptiv die eigenen kulturellen Überzeugungen herangetragen werden. Ausgehend von einer der allgemeinen jüdischen Literatur entlehnten Definition ist festzustellen, dass sie zwar durchaus brauchbar ist, ihr aber für die Definition jüdischer Kinder- und Jugendliteratur noch der wichtige Gesichtspunkt der Adressatenspezifik fehlt. Ausgehend von der Prämisse, dass einen Teil des Gesamtkorpus jüdischer Literatur das Textkorpus der jüdischen Kinder- und Jugendliteratur ausmacht, so muss dieser Teil der Literatur für die speziellen Adressaten auf die eine oder andere Weise ausgewiesen sein, was analog zur nichtjüdischen Kinder- und Jugendliteratur auch für *dieses* Textkorpus auf die übliche Art und Weise geschieht: zum einen durch den Akt der Empfehlung seitens der jüdischen Vermittler, zum anderen durch den Akt der Adressierung an jüdische Kinder bzw. Jugendliche.

Ein Blick auf das Textkorpus jüdischer Kinder- und Jugendliteratur lässt erkennen, dass es sich – von wenigen Ausnahmen abgesehen – aus Werken zusammensetzt, für die genau diese beiden Definitionen zutreffen. Es bleibt jedoch ein kleines Korpus von Texten, das mit diesen Definitionen nicht erfasst wird, weshalb diese einer weiteren Modifikation bedürfen: Es handelt sich dabei um Werke, die eindeutig *nicht* zum Textkorpus der jüdischen Literatur zählen, die von nichtjüdischen Verfassern stammen und mehrheitlich auch keine jüdische Themen verhandeln. Sie wurden – aus welchen Gründen auch immer – von jüdischen Vermittlern für jüdische Kinder empfohlen: z.B. einige Dramen und Gedichte von Lessing, Schiller und Goethe, die Märchenzyklen von Wilhelm Hauff, aber auch Werke aus der modernen originären nichtjüdischen Kinder- und Jugendliteratur des frühen 20. Jahrhunderts wie z.B. *Die Biene Maja und ihre Abenteuer* (1912) von Waldemar Bonsels, *Die seltsamen Geschichten des Doktor Ulebuhle* (1920) von Bruno H. Bürgel oder *Die Höhlenkinder* (1918ff.) von A.T. Sonnleitner. Durch den Akt der Empfehlung *und nur dadurch* zählen auch sie zum Textkorpus der jüdischen Kinder- und Jugendliteratur.

Zieht man ein erstes Zwischenfazit, so müsste dieses lauten, dass sich eine tragfähige, wissenschaftlich haltbare Definition von jüdischer Kinder- und Jugendliteratur zwar um einiges komplexer gestaltet als die Definitionen der nichtjüdischen Kinder- und Jugendliteratur, beide Literaturen jedoch verbindet, dass es sich in beiden Fällen um Vermittlerliteraturen handelt, da es ausschließlich die

Vermittler sind, die in letzter Konsequenz über die Inhalte wie die Zusammensetzung der jeweiligen Textkorpora entscheiden.

Zu den grundlegenden Unterschieden zwischen jüdischer und nichtjüdischer Kinder- und Jugendliteratur zählt die Gewichtung der einzelnen Textkorpora innerhalb der jeweiligen Literaturen: Während innerhalb der nichtjüdischen Kinder- und Jugendliteratur das Textkorpus der originären Kinder- und Jugendliteratur bereits im Verlauf des 19. Jahrhunderts zum Prototyp von Kinder- und Jugendliteratur avanciert war, bestand das Textkorpus der jüdischen Kinder- und Jugendliteratur demgegenüber noch zu Beginn des 20. Jahrhunderts mehrheitlich aus Werken, die ursprünglich an eine erwachsene Leserschaft adressiert und erst nachträglich von Vermittlern zur geeigneten Kinder- bzw. Jugendlektüre deklariert worden waren. Die Gründe dafür waren zum einen die vergleichsweise geringe Zahl an Lesern, so dass den Verlagen die Publikation originärer Kinder- und Jugendliteratur nicht rentabel erschien, und zum anderen ein grundlegendes Misstrauen von Seiten der Vermittler gegenüber der originären Kinder- und Jugendliteratur aufgrund ihrer vermeintlich geringen ästhetischen Qualität. (Vgl. von Glasenapp / Nagel 1996, S. 104f.) Nicht zuletzt aus diesem Grund gab es bis zum Ende des 19. Jahrhunderts auch fast keine lektürepädagogischen Debatten über Inhalte, Ziele und Funktionen einer jüdischen Kinder- und Jugendliteratur.

Jüdische Kinder- und Jugendliteratur *vor* der Weimarer Republik

Erst an der Wende vom 19. zum 20. Jahrhundert zeichnete sich langsam ein Paradigmenwechsel ab mit grundlegenden Auswirkungen auf die jüdische Kinder- und Jugendliteratur des frühen 20. Jahrhunderts. Da dieser Paradigmenwechsel jedoch auch von entscheidender Bedeutung für die literarischen Diskurse, das Gattungsspektrum sowie die Publikationsstrategien von jüdischer Kinder- und Jugendliteratur während der Epoche der Weimarer Republik sein wird, sei er an dieser Stelle kurz skizziert.

Es ist die Jugendschriftenbewegung und hier vor allem Heinrich Wolgasts Auseinandersetzung mit der zeitgenössischen Kinder- und Jugendliteratur, die die Aufmerksamkeit auch der jüdischen Vermittler weckte. Wolgast hatte in zahlreichen Abhandlungen (bes. in: *Das Elend unserer Jugendliteratur*. 1896) seine dezidierte Ablehnung gegenüber jeglicher originären Kinder- und Jugendliteratur zum Ausdruck gebracht, da sie seiner Ansicht nach ausschließlich entweder aus Tendenzschriften, d.h. zur Vermittlung moralischer Normen diente oder aber aus ästhetisch minderwertiger Unterhaltungslektüre bestand. Demgegenüber sprach sich Wolgast für eine Jugendliteratur aus, deren Bewertung sich ausschließlich an ästhetischen, künstlerischen Kriterien orientieren sollte, eine

Auffassung, die schließlich in die berühmte, vielzitierte Maxime mündete: „Die Jugendschrift in dichterischer Form muß ein Kunstwerk sein.“ Das hieß in letzter Konsequenz nichts anderes, als dass jedes kinder- wie jugendliterarische Werk nunmehr, wie die Erwachsenenliteratur, ausschließlich nach ästhetischen Maßstäben zu beurteilen war, weshalb Werke mit eindeutig moralischen, politischen, erzieherischen und religiösen Inhalten aufgrund ihrer Nichtvereinbarkeit mit jeder Form von Autonomieästhetik grundsätzlich abzulehnen waren.

Während sich die Vordenker der Kunsterziehungsbewegung nicht selten einer national, ja teilweise offen antisemitisch ausgerichteten Argumentation bedienten und einer Ausgrenzung alles Nicht-Deutschen (und damit auch alles Jüdischen) offen das Wort redeten, bot Wolgasts Postulat einer tendenzfreien Kinder- und Jugendliteratur (die damit auch frei sein sollte von jeglichen antisemitischen wie christlich-konfessionellen Tendenzen) den jüdischen Pädagogen durchaus die Möglichkeit, solche Positionen auch für die jüdische Kinder- und Jugendliteratur zu übernehmen. Erste (noch mittelbare) Reaktionen auf Wolgasts Forderungen lassen sich an den in jüdischen Periodika mit Vehemenz geführten Debatten darüber ablesen, welche Werke in eine (noch zu schaffende) jüdische Gemeinde- bzw. Schülerbibliothek aufzunehmen seien (vgl. von Glasenapp/Nagel 1996, S. 96 ff.); es kam zur Veröffentlichung einer Vielzahl entsprechender Bücherlisten. Diese Auseinandersetzungen, an denen sich Vertreter aller innerjüdischen Strömungen beteiligten, wurde in den 1890er Jahren schließlich durch den *Deutsch-Israelitischen Gemeindebund*, der zur Abwehr des immer heftiger werdenden Antisemitismus bereits in früheren Jahren die Edition judenfreundlicher Schriften subventioniert hatte, in geordnete Bahnen zu lenken versucht. Der Verband beauftragte den ihm nahestehenden *Deutsch-Israelitischen Lehrerbund*, nach dem Vorbild der erst ein Jahr zuvor (1893) unter dem Einfluss der Kunsterziehungsbewegung entstandenen Jugendschriftenausschüsse eine jüdische Jugendschriften-Kommission einzusetzen, deren vordringlichste Aufgabe darin bestehen sollte, jene Bücher zu prüfen, „die – ohne das religiöse Gefühl unserer Kinder zu verletzen – unseren Jugendbibliotheken eingereiht werden können.“ (Cohn 1894, S. 391 f.)

Erst einige Jahre später findet sich ein explizites Bekenntnis von Seiten jüdischer Vermittler zu Wolgasts Grundsätzen einer ästhetisch anspruchsvollen Kinder- und Jugendliteratur. Mittlerweile gab es auch ein publizistisches Forum für die literaturpädagogischen Debatten, das wie die von Heinrich Wolgast edierte *Jugendschriften-Warte* (1893 ff.) ebenfalls in Hamburg erschien: die *Blätter für Erziehung und Unterricht*, eine pädagogische Beilage des auflagenstarken *Israelitischen Familienblattes Hamburg*, die von dem aus dem *Deutsch-Israelitischen Lehrerbund* mittlerweile hervorgegangenen *Verband jüdischer Lehrer-Vereine im Deutschen Reich* herausgegeben wurde. Im Mai 1902 sprach man sich an dieser Stelle explizit für eine Übernahme der Grundsätze Wolgasts zur Beurteilung jüdischer Jugendschriften aus: „Ich frage zunächst: Sollen wir die Forderung ‚Die Jugendschrift in dichterischer Form soll ein Kunstwerk sein' zu der unserigen machen? Und antworte auf die Frage mit Ja." (Meyer 1902, Nr. 20, S. 10)

Noch eindrücklicher gestaltete sich das Bekenntnis der jüdischen Vermittler zu Wolgasts Prinzipien in dem 1905 nach dem Vorbild der *Jugendschriften-Warte* begründeten und ebenfalls in Hamburg erscheinenden *Wegweiser für die Jugendliteratur* – jedenfalls vorerst. Bald schon musste man feststellen, dass Wolgasts Grundsatz von dem unbedingten Primat der Ästhetik mit eigenen Überzeugungen kollidierte, jenen nämlich, wonach jüdischen Kindern wie Jugendlichen ausschließlich solche Werke empfohlen werden sollten, die weder christliche noch anti-jüdische Elemente enthielten. Im Zuge einer mit Vehemenz geführten Auseinandersetzung sowohl über die *Kinder- und Hausmärchen* der Brüder Grimm als auch über Hebels *Schatzkästlein des rheinischen Hausfreundes*, kanonisierte Texte, die von den *Vereinigten Deutschen Prüfungsausschüssen für Jugendschriften* ausdrücklich zur Lektüre empfohlen worden waren, rückte man, ohne dass es explizit formuliert wurde, von Wolgasts Positionen wieder ab: Nichtjüdische Kinder- und Jugendschriften sollten ungeachtet ihrer ästhetischen Qualität und ungeachtet ihrer Bewertung durch die *Vereinigten Deutschen Prüfungsausschüsse für Jugendschriften* auf jeden Fall abgelehnt werden, „wenn sie in religiöser Beziehung Anstoß erregen und das jüdische Bewußtsein empfindlich verletzten können." (Perles 1914, S. 57; vgl. auch Spanier 1907, S. 65)

Die Erkenntnis, dass trotz Wolgasts Vorgaben und Bewertungskriterien das Textkorpus der nichtjüdischen Kinder- und Jugendliteratur nicht einfach als geeignete jüdische Kinder- und Jugendlektüre übernommen werden konnte, bewog offensichtlich die Verantwortlichen im *Verband jüdischer Lehrer-Vereine im Deutschen Reich*, die Entstehung von Kinder- und Jugendliteratur mit spezifisch jüdischen Inhalten aktiv zu fördern, um auf diese Weise dem immer wieder beklagten Mangel an entsprechender Lektüre wirkungsvoll abzuhelfen. Bei der Realisierung eines solchen Projekts war ein umfängliches finanzielles Engagement des *Verbands* unumgänglich: So versuchte man zum einen die Entstehung geeigneter Kinder- wie Jugendliteratur durch mit Geldpreisen dotierte Preisausschreiben voranzutreiben, zum anderen finanzierte man die Publikation entsprechender Werke. Obwohl vor allem das Verfahren der Preisausschreiben nicht unumstritten war – ein Kritikpunkt war, dass sich echte Kunstwerke nicht ‚auf Kommando' schaffen ließen und zudem ein solches Unterfangen nur darauf abziele, originäre Kinder- und Jugendliteratur entstehen zu lassen, die man ja eigentlich ablehne (vgl. Meyer 1912, S. 22 ff.) –, lobte der *Verband jüdischer*

Lehrer-Vereine insgesamt dreimal entsprechende Preise (1905, 1908, 1910) aus, einmal für die Schaffung eines jüdischen Märchenbuches, dann für eine Anthologie mit Biografien bedeutender jüdischer Männer und Frauen und schließlich für Gegenwartserzählungen aus dem jüdischen Leben. Obwohl die Resonanz auf die Ausschreibung sowie die ästhetische Qualität der eingereichten Manuskripte eher mäßig waren, ist die Bedeutung der Ausschreibungen für die jüdische Kinder- und Jugendliteratur zu Beginn des 20. Jahrhunderts kaum zu überschätzen. Erstmals nämlich wurde auf diese Weise der originären Kinder- und Jugendliteratur der Vorzug eingeräumt vor empfohlenen Titeln aus der allgemeinen Literatur, d.h. implizit wurde damit der Kind- bzw. Jugendgemäßheit von Texten eine größere Priorität zuerkannt als ihrer ästhetischen Qualität. Weiterhin sind die Preisausschreiben ein eindeutiges Indiz für eine beginnende Erweiterung des kinder- und jugendliterarischen Gattungsspektrums.

Anders als Märchen (vgl. dazu Exkurs 2) waren Biografien und Erzählungen aus dem jüdischen Leben der Vergangenheit und Gegenwart (denen das zweite und dritte Preisausschreiben gewidmet waren) zwar durchaus traditionelle Gattungen, deren allgemeinliterarische Ausprägungen bereits seit dem 19. Jahrhundert zum festen Bestandteil intentionaler jüdischer Kinder- und Jugendliteratur zählten; das Innovationspotenzial der Entscheidung, die Produktion gerade dieser beiden etablierten und sanktionierten Gattungen zu fördern, ist aber darin zu sehen, dass auch in diesem Fall der Kind- bzw. Jugendgemäßheit oberste Priorität zuerkannt wird: Die bloße Empfehlung bereits veröffentlichter, an Erwachsene adressierter Texte wurde als nicht mehr ausreichend erachtet; es sollten nun prinzipiell an Kinder und Jugendliche adressierte Biografien und Erzählungen geschaffen werden. In welchem Maße in der literaturpädagogischen Debatte der jüdischen Vermittler nun der Kind- und Jugendgemäßheit literarischer Werke oberste Priorität eingeräumt wurde, manifestiert sich in einer zeitgleich beginnenden Auseinandersetzung über die Frage, inwieweit gerade Biografien überhaupt eine kindgemäße Lektüre darstellten, da sie offensichtlich nicht den Interessen der intendierten Leser entsprächen, eine Auseinandersetzung, die häufig sehr kontrovers und zum Teil mit erheblicher Schärfe geführt wurde.

Ungeachtet dieser Kontroversen spiegelt sich das neue Gattungsspektrum auch in den acht Werken, deren Veröffentlichung die jüdische Jugendschriften-Kommission in den Jahren zwischen 1907 und 1913 förderte: Darunter befanden sich drei Biografien, jeweils eine Anthologie mit Märchen, mit Gedichten, mit kurzen Erzählungen jüdischer Autoren sowie eine Erzählung aus dem jüdischen Leben der Vergangenheit.

Obwohl mit dem Ausbruch des Ersten Weltkrieges alle literaturpädagogischen Aktivitäten zum Erliegen kamen, der *Wegweiser* endgültig und alle Debatten in den noch bestehenden Periodika für mehrere Jahre eingestellt wurden, sollten die Unternehmungen der vergangenen Jahre eine weitreichende Wirkung entfalten, die zum Teil erst nach dem Ende des Ersten Weltkrieges zum Tragen kamen, in der Epoche der Weimarer Republik.

Die jüdische Kinder- und Jugendliteratur in der Weimarer Republik

Vorbemerkungen

Wie von der nichtjüdischen deutschen Mehrheitsgesellschaft war der Krieg auch von der jüdischen Minderheit vorbehaltlos begrüßt und auch mitgetragen worden. (Vgl. Pulzer 1997, S. 358f.) Analog zu dem auch in allen jüdischen Periodika veröffentlichten Versprechen des deutschen Kaisers, er kenne keine Parteien mehr, sondern nur noch Deutsche (vgl. Rosenthal 2007, S. 40), erhoffte sich die jüdische Minderheit durch ihr vorbehaltloses Bekenntnis zum Krieg auch das Verstummen aller antisemitischen Stimmen, die während des Zweiten Kaiserreichs immer mehr an Einfluss gewonnen hatten. Diese Hoffnungen sollten sich nur scheinbar erfüllen: Noch während des Krieges sah sich die jüdische Minderheit dem auch von der deutschen Heeresleitung erhobenen Vorwurf ausgesetzt, sie drücke sich vor dem Einsatz im Felde, ein Vorwurf, der schließlich in der vom Preußischen Kriegsministerium im Oktober 1916 angeordneten sog. ‚Judenzählung' gipfelte. (Vgl. ebd., S. 61–68 sowie Pulzer 1997, S. 368f.) Demgegenüber erkannte die Weimarer Verfassung die Juden mit deutscher Staatsangehörigkeit erstmals in der deutsch-jüdischen Geschichte in allen Bereichen und Belangen als gleichberechtigte Bürger an. Doch nur wenige Monate später, im April 1920, erfolgte die Gründung der *Nationalsozialistischen Deutschen Arbeiterpartei* (NSDAP), in deren Parteiprogramm der Entzug der deutschen Staatsbürgerschaft für alle Juden als einer der Hauptpunkte formuliert wurde. Das hier skizzierte Spannungsverhältnis zwischen nichtjüdischer Mehrheitsgesellschaft und jüdischer Minderheit war prägend für die Epoche der Weimarer Republik und sollte es bis zu ihrem Ende bleiben. Dieses Spannungsverhältnis manifestierte sich auch auf kultureller Ebene: Während sehr bald wieder, stärker noch als im Kaiserreich, antisemitische, d. h. nationalsozialistische Propaganda in traditionellen wie modernen Medien verbreitet wurde, wurde zur gleichen Zeit der Kulturbetrieb in vielen Feldern, vor allem innerhalb der Presse und der Literatur, von jüdischen Kulturschaffenden geprägt wie niemals zuvor.

Diese engen Berührungen zwischen deutscher und jüdischer Kultur haben jedoch keine Gültigkeit für das Feld der jüdischen Kinder- und Jugendliteratur während der Weimarer Republik. Wie in den Epochen zuvor sind auch in den Jahren zwischen 1918 und 1933 die Beziehungen zwischen jüdischer und nichtjüdischer Kinder- und Jugendliteratur geprägt durch ein Verhältnis, das zwischen friedlicher Koexistenz und Beziehungslosigkeit oszillierte – je nachdem, ob dieses Verhältnis aus jüdischer oder nichtjüdischer Perspektive betrachtet wird. Die grundlegenden Probleme jüdischer Kinder- und Jugendliteratur hatten die Kriegsjahre überdauert: Es gab zu wenig originäre Kinder- und Jugendliteratur, und stärker noch als in den Jahrzehnten vor dem Ersten Weltkrieg sahen sich die jüdischen Vermittler mit dem Problem konfrontiert, dass jüdische Kinder wie Jugendliche ihre Lektüre aus dem reichhaltigen Angebot der nichtjüdischen Kinder- und Jugendliteratur wählten. Mehrere entsprechende Umfragen, die während der 1920er Jahre von jüdischen Periodika in Auftrag gegeben worden waren (vgl. u.a. Merzbach 1925/26 sowie Noack 1926), ließen an diesem Sachverhalt keinen Zweifel.

Aus diesen Gründen bestand unter den jüdischen Vermittlern Einigkeit darüber, ihre Anstrengungen zu intensivieren, jüdischen Kindern wie Jugendlichen Lektüreangebote zu machen, die zum einen auf eine Stärkung ihrer jüdischen Identität abzielten, zum anderen aber in der Lage sein sollten, sowohl inhaltlich als auch formal der Modernität der nichtjüdischen Kinder- und Jugendliteratur zu entsprechen, um die Lektüregewohnheiten der Leser nicht allzu sehr zu irritieren. Gleichzeitig sahen sich die Vermittler auch mit veränderten Gegebenheiten innerhalb des deutschen Judentums konfrontiert. Sie betrafen vor allem die innerjüdischen Strömungen: Neben dem reformorientierten und dem liberalen Judentum, der Neo-Orthodoxie und dem konservativen Judentum konnten vor allem die Zionisten, d.h. die Angehörigen jener „moderne[n] jüdische[n] Nationalbewegung, die Ende des 19. Jahrhunderts in Mittel- und Osteuropa aufkam und durch kulturelle Wiederbelebung, politische Organisation sowie durch massive Immigration und Ansiedlung von Juden in Palästina die Grundlagen für die Entstehung des Staates Israel [...] schuf[en]“ (Avineri 1998, S. 889), ihren Einfluss innerhalb des deutschen Judentums beträchtlich erweitern. Zwar bildeten die Zionisten innerhalb des Deutschen Reiches, anders als in Osteuropa, noch immer eine Minderheit innerhalb der jüdischen Minderheit, eine Minderheit jedoch, die bereits während des Krieges damit begonnen hatte, kulturpolitische Aktivitäten in erheblichem Umfang zu entfalten, Aktivitäten, die sich vorrangig auf die Felder Erziehung, Jugendbewegung, Literatur sowie Kinder- und Jugendliteratur erstreckten. Die von diesen sehr unterschiedlichen innerjüdischen Strömungen entwickelten lektürepädagogischen Konzepte differierten zum Teil erheblich, was jedoch nicht ausschloss, dass man sich durchaus ähnlicher Strategien zur Schaffung jüdischer Kinder- und Jugendliteratur bediente und dass es nicht selten auch zur Zusammenarbeit zwischen den Vertretern der einzelnen Richtungen kam. Gemeinsam war hingegen allen innerjüdischen Strömungen (und ihren Konzepten) ein eindeutiges Bekenntnis zur eigenen jüdischen Identität, das jedoch durchgängig einherging mit einem ebenso eindeutig formulierten Bekenntnis zur nichtjüdischen deutschen Kultur.

Zionistische Identitäts- und Lektürekonzepte

Dieses Bekenntnis zur jüdischen Identität wie auch zur deutschen Kultur hatte auch für die deutschen Zionisten der Weimarer Republik Gültigkeit – ungeachtet der Tatsache, dass sie im Unterschied zu allen anderen innerjüdischen Strömungen in ihren Schriften ein ganz neues jüdisches Identitätsprofil postulierten – wie im Folgenden dargelegt werden soll, bevor in einem zweiten Schritt die zionistischen Lektürekonzepte einer genaueren Betrachtung unterzogen werden sollen.

Da nach Auffassung der Zionisten alle anderen innerjüdischen Strömungen sich dem natürlich Politischen, dem ursprünglich Göttlichen entfremdet und damit eine Art kulturellen Suizid begangen hätten (vgl. Hotam 2010, S. 246f.), mussten die Anstrengungen der zionistischen Vermittler vordringlich darauf gerichtet sein, diese entfremdete, von den Bedingungen in der Diaspora erzeugte Lebensform sowie den mit ihr untrennbar verbundenen Status als Exiljude zu beseitigen. Dies konnte jedoch nur gelingen, wenn man diesen hergebrachten, nach Auffassung der Zionisten überlebten Formen des Jüdischen einen neuen, besseren Typus des Jüdischen gegenüberstellte. Die Inkarnation dieses ‚neuen Menschen' (ein Schlüsselbegriff innerhalb des zionistischen Diskurses) erblickten die Vordenker der zionistischen Bewegung in der jüdischen Jugend, die für sie die Verkörperung aller modernen Ideale darstellte. Aus diesem Grund widmete man, sehr viel stärker als in allen anderen innerjüdischen Strömungen, vor allem der Jugend besondere Aufmerksamkeit: „Im Mittelpunkt der zionistischen Interpretation des Jugendbegriffs steht offensichtlich die Metapher der Rückkehr zum wahren Jüdischen." (Hotam 2009, S. 30) Ihren augenfälligsten Ausdruck fanden die Aktivitäten von zionistischer Seite, lange vor Ausbruch des Ersten Weltkrieges, in der Gründung jüdischer Jugendbewegungen. 1906 kam es zur Gründung des *Blau-Weiß*, des ersten jüdischen Jugendbundes überhaupt. Seine Entstehung wurde begünstigt durch zahlreiche antisemitische Vorfälle im nichtjüdischen Jugendbund *Wandervogel*, denen dann oftmals der Ausschluss oder auch der Austritt der jüdischen Mitglieder folgte. (Vgl. Laqueur 1962, S. 90–95 sowie Hetkamp 1994, S. 59–65) Trotz der genuin jüdischen Ausrichtung waren (und blieben) sowohl der *Blau-Weiß* als auch die später begründeten jüdischen Jugendbünde – zionistischer wie nicht-zionistischer Ausprägung – in ihrer Ideologie sowie in ihrem Auftreten allerdings stark von der nichtjüdischen deutschen Jugendbewegung geprägt. Diese innere Verbundenheit auch mit der deutschen nichtjüdischen Kultur findet sich nicht nur in den autobiografischen Zeugnissen ehemaliger Mitglieder (vgl. Michaelis 1962, S. 58f.), sondern ist auch charakteristisch für die Publikationen der Jugendbünde, etwa für das an zionistische Jugendliche gerichtete *Blau-Weiss-Liederbuch*. (Vgl. Nemtsov 2009, S. 360ff.) Die erste Auflage von 1912 enthielt insgesamt 117 Wanderlieder, davon waren lediglich 22, d.h. weniger als ein Viertel, jiddische und hebräische Lieder; der überwiegende Teil der Lieder entstammte dem allgemeinen deutschen Liedgut. Die zweite, erweiterte Auflage von 1918 veränderte die Relationen nur unwesentlich: Von insgesamt 153 Liedern wurden vierzig als Lieder jiddischer bzw. hebräischer Herkunft ausgewiesen. Auf dieses Missverhältnis war von Seiten des Herausgebers bereits im Vorwort des Werkes hingewiesen worden: „Ohne Wandervogel und Zupfgeigenhansl wäre dieses Buch nicht entstanden." (Glaser 1912, S. 3f.)

Diese Ausführungen verdeutlichen die bereits erwähnte spezifische Problematik zionistischer Kinder- und Jugendliteratur sowie zionistisch ausgerichteter Literaturpädagogik: die Übermacht nichtjüdischer Lektüreangebote, gekoppelt mit den offensichtlichen Lektürepräferenzen jüdischer Kinder wie Jugendlicher. Diesen Gegebenheiten, die sich auch in den Jahren der Weimarer Republik nicht grundsätzlich änderten, begegneten die Vermittler mit unterschiedlichen Strategien:

Da es den Vermittlern offensichtlich vorrangig darum zu tun war, den jüdischen Jugendlichen Lektüre mit jüdischen Inhalten zu offerieren, griff man analog zu früheren Epochen wieder auf ausgewählte Werke der Erwachsenenliteratur zurück, nun allerdings mehrheitlich auf Werke osteuropäischer Autoren. Auf diese Weise konnten die zionistischen Vermittler zugleich, wenngleich unausgesprochen, eine Traditionslinie herstellen zu Positionen der jüdischen Jugendschriftenbewegung, wie sie bereits vor dem Krieg auch im *Wegweiser* vertreten worden waren. Bereits kurz vor der Jahrhundertwende hatte das deutsche Judentum in seiner Gesamtheit die Literatur des ostmitteleuropäischen Judentums ‚entdeckt', die man nun – in diametralem Gegensatz zu früheren Jahrzehnten – nicht nur als Beispiel für eine genuin jüdische Literatur rezipierte, sondern der man darüber hinaus sogar auf Grund ihrer aus deutsch-jüdischer Sicht innovativen Darstellung jüdischen Lebens einen Vorbildcharakter zuschrieb. Diese Haltung manifestierte sich zum einen in den Diskursen über die ‚neue' jüdische Literatur, die innerhalb der jüdischen Periodika aller innerjüdischen Strömungen geführt wurden, und zum anderen in der Tatsache, dass die Zeitschriften in verstärktem Maße Übersetzungen aus den ‚neuen' jüdischen Literatursprachen Hebräisch und Jiddisch publizierten. Insgesamt muss diese Hinwendung zu den jüdischen Literaturen Ostmitteleuropas als ein grundlegender Paradigmenwechsel innerhalb des deutschen Judentums gewertet werden, dessen Bemühungen zuvor vordringlich auf die Schaffung einer *deutsch*-jüdischen Literatur abgezielt hatten. (Vgl. von Glasenapp 2001)

In diesem neuen Literaturverständnis, in dem das spezifisch Jüdische an erster Stelle stand, lagen die Berührungspunkte zwischen Zionisten und Nichtzionisten. Die Renaissance des jüdischen Bewusstseins als Folge der ‚Entdeckung' der ostmitteleuropäischen Literatur betraf Zionisten wie ihre liberal-jüdischen Gegner gleichermaßen, eine Tatsache, die jedoch weder von zionistischer Seite, noch von den Vertretern der anderen innerjüdischen Strömungen diskursiv verhandelt wurde. Diese generelle Neubewertung der jüdischen Literaturen Ostmitteleuropas sollte sich nach dem Willen der Vermittler auch in der jüdischen Kinder- und Jugendliteratur niederschlagen. Bereits 1909 gestattete daher Moritz Spanier, Chefredakteur des *Wegweiser*, dem ersten Sekretär der *Zionistischen Vereinigung für Deutschland* (Z.V.f.D), Fabius Schach, die Veröffentlichung eines Aufsatzes mit entsprechendem Inhalt:

> „[...] während der Entwicklungsperiode sind wir [...] noch sehr auf den Osten angewiesen. Wir besitzen da, namentlich in der Jargonliteratur, eine Fülle von Kraft und Leben, einen gewaltigen Quell, den wir uns nutzbar machen können und müssen. Nicht durch Übersetzungen. [...] Nein, umdichten müssen wir die Jargonliteratur. Wir müssen dieses Leben in neue Formen giessen, wir müssen diese eigenartige Welt nicht nur im deutschen Gewande, sondern auch als deutsche Dichtung vorführen, so vorführen, daß unsere Jugend sie versteht und sich daran ergötzt. [...] Die Befruchtung dieser Literatur könnte für die deutsche Judenheit von eminenter Bedeutung werden. [...] Diese Lektüre würde auch den besten Anschauungsunterricht der jüdischen Geschichte für unsere Jugend bilden. Sie würde hier sehen, wie unsere Vorfahren gelebt und gelitten haben. Denn in gar vielen Punkten gleicht das gegenwärtige Leben im Osten dem Leben der deutschen Juden in der Vergangenheit. [...] Gestehen wir es, unsere Jugend hört häufig auf, das Leben unserer Väter zu verstehen. Sie, die in Freiheit geboren ist, verlernt es, zu begreifen, wie schwer und bitter um dieses Gut gekämpft werden mußte. Sie würde vielleicht dieses kostbare Gut höher schätzen, wenn sie die Geschichte in lebendiger Gestalt studieren würde, und die Jargonliteratur führt ihr dieses farben- und schmerzenreiche Panorama wirkungsvoll vor." (Schach 1909, S. 40)

Die Suche nach einer genuin jüdischen Literatur mit spezifisch jüdischen Inhalten verband demnach Zionisten mit Nichtzionisten und sollte nun auch auf kinderliterarischer Ebene oberste Maxime sein. Diese Gemeinsamkeiten bargen jedoch gewisse Problematiken für die zionistischen Vermittler: Vor allem die Tatsache, dass genuin zionistische Positionen hinsichtlich geeigneter Lektüre auch von den Vertretern anderer innerjüdischer Richtungen vertreten wurden, so dass sich für die Leser das spezifisch Zionistische überhaupt nicht mehr ausmachen ließ, da umgekehrt Nichtzionisten nun innerhalb der literaturpädagogischen Diskurse mit zionistischen Positionen operierten, deren Urheberschaft sie sogar für sich reklamierten. Diese Situation war für die Ausprägung einer zionistischen Belletristik, die über den Charakter einer bloßen Propagandaschrift hinausging, äußerst ungünstig, für die Ausbildung zionistischer Kinder- und Jugendliteratur in besonderem Maße. Infolgedessen hatten sich die zionistischen Vermittler auch mit dem Vorwurf auseinanderzusetzen, dass der Schaffung einer zionistisch ausgerichteten, originären Kinder- und Jugendliteratur de facto kein Vorschub geleistet werde.

Trotz dieser Vorwürfe änderte sich auch nach dem Ende des Krieges die Literaturpolitik der zionistischen Vermittler nicht wesentlich: Man stellte auch weiterhin das spezifisch Jüdische über die spezifische Adressatenorientiertheit der Literatur für Kinder und Jugendliche. Die gegenläufigen Entwicklungen in der nichtjüdischen Kinder- und Jugendliteratur wurden zwar wahrgenommen, aber (noch) nicht übernommen. Dies soll an einem weiteren Beispiel verdeutlicht werden, das jedoch zugleich ein Schlaglicht auf die sozio-kulturelle Verfasstheit der jüdischen Minderheit vor allem zu Beginn der Weimarer Republik wirft, die sich in erheblicher Weise von jener der nichtjüdischen Mehrheitsgesellschaft unterschied.

Als Folge der Kriegswirren kam nach 1918 eine große Anzahl jüdischer Flüchtlinge, die vor dem materiellen Elend, der Zerstörung, aber auch den politisch-materiellen Wirren und den Pogromen in den Ländern Osteuropas geflohen waren, nach Österreich und Deutschland; unter ihnen befand sich auch eine hohe Anzahl von Kriegswaisen, deren Sozialisation und Erziehung die jüdischen Pädagogen vor eine große Herausforderung stellte. Wiederum vor allem von zionistischer Seite wurde versucht, in diesem Zusammenhang neue pädagogische Konzepte in Verbindung mit zionistischem Gedankengut zu realisieren; am bekanntesten sind in diesem Zusammenhang die Ideen des zionistischen Pädagogen Siegfried Bernfeld, der in dem von ihm 1919 gegründeten *Kinderheim Baumgarten* für jüdische Kriegswaisen aus Osteuropa versuchte, sozialistische Utopien des jüdischen Gemeinwesens zu realisieren. (Vgl. Koch 1974; Utley 1979; Bunzl 1992; Lappin 2006, S. 92–96)

Bernfelds erklärtes Ziel war, „die emotionale Zugehörigkeit der Kinder zur jüdischen Gemeinschaft aufzubauen und zu festigen, um so Bestrebungen zur Assimilation entgegenzuwirken. […] Dem Grundsatz gemäß, die Persönlichkeit des Kindes nicht durch Zwangsmaßnahmen, sondern über Identifikation auszubilden, erhielt die Pädagogik eine zentrale Stelle im Gemeinschaftsleben." (Humrich 1998, S. 462)

Innerhalb seiner Erziehungskonzepte beschäftigte sich Bernfeld auch mit der Frage nach einer adäquaten Lektüre für Kinder und Jugendliche, wobei auch für ihn originäre Kinder- und Jugendlektüre offensichtlich nur eine untergeordnete Rolle spielte. Lediglich die Bibel ließ er als geeignete Lektüre für jüdische Kinder aller Altersstufen gelten, eine Auffassung, die in ihrer Rigidität entsprechende Forderungen anderer Vermittler deutlich übertraf und die von ihm wie folgt begründet wurde:

> „Und es hat sich uns in der Erfahrung durchaus bestätigt, daß die Bibel das Buch schlechthin für Kinder ist. Ich meine, daß sie alles enthält, was dem Kinde an Phantasie, Affekt und Wissenswertem gemäß ist, daß die Weltanschauung der erzählenden Bücher, ihr affektiver Hintergrund, selbst ihre Darstellungsweise und Poesie, kindgemäß ist – freilich nicht nur kindgemäß. Und man könnte sich eine Schule denken, in der statt der Fülle seichter oder auch tiefer Märchen, Legenden, Jugendschriften die Bibel die einzige immer wieder gelesene, immer wieder erzählte, immer wieder dargestellte Lektüre wäre. Dies hätte freilich zur Voraussetzung eine Bibelausgabe, die im einfachen Wortsinn den Kindern verständlich wäre (und die etwa auch die in der Bibel unterdrückten Sagenkreise und Fassungen mitberücksichtigte). Wir versuchten es mit den verschiedensten Übersetzungen. Was nützt aber alles, wenn die Kinder nicht wissen, was ein Vogt ist, nicht wissen, was eine Witwe ist! So haben wir uns später entschlossen die Bibel nicht vorzulesen, sondern zu erzählen. Dies geschah in eigenen Bibelstunden, im Deutschunterricht und an den Freitag-Abend-Feiern. Was die Bibel für die Kleinen war, hätte die jüdische Geschichte für die Großen sein sollen. Aber es zeigte sich, daß ihnen die Bibel unbekannt war. So wurde auch für sie die Bibellektüre zum hauptsächlichsten Inhalt der jüdischen Geschichtsstunden und mancher Deutschstunde. Die Vorlesungen am Freitagabend hatten sie mit den Jüngeren gemeinsam. Für die Kleineren (bis zum 10. Jahr etwa) war das Erzählende, die Fabel, das Wesentliche dieses Unterrichts; für die Größeren (bis zu 15 Jahren etwa) waren es die Personen, Gestalten, Schicksale. Pragmatische Geschichte, also eigentliche Historie, fand nur bei den Ältesten Interesse und Verständnis und wurde auch nur ihnen gegeben.“ (Bernfeld 1921, S. 108)

Zur weiteren Lektüre gehörten zwar auch Werke über die sogenannte „jüdische Gegenwartskunde“ (ebd., S. 109), die den Kindern nicht nur Verständnis über die soziale, politische und kulturelle Entwicklung des Judentums, sondern auch über die Bedeutung von Zionismus und Palästina für das in der Gegenwart existierende Judentum vermitteln sollten, doch kam ihnen eine weit weniger wichtige Rolle zu, als der von Bernfeld so ostentativ hervorgehobenen Bibellektüre.

Deutlich wird an Bernfelds Ausführungen, wie weit sich ein Teil der Vermittler bereits zu Beginn der 1920er Jahre von den Positionen Wolgasts im Rahmen der jüdischen Jugendschriftenbewegung wieder entfernt hatte. Wie im 18. und 19. Jahrhundert wurde jegliche Form der Kinder- wie Jugendlektüre vollständig als Erziehungsmittel instrumentalisiert, selbst wenn Bernfeld zugestand, dass auch die von ihm empfohlenen biblischen Texte, um ihre Wirkung entfalten zu können, zu großen Teilen einer adressatenspezifischen Akkomodation bedurften. Deutlich wird an Bernfelds Auffassungen ebenfalls, aus welchen Gründen ein Teil der jüdischen Vermittler auch in den Jahren nach 1918 es nicht für notwendig ansah, sich mit dem Phänomen originärer Kinder- und Jugendliteratur auseinanderzusetzen.

Wie eingangs ausgeführt, stellt die jüdische Kinder- und Jugendliteratur während der Weimarer Republik jedoch ein sehr heterogenes Phänomen dar. Die Auffassungen Bernfelds und seiner zionistischen Kollegen waren zwar von großer Bedeutung für Teile des Spektrums der jüdischen Kinder- und Jugendliteratur während der Weimarer Republik, im vielstimmigen Chor der jüdischen Vermittler repräsentierten sie aber eben auch nur *eine* von mehreren literaturpädagogischen Positionen.

Exkurs 1: Innovative Publikationsformen: Zeitschriften und Anthologien

Während die literaturpädagogischen Konzepte auch der Zionisten z.T. noch deutlich dem 19. Jahrhundert bzw. der Jahrhundertwende verhaftet waren, unterlagen andere Bereiche des Handlungssystems jüdische Kinder- und Jugendliteratur bereits zu Beginn der Weimarer Republik einem deutlichen Innovationsschub. Zu diesen Feldern, die sich neuen Entwicklungstendenzen öffneten, zählen u.a. einige nicht-erzählliterarische Publikationsformen und hier in erster Linie jüdische Periodika, deren Inhalte sich explizit an jüdische Jugendliche unterschiedlichen Alters richteten, eine Tatsache, die sich vielfach bereits an den Titeln der Zeitschriften ablesen ließ, darunter: *Jungvolk : Blatt der ‚Kameraden' / Deutsch-jüdischer Wanderbund*; *Bar Kochba : Blätter für die heranwachsende jüdische Jugend*; *Blätter aus der jüdischen Jugendbewegung*; *Der Jugendbund*; *Jüdische Jugendblätter*; *Das Zelt : Zeitschrift für die jüdische Jugend*; *Israelitischer Jugendfreund*; *Junge Menschen*. Vereinzelt besaßen auch die großen, überregionalen jüdischen Presseorgane Kinder- oder Jugendbeilagen, so z.B. die orthodox ausgerichtete Zeitschrift *Der Israelit*, deren Beilage *Jüdische Jugend* bereits vor dem Ersten Weltkrieg erschienen war, oder die *Seite der Jugend* der reformorientierten *C.V.-Zeitung*. Die Mehrheit der Periodika wurde jedoch von den verschiedenen jüdischen Jugendbünden herausgegeben. Zwar nahmen auch hier die zionistisch orientierten Bünde und ihre Veröffentlichungen eine Vorrangstellung ein, doch auch die Jugendbünde der Orthodoxie und des liberal ausgerichteten Judentums begannen in den 1920er Jahren mit der Herausgabe eigener Periodika.

Bezeichnend für all diese Periodika ist ihre sehr unterschiedliche Laufzeit. Die Erscheinungszeiten variierten von wenigen Monaten bis hin zu mehreren Jahren; ein Gleiches gilt für ihren Erscheinungsrhythmus: Es gab Wochen- und Monatsblätter, solche, die nur alle zwei, drei, vier Monate oder gar nur halbjährlich erschienen, mitunter gestaltete sich dieser Rhythmus auch unterschiedlich, ebenso wie die Titel unvermittelt abgeändert wurden. Auch hinsichtlich ihres Erscheinungsradius lässt sich kein einheitliches Bild zeichnen; viele dieser Periodika waren nur regional verbreitet oder kursierten ausschließlich innerhalb der Jugendbünde größerer Städte, andere hingegen wurden offensichtlich deutschlandweit oder sogar über die nationalen Grenzen hinweg im gesamten deutschsprachigen Raum vertrieben.

Keines dieser Periodika kann im engeren Sinn als literarische Zeitschrift bezeichnet werden, obwohl die meisten von ihnen in unregelmäßigen Abständen auch literarische Texte, Erzählungen, Gedichte, Auszüge aus Dramen veröffentlichten. Insgesamt spielte Literatur, obwohl gelegentlich durchaus auch Lektüreempfehlungen gegeben wurden, jedoch eine untergeordnete Rolle. Vorherrschend waren Sachtexte bzw. Erlebnisberichte der Gruppenmitglieder, Abhandlungen über Fahrten, daneben Texte zu den jüdischen Feiertagen, Preisausschreiben, Witze, Rätsel und Leserbriefe. Vor allem letztere dienten dem engen Kontakt zwischen den Lesern und den Herausgebern, die selbst Mitglieder der jeweiligen jüdischen Jugendgruppe waren und sich im Alter oftmals kaum von ihren Lesern unterschieden. Die Herausgeber erhielten auf diese Weise eine unmittelbare Reaktion auf die von ihnen publizierten Texte, die Leser bekamen so die Möglichkeit, durch Lob oder Kritik direkt auf die Gestaltung des Periodikums einzuwirken. Die Modernität des Mediums Zeitschrift wurde nicht zuletzt dadurch unterstrichen, dass sich manche Zeitschriften an die Gruppenmitglieder beiderlei Geschlechts richteten, dass sie partiell bereits einen hohen Grad an unterschiedlichen Illustrationsformen aufwiesen und dass sie, wie beschrieben, ihren Lesern eine Vielzahl unterschiedlicher Textsorten offerierten, Texte, die zum großen Teil das Gegenwarts- und Alltagsleben der jeweiligen Altersgruppe in einem weit höherem Maße thematisierten, als dies in den übrigen an jüdische Kinder und Jugendliche gerichteten Werken der Fall war. Nicht zuletzt aus diesem Grund trugen jüdische Periodika und die in ihnen versammelten Texte in hohem Maße zur allgemeinen Modernisierung wie zur Zunahme der originären jüdischen Kinder- und Jugendliteratur in der Weimarer Republik bei.

Eines analogen Verfahrens – nämlich der Zusammenstellung unterschiedlicher, kurzer Textsorten – bedienten sich auch die Herausgeber der seit 1918 zahlreich erscheinenden, nicht selten sogar mehrbändigen Anthologien. Zwar wurde die Publikationsform der Anthologie auch bereits im ausgehenden 19. und frühen 20. Jahrhundert in Anwendung gebracht, doch innerhalb des Spektrums jüdischer Kinder- und Jugendliteratur spielte sie trotz einiger Ausnahmen nur eine untergeordnete Rolle. Dies änderte sich in den 1920er Jahren, in denen teilweise in expliziter Anknüpfung an vor 1918 begonnene Projekte, zum großen Teil jedoch in Form neuer Unternehmungen, zahlreiche Anthologien erschienen, darunter u.a. *Das jüdische Jugendbuch* (1920), herausgegeben von Moritz Steinhardt, Heinrich Loewe und Cheskel Zwi Klötzel; *Bausteine : zur Unterhaltung und Belehrung aus jüdischer Geschichte und jüdischem Leben* (1927), ediert von Thomas Rothschild; *Für unsere Jugend : ein Unterhaltungsbuch für israelitische Knaben und Mädchen* (3 Bde., 1911–1926), herausgegeben von Elias Gut.

Im Unterschied zu den in den 1920er Jahren ebenfalls in großer Zahl erscheinenden Sammelbänden jüdischer Sagen, Legenden, Ghettoerzählungen sowie sogenannter ‚ostjüdischer' Geschichten, waren die hier in Rede stehenden Werke explizit an jüdische Kinder bzw. Jugendliche adressiert, was sie analog zu den Periodika mehrheitlich bereits im Titel herausstellten. Anders jedoch als im Fall der Zeitschriften handelte es sich bei den in den Anthologien versammelten Beiträgen mehrheitlich um fiktionale Texte, die ähnlich wie die Minderheit der Sachtexte vordringlich der literarischen, historischen und auch der religiösen Erziehung dienen sollten. Dem Unterhaltungsbedürfnis der Leser sollte zwar ebenfalls Rechnung getragen werden, ihm wurde jedoch nur eine nachrangige Bedeutung zuerkannt. Die Beiträge selbst waren mehrheitlich auch nicht ad hoc für die Anthologien verfasst, sondern von den Herausgebern anderen Werken entnommen und nach eigenen Maßstäben zusammengestellt worden. Überwiegend handelte es sich dabei um Texte der Erwachsenenliteratur, die erst durch ihre Veröffentlichung in einer an Kinder bzw. Jugendliche adressierten Anthologie zur für Kinder und Jugendliche geeigneten Lektüre erklärt wurden. Während die in den Periodika veröffentlichen Beiträge ausnahmslos von jüdischen Autoren stammten, aber nicht zwangsläufig jüdische Themen behandelten, zeichneten sich die Texte der Anthologien mehrheitlich durch ihre explizit jüdische Thematik aus, als Autoren sind jedoch ebenso viele jüdische wie nichtjüdische Verfasser vertreten – gemeinsames Kennzeichen war lediglich ihre positive Haltung zum Judentum, die in ihren Beiträgen auch explizit zum Ausdruck kommen musste.

Eine nicht zu unterschätzende Bedeutung hatten die Anthologien auch hinsichtlich der sich hier manifestierenden Gattungsvielfalt. Zwar dominierten auch hier kürzere Prosaformen, doch waren ebenso auch Lyrik und Drama vertreten. Bei den Erzählungen handelte es sich mehrheitlich um historische Erzählungen, Familiengeschichten, Ghettoerzählungen, Geschichten aus dem sogenannten ‚ostjüdischen' Leben, Märchen, Legenden, biblische Erzählungen sowie Texte aus Talmud und Midrasch. Erzählungen aus der Gegenwart mit kindlichen oder jugendlichen Akteuren blieben diesen traditionellen Gattungen gegenüber eindeutig in der Minderheit.

Trotz ihrer im Vergleich zu den jüdischen Periodika vergleichsweise traditionellen Gattungen und Inhalte ist die Bedeutung der Anthologien im Spektrum der jüdischen Kinder- und Jugendliteratur der Weimarer Republik nicht hoch genug einzuschätzen. Zum einen ermöglichten sie, wie erwähnt, die Zusammenarbeit jüdischer Vermittler jenseits aller ideologischen Strömungen, zum anderen boten sie den Vermittlern die Gelegenheit, den kindlichen wie jugendlichen Lesern eine vergleichsweise große Bandbreite jüdischer wie nichtjüdischer Literatur zu offerieren, deren Auswahl zudem ausschließlich dem Kriterium der Kind- bzw. Jugendgemäßheit verpflichtet war.

Ansätze zur Schaffung einer originären jüdischen Kinder- und Jugendliteratur

Zionistische Positionen

Während Bernfeld und andere zionistische Vermittler dem Primat einer jüdischen Erziehung das Wort redeten und darüber alle Formen einer originären Kinder- und Jugendliteratur mit jüdischen Inhalten auf eine untergeordnete Position verwiesen, gab es andere – zionistische, reformorientierte, neo-orthodoxe – Stimmen, die gerade die Schaffung einer originären Kinder- und Jugendliteratur als eine unabdingbare Notwendigkeit ansahen und – in expliziter Anknüpfung an die Anstrengungen der Vertreter der jüdischen Jugendschriftenbewegung der Vorkriegszeit – einen Diskurs darüber eröffneten, welche Möglichkeiten es zur Schaffung einer solchen Literatur gebe. Eine dieser Stimmen gehörte dem Kaufhausbesitzer und späteren Verleger Salman Schocken.

Schocken, der sich bereits 1910 unter dem Eindruck der Schriften Martin Bubers dem zionistischen Gedanken verschrieben hatte (vgl. Dahm 1993, S. 250 f., 273 f.), hatte noch während des Krieges, im Dezember 1916, auf dem Delegiertentag der *Zionistischen Vereinigung* ein Referat über die Organisation und Zukunft der zionistischen Arbeit in Deutschland gehalten. (Vgl. Schocken 1917) Im Zentrum seiner Ausführungen stand die Forderung nach verstärkter jüdischer Kulturarbeit, da die existentielle Reform des Judentums nur unter Zuhilfenahme der richtigen Literatur realisiert werden könne – einer Literatur, die jedoch erst noch geschaffen werden müsse. In diesem Zusammenhang erhob Schocken die explizite Forderung nach entsprechender Jugendlektüre, vor allem, in offensichtlicher Anlehnung an Buber, nach „jüdischen Heldensagen", die sich zunächst an der allgemeinen europäischen Sagenwelt orientieren müssten, um danach dann das „eigenste Heldentum" der Juden zum Ausdruck zu bringen. (Buber 1916/17, S. 641 f.)

Schließlich wurde auf Schockens Vorschlag hin ein *Ausschuss für jüdische Kulturarbeit* eingesetzt, als dessen Mitglieder Martin Buber, Moses Calvary, Kurt Blumenfeld, Hugo Bergmann sowie Max Brod berufen wurden und dessen Leitung Schocken selbst übernahm. (Vgl. Moses 1961, S. 20 und 27) Das vordringlichste Ziel des Ausschusses sollte nach Auffassung Schockens darin bestehen, die Schaffung originärer, zionistisch ausgerichteter Kinder- und Jugendliteratur in entscheidender Weise zu fördern. Zu diesem Zweck veranstaltete der Ausschuss wiederum nach dem Vorbild analoger Unternehmungen der jüdischen Jugendschriften-Kommission vor dem Ersten Weltkrieg im Mai 1917 ein Preisausschreiben, durch das jüdische Schriftsteller explizit zur Schaffung von Erzählungen für die jüdische Jugend angeregt werden sollten. Die von den Preisrichtern Martin Buber, Max Brod und Moses Calvary prämierten Werke bildeten schließlich den Grundstock einer ab Oktober 1920 von Moses Calvary im Jüdischen Verlag edierten Reihe jüdischer Jugendbücher, deren Reihentitel *Schriften des Ausschusses für jüdische Kulturarbeit : Jüdische Jugendbücher* bereits deutlich machte, dass sich die innerhalb dieser Reihe publizierten Werke explizit an jüdische Jugendliche richteten. Neben den in Exkurs 1 gesondert behandelten innovativen Publikationsformen der Zeitschriften sowie der Anthologien muss daher als weitere wichtige Publikationsform jüdischer Kinder- und Jugendliteratur in der Weimarer Republik die sogenannte Reihe genannt werden.

Obwohl von den Beteiligten zu dieser publizistischen Offensive keine Aussagen überliefert sind, die auf das der Reihe zugrundeliegende literaturpädagogische Konzept Rückschlüsse zu ziehen erlaubten, geben die Inhalte der acht in dieser Reihe publizierten Werke eindeutige Hinweise darauf, welche konkreten Vorstellungen die Preisrichter mit dem Begriff jüdische Jugendliteratur verbanden. (Vgl. Klötzel 1920, S. 497f.) Hervorzuheben ist zunächst, dass es sich bei den Werken tatsächlich um originäre Jugendliteratur handelt: Alle in der Reihe erschienenen Werke sind Originalausgaben, sie wurden speziell für diese Reihe und damit für jugendliche Leser veröffentlicht. Von Bedeutung ist weiterhin das sich in diesen Werken manifestierende Gattungsspektrum: Bei der überwiegenden Mehrheit der Titel handelt es sich um biblische Erzählungen bzw. Legenden – so bei den Erzählungen *Joab : ein Heldenleben* von Elias Auerbach (Nr. 7), *Elisa und Jonadab* von Heinrich Glanz-Sohar (Nr. 8), *Gibborim* [Helden] von Karl Glaser (Nr. 4) und *Drei Legenden* von Martin Buber, Helene Hanna Cohn und Cheskel Zwi Klötzel (Nr. 1). Jeweils mit zwei Werken vertreten sind historische Erzählungen – *In Bne Brak und andere Erzählungen* von Bath Hillel (Nr. 3) sowie *Der Soldat des Zaren* von Yehuda Steinberg (Nr. 2) – und Gegenwartserzählungen, der Reisebericht *Durch Palästina* von Moses Calvary (Nr. 5) sowie die Großstadterzählung *In Saloniki* von Cheskel Zwi Klötzel (Nr. 6).

Das Innovationspotenzial dieser ersten Reihe im Rahmen der jüdischen Jugendliteratur in der Epoche der Weimarer Republik manifestiert sich zum einen im Zeitpunkt ihres Erscheinens – kurz nach Ende des Krieges –, zum anderen aber noch deutlicher durch das hier vertretene Gattungsspektrum: Zwar haben die ‚traditionellen' Genres wie biblische Erzählungen und Legenden sowie historische Erzählungen immer noch ein deutliches Übergewicht, erstmals jedoch wird dieses Spektrum erweitert durch zwei Gegenwartserzählungen, von denen die eine mit dem Titel *In Saloniki* von Cheskel Zwi Klötzel eindeutig dem Genre des Großstadtromans zugerechnet werden kann, jenem Genre also, das in der Geschichte der nichtjüdischen Kinder- und Jugendliteratur während der Weimarer Republik zu den innovativsten und populärsten Genres zählt.

Ein weiterer Indikator für den innovativen Charakter des von Schocken initiierten Unternehmens ist eine offensichtlich der durchweg positiven Resonanz auf diese Reihe zu verdankende erstmalige Zusammenarbeit zwischen zionistischen und nichtzionistischen Vermittlern bei der Publikation originärer jüdischer Kinder- und Jugendliteratur. Als Resultat dieser Zusammenarbeit erschien noch im gleichen Jahr (1920) die Anthologie *Das Jüdische Jugendbuch*, herausgegeben von Moritz Steinhardt, der seit der Jahrhundertwende in Hamburg die *Blätter für Erziehung und Unterricht* redigierte, das Organ des liberal orientierten jüdischen Lehrerverbandes. Mitherausgeber waren Heinrich Loewe, Chefredakteur der zionistischen Zeitschrift *Jüdische Rundschau*, und Cheskel Zwi Klötzel, der bereits maßgeblich an Schockens Reihe mitgearbeitet hatte. Im Gegensatz zu den *Schriften des Ausschusses für jüdische Kulturarbeit* handelte es sich im Falle des *Jüdischen Jugendbuches* um eine klassische Anthologie mit Erzählungen, Sachtexten, Lyrik, Liedern und Kalendersprüchen sowie etlichen Abbildungen. Aber auch hier sind, trotz eindeutiger Bezüge auf die jüdische Geschichte, die Bezüge auf die Gegenwart sowie auf Palästina als Heimat aller Juden unübersehbar. (Vgl. dazu Exkurs 1)

Exkurs 2: Erweiterung des Gattungs- wie des Sprachenspektrums

Hinsichtlich des Gattungs- wie des Sprachenspektrums lassen sich Gemeinsamkeiten wie Differenzen zwischen jüdischer und nicht-jüdischer Kinder- und Jugendliteratur besonders anschaulich darlegen. (Vgl. Völpel / Shavit 2002, S. 320 ff.)

Als erstes Beispiel dafür soll die Gattung Märchen herangezogen werden, die in der ersten Hälfte der Weimarer Republik zu den populärsten Gattungen in der nichtjüdischen Kinderliteratur gehörte. (Vgl. Tl. 1, Beitr. H. Karrenbrock) Innerhalb der jüdischen Kinderliteratur kann von einer analogen Popularität gesprochen werden, die bereits vor dem Ersten Weltkrieg eingesetzt hatte. Diese Gattungspräferenz ist deshalb von Bedeutung, weil die Gattung Märchen bis zum Beginn des 20. Jahrhunderts innerhalb der deutsch-jüdischen Literatur gar nicht existiert hatte. Ihre ersten zaghaften Anfänge innerhalb der jüdischen Kinder- und Jugendliteratur nach der Jahrhundertwende hatte daher unter den Vermittlern heftige Debatten ausgelöst. Die Gründe für eine zunächst vorwiegend ablehnende Haltung gegenüber dem Märchen, das innerhalb der nichtjüdischen (Kinder- und Jugend)-Literatur seit der Romantik eine so zentrale Rolle gespielt hatte, sind vielfältig: Märchen, so argumentierten die jüdischen Vermittler, widersprächen mit ihren handlungskonstituierenden non-realistischen Elementen den von allen innerjüdischen Richtungen verinnerlichten Prinzipien der Aufklärung. Das Märchen als Gattung war zudem eindeutig mit der Epoche der Romantik verknüpft, deren wichtigste Vertreter durch ihre oftmals dezidiert antijüdische Haltung sowie ihre christliche Grundeinstellung viel dazu beigetragen hatten, Juden und jüdische Literatur als fremd oder stärker noch als nicht-deutsch zu stigmatisieren. Da eine offene Kritik an diesen Positionen sowie an diesen sehr bald kanonisierten Autoren und Werken nicht opportun erschien, fand eine innerjüdische Auseinandersetzung mit der Gattung Märchen nicht statt – weder wurden Märchen veröffentlicht, noch gab es im 19. und frühen 20. Jahrhundert Übersetzungen nichtjüdischer Märchen in die jüdischen Literatursprachen Jiddisch und Hebräisch. Entsprechende Texte aus der jüdischen Literatur versah man, um den Begriff Märchen zu vermeiden, mit den Bezeichnungen Sage, Legende oder Wundergeschichte (Ma'asse). Die Religions- und Literaturpädagogen argumentierten noch nach der Jahrhundertwende, Kinder solle man weder mit Märchen noch mit Sagen konfrontieren, da ihre auf diese Weise geweckte Phantasie unter Umständen auch Zweifel an den Inhalten der Bibel wecken könne, was es unter allen Umständen zu vermeiden gelte. Andere Kritiker verneinten im Zuge dieser Argumentation die Existenz von Märchen überhaupt. Doch es gab auch Stimmen, die dem literaturpädagogischen Kurs der Zeit folgend Märchen und Sagen einen wichtigen Platz innerhalb der Entwicklung des Kindes einräumten und sich daher dezidiert für eine verstärkte Publikation von Märchen einsetzten. (Vgl. von Glasenapp/Nagel 1996, S. 106–108) Es waren vor allem diese Stimmen, die schließlich die jüdischen Jugendschriften-Kommissionen dazu bewogen, die Publikation jüdischer Märchen nun u.a. durch entsprechende Preisausschreiben entschieden voranzutreiben.

Seit dem Beginn der 1920er Jahre erschienen daher jüdische Märchen in einem bislang nicht gekannten Variationsreichtum. Namen wie Siegfried Abeles, Ilse Herlinger, Heinrich Loewe, Simon Neumann, Max Nordau, Heinrich Reuß, Hermann Schwab, Irma Singer, Ludwig Strauß, Else Ury, Lina Wagner-Tauber, Frieda Weißmann sind mit diesem Aufschwung des Märchens, der ungeachtet aller Diskussionen bereits vor dem Ersten Weltkrieg eingesetzt hatte, untrennbar verbunden. Obwohl die VerfasserInnen allen innerjüdischen Strömungen zuzurechnen sind, kann kein Zweifel daran bestehen, dass auch in diesem Feld Autoren zionistischer Ausrichtung eine Vorreiterrolle einnahmen, nicht zuletzt aus dem Grund, dass die in Deutschland wie Österreich noch junge Bewegung, die bei der Mehrheit der hier lebenden Juden keineswegs auf Akzeptanz stieß, am stärksten darum bemüht sein musste, Kindern und Jugendlichen in ihrem Sinne adäquate literarische Angebote zur Verfügung zu stellen. Interessant ist in diesem Zusammenhang ein Blick auf die jeweiligen Titel der Märchen: Während ein Teil der Verfasser, unter ihnen Heinrich Löwe, Ilse Herlinger, Max Nordau, Simon Neumann oder Frieda Weißmann, ‚neutrale' Titel wählten, aus denen sich die jüdischen Inhalte der Märchen nicht erschlossen, entschieden sich andere Autoren, u. a. Siegfried Abeles, Heinrich Reuß, Hermann Schwab, Lina Wagner-Tauber oder Irma Singer, dafür, bereits im Titel bzw. im Untertitel die Zugehörigkeit ihrer Texte zur jüdischen Kinder- und Jugendliteratur explizit hervorzuheben, und zwar jeweils durch die Verwendung des Adjektivs jüdisch, so dass über die intendierten Leser sowie über die jüdischen Inhalte dieser Märchen keinerlei Zweifel aufkommen konnte.

Auf inhaltlicher Ebene griff man vorrangig auf traditionelle, d. h. biblische Stoffe zurück, die nun jedoch nach Bedarf ‚angereichert' wurden mit Erzählungen aus dem Talmud, mit Stoffen aus der mittelalterlichen jüdischen Volksliteratur, aber auch – hier wären vor allem die Märchen von Siegfried Abeles hervorzuheben – mit Elementen aus dem gesellschaftlich-politischen Alltag der kindlichen bzw. jugendlichen Leser. Vor allem in diesen Alltagsmärchen, in denen auch explizit auf politische oder naturwissenschaftliche Implikationen der Autorgegenwart eingegangen wurde, findet sich auch eine ideologische (mehrheitlich zionistische) Indienstnahme der Gattung Märchen, wenn sich z. B. die kindlichen Protagonisten auf eine phantastische Reise in ein Land begeben, das unzweifelhaft als Palästina zu erkennen ist, sich dort niederlassen und das Land bebauen wollen. (Vgl. von Glasenapp 2010) Paradoxerweise manifestieren sich gerade in dieser Indienstnahme Differenzen zur und Gemeinsamkeiten mit der nichtjüdischen Kinder- und Jugendliteratur der Weimarer Republik gleichermaßen: Auch in den nichtjüdischen Märchen dieser Epoche besteht ein erhebliches Innovationspotenzial gerade darin, dass ein Teil der Märchen mit eindeutigen gesellschaftspolitischen Elementen versehen ist, so dass die Grenzen zwischen Märchen, phantastischer Erzählung und politischer Parabel zunehmend durchlässiger werden. (Vgl. Tl. 2, Beitr. H. Karrenbrock: Sozialistische Kinder- und Jugendliteratur) Der Unterschied zwischen jüdischen und nichtjüdischen Märchen bleibt aber trotz dieser Gemeinsamkeit, denn auf inhaltlicher Ebene werden im Zuge dieser Instrumentalisierung, dieser Indienstnahme, durch die jüdischen Märchen vorzugsweise die jüdischen Elemente der Erzählung zum Ausdruck gebracht: Die Hervorhebung des spezifisch Jüdischen geht zwangsläufig einher mit der Betonung der Differenz zwischen der Literatur der jüdischen Minderheit und jener der nichtjüdischen Mehrheitsgesellschaft.

Die größten Unterschiede zwischen jüdischer und nichtjüdischer Kinder- und Jugendliteratur in der Weimarer Republik manifestieren sich aber weder in der unterschiedlichen Gewichtung der Publikationsformen oder der Popularität unterschiedlicher Gattungen, sondern in der Tatsache, dass es sich bei der jüdischen Kinder- und Jugendliteratur um eine Literatur handelt, deren Werke nicht in einer, sondern in zwei Sprachen veröffentlicht werden: Ein nicht geringer Teil der zwischen 1918 und 1933 für jüdische Kinder bzw. Jugendliche veröffentlichten bzw. empfohlenen Werke ist nicht in deutscher, sondern in hebräischer Sprache erschienen. (Vgl. Völpel / Shavit 2002, S. 330 ff.)

Damit knüpfte die jüdische Kinder- und Jugendliteratur der Weimarer Republik an eine bereits in der Haskala bestehende Praxis an. Im letzten Drittel des 18. Jahrhunderts, mit Beginn der jüdischen Akkulturationsbestrebungen, die einhergingen mit der Entstehung moderner jüdischer Kinder- und Jugendliteratur, hatte auch ein innerjüdischer Diskurs über die Verwendung beider Sprachen eingesetzt – sollte diese neue Literatur in deutscher Sprache, in hebräischer Sprache oder in deutscher Sprache mit hebräischen Lettern geschrieben sein? Diese Frage provozierte eine Auseinandersetzung, deren Spuren sich sowohl in den Werken in deutscher, in hebräischer, aber auch in der Vielzahl zweisprachiger Werke dieser Epoche erhalten haben. Erst im 19. Jahrhundert schien die Entscheidung endgültig zugunsten der Literatursprache Deutsch gefallen zu sein. Hebräisch blieb Lehrbüchern bzw. Werken mit eindeutig religionspädagogischem Inhalt vorbehalten. Zu Beginn des 20. Jahrhunderts mit der ‚Wiederentdeckung' des Judentums in Ostmitteleuropa, seiner jüdischen Sprachen und Literaturen, mit dem Aufkommen des Zionismus, begann auch in Deutschland eine Renaissance der Literatur in hebräischer Sprache. Sowohl in Berlin als auch in Frankfurt am Main kam es zu Beginn der 1920er Jahre zu Gründungen jüdischer Verlage, die vorwiegend Literatur in hebräischer Sprache publizierten; ein Großteil dieser Werke wurde von den Vermittlern Kindern und Jugendlichen zur Lektüre empfohlen. (Vgl. Schaefer 2002)

Die in hebräischer Sprache in Deutschland veröffentlichten Werke – mehrheitlich handelt es sich dabei um erzählende Texte – umfassen zum einen Legenden aus Bibel und Talmud sowie Fabeln, Texte also, die seit Jahrhunderten zum jüdischen Lektürekanon zählten. Zum anderen sind es aktuelle, zeitgenössische Werke jüdischer Autoren aus Ostmitteleuropa, die nun in den deutschen Verlagen eine erneute Auflage erlebten und auf diese Weise den deutsch-jüdischen Lesern eine erstmalige Begegnung mit dieser Literatur in der Originalsprache ermöglichten. Der weitaus größte Teil dieses Textkorpus in hebräischer Sprache, der Kindern und Jugendlichen zur Lektüre empfohlen wurde, besteht jedoch aus Übersetzungen. Dabei handelt es sich zum geringeren Teil um Übersetzungen jüdischer Literatur des 19. und frühen 20. Jahrhunderts, mehrheitlich jedoch um Übersetzungen nichtjüdischer Literatur, die auf diese Weise Eingang fanden in das jüdische Handlungs- und Symbolsystem. Die Bandbreite dieser nichtjüdischen, ins Hebräische übersetzten Literatur reicht von Klassikern der deutschen wie der internationalen Allgemeinliteratur – darunter Werken von Goethe, Schiller, den Brüdern Grimm, Leo Tolstoi, Oskar Wilde, Alphonse Daudet, Henry Wadsworth Longfellow und Alexandre Dumas – bis zu Klassikern der nichtjüdischen Kinder- und Jugendliteratur, u.a. von Lewis Carroll, James Fenimore Cooper, Wilhelm Hauff und Jules Verne. Vertreten sind jedoch auch erfolgreiche zeitgenössische Werke, darunter Werke von Jerome K. Jerome, Sven Hedin, Wladimir Korolenko, Jack London und Ernest Thompson Seton. Zu den wichtigsten aktuellen kinderliterarischen Werken, die ins Hebräische übersetzt wurden, zählen u.a. *Die Höhlenkinder* von Th. Sonnleitner sowie *Die seltsamen Geschichten des Dr. Ulebule* von Bruno Bürgel. Untersuchungen zu einzelnen Werken haben ergeben, dass ein Großteil von ihnen zum Teil in erheblichem Maße im Hinblick auf die Zielkultur gekürzt, verändert und angepasst worden ist – etwa durch Veränderungen von Titel und Namen, durch Streichung von Passagen, die judenfeindliche oder christliche Anspielungen enthielten. Dennoch spielen diese Übersetzungen innerhalb der jüdischen Kinder- und Jugendliteratur in Deutschland eine wichtige Rolle, insofern, als sie den kindlichen wie jugendlichen Lesern die Aneignung anderer Literaturen ermöglichten und dies in einem bislang unbekannten Ausmaß. Das Verhältnis zwischen jüdischer und nicht-jüdischer Kinder- und Jugendliteratur in der Weimarer Republik ist daher nicht zuletzt durch den paradoxen Umstand gekennzeichnet, dass zu ihren größten Unterschieden die Einsprachigkeit der nicht-jüdischen sowie die Zweisprachigkeit der jüdischen Kinder- und Jugendliteratur zählt, dass sie aber zugleich hinsichtlich der Titel eine große Gemeinsamkeit aufweisen: Der weitaus größte Teil der übersetzten Werke zählt auch (in der deutschsprachigen Version) in der nicht-jüdischen Kinder- und Jugendliteratur zu jenem Textkorpus, das Kindern wie Jugendlichen zur Lektüre empfohlen wurde.

Liberale / reformorientierte Positionen

Der innovative Charakter zionistisch orientierter Kinder- und Jugendliteratur ist nicht zuletzt daran erkennbar, dass ihr sowohl von reformorientierter / liberaler wie von orthodoxer Seite zunächst nichts Gleichwertiges entgegen- bzw. an die Seite gestellt werden konnte. Es dauerte bis Mitte der 1920er Jahre, bevor die entsprechende *Jugendschriften-Kommission* erneut Versuche unternahm, die Entstehung originärer Kinder- und Jugendliteratur zu fördern – wiederum in ähnlicher Weise, wie es bereits vor dem Krieg und danach von zionistischer Seite geschehen war. Nachdem ein Preisausschreiben nicht den gewünschten Erfolg gezeigt hatte, schlug Arthur Galliner, der neue Vorsitzende der *Jugendschriften-Kommission*, vor, dem Mangel an jüdischer Jugendliteratur ebenfalls durch die Schaffung einer eigenen Reihe für Jugendbücher abzuhelfen. Der Konzeption und den Inhalten der auf diese Weise ins Leben gerufenen Reihe *Jüdische Jugendbücherei* ist abzulesen (zwischen 1927 und 1930 erschienen insgesamt sieben Bände), dass die Herausgeber Arthur Galliner und Erich Klibansky den Versuch unternahmen, die immer noch auf Wolgast beruhenden Prinzipien der eigenen *Jugendschriften-Kommission* in Einklang zu bringen mit den bereits existierenden (zionistischen) Entwürfen einer vorrangig gegenwartsorientierten sowie kind- und jugendgemäßen jüdischen Literatur: Die Reihe sollte auf positive Weise jüdische Inhalte vermitteln, dabei aber keiner Parteirichtung angehören; die Titel der Reihe sollten in gutem Deutsch geschrieben sein, d.h. dem Stil der Jugend entsprechen; zudem sollte das einzelne Heft erschwinglich sein. Das hieß konkret: Ablehnung jeglicher Tendenz, Betonung der identitätsstiftenden Inhalte sowie Jugendgemäßheit von Inhalt und Stil.

Hinsichtlich des Gattungsspektrums lassen sich jedoch deutliche Unterschiede zu der wenige Jahre zuvor erschienenen Reihe zionistischer Prägung erkennen: Es erschienen nämlich in der Mehrheit historische Erzählungen (*David Reubeni in Portugal* von Max Brod), biblische Legenden (*Die Legende von Rabbi Akiba* von Emil Bernhard Cohn) sowie eine Anthologie mit historischen Quellen zur jüdischen Geschichte (*Im Kampf um die Menschenrechte* von Hermann Freudenberger). Lediglich in einem Werk sind Gegenwartsbezüge erkennbar. Arthur Galliners Biographie über den zeitgenössischen jüdischen Künstler Max Liebermann (*Max Liebermann, der Künstler und Führer*) liegt zumindest eine implizite Hinwendung zur jüdischen Kultur der damaligen Gegenwart zu Grunde, dies jedoch in einem bereits kanonisierten Genre, der Biographie. Möglicherweise ist die Beschäftigung mit einem zeitgenössischen Künstler auch als eine implizite Reaktion auf die innerhalb der nichtjüdischen Jugendschriftenbewegung zeitgleich geführte ‚Gegenwärtigkeitsdebatte' zu bewerten: Im Raum stand die Forderung nach mehr Aktualität und Gegenwartsbezügen innerhalb der Kinder- und Jugendliteratur, die damit auch zu einem Medium der Exploration von Kindheit und Jugend werden sollte. (Vgl. Tost 2005) Anders als in der nichtjüdischen Kinder- und Jugendliteratur wurde diese Forderung von den jüdischen Vermittlern jedoch nur in Ausnahmefällen aufgegriffen und literarisch umgesetzt. (Vgl. Exkurs 3)

Galliners Biographie ist zudem – und darin liegt wiederum ihr innovatives Potenzial – eines der ersten Werke, in denen versucht wird, jüdische Jugendliche mit jüdischer Kunst in Berührung zu bringen, angesichts des innerhalb des Judentums lange nachwirkenden Bilderverbotes ein sehr innovatives Unterfangen. Ganz offensichtlich hatte Galliner die Absicht, in diesem Feld einen neuen Schwerpunkt jüdischer Sachliteratur zu etablieren, darauf deutet sein ein Jahr später (1928) veröffentlichtes Werk *Bilder zur Bibel* hin, in dem er den Versuch unternahm, den jugendlichen Lesern einen Überblick über die Darstellungen biblischer Stoffe innerhalb der europäischen bildenden Kunst zu verschaffen. Wie bereits zuvor, kam es auch innerhalb der Reihe *Jüdische Jugendbücherei* zu einer (nicht näher thematisierten) Zusammenarbeit zwischen reformorientierten und zionistischen Autoren, das betrifft vor allem Emil Bernhard Cohn, der sich bereits als zionistischer Autor und vor allem als Herausgeber des *Jüdischen Kinder-Kalenders* einen Namen gemacht hatte. (Vgl. Exkurs 3)

Obwohl beide Reihen – sowohl jene von Schocken als auch jene, die von den Vertretern der jüdischen Jugendschriften-Kommission initiiert worden war – lediglich über einen kurzen Zeitraum von wenigen Jahren erschienen und obwohl innerhalb dieser Reihen nur wenige Werke publiziert wurden, ist ihre Bedeutung für die jüdische Kinder- und Jugendliteratur der Weimarer Republik kaum zu überschätzen. Ihre Signalwirkung besteht zum einen darin, dass sie der originären Kinder- und Jugendliteratur zu einem endgültigen Durchbruch verhalfen und dass sich auf diese Weise die Kind- bzw. Jugendgemäßheit als zentrales Beurteilungskriterium durchgesetzt hatte. Weiterhin stehen beide Reihen für neue Publikationsformen innerhalb der jüdischen Kinder- und Jugendliteratur, für eine Erweiterung des Gattungsspektrums sowie für eine zumindest partielle Hinwendung zu aktuellen Stoffen und Themen.

Obwohl die von Arthur Galliner und Erich Klibansky edierte Reihe, wahrscheinlich wegen des mangelnden kommerziellen Erfolges, bis zum Ende der Weimarer Republik keine Nachfolger fand, ist ihr Einfluss auf die in den folgenden Jahren erscheinende jüdische Kinder- und Jugendliteratur unübersehbar. Dies manifestiert sich vor allem in einem deutlichen Ansteigen der Publikation von originärer Kinder- und Jugendliteratur. Anders als innerhalb der nichtjüdischen Kinder- und Jugendliteratur dieser Epoche avanciert dieses Textkorpus zwar nicht zum Prototyp kinder- und jugendliterarischen Schreibens, aber, im Unterschied zu früheren Epochen, wird es nun allein aufgrund seines Umfanges sehr viel sichtbarer.

Neo-orthodoxe Positionen

Anders als die Vertreter des reformorientierten bzw. liberalen Judentums sowie in deutlicher Distanz zu zionistischen Positionen und Bestrebungen ergriffen die Vermittler neo-orthodoxer Ausrichtung keine Initiative, eigene jugendliterarische Reihen ins Leben zu rufen. Dennoch gab es auch hier seit Mitte der 1920er Jahre eine verstärkte Auseinandersetzung über die Inhalte der gegenwärtigen jüdischen Kinder- und Jugendliteratur, Auseinandersetzungen, die sich jedoch vorrangig in der Publikation von Empfehlungslisten niederschlugen, die dann in den pädagogischen Beilagen neo-orthodoxer Periodika veröffentlicht wurden.

Doch sowohl die Empfehlungslisten als auch die dadurch ausgelösten Diskurse unter den Vermittlern lassen durchaus einen Reflex auf die Modernisierungsbestrebungen von Zionisten wie der Reformbewegung erkennen. Die wichtigste dieser Empfehlungslisten, publiziert Ende 1928, umfasst über siebzig Titel und enthielt, anders als frühere Verzeichnisse, ausschließlich Werke jüdischer Autoren mit ausschließlich jüdischer Thematik; weiterhin wurden erstmals Jugendschriften aller innerjüdischen Richtungen berücksichtigt, d.h. empfohlen wurden nicht nur Schriften orthodoxer Autoren, sondern ebenso Schriften von Zionisten und auch von ostjüdischen wie reformorientierten Autoren sowie die von Arthur Galliner und Erich Klibansky edierte jugendliterarische Reihe *Jüdische Jugendbücherei.*

Die Kritik an dieser Empfehlungsliste von 1928 entzündete sich vor allem an der Tatsache, dass die in der Liste aufgeführten Titel nicht mit dem Alter der intendierten Leser korrespondierten. Dieser Vorwurf stellt einen ersten Reflex jüdischer Vermittler auf die auch in der nichtjüdischen Kinder- und Jugendliteraturdebatte aufgegriffenen Theorien der Reform- und Entwicklungspsychologie dar und hier besonders auf die Theorien Charlotte Bühlers. In eindeutiger Anlehnung an deren Forderungen sprachen sich nun auch jüdische Vermittler für eine „Poesie […] vom Kinde“ (Elias 1930, S. 36) aus. Gefordert wurde jetzt auch für die jüdischen Empfehlungslisten eine „Regelung der Jugendschriftenauswahl nach Altersstufen, Milieus und Typen. Der Wert des Buches“ liege „ja nicht allein in seiner objektiven Bedeutung, sondern darin, daß es im richtigen Alter an das richtige Kind herangebracht“ werde. (Ebd., S. 45)

Kind- bzw. Jugendgemäßheit wird daher oberste Priorität zuerkannt, die Frage nach den künstlerisch-ästhetischen Elementen eines Werkes hingegen auf einen nachrangigen Platz verwiesen. Als innovativ ist jedoch nicht nur der Rekurs auf die Theorien der Entwicklungspsychologie zu sehen, sondern ebenso sehr der Versuch, diese Theorien zu verbinden mit einem Plädoyer für eine explizit orthodox ausgerichtete Jugendliteratur: „Jüdische Jugendlektüre muß der Thora gemäß sein.“ (Ebd., S. 39)

Damit offerieren die der Neo-Orthodoxie nahestehenden Vermittler als einzige ein literaturpädagogisches Konzept, in dem der Versuch unternommen wurde, Kinder- und Jugendliteratur mit explizit jüdischer Tendenz zu legitimieren, unter Einbindung einer solchen Literatur in den allgemeinen literaturpädagogischen Diskurs der Epoche. Das von den orthodoxen Pädagogen vertretene Konzept einer primär kind- bzw. jugendgemäßen jüdischen Kinder- und Jugendliteratur erlaubte sowohl eine Vielfalt von Themen und Gattungen, sofern diese nur altersgemäß waren, als auch eine offene Auseinandersetzung mit zionistischer oder liberal-jüdischer Literatur.

Anders als zionistische, anders aber auch als reformorientierte oder liberale Konzepte vermochte die Neo-Orthodoxie die mittlerweile existierende Vielfalt jüdischer Kinder- und Jugendliteratur damit von einer fundierten, eigenständigen literaturpädagogischen ‚Basis' aus zu beurteilen, die zudem den aus jüdischer Perspektive unschätzbaren Vorzug hatte, anknüpfen zu können an die allgemeinen, zeitgenössischen literaturpädagogischen Konzepte, zugleich jedoch in der Lage war, den Belangen einer spezifisch jüdischen Kinder- und Jugendliteratur Rechnung zu tragen: Bei gleichzeitiger Übernahme allgemein gültiger pädagogischer Kriterien für die Bewertung jüdischer Kinder- und Jugendliteratur konnte die jüdische Eigenständigkeit dabei nicht nur gewahrt, sondern auch selbstbewusst vertreten werden.

Exkurs 3: Zwei exemplarische Autoren – Emil Bernhard Cohn und Cheskel Zwi Klötzel

Die nichtjüdische Kinder- und Jugendliteratur der Weimarer Republik ist nicht nur geprägt von vielfältigen Einflüssen und Modernismen, sondern auch in hohem Maße von den Autorinnen und Autoren, die die Kinder- und Jugendliteratur für die sie prägenden Einflüsse geöffnet haben. Stärker als zuvor in der Geschichte zeichnet sich die Kinder- und Jugendliteratur in den Jahren zwischen 1918 und 1933 durch bestimmte Autorenstile aus, was nicht zuletzt damit zusammenhängt, dass sich auch die Autorenprofile nun gänzlich anders darstellen als in den Epochen zuvor. An die Stelle der zuvor dominierenden professionellen Vermittler, d.h. von Lehrern, Literaturpädagogen, Pfarrern, treten nun Autoren, die zwar nicht gänzlich, aber doch in hohem Maße dem Handlungs- und Symbolsystem der allgemeinen Literatur verbunden sind, d.h. dem literaturpädagogischen Vermittler zur Seite getreten ist der Journalist/die Journalistin, der/die erzählende Texte bzw. Sachtexte für Erwachsene, aber auch für Kinder bzw. Jugendliche verfasst.

Eine analoge Entwicklung, wenngleich in geringerem Umfang, kann auch für die jüdische Kinder- und Jugendliteratur der Weimarer Republik konstatiert werden – erkennbar ist hier ebenfalls eine deutliche Veränderung der Autorenprofile, eine Tatsache, die abschließend an zwei für die Epoche exemplarischen Autoren und ihren Werken demonstriert werden soll. Dabei handelt es sich um den Rabbiner Emil Bernhard Cohn sowie um den Journalisten Cheskel Zwi Klötzel – zwei Autoren, deren Biografie sowie deren literarisches Werk deutlich von den Einflüssen des Zionismus geprägt sind, ein weiterer Indikator für den großen Einfluss, den gerade diese innerjüdische Strömung auf die jüdische Kinder- und Jugendliteratur der Weimarer Republik ausgeübt hat.

1. Emil Bernhard Cohn

Emil Bernhard Cohn war in jüdischen Kreisen bereits eine Berühmtheit, lange bevor er sich der Veröffentlichung von jüdischer Kinder- und Jugendliteratur widmete, denn bereits als junger Rabbiner war er kurz nach der Jahrhundertwende aufgrund seiner offen geäußerten zionistischen Ansichten von der Berliner Gemeinde nach einer heftigen und öffentlich geführten Auseinandersetzung entlassen worden.

Cohn war bereits als Verfasser von Streitschriften, Dramen und historischen Monografien in Erscheinung getreten, als er 1925 mit einer Sammlung von *Legenden* erstmals ein Werk veröffentlichte, das auch jugendlichen Lesern zur Lektüre empfohlen wurde. Eine dieser Legenden, *Die Legende von Rabbi Akiba*, erschien 1928 in einer Separatausgabe innerhalb der von Arthur Galliner und Erich Klibansky edierten Reihe *Jüdische Jugendbücherei* und wurde auf diese Weise zu einem Teil der intendierten Kinder- bzw. Jugendlektüre. Die Anregung, Werke auch für jüdische Kinder und Jugendliche zu verfassen, erhielt Cohn durch seine jüngere Schwester Helene Hanna Cohn (1886–1954), die als Sekretärin des Hauptausschusses für jüdische Kulturarbeit sowie als Mitarbeiterin der zionistischen Zeitschrift *Der Jude* bereits seit Beginn der 1920er Jahre eng in die zionistische Kulturpolitik eingebunden war (vgl. Lappin 2000, S. 50) und bereits an mehreren zionistisch ausgerichteten Kinder- und Jugendbüchern mitgewirkt hatte.

Mit seinen *Legenden* griff Cohn auf ein innerhalb der jüdischen Literatur sanktioniertes Genre zurück, auf „Themen und Motive der Traditionsliteratur, in denen sich ein religiöses Weltbild ausdrückt" (Hoffmann 2005, S. 126), wobei die Leserinnen und Leser jedoch zugleich „mit der säkularen Welthaltung des modernen Menschen" (ebd.) konfrontiert werden, indem Cohn die Erzählungen in die historische Überlieferung einbettete, u. a. den Bar Kochba-Aufstand, und diese Überlieferungen gleichzeitig erzählerisch ausschmückte.

Das bedeutendste kinder- und jugendliterarische Projekt Cohns war jedoch der von ihm seit 1928 herausgegebene *Jüdische Kinderkalender*. (Vgl. Völpel 1997; 2005; Völpel / Shavit 2002, S. 298 ff. und Horner 2009, S. 42–44) Obwohl es bereits zuvor an jüdische Kinder und Jugendliche adressierte Kalender und Almanache gegeben hatte, unterscheidet sich Cohns Projekt doch grundlegend von all seinen Vorgängern: Ungewöhnlich war zunächst die vergleichsweise lange Laufzeit des Kalenders; der erste Jahrgang erschien 1928, der letzte wurde noch 1936 ausgeliefert – das Projekt wurde nicht wegen mangelnder Resonanz bzw. Finanzproblemen des Jüdischen Verlages eingestellt, sondern auf Grund von Cohns Verhaftung durch die Gestapo. (Vgl. Horner 2009, S. 50–52) Ende 1936 floh Cohn ins niederländische Exil.

Insgesamt erschienen in unregelmäßigen Abständen sechs Jahrgänge des Kalenders mit wechselnden Titeln (und damit Adressaten): Der erste Jahrgang trug den Titel *Jüdischer Kinderkalender*, die Jahrgänge zwei bis vier die Bezeichnung *Jüdischer Jugendkalender*, während die letzten beiden Jahrgänge unter dem Titel *Jüdisches Jugendbuch. Fünfter/Sechster Jahrgang des Jüdischen Jugendkalenders* veröffentlicht wurden.

Obwohl der Kalender durchaus ein jüdisches wie nichtjüdisches Kalendarium enthielt, hatte er aufgrund seiner über die Jahre beibehaltenen inhaltlichen Vielfalt eher den Charakter einer Anthologie als eines Kalenders. (Vgl. dazu Exkurs 1) Wie die Anthologien enthielten auch die Jahrgänge des Kalenders eine Vielfalt an Gattungen – Kurzgeschichten, historische Erzählungen, Märchen, Legenden, Bildgeschichten, Gedichte, Theaterstücke für Kinder, aber auch Bastelanleitungen, Preisrätsel, Biographien sowie Berichte aus der jüdischen Jugend- und Sportbewegung und aus Palästina.

Hinsichtlich des Prinzips der Kind- bzw. Jugendgemäßheit lässt sich innerhalb des Kalenders eine ambivalente Position erkennen. Ein Großteil der erzählenden Beiträge besteht aus Übernahmen aus der allgemeinen Literatur, um auf diese Weise die Qualität der Kinder- bzw. Jugendlektüre zu steigern. Obwohl der Herausgeber Cohn aus seinen Neigungen für zionistische Ideen keinen Hehl gemacht hatte, stehen die Inhalte des Kalenders zum großen Teil in der Tradition lektürepädagogischer Positionen des Reformjudentums. Originäre kinder- und jugendliterarische Beiträge, wie sie eigentlich von zionistischer Seite postuliert und auch realisiert worden waren, finden sich hier eher im Ausnahmefall.

Seine Kind- bzw. Jugendgemäßheit sowie seinen innovativen Charakter demonstrierte der Kalender erstens an der Vielzahl der Illustrationen, die in ihrem Stil an aktuelle Entwicklungen der zeitgenössischen deutschen wie russischen Kunst anknüpften, zweitens an dem Aufruf an die Leser, sich an Text und Illustrationen mit eigenen Beiträgen zu beteiligen – hierfür wurde auf die analoge Praxis in anderen jüdischen (Jugend-) Zeitschriften zurückgegriffen, – und drittens an der ausgewogenen Mischung von historischen Beiträgen sowie Themen mit eindeutigem Aktualitätsbezug. So wurden die Leser in Beiträgen (vor 1933) eindeutig dazu ermutigt, sich gegen antisemitische Verhaltensweisen offensiv zur Wehr zu setzen; in einem Schattenspiel erscheint das Hakenkreuz als Metapher eines drohenden Untergangs. Nach der Machtergreifung der Nationalsozialisten näherten sich die Inhalte des Kalenders zunehmend zionistischen Positionen, was sich nicht zuletzt durch eine deutliche Zunahme der Berichte über

Palästina bzw. über Palästina als zukünftigem Lebensraum des deutschen Judentums manifestiert.

Die Ausnahmeposition dieses Kalenders innerhalb der jüdischen Kinder- und Jugendliteratur der Weimarer Republik wird nicht zuletzt dadurch unter Beweis gestellt, dass er von Beginn an, trotz seiner zunächst eindeutig reformorientierten Position, uneingeschränkte Zustimmung auch von zionistischer wie auch von neo-orthodoxer Seite erhielt, eine positive Resonanz, die sogar von nichtjüdischen Vermittlern geteilt wurde, wie an einer Rezension in der *Vossischen Zeitung* abzulesen ist. Wegen seines durchgehend innovativen Charakters sowie wegen der großen, positiven Resonanz auf Seiten aller jüdischen Strömungen muß dem *Jüdischen Kinder-* bzw. *Jugendkalender* und damit seinem Herausgeber Emil Bernhard Cohn eine exemplarische Position innerhalb der jüdischen Kinder- und Jugendliteratur der Weimarer Republik zuerkannt werden.

2. Cheskel Zwi Klötzel

Anders als im Falle von Emil Bernhard Cohn geht Cheskel Zwi Klötzels (1891–1951) Beschäftigung mit Kinder- und Jugendliteratur aus seinem pädagogischen Engagement hervor. (Vgl. Völpel / Shavit 2002, S. 326ff.) Er arbeitet zunächst am Jüdischen Lehrerseminar in Hamburg und wird danach Deutschlehrer in Saloniki. Nach dem Ersten Weltkrieg wird aus dem Pädagogen zunehmend der Journalist Klötzel. Seine Artikel erscheinen in jüdisch-zionistischen wie in nichtjüdischen Periodika gleichermaßen. Auffällig dabei ist, dass Klötzels Beiträge in nicht-jüdischen Zeitschriften unter dem Namen Hans Klötzel erscheinen und sich vorzugsweise nicht mit jüdischen Themen beschäftigen, in jüdischen Zeitschriften hingegen publiziert er unter seinem angenommenen (zionistischen) Namen Cheskel Zwi Klötzel; der Schwerpunkt dabei liegt eindeutig auf jüdisch-zionistischen Themen.

Klötzels Beschäftigung mit jüdischer Kinder- und Jugendliteratur beginnt nach dem Ersten Weltkrieg, dann jedoch sofort in mehreren Feldern: Bereits 1919 begründet er die Zeitschrift *Bar Kochba : Blätter für die heranwachsende jüdische Jugend.* Anders als ein Großteil der jüdischen Jugendzeitschriften zeichnete sich Klötzels Zeitschrift durch einen hohen Anteil an erzählenden Texten aus, verfasst zum Teil von Klötzel selbst, von zeitgenössischen wie älteren jüdischen Autoren, zum großen Teil mit zionistischer Ausrichtung und gegenwartsorientiert. Auch in Klötzels Zeitschrift konnten jüdische Jugendliche durch Kritik und publizistische Mitarbeit an ihrer Gestaltung mitwirken, d.h. sie wurden sogar nachdrücklich zu dieser Mitarbeit aufgefordert. Ein Konzept, das, wie dargestellt, im Laufe der 1920er Jahre von vielen anderen jüdischen Jugendzeitschriften übernommen wurde. (Vgl. Exkurs 1) Erfolg war diesem innovativen

Projekt nicht beschieden, denn Klötzel verfügte ganz offensichtlich nicht über die finanziellen Ressourcen wie die jüdischen Jugendorganisationen und musste daher die Zeitschrift nach nur zwei Jahren wieder einstellen.

Dennoch bildete dieses Projekt ganz offensichtlich die Basis für Klötzels weiteres Engagement innerhalb des Bereichs der jüdischen Kinder- und Jugendliteratur. Seit Beginn der 1920er Jahre tritt er vor allem in zionistischen Zeitschriften zunehmend als Rezensent von Kinder- und Jugendliteratur in Erscheinung, aber auch als Mitinitiator kinder- und jugendliterarischer Einzelprojekte, wie u. a. der von Moritz Steinhardt und Heinrich Löwe edierten Anthologie *Das Jüdische Jugendbuch* (1920) sowie der von Salman Schocken initiierten und von Moses Calvary edierten Reihe *Schriften des Ausschusses für jüdische Kulturarbeit : Jüdische Jugendbücher*. Im Zuge dieser Tätigkeit begann Klötzel schließlich auch selbst mit der Publikation von an jüdische Kinder wie Jugendliche adressierten Texten, die z. T. schon zuvor in der Zeitschrift *Bar-Kochba* erschienen waren, ein Verfahren, wie es nur wenige Jahre später auch im Feld der nichtjüdischen Kinder- und Jugendliteratur von Wolf Durian praktiziert werden sollte.

Zwischen 1920 und 1922 erschienen auf diese Weise insgesamt vier Werke (alle in zionistischen Verlagen), die für diese frühe Phase der Weimarer Republik bereits ein erstaunliches Gattungsspektrum aufweisen, darunter die autobiografisch basierte Reisebeschreibung mit eindeutiger Fokussierung auf das jüdische Leben in der Großstadt (*In Saloniki*. 1920), eine moderne Kindheitserzählung, die zugleich eine modernisierte Modifikation der biblischen Moses-Geschichte darstellt, über einen jüdischen Jungen, der in einer nichtjüdischen Umwelt in Cuxhaven und Hamburg aufwächst, bevor er schließlich seine jüdische Herkunft entdeckt und zu seinem Onkel nach Amerika reist (*Moses Pipenbrinks Abenteuer : die seltsamen Erlebnisse eines kleinen jüdischen Jungen*. 1920), Kurzgeschichten, Volkserzählungen und Wundergeschichten über Persönlichkeiten der jüdischen Geschichte (*Der letzte Judengroschen und andere Erzählungen*. 1920) sowie die explizit an männliche Jugendliche adressierte Erzählung über die Erlebnisse bzw. die fiktive Kindheitsautobiographie eines Eisenbahnwagens, in der Klötzel technische Sachbuchgeschichte und fiktionale Kindheitsgeschichte miteinander verknüpfte (*BCCü : die Geschichte eines Eisenbahnwagens*. 1922). Obwohl auch diese Erzählung zunächst in Klötzels Zeitschrift *Bar Kochba* erschienen war, wies sie im Gegensatz zu allen anderen Werken des Autors keinerlei jüdische Thematik auf, und da Klötzel hier wie auch auf den Einbandseiten aller anderen von ihm veröffentlichten Titel lediglich unter der Bezeichnung „C.Z. Klötzel" firmierte, waren auch seine jüdischen Vornamen nicht mehr erkennbar. Diese fehlenden paratextuellen wie textuellen jüdischen Bezüge sowie das Aufgreifen eines bei männlichen Lesern äußerst populären Themas – das der Technik – waren entscheidende Gründe für die Erfolgsgeschichte der Erzählung: 1924 erschienen sowohl eine russische Übersetzung als auch eine Neuausgabe von dieser unter leicht verändertem Titel (*BC4Ü : die Erlebnisse eines Eisenbahnwagens*) im nichtjüdischen Stuttgarter Franckh-Verlag, die bis 1930 insgesamt zehn Auflagen erzielte. Damit stellt Klötzels Buch einen der seltenen Fälle dar, in dem ein Werk ohne jüdische Thematik und Bezüge zunächst dennoch als jüdischer Jugendroman erschien und dann in den folgenden Jahren durch die Neuausgabe in einem nichtjüdischen Verlag ebenso zu einem Bestandteil der nichtjüdischen Jugendliteratur wurde, eine Tatsache, die jedoch weder von den jüdischen noch von den nichtjüdischen Vermittlern registriert, geschweige denn reflektiert wurde.

Fazit

Bei der Geschichte der jüdischen und der nichtjüdischen Kinder- und Jugendliteratur der Weimarer Republik handelt es sich um die Geschichte zweier, in ihren wesentlichen Merkmalen differenter Literaturen. Beide weisen kaum Berührungspunkte auf – nicht auf der Ebene der literaturpädagogischen Diskurse, nicht auf der Ebene der Gattungsschwerpunkte bzw. -präferenzen, nicht in thematischer Hinsicht, und auch die Mehrheit der Autoren beschränkte sich jeweils auf die Teilnahme an einem der vorhandenen Handlungssysteme. Gemeinsam in ihrer Ungleichheit ist beiden Literaturen, dass die Epoche der Weimarer Republik jeweils als Blütezeit ihrer Literaturgeschichte gilt. Das trifft in der Tat für die jüdische Kinder- und Jugendliteratur zu, deren wichtigstes Epochenmerkmal ein deutlicher Anstieg in qualitativer wie quantitativer Hinsicht war, das heißt auch ein deutlicher Anstieg von originärer Kinder- und Jugendliteratur, verbunden mit einer erheblichen Ausweitung des Gattungsspektrums. Kennzeichnend für die jüdische Kinder- und Jugendliteratur dieser Epoche ist aber ebenso die erstmals deutlich in Erscheinung tretende dominierende Position zionistisch ausgerichteter Werke, die einen Großteil des innovativen Potenzials der Literatur zwischen 1918 und 1933 ausmachen. Und nicht zuletzt kennzeichnet die jüdische Kinder- und Jugendliteratur der Weimarer Republik eine eindeutige Zunahme von Texten in hebräischer Sprache, wobei innerhalb gerade dieses Textkorpus ein deutliches Übergewicht von Werken nichtjüdischer Autoren nicht zu übersehen ist, die auf diese Weise auch zu einem Teil der jüdischen Literatur werden. Eine Gemeinsamkeit mit der nichtjüdischen Kinder- und Jugendliteratur besteht darin, dass das Textkorpus beider Kinderliteraturen ‚begleitet' wurde von sehr ausdifferenzierten literaturpädagogischen Diskursen. Aber auch hier bleibt das Paradoxon, wonach die Gemeinsamkeit zugleich die Differenz markiert, bestehen: Die Debatten betreffen ausschließlich die eigene

Literatur, die jeweils andere bleibt außerhalb des Blickfeldes und damit auch außerhalb der eigenen Wahrnehmung.

Literaturverzeichnis

Auerbach, Elias: Joab : ein Heldenleben / von Elias Auerbach. – Berlin : Jüdischer Verl., 1920. – (Jüdische Jugendbücher ; 7)

Avineri, Shlomo: Zionismus. – In: Neues Lexikon des Judentums / hrsg. von Julius H. Schoeps. – Überarb. Neuausg. – Gütersloh [u.a.] : Bertelsmann, 1998. – S. 889 – 893

Bar Kochba : Blätter für die heranwachsende jüdische Jugend. – Berlin. – Von 1. 1919 bis 2. 1920/21[?] erschienen

Bausteine : zur Unterhaltung und Belehrung aus jüdischer Geschichte und jüdischem Leben / hrsg. unter Mitw. … von Th. Rothschild. – Frankfurt/Main : Kauffmann, 1927

Bechtel, Delphine: Cultural Transfers between „Ostjuden" and „Westjuden" : German-Jewish Intellectuals and Yiddish Culture 1897 – 1930. – In: Yearbook of the Leo Baeck Institute. – 42 (1997), S. 67 – 83

Bernfeld, Siegfried: Kinderheim Baumgarten : Bericht über einen ernsthaften Versuch mit neuer Erziehung. – Berlin : Jüdischer Verl., 1921

Blätter aus der jüdischen Jugendbewegung / [hrsg. von Siegfried Bernfeld]. – Wien : R. Loewit 1918 – 1919 (1 – 4); ab Nr. 5 Wien : Verl. Jüdisches Jugendheim, 1919ff.

Blau-Weiss Liederbuch / hrsg. von der Führerschaft des Jüdischen Wanderbundes Blau Weiß Berlin. – Berlin : Jüdischer Verl., 1912

Bonsels, Waldemar: Die Biene Maja und ihre Abenteuer : Roman für Kinder / Ill. von Waltraut u. Ottmar Frick. – Berlin : Schuster & Loeffler, 1912. – 188 S. : Ill.

Brod, Max: David Reubeni in Portugal. – Frankfurt/Main : Kauffmann, 1927. – (Jüdische Jugendbücherei ; 1)

Buber, Martin: Ein Heldenbuch. – In: Der Jude. – 1 (1916/17), S. 641f.

Bürgel, Bruno H.: Die seltsamen Geschichten des Dr. Ulebuhle. – Berlin : Ullstein, 1920

Bunzl, John: Siegfried Bernfeld und der Zionismus. – In: Siegfried Bernfeld oder Die Grenzen der Psychoanalyse : Materialien zu Leben und Werk / hrsg. von Karl Fallend u. Johannes Reichmayr. – Basel [u.a.] : Stroemfeld/Nexus, 1992. – (Nexus ; 2). – S. 73 – 83

Calvary, Moses: Durch Palästina / von Moses Calvary. – Berlin : Jüdischer Verl., 1920. – (Jüdische Jugendbücher ; 5)

Cohn, Emil Bernhard: Legenden. – München : Müller, 1925

Cohn, Emil Bernhard: Die Legende von Rabbi Akiba. – Frankfurt/Main : Kauffmann, 1928. – (Jüdische Jugendbücherei ; 2)

Cohn, Max: Welche Aufgabe hat der Deutsch-Israelitische Gemeindebund in erster Linie zu lösen?. – In: Allgemeine Zeitung des Judentums. – 58 (1894), S. 391f.

Dahm, Volker: Das jüdische Buch im Dritten Reich. – 2. überarb. Aufl. – München : Beck, 1993

Drei Legenden / von Martin Buber, H. H. Cohn, Ch. Z. Klötzel. – Berlin : Jüdischer Verl., 1920. – 60 S. – ([Jüdische Jugendbücher ; 1]). – Enth. u. a.: Die Wanderschaft des Kinderlosen / von Martin Buber. Jerusalem / von Helene Hanna Cohn.

Elias, M[arcus]: Was geben wir der Jugend zu lesen und was liest sie? : ein Beitrag zur jüdischen Erziehung. – In: Jeschurun : Monatsschrift für Lehre und Leben im Judentum. – 17 (1930), S. 31 – 55

Freudenberger, Hermann: Im Kampf um die Menschenrechte / eingel. u. bearb. von H. Freudenberger. – Frankfurt/Main : Kauffmann, 1927. – (Jüdische Jugendbücherei ; 3)

Für unserer Jugend : ein Unterhaltungsbuch für israelitische Knaben und Mädchen / unter Mitw. e. Ausschusses hrsg. von E. Gut. – Frankfurt/Main : Kauffmann. – 3 Bde. – 1911 – 1926

Galliner, Arthur: Bilder zur Bibel : Erzväter / mit e. Einf. von Arthur Galliner. – Frankfurt/Main : Kauffmann, 1928. – (Jüdische Jugendbücherei ; [1]. 4/5

Galliner, Arthur: Max Liebermann : der Künstler und der Führer / von Arthur Galliner. – Frankfurt/Main : Kauffmann, 1927. – (Jüdische Jugendbücherei ; 1. 1/2)

Glanz-Sohar, Heinrich: Elisa und Jonadab / von Heinrich Glanz-Sohar. – Berlin : Jüdischer Verl., 1920. – (Jüdische Jugendbücher ; 8)

Glasenapp, Gabriele von: „Eine neue und neuartige Epoche“ : ostjüdische Literatur in deutsch-jüdischen Zeitschriften und Almanachen vor dem Ersten Weltkrieg. – In: Literaturvermittlung um 1900 : Fallstudien zu Wegen in das deutschsprachige kulturelle System / hrsg. von Florian Krobb u. Sabine Strümper-Krobb. – Amsterdam [u. a.] : Rodopi, 2001. – (Internationale Forschungen zur Allgemeinen und Vergleichenden Literaturwissenschaft ; 54). – S. 45 – 60

Glasenapp, Gabriele von: „Für die jüdische Jugendliteratur neue Wege gehen“ : die Märchenerzählungen des österreichischen Kinderbuchautors Siegfried Abeles. – In: Kindheit Kindheitsliteratur Kinderliteratur : Studien zur Geschichte der österreichischen Literatur ; Festschrift für Ernst Seibert / hrsg. von Gunda Mairbäurl, Susanne Blumesberger, Hans-Heino Ewers u. Michael Rohrwasser. – Wien : Praesens Verl., 2010. – S. 111 – 127

Glasenapp, Gabriele von: Das jüdische Jugendbuch : von der Aufklärung bis zum Dritten Reich / Gabriele von Glasenapp ; Michael Nagel. – Stuttgart [u. a.] : Metzler, 1996

Glasenapp, Gabriele von: Positionen jüdischer Kinder- und Jugendliteraturkritik innerhalb der deutschen Jugendschriftenbewegung / Gabriele von Glasenapp ; Annegret Völpel. – In: Theorien der Jugendlektüre : Beiträge zur Kinder- und Jugendliteraturkritik seit Heinrich Wolgast / hrsg. von Bernd Dolle-Weinkauff u. Hans-Heino Ewers. – Weinheim [u. a.] : Juventa Verl., 1996. – S. 51 – 76

Glaser, Karl: Einleitung. – In: Blau-Weiss Liederbuch / hrsg. von der Führerschaft des Jüdischen Wanderbundes Blau Weiß Berlin. – Berlin : Jüdischer Verl., 1912. – S. 3 f.

Glaser, Karl: Gibborim [= Helden] / von Karl Glaser. – Berlin : Jüdischer Verl., 1920. – (Jüdische Jugendbücher ; 4)

Hetkamp, Jutta: Die jüdische Jugendbewegung von 1913 – 1933 / mit e. Vorw. von Schalom Ben-Chorin. – Münster [u. a.] : Lit Verl., 1994. – (Anpassung, Selbstbehauptung, Widerstand ; 4)

Hillel, Bath [d. i. Bertha Badt]: In Bene Berak und andere Erzählungen / von Bath Hillel. – Berlin : Jüdischer Verl., 1920. – (Jüdische Jugendbücher ; 3)

Hoffmann, Daniel: Bruchstücke einer großen Tradition : gattungspoetische Studien zur deutsch-jüdischen Literatur. – Paderborn : Schöningh, 2005

Horner, Deborah: Emil Bernhard Cohn : Rabbi, Playwright, and Poet / mit e. Einl. von Chana Schütz. – Berlin : Hentrich & Hentrich, 2009. – (Jüdische Miniaturen Spektrum jüdischen Lebens ; 49)

Hotam, Yotam: „Strategie der Jugend" : politische Theologie, Zionismus und Zeit. – In: Deutsch-Jüdische Jugendliche im „Zeitalter der Jugend" / hrsg. von Yotam Hotam. – Göttingen : V&R unipress, 2009. – (Formen der Erinnerung ; 43). – S. 21 – 33

Hotam, Yotam: Moderne Gnosis und Zionismus : Kulturkrise, Lebensphilosophie und nationaljüdisches Denken. – Göttingen : Vandenhoeck & Ruprecht, 2010. – (Schriften des Simon-Dubnow-Instituts ; 11)

Humrich, Christiane: Kinderheim Baumgarten. – In: Neues Lexikon des Judentums / hrsg. von Julius H. Schoeps. – Überarb. Neuausg. – Gütersloh [u. a.] : Bertelsmann, 1998. – S. 462

Israelitischer Jugendfreund. – Berlin. – Von 1. 1895 bis 11. 1905[?] erschienen

Das jüdische Jugendbuch / hrsg. von M[oritz]. Steinhardt, Heinrich Loewe u. C[heskel]. Z[wi]. Klötzel. – Berlin : Welt-Verl., 1920 / 5681

Jüdische Jugendblätter / hrsg. vom Jüd. Wanderbund „Blau-Weiss", Teplitz-Schönau u. vom Verein Jüd. Hochschüler „Bar Kochba", Prag. – Prag : Verein Jüd. Hochschüler „Bar Kochba". – Von 1. 1921/22 bis [?] erschienen

Jüdischer Kinderkalender / hrsg. von Emil Bernhard Cohn. – Berlin : Jüdischer Verl. – Von 1928/29 bis 1936 erschienen [Jg. 2 – 4: Jüdischer Jugendkalender. Jg. 5 – 6: Jüdisches Jugendbuch]

Der Jugendbund : Mitteilungen des Verbandes der Jüdischen Jugendvereine Deutschlands. – Düsseldorf : Gerisch. – Von 1. 1925 bis 18. 1932[?] erschienen

Junge Menschen : Monatsheft für Politik, Kunst, Literatur und Leben aus dem Geiste der jungen Generation. – Hannover. – Von 1. 1920 bis 8. 1927 erschienen

Jungvolk : Blatt der Kameraden / deutschjüdischer Wanderbund. – Berlin : Dobrin. – Von 1927 bis 1928, [1] – 3 nachgewiesen

Klönne, Irmgard: Jugendbewegung und Realitätserfahrung: von der deutsch-jüdischen Jugendbewegung zur Kibbuzbewegung. – In: Deutsch-Jüdische Jugendliche im „Zeitalter der Jugend" / hrsg. von Yotam Hotam. – Göttingen : V&R unipress, 2009. – (Formen der Erinnerung ; 43). – S. 121 – 142

Klötzel, Cheskel Zwi [d. i. Hans Klötzel]: Eine jüdische Jugendbücherei. – In: Jüdische Rundschau. – 25 (1920) 63/64, S. 497 f.

Klötzel, C[heskel] Z[wi] [d. i. Hans Klötzel]: BCCü : die Geschichte eines Eisenbahnwagens. – Berlin : Welt-Verl. [Dr. A. Eliasberg], 1922

Klötzel, Cheskel Zwi [d. i. Hans Klötzel]: BC 4ü : Erlebnisse eines Eisenbahnwagens / von C. Z. Klötzel. Mit Zeichn. von Hans Baluschek. – 7. Aufl. – Stuttgart : Franckh, 1930. – (Franckhs Jugend-Bücher)

Klötzel, Cheskel Zwi [d. i. Hans Klötzel]: In Saloniki / von C. Z. Klötzel. – Berlin : Jüdischer Verl., 1920. – (Jüdische Jugendbücher ; 6)

Klötzel, Cheskel Zwi [d.i. Hans Klötzel]: Der letzte Judengroschen und andere Erzählungen / von C[heskel] Z[wi] Klötzel. Mit 3 Bildern von Ludwig Wronkow. – Berlin : Welt-Verl., 1920. – (Bar Kochba Jugendbücherei ; 1)

Klötzel, Cheskel Zwi [d.i. Hans Klötzel]: Moses Pipenbrinks Abenteuer : die seltsamen Erlebnisse eines kleinen jüdischen Jungen / von C. Z. Klötzel. – Berlin : Welt-Verl., 1920

Koch, Annette: Siegfried Bernfelds Kinderheim Baumgarten : Voraussetzung jüdischer Erziehung um 1920. – Hamburg, Univ., Diss., 1974

Lappin, Eleonore: Der Jude 1916 – 1928 : jüdische Moderne zwischen Universalismus und Partikularismus. – Tübingen : Mohr Siebeck, 2000. – (Schriftenreihe wissenschaftlicher Abhandlungen des Leo-Baeck-Instituts ; 62)

Lappin, Eleonore: Pädagoge, Psychoanalytiker, Psychologe und Marxist : Siegfried Bernfeld. – In: Jüdische Wohlfahrt im Spiegel von Biographien / hrsg. von Sabine Hering. – Frankfurt/Main : Fachhochschulverl., 2006. – S. 85 – 100

Laqueur, Walter: Die Deutsche Jugendbewegung : eine historische Studie. – Studienausg. – Köln : Verl. Wiss. u. Politik, 1978

Merzbach, Arnold: Was lesen unsere Mädels?. – In: Esra-Führer-Blätter. – 3 (1925/26), S. 74 ff.

Meyer, L[ouis]: Die Jugendschriften-Frage. – In: Blätter für Erziehung und Unterricht : Beil. zum Israelitischen Familienblatt. – 5 (1902), Nr. 19 – 23

Meyer, L[ouis]: Preisauslobungen zur Erlangung von Jugendschriften. – In: Wegweiser für die Jugendliteratur. – 8 (1912), S. 22 – 25

Michaelis, Dolf: Mein Blau-Weiss-Erlebnis. – In: Bulletin des Leo-Baeck-Instituts. – (1962) 17, S. 44 – 67

Moses, Siegfried: Salman Schocken : seine Betätigung in der Wirtschaft und als Zionist. – In: Bulletin des Leo-Baeck-Instituts. – (1961) 13, S. 1 – 43

Nemtsov, Jascha: Der Zionismus in der Musik : jüdische Musik und nationale Idee. – Wiesbaden : Harrassowitz, 2009. – (Jüdische Musik. Studien und Quellen zur jüdischen Musikkultur ; 6)

Neuser, Daniela: Identitätssuche und Erinnerungsikonographie: deutsch-jüdische Jugendbewegung 1912 – 1933. – In: Deutsch-Jüdische Jugendliche im „Zeitalter der Jugend". Hrsg. von Yotam Hotam. Göttingen: V&R unipress, 2009, S. 107 – 119 (Formen der Erinnerung; 43)

Noack, Fritz: Was liest man im J.J.W.B.?. – In: Jung-Jüdischer Wanderbund : Rundschreiben. – (1926), S. 8 ff.

Perles, Felix: Einige Gedanken über jüdische Lektüre : Vortrag, gehalten zu Insterburg auf der 31. Generalversammlung der Synagogengemeinden Ostpreußens am 21. Mai 1914. – In: Freie Jüdische Lehrerstimme. – 3 (1914), S. 56 – 59

Pirschel, Reinhard: Wer will schon gerne Goliath sein? : jüdische Märchen als Kinderliteratur in Deutschland bis 1938. – In: Jüdisches Kinderleben im Spiegel jüdischer Kinderbücher / hrsg. von Helge-Ulrike Hyams, Klaus Klattenhoff u. Klaus Ritter. – Oldenburg : Bis-Verlag, 1998. – S. 193 – 204

Pulzer, Peter: Der Erste Weltkrieg. – In: Deutsch-Jüdische Geschichte in der Neuzeit. – München : Beck. – 3. Umstrittene Integration 1871 – 1918 / hrsg. von Steven M. Lowenstein, Paul Mendes-Flohr, Peter Pulzer u. Monika Richarz. – 1997. – S. 356 – 380

Rosenthal, Jacob: „Die Ehre des jüdischen Soldaten“ : die Judenzählung im Ersten Weltkrieg und ihre Folgen. – Frankfurt/Main [u. a.] : Campus Verl., 2007. – (Campus Judaica ; 24)

Schach, Fabius: Die Verwertung der Literatur des Ostens für unsere Jugend. – In: Wegweiser für die Jugendliteratur. – 5 (1909), S. 38 – 41

Schaefer, Barbara: Hebräisch im zionistischen Berlin. – In: Jüdische Sprachen in deutscher Umwelt : Hebräisch und Jiddisch von der Aufklärung bis ins 20. Jahrhundert / hrsg. von Michael Brenner. – Göttingen : Vandenhoeck & Ruprecht, 2002. – S. 68 – 75

Schocken, Salman: Organisation und Zukunft der zionistischen Arbeit in Deutschland. – In: Jüdische Rundschau. – 22 (1917) 1, S. 2 – 6

Shavit, Zohar: Deutsch-jüdische Kinder- und Jugendliteratur von der Haskala bis 1945 : die deutsch- und hebräischsprachigen Schriften des deutschsprachigen Raums ; ein bibliographisches Handbuch / Zohar Shavit ; Hans-Heino Ewers. – Stuttgart [u. a.] : Metzler, 1996

Sonnleitner, Alois Theodor [d. i. Alois Theodor Tluchor]: Die Höhlenkinder im heimlichen Grund. – Stuttgart : Franckh, 1918

Sonnleitner, Alois Theodor [d. i. Alois Theodor Tluchor]: Die Höhlenkinder im Pfahlbau. – Stuttgart : Franckh, 1919

Sonnleitner, Alois Theodor [d. i. Alois Theodor Tluchor]: Die Höhlenkinder im Steinhaus. – Stuttgart : Franckh, 1920

Spanier, M[ayer]: Jüdische Jugendschriften. – In: Wegweiser für die Jugendliteratur. – 3 (1907), S. 65

Steinberg, Jehuda: Der Soldat des Zaren / von Jehuda Steinberg. [Nach Jehuda Steinbergs „Bajamim hahem“ übertr. u. bearb. von R. Walzer]. – Berlin : Jüdischer Verl., 1920. – (Jüdische Jugendbücher ; 2)

Tost, Birte: „Kennwort Gegenwärtigkeit“ : zur ‚Gegenwärtigkeits-Debatte‘ in der Jugendschriftenbewegung am Ende der Weimarer Republik. – In: Kinder- und Jugendliteraturforschung 2004/2005. – Frankfurt/Main [u. a.] : Lang, 2005. – S. 43 – 60

Utley, Philip Lee: Siegfried Bernfeld‘s Order of the Youth 1914–1922. – In: Yearbook of the Leo Baeck Institute. – 24 (1979), S. 349 – 368

Völpel, Annegret: 1928 : the first issue of the Jewish Children‘s Calendar, edited by Emil Bernhard Cohn is published […]. – In: Yale Companion to Jewish Writing and Thought in German Culture 1096 – 1996 / hrsg. von Sander L. Gilman u. Jack Zipes. – New Haven : Yale University-Pr., 1997. – S. 485 – 491

Völpel, Annegret: Der Blick nach Palästina : zionistische Kinder- und Jugendliteratur des deutschsprachigen Raums vor der israelischen Staatsgründung. – In: JuLit. – 24 (1998) 3, S. 31 – 44

Völpel, Annegret: Deutschsprachige jüdische Kinder- und Jugendliteratur der Weimarer Republik. – In: „Laboratorium Vielseitigkeit“ : zur Literatur der Weimarer Republik / hrsg. von Petra Josting u. Walter Fähnders. – Bielefeld : Aisthesis Verl., 2005. – S. 155 – 169

Völpel, Annegret: Jüdische Kinder- und Jugendliteratur bis 1945. – In: Geschichte der deutschen Kinder- und Jugendliteratur / hrsg. von Reiner Wild. – 3., vollst. überarb. u. erw. Aufl. – Stuttgart [u. a.] : Metzler, 2008. – S. 260 – 275

Völpel, Annegret: Deutsch-jüdische Kinder- und Jugendliteratur : ein literaturgeschichtlicher Grundriss / Annegret Völpel ; Zohar Shavit. – Stuttgart [u. a.] : Metzler, 2002

Wolgast, Heinrich: Das Elend unserer Jugendliteratur : ein Beitrag zur künstlerischen Erziehung der Jugend. – 4. Aufl. – Leipzig : Wunderlich, 1910 [EA: 1896]

Das Zelt : Zeitschrift für die jüdische Jugend. – München : Heller. – Von [1.] 1928 bis 2. 1929 erschienen

Norbert Hopster

Nationalsozialistische Literatur und nationalsozialistisches Schrifttum für die Jugend vor 1933

Die Frage, ob es auch schon vor 1933 eine dezidiert nationalsozialistische Literatur bzw. ein dezidiert nationalsozialistisches Schrifttum für Kinder und vor allem für Jugendliche gegeben habe, scheint in der historischen Kinder- und Jugendliteraturforschung bisher noch nicht gestellt worden zu sein, auch nicht von Egbert Fröse in seiner ansonsten umfassenden wie zugleich detaillierten Untersuchung zur Jugendliteratur in der Weimarer Zeit. (Vgl. Fröse 1988) Dass es solche literarischen und auch nicht-literarischen Texte gegeben hat, ist bisher aber nur schwer, d.h. bestenfalls in einigen wenigen Fällen nachzuweisen gewesen. Leider bleibt auch der wahrscheinlich einzige Beitrag aus der Zeit, der zumindest den Anschein erweckt, einen solchen Nachweis zu bringen, der 1930 veröffentlichte Beitrag von Josepha Fischer mit dem Titel *Die nationalsozialistische Bewegung in der Jugend : dargestellt nach dem Schrifttum nationalsozialistischer Jugendbünde*, jede Konkretisierung anhand von Titeln / Texten schuldig. Die Verfasserin gibt nur einen kurzen Überblick über die nationalsozialistischen Zeitschriften für die Jugend. (Vgl. Fischer 1930)

Wegen des Mangels an Angaben und Belegen aus der Zeit wird bis heute allgemein davon ausgegangen, dass Karl Aloys Schenzingers Erzählung *Der Hitlerjunge Quex* aus dem Jahre 1932 das einzige vor der NS-Zeit erschienene Jugendbuch sei, dessen Entstehung nicht nur durch die nationalsozialistische Ideologie motiviert ist, sondern in dem der Nationalsozialismus auch dargestellt wird. Schenzingers Geschichte von der Wandlung eines Kommunisten-Jungen zum überzeugten HJ-Jungen (vgl. Grenz 1977), der im Kampf gegen *Rotfront* getötet wird, steht einerseits prototypisch für das politpraktische Interesse der Nationalsozialisten, den Nationalsozialismus als die wahre Heimat der von der Linken verführten und geblendeten Proletarier zu beweisen. Andererseits entspricht der Titel bestens den für die NS-"Bewegung" vor 1933 im Hinblick auf die Machtgewinnung entscheidenden Ideologemen vom *Kampf* für einen neuen Staat, ein neues *Reich* und vom *Opfer*, das heisst von der Selbst-Aufopferung, zu der nationalsozialistische Kämpfer bereit sein müssten. Die Nationalsozialisten benötigten solche Märtyrer wie den Quex, gleichsam als symbolhafte Inkarnation ihrer Ideologeme, und zwar sowohl vor 1933 als auch nach 1933. Schenzingers *Der Hitlerjunge Quex* wurde daher von den NS-Schrifttumsinstanzen permanent empfohlen und zum Klassiker des NS- bzw. HJ-Jugendbuches hochstilisiert, dessen Verfilmung im Jahre der nationalsozialistischen Machtergreifung auch zu einem großen Erfolg wurde. Es verwundert nicht, dass das Buch daher auch besonders in der frühen Konstituierungsphase des NS-Regimes, in der eine Flut von brauner Konjunkturliteratur den Kinder- und Jugendbuchmarkt überschwemmte (vgl. Nassen 1987), nachgeahmt wurde, und zwar bezogen auf einen weiteren Märtyrer der „Bewegung", den zwölfjährigen Hitlerjungen Herbert Norkus, der im Januar 1932 beim Kleben von NS-Plakaten überfallen und erstochen wurde. 1933 erschien z.B. *Herbert Norkus?, hier! : Opfer und Sieg der Hitler-Jugend* von Rudolf Ramlow. 1934 folgte der vorgeblich nach dem Tagebuch eines Kameradschaftsführers verfasste Titel *Herbert Norkus und die Hitlerjungen vom Beusselkietz* des früheren Aktiven der Jugendbewegung Arnold Littmann.

Ein zweiter signifikanter Fall werbewirksamer und vorbildhafter Literarisierung der HJ ist – neben Schenzingers *Quex* – der von den NS-Schrifttumsinstanzen vielfach empfohlene Titel *Kämpfen und Glauben* von Eva Maria Wisser, der zwar erst 1933 erschien und in dem Jahr bereits drei Auflagen erreichte, aber nach Aussage der Verfasserin schon vor dem 30. Januar 1933, dem Machtantritt Hitlers, abgeschlossen war und nicht von ihr verändert wurde. (Vgl. Wisser: *Kämpfen und Glauben*. 16. – 20. Tsd. 1933, Vorw. S. [7]) Interessant ist, dass die erste Auflage des Buches anonym erschien, und zwar wohl kurz nach dem 30. Januar, denn das Vorwort mit der Aussage der Verfasserin, den vorher abgeschlossenen Text nicht verändert zu haben, findet sich auch schon in dieser anonymen Ausgabe. Und auch bei dem Namen Eva Maria Wisser handelt es sich um ein Pseudonym der Verfasserin Eva Maria Schwarz. Offenbar wollte sie auch zu diesem Zeitpunkt noch nicht mit ihrem tatsächlichen Namen an die Öffentlichkeit treten. Mit dem Untertitel *Aus dem Leben eines Hitlermädels* wird suggeriert, dass es sich bei der Darstellung um eine authentische Wiedergabe des Lebens und Kämpfens eines Hitlermädels handelt. Signifikant ist der Titel vor allem deshalb, weil er das erste Hitlermädel-Buch ist, die vorgeblich autobiographische Schilderung der Erlebnisse, der politischen Entwicklung eines Mädchens zur Gliedschaft in der „Bewegung" und des Kampfes für diese, nicht zuletzt durch ihr soziales Engagement. Wegen seines prototypischen Charakters verfasste auch Magda Goebbels, die Ehefrau des späteren NS-Ministers, ein in der anonymen Ausgabe noch fehlendes Geleitwort zu dem Titel, in dem es heisst: „Der Mädchentyp, den die Verfasserin darstellt, ist der Typ des idealistischen, tatkräftigen und urwüchsigen, kämpferischen Mädels, das im Kampfe gezüchtet, im Kampfe geboren, nur aus diesem Geist seine Daseinsberechtigung hat." (Wisser: *Kämpfen und Glauben*. 16. – 20. Tsd. 1933, Geleitwort, S. [3]) Warnend betont Magda Goebbels aber zugleich, dass es das Ziel der Hitlermädel sei, „d i e Aufgaben zu erfüllen, zu der (sic!) sie von Natur aus bestimmt" seien, „Frau und Mutter zu sein." (Ebd., S. [3f.]) Das Geleitwort lässt einerseits die noch ungesicherte Standortbestimmung des erst im Juli 1930 offiziell gegründeten *Bundes Deutscher Mädel (BDM)* erkennen, andererseits verdeutlicht es aber auch, dass den Mädchen und Frauen von nationalsozialistischer Seite durchaus eine neue und aktive, wenngleich auch spezifische Rolle zugedacht war, vor allem, wie Wissers Mädel-Ich demonstriert, im selbstlosen Wirken in sozialen Diensten. Das Buch wie das Geleitwort zu ihm repräsentieren den Übergang von der alten bürgerlichen Geschlechtertrennung zu der neuen, nationalsozialistischen.

Um einen besonderen Fall mit direktem Bezug zur HJ wie zur SA handelt es sich bei Peter Hagens Titel *Die Straße zu Hitler*, der laut Untertitel *eine SA-Erzählung* sein soll, obwohl der Protagonist erst am Ende seines Weges zur SA gelangt. Der Titel weist zwar das Erscheinungsjahr 1933 auf, ist aber offenbar schon 1932 erschienen, weil das Geleitwort des späteren Ministers für Volksaufklärung und Propaganda Joseph Goebbels auf den 22. Oktober 1932 datiert ist. Der Text endet im übrigen auch offen, ohne Hinweise auf das Ende der Weimarer Republik und die realiter vollzogene Ablösung durch das vielbeschworene neue Reich. Hagens Buch ist wie Schenzingers *Der Hitlerjunge Quex* eine Wandlungsgeschichte. Ein siebzehnjähriger arbeitsloser Proletarierjunge, der durch Armut und Hunger verelendet, wird als Gegenbild zur Klasse der Reichen gezeichnet. Er steht zunächst auf der Seite der linken, antifaschistischen Jugendlichen und ist auch am Kampf gegen die SA und andere Nationalsozialisten beteiligt. Auf seiner vagabundierenden Reise durch Deutschland begegnet er Hitlerjungen, die einen starken Eindruck auf ihn machen. Die Begegnung löst in ihm eine Wandlung zu einem neuen, im nationalsozialistischen Sinne hoffnungsfrohen Menschen aus. Er sieht ein, dass es die SA ist, die den wahren Kampf der Arbeiterschaft gegen das Kapital führt. Zurückgekehrt nach Berlin tritt der Protagonist daher in die SA ein und erlebt dadurch den wahren Sozialismus, den „Sozialismus der Tat". (Hagen: *Die Straße zu Hitler*. 1933, S. 88) Der aus der Autor-Perspektive verfasste Text Hagens ist eine dem Anschein nach authentische Wiedergabe eines Abschnitts auf dem Entwicklungswege des Protagonisten; er ist also nicht Roman oder Erzählung, und er ist damit schon dem Prinzip der Echtheit und Lebensnähe verpflichtet, das von den NS-Schrifttumswaltern – wie sie bezeichnet wurden – immer wieder als verbindlich betont wurde. Hagens Buch ist insofern in der Tat zeitlich wie literaturideologisch gesehen ein prototypischer Fall. Die nationalsozialistische Literatur für Jugendliche erlebt in den Jahren 1932 und 1933 gleichsam ihren Durchbruch.

Mit dem Jahr 1932 beginnt auch die Reihe der SA-Texte, die alle den Anspruch erheben, eine authentische Wiedergabe der Kampfes- und Leidenszeit der SA zu sein. (Vgl. Stollmann 1978) Zu den nach 1933 besonders gefeierten und auch für Jugendliche empfohlenen Titeln gehört Waldemar Glasers *Ein Trupp SA : ein Stück Zeitgeschichte*. (U.T. der folgenden Auflagen: *Vom Leben und*

Kämpfen für Deutschland.) Das Buch ist offenbar schon 1932 zum erstenmal erschienen, obwohl das Copyright der ersten Auflage auf das Jahr 1933 datiert ist. Es ist aber – zumindest in der Zeit – nicht ungewöhnlich gewesen, dass Titel schon vor dem Jahr des eingetragenen Copyrights in Umlauf waren, was u. U. auch auf andere der vielen auf das Jahr 1933 datierten NS-Titel zutrifft. Der Erstauflage von Glasers Buch ist auch eine *Ansprache an einen SA-Mann* vom August 1932 vorangestellt, die sicher nicht bei einer Veröffentlichung nach der Machtergreifung Hitlers abgedruckt worden wäre. Sie fehlt auch in den Folgeauflagen. Bei Glasers Buch handelt es sich nicht um ein speziell für die Jugend geschriebenes Buch, es dürfte aber zumindest auch an ältere Jugendliche gerichtet gewesen sein, um sie zum Beitritt zur SA zur bewegen. Glasers Buch verdeutlicht besonders, dass es sich bei der SA-Literatur um Aktionsliteratur handelt. Reihenweise werden Szenen des Kampfes der SA gegen die Rotfront geschildert, zumeist hart und realistisch, ohne Niederlagen und Verluste zu verschweigen. Das ideologische Konstrukt, das dem Buch zugrunde liegt, ist das übliche, das sich auch in Hagens Text spiegelt. Die SA vertritt die einzig wahre, Deutschland vor dem Abgrund rettende politische Position, kämpft gegen den Deutschland und besonders die Arbeiterschaft verratenden Kommunismus wie auch gegen die Juden und insgesamt gegen das erschlaffte, in sich zersplitterte Bürgertum, das den Niedergang Deutschlands nach 1918 verschuldet habe. Diese Polarisierung zieht sich durch den ganzen Text, d. h. die auch hier vorgeblich authentische Darstellung ist stark reduktionistisch, stereotypisierend. Als leitendes Handlungsmotiv durchziehen natürlich der Glaube an den Führer wie die Erwartung des Heils im kommenden neuen Reich das Buch Glasers. Im Vorwort zu dessen fünfter Auflage von 1941 heißt es, es sei „inmitten der Kampfzeit aus übervollem Herzen geschrieben“ worden, und es sei „von Hand zu Hand“ gewandert, „selbst durch Gefängnistüren in die Kerkerzellen der gefangenen SA-Kameraden“, und überhaupt sei es „das erste Buch in Deutschland“ gewesen, „das über den fanatischen Glauben, den harten Kampf und über die Opfer der SA“ berichtet habe. (Glaser: *Ein Trupp SA*. 1941, Vorw., S. [7])

Die nationalsozialistischen Ideologeme, die Glasers Buch konstituieren, sind auch Grundlage der Darstellung des Kampfes der SA in Rudolf Haakes *Kämpfer unter dem Hakenkreuz* aus dem Jahre 1932, gemäß Untertitel ein *Roman unserer Zeit*. Der Text ist aber nichts weniger als ein Roman, sondern wie die vergleichbaren SA-Titel eine vorgeblich authentische, realiter aber linear konstruierte Nachzeichnung der politisch-weltanschaulichen Entwicklung des Protagonisten, des Lehrlings Hans Kantig (!), ab 1920/21 zu einem jungen SA-Kämpfer und SA-Redner. Der Protagonist macht auch hier wie bei Schenzinger und Hagen eine gewisse Wandlung durch. Auch er ist Arbeiter, Proletarier, ein unter den Unrechts-Verhältnissen der Weimarer Republik Leidender. Auch er kämpft aufgrund seiner leidvollen Erfahrungen für neue Verhältnisse, die Befreiung Deutschlands in einem neuen Staat unter Führung Adolf Hitlers. Haakes Titel ist wie der von Glaser Aktionsliteratur. Er reiht immer neue und doch gleichartige Szenerien aufopferungsvollen und blutigen Kampfes mit den Linken. Die SA hat nicht nur oft viele Verletzte zu beklagen, sondern auch Tote. So stirbt u.a. der beste Freund des Protagonisten an seinen Verletzungen, die er im Kampf gegen die „vertierten Bolschewisten" (Haake: *Kämpfer unter dem Hakenkreuz*. 1932, S. 18), wie es heisst, erlitten hat. Der Freund stirbt nach längerer Leidenszeit in Gegenwart seiner Mutter. Seine letzten Worte: „'Mutter, ich danke dir. – Heil Hitler!'" (Ebd., S. 163) Haakes Buch ist also über eine Kämpfer- und Opfergeschichte hinaus auch als SA-Märtyrergeschichte zu sehen. Wie der Titel von Glaser und in gewissem Maße auch der von Hagen ist auch der von Haake weder eindeutig der Jugend- noch der Erwachsenenliteratur zuzuordnen. Diese Unschärfe in der Abgrenzung hängt u.a. damit zusammen, dass auch in der Jugendbewegung der Begriff Jugend nicht altersgemäß definiert war und viele ihrer Mitglieder de facto schon Erwachsene waren. Der Begriff Jugend, der in der Weimarer Zeit dem herrschenden Jugend-Mythos (vgl. *"Mit uns zieht die neue Zeit." Der Mythos Jugend.* 1985; Stambolis 2003) zu Grunde lag, impliziert ein dynamisches Verständnis von Jugend als einer weltanschaulichen und charakterlichen Prägung. Sie ist auch gemeint, wenn die Jugend von Langemarck (vgl. Ketelsen 1985) literarisch, in Gedenk- und Feierveranstaltungen wie in politischen Kontexten beschworen wird. Demonstriert wird dieser Mythos von der heldischen Jugend z.B. von Grotes Titel *Was sollen wir mit dem Jungen?* von 1930, der gemäß Untertitel *Ein Kriegsbuch von 1914 für die deutsche Jugend* sein soll. Hier ist der Protagonist, der sich für Deutschland opfert, tatsächlich ein sechzehnjähriger Kriegsfreiwilliger. Die extraordinäre, geradezu phantastische Überstilisierung des Helden im Kontext der kämpfenden Truppe signalisiert aber zugleich, dass es sich bei dem Jungen eben nicht um einen generell für die Soldaten im Ersten Weltkrieg geltenden Fall handelt. Der heroische Jugendliche Grotes verkörpert vielmehr, auch wenn das Buch nirgendwo direkt auf den Nationalsozialismus Bezug nimmt, jenen vom Nationalsozialismus gewünschten und erzeugten Kämpfertyp, den auch die SA-Titel zu erkennen geben, den Kämpfer, der fanatisch, im unerschütterlichen Glauben an den Führer und seine Mission und im blinden Gehorsam gegenüber der den einzelnen auslöschenden „Bewegung" sich hingibt. Die Jugendlichen dieses Typs demonstrieren den Umschlag von Tapferkeit in irrationale, nicht mehr hinterfragbare Aggressionslust und konterkarieren damit auch die Vorstellungen von Jugend und Jugendlichkeit, die in der Jugendbewegung vorherrschten, trotz der Rechtslastigkeit, der Fundierung durch die völkische Ideologie, der antidemokratischen Tendenz wie der Fixiertheit auf ein *Neues Reich* eines nicht unerheblichen Teils der Bünde. (Vgl. Laqueur 1978; Jovy 1984; Merkl 1982)

Der Nationalsozialismus instrumentalisiert die letztlich bürgerlich-ideologisch bleibenden Vorstellungen von Jugend in der Weimarer Zeit im Sinne des von ihnen proklamierten jugendlichen Reiches. (Vgl. Beumelburg: *Das jugendliche Reich.* 1933; Hopster/Nassen 1985; Nassen 1987, S. 17ff.) Gemäß dieser Um-Ideologisierung vermag der NS-Autor Will Vesper dann auch zu sagen: „Die nationalsozialistische Bewegung war, ist und bleibt [...] eine Bewegung der Jugend, nicht nur in jenem äußerlichen Sinne, daß eine an Jahren junge Generation – wie bei allen Revolutionen – im wesentlichen Träger des Umsturzes, der Wandlung ist, sondern in jenem tieferen Sinn, daß unser Volk als Ganzes sich seiner Jugend, seiner ewigen Jugend bewußt wird." (Vesper 1934, Geleitw. S. X) Von diesem totalisierten Begriff von Jugend her erklärt sich allererst auch die 1930 in einem programmatischen Text der HJ aufgestellte Behauptung, die Hitlerjugend sei „die Vollendung der deutschen Jugendbewegung." (*Die Hitlerjugend : Bund deutscher Arbeiterjugend.* 1930, S. 12)

Im Sinne dieses gleichsam altersunspezifisch gemachten Begriffs von Jugend ist es auch verständlich, dass der anspruchslose, sprachlich armselige, aber politisch brauchbare Weltkriegsbericht *Meldegänger Hitler* von Balthasar Brandmayer aus dem Jahre 1932 von den für die Kinder- und Jugendliteratur zuständigen NS-Instanzen in das erste Verzeichnis empfohlener Jugendliteratur aufgenommen wurde. (Vgl. *Das Jugendbuch im Dritten Reich.* 1933, S. 15) Im übrigen ist auch der Titel von Glaser in diesem Verzeichnis aufgeführt. (Vgl. ebd., S. 17) Der Bericht von Brandmayer, der diesen aus der Perspektive eines engen Kriegskameraden angeblich wahrheitsgetreu geschrieben hat, hätte allein schon wegen der geradezu peinlichen Über-Heroisierung Hitlers und seiner Kriegstaten als Konjunkturliteratur abgelehnt werden müssen.

Der SA-Kämpfer, der von nationalsozialistischer Seite ganz besonders als Märtyrer gefeiert wurde, war der junge, besonders als Parteiredner geschätzte Berliner SA-Sturmführer Horst Wessel. Er wurde im Januar 1930 im Alter von dreiundzwanzig Jahren in den Kopf geschossen und starb Ende Februar an den Folgen seiner Verletzungen. Nach dem mit Copyright von 1933, dem Vorwort von 1932 entsprechend aber wahrscheinlich schon in diesem Jahr erschienenen Buch *Horst Wessel : Leben und Sterben* von Erwin Reitmann, das auch in das erste Verzeichnis empfohlener Jugendliteratur aufgenommen wurde, sollen einige Kriminelle in die Wohnung Wessels eingedrungen sein und den Mordanschlag verübt haben. Geplant und organisiert worden sei er aber von kommunistischer Seite. Der Verfasser beklagt wortreich, dass die später gefassten und verurteilten Täter, die von einem jüdischen Anwalt verteidigt worden seien, nur wegen Totschlags zu Haftstrafen verurteilt wurden, d.h. nicht als Mörder. Oertel hat in seiner Untersuchung den Tathergang genau rekonstruiert. Danach ist die Zimmervermieterin von Horst Wessel am Abend des 14.1.1930 in ein

KPD-Lokal gegangen, um sich einen Rat im Hinblick auf einen Mietstreit mit Wessel zu holen und um Unterstützung zu bitten. Einige der kommunistischen Anwesenden in dem Lokal, von denen vor allem der spätere Haupttäter in der Tat schon straffällig geworden war, begleiteten die Frau zurück in ihr Haus, klopften an die Tür des Zimmers, in dem sich Wessel mit seiner Verlobten, einer ehemaligen Prostituierten, und deren Freundin befand. Als Wessel die Tür öffnete, gab einer aus der Tätergruppe den Schuss ab. (Vgl. Oertel 1988, S. 83 ff.) Nach Oertel ist die von kommunistischer Seite vorgebrachte Erklärung, die Tat habe auf dem Streit zweier Zuhälter, des Schützen und Wessels, um die ehemalige Prostituierte beruht, falsch. Ebenso falsch sei auch die von nationalsozialistischer Seite aufgestellte Behauptung, bei der Tat habe es sich um einen von kommunistischer Seite initiierten Auftragsmord gehandelt. (Vgl. ebd., S. 91 ff.) Um Wessel zu einem Märtyrer der „Bewegung" im Kampf gegen Rotfront hochstilisieren zu können, musste die NS-Propaganda seinen Tod auf einen politisch motivierten Mordanschlag zurückführen.

Reitmanns Buch – der Verfasser bezeichnet sich selbst als alten Mitkämpfer Wessels – ist noch mehr als die anderen SA-Bücher eine geschickte Vorspiegelung von Authentizität. Durch Briefe Wessels, Fotos aus seinem Leben und aus seinem SA-Sturm wie durch Lieder Wessels (u. a. auch *Die Fahne hoch! Die Reihen dicht geschlossen"*. – Später auch als zweite Nationalhymne gesungen!) wird das Buch gerade für Jugendliche, die für die SA angeworben werden sollen, wie auch für die Jugend in der SA erlebnisnahe und identifikationsträchtig gemacht; ebenso durch den Schluss des Buches, der angeblich auf dem Bericht der Krankenschwester beruht, die Wessels vor seinem Tod betreut habe. Identifikation wird insgesamt durch die Heroisierung Wessels zu einem jungen und mutigen Kämpfer für Freiheit und Gerechtigkeit in Deutschland und gegen den Kommunismus wie gegen das erschlaffte Bürgertum erzeugt, das Deutschlands Niedergang und Not verschuldet habe. Das Buch erzielt Wirkung durch den Rückgriff auf das Stereotyp des selbst im tragischen Scheitern unbesiegten Helden, des charismatischen Führers und vor allem auch charismatischen Redners, als der er von Reitmann stilisiert wird. Wessel wird genau zu dem Typos des zur Selbstaufopferung bereiten Kämpfers für die anderen, für die große Idee gemacht, den vor allem Goebbels, der damalige Gauleiter von Berlin und spätere Minister für Volksaufklärung und Propaganda, der eine Rede am Grabe Wessels hielt, zu nutzen wusste – für die Erzeugung einer in das Unbewusste der Masse eingreifenden kultischen Dimension der „Bewegung", für die nicht zuletzt der Märtyrer-Mythos erforderlich war. Es ist daher nicht verwunderlich, dass 1932 auch von Hanns Heinz Ewers ein Buch mit dem Titel *Horst Wessel : ein deutsches Schicksal* erschien, das – im Unterschied zu seinen anderen Schriften – in der *Liste des schädlichen und unerwünschten Schrifttums* von 1936 ausdrücklich von der Indizierung ausgenommen wurde. 1933 folgten dann die beiden evtl. schon 1932 verfassten Jugendbücher *Das Jugendbuch von Horst Wessel* des Vielschreibers Erich Czech-Jochberg und *SA.-Sturmführer Horst Wessel : ein Lebensbild von Opfertreue* von Fritz Daum. Beide Titel wurden von der nationalsozialistischen KJL-Kritik abgelehnt. (Vgl. Hopster/Josting/Neuhaus, Bd. 1, 2001, Sp. 188 u. 195)

Bemerkenswert an allen SA-Titeln, dem Titel von Hagen, Haake, Glaser wie auch dem von Reitmann, ist ihre eindeutige Links-Tendenz. Mehr oder weniger stark wird eine anti-kapitalistische und zugleich anti-bürgerliche Position vertreten. Es drückt sich in ihnen damit die in weiten Teilen der SA verbreitete Position des revolutionären Nationalsozialismus bzw. Nationalbolschewismus aus, der im Gegensatz zu Hitler und der offiziellen NSDAP-Linie nicht auf eine Machtübernahme aufgrund von demokratischen Wahlen und damit auch nicht von eventuellen Koalitionen ausging. Dieser Gegensatz führte 1930/31 zu einer Revolte in der SA wie zu einem offenen Konflikt des linken Flügels der NSDAP, vertreten besonders durch Otto Straßer, mit Hitler und der Parteiführung. Folge dieses Konflikts war nach dem Ausscheiden Straßers aus der Partei die Gründung der *Kampfgemeinschaft Revolutionärer Nationalsozialisten* und – als Alternative zur SA – der *Schwarzen Front*. Sowohl in der Partei als auch in der SA vollzog sich in den folgenden Jahren eine konfliktreiche und auch von Gewalt gekennzeichnete Abspaltung. (Vgl. Kühnl 1966; Moreau 1985) In dem Buch von Glaser wird die Revolte der SA expressis verbis angesprochen mit direktem Bezug zu dem Berliner SA-Führer Stennes, der extrem die Barrikadenkampf-Position vertrat, die sich vor allem bei dem großen Anteil der noch jugendlichen SA-Leute als starke Neigung zur Gewalt auswirkte. (Vgl. Merkl 1982) In Glasers Buch entscheiden sich die Protagonisten am Ende dann – trotz der erkennbaren Sympathie für Stennes – für die Position Hitlers, der die SA seiner unmittelbaren Führung unterstellte.

Zum frühesten Märtyrer für die Ideen und die Ziele, die der Nationalsozialismus zu vertreten vorgab, wurde von diesem der im Mai 1923 von der französischen Besatzungsmacht im Rheinland zum Tode durch Erschießen verurteilte und hingerichtete Albert Leo Schlageter stilisiert. Schlageter hatte im selben Jahr mit einigen Gleichgesinnten mehrere Sprengstoffanschläge auf Bahnstrecken im Raum Düsseldorf verübt, um den Abtransport besonders von Kohle aus dem Ruhrgebiet durch die Besatzer zu stören. Die Reichsregierung, die massiv, aber erfolglos gegen die unrechtmäßige Besatzung des Rheinlandes protestierte, rief zwar dazu auf, nur passiven Widerstand dagegen zu leisten, aber nationalistisch gesonnene Kreise in Militär, Administration und Politik drängten auf aktive Gegenwehr. Besonders Angehörige der früheren Freikorps, zu denen auch Schlageter zählte, gaben sich mit bloß passivem Widerstand nicht zufrieden. Schlageter, 1894 geboren, Kriegsfreiwilliger, Teilnehmer an den Freikorpskämpfen im Baltikum, am sogenannten Ruhrkampf wie um 1921 an den Kämpfen des sogenannten deutschen Selbstschutzes in Oberschlesien gegen die drohende polnische Okkupation, war einer der vielen jungen Weltkriegsgeschädigten, die sich mit der Weimarer Republik nicht identifizieren konnten, die Folgen des verlorenen Krieges nicht akzeptieren wollten und sich in aggressivem Nationalismus verrannten. (Vgl. Franke 1980) Diese Momente des revanchistischen Nationalismus wie der totalen Ablehnung der Weimarer Republik machte Schlageter für den Nationalsozialismus instrumentalisierbar. Nach einigen früheren, zumeist pseudodokumentarischen Titeln – z.B. Stenger: *Schlageter, der deutsche Held* (1923) und von der Saar: *Der deutsche Märtyrer Schlageter und der französische Sadismus an Ruhr und Rhein* (1923) – erschien im Jahre 1926 von dem ehemaligen Kriegsberichterstatter Rolf Brandt das Buch *Albert Leo Schlageter : Leben und Sterben eines deutschen Helden.* Das durchaus auch für Jugendliche leicht lesbare Buch verdeutlicht, dass die nationalistische Ingebrauchnahme Schlageters auch in Feiern und Gedenkveranstaltungen schon mit seinem Tode begann. (Vgl. ebd., S. 80ff.) Zum *ersten Soldaten des „Dritten Reiches"* wurde Schlageter dann von dem schon vor 1933 ns-affinen Dramatiker Hanns Johst, dem späteren Präsidenten der *Reichsschrifttumskammer*, erklärt, und zwar in seinem *Schlageter*-Schauspiel von 1933. (Vgl. Franke 1980, S. 107) Von einer Beziehung Schlageters zum Nationalsozialismus oder gar einer Mitgliedschaft in der NSDAP ist in der ersten Auflage des Buches von Brandt, dessen Folgeauflagen nach 1933 in diversen Listen empfohlener Literatur für Jugendliche aufgeführt wurden, noch keine Rede. Immerhin hatte Hitler im ersten Band von *Mein Kampf* (1925) Schlageter als Nationalisten und Franzosenfeind gelobt. (Vgl. Hitler: *Mein Kampf.* 1940, S. 2) Brandt behauptet erst nach 1933, Schlageter sei seit 1922 Mitglied der NSDAP gewesen, und er habe an den Führer Adolf Hitler geglaubt. (Vgl. Brandt: *Albert Leo Schlageter : Leben und Sterben eines deutschen Helden.* 1940, Vorspann S. [3]) In Frankes Studie zu Schlageter findet sich keinerlei Bestätigung der Unterstellung Brandts, der mit dieser lediglich seine Übereinstimmung mit dem Bestreben der Nationalsozialisten zu erkennen gibt, eine geschichtliche Kontinuität zwischen dem früheren deutsch-nationalistischen Denken und Handeln und dem nationalsozialistischen Denken und Handeln zu erzeugen. Brandts Auch-Jugendbuch, von dem 1940 bereits das 93. Tausend erschien, dürfte immerhin allein schon wegen seiner Tendenz zur Spannungsliteratur, näherhin zur Crime-Story, eine gewisse Wirkung nicht abzusprechen sein. Nach ihm erschienen – sicherlich nicht zufällig – neben dem Schauspiel von Johst bis in die Mitte der dreißiger Jahre noch weitere Erzähl-Titel für Erwachsene zu Schlageter und auch – wie im Falle Horst Wessels – einige spezifisch jugendliterarische Titel, z.B. von Ebers-Mahnke *Schlageter : ein deutsches Heldenleben in harter Zeit* (3. Aufl. [1933]; die wahrscheinlich vor 1933 erschienene 1. Auflage ist nicht mehr eruierbar), von Freitag *Albert Leo Schlageter : ein deutscher Held* (1933) und von Wehner *Albert Leo Schlageter* (1934). Der Titel von Ebers-Mahnke entspricht hinsichtlich der Abfolge der geschilderten Bewährungssituationen des Superhelden Schlageter deutlich der Darstellung Brandts. Der Text Ebers-Mahnkes ist für die jugendlichen Leser aber noch stärker auf das Anekdotische reduziert und kommt tendenziell einer Heiligen-Legende nahe. Bemerkenswert an dem Büchlein ist, dass in der dritten Auflage bereits die In-Dienst-Nahme Schlageters durch den Nationalsozialismus belegt wird. Eines der beiden Geleitworte, das von Hanns Johst verfasst wurde, lautet: „Schlageter ist nicht als zufälliger, letzter Soldat des großen Weltkrieges gefallen, sondern als erstes, heldisches Opfer des dritten Reiches." (Ebers-Mahnke: *Schlageter*. 3. Aufl. 1933, S. [3]) Und in der Einleitung des Verfassers wird der Held Schlageter ausdrücklich mit dem „Heldenführer *Adolf Hitler*" (ebd., S. 5) auf eine Stufe gestellt. Noch stärker an den im Quellenverzeichnis aufgeführten Titel von Brandt angelehnt ist die Darstellung von Freitag, in der die heldischen Bewährungssituationen als Stationen eines Opfergangs bis hin zum Opfertod gekennzeichnet werden. Die nationalsozialistische Überformung des Schlageter-Mythos ist in Freitags Jugendbuch schon total geworden. Gemäß Verfasser sei der „Geist Schlageters" zu einer „unwiderstehlichen Angriffskraft [...] im Nationalsozialismus Adolf Hitlers" geworden, und der „Schlagetergeist" habe „durch Adolf Hitler ein ganz Neues" geschaffen, das „Dritte Deutsche Reich". (Freitag: *Albert Leo Schlageter*. 1933, S. 108) Aus heutiger Sicht ist es nur irritierend, dass ein so traditionsgebundener Verlag wie der Enßlin- und Laiblin-Verlag schon 1933 einen solchen Titel verlegen konnte.

Ausschließlich oder auch für Jugendliche geschriebene Erzähltexte mit literarisch-ästhetischem bzw. literarisch-biografischem/zeitgeschichtlichem Charakter, die sich auf die NS-Ideologie gründen bzw. eine Affinität zu dieser erkennen lassen und auch direkt für den Nationalsozialismus funktionalisiert wurden, scheinen über die Titel von Schenzinger und Wisser, Hagen, Haake und Glaser wie die Schlageter- und Horst-Wessel-Titel hinaus nicht bis 1933 erschienen zu sein. Direkt auf die Jugend, näherhin die HJ zugeschnitten ist bzw. sollte gemäß Verfasser sein ein Bändchen mit Liedern, d.h. eher Gedichten, das von einem Autor Hugo Maaß veröffentlicht wurde, von dem ansonsten nichts bekannt ist. Es erschien wohl mit einiger Sicherheit 1930, weil schon in der Hitler-Jugend-Zeitung *Sturmjugend* vom Januar 1930 unter den Bekanntmachungen der Reichsleitung die Bezieher dazu aufgefordert werden, das Bändchen von Maaß zu bestellen. (Vgl. *Sturmjugend. H.J.Z.* 7. Jg. (1930), 1. Folge, S. 13) Sein Titel lautet *Die Straße frei! : Worte und Lieder an die deutschbewußte Jugend*. Der Haupttitel ist offenbar dem sogenannten *Horst-Wessel-Lied* (*Die Fahne hoch ...*) entnommen, in dem die erste Zeile der zweiten Strophe *Die Straße frei den braunen Bataillonen* lautet. Der Titel von Maaß ist deshalb von Belang, weil er in dem 1929 vom ersten *Reichsführer der HJ*, Kurt Gruber, gegründeten *Jungfront-Verlag* in Plauen erschien, in dem auch von Gruber die beiden wichtigsten frühen Periodika der HJ herausgegeben wurden, nämlich die Hitler-Jugend-Zeitung (H.J.Z.) *Sturmjugend : Kampfblatt schaffender Jugend* (Vorformen ab Jg. 1, 1924; wahrscheinlich ab Jg. 6, 1929, sicher aber ab Jg. 7, 1930, im Jungfront-Verlag) und die Zeitschrift *Die junge Front : Führerblätter der Hitler-Jugend* (ab 1929). Beide hatten den Status von Pflichtorganen für die Mitglieder der HJ. Die Texte in dem Bändchen von Maaß sind nicht, wie der Untertitel behauptet, ausdrücklich nur an die Jugend gerichtet. Sie entsprechen vielmehr zum Teil der NS-Parteilyrik für Erwachsene, wie sie in großem Umfang besonders nach 1933 produziert wurde. Spezifisch für Kinder bzw. Jugendliche verfasste Gedichte auf der Basis der NS-Ideologie hat es offenbar vor wie nach 1933 kaum gegeben, wahrscheinlich nicht geben können. Selbst die direkt an die HJ-Jugend oder die SA-Jugend gerichteten Gedichte von Maaß – z. B. *Lied der Hitlerjugend, Bekenntnis, Das kommende Deutschland, Glaube, Nun kommen wir…, Kampflied der SA* – reproduzieren dieselben Stereotype der NS-Ideologie, wie sie auch allgemein in der NS-Lyrik zu finden sind; so z. B. : Ausverkauf Deutschlands an Siegermächte, Verrat an Deutschland durch Parteien und Regierungen nach 1918, Verlust des Heldentums, Notwendigkeit des Kampfes, allgemeine Not in Deutschland, Forderung nach Opfer. Im Bändchen werden Gruppen von Gedichten durch kommentierende Weltanschauungs-Prosa verbunden. Die Gedichte, zu denen auch ein Führer- und ein Schlageter-gedicht gehören, sind insgesamt Ausbreitung eines politisch-ideologischen Programms, gepresst jeweils in platte Reimerei. An den beiden ersten Strophen des Gedichts *Nun kommen wir…* zeigt sich dies beispielhaft:

„Nun kommen wir – die Jugendschar
Im braunen Hitlerhemde,
Wer nicht kerndeutsch, nicht treu und wahr,
Der bleibt uns feind und fremde!

Doch wer nach Väter Sinn und Art
Pflegt edle, deutsche Sitten,
Wer sich als Kämpfer offenbart,
Der ist uns wohl gelitten." (Maaß: *Die Straße frei.* 1932, S. 17)

Es ist kaum anzunehmen, dass die Texte von Maaß irgendeine Wirkung erzielt haben. Der Titel wurde auch nicht wieder aufgelegt oder nach 1933 in Listen empfohlener Literatur für die Jugend aufgenommen.

Im Jahr 1932 erschien ebenfalls ein Laienspiel des für die Laienspielbewegung in der Weimarer Zeit maßgeblichen Autors Walther Blachetta, in dem nicht nur ein Bezug zum Nationalsozialismus hergestellt, sondern der Nationalsozialismus quasi schon inszeniert wird. Das Spiel mit dem Titel *Das Spiel von der deutschen Freiheit*, das wie ein Großteil der Laienspiele auch für Jugend-Bühnen aufführbar war, ist ein verdünnter Abklatsch von Schillers *Tell*-Drama. Der Autor selbst behauptet, ein altes Tell-Spiel aus der Schweiz als Vorlage herangezogen zu haben. Das Besondere an Blachettas Spiel ist, dass Anfang und Schluss der Aufführung wie auch einzelne Szenen gleichsam in den Rahmen einer NS-Feier, d.h. einer NS-Massenveranstaltung eingebunden werden. Beim Einzug der Spielgruppe soll das sogenannte Kampflied der Bewegung (Horst-Wessel-Lied) gesungen werden und nach der Schlussszene das Deutschland-Lied. Die Parallelisierung des schweizerischen Kampfes gegen die Fremdherrschaft mit der Gegenwarts-Situation in Deutschland soll auch dadurch demonstriert werden, dass die Schwyzer, d.h. auch Tell, in dem Stück NS-Uniformen tragen und die Hakenkreuzfahne präsentiert wird. In einem Brief der Reichsgeschäftsstelle der NSDAP in München, der vor dem Text abgedruckt ist, wird das Stück außerordentlich gelobt und für nationalsozialistische Kulturveranstaltungen empfohlen. Georg Clasen, Mitglied der *Vereinigten deutschen Prüfungsausschüsse für Jugendschriften* und in der *Jugendschriften-Warte* für den Bereich *Bühnenspiele* zuständig, urteilt über Blachettas Stück dagegen sehr negativ. Es sei eine „künstlerische Entgleisung" (Clasen 1932, S. 95) Blachettas, insgesamt ein „minderwertiges Tendenzspiel" und „der erste Einbruch dieser Art in das Laienspiel-Schrifttum". (Ebd., S. 96) Clasen wirft dem Autor wie dem Verlag, dem auf dem Gebiet des Laienspiels maßgeblichen Verlag Arwed Strauch in Leipzig, vor, sich allein schon durch den Abdruck des Empfehlungsbriefes der NSDAP „in die politische Arena und in den Dienst einer Partei" (ebd., S. 96) begeben zu haben. Außer dem Verriss von Clasen hat es offenbar in der *Jugendschriften-Warte* bis 1932 keine Stellungnahmen zu explizit nationalsozialistischen oder ns-affinen Texten gegeben. Affinität zum Nationalsozialismus, z.B. in den Weltkriegsbüchern oder auch in manchen Kolonial- und Indianerbüchern, z.B. in den frühen Tecumseh-Büchern von Fritz Steuben (vgl. Haible 1998), scheint für die Prüfungsausschüsse kein Bewertungskriterium gewesen zu sein.

Ein Sonderfall nationalsozialistischer Literatur für Jugendliche bzw. für die HJ aus der Zeit vor 1933 sind jene Texte, die am ehesten als nationalsozialistische Gebrauchstexte bezeichnet werden können. Sie hatten stark werbenden und indoktrinierenden Charakter. 1932 erschien im parteieigenen Eher-Verlag in München (vgl. Strothmann 1985, S. 361 ff.) unter dem Titel *Von deutscher Art und deutscher Tat* – Untertitel: *Das Buch der Hitlerjugend* – ein Bild-Textband, in dem den jugendlichen Leserinnen / Lesern die Epochen der großen deutschen Geschichte von der frühgermanischen Zeit bis zur Gegenwart aus nationalsozialistischer Sicht vorgeführt werden. Durch die jeweilige Koppelung von geschichtlichen Erzähl- und Erklärungstexten mit Zeichnungen berühmter Bauwerke wie vermeintlich typisch deutscher Alltags- und Lebensformen gewinnt der Band durchaus eine gewisse Überzeugungskraft. Suggeriert wird erstens das typisch nationalsozialistische Geschichtsmodell (vgl. Hopster 2005a, Sp. 187–192), nach dem die deutsche Geschichte ein geschichtliches Kontinuum von der frühgermanischen Zeit bis zur Gegenwart sei, und zweitens wird suggeriert, dass Deutschland schon immer von äußeren Feinden und Mächten bedroht gewesen sei und um sein Existenzrecht habe kämpfen müssen. Als Gipfelpunkt dieser Bedrohung wird am Ende dann der zwischen den Siegermächten und Deutschland nach dem Ersten Weltkrieg abgeschlossene Vertrag von Versailles – der sogenannte Versailler Schandvertrag – dargestellt, mit all seinen Folgen, einschließlich der sogenannten Kriegsschuldlüge. Entsprechend nachdrücklich wird dann auch die nationalsozialistische „Bewegung“ als einziger Ausweg aus der Not und der Misere Deutschlands dargestellt, mit Hitler als dem Befreier Deutschlands und Begründer eines neuen deutschen Reiches, in dem auch die inneren Feinde, nämlich Juden und Marxisten, überwunden seien und das die Erfüllung der politischen Sehnsucht aller Deutschen von jeher bedeute. Dass diese Erfüllung immer schon von den Deutschen harten Kampf gefordert habe, wird in dem Band anhand vieler Beispiele, nicht zuletzt auch anhand des beispielhaften Kampfes deutscher Märtyrer wie Schlageter, plausibel zu machen versucht.

Erhellend im Hinblick auf das Selbstverständnis der HJ um 1930 ist eine von Rudolf Apel verfasste Broschüre mit dem Titel *Adolf Hitlers Jugend ruft : vom Widerstand zum Angriff!* ([1930]) Am 20.3.1930 wurde in Berlin eine Großkundgebung der HJ mit demselben Thema *Vom Widerstand zum Angriff* veranstaltet. (Vgl. Brandenburg 1982, S. 39f.) Die Broschüre stellt in einer Reihe von Einzelpunkten programmatisch sowohl die politischen Auffassungen der HJ als auch die wichtigsten Aspekte ihrer Abgrenzung von verschiedenen Ausformungen der Jugendbewegung dar, besonders von der bündischen Jugendbewegung und der proletarischen Jugendbewegung. Intention der Schrift ist Werbung für die HJ. *„Hinein in die Hitler-Jugend! Bund deutscher Arbeiter-Jugend!“* (Apel [1930], S. 16), heißt es zum Schluss unverblümt. Dass die HJ ein Bund der Arbeiterjugend sei, wird – wie überhaupt in der Frühphase der HJ – stark hervorgehoben. Dies entspricht der generellen Absicht des Nationalsozialismus vor 1933, die Arbeiterschaft für sich zu gewinnen. Wie in Schenzingers *Der Hitlerjunge Quex* (1932) suggeriert die Broschüre, dass der Nationalsozialismus die wahre Heimat der Proletarier sei. Wie der Titel schon besagt, geht es ihr darum, in der Jugend ein Bewusstsein für die Notwendigkeit politischen Kampfes zu wecken, der einzig und allein in der Front des Nationalsozialismus bzw. der HJ mit Erfolg zu verwirklichen sei. Die „neue Front der deutschen Jugend“ (Apel

[1930], S. 7) muss , so der Tenor der Schrift, zur Rettung Deutschlands aus Not und Schmach gegen die alte, ohnmächtige und zersplitterte Jugendbewegung kämpfen wie gegen das alte System insgesamt und für ein neues, von Unterdrückung, Ausbeutung und dem zerstörerischen Marxismus befreites Deutschland. (Vgl. Giesecke 1981, S. 81 ff.; 181 f.) Das Fazit der werbenden und abgrenzenden Selbstdarstellung der HJ lautet ähnlich wie in der programmatischen Schrift *Die Hitlerjugend* (1930) auch in der von Apel, die Hitler-Jugend habe „das wahre Erbe der Jugendbewegung übernommen". (Ebd., S. 8) In zweierlei Hinsicht ist der Text von Apel signifikant. Erstens belegt er deutlich, dass um 1930 offenbar eine starke revolutionär-nationalsozialistische, d.h. nationalbolschewistische Tendenz nicht nur in der SA, sondern auch in der HJ vorhanden war. Entsprechend soll der Kampf der HJ „jedem offenen oder verkappten Klassenanspruch" gelten, möge er „aus dem 'kapitalistischen', 'marxistischen' oder 'bürgerlichen' Lager kommen." (Ebd., S. 10) Als ein „Bund des volksgebundenen Sozialismus" (ebd., S. 12) präsentiert sich die HJ in der Schrift von Apel insgesamt. Dass diese Selbstdefinition der HJ durchaus offiziellen Charakter hatte, beweist auch die Rede (Auszug) des *Reichsführers* Kurt Gruber, die dem Apel-Text beigefügt worden ist. Die Rede reproduziert dieselben Stereotype wie der Text von Apel.

Zweitens ist dieser ein weiterer Beleg dafür, dass dem von Kurt Gruber gegründeten HJ-eigenen *Jungfront-Verlag* in Plauen, der bisher noch nicht erforscht wurde, um 1930 offenbar eine zentrale Funktion für die HJ zukam. Außer Texten wie dem Gedichtband von Hugo Maaß und den Zeitschriften *Sturmjugend* und *Die junge Front* wie den *Deutschen Jugend-Nachrichten : Pressedienst der Hitler-Jugendbewegung* (halbmonatl.) wurde eben auch programmatisches Werbematerial für die HJ in dem Verlag produziert. Dazu zählt auch eine weitere Broschüre mit dem Titel *Der Hitlerjunge*, die ohne Angabe eines Verfassers im Jahre 1930 erschien. (Vgl. Brandenburg 1982, S. 41) In ihr werden Bilder (Fotos) aus dem Dienstbereich der HJ, dem Lagerleben mit Sport und Marschieren, dem Heimabend und der Straßensammlung, mit entsprechenden Texten präsentiert. Die Bilder der Broschüre reproduzieren die gängigen Stereotype von einem Jungenleben, das den Jungen viele Möglichkeiten zu lustvollen Gemeinschaftserfahrungen wie zur Selbstbestätigung eröffnet. Die Texte zu den Bildern beziehen diese dann jeweils auf Einzelaspekte der NS-Ideologie und nehmen ihnen damit ihre Eigenaussage. So wird z.B. zu einem Foto vom Speerwerfen gesagt: „Wir wollen den Sport nicht als Selbstzweck, sondern zur Gestaltung eines *gesunden Leibes*." (*Der Hitlerjunge*. 1930, o.S.) Natürlich enthält die Broschüre auch einen kurzen Vorspann unter der Überschrift *Unser Wille,* in dem die HJ als „Volksjugendbewegung aller Schichten und Kreise" bezeichnet wird, die „für einen kommenden Staat der nationalen Ehre und der sozialen Gerechtigkeit" und gegen den herrschenden „Korruptionszerfall" kämpfe. (*Der Hitlerjunge.* 1930, o. S.) Dass in der HJ die Klassengesellschaft überwunden sei, wird noch einmal in einem Schlussappell an die *Liebe(n) Jungens* betont, in dem versichert wird, alle „Junggenossen der Faust und Stirn" fänden in der „Sturmjugend" Adolf Hitlers den „Stoßtrupp", der dem „Zielstreben" aller „Form und Inhalt" gebe. (Ebd., o. S.)

Die umfassendste Selbstdarstellung der HJ findet sich in der Schrift *Die Hitlerjugend : Bund deutscher Arbeiterjugend*, die 1930 anonym als Heft 3 des von Karl O. Paetel herausgegebenen *Handbuchs der deutschen Jugendbewegung* erschien. Brandenburg (*Die Geschichte der HJ.* 1982) ist offenbar davon ausgegangen, dass Artur Grosse, „Gauschulungsleiter der Gaue Berlin-Brandenburg-Ostmark und Mitglied der Reichsleitung der HJ" (Brandenburg 1982, S. 83), den Text verfasst hat; er führt ihn unter dessen Namen im Literaturverzeichnis an. Der Herausgeber des Handbuchs, Karl O. Paetel, war ab Anfang 1930 Schriftleiter der von Ernst Jünger und Werner Laß herausgegebenen überbündischen Zeitschrift *Die Kommenden*, die im gleichnamigen Verlag (Freiburg i. Br.), erschien. (Vgl. Schierer 1938, S. 61 ff.) Paetel vertrat stark, wie die Zeitschrift insgesamt auch, die Position eines nationalen Sozialismus, d. h. tendenziell eine revolutionäre, nationalbolschewistische Position. Um 1930 gründete er die *Gruppe Sozialrevolutionärer Nationalisten*, die in ihrer Programmatik der von Otto Straßer gegründeten *Kampfgemeinschaft Revolutionärer Nationalsozialisten* nahe kam. Paetels Auffassungen fanden deutlich Widerhall in HJ-Kreisen, sie wurden zumindest von Teilen der Reichsleitung der HJ aber scharf abgelehnt. (Vgl. Brandenburg 1982, S. 82) Der ideologische Dissens in der HJ wirkte sich aber so massiv aus, dass es – nach einer ersten Abspaltung von überwiegend norddeutschen Gauen, die sich unter dem Namen *Bund Deutscher Arbeiter-Jugend* organisierten (vgl. ebd., S. 32), – im Sommer 1930 zu „einer weiteren Abspaltung des sozialrevolutionären Flügels der HJ kam." (Ebd., S. 40 f.) Eine nicht unerhebliche Zahl von HJ-Angehörigen bzw. HJ-Führern ging zu der von Otto Straßer gegründeten *Kampfgemeinschaft Revolutionärer Nationalsozialisten* über, unter anderem auch Artur Grosse, der immerhin Mitglied der Reichsführung der HJ war. (Vgl. ebd., S. 83; Moreau 1985, S. 46 f.) Sollte es tatsächlich zutreffen, dass er der Verfasser des Textes *Die Hitlerjugend* (1930) war, verwundert es nicht, dass er so deutlich von Vorstellungen eines kämpferisch-revolutionären, nationalen Sozialismus geprägt ist. Man muss den ideologischen Dissens in der HJ um 1930 aber kennen, um die Schrift *Die Hitlerjugend* wie auch die von Apel und die Broschüre *Der Hitlerjunge*, die alle um dieselbe Zeit erschienen, verstehen zu können. In ihnen drückt sich ebenso wenig die offizielle NSDAP-Linie aus wie in den SA-Titeln, sondern eher eine linke NS-Position, die sich in der Partei, der SA und auch in der HJ verselbständigte und zu den Abspaltungen mit diversen Unter-Ab-spaltungen führte. (Vgl. Brandenburg 1982, S. 82 ff.) Selbstdarstellungen der HJ um 1930 (vgl. auch den ebenfalls anonym erschienen Text *Hitler-Jugend* von 1931) können also insofern nicht als offiziell in dem Sinne verstanden werden, dass die gesamte Reichsführung oder auch die Partei als solche hinter ihnen gestanden hätte. In den Jahren nach 1930 wurden die revolutionären nationalsozialistischen Strömungen vielmehr von Seiten der Partei, im Hinblick auf die HJ besonders von Seiten Baldur von Schirachs, mehr und mehr ausgeschaltet. (Vgl. Brandenburg 1982, S. 42ff.)

Ein ganz besonderer Text unter den vor 1933 erschienenen Texten von der HJ oder mit Bezug zur HJ ist das Büchlein *3 Hitlerjungen erzählen ... : Geschichten aus den Jahren 1924–26*, das 1932 im *Sturmjugend-Verlag* in Kiel erschien, und zwar als Nummer eins der *1-Mk.-Bücher des Sturmjugend-Verlags*. Mit dieser Reihe wollte der Verlag offenbar ein Pendant zu der ab 1930 vom *Bund proletarisch-revolutionärer Schriftsteller* im *Internationalen Arbeiter-Verlag* herausgegebenen Reihe *Der Rote Ein-Mark-Roman* schaffen. (Vgl. Stieg / Witte 1973, S. 123) Ungeklärt ist, ob es vor 1930 eine Beziehung der HJ-Zeitung *Sturmjugend*, die nachweislich ab Januar 1930 mit dem 7. Jahrgang – sehr wahrscheinlich schon ab 6. Jahrgang 1929 – von Kurt Gruber in dem von ihm gegründeten *Jungfront-Verlag* herausgegeben wurde, und dem *Sturmjugend-Verlag* gegeben hat. Der Titel *3 Hitlerjungen erzählen* enthält 19 überwiegend in der Wir-Form verfasste Schilderungen von Ereignissen im Rahmen der noch im Entstehen begriffenen Jugendabteilung der SA, die dann ab 1926 als eigene Organisation, als HJ, existierte. Verfasser dieser Schilderungen sind vorgeblich drei im Jahre 1924 sechzehnjährige Jungen gewesen. Der Untertitel des Büchleins ist im übrigen nicht korrekt. Die letzte geschilderte Begebenheit, nämlich das Erlebnis einer Führer-Rede, datiert vom November 1925. Über das Jahr 1926 wird nicht mehr berichtet. Eingeleitet wird der Titel von einem Text, den wahrscheinlich die Herausgeber geschrieben haben wie auch den Schlusstext aus der Perspektive des Jahres 1932. Insgesamt muss bezweifelt werden, dass es sich bei den 19 Texten um authentische Schilderungen handelt. Sie beginnen jeweils mit erläuternden und hinführenden Abschnitten, an die sich die Wir-Texte übergangslos anschließen. Im einleitenden Text wird von den Herausgebern auch darauf verwiesen, dass sie die drei Hitlerjungen, die sie offiziell noch gar nicht waren, berichten ließen und deren Berichte dann aufgeschrieben hätten. Es liegt nahe zu vermuten, dass die Herausgeber die Schilderungen der drei Jungen, die alle nicht namentlich genannt wurden, bestenfalls als Material für ihre eigenen Texte benutzt haben. Entscheidend ist aber die Frage, wie in dem Titel die Entstehungsgeschichte der HJ dargestellt wird oder ob es um diese letztlich gar nicht geht, sondern primär um die Verbreitung einer vor 1933 benötigten HJ-Ideologie, mit der möglicherweise tatsächlich von drei Jungen wiedergegebene Erzählungen von den Herausgebern überformt wurden. Die Wir-Erzählungen sollen zeigen, wie aus drei Bürgersöhnen, zwei davon waren

Gymnasiasten, begeisterte Anhänger des Nationalsozialismus und glühende Verehrer Hitlers wurden, die sich im Verlauf der Entstehung der Jugendabteilung immer stärker an der Agitation und auch an gewalttätigen Konfrontationen beteiligten. Zentrales Ideologem ist auch hier, dass im Nationalsozialismus Arbeiter und Bürgerliche vereint, die Klassenschranken aufgehoben seien. Suggeriert wird, dass die neue Form der Gemeinschaft, wie sie von den Texten für die SA und ihre Jugendabteilung reklamiert wird, die Vorform eines künftigen nationalsozialistischen Staates sei, der aber erkämpft werden müsse, gegen die Kommunisten, gegen das falschen Traditionen verhaftete Bürgertum, gegen die Juden und gegen das politische System an sich. Das Gemeinschafts / Volksgemeinschafts-Ideologem ist neben dem der Klassenharmonie ebenfalls zentral für die Konstruktion der Wir-Erzählungen. Sie führen vor, wie sich die Wir-Erzähler aus den Bindungen an die Familie und aus anderen Bindungen lösen, wie sich ihr Leben mehr und mehr als ein Gruppenleben, ein Leben im ständigen Dienst abspielt, das von gemeinsamen Aktionen, Märschen, Treffen bestimmt wurde und 1925 in der Begegnung mit Hitler auf einer Großkundgebung in Gera gipfelte. Es ist relativ gleichgültig, inwieweit die im Untertitel als Geschichten bezeichneten Wir-Texte des Büchleins authentisch sind oder nicht, entscheidend ist, welche Botschaften von ihnen 1932 verkündet wurden. Die erste lautet: Auch du, du HJ-Junge, bist für die nationalsozialistische Bewegung wichtig und trägst durch deinen Glauben, deinen Einsatz und deinen Dienst zu ihrem Sieg bei. Die zweite lautet: In der Gemeinschaft mit deinen Kameraden wirst du den Sinn erfahren, den du in dem zerbröckelten System der Gegenwart vergeblich gesucht hast, wirst du die Befriedigung deiner Hoffnungen und Wünsche erfahren, einschließlich deines Wunsches nach Heldentum und Abenteuer.

Geradezu erschütternd ist, welcher Fanatismus, welche „heilige Begeisterung" (*3 Hitlerjungen erzählen*. 1932, S. 24) in den Erzählteilen der Texte bekundet wird. Auf die Spitze getrieben heißt das in der Wir-Form der Erzähler, sie hätten in jedem Mitglied ihrer „kleinen Schicksalsgemeinschaft" einen gesehen, der mit ihnen „zu sterben bereit war für die Idee" (ebd., S. 23), und entsprechend wird dann auch von einem von ihnen gesagt, er habe in seinen Liedern und Gedichten besungen, „dass es schön sei, für Hitler zu sterben." (Ebd., S. 23) Damit wird ein Maß an freiwilliger Hingabe an eine politische Deformation bezeugt, das letztlich auf die Erzeugung einer geradezu selbstmörderischen Bereitschaft zu jedweder Aktion angelegt war. In keinem anderen vergleichbaren Text und auch nicht in den literarischen HJ- oder SA-Texten wird diese durch die Hingabe an den Führer bedingte Selbstaufgabe des einzelnen so hart als Maxime propagiert. Das Büchlein ist damit ein extremes Beispiel für die zumindest in Teilen der HJ bzw. der SA-Jugend verbreitete revolutionär-nationalsozialistische Position mit dominant proletarischer Tendenz. Im Einleitungstext der Herausgeber wird auch klar gesagt, dass der nationalsozialistische Jugendbund, aus dem die Jugendabteilung der SA entstand und dem die drei Erzähler angehörten, „die Befreiung der Arbeiterschaft", die „Niederwerfung der kapitalistischen Ordnung", als deren Exponenten die Juden galten (vgl. ebd., S. 47ff.), und den „Aufbau eines wahrhaft sozialistischen Staates" als Hauptziele der NSDAP verstanden habe. (Ebd., S. 4) Dass für diejenigen, die sich diesen Zielen verpflichtet fühlten, der gewalttätige Kampf gegen die Kommunisten unausweichlich war, wird in dem Büchlein von den drei Jungen durch die Schilderung ihrer Teilnahme an solchen Kämpfen bzw. Saalschlachten mit Verletzten und sogar Toten dem Anschein nach bewiesen.

Im Hinblick auf die Frage nach der für Jugendliche verfassten bzw. für sie relevanten nationalsozialistischen Literatur aus der Zeit vor der Machtergreifung Hitlers kommt den von nationalsozialistischer Seite herausgegebenen Zeitschriften eine zentrale Bedeutung zu. Leider ist das Feld dieser Zeitschriften noch nicht von der Forschung aufgearbeitet worden. Erschwert wird die Forschung vor allem dadurch, dass die Zeitschriften zumeist nur noch unvollständig nachgewiesen, d. h. kaum noch vollständig in Archiven vorhanden sind. Das von 1929 bis 1931 halbmonatlich auch im Jungfront-Verlag unter dem Titel *Deutsche Jugend-Nachrichten : Pressedienst der Hitler-Jugendbewegung Groß-Deutschlands* erscheinende Blatt scheint gar nicht mehr greifbar zu sein. Es wird aber des öfteren neben den anderen Zeitschriften aufgeführt. (Vgl. *Hitler-Jugend.* 1931, S. 253) Der desolaten Forschungslage entsprechend sind auch die Angaben über den Zeitraum des Erscheinens der Zeitschriften in Publikationen zur Geschichte der HJ ungenau, unvollständig und z. T. nicht übereinstimmend. (Vgl. Brandenburg 1982, S. 41; Koch 1979, S. 111; Pirich-Diederichs 1941, Sp. 2186ff.; 2350ff.) Die Zeitschrift *Der Aufmarsch : Blätter der deutschen Jugend,* die monatlich erscheinende Zeitschrift des NS-Schülerbundes, wurde vom ersten Jahrgang 1929/1930 (Dezember 1929) bis zum dritten Jahrgang 1932/33 von Adrian von Renteln, dem *Reichsführer* des Schülerbundes, in Braunschweig herausgegeben. Sie ist gemäß *Zeitschriften-Datenbank* (*ZDB*) noch in mehreren Bibliotheken vorhanden. Pirich-Diederichs, die auch die Zeitschrift aufführt, macht aber keine näheren Angaben zu dem Ende ihres Erscheinens, zu den Umständen, die dazu geführt haben, und auch nicht zu ihrem Charakter. (Vgl. Pirich-Diederichs 1941, S. 2188) Die Zeitschrift *Deutsches Jungvolk : Zeitschrift der schöpferischen Jugend Großdeutschlands* wurde ab Juni 1931 als Pflichtorgan des 1930 gegründeten und 1931 der HJ angegliederten *Deutschen Jungvolks* von Kurt Gruber in seinem Jungfront-Verlag herausgegeben. (Vgl. Pirich-Diederichs 1941, Sp. 2351f.) Nach Angabe der *ZDB* ist sie für das Jahr 1931 auch noch nachgewiesen. Zu den spezifisch für nationalsozialistische Jugendorganisationen gegründeten Zeitschriften zählt auch die Zeitschrift *Akademischer Beobachter : Kampfblatt des Nationalsozialistischen Deutschen Studentenbundes,* die gemäß *ZDB* noch in Teilen des Jahrgangs 1929 in verschiedenen Bibliotheken vorhanden ist. Sie wurde ab 1929 von Baldur von Schirach herausgegeben, der im Juli 1928 von Hitler zum *Reichsführer* des bereits 1925 gegründeten NS-Studentenbundes ernannt worden war. Die Ernennung von Schirachs diente wohl nicht zuletzt dem Zweck, die auch im Studentenbund anfänglich vorhandenen revolutionär-sozialistischen Tendenzen auszuschalten. (Vgl. Giesecke 1981, S. 178) Der *Akademische Beobachter* wurde 1933 kurz vor der Machtergreifung Hitlers in die Zeitschrift *Wille und Macht* umgeformt, die zum Führerblatt der HJ wurde. (Vgl. Pirich-Diederichs 1941, Sp. 2188.)

Die beiden wichtigsten Zeitschriften im 1929 gegründeten Jungfront-Verlag Kurt Grubers sind die von ihm herausgegebenen Zeitschriften *Sturmjugend : Kampfblatt schaffender Jugend* und *Die junge Front : Führerblätter der Hitler-Jugend.* Auch die Datierung der *Sturmjugend* stößt auf Schwierigkeiten. Nach Angaben der *Deutschen Nationalbibliothek* (wie der ZDB) ist sie von Jahrgang 6/1929 bis Jahrgang 8/1931) nachgewiesen. Im *Archiv der Parteien und Massenorganisationen der DDR im Bundesarchiv* ist sie aber zumindest in Teilen ab Jahrgang 4/1927 vorhanden. (BA-NSD 43/79) Ungeklärt ist, von wem und in welchem Verlag die *Sturmjugend* vor 1929 herausgegeben wurde. Wenn sie 1929 bereits im sechsten Jahr erschien, heißt das, dass ihre mitgezählte Vorläufer-Zeitschrift *Hitler-Jugend : Kampfblatt schaffender Jugend* mit dem ersten Jahrgang im Jahre 1924 herausgekommen sein muss. Gemäß *ZDB* ist diese von Jahrgang 4/1927 bis Jahrgang 6/1929 nachgewiesen. Diese Angabe stimmt aber nicht mit dem vom *Bundesarchiv* genannten Bestand der *Sturmjugend* überein. Es bleibt letztlich unklar, zu welchem Zeitpunkt der Titel der Zeitschrift *Hitler-Jugend* gegen den Titel *Sturmjugend* ausgetauscht wurde und ob letztere schon sicher ab 1929 von Kurt Gruber im Jungfront-Verlag herausgegeben wurde. Jahrgang 7/1930 gibt Gruber jedenfalls als Herausgeber an und ist auch im Jungfront-Verlag erschienen. Die *Sturmjugend* scheint nur noch bis Jahrgang 8/1931 gekommen zu sein, was möglicherweise mit dem wohl kaum freiwilligen Rücktritt Grubers als *Reichsführer* der HJ im Oktober 1931 und seiner vorübergehenden Ersetzung durch den *Reichsführer* des NS-Schülerbundes Adrian von Renteln zusammenhängt. Der Rücktritt Grubers wurde nicht zuletzt von Baldur von Schirach betrieben, der Grubers Position stark in Frage stellte. Von Schirach wurde im Oktober 1931 von Hitler zum *Reichsjugendführer der NSDAP* ernannt, im Juni 1933 noch umfassender zum *Jugendführer des deutschen Reiches.* Schon im Mai 1932 wurden ihm alle nationalsozialistischen Jugendorganisationen unterstellt, womit er auch in die Lage versetzt wurde, deren Zeitschriften zu beherrschen. (Vgl. Giesecke 1981, S. 176ff.; Brandenburg 1982, S. 43ff.)

Sieht man sich einige Nummern der *Sturmjugend* darauf hin an, welche Positionen und Tendenzen darin dominieren, so wird man zunächst einmal einen hohen Grad an Politisierung der Zeitschrift feststellen. Dominant ist die Gegnerschaft gegenüber den Parteien und dem Parteienstaat. Gemäß Untertitel ist der politische Kampf der HJ für die Freiheit Deutschlands und für einen neuen Volksstaat ein alles überwölbendes Thema. Der erste Artikel des Januar-Heftes von 1930 ist mit *Ins neue Kampfjahr!* überschrieben. Die Überschrift des einleitenden Textes im zweiten Heft des Jahrgangs 1931 lautet *Der Kampf ums dritte Reich : was weiß der Hitlerjunge von der politischen Lage*. Insgesamt operiert die Zeitschrift offenbar mit den bekannten Feindbildern. Feinde sind demnach der Materialismus und der Marxismus, der Liberalismus und natürlich das sogenannte Judentum, aber auch die falsche Jugendbewegung, einschließlich der *Sozialistischen Arbeiter-Jugend.* „Tod dem Marxismus, Tod dem Liberalismus", heißt es im Artikel *Wo steht der Feind?* im selben Heft. (*Sturmjugend.* 7/1930, H. 1, S. 5) Einen nicht unerheblichen Teil der Hefte machen die Berichte über die HJ selbst, ihre organisatorische Entwicklung und Ausbreitung, ihren vorgeblichen Siegeszug insgesamt aus. Es fehlen in der *Sturmjugend* Artikel, Berichte, Bilder von bzw. zu jugendlichen Lebens- und Erfahrungsformen in der HJ, von Sport, Spiel, Unterhaltung und Frohsinn. Jede Art von Humor fehlt; alles ist todernst und immer auf die großen politischen Probleme und Erfordernisse hin orientiert. So wird auch ein Nachtgeländespiel der HJ zum Training für einen quasi-militärischen Angriff auf einen Feind. Selbst in einem ausnahmsweise mal in ein Heft geratenen Kurzbericht über eine „Großfahrt" Braunschweiger HJ zum Harz wird die Besteigung des Brockens auch zu einem Kampf: „Wir haben trotz Sturm und Regen und steinigen Pfaden den Riesen bezwungen und unser Ziel erreicht", wird in dem Bericht gesagt, und zugleich wird die Frage gestellt: „Ist nicht unser Kampf um unser Deutschland ebenso schwierig?", die erwartungsgemäß mit „Jawohl, aber auch hier werden wir siegen" beantwortet wird. (*Sturmjugend.* 8/1931, H. 2, S. 25) Entlarvend für die „Großfahrt" der HJ, die realiter kaum den Großfahrten der bündischen Jugend entspricht, ist auch, dass die Gruppe ihre spezifischen politischen Lieder singt, z. B. das Lied „Geduld und ballt die Fäuste"; und, nach Mitternacht in Bad Harzburg, der „Judenmetropole der deutschen Bäder" angekommen, marschiert sie „(L)leise ein Kampflied summend […] durch die Stadt." (Ebd., S. 25)

Auffällig an der *Sturmjugend* ist auch, wenn die eingesehenen Hefte für die gesamte Zeitschrift repräsentativ sind, eine starke Überstilisierung der Jugend, zu deren alleinigem und allein berechtigtem Sachwalter die HJ bzw. allgemein die NS-Jugend erklärt wird. Dieses hier in etlichen Artikeln durchaus nicht in jugendnaher Sprache, vielmehr in der allgemeinen Parteisprache nationalsozialistischer Ideologietexte entfaltete Jugendbild suggeriert, dass die Jugend die entscheidende Trägerin des Kampfes für die neue Zukunft sei. So wird z. B. das immer wieder in vielen Texten bemühte kollektive Wir als „Revolutionäre des nationalen Gedankens" (*Sturmjugend.* 7/1930, H. 1, S. 2) bezeichnet. Und: „Die Jugend will für die Idee kämpfen und wenn es sein muß – sterben." (Ebd., S. 3 – identisch in Heft 3 von 1930, S. 135) Die neue, d.h. nationalsozialistische Jugend wird als die entscheidende Kraft im Kampf gegen die morsche Geldsack-Demokratie der Weimarer Republik stilisiert, so in dem Artikel *Der Schrei nach der Jugend*; sie bedürfe nicht der Anerkennung von Seiten der Alten, deren Schuld es sei, dass der Krieg verloren worden sei und Deutschland so große Not erleide. (Vgl. *Sturmjugend.* 7/1930, H. 9, S. 130ff.) Immer wird global – und abstrakt – von *der* Jugend gesprochen, u.a. auch in dem symptomatischen Artikel *Wo steht die Jugend?*, in dem das neue Selbstbewusstsein der politisch mündig gewordenen Jugend beschworen wird und in dem von *der* Jugend behauptet wird, sie wolle nicht den Parteienstaat, sie wolle vielmehr „eine neue Idee der Nation, die plastisch, einfach, mitreißend, klar und groß" (ebd., S. 135) sei. Natürlich wird in den Artikeln auch der in ihnen gefeierten neuen Jugend immer wieder, aber nie zentral, eher indirekt, attestiert, den wahren Sozialismus gegenüber dem falschen des Marxismus und auch der SPD zu vertreten. Zur Abgrenzung vom Marxismus, der wiederum nur eine Klasse vertrete, wie vom Klassendenken der Bünde heißt es: „Wir wollen die Klassen zerschlagen und wollen den Aufbruch der Jugendbewegung ins Volk." (*Sturmjugend.* 7/1930, H. 1, S. 4) Gegenüber der Front der kommunistischen Jugend wird die Front der „Jugend Adolf Hitlers" beschworen, „art- und rassebewusst, national mit allen Fasern des Herzens, sozialistisches Gemeinschaftsbewusstsein und Disziplin." (*Sturmjugend.* 7/1930, H. 9, S. 140) Wie dem Begriff *Jugend* fehlt auch dem der *Sturmjugend* implizit und explizit zu Grunde liegenden Begriff *Sozialismus* jede Konkretisierung. Eine aus sozialistischer Perspektive geführte Auseinandersetzung mit den Problemen und Nöten der Jugendlichen unterprivilegierter Schichten oder der Arbeiterklasse findet nicht statt. Das Ideologem der nationalsozialistischen klassenlosen Volksgemeinschaft ist nichts weiter als die Ignorierung der auch in der Weimarer Republik noch real vorhandenen Klassenabhängigkeit der Lebensformen und Zukunftschancen der Jugendlichen. Ignoriert wird die Realität gerade der schaffenden Jugend, deren Kampfblatt die *Sturmjugend* gemäß Untertitel doch zu sein vorgibt. Wendet sich die Zeitschrift tatsächlich einmal einem gesellschaftlichen und sozialen Problem zu, z.B. dem Problem der Fürsorgeerziehung von Jugendlichen, dann wird dieses nicht unter dem Gesichtspunkt der sozialen Verantwortung und der sozialpädagogisch notwendigen Maßnahmen erörtert, sondern wieder zu einem allgemeinen großpolitischen Problem entkonkretisiert. Man könne in den der Fürsorge anheim fallenden Jugendlichen , „diesen Gezeichneten der bürgerlichen Gesellschaft als Sozialisten nur die Opfer eines Systems sehen, das von selbst dafür sorgt, dass es untergeht und verschwindet" (*Sturmjugend.* 7/1930, H. 1, S. 6), heißt es in dem Artikel *Das Fürsorgeerziehungsproblem.* Als Lösung des Fürsorgeproblems wird hier tatsächlich eine „*Kasernierung* der Jugend“ erwogen, als Alternative zu dem, was die „falschen Humanitätsapostel“ wollten. (Ebd.) Als „zweifellos beachtenswerte Vorbilder“ (ebd.) einer solchen kasernierten Erziehung werden die spartanische Jugenderziehung wie die Erziehung im preußischen Kadettenkorps angeführt. Auch in einem weiteren Beitrag mit dem Titel *Nationalsozialistische Jugend und Wissenschaft* – ausnahmsweise mal mit Angabe des Verfassers (von Leers) – bestätigt sich die Ignoranz gegenüber konkreten Problemen eines Großteils der Jugend. Nur dem Anschein nach wird hier das Problem der miserablen Schul- und Allgemeinbildung der Jugendlichen aus unterprivilegierten Schichten, der arbeitenden Jugend aufgegriffen. Der Artikel fordert aber nicht, was zu erwarten gewesen wäre, eine Verbesserung und Förderung der Jugendlichen gerade dieser Schichten, sondern fordert allein von der NS-Jugend, dass sie die Verbesserung ihrer Bildung als eine für sie spezifische nationalsozialistische Aufgabe begreift und betreibt. So heißt es z.B.: „– der junge Nationalsozialist muß schon auf der Schule sich verpflichtet fühlen, alles ihm nur erreichbare Wissen zu sammeln, das er einmal wird brauchen können, um das kommende Deutschland, für das wir leben und sterben, auch an seinem Teil ein Stück vorwärts zu bringen.“ (*Sturmjugend.* 8/1931, H.2, S.19) Und gegen die Bildung der bürgerlichen Schule gerichtet wird gesagt: „Haben wir erst die Schulen in der Hand, so werden wir sie schon so einrichten, dass das Höchstmaß der Brauchbarkeit des dort gelehrten Wissens für die Nation erreicht wird – heute hat jedenfalls jeder junge Nationalsozialist die Aufgabe, seinen Kopf so zu trainieren und zu schulen, wie er seinen Körper selbstverständlich sportlich zu schulen hat.“ (Ebd., S.20) Ziel ist also, funktionstüchtige junge Nationalsozialisten heranzuzüchten; die in der NS-Zeit so aktiv betriebene psycho-physische Konditionierung der Jungen auf bedingungsloses Funktionieren bei welchem Einsatz auch immer deutet sich hier bereits an. Diese generelle Ausrichtung auf Jungen bestimmt die gesamte *Sturmjugend.* Ihr Untertitel ist nicht nur deshalb unwahr, weil sie sich keineswegs auf die schaffende Jugend konzentriert, sondern auch deshalb, weil sie sich ausschließlich als Sprachrohr der männlichen Jugend versteht. Diese Beschränkung entspricht auch der prinzipiell männlichen Prägung der Bünde der Jugendbewegung (vgl. Giesecke 1981, S.104ff.), wiewohl Mädchen bzw. junge Frauen in manchen Bünden durchaus eine zumeist umstrittene Rolle spielten, wirklich gleichberechtigt aber nur in den nicht auf Geschlechtertrennung gegründeten Bünden der Arbeiterjugendbewegung (vgl. Klönne 1988, S.4ff.) wie auch in konfessionellen Bünden – z.B. dem *Quickborn* – waren. (Vgl. ebd., S.138ff.) Die HJ setzte gerade in den Anfangsjahren mit ihrer Orientierung an Leitideologemen wie Kampf, Opfer und Gefolgschaft gegenüber dem Führer auf extreme Weise das Prinzip der exklusiven Männlichkeit fort, das auch die Bünde konstituierte.

Sie entsprach damit auch der männerbündischen Struktur der SA wie der gesamten NS-“Bewegung“.

Zwar wurden ab 1927 in verschiedenen Orten schon sogenannte *Schwesternschaften* der HJ mit jeweils geringer Mitgliederzahl gegründet; aber erst mit der Überführung der verschiedenen Ansätze in den 1930 im Reich und in Österreich gegründeten *Bund Deutscher Mädel (BDM)* erhielt die organisatorische Erfassung der Mädchen durch den Nationalsozialismus ein begrenztes Gewicht. Um 1931/1932 unterstand der BDM dann der zentralen Lenkung durch die Reichsleitung der HJ bzw. die Reichsjugendführung. (Vgl. Brandenburg 1982, S. 51 f.; Klaus 1983, S. 76 ff.) Eine spezifische Zeitschrift des BDM hat vor 1933 offenbar nicht existiert. Erst 1933 erschien nur einmalig das Blatt *Das deutsche Mädel : Bundesbriefe des „Bund Deutscher Mädel“ in der Hitlerjugend*, an das sich ab 1934 die Zeitschrift *Das deutsche Mädel : die Zeitschrift des Bundes Deutscher Mädel in der H. J.* anschloss.

Neben der Zeitschrift *Sturmjugend* ist die Zeitschrift *Die junge Front* das zweite wichtige Periodikum, das von Kurt Gruber in dem von ihm 1929 in Plauen gegründeten Jungfront-Verlag herausgegeben wurde, offenbar nur mit den zwei Jahrgängen von 1929 und 1930. Mehrere Hefte dieser Jahrgänge sind im *Archiv der Parteien und Massenorganisationen der DDR im Bundesarchiv* erhalten. (BA. NSD 43/78). *Die junge Front* unterscheidet sich in wesentlichen Punkten von der *Sturmjugend.* Sie basiert zwar auch auf den spezifisch nationalsozialistischen Leitideologemen wie dem Ideologem der Notwendigkeit zum Kampf, zur Opferbereitschaft für die „Bewegung“ und definiert die HJ auch zu deren Vorkämpfer-Truppe. Sie ist aber bei der insgesamt ebenfalls starken Politisierung ernsthafter, argumentativer als die *Sturmjugend.* So wird, was ganz wesentlich ist, durchaus in diversen Artikeln eine zumindest im Ansatz ernsthafte Auseinandersetzung mit dem Marxismus bzw. der marxistischen / kommunistischen Jugend, verschiedenen Jugendbünden wie auch dem bürgerlichen Liberalismus und dem politischen System der Weimarer Republik insgesamt erkennbar. Und: Die meisten Artikel geben einen Verfasser an, haben also schon von daher einen anderen Charakter als die vielen plakativen, in der unpersönlichen Sprache einer NS-Instanz verfassten Artikel der *Sturmjugend.* Das heißt auch: *Die junge Front* ist weniger platt-indoktrinierend, sie will – zumindest tendenziell – die jugendlichen Adressaten, damit auch die HJ-Jugend, konkreter ansprechen, konkreter von ihnen ausgehen. Damit ist gesagt, dass auch die sogenannte schaffende Jugend ernst genommen wird. In mehreren Artikeln werden die Arbeits- und Lebensbedingungen von Jugendlichen thematisiert und als eine Folge des schlechten politisch-gesellschaftlichen Systems, als ungerecht und erbärmlich dargestellt, z. B. in dem Artikel *Hitlerjugend und Sozialpolitik*, in dem (ohne Verf. Ang.) arbeits- und sozialpolitische Grundsätze und Forderungen der HJ aufgeführt werden. Konkret werden hier in 18 Punkten Forderungen zur Verbesserung der Arbeits- und Sozialverhältnisse von Jugendlichen gestellt, bis hin zum Arbeits- und Gesundheitsschutz für jugendliche Arbeiter. Darüber hinaus werden auch in 9 Punkten Forderungen im Hinblick auf die Arbeits- und Lebensverhältnisse der Landjugend gestellt, wobei auch Aspekte der Ansiedlung, der Kultivierung von Ödland, der Arbeitsdienstpflicht für die Landwirtschaft, aber auch der kulturellen Bedingungen in den Dörfern angesprochen werden. Zuletzt wird sogar die Einrichtung von Bauernhochschulen gefordert. (Vgl. *Die junge Front*. 2/1930, H. 6.7, S. 92 ff.) Die Tendenz zum konkreten Adressatenbezug der Zeitschrift beweist sich auch darin, dass nicht wie in der *Sturmjugend* die NS-Jugend mit der Jugend insgesamt gleichgesetzt wird. Die HJ maßt sich hier also nicht an, die gesamte Jugend zu vertreten. In den Artikeln, in denen Probleme der gesamten Jugend diskutiert werden (z. B. *Aufstand der Jugend* – H. 3/1930; *Ringende Jugend* – H. 6.7/1930; *Vom Sinn des Lebens* – H. 12/1930) – allerdings wiederum ohne Berücksichtigung der Mädchen und jungen Frauen –, zeigt sich zumindest im Ansatz eine analytische Beweisführung und nicht eine von stumpfer Partei-Programmatik hergeleitete Bewertung. So wie die schaffende Jugend in vielen konkreten Aspekten ernst genommen wird, wird auch die HJ selbst in vielen Aspekten ernsthafter konkretisiert als in der *Sturmjugend.* Ein entscheidender Grund hierfür ist sicherlich, dass in der *Jungen Front* die HJ offenbar als eine zur Erziehung, näherhin zur „Erziehung zum sozialistischen Menschen als Voraussetzung jeglicher Neuformung eines völkischen Gemeinschaftslebens" (*Die junge Front*. 2/1930, H. 12, S. 134) verpflichtete Organisation verstanden wurde, als ein *„Bund(es) deutscher Arbeiter-Jugend"*(ebd.), und nicht als bloße Parteitruppe oder Quasi-SA. Diese Auffassung, von dem Mitglied der Reichsführung Artur Grosse in seinem programmatischen Artikel *Unsere Verpflichtung* (ebd., S. 134 ff.) vertreten, impliziert eine viel stärkere Ausrichtung des HJ-Gemeinschaftslebens auf körperliche wie geistig-kulturelle Erziehung, als es in der *Sturmjugend* der Fall ist. So wird z. B. auf HJ-Ausstellungen eingegangen, auf Bastelabende, auf Schulungslager und auf Kampfspiele bzw. Sport. Und es gibt sogar einen Artikel mit dem Titel *Unsere Aufgaben für Körperpflege und Volksgesundheit* (*Die junge Front*. 2/1930, H. 6.7, S. 89 ff.). Letztlich ist der Grund für das Festhalten der *Jungen Front* am Erziehungsmodell wie für die Orientierung an konkreten Aspekten der Jugend in dem politischen Selbstverständnis ihrer Macher und Herausgeber zu sehen. Die Grundtendenz der Zeitschrift ist eine proletarische, näherhin eine proletarisch-revolutionäre. Ausgehend von der Diagnose, dass ein Großteil der Jugend verproletarisiert sei, soll die HJ als Vorkämpfer-Truppe für die Befreiung der proletarischen Jugend, des Volkes insgesamt fungieren: „*Die Front des deutschen Proletariats, die kein Krieg, keine Republik zusammenschweißte,* ist und bleibt *die Aufgabe*, ist und bleibt *die Voraussetzung* unseres Freiheitskampfes"

(*Die junge Front*. 2/1930, H. 3, S. 37), heißt es in einem programmatischen Beitrag mit dem Titel *Weg und Aufgabe des jungen Sozialismus*. Die HJ wird darin sogar expressis verbis als „jungproletarischer Bund" (ebd.) bezeichnet. Gefordert wird zusammen mit der Arbeiterjugend die Bildung einer „*proletarischen Jungfront*", und auch die bündische Jugend wird dazu aufgefordert, sich „in diese Front der deutschen Revolution" einzugliedern. (Ebd., S. 39) Die Position des revolutionären, aber national ausgerichteten Sozialismus, der allein gegen die Front des internationalen marxistischen Sozialismus zu kämpfen in der Lage sei, ist in diversen Artikeln deutlich erkennbar, u. a. auch in dem Artikel mit dem Titel *Sehnsucht des Jungproletariats* (*Die junge Front*. 2/1930, H. 3, S. 39ff.) Mit dieser Position steht die Zeitschrift *Die junge Front* bzw. der Jungfront-Verlag dem linken Flügel in der NS-"Bewegung" nahe, d. h. auch der 1930 von Otto Straßer nach seinem Konflikt mit Hitler und seinem Ausscheiden aus der Partei gegründeten *Kampfgemeinschaft Revolutionärer Nationalsozialisten*. Von hierher erklärt sich auch, weshalb es nach der Unterdrückung der Revolte von Seiten der Linken in der Partei und der SA, die Hitler seiner unmittelbaren Befehlsgewalt unterstellte, 1930 auch in der HJ zu einer Abspaltung und zu Übertritten zur *Kampfgemeinschaft* Otto Straßers kam. Zu denen, die aus politisch-ideologischen Gründen diesen Wechsel vornahmen, zählte auch das Mitglied der Reichsführung der HJ Artur Grosse. (Vgl. Brandenburg 1982, S. 40f.; 83; Moreau 1985, S. 46f.) Grosse ist aber offenbar für die Zeitschrift *Die junge Front* und wohl auch mit großer Wahrscheinlichkeit für den gesamten Jungfront-Verlag von maßgeblicher Bedeutung gewesen. In den Grundsatzartikeln Grosses wird seine linksrevolutionäre Position sehr deutlich. In seinem Artikel *Kommunistische Jugend-Internationale und Pazifismus* wird sie gleichsam wie ein Bekenntnis in einem Satz zusammengefasst: „Der *Nationalsozialismus – die Einheit von Sichel und Hammer und Schwert* – die Einheit des *erdgebundenen* Bauern mit dem *volksgebundenen* Arbeiter ist *die Front des deutschen Lebens-* und *Freiheitswillens*." (*Die junge Front*. 2/1930, H. 2, S. 25) In dem Artikel *Wehrhaft* polemisiert Grosse gegen das landläufige Verständnis von Sport- und Körpererziehung zum vorgeblichen Zweck der Wehrerziehung, die aber de facto nichts anderes sei als ein Fit-Machen für die Ausbeutung durch die Bourgeoisie. Wehrhaftigkeit der HJ ist nach Grosse etwas ganz anderes, ist eine durch geistige wie körperliche Schulung und Erziehung erzeugte Fähigkeit zum revolutionären Kampf gegen die feindlichen, die Menschen versklavenden Verhältnisse. Demnach ist der Nationalsozialismus „der *Aufstand des deutschen Arbeitsmenschen* schlechthin gegen jede Versklavung, [...] eine radikale Neuordnung des gesamten politischen-wirtschaftlichen und geistigen Volkslebens, [...] die deutsche Revolution." (*Die junge Front*. 2/1930, H. 5, S. 72) Diese dezidiert linke bzw. proletarisch-revolutionäre Orientierung der *Jungen Front* ist mit großer Wahrscheinlichkeit auch der Grund für ihr schnelles Ende im Jahre 1930 gewesen, wobei auch die Agitation Baldur von Schirachs gegen Kurt Gruber wie die linken Tendenzen im NS-Studentenbund und in der HJ nicht ohne Wirkung geblieben sein dürfte. (Vgl. Brandenburg 1982, S. 36ff.) Vor diesem Hintergrund erscheint es als geradezu grotesk, dass die Reichsleitung der HJ – gezeichnet mit Kurt Gruber – im *Völkischen Beobachter* eine sogenannte Anweisung veröffentlichte, die in Heft 6/7 von 1930 der *Jungen Front* abgedruckt wurde. Hierin ordnet Gruber an, dass alle Beziehungen zur Zeitschrift *Die Kommenden* abzubrechen seien, weil deren Schriftleiter Karl O. Paetel in einer anderen Zeitschrift einen Aufruf zum Übertritt in den Kreis Otto Straßers erlassen habe. Gruber weist in dem Aufruf auf die national-bolschewistische Tendenz Paetels wie der Zeitschrift *Die Kommenden* hin und behauptet, dass ein „Großteil der deutschen Jugend […] heute schon diese national-bolschewistische Stellung" (*Die junge Front.* 2/1930, H. 6.7, S. 99) ablehne. Der Text endet mit dem Bekenntnis, die HJ sehe „klare Fronten", und deshalb sei sie „die Bewegung, welche den Forderungen der Jugendbewegung, dem Staatswerden und der Verkörperung des Nationalsozialismus Adolf Hitlers" entspreche, „Volkstum, Nation, Heimat, Boden und Rasse." (Ebd.) Dieses Bekenntnis entspricht in keiner Weise der Tendenz der Zeitschrift *Die junge Front* und des Jungfront-Verlags. Es liest sich eher als ein Versuch Grubers, durch eine solche Ergebenheits-Bekundung für ihn selbst und für den Verlag noch zu retten, was wohl schon längst nicht mehr zu retten war.

Eine Frage ist bisher noch gar nicht gestellt, geschweige denn zu beantworten versucht worden, die Frage, ob es über die allgemeinen Zeitschriften für die NS-Jugendorganisationen hinaus auch noch weitere regionale gegeben hat, z. B. Zeitschriften der einzelnen HJ-Gaue. Nachgewiesen und im *Bundesarchiv* (NSD 43/80) z. T. vorhanden ist zumindest die 1931 gegründete und auch sicher noch 1932 erschienene Zeitschrift *Der junge Sturmtrupp*: *Kampfblatt der werktätigen Jugend Berlins* des HJ-Gaues Berlin. Als Herausgeber wird die Reichsleitung der Hitler-Jugend-Bewegung angegeben. Schriftleiter war Joachim Walter, der Anfang 1931 als Gauführer an die Stelle des abgesetzten Robert Gadewoltz trat. (Vgl. Brandenburg 1982, S. 41; 117) Nach Brandenburg war die Zeitschrift *Der junge Sturmtrupp* die erste Zeitschrift eines HJ-Gaues; bis dahin sei es den Gauen untersagt gewesen, eigene Zeitschriften oder Nachrichtenblätter herauszugeben. (Vgl. ebd., S. 41) Vorhanden sind im *Bundesarchiv* (BDC: 32.02) ebenfalls einige Hefte der 1932 mit dem ersten Jahrgang in Berlin erschienenen Zeitschrift *Der Aufbruch : Mitteilungs- und Schulungsblatt für die Gaue Brandenburg und Ostmark der nationalsozialistischen Jugendbewegung*. Ob diese beiden Zeitschriften auch noch 1933 existierten, ist bisher ungeklärt.

Fragt man sich am Ende, was denn das ganz Andere, Spezifische in den Selbstdarstellungen der HJ, ihren Werbetexten, den Texten und Zeitschriften für die HJ gewesen ist, womit sie sich von der Jugendbewegung insgesamt, den linken wie rechten Jugendorganisationen und Bünden unterscheidet, so muss man in Anlehnung u.a. an die Studie von Michael H. Kater (vgl. Kater 1977; Hopster 2005b, S. 128ff.) zunächst feststellen, dass auch die linken Organisationen wie die meisten Bünde ablehnend dem demokratischen System der Weimarer Republik gegenüber standen. Auch in ihnen dominierte eine antidemokratische, antiliberale, antiparlamentarische und antimodernistische Grundtendenz. Auch in ihnen wurde von einem neuen zukünftigen Reich auf völkischer Grundlage und mit großdeutscher Ausdehnung geträumt. Und auch antisemitische wie rassistische Tendenzen zeigten sich in manchen Bünden, vor allem den rechtsgerichteten. Nicht zuletzt diese wiesen auch eine autoritäre Struktur auf, eine Orientierung am Führerprinzip. Es lässt sich durchaus schlussfolgern, dass die permanente Auseinandersetzung der HJ mit den Bünden und der Abgrenzung von ihnen für die HJ so elementar war, *weil* sich ihr Ideologiepotential auf so vielfache Weise mit dem der Bünde deckte. Gerade wegen dieser ideologischen Konkurrenz stand die HJ unter dem Zwang, der Masse der den Bünden angehörenden Jugendlichen, die man gleichsam abwerben wollte und musste, zu beweisen, dass die HJ der bessere Bund sei, dass in ihr alles, was an den anderen Bünden positiv sei, erst in der HJ zur vollen Geltung und vor allem in das Stadium der faktischen Realisierung komme. Die HJ fügte gleichsam noch als spezifisch den Anspruch hinzu, dass nur durch die einzig und allein in der HJ zu realisierende Einheit der Jugend und nur durch deren faktischen Kampf jenes erträumte neue Reich verwirklicht werde, in dem die Macht nicht von Parteien oder Klassen okkupiert werden könne, sondern unmittelbar vom Volk ausgeübt werde. Gerade das diesem Anspruch implizite Versprechen, dass dieser gemeinsame, im Rahmen der großen Volks-"Bewegung" des Nationalsozialismus geführte Kampf auch für jeden Einzelnen zu einem Erfolg werde, dürfte viele der in der Weimarer Zeit zur Untätigkeit, Erfolglosigkeit und Resignation verurteilten Jugendlichen in die Arme der HJ getrieben haben.

Fazit

Dass über die dargestellten literarischen Texte, Gebrauchstexte und Zeitschriften mit nationalsozialistischer Prägung hinaus auch noch weitere ähnliche Texte vor 1933 erschienen sind oder u. U. nur als graue Papiere in Umlauf waren, kann im übrigen nicht ausgeschlossen werden. Spezielle Forschung müsste im Hinblick hierauf Klarheit schaffen. Sicher ist, dass diese Texte insgesamt nur einen kleinen Teil des von nationalsozialistischer Seite vor 1933 realisierten Schrifttums-Systems ausgemacht haben werden. Sieht man sich z.B. die von

Hans Woelbing erstellte Bibliographie *Das nationalsozialistische Buch* aus dem Jahre 1933 an, so stellt man fest, dass zwar die meisten der verschiedenen Sachgebieten zugeordneten fünfhundert bis sechshundert Titel – z.B. zu den Gebieten Führer, „Bewegung“, NS-Kultur/Erziehung, NS und Kirche, Rasse, Geschichte/Vorgeschichte, Literatur, Technik, Wirtschaft – mit dem Erscheinungsjahr 1933 aufgeführt sind, aber auch eine erhebliche Zahl von eindeutig nationalsozialistischen Titeln aus den zwanziger und frühen dreißiger Jahren stammt. Im übrigen ist zu vermuten, dass nicht wenige der mit dem Erscheinungsjahr 1933 angegebenen Titel schon vorher veröffentlicht wurden; dies trifft z.B. auf den Titel *Von deutscher Art und deutscher Tat* zu, der bereits 1932 erschien. Die Datierung mancher Texte auf das Jahr 1933 könnte, wie im nationalsozialistischen Schrifttum überhaupt, durchaus aus strategischen, d.h. konjunkturellen Gründen erfolgt sein. Unter den in der Bibliographie aufgeführten Texten aus der Zeit vor 1933 finden sich auch etliche, die in der ab 1927 von Gottfried Feder im Eher-Verlag in München herausgegebenen Reihe *Nationalsozialistische Bibliothek* erschienen sind. Als Heft 21 dieser Reihe wird z.B. der Titel *Nationalsozialismus und Technik* von Peter Schwerber aus dem Jahre1932 aufgeführt. Auch in dem Ausstellungsverzeichnis *Nationalsozialistisches Schrifttum* von 1933 (die Ausstellung fand vom 10.9. bis zum 1.11.1933 im *Zentralinstitut für Erziehung und Unterricht* in Berlin statt) ist eine Vielzahl von nationalsozialistischen bzw. von nationalsozialistischer Seite adaptierten Titeln (ohne Jahresangabe!) aufgeführt, die ebenfalls zum nicht geringen Teil aus der Zeit vor 1933 stammten. Zusammenfassend lässt sich sagen, das nationalsozialistische Schrifttum und Schrifttumswesen war im Jahre 1933 schon in beträchtlichem Maße vorhanden.

Literaturverzeichnis

Primärliteratur

Apel, Rudolf: Adolf Hitlers Jugend ruft : vom Widerstand zum Angriff! /hrsg. von Robert Gadewoltz. – Plauen : Jungfront-Verlag, [1930]

Beumelburg, Werner: Das jugendliche Reich : Reden und Aufsätze zur Zeitwende. – Oldenburg i.O. : Stalling, 1933. – (Schriften an die Nation ; 49)

Blachetta, Walther: Das Spiel von der deutschen Freiheit. – Leipzig : Strauch, [1932]. – (Neuland-Bühne ; 8)

Brandmayer, Balthasar: Meldegänger Hitler /mitgeteilt von Heinz Bayer. Copyright 1932 bei Heinz Bayer. – 3. verb. Aufl. – Überlingen am Bodensee : Buchverl. Franz Walter, 1933

Brandt, Rolf: Albert Leo Schlageter : Leben und Sterben eines deutschen Helden. – Hamburg [u. a.] : Hanseatische Verl.-Anst., [1926] [93. Tsd. – [1940]]

Czech-Jochberg, Erich: Das Jugendbuch von Horst Wessel. – 15. Aufl. – Stuttgart [u. a.] : Union Dt. Verl.-Ges., [1934)

Daum, Fritz: SA.-Sturmführer Horst Wessel : ein Lebensbild von Opfertreue; für Deutschlands Jugend. – Reutlingen : Enßlin & Laiblin, [19]33

3 Hitlerjungen erzählen ... : Geschichten aus den Jahren 1924–26 / hrsg. von Georg Hempel u. Alfred Jacks. – 1. – 5. Tsd. – Kiel : Sturmjugend-Verl., 1932. – (1-Mk.-Bücher des Sturmjugendverlags ; 1)

Ebers-Mahnke, Fritz: Schlageter : ein deutsches Heldenleben in harter Zeit. – 3. Aufl. – Berlin [u. a.] : Beltz, [1933]. – (Aus deutschem Schrifttum und deutscher Kultur ; 410)

Ewers, Hanns Heinz: Horst Wessel : ein deutsches Schicksal. – 111. – 120. Tsd. – Stuttgart [u. a.] : Cotta, 1933

Freitag, Martin: Albert Leo Schlageter : ein deutscher Held. – Reutlingen : Enßlin & Laiblin, 1933

Glaser, Waldemar: Ein Trupp SA : ein Stück Zeitgeschichte. – Leipzig : Voigtländer, c 1933 [5. unveränd. Aufl. 1941 mit dem Titelzusatz: ... : vom Leben und Kämpfen für Deutschland]

Grote, Hans Henning: Was sollen wir mit dem Jungen? : ein Kriegsbuch von 1914 für die deutsche Jugend. – Berlin : Brunnen-Verl., Winckler, 1930

Haake, Rudolf: Kämpfer unter dem Hakenkreuz : Roman unserer Zeit. – Leipzig : Bloemer, 1932

Hagen, Peter [d. i. Willi Krause]: Die Straße zu Hitler : eine SA-Erzählung. – Berlin : Nationaler Freiheitsverl., 1933

Hitler, Adolf: Mein Kampf. Zwei Bde. in e. Band. – Ungek. Ausg. – München : Zentralverl. d. NSDAP., Eher, 1940

Die Hitlerjugend : Bund deutscher Arbeiterjugend ; Handbuch der deutschen Jugendbewegung in Einzeldarstellungen / hrsg. von Karl O. Paetel. – Flarchheim i.Thür. : Verl. Die Kommenden, 1930

Hitler-Jugend. – In: Die Deutschen Jugendverbände : ihre Ziele, ihre Organisation sowie ihre neuere Entwicklung und Tätigkeit ; dritte, neu bearbeitete Folge der beiden Handbücher Die deutschen Jugendpflegeverbände und Die deutschen Jugendverbände / hrsg. von Hertha Siemering. – Berlin : Heymann, 1931. – S. 251 – 255

Der Hitlerjunge. – Plauen : Jungfront-Verl., [1930]

Johst, Hanns: Schlageter : Schauspiel. – München : Langen/Müller, 1933

Littmann, Arnold: Herbert Norkus und die Hitlerjungen vom Beusselkietz : nach dem Tagebuch des Kameradschaftsführers Gerd Mondt und nach Mitteilungen der Familie /(Ms. J. Kriegesmann). Vorw. von Baldur von Schirach. – 21. – 25. Tsd. – Berlin : Steuben-Verl., 1934 [EA: 1934]

Maaß, H[ugo]: Die Straße frei! : Worte und Lieder an die deutschbewußte Jugend. – Plauen : Jungfront-Verl., [1930]

Ramlow, Rudolf: Herbert Norkus?, hier! : Opfer und Sieg der Hitler-Jugend / mit e. Geleitw. von Baldur von Schirach. – 34. – 37. Tsd. – Stuttgart : Union Dt. Verl.-Ges., 1940 [EA: 1933]

Reitmann, Erwin: Horst Wessel : Leben und Sterben. – Neue erw. Ausg., 87. – 106. Tsd. – Berlin : Traditions-Verl., Kolk, [1936] [EA: Berlin : Steuben-Verl., c 1933 [=1932]]

Saar, Wilhelm F. von der: Der deutsche Märtyrer Schlageter und der französische Sadismus an Ruhr und Rhein. – Stuttgart : Baltrusch, 1923

Schenzinger, Karl Aloys: Der Hitlerjunge Quex : Roman. – 265. – 324. Tsd. – Berlin : Zeitgeschichte-Verl., 1942 [EA: 1932]

Stenger, Ludwig: Schlageter, der deutsche Held. – München : Verl. Parzeval, 1923

Von deutscher Art und deutscher Tat : das Buch der Hitlerjugend / von Kunstmaler Albert Reich. Texte von J. Berchtold, M. Brunnemann, Frdfrz. Feeser, M. Fellmy. – München : Eher, 1932

Wehner, Josef Magnus: Albert Leo Schlageter. – 11. – 13. Tsd. – Leipzig [u. a.] : Schneider, 1934

Wisser, Eva Maria [d. i. Eva Maria Schwarz]: Kämpfen und Glauben : aus dem Leben eines Hitlermädels / mit e. Geleitw. von [Magda] Goebbels. – 16. – 20. Tsd. – Berlin : Steuben-Verl., 1933 [EA ist anonym erschienen]

Zeitschriften

Akademischer Beobachter : Kampfblatt des Nationalsozialistischen Deutschen Studentenbundes / Hrsg.: Baldur von Schirach (Reichsführer des NS-Studentenbundes). – München : Eher. – Von 1 (1929) – 4 (1932) erschienen. – Forts.: Wille und Macht : Führerorgan der nationalsozialistischen Jugend

Der Aufbruch : Mitteilungs- und Schulungsblatt für die Gaue Brandenburg und Ostmark der nationalsozialistischen Jugendbewegung. – Berlin. – 1(1932) [*Bundesarchiv <Berlin>: BDC:32.02*]

Der Aufmarsch : Blätter der deutschen Jugend / Hrsg.: Adrian von Renteln (Reichsführer des NS-Schülerbundes). – Braunschweig. – Von 1 (1929/30) – 3 (1932) nachgewiesen

Deutsche Jugend-Nachrichten : Pressedienst der Hitler-Jugendbewegung Groß-Deutschlands / hrsg. unter Mitw. d. Abt. N (Amt f. Nachrichtendienst). – Plauen i. V. : Jungfront-Verl. – Von 1 (1929) – 3 (1931) nachgewiesen

Deutsches Jungvolk : Zeitschrift der schöpferischen Jugend Großdeutschlands / Hrsg.: Kurt Gruber. – Plauen i. V. : Jungfront-Verl. – Von 1 (1931) – 4 (1934) erschienen, jedoch ohne bibliogr. Nachweis

Hitler-Jugend : Kampfblatt schaffender Jugend ; amtliches Zentralorgan für Groß-Deutschland. – Plauen i. V. – Von 4 (1927) – 6 (1929) nachgewiesen [nach DNB u. ZDB]. – Forts. bildet: Sturmjugend : H. J. Z. Kampfblatt schaffender Jugend

Die junge Front : Führerblätter der Hitler-Jugend / Hrsg.: Kurt Gruber. – Plauen i. V. : Jungfront-Verl. – Von 1 (1929) – 2 (1930) nachgewiesen [*Bundesarchiv <Berlin>: NSD 43/78 (unvollst.)*]

Der junge Sturmtrupp : Kampfblatt der werktätigen Jugend Berlins / Hrsg.: Reichsleitung d. Hitler-Jugend-Bewegung. (Gauführer in Berlin Joachim Walter). – Berlin : Lüdersdorff. – Von 1 (1931) – 2 (1932) nachgewiesen [*Bundesarchiv <Berlin>: NSD 43/80 u. ZF 19703*]

Sturmjugend : H. J.Z. Kampfblatt schaffender Jugend ; Zentralorgan der Hitler-Jugend für Groß-Deutschland / Hrsg.: Kurt Gruber. – Plauen i. V. : Jungfront-Verl. – Von 6 (1929) – 8 (1931) nachgewiesen [nach DNB u. ZDB]; von 4 (1927) – 8 (1931) [siehe *Bundesarchiv <Berlin>: NSD 43/79*]. Forts. von: Hitler-Jugend : Kampfblatt schaffender Jugend

Sekundärliteratur

Brandenburg, Hans-Christian: Die Geschichte der HJ : Wege und Irrwege einer Generation. – 2. durchges. Aufl. – Köln : Verl. Wiss. u. Politik, 1982

Clasen, Georg: „Das Spiel von der deutschen Freiheit" : eine künstlerische Entgleisung Walther Blachettas. – In: Jugendschriften-Warte. – 37 (1932), S. 95 f.

Fischer, Josepha: Die nationalsozialistische Bewegung in der Jugend : dargestellt nach dem Schrifttum nationalsozialistischer Jugendbünde. – In: Das Junge Deutschland : Überbündische Zeitschrift. – 24 (1930), S. 343 – 352

Franke, Manfred: Albert Leo Schlageter : der erste Soldat des 3. Reiches ; die Entmythologisierung eines Helden. – Köln : Prometh Verl., 1980. – (Geschichte Unten)

Fröse, Egbert: Jugendschriften und Jugendschriftentheorie in der Zeit der Weimarer Republik : zur Ideologie eines literarischen Genres in den Jahren 1918 – 1933. – Wuppertal, Univ./Gesamthochsch., Diss., 1988

Giesecke, Hermann: Vom Wandervogel bis zur Hitlerjugend : Jugendarbeit zwischen Politik und Pädagogik. – München : Juventa-Verl., 1981

Grenz, Dagmar: Entwicklung als Bekehrung und Wandlung : zu einem Typus der nationalsozialistischen Jugendliteratur. – In: Literatur für Kinder : Studien über ihr Verhältnis zur Gesamtliteratur / hrsg. von Maria Lypp. – Göttingen : Vandenhoeck & Ruprecht, 1977. – (Zeitschrift für Literaturwissenschaft und Linguistik ; Beih. 7). – S. [123] – 154

Haible, Barbara: Indianer im Dienste der NS-Ideologie : Untersuchungen zur Funktion von Jugendbüchern über nordamerikanische Indianer im Nationalsozialismus. – Hamburg : Kovač, 1998. – (Schriftenreihe Poetica ; 32). – Zugl.: Osnabrück, Univ., Diss., 1997

Hopster, Norbert: Vom „Bekenntnis" zum „Kampf" : Jugend und Jugendliteratur auf dem Weg ins „jugendliche Reich" / Norbert Hopster ; Ulrich Nassen. – In: „Mit uns zieht die neue Zeit" : der Mythos Jugend / Hrsg.: Thomas Koebner, Rolf-Peter Janz u. Frank Trommler. – Frankfurt/Main : Suhrkamp, 1985. – S. 546 – 562

Hopster, Norbert: Kinder- und Jugendliteratur 1933 – 1945 : ein Handbuch / Norbert Hopster ; Petra Josting ; Joachim Neuhaus. 2 Bde. – Stuttgart [u. a.] : Metzler, 2001, 2005

Hopster, Norbert: Vorgeschichte, Geschichte, Kriege. – In: Hopster, Norbert: Kinder- und Jugendliteratur 1933 – 1945 : ein Handbuch / Norbert Hopster ; Petra Josting ; Joachim Neuhaus. 2 Bde. – Stuttgart [u. a.] : Metzler. – 2 (2005a), Sp. 187 – 242

Hopster, Norbert: Literatur der Organisationen und der Dienste. – In: Hopster, Norbert: Kinder- und Jugendliteratur 1933 – 1945 : ein Handbuch / Norbert Hopster ; Petra Josting ; Joachim Neuhaus. 2 Bde. – Stuttgart [u. a.] : Metzler. – 2 (2005b), Sp. 121 – 186

Jovy, Michael: Jugendbewegung und Nationalsozialismus : Zusammenhänge und Gegensätze ; Versuch einer Klärung / eingel. von Arno Klönne. – Münster : Lit-Verl., 1984. – (Geschichte der Jugend ; 6)

Das Jugendbuch im Dritten Reich : Verzeichnis empfehlenswerter Jugendschriften / hrsg. von d. Reichsleitung des Nationalsozialistischen Lehrerbundes Bayreuth. [Geleitw.: Hans Schemm]. – Stuttgart : Franckh, [1933]

Kater, Michael H.: Bürgerliche Jugendbewegung und Hitlerjugend in Deutschland von 1926 bis 1939. – In: Archiv für Sozialgeschichte. – 17 (1977), S. 127 – 174

Ketelsen, Uwe-K.: „Die Jugend von Langemarck" : ein poetisch-politisches Motiv der Zwischenkriegszeit. – In: „Mit uns zieht die neue Zeit" : der Mythos Jugend / Hrsg.: Thomas Koebner, Rolf-Peter Janz u. Frank Trommler. – Frankfurt/Main : Suhrkamp, 1985. – S. 68 – 96

Klaus, Martin: Mädchen im Dritten Reich : der Bund Deutscher Mädel (BDM). – Köln : Pahl-Rugenstein, 1983. – (Kleine Bibliothek ; 289)

Klönne, Irmgard: „Ich spring' in diesem Ringe" : Mädchen und Frauen in der deutschen Jugendbewegung. – Pfaffenweiler : Centaurus-Verl.-Ges., 1988. – (Frauen in Geschichte und Gesellschaft ; 7)

Koch, Hannsjoachim W.: Geschichte der Hitlerjugend : ihre Ursprünge und ihre Entwicklung 1922 – 1945. – 2. Aufl. – Percha am Starnberger See [u. a.] : Schulz, 1979

Kühnl, Reinhard: Die nationalsozialistische Linke 1925 – 1930. – Meisenheim am Glan : Hain, 1966. – (Marburger Abhandlungen zur Politischen Wissenschaft ; 6)

Laqueur, Walter: Die Deutsche Jugendbewegung : eine historische Studie. – Studienausg. – Köln : Verl. Wiss. u. Politik, 1978

Liste des schädlichen und unerwünschten Schrifttums / bearb. u. hrsg. von d. Reichsschrifttumskammer. – Berlin. – [1936] – [1944]

Merkl, Peter H.: Formen der nationalsozialistischen Gewaltanwendung : die SA der Jahre 1925 – 1933. – In: Sozialprotest, Gewalt, Terror : Gewaltanwendung durch politische und gesellschaftliche Randgruppen im 19. und 20. Jahrhundert / Hrsg.: Wolfgang J. Mommsen u. Gerhard Hirschfeld. – Stuttgart : Klett-Cotta, 1982. – (Veröffentlichungen des Deutschen Historischen Instituts London ; 10). – S. 422 – 440

„Mit uns zieht die neue Zeit" : der Mythos Jugend / Hrsg.: Thomas Koebner, Rolf-Peter Janz u. Frank Trommler. – Frankfurt/Main : Suhrkamp, 1985

Moreau, Patrick: Nationalsozialismus von links : die „Kampfgemeinschaft Revolutionärer Nationalsozialisten" und die „Schwarze Front" Otto Straßers 1930 – 1935. – Stuttgart : Dt. Verl.-Anst., 1985. – (Studien zur Zeitgeschichte ; 28)

Nassen, Ulrich: Jugend, Buch und Konjunktur 1933 – 1945 : Studien zum Ideologiepotential des genuin nationalsozialistischen und des konjunkturellen „Jugendschrifttums". – München : Fink, 1987

Nationalsozialistisches Schrifttum (Ausstellungsverzeichnis). – Typoskr. – Berlin : [Zentralinst. für Erziehung u. Unterricht], 1933

Oertel, Thomas: Horst Wessel : Untersuchung einer Legende. – Köln : Böhlau, 1988

Pirich-Diederichs, Margarete: Jugendzeitschriften. – In: Handbuch der Zeitungswissenschaft / hrsg. von Walther Heide. Bearb. von Ernst H. Lehmann. – Leipzig : Hiersemann. – 3 (1941), Sp. 2168 – 2193

Pirich-Diederichs, Margarete: Kinderzeitschriften. – In: Handbuch der Zeitungswissenschaft / hrsg. von Walther Heide. Bearb. von Ernst H. Lehmann. – Leipzig : Hiersemann. – 2 (1941), Sp. 2316 – 2358

Schierer, Herbert: Das Zeitschriftenwesen der Jugendbewegung : ein Beitrag zur Geschichte der Jugendzeitschrift. – Berlin, Univ., Diss., 1938

Stambolis, Barbara: Mythos Jugend – Leitbild und Krisensymptom : ein Aspekt der politischen Kultur im 20. Jahrhundert. – Schwalbach/Ts. : Wochenschau Verl., 2003. – (Edition der deutschen Jugendbewegung ; 11)

Stieg, Gerald: Abriß einer Geschichte der deutschen Arbeiterliteratur / Gerald Stieg ; Bernd Witte. – Stuttgart : Klett, 1973. – (Literaturwissenschaft – Gesellschaftswissenschaft)

Stollmann, Rainer: Die krummen Wege zu Hitler : das Nazi-Selbstbildnis im SA-Roman. – In: Kunst und Kultur im deutschen Faschismus / hrsg. von Ralf Schnell. – Stuttgart : Metzler, 1978. – (Literaturwissenschaft und Sozialwissenschaften ; 10). – S. 191 – 215

Strothmann, Dietrich: Nationalsozialistische Literaturpolitik : ein Beitrag zur Publizistik im Dritten Reich. – 4. Aufl. – Bonn : Bouvier, 1985. – (Abhandlungen zur Kunst-, Musik- und Literaturwissenschaft ; 13)

Vesper, Will: Geleitwort. – In: Deutsche Jugend : 30 Jahre Geschichte einer Bewegung / hrsg. von Will Vesper. – Berlin : Holle, 1934. – S. IX – XIV

Woelbing, Hans: Das nationalsozialistische Buch : (Bibliographie) / Hrsg.: Nationalsozialistischer Lehrerbund Westfalen. – Dortmund : Straßburger, 1933

Andreas Bode

Bündische Literatur – die Literatur der Jugendbewegung

Einleitung: Kurze Schilderung der Entwicklung der bündischen Bewegung bis 1933

So, wie jede Epoche der Moderne, jedes Land, jede gesellschaftliche Gruppierung, jede politische Richtung sich ihre eigene Literatur schafft, folgt ihr entsprechend die Kinder- und Jugendliteratur. Das gilt auch für die Jugendbewegung.

Die Jugendbewegung als politisches und kulturelles Phänomen hat schon viele Forscher angelockt und entsprechende Untersuchungen zur Folge gehabt. Für die Literatur, die in diesem Dunstkreis entstanden ist, hat bisher kaum jemand Interesse gezeigt. Irene Graebsch in ihrer *Geschichte des deutschen Jugendbuches* behauptete sogar 1942 noch: „Es ist merkwürdig, daß die Jugendbewegung kein eigentliches erzählendes Jugendschrifttum erzeugt hat [...] Hier wird deutlich, daß das Jugendbuch immer erst nach geraumer Frist eine Zeitströmung aufnimmt und verarbeitet." (Ebd. S. 235) Beiträge zu einzelnen Problemkreisen und einzelnen Persönlichkeiten der Jugendbewegung haben die literarische Produktion nur als Teilaspekt, als Kuriosität am Rande gesehen. In neuerer Zeit hat Birte Tost eine Arbeit über *‚Moderne' und ‚Modernisierung' in der Kinder- und Jugendliteratur der Weimarer Republik* (2005) vorgelegt. Aus der Fülle der Primärliteratur der Zeit konnte sie natürlich nur die wichtigsten und einflussreichsten Titel herausgreifen. Doch sogar im Kapitel über ‚Kindliche Lebenswelten' kommt die ‚Welt', in der sich die bündischen Jugendlichen bewegten, nicht vor.

Und in der Tat lässt sich vom literarischen Standpunkt, sofern er besondere Qualität im Blick hat, nicht viel aus diesem Randgebiet der Jugendliteratur herausholen. Zu allem Überfluss wird die Bezeichnung ‚Jugendliteratur' bei etlichen Titeln obsolet, insofern die Zielgruppe ‚Bündische Jugend' ja nicht nur Gymnasiasten, sondern auch junge wandernde Handwerksburschen und Studenten umfasst. Als Zeugnis von Denkungsart und Handlungsweise in der Jugendbewegung ist diese Literatur jedoch hochinteressant.

Vor diesem Hintergrund ist die Eingrenzung bündischer Jugendliteratur kein Problem; es ist die Literatur für die Bünde und von den Bünden – gerichtet an die Mitglieder und Sympathisanten der Jugendbewegung.

Einige kleinere Verlage hatten sich auf diese Literatur spezialisiert, der Ludwig Voggenreiter-Verlag, der Greifenverlag, der Günther Wolff-Verlag und einige wenige andere. Das meiste an Gedrucktem, was das Licht erblickte, waren kleine Bändchen von selten mehr als hundert, eher weniger als hundert Seiten, bescheiden broschiert gebunden, wodurch sie immerhin keine spürbare Belastung für den Rucksack darstellten. Die Autoren waren überwiegend selbst in der Jugendbewegung Aktive. Wer von den bekannteren Schriftstellern in der bündischen Szene Erfolg hatte, etwa Hermann Löns, Gorch Fock, wandte sich primär an ein allgemeines Publikum, auch wenn er Gedankengut der Jugendbewegung transportierte, und ist daher nicht zur bündischen Literatur, gar zur Jugendliteratur zu rechnen.

Der Anfang

Die Annäherung an die spezifische Literatur für die bündisch organisierte Jugend ist ohne einen kurzen Einblick in die Geschichte und Struktur der Jugendbewegung nicht sinnvoll. Die sehr unterschiedlichen Literaturen werden erst vor dem Hintergrund der historischen Entwicklung der Bünde vor und nach dem Ersten Weltkrieg begreifbar. Deshalb sei diese weiter ausholende Einführung gestattet.

Wie aus der Fachliteratur bekannt, entwickelte sich seit 1896 aus einer Gruppe von Gymnasiasten in Berlin-Steglitz, die zunächst von einem Lehrer, Hermann Hoffmann, später von Karl Fischer noch als Gymnasiast geführt wurde, eine sich schnell über Deutschland ausbreitende Bewegung, die sich den Namen *Wandervogel* gab. Karl Fischer, inzwischen Student, sorgte dafür, dass die Wandervögel sich am 4.11.1901 als eingetragener Verein etablierten, dessen Ziel vorerst nur war, unabhängig von Eltern und Erziehern durch die deutsche Landschaft zu wandern, Natur und ländliches Leben neu zu entdecken, das deutsche Volkslied zu pflegen und damit eine eigene Jugendkultur zu schaffen. Auf Wochenendfahrten übernachtete man bei Bauern oder kampierte in mitgeführten Zelten auf freiem Feld. Um die unterschiedlichen Meinungen und Vorstellungen über Ziel und Zweck der Unternehmungen zu koordinieren und die Gruppen handlungsfähig zu machen, hatte man sich darauf geeinigt, Gruppenführer zu wählen, deren Anweisungen man sich unterwarf. (Über die Anfänge vgl. Blüher: *Wandervogel* 1.1976; Frobenius 1927, S. 17ff.)

Der Reiz für die Jugendlichen, in einer solchen Gruppe mitzumachen, bestand in allererster Linie darin, dass man 1. für eine Zeitlang von den Erwachsenen und der Schul- und Berufswelt unabhängig, dafür 2. mit Gleichaltrigen und Gleichgesinnten zusammen war, 3. sich nur Regeln unterordnete, die man selbst aufgestellt hatte, 4. Natur, Städte und später auch fremde Länder kennenlernte, spannende Entdeckungen machte und somit vom Alltag abgelenkt war, 5. gemeinsam ein Gefühl der Kameradschaft und des Einsseins mit Natur und Landschaft erleben konnte. Die Natur – also Wald und Feld, Seen und Gebirge, mochten sie auch schon vom Menschen geprägt sein – wurde als ein Partner empfunden, dem man Ehrfurcht entgegenbrachte, der aber auch half, die Angst fern vom gewohnten Leben, vor dem Ausgeliefertsein an die Natur in Gemeinschaft zu überwinden.

Dem Aufbau seiner Organisation gab Fischer Farbe durch Begriffe aus der Welt der fahrenden Schüler der mittelalterlichen Lateinschulen. *Scholaren* waren die gewöhnlichen Gruppenmitglieder, die Wanderführer nannte er *Bachanten*. Sich selber ernannte er zum *Oberbachanten*, denn er beanspruchte die alleinige Führung. (Vgl. Frobenius 1927, S. 19–21) Damit stieß er aber bald auf Widerspruch. 1904 schon spaltete sich der Verein; in Opposition zu Karl Fischer wurde von einigen der *Steglitzer Wandervogel* gegründet, Karl Fischer bildete mit den anderen den *Alt-Wandervogel*. 1911 kam es zur Gründung der Dachorganisation *Verband deutscher Wandervögel*, im Januar 1913 schließlich zur Vereinigung im *Wandervogel e.V. – Bund für deutsches Jugendwandern*, dem sich allerdings einzelne etablierte Gruppen nicht anschlossen. Dass sich aus dem ursprünglichen Wandern um des Wanderns willen mit der Zeit auch ein außergewöhnliches Selbstbewusstsein entwickelte, zeigte sich bei Hans Blüher, der als ein frühes Wandervogelmitglied bereits 1912 die erste Geschichte der Wandervogelbewegung veröffentlichte.

Schon vor dem Ersten Weltkrieg existierte eine Vielzahl von Kleingruppen, die ihre Wanderungen und Fahrten unter Führung älterer Jugendlicher oder junger Erwachsener, seltener zusammen mit Lehrern, durchführten. Die Wanderfreudigkeit der ersten Jugendgruppen half auch, die ersten Jugendherbergen einzurichten. Die Idee war dem Lehrer Richard Schirrmann 1909 gekommen, als er mit einer Gruppe Jugendlicher unterwegs war. 1910 richtete er auf der Burg Altena die erste ständige Jugendherberge der Welt ein. (Vgl. Frobenius 1927, S. 357–358) Sie dürften ähnlich bescheiden, aber praktisch eingerichtet gewesen sein, wie H. Kutzleb später die nach dem im Krieg gefallenen Hans Breuer genannte Herberge beschrieb: „Es gibt die üblichen Schlafsäle, glücklicherweise nur in mittlerer Größe […]. Es gibt einen schönen lichten Tagesraum, eine große Diele, eine Küche für die Selbstversorger, mustergültige Dusch- und Waschräume.“ (Kutzleb, in: *Der fahrende Gesell*, 1933, 3. Umschlagseite)

Dem Selbstverständnis nach zunächst unpolitisch oder gar antipolitisch, waren die verschiedenen Gruppierungen dem Einfluss der Politik und den zeitgenössischen ideologischen Strömungen dennoch ausgesetzt. Nach Walter Laqueur (*Die deutsche Jugendbewegung*. 1983) waren vor dem Ersten Weltkrieg ihre sozialen Wurzeln aber Teil der allgemeinen rechts-nationalistischen Strömung.

Der Erste Weltkrieg und seine Folgen für die Jugendbewegung

Ein tiefer Einschnitt für die bis dahin sich eher romantisch gebende Jugendbewegung war der Erste Weltkrieg, in dem viele Mitglieder des *Wandervogels* fielen, etwa Hans Breuer, der Herausgeber des berühmten Liederbuchs *Der Zupfgeigenhansl* (1908). Wie die meisten Deutschen, empfand auch die Jugend die Niederlage im ersten Weltkrieg, die Versailler Friedensverträge und damit die Ablösung einzelner Landesteile vom Reich als ungerecht. Unter dem Eindruck der Folgen des Krieges träumte die organisierte Jugend von einem Deutschland, das wieder die alte Bedeutung erlangen würde. Die bündische Jugendbewegung wurde stärker politisch und durchlebte eine polarisierende Phase. Doch bestand darin weitgehend Einigkeit, dass die ‚großdeutsche Kulturgemeinschaft' nicht nur erhalten bleiben, sondern sich auch politisch wieder etablieren müsse. In dieser Gemütsverfassung bildete sich auch die Vorstellung heraus, den ‚Lebensraum der deutschen Nation' bewahren zu müssen. Die Nationalsozialisten okkupierten solche Vorstellungen und maßten sich den Anspruch an, sie allein in der richtigen Weise zu vertreten, womit u. a. nach der Machtergreifung 1933 die Zwangseingliederung aller Jugendverbände in die Hitlerjugend oder deren Auflösung legitimiert wurden. Die nach dem Zweiten Weltkrieg gegründeten Nachfolgeorganisationen haben die frühere Bedeutung nicht wiedererlangt.

Von den ehemaligen Wandervögeln schloss sich nach dem Ersten Weltkrieg nur etwa die Hälfte der Jugendbewegung überhaupt wieder an. Von ihnen waren die meisten durch ihre Kriegserfahrungen nachhaltig beeinflusst. Zudem waren sie politisch gespalten – eine Minderheit eher pazifistisch, die Mehrheit in Erinnerung an Fronterlebnisse eher national bis rechtskonservativ. (Vgl. Frobenius 1927, S. 181 ff.) Für letztere und viele andere von der Nachkriegsjugend wurden die von dem jungen Offizier Walter Flex niedergeschriebenen Kriegserlebnisse *Der Wanderer zwischen beiden Welten* (erschienen 1917) zu einer Art Kultbuch, das bis lange nach 1918 wirkte. (Vgl. Graebsch 1942, S. 235) Als Flex noch in den letzten Kriegstagen fiel, schrieb Richard Schapke: „Uns Wandervögeln und mit uns dem ganzen jungen Deutschland ist mit Walter Flex einer unserer innerlichsten und reifsten geistigen Führer entrissen." (*Wandervogel* 13 (1918), S. 39)

Ein typisches Produkt des Kriegstraumas war Ernst Berghäusers (geb. 1893) mageres Büchlein *Der Muskote*, in erster Auflage 1918 erschienen, in dem Erlebnisse von Wandervögeln als Protagonisten in Kriegsepisoden geschildert werden. Sie sind skeptisch gegenüber dem Krieg. Die berühmte *Bugra* von 1914, die Ausstellung für Buchgewerbe und Graphik in Leipzig, wird als Symbol friedlichen Wettbewerbs unter den Völkern dargestellt, „wo Staat neben Staat so friedlich seine Leistungen zeigt." (ebd., S. 1) Berghäuser schildert hier frei von jedem Pathos den Krieg als etwas Kulturvernichtendes; die Feinde (Franzosen) sind keine Schurken, sondern als Soldaten ebenso wie die Deutschen hilflos dem Tod ausgeliefert. (Vgl. Stemmer 2005, S. 44–50, Kapitel über *Der Muskote*)

Weimarer Republik – die Idee des Bundes

Die vor dem Krieg relativ einheitliche Jugendbewegung, die hauptsächlich aus einigen Bünden und Gruppen des *Wandervogels* bestand, spaltete sich nach 1918 auf. Es entstanden neue Bünde und Teilbünde unterschiedlichster Richtung und Zusammensetzung. „Es gibt ständig ‚Krachs' und Abspaltungen. Neue Bünde formen und lösen sich in so schnellem Ablauf, daß man den Stufen ihres Werdens kaum zu folgen vermag." (Frobenius 1927, S. 175)

Die Jugendbewegung wurde im Vergleich zur Vorkriegszeit nahezu zu einer Massenerscheinung. Noch mehr als vor dem Krieg waren die einzelnen Führer der Bünde eine die Richtung des jeweiligen Bundes prägende Kraft. Unter ihnen war Ernst Buske als Leiter des *Altwandervogels*, später des *Wandervogels, deutsche Jungenschaft* einer der führenden Funktionäre. Eine der interessantesten, aber auch schillerndsten Gestalten war Eberhard Koebel. Seine *Deutsche Jungenschaft*, gegründet am 1. November 1929 und daher mit dem Signum *dj. 1.11* bezeichnet, gehörte zu den Gruppierungen, die Jungenbund- und Fahrterlebnis, aber auch Kulturarbeit am konsequentesten betrieben.

Mehrere Versuche des Zusammenschlusses der verschiedenen Bünde wurden gemacht. Die in völkische und sozialistische Gruppen gespaltene *Freideutsche Jugend* (gegründet 1913) versuchte 1919 in Jena als erste, Gruppen aller politischen Richtungen zusammenzufassen. 1921 wurde der *Reichsausschuß der deutschen Jugendverbände* gegründet, 1926 schlossen sich die wichtigsten Gruppen mit den 1909 gegründeten deutschen Pfadfindern zum *Bund der Wandervögel und Pfadfinder* zusammen, der sich ab 1927 *Deutsche Freischar* nannte. Der Versuch, im März 1933 mit der Gründung des *Großdeutschen Jungenbundes*, einem Zusammenschluss der *Deutschen Freischar* mit einigen anderen Bünden, kurz vor der Machtergreifung der Nationalsozialisten ein Gegengewicht zur Hitler-Jugend zu schaffen, hatte naturgemäß keinen Erfolg mehr, denn trotz des Bekenntnisses zu Adolf Hitler wurde der Bund schon im Juni 1933 verboten und so gut wie alle seine Mitglieder in die HJ überführt.

Wie die bündische Jugend von außen angesehen wurde, darüber gibt es ein treffendes satirisches Couplet von Werner Finck, das er im Berliner literarischen Kabarett *Die Katakombe* (1929–1935) zum besten gab. Der Schauspieler und Regisseur Hans Deppe erinnerte sich 1952 an diese Vorstellung: „Sie müssen sich vorstellen: Wir traten auf als eine Gruppe junger Wandervögel. Der Werner Finck mit kurzen Hosen und Kamelhaarknien, ich als Maide mit Beiderbandkleid und Schließe und so weiter, ja, der Robert Adolf Staemmle mit der Gitarre, und da sangen wir dann erst *Wenn alle Brünnlein fließen* und gingen durchs Parkett:

> „Wenn alle Brünnlein fließen, dann muß man trinken. Fallera.
> Wenn ich mein' Schatz nicht rufen darf, tu ich ihm winken. Fallera.
> Ja, winken mit den Äugelein, juh ja Äugelein, und treten auf den Fuß.
> Wir bleiben stets etwas zurück.
> Und haben für alles gar keinen Blick.
> Nur für uns.
> Wir haben das Edelmenschtum gepachtet.
> Die andern werden von uns verachtet.
> Fidus, Licht heil!
> Wir lagern gelockert am Lönshaften Weiher.
> Und kochen auf Spiritus unsre Eier.
> Wohl gedeih's!
> Beim Schreiten senkt sich der Fuß in Sandalen.
> Plattfüße nennen es dann die Realen.
> Wir wandern doch!
> Wir wandern selbander durch tauige Triften.
> Die Seelen vom Alltagsstaub zu entgiften.
> Hojotohoh!
> Wir lesen uns mühsam von Gedicht zu Gedicht.
> Nur Erich Mühsam lesen wir nicht.
> Wir bleiben tumb!
> Wir nähren uns kärglich von Rohkostnahrung.
> Und hegen die Seele. Und pflegen die Paarung.
> Nun ist's gesagt!
> Laß sausen die Hämmer, laß rauchen die Schlote.
> Wir lauten Lieder von Robert Kothe.
> Tanderadei!
> Lass die Zeiten auch grausam und furchtbar sein,
> wir bleiben bei unserm Blaublümelein.
> Wir bleiben steh'n!
> Beim Wandern bleiben wir steh'n."

(Zit. nach: Deutschlandradio Kultur, 11.10.2009 – „Zwischen den Zeilen der Abgrund." Das kurze Leben des literarischen Kabaretts *Die Katakombe*, von Jens Brüning)

1. Die einzelnen Formen und Gattungen der bündischen Jugendliteratur

Vorbemerkung: Zu den Beständen in öffentlicher Hand und zur Eingrenzung des Themas

Neben den auf die bündischen Lesergruppen spezialisierten Verlagen haben fast alle Gruppierungen und Untergruppen der verschiedenen Bünde für ihre Mitglieder kleine Schriften in geringen Auflagen herausgegeben, die entweder sachliche Informationen und Anleitungen enthielten, oder kleinere Prosastücke zum Vorlesen am Zeltplatz oder in den Gruppenabenden. Ja, jede kleinere Einheit schien ihren Ehrgeiz darein zu setzen, wenigstens ein, wenn auch noch so schmales, auf schlechtes Papier gedrucktes Mitteilungsblättchen oder sogar eine Zeitschrift zustande zu bringen.

Eine groteske Fehleinschätzung ist angesichts dieser Lage, was Irene Graebsch in ihrer *Geschichte des deutschen Jugendbuches* 1942 schrieb: „Es ist merkwürdig, dass die Jugendbewegung kein eigentliches erzählendes Jugendschrifttum erzeugt hat, eine Bewegung, die doch auf vielen anderen, vor allem erzieherischen Gebieten von großem Einfluss gewesen ist. Hier wird wieder deutlich, dass das Jugendbuch immer erst nach geraumer Frist eine Zeitströmung aufnimmt und verarbeitet. Denn als einige Jugendschriften mit bündischem Milieu auftauchten (z.B. Karl Rauch ‚Weit laßt die Fahnen wehen‘ [1933]), da war die Jugendbewegung bereits in der größeren Jugendbewegung des Nationalsozialismus aufgegangen.“ (Graebsch 1942, S. 235)

Auch nur einen ungefähren Überblick über die Vielfalt und Anzahl der einschlägigen Publikationen zu erhalten, ist fast nicht möglich, denn es existieren kaum annähernd repräsentative Sammlungen in öffentlicher Hand. Einzig das Archiv der deutschen Jugendbewegung auf *Burg Ludwigstein* bei Kassel (*www.burgludwigstein.de/Archiv.161.0.html*) verfügt neben dem reinen Archivmaterial über eine etwa 27 000 Exemplare starke Buchsammlung – es dürfte die größte sein. Sie ist zudem sehr gut über das *Hessische Archiv-Dokumentations- und Informations-System* (HADIS) erschlossen. Doch abgesehen davon, dass das schon 1922 angelegte Archiv von den Nationalsozialisten 1941 beschlagnahmt und dann im Krieg zerstört wurde, enthält es an Primärliteratur im engeren Sinn nur 10 000 Exemplare, die sich in die Abteilungen Texte und Autoren (ca. 4 500 Exemplare), Laienspiel (1 700 Exemplare), Tanz (700 Exemplare), Liederbücher (2 700 Exemplare), Jahrbücher (300 Exemplare) und Kalender (800 Exemplare) aufteilen (die noch etwa 3 500 Zeitschriftentitel werden von HADIS übrigens nicht erfasst).

Dieses Konglomerat fiktionaler Literatur des Archivs enthält zudem einen großen Teil an Titeln, die nur entfernt als der Jugendbewegung nahestehend betrachtet werden können, ja zum guten Teil nicht einmal zur sogenannten intentionalen Jugendliteratur zu rechnen sind, weil sie in erster Linie für Erwachsene geschrieben wurden. Dazu gehören zahlreiche Ausgaben von damals beliebten Schriftstellern, wie Hermann Löns, Waldemar Bonsels, Hermann Hesse und sogar Ernst Jünger. Sucht man nur Bücher, die zwischen 1919 und 1933 erschienen sind, reduziert sich der Bestand noch einmal erheblich.

Abgesehen von einschlägigen Titeln, die sich in der *Deutschen Nationalbibliothek*, vor allem der Abteilung Leipzig (*Deutsche Bücherei*), befinden und nur bei Kenntnis der Autorennamen dort entdeckt werden können, besitzt die *Internationale Jugendbibliothek* in München eine kleine Sammlung aus dem Nachlass von Karl-Heinz Schulz (einst *dj. 1.11*-Mitglied), welche diesem Beitrag auch als Ausgangsbasis gedient hat, ergänzt durch zahlreiche, über das Internet erworbene Schriften.

Wertvolle bibliographische Hinweise sind im Handbuch *Die konservative Revolution in Deutschland 1918–1932*, verfasst von Armin Mohler und Karlheinz Weißmann (6. Aufl. 2005), zu finden. Angaben zur Primärliteratur befinden sich in den Abschnitten *Bündische Sammelwerke* S. 332–333, *Bündische Buchreihen* S. 336–337, *Bündische Zeitschriften* S. 348–354, wozu die Herausgeber bemerken: „Die Bündischen sind die zeitschriftenfreudigste unter den von uns beschriebenen Bewegungen.“ (Mohler/Weißmann 2005, S. 348) Werke von der Jugendbewegung nahestehenden Autoren sind nur in strenger Auswahl erwähnt. (Vgl. ebd., S. 528–535) Die Sekundärliteratur zur bündischen Bewegung wird dagegen nahezu erschöpfend verzeichnet.

Else Frobenius fragt polemisch: „Kann von einer eigenen Dichtung der Jugendbewegung die Rede sein, und wird es jemals eine geben?“ (Frobenius 1927, S. 405) Was als bündische Kinder- und Jugendliteratur anzusehen ist, kann sich entsprechend ihrer spezifischen Leserschaft, also vorzugsweise in Bünden organisierten Jugendlichen, nicht auf fiktionale Werke mit bündischer Thematik beschränken. Entsprechend dem erweiterten Literaturbegriff werden daher, neben den unterhaltenden Schriften mit bündischer Thematik, beratende Schriften für Jugendgruppen, Fahrtenberichte, Anthologien (Vorlesesammlungen), Liederbücher, Spiele und Laienspiele der Jugendbewegung in die Betrachtung einbezogen. Doch soll nicht etwa jedes bedruckte Stück Papier in die Untersuchung eingehen. Texte aber, die außer ihrem rein informativen Gehalt (Organisation einer Fahrt, Aufbau eines Zeltes, Kochen im Freien usw.) auch eine den Vorstellungen und Idealen der jeweiligen Bünde entsprechende Tendenz erkennen lassen, können nicht unberücksichtigt gelassen werden. Dennoch kann der Beitrag in keiner Weise erschöpfend sein, sondern ist vor allem als Einführung in das Gebiet gedacht und, was die Auswahl von Autoren und Büchern betrifft, allenfalls als exemplarisch zu betrachten.

Die Widerspiegelung der sozialen Umstände, in denen sich die Jugendbünde und ihre Mitglieder bewegen, drückt sich besonderes deutlich in ihren eigenen Schriften aus, vor allem in Mitteilungsblättern und Zeitschriften, die daher in besonderer Weise zu den Quellen für bündische Literatur gehören.

Vor dem Einstieg in die einzelnen Erscheinungsformen bündischer Jugendliteratur der Weimarer Republik muss auf einen Autor hingewiesen werden – Hans Blüher (1888–1955). Selbst einer der ersten Wandervogelmitglieder, veröffentlichte er 1912 das zweibändige Werk *Wandervogel : Geschichte einer Jugendbewegung*, dem im gleichen Jahr die Abhandlung *Die deutsche Wandervogelbewegung als erotisches Phänomen: Ein Beitrag zur Erkenntnis der sexuellen Inversion* folgte. Wie der Titel versprach, war es eine Darstellung der Anfänge der Jugendbewegung, allerdings in der persönlichen Rückerinnerung. In der Neuausgabe der Geschichte von 1976 (vgl. Literaturverzeichnis) ist sein Vorwort zur Auflage von 1948 abgedruckt. In ihm heißt es unter anderem: „Jedenfalls beginnt mit diesem Buche und mit ihm allein das Ringen um das Selbstbewußtsein der Jugendbewegung. Literarisch schlug sich das darin nieder, daß von nun an eine öffentliche Jugendbewegungsliteratur entstand, welche die gesamte pädagogische Welt in Bewegung setzte." (Blüher: *Wandervogel 1 – 3*, 1976, S. X) Und weiter: „Bis kurz vor der literarischen Verdunkelung Deutschlands gehörte die ‚Geschichte des Wandervogels' notorisch zu den am meisten verbreiteten Büchern, merkwürdigerweise zu den Apokryphen der Literatur. Sie ist eigentlich immer nur unter dem Ladentisch verkauft worden." (Ebd., S. XI) Das klingt zwar sehr großsprecherisch, doch liegt nahe, dass diese Wandervogelgeschichte die bündische Jugend brennend interessierte. Ebenso verhielt es sich mit Blühers Erinnerungen *Werke und Tage* von 1920. Im Vorwort zur 1953 erschienenen Neuausgabe von *Werke und Tage* schreibt Blüher: „In tausend und aber tausend Exemplaren verbreitete sich das Buch, an den Lagerfeuern las man es vor, diskutierte darüber für und wider, und die Gemüter der Jugend wurden gewaltig erregt." (Blüher: *Werke und Tage*. 1953, S. 181) Nach Blühers Aussage brachte erst seine Geschichte des Wandervogels den bündischen Mitgliedern zum Bewußtsein, daß sie Teil einer *Jugendbewegung* seien: „Und niemand kann leugnen, daß erst durch die Geschichte des Wandervogels, und keinen Augenblick früher, das Selbstbewußtsein der Jugendbewegung und damit diese selbst e r z e u g t worden ist". (Ebd. S. 181) Mit allen Abstrichen, die man bei dem übertriebenen Selbstbewusstsein des Autors von dieser Aussage machen muss, dürften die erwähnten Schriften doch die Erkenntnis gefördert haben, dass die Bewegung ein eigenständiges Phänomen der Jugendkultur geworden war.

Neben der Jugendbewegung, die sich in den bekannteren Jugendbünden äußerte, gab es auch eine sozialdemokratische, kommunistische und anarchistische Jugendbewegung. (Vgl. Linse 1976). Eine Jugendliteratur im engeren Sinn gab es hier allgemein nur in Form von für die Jugend geeignet erachteten Auszügen und Anthologien aus den Werken bekannter Schriftsteller. Solche Anthologien waren zum Beispiel der von dem Förderer anarchistischer Jugendbewegung Ernst Friedrich herausgegebene *Proletarische Kindergarten* (1921) mit Texten unter anderen von Mühsam, Gorkij und Tolstoj und die Anthologie *Das freie Jugendbuch*, herausgegeben 1927 von Heinz Jacoby, die Beiträge ähnlicher Auswahl, vor allem der russischen Schriftsteller Dostojewskij, Gorkij, Tolstoj, aber auch anderer enthielt. Als nicht intentionale Jugendliteratur werden diese Publikationen nicht berücksichtigt.

1.1 Schriften zum Wesen der Jugendbewegung

Die verschiedenen Bünde bemühten sich mit unterschiedlicher Intensität, ihren Mitgliedern Informationen über die Entstehung und die Ziele des jeweiligen Bundes an die Hand zu geben. Ab und zu tauchen in den einschlägigen Schriften oder auch in Annoncen der Zeitschriften Hinweise auf, dass solche Darstellungen an Heimabenden oder auf Fahrt vorgelesen oder zum Vorlesen empfohlen wurden. *Wandervogel* und *Deutsche Pfadfinder* hatten hier als größere Organisationen, die auch ihre Stammverlage hatten, mehr Möglichkeiten.

Nach dem Ende des Ersten Weltkrieges war zunächst Rückbesinnung angesagt. Das war die Intention von Friedrich Brauns und W. Liebenow, verstreute Aufsätze des gleich zu Anfang des Krieges gefallenen Frank Fischer (1914 in der berüchtigten Schlacht bei Langemarck) mit dem Titel *Wandern und Schauen* herauszugeben (1918 und 1921), unter denen sich einige programmatischen Inhalts befinden. Fischers Vorstellungen vom Wesen des Jugendwanderns in der Zeit vor dem Krieg, die er auch als Schriftleiter des *Nachrichtenblattes des Wandervogels* verbreitete, entsprachen auch in der Nachkriegszeit immer noch dem, was für die gemäßigten Gruppen galt: „Wir im Wandervogel wollen nämlich einfach deutsches Land in seinem natürlichen Wechsel sehen und liebgewinnen. […] Das bloße Wandern gibt uns das Hochgefühl des freien Menschen. Wo wir uns der Sonne freuen, sind wir jeder Sorge los; an Natur und Land stellen wir keine Bedingungen.“ (*Oratio pro domo*; in: Fischer, Frank: *Wandern und Schauen*. 1921, S. 11, abgedruckt aus *Nachrichtenblatt des Wandervogels*. 1908) „Wir meinen also im Wandern eine freie und geistige Lebensbetätigung, ebenso reich wie schlicht. Das sagen wir gegenüber aller sportsmäßig organisierten Touristik und allem turnerischen Schuldrill. […] Das sagen wir ebenso gegenüber der vielgepflegten Naturburschenromantik.“ (*Unser Wandern : eine*

Parteischrift; in: *Wandern und Schauen.* 1921, S. 18, abgedruckt aus *Nachrichtenblatt des Wandervogels.* 1909) „Wir sträuben uns auch ein wenig gegen fanatische Reformer, als Kurzhösler, Rohköstler und Limonadler, denen Nützlich und Gesund ein Netz von geregelten Pflichten spannen: das Leben ist eben nicht bloß ein hygienischer Sport." (Ebd., S. 20)

Es sollte den Wandervögeln nach Fischers Meinung nicht nur darum gehen, sich beim Wandern außerhalb von Elternhaus und Schule und sonstigem Zwang frei zu fühlen, sondern der junge Mensch sollte auch aufmerksam das Besondere einer jeden Gegend studieren – die Bauern- und Bürgerhäuser, die Schlösser, die landschaftlichen Schönheiten (vgl. *Deutsche Vergangenheit*; in: *Wandern und Schauen.* 1921, S. 23–30), jedoch ohne „schönfärberisch romantischen Ton." (Ebd. S. 35)

Eine solche romantische Schwärmerei ließen sich jedoch viele Jugendbewegte nicht nehmen, wofür spricht, dass sie die bildnerischen Ergüsse von Fidus (Hugo Reinhold Karl Johann Höppener) anhimmelten, vor allem seine 1908 entstandene Zeichnung *Lichtgebet*, die als Postkarte oder Farbdruck in zahlreichen Stuben jugendbewegter Jugendlicher hing. Der dargestellte nackte junge Mann auf einem Berggipfel, der, gegen die Sonne gerichtet, die Arme ausbreitet, wurde geradezu zur Ikone der Jugendbewegung.

Nicht nur Frank Fischers Kurzgeschichten und Betrachtungen wurde eine Sammelschrift gewidmet. Auch andere waren bemüht, wichtig scheinende Beiträge aus den doch eher kurzlebigen Zeitschriften als Anthologien weiter zu verbreiten. Ernst Berghäuser gab 1925 *Von Wandervogels Art und Fahrt : aus Wandervogelzeitungen zusammengestellt* heraus. Aus dem gleichen Jahr stammte *Ein Büchlein vom Wandervogel : aus dem Schrifttum der Bewegung*, gesammelt von Fritz Grebenstein. Es enthielt Zitate aus verschiedenen Publikationen und Zeitschriften, vor allem der Zeitschrift *Wandervogel.* Grebenstein kam es darauf an, wieder auf die ursprünglichen Ideen, „den mehr naturhaften, ursprünglichen Wandervogel aus der Zeit etwa bis zum Weltkriege" (Nachwort, S. [45]) hinzuweisen. Für diese Rückbesinnung hatte er Beiträge von 20 Autoren gesammelt, von denen fast die Hälfte, nämlich neun Autoren, im Krieg gefallen waren, gekennzeichnet durch Kreuze hinter Autorennamen.

Gedanken über die Zukunft der Jugend machte sich auch Gertrud Prellwitz, eine der Frauen um Fidus. (Vgl. Tl. 1, Beitr. B. Asper) In der 1921 erschienenen Schrift *Ruth : ein Buch von Deutschlands Not und von Deutschlands Jugend* schlug die katholische Autorin einen merkwürdig völkischen Ton an.

Um seinen Mitgliedern einen ersten umfassenden Überblick über die Bewegung zu verschaffen, gab der *Wandervogel Das Wandervogelbuch* (1923–1924) in zwei Bänden heraus. Der erste Band erschien schon 1917, die erweiterte Neuauflage mit einem zusätzlichen Bildband kam 1923–1924 heraus. Mit den zahlreichen Fotos war das Werk eine erste umfassende Darstellung dieses Bundes.

Auch andere Bünde verfassten Selbstdarstellungen und Zielsetzungen. Otto Gröndahl schrieb 1931 über die ersten zehn Jahre der *Fahrenden Gesellen - Bund für deutsches Leben und Wandern e.V.* in der Bundeszeitschrift *Der fahrende Gesell.* Im gleichen Jahrgang dieser Zeitschrift wurde auch ein kritisches Wort Hans Breuers abgedruckt, der über Walter Fischer schrieb: „Fischers Wanderungen hatten militärischen Geist. Kriegsspiele liebte er über alles.“ (*Der fahrende Gesell* 1931, S. 33) Walter Fischer gehörte zum Urgestein des *Wandervogels.* Er hatte 1916 den *Feldwandervogel* gegründet. (Vgl. Fiedler 1989, S. 68) Auch die Pfadfinder bekamen etwas von der Kritik ab.

Ernst Wilke schrieb in seinem Beitrag *Pachanten* über sie: „Aus dem inneren Drange des Blutes erwuchs das Wesen des Pachanten, der Pfadfinder aber wurde von obenher gemacht.“ (Wilke, in: *Der fahrende Gesell* 19, 1931, S, 33)

Was damalige sozialdemokratische Gesinnung betraf, dafür ist äußerst aufschlussreich *Das Buch der roten Falken* (1926) der gleichnamigen sozialdemokratischen Jugendorganisation Österreichs, in dem Anton Tesarek, der sie erst 1925 gegründet hatte, darlegte, wie er sich diese Organisation für Arbeiterkinder vorstellte. Die *Roten Falken* sollten der sozialistischen Erziehung dienen; die Pfadfinder seien bürgerlich. Was an ihnen gut war, sollte übernommen werden. „Die bürgerliche Ideologie aber wird bekämpft und ausgeschaltet.“ (Ebd., S. 4) Doch im Grunde hatten sie ähnliche Vorstellungen von Jugendführung wie die konservativen deutschen Bünde: „Wenn du zu den Roten Falken kommst, bist du vielleicht noch ein Weichling. Dein Körper ist weiß und deine Muskeln sind schlaff. […] Warte, Weichling! Ein halbes Jahr bei den Roten Falken und du bist braun und stark und hart geworden.“ (Ebd., S. 14) Das ‚Hartwerden‘ spukte übrigens lange in den Köpfen der meisten Jugendführer herum. Immerhin gab es bei den *Roten Falken* andeutungsweise auch sexuelle Aufklärung. (Vgl. ebd., S. 82)

Das Buch diente vor allem der Einschwörung auf eine proletarische Gesinnung, wozu unter anderem die *12 Gebote* (ebd., S. 39) dienten. Ein Bild von Karl Marx mit dazugehörigem Text (ebd., S. 74) blickte mahnend auf die angehenden Sozialisten. Das alternative Verhalten zu den ‚bürgerlichen‘ Pfadfindern wurde allerdings nicht so weit getrieben, dass man auf besonders demokratische Gesinnung Wert gelegt hätte. Im Kapitel *Vom Führer* (ebd., S. 87–88) wird dieser als Idealfigur stilisiert – einer, der alles besser weiß und kann. Er wird zwar von der Horde gewählt, doch: „Der Führer der Roten Falken muß Sozialist sein. Als erstes steht die Pflicht gegen die Partei, gegen das organisierte Proletariat.“ (Ebd., S. 88) Mag sein, dass der Begriff ‚Führer‘ damals noch nicht derartig korrumpiert war, wie nach Hitler, aber insgesamt gab es, wenigstens nach den Vorstellungen des Gründers, keinen Zweifel daran, dass nur durch ‚straffe Zucht' das Proletariat siegen könne.

Die Falkenbewegung beeinflusste auch die sozialdemokratische, 1923 gegründete *Reichsarbeitsgemeinschaft der Kinderfreunde* im Deutschen Reich, die Ideen und Formen in abgeänderter Form übernahm. Nach 1945 versuchte die Staatsorganisation *Freie Deutsche Jugend* (FDJ) der DDR, an manche sozialdemokratische Traditionen anzuknüpfen, indem zum Beispiel der Gruß ‚Freundschaft' für die FDJ übernommen wurde.

So faszinierend wie problematisch war die Gestalt von Eberhard Koebel und seiner *dj. 1.11* (*Deutsche Jungenschaft vom 1. 11. 1929*). Überfliegt man die Beiträge in der von diesem Bund herausgegebenen Zeitschrift *Der Eisbrecher*, wird deutlich, wie bedenklich nahe autoritären Vorstellungen bei gleichzeitigem nationalen Gehabe Koebels *dj. 1.11* damals war. Das geht unter anderem aus seinem Beitrag *Die ersten Kapitel einer jungen Bewegung* aus dem Jahre 1933 hervor. (Vgl. *Der Eisbrecher*, Jgg. 1/2, 1932/34, S. 96–101, 124–128, 155–158, 180–183)

Aufschlussreich ist schon, wie er die rigorosen Ziele der neuen Vereinigung beschrieb: „Am 1. November 1929 gründeten Romin [Romin Stock aus Mannheim; A.B.] und ich eine Verschwörung mit dem Ziel: Erhöhung der Disziplin, Erhöhung der Anforderungen, Säuberung des Bundes [*Deutsche Freischar – Bund der Wandervögel und Pfadfinder*; A. B.], Besserung des Bundes auf der ganzen Linie. Dann Vereinigung aller ähnlichen Bünde zur Deutschen Jungenschaft." (*Der Eisbrecher*, ebd., S. 126).

Sicher, Koebel schärfte das Profil der *dj. 1.11* wesentlich, führte die auf seiner Lapplandfahrt entdeckte Zeltform der ‚Kohte' ein (vgl. *Der Eisbrecher*, ebd., S. 97), erfand die Bezeichnung ‚Horte', eine sehr geschickte Umdeutung von ‚Horde' als ein undisziplinierter Menschenhaufen, während ‚Horte' eine Assoziation zu Hort, Heimstätte zulässt (siehe ‚Kinderhort'). Doch ist das militärische Gehabe in der Zeitschrift und damit der *dj. 1.11* auffällig, zu erkennen an Sätzen wie „Jungen! Liebt ihr nicht die blanke Waffe? Waffen!" (*Der Eisbrecher*, Jgg. 3/4, 1934/35, S. 242f.) und an den gebräuchlichen, sehr militärischen Kommandos der Gruppe, die eigens erklärt werden. (Vgl. *Der Eisbrecher*, Jgg. 3/4, 1934/35, S. 294)

Von solchen Vorstellungen war es dann nicht mehr weit bis zu Baldur von Schirachs Hitlerjugend. An Baldur von Schirach ist auch schon eine Ergebenheitsadresse gerichtet, die gegen die „liberale Zersplitterung" der Jugendbünde wettert; die „Einigung durch äußeren Eingriff des Staates" findet Beifall: „Der liberale Staats tat's nicht, Adolf Hitler tat's." (*Der Eisbrecher*, Jgg. 3/4, 1934/35, S. 278) In dieser Zeit taucht auch der erste antisemitische Ausfall im

Eisbrecher auf; man verwahrte sich dagegen, dass sich „eine jüdische Gruppe" unrechtmäßig als *dj. 1.11* ausgab (ebd., S. 292).

Als die HJ alle anderen Bünde auffraß, als Baldur von Schirach seine Darstellung *Die Hitlerjugend : Idee und Gestalt* (1934) angeblich schon in 75 000 Exemplaren verbreitet hatte, durfte *Der Eisbrecher* immer noch erscheinen, weil die Nationalsozialisten zuerst hofften, Koebel und seine *dj. 1.11* zu sich herüberziehen zu können. Doch 1934 wurde er verhaftet, die Zeitschrift 1935 verboten.

Koebel war der Faszination straff geführter Jugendgruppen verfallen, doch steckte in ihm auch noch die Hingabe an das alte bündische Streben nach innerer und äußerer Freiheit, dem durch Wandern und Reisen Rechnung getragen wird. Deshalb begeisterte er sich zum Beispiel für Alain-Fourniers Roman *Der große Kamerad* (1930), in dem Abenteuer, Reisen und die damit verbundene Freiheit und Entscheidungswahl für den Helden, einen fünfzehnjährigen Jungen, geradezu mythische Bedeutung haben. Er sah in ihm einen ‚vorauseilenden', ‚selbsterringenden' Menschen, so wie ein Jungenschaftler sein sollte. Das Buch war ihm so wichtig, dass er es seinen Jungen von der *dj. 1.11* nachdrücklich empfahl (in: *Das Lagerfeuer*, Mai 1931).

1.2 Unterhaltende Schriften mit bündischer Thematik

Die unterhaltende Literatur der Jugendbewegung hatte, grob gesagt, drei Zielrichtungen. Zunächst wollten Autoren wie Verleger den in den verschiedenen Bünden organisierten Jugendlichen passende Lektüre für daheim, zum Vorlesen beim Gruppenabend oder auf Fahrt bieten. Dann war es ihnen ein Anliegen, den Jungen und Mädchen die Natur, die sie erleben wollten, näher zu bringen. Drittens sollten sie durch ansprechende Erzählungen auf den Geist in der Gruppe, deren Regeln und Riten eingestimmt werden.

‚Lesefutter' stellte das Hauptkontingent der Publikationen dar, die für Unterhaltung sorgen sollten. Die Auswahl der Titel und ihre Inhalte machen dabei eines ganz deutlich: Sie richteten sich ausschließlich an die Jungen als die überwiegende Mehrzahl in der bündischen Jugend. Abenteuerliteratur für Mädchen? Diese Kategorie scheint damals so gut wie nicht existiert zu haben. Im Vergleich dazu die veränderte Situation heute: da der Begriff Abenteuer nicht mehr hauptsächlich auf Exotik und Kämpfe mit wilden Tieren und ‚wilden' Menschen beschränkt ist, ist eine solche Zielgruppendifferenzierung in diesem Bereich nicht mehr unbedingt sinnvoll. Soweit aus den Zeitzeugnissen und den Verlagsanpreisungen erkennbar, stand hinter dieser leicht lesbaren, auf Unterhaltung zielenden Literatur kaum eine lesefördernde Absicht – die Bücher sollten Mußestunden einigermaßen sinnvoll ausfüllen und Leerlauf überbrücken helfen, weiter nichts; zum Lesen brauchte damals kaum einer der engagierten Jugendlichen extra animiert zu werden, da Lesen eine selbstverständliche Beschäftigung war, sofern es gerade nichts Besseres zu tun gab.

Anthologien und Sammelbände

Die Lesesituationen, für welche diese Art von Literatur gedacht war, waren auf Fahrt vor allem lange Bahnfahrten und die Freistunden im Lager, weniger die heimische Leseecke. Einige Bücher waren von vornherein für das Vorlesen konzipiert, denn neben Singen und Musizieren hatte das Vorlesen einen „fast ebenso hohen Stellenwert." (Tolksdorf 2007, S. 28 nach Neuloh 1982, S. 79) Was aber wirklich vorgelesen wurde (möglicherweise in Fortsetzungen), war letztlich der Entscheidung der Gruppe oder des Gruppenführers anheimgestellt.

Da zum Vorlesen für Gruppen vor allem kürzere Geschichten gefragt waren, erschienen entsprechend viele in Sammelbänden. Beliebte Anthologien, die natürlich nicht nur intentionale jugendliterarische Texte brachten, waren oft umfangreich und erlebten mehrere Auflagen.

Ludwig Benninghoff (1890–1966), unter anderen Herausgeber der moderner Kunst durchaus aufgeschlossenen Zeitschrift *Der Kreis* (von 1924 bis 1933), brachte ein umfangreiches Sammelwerk, *Das freudige Herz*, mit Kostproben deutscher Lyrik und Prosa zusammen, von *Des Toten Tatenruhm* bis *Gelassen steigt die Nacht ans Land*, für das er auch selbst aus seinen eigenen literarischen Züchtungen ordentlich eingetütet hatte. 395 Seiten stark, kam es 1923 heraus, bot „Heiteres und Nachdenkliches in Lied und Rede Wandersleuten jeg licher Art" (Untertitel) und erlebte 1926 sogar eine 2. Auflage.

Eine ähnliche Unternehmung war das von Hans Richard Lesser herausgegebene Jahrbuch *Das glückhaft Schiff* von der gleichnamigen evangelischen Bücherrundschau. Es erschien mit Kalendarium fünf Jahre hindurch, von 1928 bis1932, und enthielt Kurzbeiträge zahlreicher Autorinnen und Autoren, unter ihnen Wilhelm Kotzde und Agnes Günther, reichlich umrahmt von evangelischen Theologen, Pfarrern und Pfarrfrauen. Das machte es fast zu einer Musterkollektion christlicher Schriftsteller der zweiten Reihe in dieser Zeit.

Martin Luserke (1880–1968) gehörte schon eher zu den Vielschreibern in diesen Kreisen. Anhänger des Reformpädagogen Hermann Lietz, gründete er mit Gustav Wyneken und anderen Pädagogen 1906 die *Freie Schulgemeinde Wickersdorf*, später 1924 seine eigene, bis 1934 existierende *Schule am Meer* auf der Insel Juist.

Luserke, vom Provinzverlag Schuster in Leer großzügig ‚Nestor der phantastischen Nordseeliteratur' genannt, war einer der Beförderer des Laienspiels, zu dem er selbst zahlreiche Stücke beitrug. Für seine Schüler gab er die Reihe *Die Bücher der Schule am Meer* heraus, beteiligte sich aber auch an der Reihe *Spurbücherei*, die vom Voggenreiter-Verlag für die bündische Jugend herausgegeben wurde. Auch nach 1933 erschienen noch sehr viele Titel von ihm.

Sivard Einauge (1930) ist eine von sechs abenteuerlichen ‚Legenden', die mit ihrer Thematik von Meer und Küste auf das Motto der *Schule am Meer* anspielen. Die nicht schlecht geschriebenen, teilweise ins Phantastische gehenden Kurzgeschichten vermitteln ein Gefühl für die Weite der Küstennatur. 1932 folgte noch eine Sammlung *Seegeschichten.*

Ganz andere Luft atmen die beiden Sammelbände *Zelt-Geschichten*: *Die sieben Geschichten von Tanil und Tak* (1925) und *Die zwölf Legenden von dem Helden Sar Ubo mit der silbernen Hand und dem Räuber Siri* (1926). Tanil und Tak scheinen bündischen Jugendlichen richtig auf den Leib geschrieben zu sein. Von diesen kanadischen Indianerjungen, 16 und 14 Jahre alt, wird gesagt, sie „führten ein herrliches Leben. Als künftige Jäger und Krieger brauchten sie nichts zu tun als alle Dinge, welche Knaben schon von Natur aus gerne tun." (Ebd., S. 13)

Als Vorlesestoff konzipiert sind auch Jürgen Riels (1906 – ?) Lagerfeuergeschichten *Der gefangene Reiter* (1933) mit Federzeichnungen von Alfred Zacharias. Das Buch dieses Führers der *Deutschen Freischar* und Liederschreibers enthält sechs für damalige deutsche Jungen in exotischen Gegenden spielende Erzählungen, die offenbar dafür gedacht waren, auf Fahrtenabenden vorgelesen zu werden, was auch der Verlag in seiner Werbung empfahl. Fast immer nehmen sie auf eine fingierte Fahrt Bezug. Möglicherweise hat der Autor eigene Fahrtenerlebnisse atmosphärisch verarbeitet, doch auffallend naiv wirken die angeblichen Sprachkenntnisse der Jungen – rumänisch, bulgarisch, russisch.

Riel bietet zum jeweiligen Land passende historische Geschichten. Die Titelgeschichte vom gefangenen Reiter erzählt von einem räuberischen mongolischen Reiterführer, der in Tibet von Bauern gefangengenommen wird und als Sklave stirbt. *Die drei Tsebeks und der Durst des Khans Kosbug* thematisiert das Leben der ‚Wolgamongolen' genannten Wolgatataren im 18. Jahrhundert und deren Riten. Auf Fahrt in Bulgarien wird eine Kreuzfahrergeschichte erzählt, in der Dobrudscha treffen die Jungen an der russischen Grenze einen Fischer, der ihnen von der Meuterei auf dem Panzerkreuzer Potemkin erzählt. Und auf der Rumänienfahrt bekommen sie seltsamerweise die Erzählung eines Eskimo, *Das erste Blut,* über ein Abenteuer in Grönland aufgetischt.

Bemerkenswert ist die sich gegen Fremdenfeindlichkeit richtende Erzählung *Bataillon Tatra*, die in der Slowakei wandernden deutschen Jungen geboten wird. Nachdem sie erlebt haben, wie sich ein tschechischer Landvermesser abfällig über Slowaken äußert, hören sie den Bericht eines slowakischen Hirten über seine Erlebnisse im Ersten Weltkrieg, als die Slowaken von einem freien slowakischen Staat träumten. Es werden „gewisse Leute" kritisiert, die für schlechte Zeiten und vieles andere „grundsätzlich fremde Völker verantwortlich machen." (Ebd., S. 23) Kein Wunder, dass Riel 1935 emigrieren musste.

Mit dem Erzählungenband *Die Leonenrotte* (1933, Vorabdruck in der Zeitschrift *Das Lagerfeuer*, 1931–1932) tritt in Arno Kansen ein Autor auf, der zu den schillerndsten und widersprüchlichsten Gestalten der jugendbewegten Szene dieser Zeit gehörte. Arno Kansen ist nämlich eines der Pseudonyme von Eberhard Koebel (1907–1955).

Es ist hier nicht der Ort, Koebels Zickzackweg durchs Leben und die Politik nachzuziehen und zu bewerten. Vor der Beurteilung seines literarischen Schaffens muss man sich jedoch mit einigen Tatsachen vertraut machen (folgende Ausführungen nach Fritz Schmidt: *Ein Mann zwischen zwei Welten. 1997*). Im *Wandervogel* geformt (ab 1922 Angehöriger des national ausgerichteten *Deutschwandervogels*, der sich 1921 vom *Altwandervogel* abgespalten hatte), gründete Koebel 1929 die *Deutsche Jungenschaft vom 1. November 1929* (*dj. 1.11*), aus der er eine vorbildliche Gemeinschaft durch relativ strenge Regeln und Riten formen wollte. So sehr Formfragen (Kluft, Fahnenappell, Kohte) eine wichtige Rolle spielten, so weit entfernt war doch die *dj. 1.11* von den bei anderen Gruppen, auch den Pfadfindern, auffälligen paramilitärischen Gepflogenheiten. Koebel war ein typischer Vertreter jener Jugendbündler, die für die nordeuropäischen Länder und Kulturen schwärmten. Für Koebel, der sich aber auch für russische Volkskultur interessierte, war das hauptsächlich Lappland mit seiner ursprünglichen Bevölkerung, wohin er 1927 zum ersten Mal fuhr. Das von den Lappen abgeschaute, oben offene Rundzelt adaptierte er als *Kohte* für seine Jungen. Sein Fahrtenname lautete *tusk*, was angeblich im Samischen *Deutscher* heißt (schwedisch: *tysk*). Koebel war sozial besonders engagiert, was ihn vermutlich bewog, während der 1929 einsetzenden Wirtschaftskrise 1932 der KPD beizutreten. Nach der Machtergreifung diente er sich jedoch den Nationalsozialisten an, wohl, um seine Jugendarbeit weitertreiben zu können und seine schriftstellerische Tätigkeit zu retten. Man glaubte ihm seinen Gesinnungsumschwung natürlich nicht und verhaftete ihn im Januar 1934. Er machte in der Haft zwei Selbstmordversuche, floh nach seiner Entlassung im Juni 1934 zunächst nach Schweden, dann weiter nach England. Nach 1945 diente er sich auch noch den Machthabern der künftigen DDR an und zeigte Sympathien für die sogenannte *Freie Deutsche Jugend* (FDJ). Er starb 1955. Was Koebel am

Schluss der Erzählung *Ich spiele Bajazzo*, der zweiten in dem Band *Die Leonenrotte*, sagt, „Das Leben scheint Wagehälse grundsätzlich zu bevorzugen" (ebd., S. 59), wird wohl vor allem für ihn selbst zugetroffen haben.

Die Leonenrotte gehört insofern noch zur Literatur der Weimarer Republik, als die Erzählungen zwar erst 1933 als Buch erschienen, aber schon früher in Koebels Zeitschrift *Das Lagerfeuer* abgedruckt worden waren und von einem freien Geist erfüllt sind, der nach 1933 in der Literatur undenkbar war. Von den drei Erzählungen sind die erste, *Briefe nach Fjeldgaard*, und die Titelgeschichte am interessantesten und verdienen, etwas ausführlicher vorgestellt zu werden.

So sehr die *Briefe nach Fjeldgaard* (ebd., S. 5–40), wie auch die zwei anderen Erzählungen konstruiert sind und literarische Schwächen aufweisen, geben sie doch sehr klar Koebels Denkungsart wieder und vermitteln etwas von der Lebenseinstellung der *dj. 1.11*-Mitglieder. Die *Briefe* handeln von einem Jungen aus Oberbayern, Erwin Holtenbeck, der von seinem norwegischen Onkel Bengt Haage, einem Ornithologen, in den Ferien in dessen Jagdgut *Fjeldgaard* eingeladen wird. Er begegnet dort einem freieren, selbständigeren Leben.

Erwin, ein „katholischer Realschüler" (ebd., S. 9), wie er sich nennt, lernt zunächst ein ihm bisher unbekanntes natürliches Verhältnis zum eigenen Körper kennen. Als er beobachtet, dass sich sein Onkel und dessen Tochter Sigrid morgens nackt im Bach waschen, passt er sich an, obwohl er das entsprechend seiner bisherigen Erziehung als „unsittlich und schamlos" empfinden müsste; in seinem Tagebuch bekennt er: „Ich habe noch nie einen nackten Menschen gesehen. Nicht einmal meinen Bruder Pius." (Ebd., S. 13) Pius ist, wie sein Name schon andeutet, der brave, konservative Gegenspieler Erwins. Nach Bayern zurückgekehrt, findet Erwin zuhause alles „furchtbar eng und altmodisch. [...] Überall stehen kleine Väschen und Andenken, Samtstühle mit Zotteln. Unsere Bilder finde ich alle kitschig." (Ebd. S. 18) Er liest nun Coopers Lederstrumpf – für das Milieu, aus dem er kommt, offenbar schon eine halbe Revolution.

Als Erwin im August 1925 wiederkommen darf, stellt er fest: „Sigrid ist gewachsen" – wohl eine versteckte Andeutung, dass sie Brüste bekommen hat, denn sonst wäre diese Feststellung eine Plattheit. Was der Vater von Erwins Erlebnissen mitbekommt, ist offenbar für ihn zu viel, er will seinen Sohn nicht mehr nach Norwegen lassen. Nach einer Auseinandersetzung mit dem Vater reißt Erwin aus und schlägt sich nach Norwegen zu seinem Onkel durch. Dieser unterstützt ihn und erklärt ihm, er sei ja jetzt erwachsen und könne sich allein durchkämpfen: „Alle Leute werden dich demütig und brav machen wollen. Folge ihnen nicht und werde hart und gefährlich." (Ebd. S. 39)

Die Erzählung, angesiedelt in den Jahren 1924 bis etwa 1927, spielt mit der Erzählperspektive, indem fingierte Tagebucheinträge des Jungen mit Briefen an den Onkel wechseln. Sie hat manche Brüche, zum Beispiel, dass Sigrid ohne Begründung plötzlich deutsch sprechen kann und Erwin norwegisch. Doch die Erzählung ist insgesamt vor dem Hintergrund des sonstigen Mittelmaßes an bündischer Jugendliteratur außergewöhnlich originell.

Die dritte Erzählung, *Die Leonenrotte* (ebd., S. 60–157), ist eine Hymne an die Kameradschaft. In ihr schildert Koebel den Zusammenhalt einer Schar von acht Jungen, die verhindern wollen, dass ein Zwillingspaar aus ihrer Gruppe in ein Erziehungsheim gesteckt werden soll. Unterstützt werden die Jungen von dem neuen Assessor der Schule, Kansen (Koebels Pseudonym!), einem ehemaligen Altwandervogel, der sich darauf freut, „feine deutsche Kerle zu schaffen." (Ebd., S. 68) Die Erzählung dreht sich um jugendliche Selbstzweifel, Verführung durch andere, Aufbegehren gegen die etablierte Gesellschaft in Form des Erziehungsheims. Die wilden Abenteuerpläne, die Zwillinge zu befreien, waren sicher nach dem Geschmack der jungen Leser.

Romane und Erzählungen

Demselben Zweck wie die Sammlungen von Geschichten dienten die Jugendromane, die wegen ihres größeren Umfangs eher für die stille Lektüre zuhause gedacht waren. Sie hatten häufig reine Unterhaltungsfunktion, stärkten die Reise- und Abenteuerlust, vermittelten Naturerlebnisse. Natürlich war jedes Buch als Lektüre oder Vorlesestoff für den Nestabend geeignet, welches das Interesse der wandernden Jugend fesseln konnte, vor allem in der Frühphase der Jugendbewegung, als die speziell auf die bündische Jugend ausgerichteten Verlage noch kaum in Erscheinung getreten waren. Manfred Kyber, Wilhelm Schäfer und Ludwig Thoma (besonders die *Lausbubengeschichten*) wurden neben anderen gern gelesen. (Vgl. Tolksdorf 2007, S. 28f.) Unbedingt ist auch Hermann Hesse zu diesem Kernbestand an Literatur zu rechnen, der Jugendliche fesseln konnte. Besonders beliebt war Hermann Löns wegen der aus seinen Gedichten sprechenden Naturverbundenheit.

Diesem Naturbedürfnis trug auch der 1. Band der *Spurbücherei* des Weißen Ritter Verlags Ludwig Voggenreiter (wie der Verlag ab dem Wechsel nach Potsdam 1924 kurzzeitig hieß) Rechnung, die 1927 mit *Wild und Wildlinge : Wild- und Waldgeschichten* von Wilhelm Fabricius startete. Überhaupt war, was später Verlage wie der Greifenverlag in Rudolstadt, Günther Wolff in Plauen und vor allem Voggenreiter in Potsdam an Büchern auf den Markt brachten, genauer auf die vermuteten Bedürfnisse der bündischen Jugend abgestimmt, zumal viele in der Jugendbewegung Aktive als Autoren auftraten.

Zwar erfasste die Jugendbewegung eine große Zahl von Jugendlichen, doch war sie keine Massenbewegung, weshalb sich der Absatz der ab 1918 immer zahlreicher erscheinenden Schriften in Grenzen gehalten haben dürfte. Bis auf wenige Titel allgemeinen, sich nicht an bestimmte Bünde richtenden Inhalts waren die meisten von ihnen daher billig hergestellt – schlecht und auf stark holzhaltigem Papier gedruckt und einfach als Broschur gebunden.

Symptomatisch für diese Literatur war das bevorzugte Erscheinen in Reihen, wovon sich die Verlage einen mehr kontinuierlichen Absatz erhofften. Sie trugen daher auch sprechende Reihentitel, die auf das spezielle bündische Publikum abzielten: *Spurbücherei, Jungenbücherei, Fahrtenbücher, Die Bücher der Waldverwandtschaft* und andere.

Nach Beendigung des Ersten Weltkrieges, als sich die überlebenden Bündischen mühsam wieder zusammenfanden, war der Bedarf an einschlägiger Literatur anfangs allerdings groß, doch das Angebot noch klein. Die Verlage griffen deshalb oft auf Titel zurück, die sich schon vor dem Krieg bewährt hatten, und brachten sie in Neuauflagen heraus. Einer davon waren die *Pachantenmären* von Ernst Berghäuser (1893 – ?), zuerst 1915 erschienen, dann 1918 neu und noch später immer wieder aufgelegt. Berghäuser war ein bei der bündischen Jugend geschätzter Autor. Mit der Wiederauflage dieser Sammlung mäßig humorvoller Geschichten aus dem Leben zweier künftiger Wandervögel sollte aber auch an die Ideale der Vorkriegszeit wieder angeknüpft werden. Das versuchte Berghäuser auch mit der Kurzgeschichtensammlung *Wandervogels Sturzflug*, Greifenverlag 1922, in der er einige Kameraden zu Wort kommen lässt, unter anderen Karl Oelbermann, einst Bundesführer des *Nerother Wandervogels*. Hier wurde literarisch verbrämte Bestandsaufnahme getrieben, Rückschau gehalten und vorsichtig ein Blick nach vorn getan. Berghäuser selbst zeichnete ein satirisches, doch aus eigener Erfahrung gewonnenes, deshalb glaubwürdiges Bild des Vorkriegswandervogels, so um 1910: „Im schlechtesten Anzug, den der Trödler abgelehnt hatte, im zerknautschten Hut mit ellenlanger Feder, einen zentnerschweren Krückstock mit lanzenartiger Zwinge in der Hand, so sah uns weiland das staunende Volk der Landbewohner. Der Rucksack des Führers (mitunter auch mancher anderer) beherbergte den ‚Stern des Bundes', die Hausapotheke: eine dickgebauchte Flasche Schnaps." (Ebd., S. 10–11) Die Darstellungen von Wandervögeln auf den romantisch verklärten Ansichtskarten waren offenbar nicht gar so weit von der Wirklichkeit entfernt.

Selbstverständlich wurden auch Kriegserlebnisse, die ja noch ganz frisch waren, verarbeitet – durchaus unterschiedlich, doch, wie zu erwarten, eher als Heldengeschichten. Wie in der übrigen Jugendliteratur, so auch in den sich vorzugsweise an die bündische Jugend richtenden Geschichten wirkte das Kriegstrauma lange nach, meistens in Form von Kriegsspielen und Träumen von Heldentum. Ein Beispiel dafür ist Werner Otto von Hentigs (1886–1984) *Meine Diplomatenfahrt ins verschlossene Land*, zuerst 1918, später unter dem Titel *Ins verschlossene Land : ein Kampf mit Mensch und Meile* erneut erschienen. Darin wird eine Expedition von deutschen Offizieren durch Mittelasien in der Zeit des Ersten Weltkrieges beschrieben. In Paul Jordans Erzählung *Krieg im Winterlager* aus dem Buch *Mit Barett und bunter Mütze : Jungengeschichten von Fahrt und Schule* (1931) wird ein Kriegsspiel zweier Jungengruppen geschildert, jedoch mit der Absicht, fairen Umgang miteinander vorzuführen.

Ein guter Teil der Jugendromane hatte jedoch nicht mehr im Sinn, als spannende Ablenkung zu bieten. Diesem Ziel dienten die Bücher von Werner Kindt, Hans Riedel, John Hunter, Eberhard Strauß und vielen anderen.

Gruppengeist und Gruppendynamik

Das Bestreben, die Jugendlichen in direkter oder versteckter Form auf das Ethos des bündischen Gemeinschaftslebens einzuschwören, kennzeichnet viele Publikationen. Hier hat sich vor allem Heinrich Banniza von Bazan (1904–1950) hervorgetan, Gründungsmitglied und 1. Bundesführer (1924–32) der freien Pfadfinderschaft *Bundschuh*. Programmatisch schon im Titel war *Fackeln der jungen Front : Aufbruch und Bekenntnis zur bündischen Bewegung*, 1932 von Günther Wolff in Plauen verlegt. In diesem Buch versucht Bazan, die teilweise sehr unterschiedlichen Zielrichtungen und Vorstellungen von Jungenführung darzustellen, indem er verschiedene Gruppierungen aufeinanderstoßen lässt.

Michael Bernet, der vierzehnjährige Protagonist, wird von seinem Freund Siegmar von Boblick ins Rittergut der Familie eingeladen. Dort bittet eine Pfadfindergruppe um ein Nachtlager. Die Fahne der Gruppe trägt ein silbernes Kreuz mit den Initialen F.R., was ‚Fridericus Rex' bedeutet. Ihr Führer wird als militärisch zackig kommandierend geschildert, was Siegmar sehr beeindruckt. (Vgl. ebd., S. 42–43)

Ein Gast des Barons erklärt: „In solchen Gruppen lebt vielleicht noch das Beste, was wir haben: Tradition der Werte, die Vorfahren schufen, und der Wille, sie zu erneuern für das kommende Geschlecht." (Ebd., S. 37) Am anderen Morgen reiten die zwei Jungen den abziehenden Pfadfindern hinterher und treffen bei ihnen auf Jugendliche einer anderen Gruppe, der *Oneidas*, welche von Wald, Härte und Zucht schwärmen. Es sind Arbeiterkinder, haben ein ‚Tipizelt' und spotten über die Pfadfinder, die ‚Soldaten des großen Preußen' sein wollen; sie dagegen haben die ‚stahlharten indianischen Krieger' als Vorbild. (Vgl. ebd., S. 56ff.)

Bei einem gemeinsamen Lagerfeuer hält der Anführer der Pfadfinder eine Ansprache, in der er den Geist der Väter, den ‚Geist der Härte und der Zucht' beschwört. (Vgl. ebd., S. 60–61) Zu den zwei Gruppen stößt noch ein anderer Jugendlicher, Wedo, ehemaliger *Oneide*. Er sagt ihnen: „Ihr müßt zu den Führern, die der Jugend ihre Aufgabe weisen im kommenden Kampf um Deutschland." (Ebd., S. 68) Offenbar den Nationalsozialisten zuneigend, will er doch auf der Seite der Arbeiter stehen. Auch noch ein als guter Katholik geschilderter Junge taucht zur Vervollständigung der Versammlung auf, der Kirchenzettel austrägt. Zu allem Überfluss treffen sie zum Schluss auf Egon vom *Jung-Spartakus-Bund*. Er stellt den beiden Protagonisten gegenüber klar: „Ihr zieht zu einer Langemarckfeier, wir zur Feier der russischen Revolution." (Ebd., S. 128)

Die Hingebung an den ‚Führer' thematisiert Paul Jordan in der Erzählung *Wird Detlev versetzt?*, enthalten in *Heinz, der Torwart und andere Erzählungen* (3. Aufl. 1931, S. 31–72). Sie handelt von dem schlechten Schüler Detlev, der seinen Vater bezüglich seiner Leistungen anlügt, um von ihm die Erlaubnis zu bekommen, „mit der Meute ins Winterlager zu fahren." (Ebd., S. 31) Als ihn der Gruppenführer Wolf ermahnt, ehrlich zu sein, befolgt Detlef das wörtlich und gerät mit Vater und Lehrern in größte Konflikte. Doch er verbessert seine Leistungen, und am Schluss erntet er allgemeine Anerkennung, besonders auch vom Gruppenführer.

Um die Führerfrage geht es auch bei Herbert Pfretzschner in seinem Buch *Wir keilen Bengt* (1933, *Spurbücherei* 19). Der Ich-Erzähler und dessen Freund Klaus sind Pfadfinder. Er ist Sohn einer ‚besseren' Familie, spielt Klavier, liest die Natur- und Tiergeschichten von Bengt Berg. Er kommt in ein Landschulheim, gebaut im ‚Zigarrenkistenstil', womit wohl der Bauhausstil gemeint ist. Das Heim veranstaltet einen Schwarzwaldausflug, der Ich-Erzähler möchte verständlicherweise lieber an der Schwedenfahrt seiner Pfadfinder teilnehmen, die zur gleichen Zeit stattfinden soll.

Im Verlauf der Erzählung werden die Führer zweier rivalisierender Gruppen charakterisiert, die eine militärisch diszipliniert, die andere chaotisch. Achim, der Führer der ‚Kerntruppe' mit blauen Halstüchern, repräsentiert die soldatische Disziplin, er regiert durch Befehle. Rudi, der Führer der anderen, die nicht in eine Gruppe gehen wollen, „um sich was befehlen zu lassen" (ebd., S. 45), ist das chaotische Gegenbeispiel. Als sie in einem Lager aufeinander treffen, behaupten sich natürlich die Disziplinierten. Dieser traditionell konservativen Einstellung entspricht nicht unbedingt ein ähnlicher Lebensstil; so wird z. B. erzählt, dass ein Junge eine Reproduktion von Kokoschka geschenkt bekommt und auf dem Schiff nach Schweden ein Song aus der *Dreigroschenoper* erklingt.

Von der traditionell konservativen Richtung abweichende Einstellungen waren in diesen Jahren nur noch in wenigen Publikationen präsent, während früher auch noch andere Stimmen zu Wort gekommen waren, zum Beispiel John Hargrave, von dem im Jahrzehnt nach dem Weltkrieg einige Titel übersetzt wurden. 1908 war Hargrave (1894 – 1982) der sich gerade formierenden Pfadfinderbewegung in England beigetreten. Er hatte die Grausamkeiten des Ersten Weltkriegs miterlebt und war Pazifist geworden. Das war offensichtlich mit den damaligen Prinzipien der englischen Pfadfinderbewegung nicht vereinbar, weshalb er 1920 ausgeschlossen wurde und daraufhin seine eigene Gruppe, genannt *The Kindred of the Kibbo Kift*, gründete, die auch Erwachsenen offenstand. Die ins Deutsche und Tschechische übersetzten Bücher Hargraves, vor allem seine Indianergeschichten, waren beliebt. Doch wurde auch 1921 sein programmatisches Buch *Kibbo Kift : die Waldverwandtschaft* gedruckt, was einer ganzen Reihe des später von Voggenreiter übernommenen Regensburger Verlages Der Weiße Ritter den Namen gab: *Die Bücher der Waldverwandtschaft*.

Günther Etens (? – 1944) Buch *Horst : Geschichte eines Wölflings* (1931, *Jungenbücherei*; Bd. 4) führt schon direkt in die nationalsozialistische Richtung mit Schlagworten, wie ‚Sieg und Ehre', Grußformeln ‚Heil, Horst, Heil Walter', allerdings bei noch reichlich ausgestreutem Pfadfinderslang, wie Horstvogt, Fähnleinführer, Pimpf oder Wimpelträger. In seiner 1935 erschienenen Erzählung *Talfo : Leben eines Schwertjungen* hat die völkisch nationale Einstellung offenbar gesiegt, sein Fazit: Jedes im Kampf vergossene Blut ist „Künder heiliger Opfer für Glauben, Freiheit und Recht, Mahnung, ewige Verpflichtung" und mündet in den Fluss, an dem „die Heimat des Reichs" liegt. (*Talfo*, S. 62) Erstaunlich, dass beide Titel nach 1933 in die *Liste des schädlichen und unerwünschten Schrifttums* (Ausgabe 1936, vgl. Hopster / Josting / Neuhaus: *Kinder- und Jugendliteratur 1933 – 1945*, Bd. 1, Sp. 269) gerieten.

Die sich völkisch gerierende Jugendgruppe *Artamanen* mündete bruchlos in den Nationalsozialismus, indem sie 1934 als einzige Gruppe korporativ in die Hitlerjugend (HJ) übernommen wurde. Eines ihrer Mitglieder war Wilhelm Kotzde (1878 – 1948), dessen Jugendbücher mit historischer Thematik, auch die vor 1914 geschriebenen vaterländischen, in der NS-Zeit gut angesehen waren.

Eine Form der Unterhaltungsliteratur – das Volksmärchen oder die Märchendichtung – scheint bei der bündischen Jugend weniger geschätzt worden zu sein. Walther Jantzen nimmt sie ganz am Schluss noch in seine Abhandlung über *Die lyrische Dichtung der Jugendbewegung* von 1929 auf. Er hält Märchen für Schwelgerei der Phantasie „ohne Hemmung und Grenzen" (Jantzen, *Die lyrische Dichtung*, S. 113), für „gemütwarme Traumverlorenheit." (Ebd., S. 115)

Vieles, was an Kunstmärchen in dieser Zeit entstand, verdiente eine solche Apostrophierung, denn natürlich fühlten sich die bündisch Engagierten wie dem Volkslied, so auch dem Volksmärchen verbunden und wollten vor allem selbst Märchenhaftes erfinden. Manches davon erschien in bündischen Zeitschriften. Erfüllt von träumerischen Phantasien, entstand nach Jantzen bei vielen Wandervögeln „die Gewohnheit, das zartere Erleben überhaupt in die Märchenform zu kleiden. […] Das Wandervogelmärchen ist so mehr eine Art ‚Sprache' als Dichtung. Künstlerische Bewertung wäre ungerecht." (Ebd., S. 107)

Lisa Tetzner, die, wie auch ihr späterer Mann Kurt Kläber, vor dem Krieg in der Jugendbewegung aktiv war, hatte die romantische Absicht, Märchen aus dem Buch heraus wieder lebendig werden zu lassen und ins Volk zu bringen. Sie wanderte von 1918 bis 1922 in Thüringen, Schwaben und im Rheinland umher und erzählte Kindern und Erwachsenen Volksmärchen. Sie berichtete darüber in drei Heften. So, wie sie sich selbst beschreibt, gab sie fast ein Idealbild eines Wandervogels ab: „… steht da im Türrahmen eine fremde Frauensperson im hellblauleinenen Wanderkleid, hellem Schlapphut, verstaubten Schuhen und Wanderstab." (Lisa Tetzner: *Vom Märchenerzählen im Volke*. 1919, S. 36) Ihre berühmte Anthologie *Die schönsten Märchen der Welt für 365 und 1 Tag*, 1926 bei Eugen Diederichs mit den eindrucksvollen expressiven Illustrationen von Maria Braun erschienen, scheint aber keinen spürbaren Widerhall in bündischen Kreisen gefunden zu haben.

1.3 Fahrtenberichte

Ein Wandervogel sein, Jugendwandern betreiben – das Gemeinschaftserlebnis ‚auf Fahrt' und zuhause im ‚Nest' (der Gruppenbehausung), auf jeden Fall aber fern von Eltern und anderen Autoritäten, war der grundlegende Antrieb für die Bildung der ansonsten weltanschaulich zum Teil stark differierenden Jugendbünde. Die eigene Heimat kennen zu lernen, dazu fremde Welten zu entdecken, war das fast allen gemeinsame Ziel. Frank Fischer: „Wir im Wandervogel wollen nämlich einfach deutsches Land in seinem natürlichen Wechsel sehen und liebgewinnen." (Fischer: *Wandern und Schauen*. 1918/1921, S. 11) Man sollte dabei auf die Stimme der Natur hören, vorausgesetzt, daß die Stimmen der Natur zu einem reden: „Du mußt die Natur kennen vom langen Wandern, wenn sie so zu dir sprechen soll." (Ebd. S. 112) Und Treumann-Albrecht Meyen: „Es war die Sehnsucht, die den Wandervogel gebar, das heiße, wilde Sehnen der in den toten Steinhaufen der Mietskasernen und ihrer Asphaltkultur vegetierenden Großstadtjugend nach etwas Großem, Starkem und Schönem, nach etwas, was die Tore der Seele öffnet und was begeistert." (Meyen: *Stromerfahrten*. 1921, S. 1)

Wenn man sich vor Augen hält, dass diese Jugendlichen ihre Heimat entdeckten, kurz bevor die moderne Zeit nach zwei Weltkriegen mit Abrissen und ‚Modernisierungen' von Altbauten das Bild der Städte und Dörfer samt den dazugehörigen Landschaften nachhaltig veränderte, wenn man sich vorstellt, dass zu den meisten Dörfern noch unasphaltierte Straßen führten, die Bauernhäuser noch ihre alten Türen, Fensterläden, Fensterkreuze hatten, Pferdefuhrwerke den Hauptverkehr erledigten, alte Mühlen noch gingen, kann man ihr gefühlsseliges Schwärmen verstehen. Was Hans Tampke an Reizwörtern bot – Wald, schattenkühle Bäume, schattenwarme Gründe, Mühlrad, Mühlbach, strohblonder Knabe -, wenn er naiv erzählt: „Hier entkleiden wir uns bis zu den Hüften und baden uns im silberklaren Wasser" (*Wandervogel*, Jg. 8, zit. nach Grebenstein: *Ein Büchlein vom Wandervogel*. 1925, S. 3), muss das den heutigen Leser nicht überlegen lächeln lassen. Man glaubt, aus all diesen schwärmerischen Schilderungen einen Unterton herauszuhören, der darauf hinweist, dass die Jugend zwischen 1900 und 1940 ahnte, dass diese Art des Erlebens über kurz oder lang nicht mehr möglich sein würde. Die starke Sehnsucht nach Natur und einfachen Verhältnissen, nach unverbauter, harmonischer Landschaft, gleich, ob ursprünglich oder urbar gemacht, war sicher auch Ausdruck einer unbewussten Angst vor den rasanten Entwicklungen der Technik und in ihrer Folge eine Reaktion auf die Industrialisierung, die vor den Augen dieser Jugend das Leben und mit ihm die gewohnte Umgebung grundlegend veränderte und sich immer weiter und schneller in die Landschaft hineinfraß.

Vor dem Hintergrund dieses Bewusstseins kann man verstehen, dass nach den Umwälzungen des Ersten Weltkriegs Bücher und Beiträge von vor dem Krieg erneut herausgegeben wurden, zum Beispiel die Aufsätze des schon 1914 bei Langemarck gefallenen Frank Fischer, Gründungsmitglied des *Steglitzer Wandervogels*, die 1918 noch einmal und 1921 wieder unter dem Titel *Wandern und Schauen* erschienen.

Deutsches Land wollten sie kennenlernen – wenn möglich, auch das Ausland (das österreichische Jungenkorps *dj. 1.11* stellte in *1931/II Jungenfahrten* einen eindrucksvollen Katalog an Auslandsfahrten zusammen, mit Bezug auf den Balkan, auf Kreta, Novaja Zemlja, Schweden und etliche andere Gegenden. Ein guter Teil der bündischen Literatur bestand daher aus Berichten über Fahrten, die Anregungen sein und zugleich Erfahrungen an nachkommende Gruppen weitergeben wollten.

Noch etliche andere Publikationen mit diesem Ziel wurden nach dem Krieg neu oder wiederaufgelegt, so von Walter Fischer Die *große Fahrt*, herausgegeben im Auftrag der Bundesleitung des *Wandervogels*, zum erstenmal 1918 erschienen, 1925 schon in 5. Auflage; von Franz Willeke *Heimat und Fahrten*, um 1915 erschienen, als 3. vermehrte Auflage 1921 wiederaufgelegt. Immer noch als lesenswert galten die Arbeiten von Ernst Berghäuser. Der Band *Von Wandervogels Art und Fahrt* war aus älteren Wandervogelnummern zusammengestellt, 1925 zum erstenmal und 1930 erneut erschienen. Zeitgemäße Erfahrungen konnte eher das 1928 herausgegebene Buch *Von deutschen Pfadfindern auf Fahrt, im Lager und daheim : Schilderungen pfadfinderischen Lebens* von Gerhard Tannenberg vermitteln.

Ein Titel wie *Fahrt in den deutschen Süden* von Fritz Dörrenhaus (1929) konnte schon Fernweh bei mehr nördlich wohnenden Jugendlichen wecken. Berichte gar von Auslandsfahrten waren vom Stolz erfüllt, es geschafft zu haben, konnten vor allem zur Nachahmung anregen. Solche Berichte waren *Englandfahrt 1909 und 1927* (1929 herausgegeben von der *Deutschen Freischar*), *Hellas* (1929 herausgegeben von Ernst und Herbert Lehmann), *Mit Kompaß und Karte durch den Balkan* (1930 von Paul Jordan), *Wir durchstreiften Bulgarien : 10 deutsche Pfadfinder auf abenteuerlicher Großfahrt* (1931 von H. Huffzky), *Orientfahrt der Sturmvaganten* (1932) und *Eine Jungenfahrt zum Ligurischen Meer* (1933) von Karl Köster (bis 1929 Karl Kowalczick, s. Heeke, S. 591–592), der in den dreißiger Jahren besonders viele Fahrtenberichte verfasste. Bemerkenswert ist sein Bericht über eine Fahrt in die Sowjetunion, die er vermutlich 1932 mit zwei Kameraden unternahm (*Rußland querdurch : Erlebnisbericht einer Nord-Süd-Grossfahrt deutscher Pfadfinder durch die Sowjetunion*, 1933). Ist schon erstaunlich, daß das Grüppchen überhaupt durchkam, ist das Bild, das er von dem kommunistischen Land zeichnete, wenn auch kritisch, doch insgesamt überraschend ausgewogen.

In die Erlebnisberichte der verschiedenen Autoren mischten sich gelegentlich nationale Töne, sicher auch manchmal provoziert durch die Bemerkungen mancher Einheimischen, denen nach dem Krieg zum erstenmal wieder Deutsche begegneten. Im allgemeinen wurden deutsche Jugendliche aber freundlich behandelt. Der anonyme Verfasser der *Balkanfahrt der Jungenschaft Wien 4* (*Briefebücherei* 2, 1932) zum Beispiel schildert eine Begegnung mit einem bulgarischen Bauern: „Er legte die Zeigefinger aneinander und sagte: ‚Bulgarsky-Germansky'. Das hieß: Bulgaren und Deutsche vertragen sich gut. Dann folgte kurz sein Urteil über alle anderen Nationen, und wir stellten eine weitgehende Übereinstimmung unserer politischen Ansichten fest." (Ebd., S. 30) Fritz, wie sich der Autor nennt, zog den Schluss: „Als Deutscher genießt man die Sympathien aller Volksschichten." (Ebd., S. 60) Für Heft 8–9 der Zeitschrift *Der fahrende Gesell* mit dem Beitrag *Grenzlandfahrt deutscher Jugend durch Südtirol* (Bd. 13, 1925, S. 125–167) warb der Umschlagtext: „Die Schrift zeigt praktische Grenzlandarbeit deutscher Jugend und gibt ein erschütterndes Bild von dem erbitterten Ringen unserer Südtiroler Brüder um ihr von den Italienern hart bedrängtes Volkstum."

Auch die vor allem nach dem Zweiten Weltkrieg um sich greifende Skandinaviensehnsucht, für die Walter Scherfs Erzählung *Schwedenfahrt* (1955) symptomatisch war, war bei einem Teil der bündisch Organisierten schon in den zwanziger Jahren verbreitet. Robert Werners schmales Büchlein *Zwei laufen durch Lappland* (1934) war zwar schon zeitbedingt nazistisch angehaucht (die Fahrt wurde 1933 durchgeführt), doch enthielt es insgesamt einen interessanten, anschaulichen Bericht der Fahrt mit informativen Photos des Autors. Werner drückt aus, was Jugendliche am europäischen Norden faszinieren konnte: einfaches Leben, Naturverbundenheit, Lust am Abenteuer, wenn man nur auf sich selbst gestellt ist, Zug zur Einsamkeit, für die in Skandinavien, „dort, wo wir mit uns und nordischer Landschaft allein sind" (ebd., S. 9), genügend Raum war im Gegensatz zu Deutschland.

Vor allem Eberhard Koebels (tusk) Buch *Fahrtbericht 29 (Lappland)*, erschienen 1930, also bald nach Gründung seiner Jungenschaft *dj. 1.11*, war nicht nur Ausdruck seiner Skandinavienbegeisterung (er emigrierte 1934 zuerst nach Schweden), sondern galt auch als eine Art Musterbeispiel dafür, wie Fahrten und Fahrtenberichte sein sollten, weshalb hier ausführlicher auf diesen Titel eingegangen werden muss.

In ihm, gewidmet seinen ‚Kampfgenossen', schildert Koebel seine zweite Lapplandfahrt, die er als Führer einer Jungengruppe (*Horde Stuttgart I*) unternimmt. Ausführlich werden die vielfältigen organisatorischen Vorbereitungen beschrieben, die einen erfahrenen Führer erfordern: Geld beschaffen, mit Eltern verhandeln, Fahrtermäßigungen aushandeln und ähnliche Arbeiten. Mit tusk zusammen war die Gruppe vierzehn Jungen groß. Beim letzten Appell vor der Abreise hatten alle eine dunkelblaue ‚Kluft' an (Jungenschaftsbluse) mit einem Gürtel, dessen Koppelschloss die Aufschrift *Furchtlos und treu!* zierte. Natürlich trugen sie auch eine Fahne; gesungen wurde *Ihr lieben Kameraden* von Robert Götz.

Über die Fahrt wurde ein ‚Logbuch' genanntes Reisetagebuch geführt, weshalb der Fahrtenbericht diese Großfahrt auch so genau dokumentieren konnte – mit allen ihren Ereignissen, Problemen, menschlichen Kontakten und deren Enttäuschungen. „Es wäre Fälschung, die Großfahrt als eine Kette schöner Erlebnisse darzustellen. Nein, es waren häßliche Stunden darunter!" (*Fahrtbericht 29*, S. 19) Aber die Hauptsache auf so einer Fahrt war doch das Gemeinschaftserlebnis und wurde als solches auch von den Jungen stark empfunden: „Es klingt übertrieben, wenn ich sage, Lappland war uns weniger wichtig, als sechs Wochen diese Horte!" Tusk registriert eine „hochmütige Begeisterung für unsere Jungenschaft, die alle abstößt, die nicht zu uns gehören." (Beide Zitate ebd., S. 20)

Auf der Fahrt lebte man erwartungsgemäß spartanisch, nicht nur wegen des knappen Geldes, sondern auch aus Prinzip. Getrunken wurde Milch, gegessen als Grundnahrung ‚Kachko', sofern man Gelegenheit hatte, ihn zuzubereiten. Dieses Produkt jungenhafter Kochkunst, wieder eine Erfindung Koebels, schien für ihn zur Jungenschaft ebenso zu gehören wie Kohte und Koppel. Wenn man in *Fahrtbericht 29* die Schilderung der Zubereitung liest, kann es einen heutigen verwöhnten Menschen schon leicht gruseln: „Weißmehl und Wasser mit ein bißchen Salz. Das ganze tüchtig geknetet. Die Bratpfanne trocken und heiß auf dem Feuer, Fladen geformt und in der heißen Pfanne geröstet, bis er steif wird, der Kachko. Dann stell ich ihn aufrecht in die Glut, bis er durch und durch trocken ist. Er schmeckt herrlich. Er ist nicht nur Brot, er ist nicht nur Nahrungsmittel. Er wird gegessen, wenn man gelitten hat im Fjäll. Er wird Gästen gegeben, er wird im Winter auf der bloßen Brust unterm Hemd getragen, damit er nicht gefriert. Er wird dem hungernden Kind geschenkt." (Ebd., S. 37–38 – Koebel hat später in *Der Eisbrecher*, 1933, H. 13, S. 20, eine leicht korrigierte, genauere Backanweisung gegeben, nach der man den Kachko nur „in die nächste Nähe der Glut" stellt! Photos vom Kachkobacken *Fahrtbericht 29*, S. 60–61.) Letztlich muss man sich diesen halb verkohlten Fladen als eine Art Knäckebröd vorstellen, das Koebel vermutlich auf seiner ersten Lapplandfahrt in Schweden kennengelernt hatte – freilich als dessen Primitivversion ohne Milch, Hefe und Gewürze.

Zu den Erfahrungen einer Großfahrt gehört auch das Erlebnis der Kultur- und Mentalitätsunterschiede zwischen den Völkern. Die Unfreundlichkeit deutscher, die Freundlichkeit schwedischer Beamter wird zum Beispiel genau registriert. Koebel: „Ich finde, daß man in Schweden Deutschland nicht übermäßig lieben lernt, eher im Gegenteil." (*Fahrtbericht 29*, S. 23) In Museen geht man auf Fahrt nicht, wenigstens nicht in Stockholm; aber die Gruppe war immerhin in Skansen.

Als die Jungen für einen schwedischen Leutnant namens Wikfors, der in Deutschland gewesen war, Lieder sangen, erklärte dieser: „Ein Volk, das solche Lieder singt, kann nicht untergehen." Koebel bemerkt dazu trocken: „Ich bin da Skeptiker". Als der Leutnant weiter erklärte, er glaube an Deutschland, an ein Volk, das so eine Jugend habe, kommentiert Koebel selbstbewußt: „Nun, wir wissen ja, daß kein anderes Volk solche Jugend hat. Aber wir wissen auch, daß wir nur ein kleiner Teil der deutschen Jugend sind." (Alle Zitate *Fahrtbericht 29*, S. 27)

Das Buch ist, wie zu erwarten, deutlich von Koebels damaliger Weltanschauung geprägt, die sich unter anderem noch aus der Begeisterung für Hitler speiste. Unverkennbar sind gewisse paramilitärische Züge, was damals wohl nicht verwunderlich war, denn der Eindruck des Ersten Weltkrieges war noch frisch.

Nach dem Aufwecken wird morgens ein Appell abgehalten, die Großfahrthorte wird verglichen mit einer Patrouille, die ein Leutnant im Krieg zusammenstellt. (*Fahrtbericht 29*, S. 19) Als Lieder werden gern Kampf- und Soldatenlieder gesungen; vor den Schweden sang man den nationalistischen Reißer *Morgen marschieren wir in Feindesland* (Bogislav von Selchow, 1916). Ein wenig Provokation war bei diesem Gehabe allerdings auch dabei: „In Nordskandinavien gibt es nicht allzu viele Leute, die nicht Kommunisten sind. Damit es Unterhaltung gab, erklärte ich den Mitreisenden, wir seien eine faschistische Jugendabteilung. Wir wollten Krieg. Krieg sei die Grundlage alles Lebens auf Erden." Mit dieser Ansicht rief Koebel bei den einheimischen Mitreisenden natürlich Entsetzen hervor; sie empfahlen ihm: „Bessere Dich und revidiere Deine politische Ansicht!" (Beide Zitate Ebd., S. 28) Im Zug wurden die Jungen auch gefragt, wer die Verantwortung für die Gruppe trage. Einer der Jungen zeigte lässig mit dem Daumen auf Koebel und antwortete: „Unser Führer." (Ebd., S. 20). Dem von der deutschen Jugend so begeisterten schwedischen Leutnant erklärte Koebel, als dieser fragte, ob die Gruppe eine Satzung habe: „Nein, nur Führer, kein geschriebenes Wort." (Ebd., S. 27). Er selbst beschrieb sich als eine Art Oberst und verglich die Wandergruppen mit Kompanien, die die Grenzen nach Norwegen, Frankreich und England überschritten.

Zu Fragen der Disziplin erklärt Koebel im Buch: „Das strikte Kommando, durch das unser Gau berüchtigt ist, war die Grundlage unserer Gemeinschaft geworden." (Ebd., S. 29) Er habe erkannt, „daß nur, wo schwache Menschen an der Spitze stehen, beschlossen und gewählt wird." Er ziehe den Entschluß dem Beschluß vor. „Den Führern zu folgen, ist eine gute, nützliche Sache. Alle Kräfte, die man allein brauchte, um den rechten Weg zu suchen, werden dann frei." (Beide Zitate ebd., S. 33) Wohin ein solcher Weg wirklich führte, weiß man heute wahrlich besser!

Anlässlich eines Beitrags über Dichtung in der Zeitschrift *Der Eisbrecher*, der wahrscheinlich von tusk stammt, wird ein Plädoyer gegen freie Rhythmen merkwürdig ideologisch folgendermaßen begründet: „Wir sind Feinde der Freiheitlichkeit, weiches Wachsenlassen steht uns nicht. Der Zwang ist gut." (*Der Eisbrecher* 3, S. 321) Dass Koebel kurze Zeit später plötzlich Sympathie für den in gleicher Weise autoritären Kommunismus hegte (was ihm natürlich prompt die Feindschaft der Nationalsozialisten einbrachte), war bei seiner Begeisterung für das Führertum nicht verwunderlich.

1.4 Lieder und Liederbücher

Zu einer zünftigen Fahrt gehörte auch das Singen von Liedern unterwegs oder am Lagerfeuer. Für die Wandervögel und anderen Bünde war das fast eine heilige Handlung. Die ersten Wandervögel konnten dabei noch nicht auf einschlägige Liederbücher zurückgreifen. Sie sangen, was sie auswendig wussten oder dem Kommersbuch und anderen Sammlungen entnahmen. Nach dem Erscheinen und dem Erfolg des *Zupfgeigenhansl* bemühten sich auch andere Gruppierungen, ihre eigenen Liederbücher zusammenzustellen und herauszugeben. Viele von denen, die zum erstenmal schon vor Beginn des Weltkriegs erschienen waren, waren nach 1918 weiter im Gebrauch, meistens den veränderten Bedürfnissen angepasst und um neue Lieder bereichert.

Hans Breuers berühmte Liedersammlung *Der Zupfgeigenhansl* erschien in immer neuen Auflagen, 1930 als 157. Auflage, womit er über 800 000 Exemplare erreicht hatte. Die 164. Auflage durfte noch 1940 herauskommen. Nachdem Breuer 1918 gefallen war, schrieb Erich Matthes im Vorwort zur Ausgabe des gleichen Jahres: „‚Unser Hansel‘ ist für uns Wandervögel und Wanderer keine x-beliebige Liedersammlung, er ist ein Stück von unserer Seele.“ (Zitiert nach der 125. Auflage von 1922).

Auch das *Wandervogel-Liederbuch*, das Frank Fischer, Gründungsmitglied des *Steglitzer Urwandervogels*, 1912 herausgegeben hatte, erlebte, nachdem er schon 1914 gefallen war, bis 1928 zehn Auflagen.

Die 1915 erschienene Sammlung *Wandervogels Singebuch* von Hermann Engel und Otto Mallon erlebte 1925 die 6. Auflage. Mit ihren 500 Liedern, „was Wandervögel singen“, war sie wesentlich umfangreicher und ging inhaltlich weit über den *Zupfgeigenhansl* hinaus, der ja vor allem Volkslieder bot. Adolf Häseler schließlich gab 1915–1922 gleich ein zehnbändiges *Wandervogel-Album* heraus.

Einen Versuch, Lieder der bündischen Jugend zusammenzustellen, unternahm der in Sachen Jugendbewegung sehr rührige (und politisch nahezu allen Richtungen offene!) Verlag Günther Wolff in Plauen. „Unter Mitarbeit deutscher Jugendbünde“, lautet der Hinweis in dem Liederbuch *St. Georg : Liederbuch deutscher Jugend*, das Walter Gollhardt 1931 herausgab. Auf 386 Seiten enthielt es die Gruppen *Lieder der Reiterbuben, Lieder der Landstraße* und *Lieder am Feuer*. 1929 erschienen ferner im Voggenreiter-Verlag *Lieder der Bündischen Jugend*, vom Musikpädagogen Theodor Warner zusammengestellt und bearbeitet. Wie er im Vorwort mitteilte, hatte er sich bei der Liedauswahl an einer Umfrage in der *Deutschen Freischar*, dem Bund der Wandervögel und Pfadfinder, orientiert. Derselbe Herausgeber ließ 1933 noch *300 Lieder der Jugend* folgen.

Neben diesen eher braven Sammlungen kamen auch solche zum Zuge, die von der Norm üblicher Liederbücher erheblich abwichen. Ein repräsentatives Beispiel hierfür sind die *Lieder der Süd-Legion*, 1931 ebenfalls im Verlag Günther Wolff in Plauen erschienen. Dieses schmale Heft von 21 Doppelseiten enthielt in konsequenter Kleinschreibung unter anderen Lieder von Friedrich Gundolf und Karl Wolfskehl, die 1931in der Zeitschrift *Jugendland* ebenfalls bei Wolff erschienen waren.

Wolff brachte 1933 auch Eberhard Koebels (tusk) *Lieder der Eisbrechermannschaft* heraus. Dieser politisch von braun bis rot und wieder zurück oszillierende ominöse Jugendführer hatte hier Lieder für seine *dj. 1.11* zusammengestellt. Im Vorwort mit dem Titel „Neue Lieder auf deutschen Straßen" zieht Koebel über die seiner Meinung nach übliche Gesangspraxis der Durchschnittsbürger her: „Wenn alte Bäuche von national sprechen, denken sie an etwas ganz anderes als wir. Wenn sie gar von deutschem Lied reden, erinnern sie sich an Bier. Die Vorhut der Jugendbewegung [womit er natürlich vor allem seine eigene *dj. 1.11* meinte; A. B.] wird die fast gestorbenen, von schmutzigen Händen abgegriffenen Münzen ‚Heimat, Nationalismus', ‚Liebe zu Deutschland', zu neuem Leben und Klang erwecken." (*Lieder der Eisbrechermannschaft*, Vorwort, o. S.) Mit dem schiefen Bild von ‚sterbenden' Münzen begab sich Koebel schon in eine Richtung, die den Anschauungen der Nationalsozialisten bedenklich nahekam. Der Band wimmelt von Liedern mit paramilitärischen Inhalten, geschmückt mit entsprechenden Vignetten von Jungen mit Fahnen, militärisch ausgerichtet mit Trompeten, mit Gewehrpyramiden und erhobenem Schwert. Beispiele hierfür: *Ihr lieben Kameraden wir ziehen in das Feld*; *Soldat, du bist mein Kamerad* – mit einem Geige spielenden Gerippe als Vignette – oder *Ritter und Reisige reiten aus der Schlacht*. Von den 18 Liedern hatten elf kriegerische Inhalte! Dieser Einstellung folgend, kamen 1934 als zweiter Band die *Soldatenchöre der Eisbrechermannschaft* hinzu. Eines der wenigen friedlichen Lieder war eine Art *dj. 1.11*-Hymne: *dj. 1.11 mit vielen blauen Jungen /zieht dort die Straße herauf*. (Ebd., S. 8–9) Zur eigentlichen Hymne wurde aber nicht dieses Lied mit dem zweideutigen Bild der ‚blauen Jungen', sondern eines, von dem weiter unten die Rede sein wird.

Das erste Liederbuch, *Lieder der Eisbrechermannschaft*, enthielt interessanterweise drei Lieder der Donkosaken und eine Würdigung ihres Leiters Sergej Žarov (im Deutschen üblicherweise nach der französischen Schreibweise leicht missverständlich Serge Jaroff geschrieben). Die Donkosaken, die von 1930–39 ihren Sitz in Berlin hatten, zehrten vom damaligen Interesse für die politischen Vorgänge in der Sowjetunion und machten russische Volksmusik populär. Sie zu hören, dürfte auf die Jungen großen Eindruck gemacht haben. Koebel schrieb über Žarovs Werk: „Mit seinem Chor hat ein russischer Soldat, der

Donkosak Serge Jaroff, ein unvergleichliches Werk geschaffen. Es hat sich auf viele Kreise, z.B. auch auf dj. 1.11 geprägt. Jaroffs Chor ist das Bild verkörperter Disziplin. In seinem Chor kam keine eitle Entwicklung der individuellen Stimme auf. Alles ist vollendetes Zusammenwirken einer Gruppe." (*Lieder der Eisbrechermannschaft.* 1933, S. 35) Koebel überging dabei großzügig die Tatsache, dass gerade der Donkosakenchor eine ausgeprägte Pflege des Sologesanges innerhalb des Chores betrieb – eo ipso von ‚individuellen Stimmen' ausgeführt. Sogar in Koebels zwei Liederbüchern sind Solopartien enthalten!

Wilhelm Schepping wies in seinem Beitrag *Deutsche Jugendbünde in der ersten Hälfte des 20. Jahrhunderts als Sammler und Vermittler slawischen Liedgutes* aus dem Jahre 2005 auf die Begeisterung der Bündischen Jugend für den Donkosaken-Chor hin. Dieser spielte noch während des „Dritten Reiches" eine besondere Rolle für oppositionelle Jugendliche als Symbol der Freiheit. (Ebd., S. 192–193)

Von Koebels Vorstellungen über den Chorgesang war auch die Sammlung *Soldatenchöre der Eisbrechermannschaft* geprägt, die wieder zwei Lieder aus dem Repertoire der Donkosaken enthielt. Sie lassen einen Menschen von heute leicht schaudern, da auch hier seine Neigung für die stramme Führung von Massen und gegen ‚individualistisches' Ausbrechen aus der Uniformität allzu deutlich durchschimmert. Da seine musikalischen Maximen bezüglich Singen und Chorgesang auch ein Licht auf die in seiner literarischen Produktion enthaltenen Tendenzen werfen, sollen sie hier ausführlicher zitiert werden, und zwar anhand des Vorwortes zu den *Soldatenchören*. Hier einige Kostproben: „Entweiht diese Soldatenchöre nicht, indem ihr sie gleichgültig und träg hingröhlt. Ein Chorlied ist gesungene Disziplin und Aktivität" (*Soldatenchöre*, S. 5–6) – das kann man noch unterschreiben. Doch entlarvend ist, wie er über den ihm verhassten (individuellen) „Kunstgesang" herzieht: „Prachtstrotzend, verkünstelt und entartet [!] muten uns seine Werke [gemeint sind Kunstlieder; A. B.] an. Sie werden von flimmernden, mandolinenhaft tremolierenden [sic!] Stimmen einzeln vorgetragen. Das für uns Unangenehme dabei ist die Mißachtung des Rhythmus zugunsten privater Auffassungen des Sängers."(Ebd., S. 7) Weiter: „Die üblichen Chöre singen wie unscharfe Bilder. Mangel an Disziplin verwischt die Einsätze, aus allen Ecken drängen sich individuelle Unarten hervor. Der Chormeister ist eben nicht gestrenger Korporal, sondern der Vorsitzende einer höchst eingebildeten und eitlen Gesellschaft. Aber anders ist es dort, wo Männer singen, die aus dem Wald und von den Bergen kommen, Kosaken, Tiroler, […] dort können wir lernen." (Ebd.) Und: „Das Chorlied gehört unter den freien Himmel, in die Kohte, ins Manöver, in den Arbeitsdienst. Nur bei solchen totalen gemeinsamen Erlebnissen lässt sich die Blüte des Singens ziehen. […] Nur straffe, harte, geübte Körper geben die richtige Resonanz ab."

(Ebd.) Eher amüsiert nimmt man zur Kenntnis, wie er, um den Jungen das Singen schmackhafter zu machen, die Stimmgruppen dem vermeintlichen Jugendgruppengeist anpasste, indem er, statt der üblichen Einteilung in Sopran, Alt, Tenor, Baß, Vogel-, Fuchs-, Wolf-, Bärenstimmen einführte. (Vgl. ebd., S. 9)

Ins gleiche Horn stieß, oder passender gesagt, die gleiche Melodie klimperte auf der Klampfe Karl Oelbermann, der 1933 zusammen mit Walter Tetzlaff *Heijo, der Fahrwind weht* bei Wolff herausgab – ein Liederbuch, das schon ganz von den Vorstellungen der Nationalsozialisten geprägt war. Gedacht waren die Lieder für den *Nerother Wandervogel*, den Oelbermann am 28. 3. 1921 gegründet hatte. Er selbst schreibt dazu: „In einer Zeit, da die Demokratie die ganze Welt erobert, da die Masse denkt, regieren zu können [...], wurde in der deutschen Jugendbewegung wieder der Gedanke für Führertum und Gefolgschaftstreue lebendig." (Ebd., S. 3) So viel vorauseilender Gehorsam, und er nutzte dennoch nichts: Am 22. 6. 1933 musste sich der Bund auflösen. Das Liederbuch enthielt das Übliche: Wander- und Liebeslieder, dazu viele Soldatenlieder. Unter den Beiträgen aus dem Ausland waren erstaunlicherweise auch sechs russische Lieder, unter anderen die beliebten *Ty, morjak* (Du, Matrose) und *Krasnyj sarafan* (Roter Sarafan)!

Der soldatische, genauer landsknechtshafte Ton und Inhalt vieler Lieder schien dem Geist der bündischen Jugend ziemlich genau zu entsprechen, denn ihm gaben die meisten Liederbücher viel Raum, auch schon vor der Machtübernahme, zum Beispiel 1925 Fritz Sotke mit *Wir zogen in das Feld*. Das Heft bot eine kleine Auswahl vor allem von Kampf- und Soldatenliedern, aber auch Wander-, Liebes- und Dialektliedern. Worauf es ankam, zeigte das Titelbild – ein in Linolschnitt-Technik dargestellter Trommler. Soldatenlieder waren auch unter den 18 *Liedern des Bundes* (Verlag Günther Wolff, 1933), darunter *Tilly* von Herbert Löns.

Bedenklicher schon waren die *Lieder der Trucht*, die Karl Christian Müller (mit dem sprechenden Fahrtennamen Teut) bei Günther Wolff 1933 herausgab. Wie so oft in diesen Publikationen, erfüllten die Vorworte ihren Zweck oft mehr als vollkommen, die Richtung anzuzeigen, die ihre Herausgeber anpeilten. Teut, Führer der erst seit 1932 existierenden *Trucht* (ihre Mitglieder hatten die schöne Bezeichnung ‚Truchtinge'), beschreibt sie als einen jugendlichen Menschenkreis, „der sich bemüht, in strenger Zucht und Reinheit die neue Gestalt des Deutschen in sich zu verwirklichen." (Ebd., S. 5) Entsprechend düster bis aggressiv sind viele der aufgenommenen Lieder: „In zarten Keimen zeigt sich hier im Lied unsre neue Welt, schwingt im Gedenken der männlichen Gefolgschaft, des gläubigen Beganges [sic!] bei Feuer und Tanz, der Fahrten durch das deutsche Land, der Bereitschaft zum letzten Kampf für unser Volk und seine Sendung, der entfesselten Ferne, die uns aus unsrer neuen Gegenwelt, dem Osten, hereinbricht.“ (Ebd., S. 5–6)

Wilhelm Cleff hatte noch 1933 bei Voggenreiter in Potsdam *Die weiße Trommel : ein Liederbuch für deutsche Jungmannen und Jungen* herausgegeben. Schon 1934 erschien eine zweite, im Sinn der Nationalsozialisten erweiterte Auflage, welche nun auch nationalsozialistisches Liedgut enthielt. War schon in der ersten Auflage *Die Fahne hoch* enthalten und als zweite Nationalhymne bezeichnet worden, kamen nun Lieder hinzu wie das SA-Lied *Brüder, formiert die Kolonnen* (hinterlistigerweise nach der Melodie von *Brüder zur Sonne zur Freiheit* zu singen) oder Hans Baumanns *Es zittern die morschen Knochen*, und zwar verräterischerweise schon mit der nicht von Baumann stammenden Refrain-Zeile „und heute gehört uns Deutschland und morgen die ganze Welt“, statt wie im Original „und heute hört uns Deutschland“.

War man auch noch so sehr bemüht, sich den neuen Herren anzudienen – es war vergeblich. Nach der Machtübernahme wurde schnell gehandelt. Erst kam das Verbot, Lieder der bündischen Jugend zu singen, vor allem, wenn sie aus Osteuropa stammten, dann wurden die Bünde überhaupt verboten und ihre Mitglieder zwangsweise in die Hitler-Jugend überführt. An die Stelle der bündischen Vielfalt im Lied trat 1933 nun Baldur von Schirachs *Blut und Ehre : Lieder der Hitler-Jugend.*

Wolfgang Lindner, von der Bedeutung des gemeinschaftlichen Liedersingens erfüllt, nahm in seiner Schrift *Jugendbewegung als Äußerung lebensideologischer Mentalität* (2003) die Liedertexte der Jugendbewegung nach Strich und Faden auseinander, indem er sie, stark vom Strukturalismus geführt, nach sprachwissenschaftlichen Gesichtspunkten analysierte. Er weist auf charakteristische Tendenzen hin (vgl. ebd., S. 230ff.): zunächst eine neuromantische, deren Vorhandensein schon Blüher konstatierte (*Wandervogel – Geschichte einer Jugendbewegung*). Die romantischen Vorstellungen vieler Gruppen, vor allem in der Frühzeit der Jugendbewegung, lassen sich in der Auswahl der Lieder besonders gut erkennen. Ihre Schwärmerei für die Natur, das Landleben und das Mittelalter drückte sich in der Vorliebe für Volks- und Landsknechtslieder aus. Walter Blankenburg bestätigte das übrigens in seinem Artikel *Warum greifen wir auf alte Musik zurück?*, abgedruckt 1931 in der Zeitschrift *Der fahrende Gesell.*

Diese frühen Tendenzen wurden von den zwanziger Jahren an von einer mehr konkreten, ‚bündischen‘ Mentalität abgelöst. (Vgl. Lindner 2003, S. 232) Es herrschte nun das Wandermotiv vor, die Sehnsucht nach der Ferne, symbolisiert durch die blaue Blume, wie es Hjalmar Kutzleb in der vierten Strophe des Liedes *Wir wollen zu Land ausfahren* ausgedrückt hatte:

„Es blüht im Walde tief drinnen die blaue Blume fein,
die Blume zu gewinnen ziehn wir ins Land hinein.
Es rauschen die Bäume, es murmelt der Fluß,
und wer die blaue Blume finden will, der muß
ein Wandervogel sein."

Das 1911 verfasste Lied war 1927 im *Wander-Liederbuch für deutsche Mädchen* zu finden; und noch im *Singkamerad* von 1935 für die Hitlerjugend war es von der naiven Anmerkung begleitet, dass so unsere heutige Jugend singe. So einfach ließen sich die alten Bündischen aber nicht von der HJ überzeugen, indem man einfach ihre Lieder okkupierte. Es erinnert an einen anderen, späteren Fall von Okkupierung bündischen Liedgutes, nämlich des berühmten Liedes *Wann wir schreiten Seit an Seit* (1915) von Hermann Claudius durch die sozialistische FDJ, das von vielen Zwangsrekrutierten in Unkenntnis der wahren Herkunft abgelehnt wurde, weil die Zeile „Mit uns zieht die neue Zeit" als die neue Zeit kommunistischer Bevormundung aufgefasst wurde.

Die Verherrlichung, das Erlebnis des Wanderns im Lied ging bekanntlich auf eine viel ältere Wanderbewegung in Tat und Lied zurück, angefangen von den Vaganten und ihren Liedern, an die sich der Begriff ‚Pachanten' anlehnt, bis zu den Romantikern, zu Joseph von Eichendorff, Wilhelm Hauff (*Turner-Wanderlied)*, Wilhelm Müller (*Das Wandern ist des Müllers Lust*) und zu anderen. Im Vorwort zur 15. Auflage des *Zupfgeigenhansl* von 1915 heißt es: „Wir müssen immer deutscher werden. Wandern ist der deutscheste aller eingeborenen Triebe, ist unser Grundwesen, ist der Spiegel unseres Nationalcharakters überhaupt." (Ebd., Vorwort o. S.)

Natürlich blieb die Schwärmerei für die Natur als Element des jugendbewegten Liedes erhalten, seine Reizwörter waren die Wendung zur Natur, zu Feld, Wald und Wiese, Heide, Berg und Tal. Hinzu kam eine Tendenz, sich noch stärker von der nichtorganisierten Jugend abzugrenzen, wozu eigene Kleidung, eigenes Brauchtum mit einer entsprechenden Symbolik dienten.

Besonders auffällig war, neben manchem paramilitärischem Gehabe, die Flammensymbolik in Liedern und Gedichten der Jugendbewegung, auf die Lindner besonders hinweist. (Vgl. Lindner 2003, S. 320–327) Charakteristisch dafür war die Zelebrierung des Lagerfeuers und dazu passender Gedichte und Sprüche. Nahrung boten *Lieder am Feuer* von Walter Schulz (Verlag Günther Wolff 1931) oder *Sommersonnenwende : flammende Jugend am Feuer ; Lieder, Gedichte, Sprüche, Chöre u. Szenen am Feuer* von Will Reeg, noch 1934 bei Danner in Mühlhausen erschienen.

Vor allem aber ist hier Stefan George zu erwähnen; der Georgekreis habe nach Lindner nachweislich Einfluss auf die Bündischen ausgeübt. Besonders Georges Gedicht *Wer je die Flamme umschritt* muss Kultstatus gehabt haben, dessen

Verbreitung Lindner zwar nicht belegen kann, „das jedoch bei feierlichen Lagerfeuer-Ritualen rezitiert worden sein dürfte." (Lindner 2003, S. 320; vgl. auch Mohler/Weißmann 2005, S. 165) Zumindest drückt das Gedicht aus, was die Jugendbewegten empfanden. Hier berührte sich das Bedürfnis nach Exklusivität der Bündischen mit dem geschlossenen Kreis der Georgegemeinde. Das Absetzen von der profanen Menge machte einen besonderen Reiz aus, von dem auch das Liedgut nicht unberührt blieb, und zwar bis weit in die Nachkriegszeit hinein. Alfred Zschiesches Lied *Wenn das Feuer hell und heiß lodert auf in Flammen/schließen wir in unserm Kreis fester uns zusammen* entstand zwar erst 1950, doch drückte es geradezu programmatisch aus, was die Jugend zu den Bünden zog: Dabei zu sein, drinnen im Kreis zu sein, während andere draußen sind. Das Streben nach Geschlossenheit beförderte in den zwanziger Jahren auch den Wunsch etlicher Bünde, eine richtige Burg zu beziehen, die vor anderen das Tor schließt; und mit der Burgromantik war wieder das Ritter- und Landsknechtsthema verbunden.

Wie sehr das bündische Lied außer seiner Funktion als Geselligkeitsausdruck in Einzelfällen Träger einer bestimmten Gesinnung sein konnte, wie zum Beispiel Hans Baumanns Lied *Es zittern die morschen Knochen*, zeigt sich besonders plastisch am sogenannten geheimen Bundeslied der *dj. 1.11 Verlaßt die Tempel fremder Götter /glaubt nicht, was ihr nicht selbst erkannt*, das aller Wahrscheinlichkeit nach von Eberhard Koebel selbst stammte. Kai Kracht erzählt darüber im Internet: „Dieses Lied umgab ein großes Geheimnis: es war in keinem Liederbuch zu finden. Niemand wußte, woher es kam und wer den Text gedichtet oder die Melodie komponiert hatte. Und den verborgenen Sinn mancher Textzeilen konnten wir nur erahnen. Und es war unser Geheimnis: es war allein unser Lied, das Lied von *dj. 1.11*, nur wir kannten es, und wir bewahrten es in unseren Köpfen. Niemand durfte den Text aufschreiben, damit der nicht in falsche Hände geriete. […] Vermutlich entstand es im Herbst 1931, nachdem der Versuch von *dj. 1.11*, als Keimzelle jungenschaftlicher Lebensform die großen Bünde der Weimarer Zeit von innen heraus zu revolutionieren […], gescheitert war. […] Im Sommer 1933, nach dem Verbot aller bündischen und jungenschaftlichen Gruppen durch das Nazi-Regime, wurde das *dj. 1.11*-Bundeslied zum Kampflied gegen die Hitlerjugend." (Internetbeitrag von Kai Kracht 2003, Anmerkung 1, *http://www.kaikracht.de/dj/lied.htm*)

1.5 Lyrik

Die Feststellung, dass in der Jugendbewegung nach Kräften gedichtet wurde, ist so selbstverständlich, dass sie schon als Binsenweisheit gelten kann. Gedichte wurden in den Jugendgruppen nicht selten vorgelesen oder vorgetragen. Man verehrte bestimmte Dichter – Stefan George, Hermann Löns, Heinrich Gutberlet waren die „Bundesheiligen" (Frobenius 1927, S. 406). Und man verfiel selbst ins Dichten, wenn die Stimmung danach war, auf Fahrt im Angesicht der Natur, bei gemeinsam verbrachten Abenden oder einsam auf dem Nachtlager. Symptomatisch für diese Art der Dichtkunst war, dass die Ergebnisse lyrischen Formungswillens jugendlicher Seelenzustände, falls sie überhaupt den Weg bis zum Druck fanden, hauptsächlich in den zahlreichen, aber meistens kurzlebigen und wenig verbreiteten Zeitschriften der verschiedenen Gruppierungen zu finden waren. Hier herrschten Produkte vor, deren Verfasser ihre überquellenden Gefühle zum „Durchaus-Dichten-Müssen" (Jantzen 1929, S. 57) verleitet hatten; für eine selbstständige Publikation wären nur die wenigsten solcher Produkte geeignet gewesen. Was davon jedoch größerer Verbreitung wert zu sein schien, wurde in Sammelbänden herausgegeben. Solche Sammlungen waren zum Beispiel *‚Es taget in dem Osten…' : Gedichte neudeutscher Jugend*, veröffentlicht 1921 von Karl Albert Schmöllenbach und Hanns Altermann. Wer konnte, brachte seine Werke selbst heraus, wie Otto Schenke 1926 mithilfe seines *Burschenkreises der Pfadfindergruppe Rostock*. So etwas hieß dann *Einsamer Wanderer* und war bescheidene 26 Seiten stark.

Walther Jantzen als Zeitzeugen (er war ab 1920 Führer einer Wandervogelgruppe gewesen, 1931–33 dann *Bundesjungenführer*, nach dem Krieg von 1948–1958 Burgvogt auf der Burg Ludwigstein) und seiner Quellenarbeit ist zu verdanken, dass es zur bündischen Lyrik dieser Zeit überhaupt eine erste Untersuchung gibt. Sein Buch *Die lyrische Dichtung der Jugendbewegung* erschien schon 1929, wurde aber von seinem Sohn Hinrich Jantzen 1974 wieder aufgelegt, weil sich bis dahin niemand mehr mit dem Thema befasst hatte. Erst 1976 hat Friedemann Spicker das Thema wieder aufgenommen.

Jantzen unterscheidet in der lyrischen Gattung bündischer Dichtung drei Phasen: Die erste stellt das „Ich" in den Mittelpunkt, die zweite das Erlebnis der Gemeinschaft und die dritte das, was Jantzen etwas gewunden das „mannweibliche Gemeinschaftserleben" (Jantzen 1929; S. 15–16) nennt. Er hatte zur Qualität der überkommenen Gedichte eine durchaus kritische Einstellung, meinte jedoch, dass sie sich von der Pennälerdichtung abgehoben habe, auch wenn sie wie jene Ausdruck der „Heiligung des Gefühlserlebens" (ebd., S. 14) gewesen sei.

Was in der Lyrik der Jugendbewegung thematisches Gemeingut war, das drehte sich um die Suche nach Halt im Leben und um den Wunsch nach einem erfüllten Leben. Positiv wurde die Gemeinschaft erlebt, Schwermutsgefühle wurden durch die dichterische Beschwörung verarbeitet. Das Erlebnis der Natur beim Wandern, bei Nacht und Nachtlager bewegte viele; die erlebten Naturstimmungen führten zu einer Naturlyrik mit jugendbewegter Tendenz. Ausgedrückt wurde die Freude, wenn Natur und Mensch sich eins fühlen, aber es gab auch die Herbstmelancholie. Jantzen faßt zusammen: „Einer Wage [sic!] gleichend ist bald die Verzweiflung schwerer, bald die Weihe des Gefühlserlebens." (Ebd., S. 24)

Ohne Vorbilder konnte sich diese junge Lyrik nicht formen. Für Stimmungsmalereien, die einer romantischen Einstellung entsprangen, lieferten Hölderlin und Eichendorff Anregungen oder gar Schemata für die Nachahmung. Von den modernen Lyrikern spielte in der Jugendbewegung Stefan George eine bedeutende Rolle als lyrisches Vorbild bezüglich der Strenge der Form. Diese Strenge beschränkte sich vor allem auf das Schmieden von Versen mit Endreim bei einigermaßen regelmäßiger Silbenzahl.

Das Erlebnis der Gemeinschaft, ob als Wandervogel oder Mitglied anderer Bünde, war eng verbunden mit dem Bewusstsein der Jugend. „Wir sind die Jugend!", beginnt Hans von Eicken sein Gedicht *Sonnwendglaube* (abgedruckt 1921 in der Zeitschrift *Vorhut*; vgl. Jantzen 1929, S. 45). Das klingt wie ein befreiender Schrei der Generation, die den Krieg noch mit erlitt. „O daß wir Jugend sind", ruft Hans Linke aus (in *Der junge Deutsche*, Jg. 3, 1921).

Heutzutage erstaunt, dass nach dem Elend des Ersten Weltkriegs auch für eine gewisse Trutzhaltung noch Energie vorhanden war. Sie speiste sich aus der Enttäuschung über den verlorenen Krieg und seine politischen Folgen. „Wir Jungen", heißt es in einem anonymen Gedicht der Zeitschrift *Tat*, sollen gegen einen virtuellen „Feind" anrennen, mit harten Fäusten, den Degen blank gezogen, keine Schonung, wie fatal der Kampf auch enden mag – „die schlachtzerfetzte Fahne" hoch! (Zit. in: Jantzen 1929, S. 41) Sicher ist darin ein romantischer Aufruf zum Kampf, zur Strenge gegen sich selbst, die eigenen Schwächen und gegen alles Gemeine zu sehen, doch steckt in ihm doch auch ein anderer, aggressiver Geist, der für den feinfühligen heutigen Leser die unangenehme Assoziation zum Horst-Wessel-Lied *Die Fahne hoch! Die Reihen fest geschlossen* evoziert. Ähnliches im Geiste hat Wilhelm Fabricius mit seinem *Sturmlied* fabriziert (in *Pfadfinder* 1923; vgl. Jantzen 1929, S. 48–49), in dem unter anderen die folgenden hehren Worte zu finden sind: „Du drohst und wir trotzen mit eisernen Stirnen / Wir bergen nicht bang uns wie Ducker und Dirnen" und „Im Sturm nur ist Leben, die Stille der Tod!" (Zit. nach Jantzen, ebd.) Dazu passt das Gestammel eines Hans Heinrich Grundwaldt: „Wir müssen stürmen, immer stürmen, stürmen." (In: *Die Stürmer*, 1924, zit nach Jantzen)

Geschätzt als Dichter war Helmut Noack. Noack, 1900 geboren, hatte mit aller Macht nach einer Offizierslaufbahn gedrängt. 1917 schließlich eingezogen, überstand er den Krieg, bis er im Mai 1919 als Mitglied eines in Lettland kämpfenden Freikorps fiel. Als er gefallen war, wurden seine Gedichte 1921 posthum innerhalb eines Lebensberichts unter dem Titel *Ringende Jugend : Lebensbild eines jungen Deutschen ; Briefe, Tagebücher und Gedichte* herausgegeben und erlebten sogar mehrere Auflagen („vielfach laut gewordenen Wünschen der wandernden Jugend entsprechend", wie es im Vorwort zur 2. Auflage heißt) bis in die dreißiger Jahre hinein, wohl auch, weil man in ihm einen ‚Helden' des Weltkrieges verehren konnte. Er selbst nannte sie „Notschreie und Jubellieder eines übervollen Herzens" (Noack: *Ringende Jugend.* 1921, S. 360), wobei in den letzten Gedichten die Kriegserlebnisse verständlicherweise ihren melancholischen Nachhall hinterließen mit Titeln wie *Weltdämmerung, Flandernschlacht, Der Tod von Flandern, Lied einer Mutter, Lieder aus dem Lazarett.*

Auffällig ist die direkt oder versteckt gegenwärtige Feuersymbolik, etwa im *Feuergesang* von Hermann Lutze (1921; vgl. Jantzen 1929, S. 44), oder wenn in Grundwaldts Gedicht von „Flammenfahnen" die Rede ist. Ein W. Käßner hat für die Zeitschrift *Zwiespruch* 1919 das alte studentische Freiheitslied *Flamme empor!* aus dem Jahre 1814 im Sinne der Jugendbewegung umgedichtet. (Vgl. Jantzen 1929, S. 46) Hier berührt sich der Kreis der Bündler mit dem der Korpsstudenten, die das Lied der Freiheitsbewegung von Johann Heinrich Christian Nonne zur Feier des 18. Oktobers ins Kommersbuch aufgenommen hatten.

Georg Stammler (wirkl. Name: Ernst Emanuel Krauß, Hellerau), der den völkisch ausgerichteten *Artamanen* nahestand, brachte 1922–23 drei Bände mit Gedichten heraus, einschließlich Sprüchen, die sich für das Lagerfeuer eigneten. Ihre Titel sollten romantisch-völkische Erwartungen wecken: *Deutsche Sonnenwende*; *Bäume, Flaggen, Richtmale* und *Komm, Feue*r! Sie erschienen alle im Mühlhausener Urquell-Verlag. Was er sonst an Gedichten schrieb, fand durch vielfache Vertonungen größere Verbreitung.

Eng verwandt ist dem Feuerkult der Lichtkult. In Hermann Lutzes *Feuergesang* heißt es am Schluss: „Laßt uns den Weg gehen, den wir schreiten müssen / Die Hände reichen uns zum Feuersprung – Die Lichtessehnsucht ruft uns, und wir folgen!" (Nach Jantzen, ebd. S. 44) Sofort steht einem Hugo Höppeners, genannt Fidus, berühmtes *Lichtgebet* vor Augen – ein Bild, als typisches Jugendstilprodukt vor 1918 entstanden, war es auch in den zwanziger Jahren in der Fassung von 1922 in Tausenden von Reproduktionen, vor allem als Postkarte, verbreitet, weil es offensichtlich der Sehnsucht vieler Jugendlicher nach dem neuen Menschen Ausdruck verlieh. Käßner formulierte es, unbeholfen, in der 3. Strophe seiner Umdichtung von *Flamme empor!* so: „Strahlendes Licht! Scheue der Finsternis Mächte / daß alles Morsche und Schlechte / werde zunicht!" (Nach Jantzen, ebd., S. 46) Neben dieser fast leidenschaftlich ‚heidnischen' Schwärmerei übersieht man fast, dass ziemlich viele Gedichte von christlich religiösen Gefühlen erfüllt waren.

Das Erlebnis der Liebe wird in der Anfangszeit der jugendbewegten Dichtung sehr zurückhaltend thematisiert, wenn es nicht ganz fehlt. War es den ersten Wandervögeln zu pennälerhaft? Oder was war sonst der Grund der Verdrängung – galt Schwärmerei als lächerlich? Die Art des Gemeinschaftslebens, welche Freundschaft idealisierte, schloss die „Paarliebe" (Jantzen 1929, S. 90) fast aus, behauptet Jantzen. Er gibt zu, dass sich „in der Frühzeit des erotischen Dranges [...] die sehnenden Gefühle oft auch zum Kameraden gleichen Geschlechts zu wenden", die Reinheit der jugendlichen Empfindung habe dabei aber von vornherein „Blühersche Tendenzen" ausgeschaltet. (Ebd., S. 96) Immerhin war Jantzen der festen Überzeugung, dass erst Liebesgefühle das Bedürfnis nach lyrischem Ausdruck weckten, wenn er anlässlich der Analyse des Gedichtes *Sommertag* von J. D. Laursonn mit köstlicher Trockenheit feststellte: „Das Zustandekommen solcher reinen Naturlyrik muß umsomehr wundernehmen, als Jungen, bevor sie zum ersten Male für ein Mädchen geschwärmt haben, kein Organ für Lyrik zu besitzen pflegen." (Ebd., S. 54).

1.6 Laienspiel

Sicher ist, dass das Laienspiel, eine schon seit dem Mittelalter bestehende Form des Schauspiels, im deutschsprachigen Raum durch die Jugendbewegung ab der Jahrhundertwende entscheidenden Auftrieb bekam, denn neben dem gemeinsamen Singen und Lesen kam auch das Bedürfnis auf, bei Nestabenden und anderen Zusammenkünften der Lust an szenischem, theatralischem Spiel Raum zu geben.

„Die moderne Jugendbewegung rückt das Theaterspiel in zunehmendem Maße in den Vordergrund" (Elwenspoek 1925, Nachdruck 1981, S. 202), stellte Curt Elwenspoek 1925 in seinem in der Zeitschrift *Junge Menschen* erschienenen Beitrag *Das Bühnenspiel der Jugendbewegung und die Bestrebungen Martin Luserkes* fest. Er strich darin die Bedeutung Luserkes (1880–1968) heraus, der schon 1912 den Begriff ‚Laienspiel' geprägt hatte und die Laienspielbewegung förderte, nicht zuletzt mit seinen eigenen Stücken, von denen die meisten aber erst spät, etwa von den dreißiger Jahren an, erschienen, nachdem er zunächst an den Schulen, in denen er tätig war, vor allem mit Adaptionen Shakespeares

(Luserke: *Shakespeare-Aufführungen als Bewegungsspiele.* 1921) gearbeitet hatte. Zum Zeitpunkt des Berichts hatte Luserke schon fünfundzwanzig Stücke verfasst, von denen aber erst acht veröffentlicht waren. (Vgl. Elwenspoek 1925, Nachdruck 1981, S. 202) Weitere Stücke wurden erst allmählich gedruckt, *Das Abenteuer in Tongking* und *Der kupferne Aladin* (1925), *Blut und Liebe* und *Die kleine Flöte* (1931), andere folgten.

Luserke veröffentlichte als freier Schriftsteller auch Jugendromane und Erzählungen, die aber nicht eindeutig zur bündischen Jugendliteratur gerechnet werden können, abgesehen von dem, was unter dem Reihentitel *Die Bücher der Schule am Meer* (so hieß die von ihm gegründete Schule auf der Insel Juist) erschien. Bedeutender für das Laienspiel der bündischen Jugend waren seine theoretischen Schriften zum Laienspiel.

Was die sonstigen Textvorlagen betrifft, ist es nicht einfach, oft sogar unmöglich, die speziell im Kreis der bündischen Jugend und für sie geschaffenen Stücke von den allgemeinen Publikationen für Laienspielgruppen zu unterscheiden. In den Jugendgruppen wurden vor allem auch beliebte Stücke von Hans Sachs, Schiller, Grillparzer, Goldoni, Raimund und sogar Gorkij adaptiert.

Bedeutendere Wirkung hatte auch die Tätigkeit von Gottfried Haaß-Berkow (1888–1957) für das Laienspiel der Jugendbewegung. Der Auftritt seiner Truppe *Haaß-Berkow-Spiele* auf dem ersten Wandervogeltag nach dem Krieg in Coburg 1919 löste bei den Jugendbewegten Begeisterung für sein Theater aus. Es beeinflusste das Laienspiel der Jugendbewegung bis in die 30er Jahre. Haaß-Berkow seinerseits hatte wesentliche Impulse von Rudolf Steiner und der Anthroposophie empfangen. Erst dann löste sich das Laienspiel der Jugendbewegung von seinem Vorbild, als Haaß-Berkow 1924 mit seinem Ensemble im Stadttheater Gelsenkirchen eine feste Anstellung fand (nach den Angaben der Forschungsstelle Kulturimpuls in Dornach; *www.kulturimpuls.org*).

Nach dem Weltkrieg erschienen in speziellen Reihen zahlreiche Laienspielstücke, von denen man annehmen muss, dass sie auch bei den bündischen Jugendgruppen eifrig genutzt wurden. Erfolgreich waren die Reihen *Münchener Laienspiele* mit 200 Titeln (1924 bis 1952), *Norddeutsche Laienspiele* mit 28 Titeln (1927 bis 1939) und *Neue Volks- und Laienspiele* mit 44 Titeln (1931 bis 1937).

1.7 Ratgeber und Instruktionen für Jugendgruppen

Für die Organisation der Jugendgruppen und Fahrten wurden speziell an die Führer gerichtete Handbücher und Hilfen verfaßt und vertrieben. Sie tendierten je nach Gruppierung in verschiedene Richtungen.

Das von Walther Riem im Voggenreiter-Verlag (so nannte sich der Verlag seit 1924) noch unter dem ursprünglichen, in der bündischen Jugend bekannten Verlagsnamen Der Weiße Ritter herausgegebene *Deutsche Lagerhandbuch* für Pfadfinder (in drei Bänden, 1926–27; danach noch weitere Auflagen) in der Reihe *Die Bücher der Waldverwandtschaft* machte den Eindruck von Gründlichkeit, indem es alle zu erwartenden Aufgaben behandelte. Im ersten Band ging es um die *Ausrüstung und Anlage* eines Lagers, im zweiten um das *Leben im Lager.* Der dritte Band *Führerfragen* richtete sich besonders an die Führer.

Hans Fritzsches *Lagerbuch* war schon 1923 in Leipzig vom *Bund deutscher Pfadfinder* herausgekommen. Es vermittelte praktische Anweisungen an Jugendführer. Ein weiteres Führerbuch für Pfadfinder, erschienen 1929 ebenfalls in der Reihe *Die Bücher der Waldverwandtschaft* des Voggenreiter- Verlages, stammte von dem ungarischen Pfadfinder Sándor Sík. Auch der Wolff-Verlag in Plauen stand nicht zurück. Sein 1929 (erste Auflage 1924 noch in Dresden) herausgegebenes, von Fritz Riebold verfaßtes *Späherbuch : ein zünftiger Führer für bündische Jungen* richtete sich ebenfalls vor allem an ‚Pfadfinder-Jungen'. Riebold möchte ihnen darin nahelegen, die Dinge nicht nur „einseitig vom Standpunkt der Zweckmäßigkeit" zu betrachten, wie ein Rezensent meinte. (Besprechung in *Der Pfad zum Reich* H. 6, 1929 S. 96) Paul Jordan schließlich konnte im Jahr 1930 seinen Leitfaden *Fahrt, Nest und Lager* für die *Nerother Wandervögel* in 2. Auflage herausbringen.

Die Pfadfinder kümmerten sich aber auch um das Benehmen ihrer Schützlinge. Johannes Weidner, selbst einst Fahrtenführer, schrieb einen *Knigge für Lausbuben : und solche, die es nicht merken, daß sie welche sind, auch sonst vielleicht ganz anregend.* (1. Aufl. 1925, 2. Aufl. 1929) Er vermittelt rücksichtsvoll, manchmal leicht ironisch, grundlegende Verhaltensweisen, wie Sauberkeit, Rücksichtnahme, Taktgefühl usw., gewürzt mit Zitaten von Goethe, Rousseau und anderen Klassikern. Die einzelnen Kapitel, zum Beispiel *Vom Lesen, Zur Mädchenfrage*, enthalten vernünftige Überlegungen, im Kapitel *Vaterland und Religion* etwa: „Jungen sind leicht geneigt, Andersgläubige für nicht gleichwertig zu halten." (Ebd., S. 37) Bemerkenswert ist sein Plädoyer für Toleranz, in dem er erklärt, es habe aus Angst vor Sentimentalität „keiner das Recht, seine religiösen Gefühle zu unterdrücken, mögen sie ihn nach Rom, zu Moses oder zu Luther führen." (Ebd., S. 38)

Neben diesen grundlegenden Publikationen gab es noch eine Reihe weniger systematisch und nach Gelegenheit produzierter schriftlicher Hilfestellungen für den reibungslosen Ablauf des Zusammenseins und auf Fahrt.

Wie die von Eberhard Köbel bei seiner Jungenschaft eingeführte Kohte aufgebaut werden sollte, beschrieb tusk selbst 1933 in *Die Tuchkohte*. Über *Lager-Arbeiten* referierten 1924 die Ungarn Sztrilich und Mócsy.

Ein ebenso nötiges wie mit nur 64 Seiten knappes, also den Fähigkeiten der Jungen angepasstes Kochbuch schrieb Hans Fischer für sein sicher dafür dankbares Publikum. Sein Titel: *Wie und was kochen wir?* (1927).

Wenn der erste Hunger gestillt war, sollten allerhand Spiele und Geländespiele in der freien Luft für Bewegung sorgen und die Schar beschäftigen. Dazu diente das in mehreren Bänden schon ab 1928 bis in die fünfziger Jahre erscheinende *Deutsche Spielhandbuch* von Thilo Scheller im Voggenreiter-Verlag.

Nach dem Krieg nahm als Ziel die Fahrt ins Ausland an Wichtigkeit enorm zu. Walter Fischer gab in *Die große Fahrt* seine Erfahrungen aus der Wandervogelzeit wieder. Das kleine Buch war schon 1918 einmal erschienen. 1922 bestand Bedarf für eine 2. Auflage für die nächste Generation, der Fischer seine Erfahrungen weitergeben wollte. Wohl als Folge der Kritiken sagt er im Vorwort über das Buch: „Es gibt Ratschläge, keine Vorschriften." (Ebd., S. 6) Dann folgen diese Ratschläge, verbunden mit seinen Ansichten im fortlaufenden Text, der nur ein paar Mal von schematischen Darstellungen unterbrochen wird (Anlage der Kochstelle, Packen des Rucksacks und andere). Fischers Darstellung ist streckenweise interessant und auch amüsant zu lesen, etwa, was er über das Schnorren beim Reisen auf der „Wandervogelvetternstraße" schreibt: „Manche Führer [...] verschaffen sich Anschriften von gastfreien Leuten oder Wandervogelgruppen und ziehen nun wie die Kamele von Oase zu Oase, von Freibleibe zu Freibleibe." (Ebd., S. 22–23) Auch in der Hinsicht also vermittelt Fischer ein authentisches Bild über das Jugendwandern der Nachkriegszeit.

Ab 1933 wurden alle diese Ratgeber sehr viel zielgerichteter und allumfassend produziert – für den Jungen gab es *Pimpf im Dienst*, für das Mädchen *Mädel im Dienst*, von noch anderen Instruktionen für die HJ ganz abgesehen. Einen Vorgeschmack davon konnte man bereits bei Thilo Scheller in seinem *Waldlager*, erschienen 1927 in der *Bücherei für Leibesübungen und körperliche Erziehung*, bekommen.

1.8 Zeitschriften der Jugendbewegung

Für die sich nach dem Ersten Weltkrieg in viele Splittergruppen aufspaltende Jugendbewegung waren Zeitschriften die hauptsächlichen Foren des Kontakts untereinander. Entsprechend vielfältig und unübersichtlich ist diese Medienform, die vom Blättlein der *Jungentrucht* (*Der große Wagen : ein Werk der Jungentrucht*) bis zur *Kiefer*, der *Zeitschrift für eine junge Gesinnung* reicht, zu der es in einem Werbeblatt des Verlags Günther Wolff in Plauen um 1933 heißt: „In dieser Zeit des nationalen Aufbaus sollte es keinen Führer geben, der an der Kiefer achtlos vorbeigeht."

Der einer Bibliographie nahekommende Antiquariatskatalog, den die Brüder Kistner 1960 zur deutschen Jugendbewegung erstellt hatten (Kistner, Albrecht; Kistner, Erwin: *Die deutsche Jugendbewegung*), führt fast hundert Zeitschriften auf. Die meisten von ihnen waren primitiv gestaltet und kurzlebig – reine Eintagsfliegen. Nur wenige Bünde waren intellektuell wie finanziell imstande, etwas Substantielleres vorzulegen. Ein Beispiel: Eberhard Koebels erste Zeitschrift *Das Lagerfeuer* (1930–1932) war so attraktiv, daß der *Deutsche Pfadfinderbund* seine eigene Zeitschrift *Der Pfadfinder* aufgab und ab 1931 *Das Lagerfeuer* als *Pflichtzeitschrift* einführte. Da dieses neue Blatt schon 1932 einging, gründete Koebel im selben Jahr quasi als dessen Fortsetzung die Zeitschrift *Der Eisbrecher*, die sich bis 1934 hielt. Koebel selbst, der ein begabter Zeichner war, orientierte sich bei der Gestaltung der Zeitschrift, sehr modern, an Formen des Bauhauses. Die Pfadfinder wiederum versuchten, mit *Speerwacht*, eine eigene Zeitschrift fortzuführen, die allerdings schon 1933 aufgeben musste. Allein dieses verzwickte Geflecht macht deutlich, dass eine exakte Bibliographie der bündischen Zeitschriften eine Sisyphosarbeit wäre, die Auffindung von Belegexemplaren aber der bekannten Suche nach einer Stecknadel im Heuhaufen gleichkäme. Hier kann allenfalls ein Einblick in diese eigenartige Welt gegeben werden.

Zeitschriften, die den Krieg überlebten

Einige wenige Blätter hatten den Weltkrieg überlebt, darunter der *Wandervogel : Monatsschrift für deutsches Jugendwandern*, der von 1904 bis 1926 existierte. Er brachte neben allgemein interessierenden Informationen, Rezensionen und Fahrtenberichten weltkriegsbedingt auch Beiträge über Soldaten und vom Sterben. Auch leistete er seinen Beitrag zur künstlerischen Bildung seiner Abonnenten durch den Abdruck von Erzählungen, Gedichten und Illustrationen.

Der fahrende Gesell, herausgegeben vom *Bund für Deutsches Wandern und Leben im DHV* (*Deutschnationaler Handlungsgehilfenverband*), erschien von

1909 bis 1914, nach der Kriegsunterbrechung noch von 1919 bis 1933. Er war das Organ des Bundes *Fahrende Gesellen,* der aus den Wandergruppen des *Deutschnationalen Handlungsgehilfen-Verbandes* hervorgegangen war. Die Zeitschrift dieser konservativen Gruppe, paramilitärisch organisiert mit Uniform und Fähnlein und dem Symbol eines Schwertes mit Blätterkranz, gab sich typisch deutschtümelnd, etwa durch die Verwendung germanischer Monatsnamen, wie Hartung, Hornung, Lenzing usw. Gedruckt war sie in einer dazu passenden, fetten Fraktur. Ungeachtet dessen war die Zeitschrift eines der ganz wenigen, gut gemachten bündischen Presseunternehmen, brachte interessante, durchaus auch gegensätzliche Beiträge, zum Beispiel neben Texten von Autoren wie E. G. Kolbenheyer und Zitaten von Kleist, Nietzsche und aus der Edda auch Äußerungen des Schriftleiters Hermann Schumacher gegen die Diktatur („Bündisches Aufgebot", in: *Der fahrende Gesell*, 19, 1931, S. 42–44). ‚Hausillustrator' war damals der später als gesellschaftskritischer Künstler bekannte Anton (Andreas) Paul Weber, von dem in fast jedem Heft Zeichnungen zu finden waren, auch Reproduktionen von Holzschnitten (z.B. *Osterlamm*, ebd., 1931, S. 53). Walter Blankenburgs Aufsatz *Warum greifen wir auf alte Musik zurück?* (ebd., 1931, S. 107–108) gab Aufklärung über das Musikverständnis der bündischen Jugend.

Wie widersprüchlich die damaligen Versuche waren, einerseits deutsch-national aufzutreten, andererseits dem alles zu verschlingen drohenden Nationalsozialismus Widerstand zu leisten, zeigt ein Beitrag von Fiede Schleicher über die „Hitlerjugend" (*Der fahrende Gesell*, 16, 1928, S. 188–189), von der und ihren Agitationsmethoden, „wie sie etwa in den verjudeten vaterländischen Betrieben des Herrn Hugenberg" geübt werden (ebd. S. 188), man sich abgrenzen solle. Schleicher weiter: „Mit großer Genugtuung habe ich immer wieder [...] feststellen können, daß selbst junge, begeisterungsfähige Bundesbrüder der Massensuggestion der Hitlerversammlungen nicht erlagen." (Ebd. S. 188) Er wandte sich in diesem Zusammenhang auch gegen den „durch Blechmusik und billigste rhetorische Münze gezeugten Massenrausch sowie gegen den Personenkult". (Ebd. S. 189) Albrecht Erich Günthers Aufsatz *Jugend und Politik* (ebd., 1929, S. 5–6, 62–66) war ein weiterer Versuch, zwischen Nationalsozialisten und Linken eine Position zu finden. Doch auch, wenn gegen Ende der Zeitschrift bei Erscheinen der Volksausgabe von Hans Grimms *Volk ohne Raum* die Erwartung ausgesprochen wurde, daß „jeder Bundesbruder seine Ehre darein setzt, das Buch als Eigen zu besitzen!" (Redaktionsmitteilung in: *Der fahrende Gesell*, 1931, S. 164), half das dem Überleben des Bundes und seiner Zeitschrift nicht.

Allgemeine Zeitschriften

Für die damalige unsichere Zeit darf man die Zeitschrift *Der Zwiespruch : unabhängige Zeitung für die Wanderbünde ; Nachrichtenblatt der W. V. Ämter und Anzeiger unseres wirtschaftlichen Lebens* langlebig nennen. Sie erschien mit wechselnden Verlagsorten von 1919 bis 1933. Ihr Anspruch, für alle Bünde zu sprechen, provozierte Einspruch, nämlich die Zeitschrift mit dem umständlich langen Titel: *Der Einspruch : zum ... Male gegen den Zwiespruch, die gelbe, rote, blaue und blau-weiße Zeitung, die Jungen, alten und ringenden Menschen, Ausspruch aller europäischen Jugend-, Jungen und Judenringe, Zuspruch für alle am W. V. Verzweifelnden* (anfangs mit dem Zusatz: *gegen den Zwiespruch, Generalanzeiger aller Bünde*). Das parodierende Blatt hielt sich immerhin von Juli 1920 bis 1921.

Eine bemerkenswerte Zeitschrift war die von Walter Hammer (pseud., eigentlicher Name Hösterey) herausgegebene Halbjahresschrift *Junge Menschen*, die von 1920 bis 1927 erscheinen konnte. Sie war ihrem Selbstverständnis nach überbündisch, aber doch Teil der Jugendbewegung. Die verschiedenartigen Beiträge, bei denen die informierenden Sachbeiträge überwogen, sind von einer linksintellektuellen Grundhaltung geprägt.

Mehr Bedeutung und Einfluss hatten allerdings die einzelnen Gruppierungen nahestehenden oder von ihnen herausgegebenen Zeitschriften.

Zeitschriften der Pfadfinder

Der *Deutsche Pfadfinderbund* wurde 1911 gegründet. Freiheitliche Gesinnung bei gleichzeitig paramilitärischen Gepflogenheiten, die wohl als Erziehung zum Gemeinschaftsgeist verstanden wurden, sah man damals nicht als Widerspruch. Die Pfadfinder waren quasi ein politisches Gegenstück zur ursprünglich unpolitischen Wandervogelbewegung, was auch an der Tendenz ihrer Zeitschriften zu erkennen ist. (Vgl. Schrölkamp 1997) Schon 1912 wurde von ihnen die erste deutsche Zeitschrift herausgegeben, *Der Pfadfinder : Jugendblätter des Deutschen Pfadfinderbundes*, die bis 1930 bestand, dann von 1930–1932 als *Das Lagerfeuer* fortgesetzt und zuletzt durch das Blatt *Speerwacht* ersetzt wurde, das von 1932 bis 1933 als 22. und 23. Jahrgang des *Pfadfinders* gezählt wurde. Schon ab 1918 bis 1927 gab es auch die Führerzeitschrift der *Neudeutschen Pfadfinder* unter dem Namen *Der Weiße Ritter*, die bei Voggenreiter (Ravensburg, später Potsdam) erschien. Dort konnte man 1919 feststellen: „Das geschriebene Wort ist es heute, das zu den Menschen dringt und sie aufzufinden versteht und das ihnen am nachhaltigsten gegenwärtig bleibt.“ (In: *Der Weiße*

Ritter, Heft 1–2, 1919, zit. nach: *Die deutsche Jugendbewegung 1920 bis 1933.* Hrsg. von Werner Kindt. 1974, S. 396)

Für die Führer des Bundes der *Reichspfadfinder*, der sich 1925 bildete, erschien viel später eine eigene Zeitschrift, die sich als solche eher an die Erwachsenen richtete; ihr Titel: *Der Pfad zum Reich : Führerblätter des Bundes der Reichspfadfinder.* Sie wurde vom Verlag *Das junge Volk* (Günther Wolff) in Plauen herausgegeben und erlebte drei Jahrgänge (1929–1932). Bundesführer war damals Heinrich Banniza von Bazan, der auch schriftstellerisch tätig war. Die Zeitschrift brachte allgemeine Informationen für die Führer, dazu programmatische und politische Erörterungen, zum Beispiel im gleichzeitig erscheinenden Jahrbuch *Der Pfad zum Reich* (1929) den Aufsatz *Von Willen und Sendung des deutschen Pfadfindertums* (anonym, ebd., S. 5–12), in dem gleich dreimal von ‚Zucht' die Rede ist – „ein eminent deutsches Wort" (ebd., S. 11) –, und in Beiträgen wie *Pfadfindertum und großdeutscher Gedanke* (ebd. innerhalb des Übertitels *Der Weg zur Welt*, S. 17–20) oder *Das Reich und wir* (Jochen Paasche, Eberhard Menzel in der Zeitschrift *Der Pfad zum Reich*, H. 1, 1929, S. 7–13).

Genau beobachtete man in der Zeitschrift, was die anderen Bünde so produzierten. Jörg Speer von der Bundesleitung machte *sich Gedanken zur Führung einer deutschen Jungenzeitschrift* (*Der Pfad zum Reich*, H. 2, 1929, S. 24–29) und übte unter anderem harsche Kritik an Koebels *Briefen an die deutsche Jungenschaft*. (Vgl. ebd., S. 25–26)

Eine weitere Pfadfinderzeitschrift war *Jugendland : eine deutsche Jungenzeitschrift*, die ebenfalls in Plauen bei Günther Wolff seit 1923 erschien. Sie wollte laut Verlagswerbung „Fröhlich, romantisch und doch herb und zuchtvoll" sein und den Weg „zum aufrechten Mannestum" weisen. Von den Herausgebern des *Pfades zum Reich* durfte sie natürlich in der Hauptsache nur freundliche Besprechungen erwarten. (*Der Pfad zum Reich*, 1929, z. B. S. 30, 75, 95)

Schließlich gab es noch eine Unternehmung, bei der schon der vielgenannte Eberhard Koebel seine Hand im Spiel hatte, nämlich als Herausgeber der Zeitschrift *Das Lagerfeuer : eine deutsche Jungenzeitschrift*, deren Gründung Koebel auch angeregt hatte. Sie stellte die Fortsetzung der Pfadfinderzeitschrift *Der Pfadfinder* dar und erschien ab 1930 zuerst im Atlantis-Verlag Berlin bei Martin Hürlimann, ab Heft 11 / 1931 aber in Koebels eigenem Berliner Lasso-Verlag und hielt sich bis 1932. Koebel schrieb in ihr unter „tusk" und dem Pseudonym Friedrich Engelhardt, gab sie aber wegen des ausbleibenden wirtschaftlichen Erfolges auf, um noch eine weitere Zeitschrift, den *Eisbrecher*, zu gründen.

Die Zeitschrift *Das Lagerfeuer* schien zuerst ein hoffnungsvolles Unternehmen zu sein, denn der *Deutsche Pfadfinderbund* führte sie sogar als ‚Pflichtzeitschrift' ein, wodurch sie zunehmend einen entsprechenden Schwerpunkt bekam. (Vgl. Jg. 1, 1930, H. 6, S. 2) Sie brachte Fahrtenberichte, Auszüge aus Büchern, Bekenntnisse (zum Beispiel *Chor der Wilden* von Friedrich Engelhardt, 1930, H. 2, S. 3–5), Sachberichte unter anderem von tusk-Koebel über *Das Zeltproblem* (1930, Jg. 1, H. 1, S. 4–11). Wie sehr der schon mit den Kommunisten liebäugelnde Koebel hier den Pfadfindern seine eigenen Vorstellungen nahebringen konnte, zeigte in Heft 4 (Jg. 1, 1930) ein Bericht aus der Sowjetunion über das Zeitschriftenmachen bei den Pionieren und dem Komsomol von Grigorij Belych und Leonid Panteleev. Im gleichen Heft teilt tusk auch den Tod Romin Stocks mit, von ihm als *Kanzler* seiner eigenen *dj. 1.11* bezeichnet, der im Alter von nur neunzehn Jahren auf Fahrt in den Bergen abstürzte. (Ebd., S. 41) Die Unsicherheit über die unmittelbar bevorstehende politische Entwicklung belegt aber auch ein Bericht über die italienischen *Jungen Faschisten*, die *Balilla* und *Avantguardisti*. (1930, H. 5, S. 3) Überhaupt ist im *Lagerfeuer* eine so interessante, wie, zumindest aus heutiger Sicht, widersprüchliche Mischung von kommunistischen und nationalistischen Anschauungen zu finden. Neben den erwähnten Berichten aus der Sowjetunion findet man Beiträge über Rassenforschung, über das angeblich durch Polonisierung bedrängte Danzig (1930, H. 12, S. 3), über Grenzlandarbeit mit der Frage „Kann man verantworten, Deutsche unseres Blutes, unserer Seele einem fremden Blute zu unterwerfen?" (1932, H. 1, S. 35) Daneben steht ein eindeutiger Propagandaartikel über Schulen in der Sowjetunion, der ohne Kommentar offenbar von tusk naiv übernommen wurde. (1932, H. 3, S. 33 f.) Fotos des ‚Arbeiterphotographen' Walter Reuter werden gezeigt (1932, H 4), mit Schlagwörtern wie ‚kapitalistische Gesellschaft' und ‚Herrschaft der Bourgeoisie' wird herumgeworfen. Im vermutlich letzten, schon auf stark holzhaltigem Papier gedruckten Heft 5/6 schreibt ein Hans Brissow, Mitglied der im Jahre 1932 – zusammen mit der SA und der SS – verbotenen, de facto aber weiterbestehenden Hitlerjugend (vgl. Brandenburg 1982, S. 120 ff.) über *Die Schule im Dritten Reich*.

Fast übersieht man bei alledem die unpolitischen und literarischen Beiträge, zum Beispiel Erzählungen von Manfred Hausmann oder Carl Zuckmayers Verteidigung von Karl May (*Palaver über Karl May. Das Lagerfeuer*, 1931, H. 10, S. 26–30). Dass der politisierte Alltag irgendwie bewältigt werden muss, beschreibt anrührend Bernd Poieß in den *Geschichten im Feuerkreis* (*Das Lagerfeuer*, 1931, H. 1, S. 26–31), wo am Lagerfeuer kleine Geschichten, Erlebnisse und Nachdenklichkeiten ausgetauscht werden: „Da sitzen sie ums Feuer, eine Handvoll großer Kinder. In den Köpfen die gefährlichen Gedanken sind entwirrt, aus den Mündern kommen einfache, klare Worte. Unter dem Strubelhaar

– verfilzt mit Tannennadeln und welken Blättern – schimmern im Flackerschein arglose Augen. Lachen erschallt, ein herzliches Lachen." (Ebd., S. 26)

Ab dem Jahrgang 1931 der Zeitschrift *Das Lagerfeuer*, der als 21. Jahrgang des *Pfadfinder* firmierte, gab es wegen Koebels politischer Richtung ernstlich Ärger. Koebel wurde Ingo Kaul als Schriftleiter beigesellt. Dennoch wollten die Pfadfinder ihre Beteiligung so lange zurückziehen, bis Koebel aus dem Pfadfinderbund ausgeschlossen sei.

Eberhard Koebels Unternehmungen

Eberhard Koebel sah wie viele andere Jugendführer in der Herausgabe von Zeitschriften den besten, weil unmittelbarsten Weg der Information und ideellen Beeinflussung der ihnen treuen Jugendlichen. Bevor er sich journalistisch bei den Pfadfindern engagierte, hatte er die *Briefe an die deutsche Jungenschaft* kreiert, die in Potsdam 1929 bis 1930 als Monatsschrift erschienen. Hervorgegangen waren die Blätter aus den *Briefen an die Schwäbische Jungenschaft* von 1928.

Das waren anfangs sehr bescheidene Blättchen von vier bis acht Seiten, weshalb auch der Pfadfinder-Bundesführer Heinrich Banniza von Bazan an den *Briefen* im *Pfad zum Reich* zunächst keinen guten Faden ließ: „Wir sind vorerst geneigt, das Ganze als einen Scherz anzusehen, den wir freilich weder gut noch geschmackvoll nennen können. Brief 2, der im Wesentlichen vom ‚Kampf der Tertia' und von Bengt Berg lebt, ist nicht besser." (*Der Pfad zum Reich*, 1929, H. 1, S. 15) Und Bazan schimpft weiter, nachdem Arnold Littmann die Redaktion übernommen hat: „Natürlich kann auch der neue Herr den Augiasstall der Geschmacklosigkeit nicht mit einem Male reinigen." (Ebd., H. 2, S. 31)

Als mehr nach Koebels Vorstellungen gelungen muss man die Zeitschrift *Der Eisbrecher : eine deutsche Jungenzeitschrift* sehen, zu der er über die Blätter *Die Jungenschaft*, der Nachfolgerin von *Das Lagerfeuer* gekommen war. Sie erschien ebenfalls in Plauen bei Günther Wolff und existierte von Oktober 1932 in fünfzehn Heften immerhin bis zum Verbot im Juni 1935, während die meisten anderen selbständigen Zeitschriften schon früher verboten worden waren. Hauptsächlich war hier Koebel sein eigener Autor, veröffentlichte Erzählungen von sich und Fahrtenberichte.

Noch eine weitere Zeitschrift konzipierte er, *Pläne*, veröffentlicht über den Berliner Lasso-Verlag, in der er seinen kommunistischen Ideen besser huldigen konnte, wovon Beiträge von Ludwig Renn (dessen Bericht *Rußlandfahrten* erschien ebenfalls im Lasso-Verlag) und über den Holzstecher Vladimir Favorskij zeugen. Von der Zeitschrift konnten nur fünf Hefte im Jahr 1932 erscheinen.

Gleichzeitig zu allen diesen Unternehmungen hatte Koebel noch Energie für eine ‚Führerzeitschrift' seiner *Deutschen autonomen Jungenschaft*, die 1931 bis 1933 erst bei Wolff in Plauen, dann in Stuttgart, schließlich in Berlin erschien. Sie hieß *Tyrker …* : *Zeitung der Jugendbewegung*, von Koebel unter dem Pseudonym Willi Claus herausgegeben. Etliche weitere Eintagsfliegen, wie *Not-Tyrker*, *Bubentyrker*, die schon genannte *Kiefer* oder der *Kamerad* können hier nur noch erwähnt werden.

2. Ideologische Strömungen: Patriotismus, Erotik und Führertum

Was die Literatur der Jugendbewegung auch an Ideologien bewegt hat, drückt sich im überwiegenden Teil der Bücher nur unklar, seltener präzise aus. In diesem Rahmen kann nur einiges angedeutet werden. Wenn politische Strömungen deutlich wurden, oszillierten sie meistens zwischen Patriotismus und Deutschtümelei, sichtbar vor allem in der immer wiederkehrenden diffusen Beschwörung eines erhofften *Reiches*. Aber auch die Gegensätzlichkeit völkischer und linker Anschauungen trat offen zutage, vor allem in den jugendbewegten Zeitschriften. Hans Wolf nahm in der Zeitschrift *Wandervogel* mit seinem Beitrag *Wandervogel – jungdeutsch!* eine bedenkliche programmatische Position ein: „Das Heimatfinden, das Volkslied, die Anfänge zu einer neudeutschen Lebens- und Kulturgestaltung sind Teilstrecken des völkischen Weges des Wandervogels", weshalb er von „urdeutschem Wandern" und der „undeutschen Zivilisationszeit" der Gründerjahre faselte und dabei die älteren Wandervögel kritisierte, deren Hauptziel das (unpolitische) Wandererlebnis sei, sie sähen nicht, „aus welcher Urkraft jenes Erlebnis geboren ist." (Wolf 1919, S. 65–66) Dieses Verhalten könne keinen „einheitlichen Tatwillen" (ebd., S. 66) entstehen lassen.

Eberhard Koebels ideologische Bocksprünge wurden schon mehrfach erwähnt. Mit seiner *Heldenfibel* möchte er im Schicksalsjahr 1933 ein „Opfer des Leibs auf dem Altar der großen Gesinnung" bringen, wie es in einer Werbung für das Buch heißt. (*Der Eisbrecher*. 1933, S. 293) Er selbst bezeichnete die *Heldenfibel* dort als Zukunftsroman. (Ebd.) Als „‚Erziehungsbuch' seiner Ordensjugend" wurde sie in dem Blatt *Am Heiligen Quell Deutscher Kraft* des Ludendorff-Verlags verunglimpft und Koebel „gefährlichste Seelenschädigung Deutscher Jugend" unterstellt. (Zit. in: Fritz Schmidt: *Ein Mann zwischen zwei Welten*. 1997, S. 59)

Eine demokratische Haltung zeigte die Zeitschrift *Der fahrende Gesell* in Artikeln wie *Politische Rechenschaft – Politischer Weg* von Cornelius van der Horst, der einen generellen Vorbehalt gegen Parteien, auch gegen die NSDAP, ausdrückte. (Vgl. *Der fahrende Gesell* 19, 1931, S. 9–10, 121–126) In ähnliche

Richtung ging der Beitrag eines Pfarrers Karl Witte über *Die Fragwürdigkeit der völkischen Religion.* (Ebd., S. 151 – 154)

Besonders heftig diskutiert wurde verständlicherweise das Phänomen des in der bündischen Jugend charakteristischen Männerbundes wegen seiner Homoerotik. Sicher hatten etliche der Urmitglieder des *Wandervogels* auch homoerotische Neigungen, aus denen sich die anhaltenden Vorbehalte gegenüber weiblichen Mitgliedern erklären ließen, die sich nicht zuletzt in der grotesken Forderung bewiesen, in Organisationen mit Mädchenbeteiligung Wanderungen nur nach Geschlechtern getrennt durchzuführen. Besonders bekannt und einflußreich war hier Hans Blüher, der aufgrund seiner eigenen Neigungen und Erlebnisse die homoerotischen Elemente der Wandervogelbewegung für das eigentlich Wesentliche hielt und sie zu einer Ideologie der Männerbünde fortentwickelte. Über die Kernzelle des *Wandervogels* schrieb er: „Zur Zeit, als ich Primaner war, blühte überhaupt das Erastenwesen auf dem Steglitzer Gymnasium, oder vielmehr es kam durch uns zu einer bewußten Kultur und Blüte, wie es ihm vorher nicht beschieden war." Und: „Es galt als die Zierde jedes wohlgeratenen Jünglings, einen Knaben zu haben." (Blüher: *Werke und Tage.* 1920, S. 40) Entsprechend eindeutig war dann auch seine Abhandlung über *Die deutsche Wandervogelbewegung als erotisches Phänomen : ein Beitrag zur Erkenntnis der sexuellen Inversion.* (1914; Nachdr. 1976) In ihr berichtete er unter anderem: „Schon die ersten alten Wandervögel, die sich in jenem Berliner Vorort zusammentaten, standen im Rufe, ‚Weiberfeinde' zu sein. Das heißt, man sah sie niemals auf der Hauptstraße gegen abend mit Mädchen in artige Liebesabenteuer verwickelt. Die Wandervögel ‚poussierten' nicht. [...] Ein Wandervogel mit einem Mädchen zusammen, wäre als Stilverfall empfunden worden, der die ganze Vagantenstimmung auf einen Schlag verdorben hätte." (Ebd., 1976, S. 39)

Auch das damals verbreitete Bild des Wandervogels, wie er auch auf Postkarten dargestellt wurde, hatte für Blüher eine erotische Komponente: „Für den jünglingsliebenden Wandervogelführer ist nun ein besonderer Kleidungstyp der Höhepunkt fürs sinnliche Wohlgefallen: ein junger brauner Mensch in einem leichtverwilderten Reiseanzug, mit einer Feder am Hut, einem Rucksack auf dem Buckel und einer reichbebänderten Guitarre an der Seite. Das war für den öffentlichen Wandervogelgeschmack, was für den antik-hellenischen der nackte Athlet war." (Ebd., 1976, S. 50 – 52) Sogar dem ‚Kieler Anzug', dem Matrosenanzug für Knaben der Wilhelminischen Zeit, sprach er eine erotische Wirkung zu.

Etwas, das heutzutage ungute Assoziationen hervorruft, war die Betonung des Führerprinzips und damit verbunden die positive Konnotierung harter Disziplin. Für einen Rückblick ist es angesichts des Wissens um die Verbrechen der nationalsozialistischen Diktatur nicht leicht, den Blick frei zu bekommen. ‚Führer' ist ein stark belastetes Reizwort geworden und wird vor allem als ein Begriff für eine antidemokratische Form der Leitung von Menschen empfunden. In der Jugendbewegung vor 1933 und ihrer Literatur ist laufend von ‚Führern' der Jugendgruppen die Rede. In den meisten Fällen würde man diese Funktion heute als ‚Gruppenleiter' oder ähnlich bezeichnen. Nur bei bestimmten Bünden sind Tendenzen eines Führertums oder sogar eine eindeutige Verteidigung des ‚Führerprinzips' festzustellen. Man muss also bei der Beurteilung eines vermuteten ideologischen Hintergrunds vorsichtig sein und den Zeitbezug beachten. Mit der Problematik des ‚Führerprinzips' setzte sich Hermann Giesecke in seiner Abhandlung *Vom Wandervogel bis zur Hitlerjugend* auseinander. (Vgl. Giesecke 1981, S. 94–98)

In der Regel wurde von einem Führer nur erwartet, was in der Zeitschrift *Wandervogel* formuliert wurde: „Ein rechter Führer muß Fahrten führen können. Er muß sich auf die Künste des Wanderlebens verstehen." (*Wandervogel* 13, 1918, H. 9/10, S. 185)

Für Blüher war es ausgemacht, dass der Zusammenhalt in der Gruppe und zwischen Führer und Geführten von einer erotischen Grundstimmung wesentlich getragen wurde: „Soweit man sich im Kreise der bewährten Jugendführer umsehen mochte, ihnen scheint allen der Zug zum Weibe zu fehlen." (Blüher: *Die deutsche Wandervogelbewegung als erotisches Phänomen*. 1976, S. 39–40)

Über Jugend und Führertum stellte Hermann Ullmann in dem Beitrag *Jugend und Führertum* (in: *Der fahrende Gesell*, 1931, S. 3–5) Überlegungen an, die heutzutage bedenklich stimmen. Nachdem er kategorisch erklärt hatte: „Der Führer ist Ausdruck der allgemeinsten und besten Kräfte eines Volkes", meinte er: „Diese ganze begabte, schöpferische, versklavte und im tiefsten Sinn unglückliche Nation verlangt nach Führertum." Dieser wahre Führer ist nach Ullmann abgesetzt vom „Scheinführer": „Er erzeugt Fanatismus, Massensuggestion, auch echte Begeisterung, die sich [...] berauscht, aber nüchterner Prüfung nicht standhält." (Alle Zitate ebd., S. 4) Und auf die Jugend bezogen: „Die Jugend aber braucht Führung, gerade ihr bester Teil sehnt sich danach." (Ebd., S. 5)

Noch offener sprach Eberhard Koebel über seine geradezu fatal antidemokratische Vorstellung vom Führertum. In seiner Hauszeitschrift *Der Eisbrecher* schrieb er 1933 im Artikel *Die ersten Kapitel einer jungen Bewegung*: „Mein Wort war Gesetz, mein Wunsch Befehl. Mit Menschen, denen ich nichts zu befehlen hatte, konnte ich kaum verkehren. Diese Lebensform war der gestammelte Protest gegen die Freiheitlichkeit, die damals herrschte. Ein kleines Buch über Mussolini regte mich sehr an. ‚Das Wort *unmöglich* gibt es für einen Faschisten nicht' und ‚Friedensreden sind gut, aber Maschinengewehre sind besser'." (in: *Der Eisbrecher*. 1933, S. 156) Dieses offensichtliche damalige Buhlen Koebels um die Gunst der Nationalsozialisten war dennoch naiv; diese spürten die Anbiederung und ließen ihn sehr bald fallen.

Neben den vielen Gruppierungen unterschiedlichster ideologischer Zielrichtungen gehörte der *Wandervogel* zu denjenigen, die am wenigsten ‚ideologielastig' waren. Den Mitgliedern des *Wandervogels* war das Erlebnis der Natur nach wie vor das wichtigste Ziel ihrer Unternehmungen. Auch Mitgliedern anderer Gruppen schien das Gemeinschaftserlebnis unter den besonderen Bedingungen, nämlich fern der Eltern und Erzieher, mindestens ebenso wichtig gewesen zu sein. Zu den besonderen Bedingungen der gemeinsamen Unternehmungen gehörte jedoch auch die Unterordnung unter einen „Führer" und damit die Aufwertung der Gruppendisziplin zu einer unabdingbaren, aber auch ideellen Basis des Zusammenlebens. Sicher war es aus Gründen des Zusammenhalts und der Zügelung unruhiger, lebenshungriger junger Menschen notwendig, eine einigermaßen straffe Ordnung aufrecht zu erhalten, doch wuchs sich diese Notwendigkeit zu einem Ideal des Führertums aus, das über die Notwendigkeit der Ordnung in einer Gruppe hinaus für die Charakterbildung der jungen Menschen als ein Wert an sich angesehen wurde. Da diese Verherrlichung des Führertums teilweise eine geradezu antidemokratische Tendenz implizierte, war sie die Grundlage, mit deren Hilfe es den Nationalsozialisten gelang, den Mitgliedern der einzelnen Bünde nach deren Liquidierung in der Hitlerjugend ihre Ideologie überzustülpen, nachdem sie sich schon die äußeren Formen des Gruppenlebens weitgehend angeeignet hatten.

3. Schluß: Das Einmünden in die nationalsozialistische Hitler-Jugend

Als Baldur von Schirach am 17. Juni 1933 zum *Jugendführer des Deutschen Reiches* ernannt wurde, verbot er am gleichen Tag den *Großdeutschen Bund*, ein erst Ende März 1933 aus acht Jugendbünden gebildetes Zweckbündnis zur Wahrung bündischer Autonomie. Obwohl national gesinnt und zur Anpassung bereit, hatte der Bund gegen den Alleinvertretungsanspruch der HJ keine Chance. Sein Verbot stellte den Anfang vom Ende der Bündischen Jugend dar.

Die Gründung der Hitler-Jugend, in der alle ehemals bündischen Organisationen aufgehen sollten, wurde nicht von jedem als Zwangsmaßnahme empfunden, denn typisch nationalsozialistisches Gedankengut beherrschte, wie dargelegt, schon früher viele Köpfe. Ein so erschreckendes wie exemplarisches Zeugnis für schon im *Wandervogel* direkt nach dem Weltkrieg virulente rassistische Tendenzen war die Leserzuschrift eines österreichischen Mitglieds, an die ‚Reichsdeutschen' gerichtet. Unter der Überschrift *Völkischer Wandervogel* schreibt ein Wilhelm Flatz: „Nimmt es euch wunder, daß auf unserem Sprachgrenzboden wir Wandervögel, vielleicht bewußter noch als die meisten von euch, an arisch-germanischer Art hängen, da wir sie ja täglich hüten müssen in slawischer Völkerflut und gegen den schleichenden Judenstrom von Osten her?" (*Wandervogel* 13, 1918, S. 125) Und der Verfasser fährt fort: „Das Slawenvolk ist doch arm und von niedriger Art, und auf unserer Seite ist ja das höhere Wesen, die Macht und die Größe." (Ebd.)

Was Werner Helwig als Zeitzeuge und prominentes Mitglied des *Nerother Wandervogels* in dem Erinnerungs-Sammelband *Die Blaue Blume des Wandervogels* (1980) als Verteidigung der Bewegung gegen den Vorwurf, dem Nationalsozialismus Vorreiterdienste geleistet zu haben, über die Zeit der Weimarer Republik sagte: „Abirrungen nach Extrem-Rechts kamen nicht häufiger vor als nach Extrem-Links", klingt in seiner Relativität doch wenig überzeugend. (Helwig 1980, S. 316f.)

Mit dem Ende der selbständigen Bünde 1933 verschwand deren Jugendliteratur nicht sofort. In dem *Handbuch Kinder- und Jugendliteratur 1933–1945* von Norbert Hopster, Petra Josting und Joachim Neuhaus heißt es in einem einleitenden Artikel zur Geschichte der Kinder- und Jugendliteratur in der NS-Zeit: „Die Tatsache, daß die *bündische Jugend* letztlich den Teil der organisierten Jugend darstellt, auf dessen Vereinnahmung und Beerbung die HJ zur eigenen Konstituierung am stärksten angewiesen war, erklärt auch das lange Vorhandensein bündischer Literatur auf dem Markt in der NS-Zeit." (Hopster 2005, Sp. 25) Schließlich wurde sie aber doch von neuen Publikationen verdrängt, die der herrschenden nationalsozialistischen Ideologie besser entsprachen.

Literaturverzeichnis

Primärliteratur und zeitgenössische programmatische Titel

Die Abteilung : [Erzählungen] / [hrsg. von d. Ringgemeinschaft dt. Pfadfinder]. – Plauen : G. Wolff, 1933. – (Jungenbücherei ; 4)

Alain-Fournier, Henri: Der große Kamerad / einzig berecht. Übers. von Arthur Seiffhart. – Berlin : Transmare Verl., 1930. – 310 S.

[Anonymus]: Von Willen und Sendung des deutschen Pfadfindertums. – In: Der Pfad zum Reich : Jahrbuch. – (1929), S. 5 – 12

Baden-Powell, Robert: Pfadfinder : ein Handbuch zur Erziehung zum tüchtigen Staatsbürger / Robert Baden-Powell ; Stephenson Smyth. Autoris. Übers. für die deutsche Schweiz von Arnold Schrag. – 2., durchges. Aufl. – Zürich : Polygraph. Verl., 1926. – 366 S.

Bazan, Heinrich Banniza von: Fackeln der jungen Front : Aufbruch und Bekenntnis zur bündischen Bewegung. – Plauen : G. Wolff, 1932. – 134 S.
(Bazan war 1. Bundesführer (1924–32) der dt. Pfadfinder und Gründungsmitglied der freien Pfadfinderschaft „Bundschuh“, gegr. 1924 in Berlin, ab 1925 Bund der Reichspfadfinder)

Bazan, Heinrich Banniza von: Jungen am Feuer : Geschichten aus dem Leben einer Pfadfindergruppe. – Plauen : G. Wolff, 1932. – 111 S. – (Jungen-Bücherei ; 2)

Benninghoff, Ludwig: Das freudige Herz : Heiteres und Nachdenkliches in Lied und Rede, Wandersleuten jeglicher Art / dargeboten von Ludwig Benninghoff. – Hamburg : Hanseatische Verl.-Anst., 1923. – 391 S. [2. Aufl. 1926 als einmalige Ausg. für d. Deutsche Hausbücherei. – Hamburg, 395 S.]

Berghäuser, Ernst: Der Muskote. – Wolfenbüttel : Zwißler, 1918. – 64 S. [4. – 6. Tsd. 1920]

Berghäuser, Ernst: Pachantenmären : ein Wandervogelbuch. – 6. Aufl. – Rudolstadt : Greifenverl. ; [Plauen : G. Wolff], 1923. – 97 S. [1. u. 2. Aufl. – Leipzig : Matthes, 1915, 78 S.; 5. Aufl. ebd. 1920, 82 S. – (Wandervogelbücher)]

Blankenburg, Walter: Warum greifen wir auf alte Musik zurück?. – In: Der fahrende Gesell. – 19 (1931), S. 107f.

Blüher, Hans: Die deutsche Wandervogelbewegung als erotisches Phänomen : ein Beitrag zur Erkenntnis der sexuellen Inversion. – 2. verb. u. verm. Aufl. – Berlin-Tempelhof : Verl. Hans Blüher, 1914. – 190 S. [Nachdr. 1976]

Blüher, Hans: Wandervogel : Geschichte einer Jugendbewegung. – Berlin-Tempelhof, 1912. – Bd. 1. Heimat und Aufgang; Bd. 2. Blüte und Niedergang; T. 3. Wandervogel [4. Aufl. 1919, weitere Aufl.]
(Das Werk ist zum Teil als Primärliteratur anzusehen. Vorw. Blühers zur Aufl. 1948, S. X: „Es gibt bis 1912 eine Zeitschriften-Literatur der verschiedenen Wandervogelbünde, sie enthält im wesentlichen Fahrtenberichte, Stimmungsbilder, Gedichte, Polemiken gegen ‚feindliche Bünde‘, Vereinsnachrichten und dergleichen, aber das alles entbehrt jeglichen allgemeinen Interesses. Kein Mensch würde heute so etwas lesen. aber die 1912 erschienene ‚Geschichte des Wandervogels‘ wird heute noch gelesen, weil es deutsche Literatur ist.“ „Jedenfalls beginnt mit diesem Buche und mit ihm allein das Ringen um das Selbstbewußtsein der Jugendbewegung. Literarisch schlug sich das darin nieder, daß von nun an eine öffentliche Jugendbewegungsliteratur entstand, welche die gesamte pädagogische Welt in Bewegung setzte.“
S. XI: „Bis kurz vor der literarischen Verdunkelung Deutschlands gehörte die ‚Geschichte des Wandervogels‘ notorisch zu den am meisten verbreiteten Büchern, merkwürdigerweise zu den Apokryphen der Literatur. Sie ist eigentlich immer nur unter dem Ladentisch verkauft worden.“ Das Tabu gegenüber dem Buch bestand vor allem in der offen angesprochenen Homoerotik der Bewegung.
Erst diese Geschichte brachte den bündischen Mitgliedern zum Bewußtsein, daß sie Teil einer „Jugendbewegung“ sind. Blüher, Werke und Tage, 1953, S. 181: „In tausend und aber tausend Exemplaren verbreitete sich das Buch, an den Lagerfeuern las man es vor, diskutierte darüber für und wider, und die Gemüter der Jugend wurden gewaltig erregt … Und niemand kann leugnen, daß erst durch die Geschichte des Wandervogels, und keinen Augenblick früher, das Selbstbewußtsein der Jugendbewegung und damit diese selbst erzeugt worden ist.“)

Blüher, Hans: Wandervogel 1 – 3 : Geschichte einer Jugendbewegung. – 5. Aufl. – Frankfurt/Main : dipa-Verl., [Deutsche Jugend-Presse-Agentur], 1976. – 156, 191, 190 S.– (Quellen und Beiträge zur Geschichte der Jugendbewegung ; 10)

Blüher, Hans: Werke und Tage. – Jena : Diederichs. – Bd. 1. – 1920. – 154 S. [Mehr nicht erschienen]

Blüher, Hans: Werke und Tage : Geschichte eines Denkers. – München: List, 1953. – 456 S.

Blut und Ehre : Lieder der Hitler-Jugend / [Hrsg.] Baldur von Schirach. – Berlin : Andermann, 1933. – 78 S.

Bojarzin, Otto: Vom Wandern und vom bunten Rock : Skizzen und Erzählungen / Otto Bojarzin ; Ludwig Tschuncky. – Wolfenbüttel : Zwißler, 1916. – 100 S.– (Bücher der Wandervögel ; 1) [8. – 10. Tsd. 1918; 13. – 15. Tsd. 1922]

Bosse, Hannes: Peter Pechs Osterfahrt : Geschichten aus dem Leben einer Wandervogelgruppe. – Rudolstadt : Greifenverl.; Plauen : G. Wolff. – 1928. – 76 S.– (Greifenbücherei)

Briefe an die deutsche Jungenschaft / [Hrsg. Eberhard Koebel] ; Deutsche Freischar. – Potsdam : Dt. Freischar. – Von 1929 bis 1930,6 erschienen. Später u. d. T.: Die Jungenschaft

Deutsches Lagerhandbuch / hrsg. von Walther Riem. 3 Bde. – Potsdam : Der Weiße Ritter. – (Die Bücher der Waldverwandtschaft ; 1,1; 1,2; 1,3). – Bd. 1. Ausrüstung und Anlage. – 1926. – 128 S. ; Bd. 2. Leben im Lager. – 1927. – 160 S. ; Bd. 3. Führerfragen. – 1927. – 127 S.

Deutsches Spielhandbuch / hrsg. von Thilo Scheller. 12 Bde. – Potsdam : Voggenreiter. – Bd. 1 – 6. – 1928; Bd. 7 – 10. – 1929 [Vereinzelt u. d. GT: Bücher der Waldverwandtschaft ; 8. – Später erschienen noch: Mädelspiele 1944; Mutspiele 1935]

dj. 1.11 Das österreichische Jungenkorps: 1931 / II : Jungenfahrten / Hrsg.: dj. 1.11 Das österreichische Jungenkorps. – Wien : Eichendorff-Haus, [1932]. – 169 S.– (Briefebücherei ; 2)

Dörrenhaus, Fritz: Fahrt in den deutschen Süden. – Potsdam : Voggenreiter. – 1929. – 112 S.

Der Einspruch : zum … Male gegen den Zwiespruch, die gelbe, rote, blaue und blau-weiße Zeitung, die Jungen, alten und ringenden Menschen, Ausspruch aller europäischen Jugend-, Jungen und Judenringe, Zuspruch für alle am W. V. Verzweifelnden ; gegen den Zwiespruch, Generalanzeiger aller Bünde. – Leipzig : Dt. Wanderbuchh. – Von 1920 bis 1921 erschienen

Der Eisbrecher / Hrsg. Eberhard Koebel. – Plauen i. Vogtl. : G. Wolff. – Von 1 (1932/33) bis 4 (1935) erschienen

300 [=dreihundert] Lieder der Jugend / [die Auswahl u. d. musikal. Bearb. bes. Theodor Warner]. – Potsdam : Voggenreiter, [1933]. – 168 S.

Englandfahrt 1909 und 1927: ein Beitrag zur Geschichte der deutschen Jugendbewegung / hrsg. von d. Deutschen Freischar. – Potsdam : Voggenreiter, 1929. – 86 S. – („Deutsche Freischar" ; Beih. 1)

„Es taget in dem Osten…" : Gedichte neudeutscher Jugend / gesammelt von Karl Albert Schmöllenbach u. Hanns Altermann. – Heilbronn : Lichtkampf-Verl., 1921. – 133 S. – (Lichtkampf-Bücher „Die erste Reihe" ; 1)

Eten, Günther: Horst : Geschichte eines Wölflings / von Günther Eten. Das Titelbild u. die Jungenköpfe dieses Buches zeichn. Peter Lampel. – Plauen : G. Wolff, 1931. – 150 S. – (Jungenbücherei ; 4)

Eten, Günther: Talfo : Leben eines Schwertjungen ; Erzählung am Feuer / von Günther Eten. – Plauen : G. Wolff, 1935. – 62 S. – (Die graue Reihe ; 3)

Etzel, Paul *siehe* Jordan, Paul

Fabricius, Wilhelm: Wild und Wildlinge : Wild- und Waldgeschichten / mit 50 Bildern d. Verf. – Potsdam : Der Weiße Ritter Verl., Voggenreiter, 1927. – 192 S.– (Spurbücherei ; 1)

Der fahrende Gesell / hrsg. vom Bund für Dt. Wandern u. Leben im DHV (Deutschnationaler Handlungsgehilfenverband). – Hamburg : DHV [später: Hamburg : Hanseat. Verl.-Anst.]. – Von 1 (1909) bis 6 (1914/15) und 7 (1919) bis 21 (1933) erschienen
Die Zeitschrift war das Organ des Bundes *Fahrende Gesellen,* der aus den Wandergruppen des *Deutschnationalen Handlungsgehilfen-Verbandes* hervorgegangen war.

Farkas, Julius [Gyula] von: Gärende Seelen : Eine Erz. aus d. ungar. Jugendleben. – Berlin : Der weiße Ritter Verl., 1923. – 136 S.– (Spurbücherei ; 4). – Originaltitel: Forrongó lelkek. – 2. Aufl. 1929.

Farkas, Julius [Gyula] von; Márton, Jenö: Gärende Seelen : ein Pfadfinderschauspiel in 3 Akten / nach d. gleichnam. Roman von Prof. Dr. Gyula von Farkas frei bearb. von Jenö Márton. – Zürich : Polygraph. Verl., [1929]

Fischer, Frank: Wandern und Schauen : gesammelte Aufsätze / von Frank Fischer. Für die deutschen Wandervögel hrsg. von Fr[iedrich] Brauns u. W. Liebenow. – Hartenstein : Greifenverl., 1921. – 151 S. [Frühere Aufl.: Göttingen [u.a.] : Kratzenstein: 1918. – 115 S.]

Fischer, Hans: Wie und was kochen wir? / [Buchschm. von Senger u. Buek]. – München : Bergverl. Rother, 1927. – 64 S.– (Fluß- und Zeltbücherei ; Bd. 4) [Verl.-Anz.: Bringt „gute Ratschläge, nützliche Winke“. Jeder Fahrtenfürer muß es besitzen]

Fischer, Walter: Die große Fahrt / hrsg. im Auftr. der Bundesleitung des Wandervogels e.V. von Friedrich Schlünz. – Hamburg : Wicher, 1918. – 111 S. [2., verm. u. verb. Aufl. – Rudolstadt (Thür.) : Greifenverl., 1922. – 146 S. ; 5. Aufl. 1925]

Flex, Walter: Der Wanderer zwischen beiden Welten : ein Kriegserlebnis. – München : Beck, 1917. – 106 S.
„Obwohl Thema und Zeit der Abfassung der Weltkrieg war, wurde das Buch in den zwanziger Jahren viel von Jugendlichen gelesen; die im Buch geschilderte Art des Deutschseins entsprach dem Denken vieler. „Diese Erzählung, die von der Bewährung des jungen Menschen aus der Jugendbewegung als Soldat sprach, wurde von der Nachkriegsgeneration wie ein Vermächtnis des gefallenen Dichters aufgenommen und verehrt.“ (Graebsch 1942, S. 235) Im Buch verbindet sich völkischer Nationalismus mit jugendbewegter Naturpoesie.)

Das freie Jugendbuch : ein Arbeiter-Lesebuch für Jung und Alt ... / Hrsg.: Heinz Jacoby. Beitr. von Dostojewski, Gorki, Tolstoi [u.a.]. Ill. von Paul Eickmeier. – Charlottenburg : Verl. „Neues Ziel“, [1927]. – 172 S.

[...], Fritz: Balkanfahrt der Jungenschaft Wien 4. – In: Jungenfahrten : dj. 1. 11. Briefebücherei. – 2 (1932), S. 23 – 64

Fritzsche, Hans: Das Lagerbuch. – Leipzig : Bund dt. Pfadfinder ; [Neudeutscher Jugendverl.] Nuschke, [1923]. – 133 S.

Fußhöller, Leo: Wandervogel, Werktat, Dramatik : die Dreiheit eines neuen Schullebens. – Hartenstein : Greifen Verl., 1921. – 103 S.

Das glückhaft Schiff : Fahrtenbuch für Sonne, Wind und Wetter / hrsg. von Hans Richard Lesser u. der Schriftleitung der Bücherrundschau „Das glückhaft Schiff". – Stuttgart : Verl. Das Glückhaft Schiff (Steinkopf). – Von 1 (1928) bis 5 (1932) erschienen

Grebenstein, Fritz: Ein Büchlein vom Wandervogel : aus dem Schrifttum der Bewegung / ges. von Fritz Grebenstein. – Frankfurt/Main : Diesterweg, [1925]. – 43 S. – (Kranzbücherei ; 9/10)
Enthält Zitate aus verschiedenen Publikationen und Zeitschriften, u. a. der Zs. „Wandervogel" mit dem Ziel, „den mehr naturhaften, ursprünglichen Wandervogel aus der Zeit etwa bis zum Weltkriege zu zeigen." (Nachwort, S. [45])

Grenzlandfahrt deutscher Jugend durch Südtirol. – In: Der fahrende Gesell. – 13 (1925) 8/9, S. 125 – 167
Umschlagtext: „Die Schrift zeigt praktische Grenzlandarbeit deutscher Jugend und gibt ein erschütterndes Bild von dem erbitterten Ringen unserer Südtiroler Brüder um ihr von den Italienern hart bedrängtes Volkstum."

Gröndahl, Otto: Das erste Jahrzehnt unseres Bundes. – In: Der fahrende Gesell. – 19 (1931) 2, S. 24 – 28

Der große Wagen *siehe* Ein Werk der Jungentrucht

Günther, Albrecht Erich: Jugend und Politik. – In: Der fahrende Gesell. – 17 (1929), S. 5 f., 62 – 66

Hargrave, John: Kibbo Kift : die Waldverwandtschaft / die 20 eingedr. Holzschn. schuf Oskar Birckenbach. – Regensburg : Der Weiße Ritter Verl.; [Leipzig : Kittler], 1921. – 77 S. – (Die Bücher der Waldverwandtschaft ; 10)

Hargrave, John: Die Kunst Einsamkeit : Waldläufertum / [Übers. von Karl Löbl]. – Berlin : Der Weiße Ritter Verl., 1924. – 175 S. – (Bücher der Waldverwandtschaft ; 6/6a). – Einheitssacht.: Lonecraft <dt.>

Hargrave, John: Das Totem spricht / mit vielen [eingedr.] Bildern d. Verf. [Übers.: Franz Ludwig Habbel ; Günther Klemm]. – Berlin : Der weiße Ritter Verl., 1922. – (Bücher der Waldverwandtschaft ; 3). – [Lt. Umschlagt.: 1923; Rückent. mit richtiger Datierung]. – Einheitssacht.: The Totem talks <dt.>

Hargrave, John: Stammeserziehung / John Hargrave (Weißer Fuchs). [Einzig berecht. Übers. aus d. Engl. von Hans Holl ; Franz Ludwig Habbel]. – Berlin : Der weiße Ritter Verl., 1922. – 175 S. – (Die Bücher der Waldverwandtschaft ; 4/5). – Einheitssacht.: Tribal training <dt.>

Hargrave, John: Das Wigwam-Buch. – 2. Aufl. – Regensburg : Der Weisse Ritter Verl., 1921. – 95 S. – (Die Bücher der Waldverwandschaft ; 3)

Heijo, der Fahrwind weht : Lieder der Nerother / hrsg. von Karl Oelbermann u. Walter Tetzlaff. – Plauen : Wolff, 1933. – 48 S. [Nachdr.: Frankfurt/Main : dipa-Verl, 1963]

Hellas : Tagebuch einer Reise / hrsg. von Ernst u. Herbert Lehmann. – Potsdam : Voggenreiter. – 132 S.

Helwig, Werner: Strandgut : 7 Novellen. – Plauen : Wolff, 1935. – 61 S.– (Die graue Reihe ; 1)

Henning, Frida: Wie der Wandervogel sein Nest fand : Erzählung aus der Reformationszeit. – Zwickau : Herrmann 1931. – 156 S.

Hentig, Werner Otto von: Ins verschlossene Land : ein Kampf mit Mensch und Meile. – 201. – 205. Tsd. – Potsdam : Der Weiße Ritter Verl., Voggenreiter, 1928. – 248 S.– (Spurbücherei ; 2). – Früher u. d. T.: Meine Diplomatenfahrt ins verschlossene Land. – 51. – 75. Tsd. – 1917. – 245 S.

Horst, Cornelius von der: Politische Rechenschaft – Politischer Weg. – In: Der fahrende Gesell. – 19 (1931), S. 9f., 121 – 126

Huffzky, Hans: Wir durchstreifen Bulgarien : 10 deutsche Pfadfinder auf abenteuerlicher Großfahrt / Begleitwort W. v. Molo. – Zürich : Orell Füssli, 1931. – 147 S.– (Was Jungens erzählen ; 13)

Hunter, John: Das Geheimnis der Klosterinsel : eine Detektivgeschichte / von John Hunter. Nacherz. von Jürgen Riel. Ill. Heiner Rothfuchs. – Potsdam : Voggenreiter, 1933. – 128 S.– (Spurbücherei ; 16)

Jordan, Paul: Fahrt, Nest und Lager : Leben und Aufbau einer Jugendgruppe ; eine Anleitg für Gruppenführer und solche die es werden wollen. – 2. Aufl. – Stuttgart : Union Dt. Verl.-Ges., [1930]. – 131 S.– (Illustrierte Taschenbücher für die Jugend ; 64)

Jordan, Paul: Heinz, der Torwart und andere Erzählungen / mit 12 Textzeichn., e. farb. Titelbild u. e. mehrfarb. Deckenüberzug von Karl Sigrist. – 4. Aufl. -Stuttgart [u. a.] : Union Dt. Verl.-Ges., [ca. 1938]. – 98 S.
3. Aufl. 1931. – Darin: „Wird Detlev versetzt?“ S. 31 – 72. – Detlev ist schlecht in der Schule; zu Weihnachten wünscht er sich nur, „mit der Meute ins Winterlager zu fahren“ (S. 31).

Jordan, Paul: Kampf um die Ehre / Paul Etzel. Mit Bildern von Ludwig Gruber. – Reichenau : Schneider, 1936. – 112 S.– ([Mädelkameradschaft ; 4])

Jordan, Paul: Mit Barett und bunter Mütze : Jungengeschichten von Fahrt und Schule. – Stuttgart [u. a.] : Union Dt. Verl.-Ges., 1931. – 91 S. [4. Aufl. [ca. 1935] / Ill. Fritz Franke]

Jordan, Paul: Mit Kompass und Karte durch den Balkan : Fahrt und Lagererlebnisse einer Jungengruppe / mit 1 farb. Titelbild, 1 farb. Deckenbild u. 3 Textzeichn. von R. Seckelmann. – Stuttgart [u. a.] : Union Dt. Verl.-Ges., [1930]. – 102 S.

Jordan, Paul: Sieben deutsche Jungen : Erlebnisse und Abenteuer einer Jugendgruppe / Paul Etzel. Mit 8 Tondruckb. von A. Seckelmann. – Stuttgart [u. a.] : Union Dt. Verl.-Ges., [1932]. – 233 S.– (Union-Jugend-Bücher)Jordan, Paul: Die Meute : aus dem Leben einer Jungengruppe / mit 1 farb. Titelbild, 1 mehrfarb. Umschl. u. 3 Textzeichn. von A. Seckelmann. – Stuttgart : Union Dt. Verl.-Ges., [1929]. – 90 S.

Jugendland : eine deutsche Jungenzeitschrift / Hrsg.: Ringgemeinschaft Dt. Pfadfinder. – Plauen i. V. : Wolff. – Von 1923 bis 1931 erschienen

Junge Menschen : Monatshefte für Politik, Kunst, Literatur und Leben aus dem Geiste der jungen Generation der zwanziger Jahre, 1920 – 1927 / ausgew. u. mit e. Darst. zur Biogr. Walter Hammers u. d. Geschichte d. dt. Jugendbewegung versehen u. hrsg. von Walther

G. Oschilewski, Emma Hammer-Hösterey u. Otto Piehl – Frankfurt/Main : dipa-Verl., 1981. – XXIV, 382 S. – (Quellen und Beiträge zur Geschichte der Jugendbewegung ; 24) (Das erste Heft des 1. Jahrgangs von 1920 erschien schon im Dezember 1919 u. d. T. „Junge Menschen : Halbmonatsschrift für die Jugend Deutschlands", zunächst im Fritz Klatt Verl. Hamburg)

Jungenfahrten : dj. 1. 11. ; das österreichische Jungenkorps 1931/2. – Wien : Eichendorff-Haus, [1932]. – 169 S. – (Briefebücherei ; 2)

Kansen, Arno *siehe* Köbel, Eberhard

Die Kiefer : Zeitschrift für eine junge Gesinnung / May, Andreas (Hrsg.). – Plauen : Wolff. – Reihe 1 (1993) 1 – 7 und Reihe 2 von (1933) 1 bis (1934) 4 erschienen
Der eigentliche Initiator dieser kulturpolitischen Zeitschrift war Eberhard Köbel. Nach dessen Inhaftierung durch die Nazis im Januar 1934 wurde das Erscheinen eingestellt.

Kindt, Werner: Wider den Strom : Geschichten aus d. jungen Wandervogel. Rudolstadt : Greifenverl., 1927. – 48 S.

Koch, Henny: Wir fünf. Wie Ilse zum Wandervogel bekehrt wurde. 2 Erzählungen für junge Mädchen. 1 Farbtaf. + 3 Textill.: Paul Helwig-Strehl. – Stuttgart [u. a.] : Union Dt. Verl.-Ges., [1930]. – 168 S.

Köbel, Eberhard [Pseud.: tusk; auch Friedrich Engelhardt, Arno Kansen, Grettir): Die ersten Kapitel einer jungen Bewegung. – In: Der Eisbrecher. – 1 (1932/33), S. 96 – 101, 124 – 128, 155 – 158, 180 – 183

Köbel, Eberhard: Fahrtbericht 29 (Lappland). – Potsdam : Voggenreiter, 1930. – 104 S. – (Briefebücherei / hrsg. von Eberhard Köbel ; 1)

Köbel, Eberhard: Der gespannte Bogen : eine Flugschrift z. Dt. Jungenschaft / [hrsg. von Willi Claus]. – Als Ms. gedr. – Berlin : Calies, 1931. – 60 S. – (Tyrker … ; 10/12)

Köbel, Eberhard: Die Heldenfibel. – Plauen : Wolff , 1933. – 215 S. [Nachdr. Edermünde : Achims Verl., 2003]

[Köbel, Eberhard]: Ein Lager an der Nordsee. – In: Der Eisbrecher. – 3 (1934), S. 314 – 322 [anonym erschienen]

Köbel, Eberhard: Die Leonenrotte u. a. Schuljungengeschichten / Arno Kansen. [Buchschm.: Fritz Stelzer]. – Plauen : Wolff, 1933. – 157 S. – (Jugendbücherei ; 6). – Vorabdr. in: Das Lagerfeuer, 1931 – 1932

Köbel, Eberhard: Die Tuchkohte [1933]. – Plauen : Wolff, [1933]. – 32 S. – (Allzeit bereit ; 62)

Köster, Karl: Orientfahrt der Sturmvaganten : abenteuerliche Großfahrt einer Jungengruppe. – Stuttgart [u. a.] : Union Dt. Verl.-Ges. , [1932]. – 155 S.

Köster, Karl: Eine Jungenfahrt zum Ligurischen Meer. – Stuttgart : Loewe, [1933]. – 96 S.

Köster, Karl: Rußland querdurch : Erlebnisbericht einer Nord-Süd-Grossfahrt deutscher Pfadfinder durch die Sowjetunion. – Eisenach : Kühner, 1933. – 159 S.

Kutzleb, Hjalmar: Hans Breuer zum Gedächtnis. – In: Der fahrende Gesell. – 21 (1933), 3. Umschlags.

Kutzleb, Hjalmar: Der Zeitgenosse, mit den Augen eines alten Wandervogels gesehen / illustr. von A. Paul Weber. – Leipzig : Matthes, 1922. – 124 S. – (Zweifäusterdruck ; 100)

Das Lagerfeuer : eine deutsche Jungenzeitschrift / Schriftleiter Eberhard Köbel (tusk). – Berlin : Atlantis-Verl. – Von (1930) bis (1932) 6 erschienen. – Forts. u. d. T.: Der Eisbrecher [Atlantis-Verl.: (1930) – (1931) 10; Lasso-Verl.: (1931) 11 – (1932) 6]

Lieder am Feuer / Walter Schulz. – Plauen i. V. : Verl. Das junge Volk, Wolff, 1931. – 128 S.

Lieder der bündischen Jugend / [die Auswahl u. die musikal. Bearb. bes. Theodor Warner]. – Potsdam : Voggenreiter, 1929. – 182 S.

Lieder der Eisbrechermannschaft / [hrsg. von dj. 1. 11.]. – Plauen : Wolff, 1933. – 48 S.

Lieder der Süd-Legion. – Plauen i. V. : Wolff, 1931. – 21 Doppels.

Lieder der Trucht / [hrsg. Karl Christian Müller]. – Plauen i. V. : Wolff, [1933]. – 43 S.

Lieder des Bundes. – Plauen i. V. : Wolff, 1933. – 18 Bl. : Notenbeisp.

Linberg, Irmela: Der Vagant. – Altona : Ruhe, 1926. – 52 S. – (Der Brunnen ; 13)

Luserke, Martin: Das Abenteuer in Tongking : ein exotisches Spiel. – München : Kaiser, 1925. – 59 S. – (Jugendspiele ; Reihe 3: Grotesken ; 2)

Luserke, Martin: Blut und Liebe : ein Ritter-Schauer-Drama. – München : Kaiser, 1931. – 46 S. – (Münchener Laienspiele ; 9)

Luserke, Martin: Fünf Komödien und Fastnachtsspiele aus der Freien Schulgemeinde Wickersdorf. – München : Bonsels, 1912. – 165 S.

Luserke, Martin: Jugend- und Laienbühne : eine Herleitung von Theorie und Praxis des Bewegungsspiels aus dem Stil des Shakespearischen Schauspiels. – Bremen : Angelsachsen-Verl., 1927. – 184 S. – (Die Bücher der Schule am Meer)

Luserke, Martin: Die kleine Flöte : eine Märchengroteske in sechs Bildern. – München : Höfling, [1931]. – 51 S. – (Spiel' und sing! ; 8001)

Luserke, Martin: Der kupferne Aladin : ein orientalisch-myst. Spiel. – München : Kaiser, 1925. – 62 S. – (Münchener Laienspiele ; 11)

Luserke, Martin: Das Laienspiel : Revolte der Zuschauer ; für das Theater. – Heidelberg : Kampmann. – 1930. – 55 S.

Luserke, Martin: Schule am Meer : ein Buch vom Wachsen deutscher Jugend geradeaus vom Ursprünglichen bis ins Letzte. – Potsdam : Voggenreiter, 1925. – 153 S.

Luserke, Martin: Seegeschichten. – Potsdam : Voggenreiter, 1932. – 151 S. – (Spurbücherei ; 18)

Luserke, Martin: Shakespeare-Aufführungen als Bewegungsspiele / hrsg. vom Bund für das neue Theater. – Stuttgart [u. a.] : Seifert, 1921. – 168 S.

Luserke, Martin: Die sieben Geschichten von Tanil und Tak : indianische Legenden. – Bremen : Angelsachsen-Verl., 1925. – 101 S. – (Zelt-Geschichten ; 1). – Später u. d. T.: Die sieben Geschichten von Tanil und Tak : indianische Legenden ; fremdartige Abenteuer, von denen im Zelt und am Feuer erzählt wurde. – 2. Aufl. – Potsdam : Voggenreiter, 1930. – 100 S. – (Spurbücherei ; 12)

Luserke, Martin: Sivard Einauge und andere Legenden die in der Schule am Meer erzählt wurden. – Potsdam : Voggenreiter, 1930. – 120 S. – (Spurbücherei ; 14)

Luserke, Martin: Die zwölf Legenden von dem Helden Sar Ubo mit der silbernen Hand und dem Räuber Siri. – Bremen : Angelsachsen-Verl., 1926. – 232 S. – (Zeltgeschichten ; 2) [2. Aufl. – Potsdam : Voggenreiter, 1930. – (Spurbücherei ; 13)]

Lux, Hanns Maria: Das grosse Signal. – Berlin, Limpert, 1937. – 199 S.

Meyen, Treumann-Albrecht: Stromerfahrten : aus der Heimat eines Wandervogels. – Hartenstein : Greifenverl, 1921. – 120 S. – (Greifenbücherei ; 1)
(Aus dem Nachwort: „Diese Skizzen entstammen Tagebuchblättern aus den Jahren 1910–1914 und wurden zum Teil bereits in den verschiedenen Zeitschriften des Wandervogels veröffentlicht. Einige wenige sind später entstanden.“)

Mohri, Karl: Indienfahrt des Nerother Wandervogel Deutscher Ritterbund 1927/1928 / Karl Mohri ; Otto Wenzel. Hrsg. von Robert Oelbermann. – Plauen : Wolff, 1928. – 31 S. – (Grenzlandfahrten deutscher Jugend ; 5)

Müller, Karl Christian [Pseud.: teut; Teut Ansolt]: Der Waffenstillstand : ein heldisches Spiel / von Teut Ansolt. – Leipzig : Truchtverl., 1933. – 16 S.

Naumann, Gustav: Die zwölf Abenteuer des Friedel Hoppe. – Rudolstadt : Greifenverl., 1928. 160 S. – (Greifenbücherei ; 16)

Neuerburg, Eduard von: Frohe Kerle : Geschichten aus dem neuen Jugendreich mit vielen Bildern / Franz Hillig [Illustr.]. – Köln : Gilde-Verl., 1931. – 100 S. – (Burg – Bücher ; 1)

Noack, Helmut: Ringende Jugend : Lebensbild eines jungen Deutschen; Briefe, Tagebücher und Gedichte. – Berlin : Staatspolitischer Verl., 1921. – 199 S. [2. Aufl. 1921; 6. – 7. Tsd. 1933]

Oelbermann, Robert: Unter Toreros und Fremdenlegionären : mit deutschen Jungen durch Spanien und Marokko. – Berlin : Safari-Verl., 1928. – 255 S.

Paasche, Jochen: Das Reich und wir / Jochen Paasche ; Eberhard Menzel. – In: Der Pfad zum Reich. – 1 (1929) 1, S. 7 – 13

Pannwitz, Rudolf: Das Lied vom Elen. – Nürnberg : Carl, 1919. – 71 S. – (Mythen ; 1)

Persijn, Alexander: „Wir zogen in das Feld“. – Wolfenbüttel : Zwißler, 1918. – 115 S. – (Bücher der Wandervögel ; 3)

Der Pfad zum Reich : Führerblätter des Bundes der Reichspfadfinder. – Plauen i. V. : Wolff. – Von [1] (1927) bis 6 (1932)[?] erschienen
Laut Werbeblatt zum 6. Jahrgang 1932 (Schriftleiter Eberhard Menzel) erschien die Zeitschrift seit 1927. Jedoch wird in der Vorlage der Jahrgang 1930 als 2. bezeichnet.

Der Pfad zum Reich : Jahrbuch 1929 / Hrsg. Bund der Reichspfadfinder, Berlin. – Plauen i. V. : Verl. Das junge Volk, 1929. – 48 S. – Mehr nicht nachgewiesen

Pfretzschner, Herbert: Wir keilen Bengt : eine Jungengeschichte. – Potsdam : Voggenreiter, 1933. – 144 S. – (Spurbücherei ; 19)

Pläne / Hrsg.: Eberhard Köbel. – Berlin: Lasso-Verl. – (1932), 1 – 5

Poieß Bernd: Geschichten im Feuerkreis. – In: Das Lagerfeuer. – (1931) 1, S. 26 – 31

Prellwitz, Gertrud: Das Osterfeuer : eine Erzählung aus der Welt des Armanentums. – Oberhof : Maien-Verl., 1921. – 32 S.

Prellwitz, Gertrud: Ruth : ein Buch von Deutschlands Not und von Deutschlands Jugend / Walter Brinkmann [Illustr.]. – Oberhof : Maien-Verl., 1921. – 122 S.

Prellwitz, Gertrud: Drude : ein Buch des Vorfrühlings ; der neuen Jugend gewidmet / von Gertrud Prellwitz. – Woltersdorf bei Erkner : St. Georgs-Bund, 1921. – 165 S.

Proletarischer Kindergarten : ein Märchen- und Lesebuch für Gross und Klein / hrsg. von Ernst Friedrich. – Berlin : Buchverl. der Arbeiter-Kunst-Ausstellung, 1921. – 232 S.

Putnam, David Binney: David fährt nach Grönland. – Zürich [u. a.] : Orell Füssli, 1930. – 188 S. – (Was Jungens erzählen ; 6). – Einheitssacht.: David goes to Greenland <dt.>

Queling, Hans: Sechs Jungen tippeln zum Himalaja. – Frankfurt/Main : Societäts-Verl., 1933. – 195 S.

Riebold, Fritz: Späherbuch : ein zünftiger Führer für bündische Jungen. – 2., völlig neubearb. Aufl. – Plauen : Wolff [Das junge Volk], 1930 [Ausg. 1929]. – 256 S. [EA: Dresden 1924. – Besprechung in: Der Pfad zum Reich. – (1929) 6, S. 96]

Riedel, Hans: Jungengeschichten. – Plauen : Wolff, [1932]. – 124 S. – (Jungenbücherei ; 1)

Riel, Jürgen: Der gefangene Reiter : Lagerfeuergeschichten / mit Bildern v. Alfred Zacharias. – Potsdam : Voggenreiter, 1933. – 102 S. – (Spurbücherei ; 5)

St. [= Sankt] Georg : Liederbuch deutscher Jugend / hrsg. von Walter Gollhardt. 4 Bde. – Aufl. in e. Bd. – Plauen i. V. : Verl. Das junge Volk, Wolff, 1931. – 386 S. [EA: 1929–1931]

Scheller, Thilo: Waldlager. – Leipzig : Quelle & Meyer, 1927. – 64 S. – (Bücherei für Leibesübungen und körperliche Erziehung / hrsg. von W. Schütz)

Schenke, Otto: Einsamer Wanderer : Gedichte und Tagebuchblätter. – Rostock : Selbstverl. (Burschenkreis der Pfadfindergruppe „Greifen“), 1926. – 26 S.

Scherf, Walter: Schwedenfahrt. – Recklinghausen : Paulus-Verl., 1955. – 155 S.

Schirach, Baldur von: Die Hitlerjugend : Idee und Gestalt. – Berlin : Zeitgeschichte Verl., 1934. – 220 S. [EA angeblich schon in 75 000 Exemplaren gedruckt.]

Schleicher, Fiede: Hitlerjugend. – In: Der fahrende Gesell. – 16 (1928), S. 188 f.

Die schönsten Märchen der Welt für 365 und 1 Tag / hrsg. von Lisa Tetzner. Mit 10 farb. Taf. u. 138 Textabb. von Maria Braun. – Jena : Diederichs. – 1. 1926. – 551 S.; 2. 1927. – 610 S.

Scholz, Erich: Legenden von großen Kameraden. – Plauen : Wolff, 1935. – 62 S. – (Die graue Reihe ; 4)

Schumacher, Hermann: Bündisches Aufgebot. – In: Der fahrende Gesell. – 19 (1931), S. 42 ff.

Schwerla, Karl Borromäus [auch: Carl Borro]: Zelt- und Lagerfeuer. – München : Rother, 1927. – 51 S. – (Fluß- und Zeltbücherei ; 3)

Sík, Sándor [auch: Alexander]: Der Führer : Pfadfinderführer-Handbuch ; [Auszug aus dem grundlegenden Handbuch der ungar. Pfadfinderbewegung] / [von Alexander Sik. Die Uebers. besorgte Alexius Velösy, die Bemerkungen zur dt. Ausg. von Ludwig Voggenreiter]. – Potsdam : Voggenreiter, 1929. – 172 S. – (Bücher der Waldverwandtschaft ; 2). – Einheitssacht.: Magyar cserkészvezetők Könyve <dt.>

Singkamerad : Schulliederbuch der deutschen Jugend / bearb. von Max Böhm … Hrsg. von der Reichsamtsleitung des nationalsozialistischen Lehrerbundes. – München : Eher, 1935. – 267 S.

Skalde, Hermann: Gralsucher : ein Drama aus der inneren Offenbarung der kommenden Zeit. – Würzburg : „Freier Wandergeist“ Verl. Deckert, 1921. – 88 S.

Soldatenchöre der Eisbrechermannschaft / hrsg. von tusk. [Graphik: Fritz Stelzer]. – Plauen : Wolff, 1934. – 61 S.

Sommersonnenwende : flammende Jugend am Feuer ; Lieder, Gedichte, Sprüche, Chöre und Szenen am Feuer. – Mühlhausen i. Thür. : Danner, [1934]. – 64 S. – (Deutsche Feierstunden / Will Reeg ; 4)

Sonntag, Mimi: Die Ritter vom runden Tisch : nach verschiedenen Quellen / M. Sonntag [Bearb.]; Alfred Zacharias [Illustr.]. – Berlin : Der Weisse-Ritter-Verl., 1923. – 96 S. – (Die Bücher der Waldverwandtschaft ; 9)

Speer, Jörg: Gedanken zur Führung einer deutschen Jungenzeitschrift. – In: Der Pfad zum Reich. – (1929) 2, S. 24 – 29

Der Spielmann : Liederbuch für Jugend und Volk / Hrsg. Klemens Neumann. – 9.[, veränd.] Aufl., 101. – 115. Tsd. – Mainz : Matthias-Grünewald-Verl. ; Wiesbaden : Rauch, 1928. – 320 S.

Die Spur in ein deutsches Jugendland : Jungenzeitschrift des Bundes der Wandervögel und Pfadfinder. – Potsdam : Der-Weiße-Ritter-Verl. Voggenreiter. – Von 1 (1922/23) bis 5 (1926/27) erschienen. – Später u. d. T.: Die Spur : Jungenzeitschrift des Bundes der Wandervögel und Pfadfinder. – Von 5 (1926/27) – 7 (1928) und 9 (1933) – 10. 1934[?] nachgewiesen

Stammler, Georg: Deutsche Sonnenwende : Worte, Lieder, Sprüche am Feuer / Georg Stammler ; Ernst Emanuel Krauss. – Mühlhausen in Thüringen : Urquell-Verl., 1922. – 29 S.

Stammler, Georg: Bäume, Flaggen, Richtmale : neue Lieder und Sprüche. – Mühlhausen : Urquell-Verl., Röth, 1923. – 140 S.

Stammler, Georg: Komm, Feuer! : Gedichte und Sprüche. – Mühlhausen : Urquell-Verl., 1922. – 136 S.

Stammler Georg: Worte an eine Schar. – 2., erw. Aufl. Heidelberg [u. a.] : Schöll, 1919. – 109 S. – (Neue Bücher ; 1) [EA: ebd. 1914. – 77 S.]

Strampedemi : ein Liederbuch von Jungen Trutz und Art / für ein bis zwei Stimmen eingerichtet u. meist mit Begleitbuchstaben vers. von Walther Hensel. – 4., unveränd. Aufl., 41. – 50. Tsd. – Kassel : Bärenreiter, 1931. – 192 S.

Strauß, Eberhard: Günther von Schirmer : 2 Jungengeschichten / [Buchschm.: Erich Zeibig]. – Plauen : Wolff, 1933. – 145 S. – (Jungenbücherei ; 5)

Strauß, Eberhard: Schmuggler in Masuren : ein dunkles Jungenabenteuer. – Freiburg i. Breisgau : Herder, 1932. – 181 S. – (Fahrtenbücher ; 5)

Strauß, Eberhard: Wolf Hagenreuter : eine fröhliche Lausbubengeschichte. – Freiburg i. Breisgau : Herder, 1931. – 180 S. – (Fahrtenbücher ; 3)

Sztrilich, Pál: Lager-Arbeiten / Pál Sztrilich ; János Mócsy. – Berlin : Der Weiße Ritter-Verl., 1924. – Einheitssacht.: Tábori munkák <dt.>

Tannenberg, Gerhard: Von deutschen Pfadfindern auf Fahrt, im Lager und daheim : Schilderungen pfadfinderischen Lebens. – Potsdam : Der Weiße Ritter Verl., Voggenreiter, [1928]. – 63 S.

Tesarek, Anton: Das Buch der roten Falken /[Ill. A. Negrelli]. – [Wien] : Jungbrunnen Verl., 1926. – 118 S.[2. verm. Aufl., 6. – 10. Tsd. 1927; 3. Aufl. 1929; 4. Aufl. 1946]

Tetzner, Lisa: Vom Märchenerzählen im Volke. – 5. – 7. Tsd. – Jena : Diederichs, 1922. – 65 S.

Ullmann, Hermann: Jugend und Führertum. – In: Der fahrende Gesell. – 19 (1931), S. 3ff.

Voelkel, Martin: Hie Ritter und Reich! : gesammelte Aufsätze. – Berlin : Der Weisse-Ritter-Verl., 1923. – 111 S.

Von allerhand Fahrten : lustige Geschichten / im Auftr. des Greifenverlags zsgest. u. hrsg. von Ernst Berghäuser. – Rudolfstadt : Greifenverl., 1921. – 155 S.

Von Wandervogels Art und Fahrt : aus Wandervogel-Zeitungen zusammengestellt. – 1. – 4. Tsd. – Rudolstadt : Greifenverl., 1925. – 95 S.– (Greifenbücherei ; 6) [2. [unveränd.] Aufl. – Plauen : Verl. Das junge Volk, Wolff, 1930. – (Greifenbücherei ; 10)]

Wander-Liederbuch für deutsche Mädchen : 100 Texte und Melodien / im Auftr. des Oberlyzeums I zu Kiel zsgest.: Heinrich Grahl. – 3. Aufl. – Kiel : Cordes, 1927. – 76 S.

Wandervogel : Monatsschrift für deutsches Jugendwandern. – Darmstadt [später Wolfenbüttel [u.a.]] : Wandervogel e.V. – Von 1 (1907) bis 21 (1926) erschienen. – Zeitweilig u.d.T.: Alt-Wandervogel. – Göttingen. – 6 (1911) – 14 (1919)

Wandervogel-Album : Lieder zur Gitarre oder Laute / Häseler, Adolf [Hrsg.]. – Leipzig : Domkowsky. – (1915) – (1922), 10 Bde

Das Wandervogel-Buch / hrsg. v. H. E. Schomburg u. Georg Koetschau. – Oranienburg : Wandervogel e. V., 1917. – 120 S.

Das Wandervogelbuch [Neuaufl. = 2., verb. Aufl.] / hrsg. von Heinrich Emil Schomburg ; Willi Geißler ; Karl Dietz. – Rudolstadt : Greifenverl. – 1. – 1923. – 108 S.; 2. / hrsg. von Karl Dietz u. Willi Geißler. – 1924. – 128 S.[Bildband] [Ein 3. Teil sollte im Frühjahr 1925 erscheinen, ist aber bibliogr. nicht zu ermitteln.]

Wandervogelgeschichten-Buch : Wandervogelgeschichten / von Hermann Hesse, Emil Strauß, Robert Walser u.a. – Heilbronn : Salzer, 1922. – 112 S.

Wandervogelliederbuch / hrsg. von Frank Fischer. – 21. – 40. Tsd. – Leipzig : Hofmeister, 1925. – 253 S.

Wandervogels-Singebuch / hrsg. von Hermann Engel u. Otto Mallon. – 6. Aufl., 22. u. 23. Tsd. – Berlin-Lichterfelde : Vieweg, 1925. – 409 S.

Wandervogels Sturzflug / gesammelt u. hrsg. von Ernst Berghäuser. – Rudolfstadt : Greifenverlag, 1922. – 89 S.

Warner, Theodor: Lieder der Bündischen Jugend / die Ausw. u. die musikal. Bearb. besorgte Theodor Warner. – Potsdam : Voggenreiter, 1929. – 181 S.

Weidner, Johannes: Knigge für Lausbuben und solche, die es nicht merken, daß sie welche sind : auch sonst vielleicht ganz anregend / [Ill. des Autors; Photos vom Friedrichsring Charlottenburg]. – 2. [vollst. umgearb.] Aufl. – Plauen : Verl. Das junge Volk, Wolff, 1929. – 61 S. – (Jugendlandbücherei , 3) [EA: 1925; Aufl. 1939 angeblich auch 2. Aufl.]

Die weiße Trommel : ein Liederbuch für deutsche Jungmannen und Jungen / hrsg. von Wilhelm Cleff. – Potsdam : Voggenreiter, 1933. – 122 S.

Ein Werk der Jungentrucht / Hrsg. Jungentrucht. – Potsdam : Hüttmann. – 1 (1932) – 3 (1932). – Später u. d. T.: Der große Wagen : ein Werk der Jungentrucht. – 4 (1933) – 6 (1933)[?]

Werner, Robert: Zwei laufen durch Lappland : ein Fahrtbericht. – Berlin : West-Ost-Verl., 1934. – 79 S.

Wilke, Ernst: Pachanten. – In: Der fahrende Gesell. – 19 (1931), S. 33 f.

Willeke, Franz: Gesammelte Aufsätze. – Münster : Wandervogel e.V., Gau Westfalen, [ca. 1930]. – 118 S.

Willeke, Franz: Heimat und Fahrten / mit Bildern von Willi Geißler. – 3. verm. Aufl. – Hartenstein : Greifenverl., 1921. – 125 S. [1. u. 2. Aufl. vor 1918]

Wir zogen in das Feld / hrsg. von Fritz Sotke. – Iserlohn i. W. : Sauerland-Verl., 1925. – 31 S. – (Fahrtenlieder ; 2)

Witte, Karl: Die Fragwürdigkeit der völkischen Religion. – In: Der fahrende Gesell. – 19 (1931), S. 151 – 154

Wolf, Hans: Wandervogel – jungdeutsch!. – In: Wandervogel. – 14 (1919), S. 65 f.

Zack, Karlchen: Wir unter uns … : ein Jungenbuch / mit Bildern von Caspar Reiter. – Freiburg : Herder, 1931. – 139 S. – (Fahrtenbücher ; 4)

Das Zeltlagerbuch des Wandervogels Gau Nordmark / hrsg. von Werner Kindt. – Potsdam : Der Weiße Ritter Verl., 1925. – 51 S.

Der Zupfgeigenhansl / hrsg. von Hans Breuer unter Mitw. vieler Wandervögel. – 125. Aufl., 699. – 703. Tsd. – Leipzig : Hofmeister, 1922. – 238 S.

Der Zwiespruch : unabhängige Zeitung für die Wanderbünde ; Nachrichtenbl. d. W.V. Ämter u. Anzeiger unseres wirtschaftl. Lebens. – Berlin : Zwiespruch-Verl. – Von 1 (1919) bis 15 (1933)[?] erschienen

Sekundärliteratur

Borinski, Fritz: Jugendbewegung : die Geschichte der deutschen Jugend 1896 – 1933 / Fritz Borinski ; Werner Milch. – 2. Aufl. – Frankfurt/Main : dipa-Verl., 1982. – 139 S. – (Quellen und Beiträge zur Geschichte der Jugendbewegung ; 2)

Brandenburg, Hans-Christian: Die Geschichte der HJ : Wege und Irrwege einer Generation. – 2. durchges. Aufl. – Köln : Verl. Wiss. u. Politik, 1982

Brandenburg, Hans-Christian: Der junge Eberhard Koebel : Materialien zur Biographie eines bündischen Jugendführers. – In: Jahrbuch des Archivs der Deutschen Jugendbewegung. – 15 (1984/85), S. 325 – 352

Brüning, Jens: „Zwischen den Zeilen der Abgrund“ : das kurze Leben des literarischen Kabaretts „Die Katakombe“. – Zit. nach: Deutschlandradio Kultur, Sendung vom 11. 10. 2009

Bruns, Claudia: Politik des Eros : der Männerbund in Wissenschaft, Politik und Jugendkultur (1880 – 1934). – Köln [u. a.] : Böhlau,2008. – 546 S.

Die deutsche Jugendbewegung 1920 bis 1933 : die bündische Zeit ; Quellenschriften / hrsg. im Auftr. des „Gemeinschaftswerkes Archiv u. Dokumentation der Jugendbewegung" von Werner Kindt. Mit einem Nachw. von Hans Raupach. – Düsseldorf [u.a.] : Diederichs, 1974. – 1840 S. – (Dokumentation der Jugendbewegung ; 3)

Elwenspoek, Curt: Das Bühnenspiel der Jugendbewegung und die Bestrebungen Martin Luserkes. – In: Junge Menschen : Monatsschrift für Politik ... 1920 – 1927 / ausgew. ... von Walther G. Oschilewski. – Frankfurt/Main : dipa-Verl., 1981. – S. 202f.

Fiedler, Gudrun: Jugend im Krieg : bürgerliche Jugendbewegung, Erster Weltkrieg und sozialer Wandel 1914 – 1923. – Köln : Verl. Wiss. u. Politik, 1989. – 310 S.

Frobenius, Else: Mit uns zieht die neue Zeit : eine Geschichte der deutschen Jugendbewegung. – Berlin : Dt. Buchgemeinschaft, 1927. – 430 S.

Frobenius, Else: Erinnerungen einer Journalistin zwischen Kaiserreich und Zweitem Weltkrieg. – Köln [u. a.] : Böhlau, 2005. – 257 S.

Giesecke, Hermann: Vom Wandervogel bis zur Hitlerjugend. – München : Juventa Verl., 1981. – 232 S.

Graebsch, Irene [nach 1945: Dyhrenfurth-Graebsch]: Geschichte des deutschen Jugendbuches. – Leipzig : Harrassowitz, 1942. – 274 S. – (Beiträge zur Volksbüchereikunde ; 3)

Graul, Hans: Der Jungenschafter ohne Fortune : Eberhard Köbel (tusk). – Frankfurt/Main : dipa-Verl., 1985. – 248 S.

Heeke, Matthias: Reisen zu den Sowjets : der ausländische Tourismus in Rußland 1921 – 1941 ; mit einem bio-bibliographischen Anhang zu 96 deutschen Reiseautoren. – Münster [u. a.] : Lit Verl., 2003. – 679 S. – (Arbeiten zur Geschichte Osteuropas ; 11)

Helwig, Werner: Die Blaue Blume des Wandervogels : vom Aufstieg, Glanz und Sinn einer Jugendbewegung. – Heidenheim a. d. Brenz: Südmarkverl., Fritsch, 1980. – 336 S.

Holler, Eckard: tusk und dj. 1.11 : Leben, Wirken, Wirkung. – In: Historische Jugendforschung. – N. F. 2. 2005 (2006), S. 213 – 229

Hopster, Norbert: Kinder- und Jugendliteratur 1933 – 1945 : ein Handbuch / Norbert Hopster ; Petra Josting ; Joachim Neuhaus. 2 Bde. – Stuttgart [u. a.] : Metzler, 2001, 2005

Hopster, Norbert: Zur Geschichte und wissenschaftlichen Erarbeitung der Kinder- und Jugendliteratur in der NS-Zeit. – In: Hopster, Norbert: Kinder- und Jugendliteratur 1933 – 1945 : ein Handbuch / Norbert Hopster ; Petra Josting ; Joachim Neuhaus. 2 Bde. – Stuttgart [u. a.] : Metzler. – 2 (2005), Sp. 5 – 54

Jantzen, Hinrich: Namen und Werke : Biographien und Beiträge zur Soziologie der Jugendbewegung. – Frankfurt/Main : dipa Verl. – Bd. 1. – 1972. – 358 S.; Bd. 4. – 1976. – 351 S. – (Quellen und Beiträge zur Geschichte der Jugendbewegung ; 12)

Jantzen, Walther: Die lyrische Dichtung der Jugendbewegung. – Faks.-Dr. der Erstausg. – Weisswasser, 1929. – Frankfurt/Main : dipa Verl., 1974. – 144 S. – (Quellen und Beiträge zur Geschichte der Jugendbewegung ; 17)

Jugendbewegung gegen Bühnenvolksbund : eine Dokumentensammlung / hrsg. von Fiede Schleicher. – Hamburg, 1927. – 32 S.

Kaminski, Winfred: Nationalerzieherische Kinderliteratur. – In: Geschichte der deutschen Kinder- und Jugendliteratur / hrsg. von Reiner Wild. – Stuttgart : Metzler, 1990. – S. 262 – 265

Karrenbrock, Helga: Märchenkinder – Zeitgenossen : Untersuchungen zur Kinderliteratur der Weimarer Republik. – Stuttgart : M & P, Verl. für Wiss. u. Forschung, 1995. – Zugl.: Osnabrück, Univ., Diss., 1993

Kindt, Werner: Vom Sturm und Drang des Nachkriegswandervogels : ein Beitrag zur Bundesgeschichte des E.V. – [Hamburg-Fulsbüttel], 1926. – 8 S. – Sonderdr. aus dem „Wandervogel". – 21 (1926) 1/2

Kistner, Albrecht: Die deutsche Jugendbewegung / Albrecht Kistner ; Erwin Kistner. – Nürnberg, 1960. – 183 S. – (Antiquariatskatalog von M. Edelmann ; 68) [Über den Charakter des Verkaufskataloges hinausgehende wichtige bibliogr. Quelle.]

König, Helmut: Der „Zupfgeigenhansl" und seine Nachfolger : drei Phasen der Jugendbewegung im Spiegel repräsentativer Liederbücher. – In: „Mit uns zieht die neue Zeit ...": der Wandervogel in der deutschen Jugendbewegung / hrsg. von Ulrich Herrmann. – [2. Aufl.]. – Weinheim [u. a.] : Juventa Verl., 2006. – S. 232 – 275

„Laboratorium Vielseitigkeit" : zur Literatur der Weimarer Republik ; Festschrift für Helga Karrenbrock zum 60. Geburtstag / hrsg. von Petra Josting u. Walter Fähnders. – Bielefeld : Aisthesis-Verl., 2005. – 535 S.

Laqueur, Walter: Die deutsche Jugendbewegung : eine historische Studie. – Studienausg. – Köln : Verl. Wissenschaft und Politik, 1983. – 280 S.

Laqueur, Walter: Young Germany : a history of the german youth movement. – New Brunswick, N. J. [u. a.] : Transaction Books, 1984. – 253 S. [EA: 1962; dt. EA: 1978]

Leutheuser, Karsten: Freie, geführte und verführte Jugend : politisch motivierte Jugendliteratur in Deutschland 1919 – 1989. – Paderborn : Igel-Verl. Wiss., 1995. – (Literatur- und Medienwissenschaft ; 45). – Zugl.: Saarbrücken, Univ., Diss., 1995

Lindner, Wolfgang: Jugendbewegung als Äußerung lebensideologischer Mentalität : die mentalitätsgeschichtlichen Präferenzen der deutschen Jugendbewegung im Spiegel ihrer Liedertexte. – Hamburg : Kovač, 2003. – 489 S. – (Schriften zur Kulturwissenschaft ; 48)

Linse, Ulrich: Die anarchistische und anarcho-syndikalistische Jugendbewegung 1919 – 1933. – Frankfurt/Main : dipa Verl., 1976. – 330 S.

Luserke, Martin: Das Laienspiel im Wandel der deutschen Jugendbewegung. – In: Vesper, Will: Deutsche Jugend : 30 Jahre Geschichte einer Bewegung. – Berlin : Holle, 1934. – S. 253 – 258

Maschmann, Melita: Fazit : mein Weg in die Hitler-Jugend / Nachw. von Helga Grebing. – München : Dt. Taschenbuch-Verl., 1979. – 252 S.

„Mit uns zieht die neue Zeit ..." : der Wandervogel in der deutschen Jugendbewegung / hrsg. von Ulrich Herrmann. – [2. Aufl.]. – Weinheim [u. a.] : Juventa Verl., 2006. – 405 S.

Mohler, Armin: Die konservative Revolution in Deutschland 1918 – 1932 : ein Handbuch / Armin Mohler ; Karlheinz Weißmann. – 6., völlig überarb. und erw. Aufl. – Graz : Ares-Verl., 2005. – 643 S.

Morris-Keitel, Peter: Der Schein der schönen Jugend : zu Gertrud Prellwitz' erzählerischem Werk. – In: La Culte de la Jeunesse et de L'enfance en Allemagne 1870 – 1933 / Hrsg. Marc Cluet. – Rennes : Pr. Universitaires, 2003. – S. 129 – 146

Nassen, Ulrich: Jugend, Buch und Konjunktur 1933 – 1945 : Studien zum Ideologiepotential des genuin nationalsozialistischen und des konjunkturellen „Jugendschrifttums". – München : Fink, 1987

Neuloh, Otto: Die Wandervögel : eine empirisch-soziologische Untersuchung der frühen deutschen Jugendbewegung / Otto Neuloh ; Wilhelm Zilius. – Göttingen : Vandenhoeck & Ruprecht, 1982. – 200 S.

Paetel, Karl Otto: Handbuch der deutschen Jugendbewegung : in Einzeldarstellungen. 3 Bde. – Flarchheim in Thür. : Die Kommenden [Urquell-Verlag], 1930

Paetel, Karl Otto: Die Struktur der nationalen Jugend. – Flarchheim in Thür. : Die Kommenden [Urquell-Verlag], 1930. – 56 S. – (Handbuch der deutschen Jugendbewegung ; 1)

Paetel, Karl Otto: Jugend in der Entscheidung, 1913 – 1933 – 1945. – 2., stark erw. Aufl. d. Werkes „Jugendbewegung u. Politik. Randbemerkungen", 1961. – Bad Godesberg : Voggenreiter, [1963]. – 308 S.

Paetel, Karl Otto: Die Hitlerjugend : Bund deutscher Arbeiterjugend. – Flarchheim i. Thür. : Die Kommenden [Urquell-Verlag], 1930. – 56 S. – (Handbuch der deutschen Jugendbewegung ; [3])

Paetzold, Ulrich: Die deutschen Jugendbewegungen dieses Jahrhunderts : eine psychologische Analyse ihrer Inhalte anhand des Liedgutes. – Bamberg, Univ., Diss., 1988. – 268 S.

Schepping, Wilhelm: Deutsche Jugendbünde in der ersten Hälfte des 20. Jahrhunderts als Sammler und Vermittler russisch-slawischen Liedgutes im politischen Kontext der NS-Epoche. – In: Musik und Migration in Ostmitteleuropa / hrsg. von Heike Müns. – München : Oldenbourg, 2005. – S. 183 – 242

Schmidt, Fritz: Ein Mann zwischen zwei Welten : Eberhard Koebels politische Entwicklung, seine ersten Jahre in der Emigration und seine Wirkung auf illegale dj. 1.11. – Edermünde : Freudenstein, 1997. – 136 S.

Schmidt, Fritz: Um tusk und dj. 1.11 : 75 Jahre Deutsche Jungenschaft vom 1. November 1929. – Edermünde : Freudenstein, 2006. – 103 S.

Schmidt, Fritz: dj. 1.11-Trilogie. – 2., durchges. Aufl. – Edermünde : Freudenstein, 2005. – 99 S.

Schoeps, Julius H.: „Falado o Falado" : Lieder der Jugendbewegung. – In: Zeitschrift für Religions- und Geistesgeschichte. – 57 (2005) 4, S. 366 – 369

Schröder, Peter: Die Leitbegriffe der deutschen Jugendbewegung in der Weimarer Republik : eine ideengeschichtliche Studie. – Münster : Lit Verl., 1996. – 116 S.

Schrölkamp, Stephan: Zeitschriften-Bibliographie : im Zeichen der Lilie ; Geschichte der Deutschen Pfadfinderbewegung ; Zeitschriften der Pfadfinderbünde im Kaiserreich und in der Weimarer Republik 1912 – 1933 (1938). – Baunach : Dt. Spurbuchverl., 1997. – 188 S.

Speiser, Heinz: Hans Breuer – Wirken und Wirkungen : eine Monographie. – Witzenhausen : Stiftung Burg Ludwigstein , 1977. – 125 S. – (Schriftenreihe des Archivs der Deutschen Jugendbewegung ; 2)

Spicker, Friedemann: Deutsche Wanderer-, Vagabunden- und Vagantenlyrik in den Jahren 1910 – 1933 : Wege zum Heil – Straßen der Flucht. – Berlin : De Gruyter, 1976. – 346 S.

Springman, Luke: Carpe Mundum : German Youth Culture of the Weimar Republic. – Frankfurt/Main : Lang, 2007. – (Kinder- und Jugendkultur, -literatur und -medien : Theorie – Geschichte – Didaktik ; 50)

Steinmeyer, Heinrich: Hans Breuer / hrsg. vom Gau Thüringen e. V. im Reichsverb. für Dt. Jugendherbergen. – Weimar : [Reichsverb. f. Dt. Jugendherbergen, Landesverb. Thüringen e. V.], 1932. – 48 S.

Stemmer, Sven: Literatur im Krieg – Kontinuität und Wandel jugendbewegter Ideale in der Erfahrung des Ersten Weltkriegs. – Norderstedt : Books on Demand, 2005. – 84 S.

Tolksdorf, Tobias: Naturerlebnis und Landschaftswahrnehmung in der frühen deutschen Jugendbewegung. – Norderstedt : Books on Demand, 2007. – 72 S.

Tost, Birte: Moderne und Modernisierung in der Kinder- und Jugendliteratur der Weimarer Republik. – Frankfurt/Main : Lang, 2005. – (Kinder- und Jugendkultur, -literatur und -medien : Theorie – Geschichte – Didaktik ; 35). – Zugl.: Osnabrück, Univ., Diss., 2004

Trommler, Frank: Mission ohne Ziel : über den Kult der Jugend im modernen Deutschland. – In: Mit uns zieht die neue Zeit : der Mythos Jugend / hrsg. von Thomas Koebner, Rolf-Peter Janz u. Frank Trommler. – Frankfurt/Main : Suhrkamp, 1985. – S. 14 – 49

Tusk : Versuche über Eberhard Koebel / hrsg. von Erich Meier u. Fritz Schmidt. – [Witzenhausen] : Südmarkverl., Fritz, 1994. – 262 S.

Gerd Taube

Kinder- und Jugendtheater

1. Begriffsgeschichte

Der Begriff Kinder- und Jugendtheater ist keine zeitgenössische Bezeichnung aus der Zeit der Weimarer Republik, sondern hat erst in der zweiten Hälfte des 20. Jahrhunderts Verbreitung gefunden. In der ersten Hälfte des 20. Jahrhunderts etablierten sich das Jugendtheater und später auch das Kindertheater unter den zeitgenössischen Bezeichnungen Laienspiel und Jugendbühne als Bestandteil der Jugendbewegung und der reformpädagogischen Kunsterziehung. Bereits seit dem Ende des 19. Jahrhunderts hat sich daneben die pädagogische Praxis von Schülervorstellungen der Berufstheater entwickelt. Wenn Friedrich Bonn 1939 in seinem Buch *Jugend und Theater* die Schülervorstellungen und das Laienspiel als *Theater für die Jugend* und *Theater durch die Jugend* unterscheidet, verweist er darauf, dass „das kunsterzieherische Teilgebiet ‚Theater und Jugend' […] zwei große selbständige Teilgebiete" (Bonn 1939, S. 2) umfasst, die jeweils durch eine bestimmte Kunstpraxis bestimmt sind. Mit *Theater für die Jugend* ist das berufsmäßige Theater für ein junges Publikum gemeint, wie die Schülervorstellungen der Berufstheater, die Weihnachtsmärchen der Stadttheater, die Puppentheatervorstellungen von stationären und mobilen Marionetten-, Handpuppen- und Schattentheatern für Schüler sowie speziell für ein junges Publikum entstandene Zeitstücke.

Mit dem Begriff *Theater durch die Jugend* wird eine Vielzahl unterschiedlicher Begriffe, künstlerischer Praxen und gesellschaftlicher Zusammenhänge des Theaterspiels der Kinder und Jugendlichen beschrieben. Als Schulbühne wird das Theaterspiel von Kindern in der Volksschule bezeichnet, der Begriff Stegreifspiel, der in diesem Zusammenhang ebenfalls häufig verwendet wird, verweist dabei auf die grundlegende Methode der Improvisation in dieser Form des Kindertheaters. Für das Theaterspiel adoleszenter Jugendlicher in der Schule fand der Begriff Jugendbühne Verwendung, wobei zwischen der Praxis der Jugendbühne als Bestandteil des Unterrichts und der Jugendbühne in der Schulfeier unterschieden wurde. Synonym verwendet finden sich aber auch die Begriffe Schulspiel und Schultheater für jegliches Theaterspiel in der Schule. In reformpädagogischen Schulversuchen spielte die künstlerische Erziehung und damit auch das Laienspiel eine gewichtige Rolle. Das jugendbewegte Laienspiel wurde durch einzelne Protagonisten in der reformpädagogischen Schulpraxis methodisch und künstlerisch weiterentwickelt.

Gemeinhin fand die Bezeichnung Laienspiel aber vor allem für außerschulische Formen des Theaterspiels von Jugendlichen und jungen Erwachsenen Verwendung. Zu unterscheiden sind, aufgrund der sozialen und weltanschaulichen Eigenarten, das bürgerliche Laienspiel, beispielsweise der Jugendspielscharen des *Bühnenvolksbundes* oder der Laienspielgruppen der Jugendbewegung, das proletarische Laienspiel in der kommunistischen und der sozialdemokratischen Jugendorganisation, im *Arbeitertheaterbund* oder im *Arbeiter-Laienspieler-Verband* und das Laienspiel in konfessionellen Zusammenhängen mit Krippenspielen und anderen Festspielen zu Anlässen im Kirchenjahr.

Allen diesen Formen des Theaterspiels war gemeinsam, dass sie sich in Abgrenzung zum Berufstheater der städtischen und privaten Bühnen und zum Dilettantentheater der Vereinsbühnen definierten. Begrifflich fand diese Abgrenzung ihren Ausdruck in der negativen Besetzung des Terminus Theater, der allenfalls in dem Kompositum Theaterspiel Verwendung fand. Die Fokussierung auf den Begriff Spiel ist aber nicht nur Ausdruck der Abgrenzung zu den Formen des bürgerlichen Berufs- und Vereinstheaters, sondern kann auch auf eine kultursoziologische Begründung zurückgeführt werden. Der auf alternative Lebensformen zur den Menschen entfremdenden Arbeitswelt bedachten Jugendbewegung war das Spiel eine zutiefst menschliche Äußerungsform, die zudem als Gemeinschaftserlebnis von Spielern und Zuschauern den Tendenzen von Vereinzelung und Individualisierung im Erwerbsleben entgegenzuwirken vermochte. Während der Begriff Theater, abgeleitet vom griechischen *Theatron*, dem Ort des Schauens (*théa* – griech. Schau), auf den Schauwert des Spiels verweist, wie er auch in dem Begriff Schauspiel zum Ausdruck kommt, hebt der Begriff Laienspiel den Wert des Spiels als Fest der Gemeinschaft von ebenbürtigen Spielern und Zuschauern hervor. Diese Ebenbürtigkeit findet in dem Begriff Laie ihren Ausdruck, der sich vom Griechischen *laikós*, zum Volk gehörig, ableitet. Laienspiel meint also nicht nur, dass die Spieler nicht berufsmäßig auftreten, sondern verweist auch auf den sozialen Zusammenhang von Spielern und Zuschauern.

Im fachlichen Diskurs der unterschiedlichen Strömungen der Laienspielbewegung fanden Begriffe wie Laienspiel, Jugendspiel oder Jugendbühne oftmals synonyme Verwendung, die Begriffe, mit denen das Laienspiel in unterschiedlichen Kontexten von verschiedenen Autoren bezeichnet wurde, entstehen parallel zu seiner praktischen Entwicklung in Diskursen und Praktiken des historischen Laienspiels. Das erklärt die synonyme Verwendung verschiedener Termini, macht aber eine begriffsgeschichtliche Systematisierung schwierig.

Um also die vielgestaltigen Theaterpraxen von Kindern und Jugendlichen und für Kinder und Jugendliche in der Zeit zwischen den beiden Weltkriegen als unterschiedliche Ausprägungen des Verhältnisses von Jugend und Theater differenziert darstellen zu können, wird im Folgenden eine Systematisierung anhand der gesellschaftlichen Kontexte des Kinder- und Jugendtheaters in der Weimarer Republik vorgenommen. Damit ergeben sich unterschiedliche Perspektiven der Betrachtung dieser vielfältigen Spiel- und Theaterpraxis.

2. Jugendkultur

Die Anhänger der Wandervogelbewegung vor dem Ersten Weltkrieg lehnten die Rationalisierung des Lebens im Gefolge der zunehmenden Industrialisierung und Technisierung ab und wandten sich zivilisations- und kulturkritisch der Natur zu, um beim Wandern eine neue Form von Gemeinschaft zu erleben. Im Rückgriff auf vorindustrielles volkskulturelles Brauchtum suchten sie nach ursprünglichen Quellen als Inspirationen für den neuen Typus des Menschen und das Ideal eines mit innerer Wahrhaftigkeit gestalteten Lebens. Das Laienspiel der Jugendbewegung war künstlerischer Ausdruck dieser Suchbewegung der Jugend nach neuen Lebensformen, jenseits der Städte, der bürgerlichen Familie und der wilhelminischen Schule. Die Jugendbewegung begann „eine junge Volkskultur in Lied, Musik, Tanz, Dichtung und schließlich in größerem Ausmaße auch im jugenddramatischen Spiel zu erschließen." (Schultze 1960, S. 125)

Die frühen Ausprägungen des jugendbewegten Laienspiels waren oftmals theatralische Spielaktionen, die weniger auf einen externen Zuschauer, als vielmehr auf die Gemeinschaft der Jugendgruppe gerichtet waren, wie beispielsweise die Darstellung von Szenen aus dem Fahrtenleben. Daneben entwickelte sich eine Spiel- und Aufführungspraxis mit einer „Fülle von Spielformen" (ebd., S. 127) aus dem Brauchtum des Volkes, mit Märchenspielen, dem Handpuppen- und Schattenspiel, Hans-Sachs-Spielen, mittelalterlichen Mysterien, Passionen und Totentänzen, Marien-, Legenden- und Heiligenspielen, Sprech- und Bewegungschören. Diese Spielformen wurden von den Laienspielgruppen unter freiem Himmel oder an improvisierten Aufführungsorten zunehmend auch vor Publikum gezeigt.

Eine der wichtigsten Quellen für die Stoffe und Ausdrucksformen des Laienspiels der Jugendbewegung waren die mittelalterlichen Volksspiele; insbesondere die Mysterienspiele galten als modellhaft für die Auseinandersetzung mit dieser Tradition. Die stoffliche Bezugnahme auf das Mittelalter war romantischer Rückgriff auf volkskulturelles deutsches Brauchtum, um eine neue kulturelle Identität als Volk der Deutschen zu schaffen. In dem vom nationalkonservativen *Bühnenvolksbund* 1924 herausgegebenen Band *Gemeinschaftsbühne und Jugendbewegung* schreibt der Herausgeber Wilhelm C. Gerst im Vorwort, es gelte, „die wahre Form des deutschen volkstümlichen Kunstlebens zu finden. Sie wird und kann nur aus dem Laienspiel, dem Spiel aus unmittelbarer Volkserlebniskraft geboren werden.“ (Gerst 1924, S. 8)

Das Laienspiel schien in zweierlei Hinsicht zur Volksbildung geeignet, indem es das Volk durch die Begegnung mit dem kulturellen Erbe bildete, stellte es die geistigen Grundlagen zur Bildung eines Volkes bereit. Daneben wurde auch immer wieder die Bedeutung von Gemeinschaft, Spiel und Fest als volksbildend in diesem Sinne betont, denn „es entsprach dem Gemeinschaftsgedanken, wie er an vielen Stellen der Reformbewegung zum Ausdruck kam, daß die eigene erlebte Gemeinschaft zugleich im Zusammenhang der größeren Gemeinschaft gesehen wurde, etwa der Gemeinde, der Stadt, des Landes, vor allem der des Volkes.“ (Scheibe 1994, S. 169)

Die Volkwerdung als ein Ziel, zu dem das Laienspiel seinen Beitrag zu leisten sich berufen fühlte, ist in vielen Schriften und Artikeln mehr oder weniger explizit und oftmals nicht ohne Pathos beschworen worden. Beispielsweise beklagt Erich Scharff 1925 in seinem Artikel *Bühnenerneuerung aus dem Geist der Jugend* die Tragik der Deutschen, „kein Volk zu sein, keine einende Idee in und über uns zu wissen“, und er sieht den tiefsten Sinn der Laienbühne darin, „Einheit zu schaffen als Lebens- und Gestaltungsform auf dem Weg zur Volkwerdung, der Einheit letztes Ziel.“ (Scharff 1925, S. 176) Vier Jahre später schreibt Rudolf Mirbt im *Laienspielbuch* des *Bühnenvolksbundes* angesichts der aufs Ganze gesehen doch nur geringen Wirkungsbreite des Laienspiels: „Aber wir glauben doch, daß aus dem Gemeinschaftsspiel der kleinen Gruppen jenes Bühnenspiel eines Volkes wachsen wird, das wir, um nie dieses eine, letzte, tiefste Ziel unseres deutschen Daseins aus dem Sinn zu verlieren: Volk zu sein, ‚Das deutsche Volksspiel‘ nennen.“ (Mirbt 1929, S. 93)

Das Laienspiel stellte sich so in den Dienst der nationalen Sache, die das Laienspiel adelte, seine gesellschaftliche Legitimation und gleichzeitig Motivation für die beständige Weiterentwicklung des Laienspielwesens durch pädagogische und kulturelle Institutionen und Organisationen war. Diese nationale Aufgabe war vor allem der Jugend zugedacht. Gerst formulierte diesen Auftrag in seinem bereits erwähnten Vorwort mit dem Titel *Warum wir der Jugend vertrauen* ziemlich pathetisch als „Apostolat der Jugend“ und gipfelt in dem Schluss, dass „das Spiel der neuen Jugend völkische Angelegenheit sein wird.“ (Gerst 1924, S. 9) Er schließt: „Deutsche Jugend wir rufen Dich! Erkenne die Schönheit Deiner Kulturaufgabe an Deinem Volke! Rechtfertige unser Vertrauen!“ (Ebd. S. 10) Rudolf Mirbt hatte bereits ein Jahr vorher in seinem Vortrag *Zwischen den Bünden* den Bogen zwischen Jugendbewegung, Jugendkultur und Volkskultur geschlagen, indem er darauf hinwies, die Jugendbewegung wisse nun, „daß Jugendkultur nur Sinn hat als Teil der Volkskultur. Sie kennt den Ernst und die Bedeutung ihres Beitrages.“ (Mirbt: *Laienspiel*. 1960, S. 18)

Dass diese nationale Aufgabe gerade der Jugend zugetraut wurde, kam nicht von ungefähr. Der Reformpädagoge Gustaf Wyneken hatte vor dem Ersten Weltkrieg die Ausprägung einer eigenständigen Jugendkultur in Abgrenzung zur wilhelminischen Alltagskultur gefordert und damit den Begriff Jugendkultur geprägt. Unter anderem in seiner Schrift *Was ist „Jugendkultur“?* von 1914 hatte er einen positiven Mythos der Jugend beschworen. Für ihn war es die ureigenste und auch einzige Aufgabe der Jugend, jung zu sein. Jugend bezog sich dabei nicht allein auf das Lebensalter, sondern war für Wyneken „eine unersetzliche Möglichkeit, zurückzukehren zu reinem Willen, starkem Glauben und heiliger Begeisterung.“ (Wyneken 1914; zit. in: Baacke 2007, S. 142)

Für den Reformpädagogen Gustav Wyneken, der 1906 die *Freie Schulgemeinde Wickersdorf* gründete, war die Schule der Ort für die Ausprägung einer eigenständigen Jugendkultur in Abgrenzung zur Alltagskultur. Die Bewegung der Reformpädagogik entstand in demselben lebensreformerischen Kontext wie die Jugendbewegung und hatte mit dieser die kulturkritische Haltung gegenüber dem Leben in der industrialisierten Gesellschaft gemeinsam. Anders als die Jugendbewegung, die sich konsequent von den bürgerlichen Institutionen der Familie und der Schule distanzierte und nur in Opposition zu diesen existieren konnte, äußerte sich die bildungskritische Haltung der reformpädagogischen Bewegung in dem Bestreben, die ‚neue Schule‘ zu schaffen. Eine besonders konsequente Form dieser ‚neuen Schule‘ waren die Landerziehungsheime, in denen die Schüler in der „abgeschlossene(n) und pädagogisch ganz durchgeformte(n) Welt des Heimes“ (Scheibe 1994, S. 120) in einer Lebensgemeinschaft zusammen lebten, lernten und arbeiteten. In der Reformpädagogik spielte der kunsterzieherische Grundgedanke der Erziehung zur Kunst durch Kunst eine wichtige Rolle, weil sie als ganzheitliche Erziehung geeignet war, den Menschen in seiner Individualität zu erfassen. Daher gehörten Kunstunterricht, Musikunterricht, Deutschunterricht und die Gymnastik zu den pädagogischen Grundlagen der Reformschule. In diesem kunsterzieherischen Kontext entstand auch eine neue Auffassung vom Schultheater als Laienspiel. In der *Freien Schulgemeinde Wickersdorf* hat der Reformpädagoge Martin Luserke bereits vor dem Ersten Weltkrieg seine ersten Laienspiele mit Schülern erarbeitet und später seine methodische Auffassung vom Laienspiel entwickelt und formuliert. Das Jugend- und Laienspiel war somit Bestandteil beider Jugendkulturen, der außerschulischen Jugendbewegung und der Reformbewegung für die ‚neue Schule‘ als Ort der Ausprägung einer eigenständigen Jugendkultur. Und es war ein Ausdruck für das positive gesellschaftliche Bild von der Jugend, das Dreh- und Angelpunkt für die Entwicklung des Jugend- und Laienspiels in der zweiten Hälfte der 1920er Jahre wurde.

3. Reformpädagogik

Im September 1924 veranstaltete das *Berliner Zentralinstitut für Erziehung und Unterricht* gemeinsam mit dem *Rhein-Mainischen Verband*, der *Hessischen Zentrale für Volksbildung* und dem *Bühnenvolksbund* in Frankfurt am Main eine kunsterzieherische Tagung zum Verhältnis von Jugend und Bühne, die „zeigen sollte, wie das in überlieferten Stoffen und Formen erstarrte Schüler- und Laienspiel belebt werden und wie sich aus dem Gemeinschaftsgeist der Jugend neue, der Zeit angemessene Ziele für die dramatische Darstellung ergeben könnten." (Pallat/Lebede: Vorwort; in: *Jugend und Bühne*. 1925, S. 2) Dass Martin Luserke zum Abschluss der Tagung resümieren konnte, man könne „nach dieser Tagung sagen, daß das Jugend- und Laienspiel nunmehr als eine richtige Bewegung existiert" (Luserke: Nachwort; in: *Jugend und Bühne*. 1925, S. 321), war vor allem der strategischen Weitsicht des Tagungsleiters Ludwig Pallat zu verdanken. Der Leiter des Zentralinstituts, das sich in der Weimarer Republik zur zentralen reformpädagogischen Auskunfts- und Arbeitsstelle in Deutschland entwickelte, hatte mit dieser Tagung die kunsterzieherisch-reformpädagogische Bewegung des Schulspiels mit der jugendbewegten Strömung des Laienspiels in einen gemeinsamen Diskurs gebracht. Diese Tagung markiert daher eine Zäsur in der Entwicklung des Jugend- und Laienspiels der ersten drei Jahrzehnte des 20. Jahrhunderts.

Allerdings war die zeitgenössische Jugendbewegung des *Wandervogels*, obwohl eingeladen, nicht auf der Tagung vertreten. Das hatte vor allem mit der kunsterzieherischen Perspektive zu tun, aus der die Tagung konzipiert war. Die Gründe für die Absage formulierte Georg Götsch, der 1923 die Leitung des bündischen *Alt-Wandervogels* übernommen hatte. Er war ein Vertreter der Jugendmusikbewegung, die in engem Kontakt mit der Laienspielbewegung des Wandervogels stand, und wies in seinem Beitrag *Wandervogel und Bühne* für den Tagungsband *Jugend und Bühne* zunächst darauf hin, dass zwar der von der Tagungsleitung gewünschte Vortrag aus Wandervogelkreisen abgesagt werden musste, der „Wandervogel im weiteren Sinne" jedoch „an der Tagung stark beteiligt" sei, denn „die meisten der mitarbeitenden Spielgruppen stehen irgendwie auf seinem Boden oder leiten ihre Kräfte daher." (Götsch 1925, S. 154)

Er begründete die Absage des *Wandervogels* damit, dass Bühne, Museum, Konzertsaal oder Buch in der zeitgenössischen Jugendbewegung des *Wandervogels* an keiner entscheidenden Stelle vorkämen. Das hatte vor allem mit der Auffassung des Jugendbundes über die Kunst zu tun. Das Selbstschaffen, das „jenen wundervollen Schöpferjubel schenkt", stehe weit über den Kunstwerken, „die an den Lebenswegen vergangener Geschlechter stehen", denn „Kunst ist höchstgespanntes Leben, ist die ahnungsvolle, tiefselige Erschütterung bei der Zwiesprache mit der Natur, mit dem Du oder mit dem Ich. Kunst ist Fest. Selbst

Theaterspielen ist mir ein größeres Fest als Theater spielen sehen.“ (Ebd. S. 155) Und erst wenn sich diese Lebensstimmung „aus der romantisch-schönen Einsamkeit der schweifenden Monade“ erlöse und aus dem Mitteilungsdrang des Individuums heraus die innere Gemütsbewegung „zu sichtbarer Oberflächenform“ erstarre, setze auch das Bewusstsein dafür ein, dass „solche ‚erstarrte Form‘ ja glühenderes Leben ausstrahlt als neueste Gußarbeit aus eigener Werkstatt“ und dass „Bachsche Musik, Grünewaldsche Gemälde, Shakespearische Dramen in ungetrübter Gegenwärtigkeit leuchten, ja, daß man sein geheimstes Selbst restlos in ihnen getroffen fühlt.“ (Ebd. S. 126) Im Ergebnis deckt sich also die Auffassung des *Wandervogels* mit dem kunsterzieherischen Ziel der Erziehung zur Kunst durch die Kunst. Doch der entscheidende Unterschied besteht darin, dass die bündische Jugendbewegung jede institutionelle Einmischung oder gar pädagogische Steuerung ablehnte und somit eine Beteiligung an dem künstlerisch-pädagogischen Diskurs zur Erneuerung des Jugend- und Laienspiels unmöglich war.

Ludwig Pallat hat in dem Einleitungsbeitrag zu dem Frankfurter Tagungsband *Jugend und Bühne* unter dem Titel *Wege zur Kunst* die kunsterzieherische Perspektive auf das Laienspiel formuliert. Er begann mit der Feststellung, dass „die etwa fünfundzwanzig Jahre alte Bewegung, die wir ‚Kunsterziehung‘ nennen, […] die dramatische Kunst bisher nicht erfasst“ (Pallat 1925, S. 7) habe. Mit der Frankfurter Tagung, die in der Tradition der Kunsterziehertage zu Beginn des Jahrhunderts stand und in der Folge kunsterzieherischer Tagungen zur Gymnastik und Musikpädagogik stattfand, wurde das Laienspiel gleichsam in den offiziellen Fachdiskurs der Kunsterziehungsbewegung aufgenommen.

Die fachliche Auseinandersetzung der reformpädagogischen Kunsterziehungsbewegung mit dem Laienspiel wird vor allem mit dem defizitären Entwicklungsstand des Jugend- und Laienspiels mangels einer altersgerechten künstlerischen Erziehung begründet. Doch Pallat äußerte seine Überzeugung: „Was so die ernsthafte Kunsterziehung auf dem Gebiete der bildenden Kunst leistet, das vermag sie auch für das dramatische Spiel.“ (Ebd. S. 9) Das grundlegende Ziel der Kunsterziehungsbewegung, ein kunstverständiges Publikum zu erziehen, wäre aber nur zu erreichen, wenn das Theaterspiel der Jugend weder „Nachäfferei der Bühne der Erwachsenen“ noch „Spielerei“ sei. (Ebd.)

Daher rät Pallat auch grundsätzlich, im Jugend- und Laienspiel „mehr die Vorbedingungen des Schauspielens als dieses selbst zu betonen. Die Stimme bilden, sprechen lehren, musikalisches Gefühl entwickeln, die Körperbewegung üben, mit einfachen Mitteln Bühne und Kostüme gestalten.“ (Ebd.) All diese Aufgaben auf dem Weg zur dramatischen Kunst müssten fächerübergreifend von den Lehrern für Deutsch, Musik, Turnen, Zeichnen und Handarbeit gelöst werden, die sich notwendigerweise als anregende Künstler verstehen müssten.

Martin Luserke hat in seinem Schlusswort zu der Frankfurter Tagung auf die Kritik von teilnehmenden Lehrern reagiert, die in den Beiträgen eine praktische Anwendung auf die aktuelle Schulpraxis vermisst hatten. Er begründet dies pragmatisch. Es müssten erst bewährte Stücke und „eine ausgebildete Technik des Jugendspiels" (Luserke 1925, S. 322) entwickelt werden, am besten an einer *Lehrbühne für die praktische Ausbildung von Spielführern*, wie er sie selbst ab 1925 in seiner *Schule am Meer* auf der Insel Juist einrichten wollte. Er konstatierte damit, dass das Jugend- und Laienspiel in der Schule noch ganz am Anfang stand und zu seiner weiteren Entwicklung zunächst die methodisch-didaktischen Grundlagen gelegt und das notwendige pädagogische Personal ausgebildet werden mussten. Der pädagogische Kontext der Kunsterziehung war in jedem Falle prägend und richtungsweisend für die Entwicklung des Jugend- und Laienspiels in den 1920er Jahren, das zunehmend in der Schulpraxis verankert wurde.

4. Schule

4.1 Schulspiel

Zu Beginn der 1920er Jahre war das Theaterspielen in der Schule keine seltene Angelegenheit. Im Rahmen von patriotischen Schulfeiern, zur Ausgestaltung von Schul- und Kinderfesten oder auch um Geld für Lehrmittel, die Schulbibliothek oder andere gute Zwecke zu sammeln, hatten Lehrer mit ihren Schülern zu „einem außerhalb der eigentlichen Schularbeit liegenden Zweck" Theateraufführungen veranstaltet, dies aber oftmals als „Störung des geregelten Unterrichtsbetriebs" empfunden. (Trost: *Richtlinien für Kinderaufführungen*. 1920, S. 13) Im Auftrag der sächsischen Jugendschriftenausschüsse wies Oswald Trost 1920 in der Zeitschrift *Jugendschriften-Warte* darauf hin, dass die Kinderaufführungen „dem neuzeitlichen Schulbetrieb organisch angehören" (ebd. S. 13) und ihn nicht störten, sondern förderten, denn die Notwendigkeit solcher Aufführungen liege im Erziehungsziel der neuen Schule begründet, die von den kindlichen Veranlagungen und Fähigkeiten ausgehe.

Die Jugendschriftenausschüsse zur Prüfung und Empfehlung von geeigneter Literatur für Kinder und Jugendliche hatten sich vor dem Ersten Weltkrieg in Bezug auf das Theater vor allem mit dem Theaterbesuch der Schüler beschäftigt. Mit Beginn der 1920er Jahre rückte das Jugend- und Laienspiel zunehmend in den Fokus. Vor allem der Hamburger Jugendschriftenausschuss bemühte sich um dieses Arbeitsfeld und richtete dafür 1926 einen Unterausschuss zu Fragen der Schul- und Jugendbühne ein, der von dem Lehrer Georg Clasen geleitet wurde. Die von den *Vereinigten Deutschen Prüfungsausschüssen für Jugend-*

schriften herausgegebene Zeitschrift *Jugendschriften-Warte* gibt Einblicke in die schulpraktische Diskussion über das Verhältnis von Theater und Schule in den 1920er Jahren. Der veröffentlichte Fachdiskurs, praktische Erfahrungsberichte sowie Literatur- und Stückempfehlungen und die seit 1927 vom Hamburger Jugendschriftenausschuss herausgegebenen Empfehlungslisten *Verzeichnis wertvoller Spiele für die Schul- und Jugendbühne* haben entscheidenden Einfluss auf die Praxis des Schulspiels gehabt. Allerdings hatte die Zeitschrift *Die Jugendbühne* bereits seit 1921 die immer wiederkehrende Frage ‚Was sollen wir spielen?' mit Empfehlungen von sogenannten ‚Aufführungsstücken' zu beantworten versucht. Das Blatt wurde von der Vereinigung *Jugendbühne*, einer *Arbeitsgemeinschaft von Lehrern und Lehrerinnen für Schüler-Aufführungen* in Berlin herausgegeben. Es stand in Konkurrenz zu der etablierteren *Jugendschriften-Warte*, konnte als Spezialblatt für das Verhältnis von Schule und Theater aber offensichtlich nie die Verbreitung der auf den gesamten Bereich der Kinder- und Jugendliteratur gerichteten *Jugendschriften-Warte* erreichen.

In seinem Vortrag auf der Hauptversammlung der *Vereinigten Deutschen Prüfungsausschüsse für Jugendschriften* in Düsseldorf zu Pfingsten 1927, der unter dem Titel *Vom Wesen und Wert der Schul- und Jugendbühne* veröffentlicht wurde, hat Georg Clasen den schulpraktischen Stellenwert des Jugend- und Laienspiels beschrieben, indem er zwei reformpädagogische Ansätze von ihren Grundprinzipien her darauf anwendet: Die Pädagogik vom Kinde aus und die neue Arbeitsschule. Vor allem will er die pädagogischen Betrachtungen nicht auf das Jugendspiel allein bezogen wissen, sondern auch auf das ‚Schul- und Kinderspiel'. Er bedient sich dabei eines evolutionären Bildes, wenn er aus der Perspektive des Schulpädagogen Schulspiel, Jugendspiel und Laienspiel als aufeinander aufbauend beschreibt: „Wollte man das Schulspiel etwa als Auflockerungs-, als Sprießenszeit bezeichnen, so wäre das Jugendspiel die Zeit des Reifens. Die Ernte aber brächte das Laienspiel, in das wiederum das Jugendspiel ohne scharfe Grenzen überfließt und das den ganzen Umkreis menschlichen Erlebens ausschreiten kann." (Clasen 1927, S. 67)

Ganz im Sinne des auf Selbsttätigkeit der Schüler gerichteten pädagogischen Prinzips der neuen Arbeitsschule argumentierte er, dass „das Spiel des Kindes als natürliche Betätigungsform [...] die ihm gemäße ursprüngliche Form des Arbeitens" (ebd. S. 66) sei. In der „lebendige(n) Wechselwirkung von Kind zu Kind und Lehrer zu Kind" könne die „Schulstube von selbst zur Werkstatt" werden und sich „von selbst der Arbeitssinn der Arbeitsschule" auswirken, denn das Arbeiten sei zugleich Erleben. (Ebd.)

Für das Schulspiel in der Unterstufe mahnte Clasen mit Blick auf die Rolle des Lehrers zu pädagogischer Zurückhaltung und zu maßvoller Lenkung des Spiels der Kinder. Maßgebend sei nur „das Schaffen der kindlichen Phantasie, die einem Erlebten Ausdruck verleihen will". (Ebd.) Anleitung und Anregung zum Stegreifspiel galten als geeignetste Methode für die Anfänge im Schulspiel. Später ließen sich einzelne Stegreifszenen zu einem ganzen Märchenspiel aneinanderreihen. In den oberen Klassen der Unterstufe zeigten die Kinder dann aber oftmals keine wesentlichen Fortschritte im Stegreif, weswegen, so Clasen, für das Schulspiel in der Adoleszenz eine andere Methode notwendig werde. „War bisher die einzige Bindung der Wille, das real oder im Märchen Erlebte so eindringlich wie möglich darzustellen, so treten nun hinzu die Bindungen an das von anderen Geformte: das sind Bindungen im Sprachlichen, an Wort und Sinn, Bindungen des Denkens, die zum Sichbewußtmachen der Absicht führen müssen, des Fühlens, die aus dem Rhythmus quellen." (Ebd. S. 67) Somit ergibt sich gemäß Clasen für die Evolution des Laienspiels in der Schule eine methodische Stufenleiter, die vom Stegreifspiel aus eigenem Erleben und dem Erleben der Märchen über das vollständige Märchen-Stegreifspiel hin zur Auseinandersetzung mit der dramatischen Literatur führt. Das schöpferische Tun des Lehrers bestehe als Spielführer im Aufspüren des ‚Wertvollen', um es im Zusammenklang zu verwirklichen. Der Lehrer solle Führer dieser Prozesse sein und nicht als Theaterregisseur eigene Ideen verwirklichen.

Stand für Clasen fest, dass es Sinn des Schul- und Jugendspiels sei, die Persönlichkeit und das Leben der jungen Menschen zu formen, weswegen es nicht vordergründig auf didaktische Zwecke des Schulunterrichts ausgerichtet sein dürfe, wurde das Schultheater in der Unterrichtspraxis des Deutschunterrichts neben der konventionellen Dramenlektüre dennoch als eine Form des Dramenunterrichts angewandt. Dem lag die didaktische Überzeugung zugrunde, dass die dramatischen Werke wirken müssten, wie sie „vom schaffenden Genius gedacht" (Majer-Leonhard 1924, S. 49) worden seien, womit das Schulspiel auf den literaturdidaktischen Zweck der Dramenbehandlung reduziert und das Schultheater als „bühnenmäßige Wiedergabe dramatischer Werke in der Schule" (ebd.) begriffen wurde. Im Grunde ging es aber bei dieser Methode der Dramenbehandlung darum, gemeinsam die Wirkung eines dramatischen Textes zu erleben, und zwar durch die Selbsttätigkeit der spielenden Schüler. Diese Praxis war nicht unumstritten, vor allem unter künstlerischen Gesichtspunkten wurde in Zweifel gezogen, dass die Schüler den Anforderungen der Texte Goethes, Lessings oder Hebbels an die Darstellung genügen könnten. Wegen der unweigerlich damit einhergehenden Nachahmung des berufsmäßigen Schauspieltheaters wurden solche Formen des Schultheaters von den Reformpädagogen abgelehnt, vor allem auch, weil der Zweck des Spiels außerhalb des Empfindens der Schüler gesucht wurde.

Bertolt Brechts Versuche mit dem Typus des Lehrstücks zu Beginn der 1930er Jahre stellten hingegen eine gänzlich anders geartete Beziehung der Schüler zur berufsmäßigen Theaterkunst her. Die als Lehrstück bezeichnete Schuloper *Der Jasager* mit dem Text von Bertolt Brecht und Elisabeth Hauptmann und der Musik von Kurt Weill wurde am 23. Juni 1930 in der Aula des *Berliner Zentralinstituts für Unterricht und Erziehung* von Berliner Schülern uraufgeführt und erlebte „am Beginn der dreißiger Jahre zahlreiche Einstudierungen [...]. Die meisten werden von Vertretern der bürgerlichen Schulmusikbewegung veranlaßt und nur einmal aufgeführt." (Brecht 1988, Bd. 3, S. 424) Brecht begriff die aufführenden Schüler selbst, ganz im Sinne des reformpädagogischen Gedankens der Selbsterkenntnis durch Selbsttätigkeit, als das Publikum, an das sich die Aufführung hauptsächlich richte und sprach in seiner Rückschau über *Das deutsche Drama vor Hitler* (1935) von den Versuchen, „einen Typus theatralischer Veranstaltungen auszuarbeiten, der das Denken der daran Beteiligten beeinflussen könnte." (Brecht 1988, Bd. 22/1, S. 167)

4.2 Schülervorstellungen

Die didaktische Praxis der Schülervorstellungen zur Unterstützung der Dramenlektüre im Deutschunterricht hatte Ende des 19. Jahrhunderts ihren Ursprung ebenfalls in der Kunsterziehungsbewegung. In einer Reihe von Lehrerausschüssen gab es in den Jahren vor dem Ersten Weltkrieg Bestrebungen, Kindern und Jugendlichen bestimmte Dramen in speziellen Vorstellungen und in guter künstlerischer Qualität zugänglich zu machen. Diese Praxis beschränkte sich zunächst auf Texte, die im Unterricht behandelt wurden. In den Schülervorstellungen wurden daher vor allem Aufführungen von Werken der klassischen Dramenliteratur gezeigt.

Auch davor hatte es seit der Mitte des 19. Jahrhunderts bereits spezielle Vorstellungen für Kinder gegeben. (Vgl. Jahnke 1977) Mit den Aufführungen von Weihnachtsmärchen verbanden die Theater aber vor allem geschäftliche Interessen. Die ersten Vorstellungsbesuche von Schülern mit dem Ziel der Volksbildung und Kunsterziehung sind 1894 auf Initiative des Direktors des Berliner *Schillertheaters*, Raphael Löwenfeld, organisiert worden. (Vgl. Bonn 1939, S. 28ff.) Im Winter 1897/98 ist der Gedanke von Schülervorstellungen dann systematisch in Hamburg verwirklicht worden. Angeregt durch die Publikation der Hamburger Erfahrungen in einer Broschüre mit dem Titel *Unsere Volksschüler im Stadttheater* und die Thematisierung auf dem Weimarer Kunsterziehertag 1903 gab es in allen größeren Städten des Deutschen Reiches Initiativen von Lehrern, Lehrerverbänden und Schulbehörden für regelmäßige Schülervorstellungen, unterstützt oft durch die Intendanten der Berufstheater vor Ort. Neben dem kunsterzieherischen Ziel der Unterstützung der Dramenlektüre im Unterricht verfolgten sie vor allem auch das soziale Anliegen, den Kindern aus der Arbeiterklasse den Zugang zur Kunst durch niedrige, oftmals subventionierte Eintrittspreise oder durch kostenfrei abgegebene Eintrittskarten zu ermöglichen. Damit wurde der sozialistische Volksbühnengedanke auch auf die Schuljugend übertragen.

Nach dem Ersten Weltkrieg wurde die Praxis der Schülervorstellungen zu einem Konzept des *Kindertheaters* erweitert, bei dem der dramendidaktische Aspekt nicht mehr im Vordergrund stand. „Zu dieser Kunst die Kinder hinzuführen, sie also zur Kunst zu erziehen, soll die hohe Aufgabe der Schülervorstellungen, des ‚Kindertheaters' sein." (Kalk 1926a, S. 1)

Der ehemalige Lehrer Karl Röttger prägte und begründete den Begriff *Kindertheater* für das System der Schülervorstellungen. Wesentlich an Röttgers Konzept, das er 1922 in seinem Manifest *Das Kindertheater* entfaltet, ist aber weniger die Bezeichnung, die sich in der Praxis kaum durchsetzte, sondern seine Idee regelmäßiger Aufführungen für Kinder, um jedem Kind drei bis vier Mal im Jahr einen Theaterbesuch zu ermöglichen, und seine Überlegungen zu einem regelrechten *Spielplan für Kinder*. Er begriff dieses *Kindertheater* als eine moralische Anstalt, in der nicht der Lehrer Moral verkünde, „sondern in der das Schöne und Gute selbst in stillster Weise Bildner ist." (Röttger 1922, S. 7) Viele Lehrer sahen allerdings die Bildungskraft des Schönen und Guten durch die Verständnis- und Reflexionsfähigkeit ihrer Schüler eingeschränkt. Um das Kunsterlebnis der Schüler dennoch zu ermöglichen, wurde die Lektüre der Texte zur Vorbereitung auf die Aufführung genutzt. Lehrer, die so vorgingen, kehrten damit letztlich wieder zu der alten dramendidaktischen Praxis zurück oder funktionierten sie für das erweiterte Bildungsziel der Erziehung zur Kunst durch die Kunst um. Wodurch auch immer motiviert, die Vorbereitung auf den Vorstellungsbesuch mit vollständiger oder teilweiser Lektüre des Textes oder mit einer Einführung in den Inhalt und die Handlung des Stückes durch den Lehrer und die Nachbereitung in strenger Unterrichtsform oder in lockerer Gesprächsform gehören seitdem zu den Konventionen des Theaterbesuchs von Schülern.

In seinem Manifest formulierte Karl Röttger auch seine Vorstellung vom Bildungsauftrag der Künste, die das Defizit an „seelischer geistiger Freude" einer auf Rationalität ausgerichteten Schulbildung durch „Dienst am Höchsten" kompensieren sollten, indem sie der Verstandes- und Willensbildung der Schule die „Herzensbildung" hinzufügten. (Ebd., S. 8) Melchior Schedler kommentiert diese Haltung in seiner kritischen Auseinandersetzung mit historischen Modellen und Projekten des Kindertheaters polemisch. „Das Theater – unter dem Zugriff der Kunsterziehungsbewegung auch das für Kinder – bekommt einen Platz außerhalb der Notwendigkeit zugewiesen, es wird abgedrängt auf die Funktion, in das durch Verstandesbildung verödete Bewußtsein wieder die Grundsuppe des Irrationalen einfließen zu lassen." (Schedler 1972, S. 76)

Man kann dieser Einschätzung grundsätzlich zustimmen, dennoch haben Ansichten, wie sie Röttger äußerte und wie sie in verschiedenen publizistisch geführten Debatten immer wieder auftauchten, den Blick von der utilitaristischen Begründung für das Theater im Deutschunterricht auf die persönliche und lebensbeeinflussende Wirkung der Künste gelenkt und den Theaterbesuch daher auch aus der individuellen Perspektive der Schüler als eine besondere ästhetische Erfahrung begriffen. Vor den Folgen einer allzu engen pädagogischen Verknüpfung des Theaterbesuchs mit dem Schulunterricht wurde daher gewarnt. Nach Fronemann entspreche es nicht der „Psychologie des Kunsterlebens", wenn aus dem Kunstgenuss Schularbeit werde, außerdem drohe eine „starke Abneigung gegen alles Dramatische was die Schule geboten hat." (Fronemann 1926, S. 8). Damit würde das kunsterzieherische Ziel der Erziehung zur Kunst durch die Kunst verfehlt, weswegen er die rein dramendidaktische Praxis der Schülervorstellungen als „überalterte Form der Kunsterziehung" (ebd. S. 7) bezeichnete.

Den Wert des Kunsterlebnisses beim Theaterbesuch sahen einige Kritiker auch durch die Praxis der sogenannten Nachmittagsvorstellungen gefährdet, bei denen in Sondervorstellungen für Schüler ausgewählte Aufführungen aus dem Abendspielplan gezeigt wurden. Sie argumentierten, dass in den Vorstellungen „auf der Bühne wie im Zuschauerraum [...] dabei nur zu oft das Gefühl einer Zweitklassigkeit, einer Minderwertigkeit" (Lebede 1925, S. 13) zu spüren sei, was sich in Nachlässigkeiten der Darsteller und in der von den Schülern empfundenen Missachtung als Zuschauer äußere. Sie bevorzugten daher in Anlehnung an die Praxis der Volksbühnenvereine ermäßigte Eintrittskarten für reguläre Abendvorstellungen mit altersgemischtem Publikum, die als ordentliche, nicht extra für Schüler deklarierte Vorstellungen ein tieferes Kunsterleben vermitteln könnten.

Die Befürworter führten als Argumente für *künstlerisch hochwertige Nachmittagsvorstellungen* für Schüler ins Feld, dass sich Kinder in einer eigens für sie gespielten Vorstellung wohler fühlten als in einer Abendvorstellung, die sie gemeinsam mit Erwachsenen sähen. Sie würden sich geehrt fühlen und seien stolz: „Abends haben die Erwachsenen ihr Theater, aber jetzt haben wir unser Theater, jetzt spielen die Schauspieler für *uns*." (Kalk 1926a, S. 27) Gegen ein altersgemischtes Publikum spreche außerdem, dass die ästhetischen und ethischen Wirkungen des Theaters durch das Gefühl „der Zusammengehörigkeit einer durch Alter und Anschauung verbundenen Gemeinschaft" (ebd.) intensiviert würden.

Neben all diesen rezeptionspsychologischen Überlegungen ist in der Diskussion aber auch auf einen grundlegenden wirkungsästhetischen Zusammenhang hingewiesen worden. Theater findet in der Kommunikation von Zuschauern und Darstellern statt, „fehlt der Kontakt zwischen beiden, jenes feine Oszillieren, das der Schauspieler als sein Lebenselement empfindet, dann ist die Vorstellung künstlerisch tot." (Fronemann 1926, S. 8)

Das Wechselspiel zwischen Darstellern und Zuschauern wird als fragil und daher als gefährdet gesehen, sowohl durch mangelnde Erfahrung der Darsteller mit den jungen Zuschauern und fehlender Ernsthaftigkeit gegenüber dem jungen Publikum als auch durch das nicht den Theaterkonventionen konforme Verhalten der Schüler. Während die Lehrer gegenüber dem Theater nur appellieren und eine ‚Veredelung der Schülervorstellungen' anmahnen konnten, reagierten sie gegenüber den Schülern mit handfesten Reglementierungen. Der Berliner Lehrer und Schriftleiter der Zeitschrift *Die Jugendbühne*, Otto Kalk, wies 1926 unmissverständlich darauf hin: „Wenn aber die Kinder von heute ihre Kinounarten mit ins Theater bringen, so *müssen* sie eben ausdrücklich ermahnt und verwarnt werden." (Kalk 1926 b, S. 3) Die die Schüler begleitenden Lehrer waren daher als Aufsichts- und Ordnungskräfte angehalten, für Ruhe und Ordnung während der Vorstellung zu sorgen. Die Schüler wurden aber auch präventiv instruiert. So sind 1925 zu den Vorstellungen von Hans Pfitzners Spieloper *Das Christ-Elflein* in speziellen Schülervorstellungen der Berliner Staatsoper Theaterzettel mit folgendem Text verteilt worden: „Liebe Kinder, spendet Beifall, wenn euch das Herz dazu treibt; vermeidet es aber mitten im Stück, damit ihr das Spiel der Künstler nicht stört. Überhaupt könnt ihr durch *gutes* Betragen eure Dankbarkeit gegen die Staatsoper beweisen." (Ebd.) Die Einübung in die Konventionen des bürgerlichen Konzepts der Theaterrezeption verband sich mit dem Appell zur Dankbarkeit gegenüber den Künstlern und der Institution Theater, was den Theaterbesuch nicht als notwendigen Bestandteil des Lebens oder doch zumindest der Schule, sondern als ein besonderes und exklusives Geschenk erscheinen ließ, was es angesichts der quantitativen Wirkungsbreite oftmals auch tatsächlich war.

Das Weihnachtsmärchen, als das eigentliche Kindertheater des bürgerlichen Berufstheaters, war weit verbreitet, geriet aber schon kurz nach dem Ersten Weltkrieg in die reformpädagogische Kritik. In einem Beitrag in der *Jugendschriften-Warte* aus dem Jahr 1919 beklagt sich Jacob Löwenberg über *Das Elend unserer Weihnachtsmärchen* und greift mit diesem Titel den Duktus der 1896 erschienenen Streitschrift *Das Elend unserer Jugendliteratur : ein Beitrag zur künstlerischen Erziehung der Jugend* von Heinrich Wolgast auf. Löwenberg wendet sich gegen das Weihnachtsmärchen als Geschäft, weniger aus moralischen als aus pädagogischen Gründen. „Handlung, Wahrscheinlichkeit, selbst innerhalb der Grenzen des Wunderbaren, Entwicklung, Psychologie, alles Nebensache, Bilder, Bilder sind alles!" (Löwenberg 1919, S. 15) So sieht Löwenberg das Weihnachtsmärchen als „die beste Vorschule für das Drama des Kinos" (ebd.) und damit im Kontext der Schundliteratur, denn die Poesie, die sich vor allem in der Sprache offenbare, werde durch die bloße Befriedigung der Schaulust vernachlässigt.

Zu ähnlichen Einschätzungen kommt auch Otto Kalk 1926 in seiner *Theorie und Praxis der Jugendbühne*. Anhand des Beispiels einer von Schülern gespielten Inszenierung von *Max und Moritz* in Berlin kurz vor Weihnachten 1920 kommt Kalk zu dem Schluss, dass die Schülervorstellungen der Theater in ihrer Wirkung „dem Schundbuch und dem Schundkino gleichzusetzen" (Kalk 1926a, S. 26) seien. Und Karl Röttger sieht 1922 die „herrlichen deutschen Märchen" durch die Dramatiker und die Bühne in den Weihnachtsvorstellungen verschandelt, weil sie den Geschäftstheatern etwas Nebensächliches seien, und fordert: „Wir brauchen Dichter, die hier Aufgaben sehen, die aus wirklicher Kunstsprache und aus wirklicher Einfühlung in die Kinderseele und die Märchenwelt Stücke schreiben, die Kunst sind und zugleich dramatische Qualitäten haben." (Röttger 1922, S. 16) Während die einen im Diskurs über das Elend der Weihnachtsmärchen an die Theaterdirektoren appellierten, „wertvolle Stücke" als Weihnachtsmärchen aufzuführen, gaben andere konkrete Stückempfehlungen, wie Röttger, der im zweiten Teil seines Bändchens *Kindertheater* anhand einer Zusammenstellung von Autoren und Stücken eine Dramaturgie des Kindertheaters im Kontext des Jugendschriftenwesens umreißt.

Die *Gesellschaft der Freunde des vaterländischen Schul- und Erziehungswesens*, damals Hamburgs größte Lehrervereinigung, richtete 1924 eine Arbeitsgemeinschaft für das Weihnachtsmärchen ein, die von Georg Clasen geleitet wurde. Das Ziel der Arbeitsgemeinschaft wurde im Rundschreiben zur ersten Sitzung im Mai 1924 formuliert: „Es handelt sich darum, durch ein gemeinsames Vorgehen zu versuchen, daß in wenigstens einem großen Hamburger Theater zu Weihnachten statt der üblichen und üblen ‚Weihnachtsmärchen' ein wertvolles Stück aufgeführt werde." (Zit. in: Bonn 1939, S. 100) Der Hamburger Jugendschriften-Ausschuss, dem Clasen ebenfalls angehörte schlug die Aufführung des Stückes *Der Bärenhäuter* von Hans Lornsen vor. Im Dezember desselben Jahres berichtete ein erneutes Rundschreiben über den Misserfolg der Verhandlungen mit den Kammerspielen und dem Thalia-Theater mit der Schlussfolgerung, „daß die Theater lediglich nach dem Publikumsgeschmack entscheiden aus Furcht, das Weihnachtsgeschäft könnte geschmälert werden"; selbst die „Zusicherung einer großen Zahl von ausverkauften Vorstellungen und die moralische Unterstützung" der Lehrervereinigung könnten diese Furcht nicht beseitigen. (Ebd.)

Mit Erich Kästner, der nach dem Erfolg seines ersten, 1929 erschienenen Kinderromans *Emil und die Detektive* eine Bühnenfassung für das *Theater am Schiffbauerdamm* in Berlin schrieb, wandte sich ein erfolgreicher Schriftsteller dem Theater für Kinder zu und schuf einen neuen Typus des Unterhaltungstheaters für Kinder, dessen Handlung in der Gegenwart spielt und von dem kollektiven Helden der Kindergruppe getragen wird. Im Vorwort der Theaterfassung distanzierte er sich ironisch von der Weihnachtsmärchenpraxis der deutschen Bühnen, indem er den Weihnachtsbaum als ein regelrechtes „Theaterunkraut" bezeichnete, auf das er „mit voller Absicht" verzichtet habe. (Kästner 1930, S. 5) Stattdessen forderte er Projektionswände auf der Bühne für die Zwischentitel und zur Projektion der Schauplätze des hauptsächlich in Berlin spielenden Stücks. Zwei Jahre vorher hatte der Regisseur Erich Engel für die Uraufführung von Bertolt Brechts *Dreigroschenoper* auf derselben Bühne am Schiffbauerdamm die damals neue Technik der Projektionswände verwendet. Kästner forderte für sein Stück demnach auch eine neue Bühnenästhetik, die mit dem illusionistischen Weihnachtsmärchen nichts mehr zu tun hatte, sondern auf der Höhe der Zeit war.

Es lassen sich also drei grundsätzliche Ziele der Schülervorstellungen in den 1920er Jahren identifizieren. Das dramendidaktische Ziel der Unterstützung der Schullektüre, das kunsterzieherische Ziel der Kunstvermittlung durch Heranführen an die Theaterkunst, das wiederum mit dem sozialen Ziel der Ermöglichung des Theaterbesuchs für sozial Schwache verbunden war. Als viertes Ziel erhoffte man von den Schülervorstellungen, der in den Aufführungen vermittelte ästhetische Genuss werde dazu führen, dass sich die jungen Menschen in ihrem späteren Leben zu regelmäßigen Theaterzuschauern entwickelten. Dieser Gedanke vom Zuschauer von morgen, den es heute zu erziehen gilt, hat sich bis in die Gegenwart als Motivation des Schauspiel- und Musiktheaters für das kunstvermittelnde Engagement gegenüber jungen Zuschauern erhalten.

5. Weltanschauung

Die in den bis hierher skizzierten Diskursen immer wieder betonte Bedeutung des Erlebens im darstellerischen Ausdruck als Voraussetzung für das Verstehen des Selbst und der Welt verweist auf die Grundsätze der Lebensphilosophie im frühen 20. Jahrhundert, auf die sich die Wortführer des Jugend- und Laienspiels und des Schulspiels mehr oder weniger bewusst bezogen. Die Lebensphilosophie schrieb in Abgrenzung zum Rationalismus der klassischen bürgerlichen Philosophie neben dem Kognitiven auch dem nichtrationalen Erleben in Affekten, Leidenschaften und Gefühlen maßgebliche Erkenntnisfunktion zu. Das auf körperlichen und emotionalen Ausdruck gerichtete darstellende Spiel galt als besonders geeignete Ausdrucksform, da sie durch das Erleben von menschlichen Handlungen und Schicksalen im Spiel den Spieler und den Zuschauer zu einem Erlebnis in der Gemeinschaft vereine. Die Kräfte der Phantasie, der Imagination und des Intuitiven galten als wesentliche Triebkräfte für solche Erkenntnisprozesse.

In den Diskursen der Jugend- und Laienspielbewegung in den 1920er Jahren ist oft von der Krise des Berufstheaters die Rede, von dem man sich deswegen abwandte, um im Jugend- und Laienspiel unter Rückgriff auf das Theater des Mittelalters, auf volkskulturelle Überlieferungen und romantische Ideen ein Volkstheater als Gegenentwurf zum bürgerlichen Geschäftstheater zu schaffen. Die idealisierten vergangenen Wirklichkeiten waren jedoch in der modernen Zivilisation nicht mehr gegenwärtig, weswegen sie von einer mythologisch überhöhten *Jugend* wiederhergestellt werden sollten, um damit an das verloren gegangene ‚Goldene Zeitalter' anzuknüpfen und eine bessere Zukunft zu schaffen. Die damit oftmals verbundene irrationale und mystische Überhöhung des Menschen im Theaterspiel war Ausdruck der antimodernistischen und kulturkritischen Haltung der Jugend- und Laienspielbewegung.

Mit dieser Grundhaltung standen die Akteure dieser Bewegung im Kontext der „konservativ-revolutionären Theaterdiskurse" im frühen 20. Jahrhundert, wie sie Gaetano Biccari dargestellt und analysiert hat. (Vgl. Biccari 2001) Auslöser dieser Diskurse war ebenfalls die Theaterkrise des frühen 20. Jahrhunderts, die in den 1920er Jahren noch durch die Konkurrenz des Tonfilms verstärkt wurde. Die *Erneuerung des Theaters* stand als Ziel im Mittelpunkt, und auch in den Diskursen der Jugend- und Laienspielbewegung finden sich Schlussfolgerungen, die die Möglichkeit einer Erneuerung des Theaters durch das Spiel der Jugend in Betracht ziehen. Das ideologische Ziel des Konservatismus, *ein Volk* zu schaffen, kommt in diesem Kontext ebenfalls häufig als Aufgabe des Laienspiels und zu seiner Legitimation zur Sprache. Und mit der Volksspiel-Idee verbindet sich unterschwellig immer das Konzept eines Volkstheaters als Theater der Zukunft.

Die konservative Theaterreformbewegung gründete das Konzept des *neuen Theaters* auf das Wort als Ausdruck des Geistes und fixierte sich damit auf den Inhalt und nicht auf die Form. Dieser Logozentrismus und die Konzentration auf das Geistige als Inhalt des Gemeinschaftserlebnisses im Spiel sind auch in der Laienspielbewegung zu finden, allerdings ging sie nicht so weit wie die konservativ-revolutionären *ästhetischen Fundamentalisten*, die den Mimus und das visuelle Theater durch ein „Theater der Dichtung" auszutreiben versuchten. (Biccari 2001, S. 49)

Für Wilhelm Karl Gerst, Mitbegründer und Geschäftsführer des 1919 gegründeten christlich-nationalen *Bühnenvolksbundes*, leitet das Laienspiel „seine innere Berechtigung und Notwendigkeit her aus dem Erlebnis in der Gemeinschaft, aus dem Bestreben, ein allen innewohnendes Verlangen, einer Sehnsucht, einer freudigen oder traurigen Stimmung Ausdruck zu verleihen." (Gerst 1924, S. 8) Dabei sei das „Stoffliche" entscheidend, nicht die „gekonnte Form", weswegen es die „absolute Gläubigkeit des dem Stoff sich hingebenden und aus ihm schaffenden Jüngers" brauche, um zu existieren. (Ebd.) Otto Kalk widersprach: „Wer dem zustimmt, dem ist das Spiel Predigt; es umfaßt also dann nicht das große Gebiet des Laienspiels, sondern ist kirchliches Laienspiel, ist eine Angelegenheit der Kirche und hat mit der großen Jugendbewegung an sich gar nichts zu tun." (Kalk 1926a, S. 12) In diesem Zusammenhang weist Kalk auch auf die Zeiterscheinung hin, dass überall „kirchliche (evangelische und katholische) und politische Jugendvereinigungen das Theaterspiel in den Mittelpunkt ihrer Zusammenkünfte gestellt" hätten; das Laienspiel sei dort „leider nicht bloß Selbstzweck", sondern diene als „Lock- und Werbemittel" und trage „zur Belebung kirchlicher und politischer Tendenzen bei." (Ebd. S. 22f.)

Das außerschulische Kinder- und Jugendtheater der Weimarer Republik entwickelte sich im Kontext verschiedener weltanschaulicher Strömungen dieser Zeit, und in diesen unterschiedlichen Milieus entstehen in den 1920er Jahren auch unterschiedliche künstlerische Ausprägungen des Jugend- und Laienspiels: Das bürgerliche Laienspiel wurde vom klerikalen Geist des *Bühnenvolksbundes* geprägt, der sich selbst als christlich-nationale Weltanschauungsgemeinde begriff, das proletarische Laienspiel von der sozialdemokratischen und kommunistischen Ideologie der beiden Arbeiterparteien im Kontext ihrer Jugendverbände. Die Volksbühnenbewegung, die sich selbst als weltanschaulich unabhängig bezeichnete, aber gleichwohl von den sozialistischen Ideen der Sozialdemokratie beeinflusst war, hatte mit den eigenen Sprechchören und einem Kurssystem für Laien- und Puppenspiel für die Laienspielbewegung nur untergeordnete Bedeutung. Im Zusammenhang des proletarisch orientierten Berufstheaters entstanden Ende der 1920er Jahre die ersten gesellschaftskritischen Zeitstücke für Jugendliche, die mit künstlerischen Mitteln in den gesellschaftlichen Kampf in der Weimarer Republik eingriffen.

Die weltanschauliche Orientierung äußerte sich im Laienspiel vor allem in der Stoffwahl und der Spielweise. Die Richtlinien der Theaterarbeit wurden auf der ideologischen Grundlage der jeweiligen Strömungen in eigens für diesen Zweck geschaffenen professionellen Strukturen von Verbänden und Institutionen erarbeitet und umgesetzt.

5.1 Bürgerliches Jugend- und Laienspiel im Bühnenvolksbund (BVB)

Der *Bühnenvolksbund* (*Vereinigung zur Theaterpflege im christlich deutschen Volksgeist*) wurde 1919 in Frankfurt am Main zur Pflege und Förderung der Bühnenkunst und der dramatischen Dichtung „im Sinne deutschen Volkstums und christlicher Lebensauffassung“ (§ 3 der Bundessatzung) und mit dem Ziel der Erneuerung des Theaters gegründet. Er war explizit eine Gegengründung zur seit 1890 bestehenden Volksbühnenbewegung, bei der die soziale Frage des Zugangs zur Kunst entscheidender Gründungsanlass gewesen war. In den 1920er Jahren war der *Bühnenvolksbund* die führende christliche Organisation zur Förderung des Theaterbesuchs und des Theaterspiels. Der BVB war allerdings mehr als nur eine Besucherorganisation. Zwar adaptierte er in den Anfangsjahren die Systeme der Förderung des Theaterbesuchs auf Seiten der Volksbühnenbewegung, doch der BVB wollte von Anfang an auch entscheidend kulturpolitisch wirken. Daher baute der Mitbegründer und Geschäftsführer, Wilhelm Carl Gerst, eine effiziente und professionelle Struktur auf, um in viele Bereiche des Kulturbetriebs und des Lebens hineinzuwirken. In den Leitsätzen von 1930 heißt es: „Wir wollen durch unsere Spiele der christlich-nationalen Theaterbewegung allenthalben in Stadt und Land neue Freunde gewinnen und Ehre machen.“ (Zit. in: Wolfersdorf 1962, S. 53) 1926 wurde der frühere preußische Kultusminister und Landtagsabgeordnete Otto Boelitz zum Ersten Bundesvorsitzenden gewählt, um die vielfältigen kulturpolitischen Forderungen des erstarkten BVB mit entsprechendem politischen Gewicht durchzusetzen.

Der *Bühnenvolksbund* war der erste große Theaterverband, der die Entwicklung des Jugend- und Laienspiels zu seiner Aufgabe gemacht hat. Mit dem 1924 von Gerst herausgegebenen Band *Gemeinschaftsbühne und Jugendbewegung* legte der BVB erstmals eine Bestandsaufnahme der Jugendspiel-Arbeit in seinen eigenen Strukturen und ihm nahestehenden Gruppierungen vor. In dem Band werden die unterschiedlichsten Organisations- und Ausdrucksformen dargestellt und reflektiert: Jugendspielscharen, Schultheater, Dichterfeiern, Stegreifspiel, Puppen- und Schattenspiel, Heimatspiele und wandernde Volksspielgruppen. Anhand dieser Aufzählung wird die organisatorische und künstlerische Vielfalt des Phänomens Jugendspiel deutlich, auf die sich die fördernde Arbeit des BVB richtete. Das Handbuch des BVB *Wille und Werk* von 1928, herausgegeben von Wilhelm C. Gerst, vermittelt darüber hinaus einen Überblick über den gesamten Wirkungsradius und die Organisationsstruktur des BVB. Eine der insgesamt 16 Abteilungen (Abteilung V) widmete sich der Jugendspielpflege. Verantwortlich für diese Abteilung waren Ignaz Gentges und Bruno Sasowsky.

Die weltanschaulichen Grundlagen für die instruktive und organisatorische Arbeit der Abteilung sind in dem Handbuch unter dem Titel *Vom Spiel der Jugend, von der Spielpflege, der Spielarbeit und der Spielerziehung* (Vgl. ebd. S. 55–62) formuliert. Im Bezug auf Schillers Briefe *Über die ästhetische Erziehung des Menschen* werden die lebensphilosophischen Ansätze der Jugendspielpflege des BVB deutlich. Es gelte, „beim Spiel das Leben mit all seiner Not und Notwendigkeit in uns zur Wirklichkeit zu bringen" und diese Wirklichkeit „dem ordnenden und formgebenden Gesetz der notwendigen Gestalt zu unterwerfen", um im Spiel Leben und Gestalt zur Schillerschen „lebendigen Gestalt" zusammenzuführen. (Ebd. S. 56) „Es gilt das Leben. Die jungen Menschen [...] wollen im Spiel die sie bewegende Gegenwart ihres Lebens verwirklichen" (ebd.), und sie damit erkennen, könnte man aus lebensphilosophischer Perspektive hinzufügen. Der eigenschöpferischen Kraft des Spiels stehe die formgebende und ordnende Kraft der Gestalt gegenüber, doch erst im Zusammenwirken und Durchdringen beider Kräfte werde das Spiel „wirklich", weil die Kraft des Spieltriebs „den Ausgleich zwischen Leben und Form" (ebd.) schaffe. Da aber der Spieltrieb nur den wenigsten Menschen bewusst sei, müssten die Menschen zum Spiel geweckt und erzogen werden. Auf diesen Auftrag waren die organisatorische, die propagandistische und publizistische sowie die anleitende und beratende Tätigkeit der Jugendspielpflege des *Bühnenvolksbundes* ausgerichtet. So hatte das von der Jugendbewegung und der Reformpädagogik geprägte außerschulische bürgerliche Jugend- und Laienspiel mit dem BVB eine breite institutionelle Basis auf der ideologischen Grundlage einer christlich-nationalen Weltanschauung.

5.2 Proletarisches Jugend- und Laienspiel

Das proletarische Jugend- und Laienspiel entwickelte sich auf der Grundlage parteipolitischer Grundsätze der sozialdemokratischen und kommunistischen Arbeiterbewegung. Zwar war sich diese Bewegung auf der Basis der marxistischen Ideologie einig in der Ablehnung des kapitalistischen Systems, und sie verfolgte die historische Mission der Überwindung dieses System, doch in den Vorstellungen über den Charakter einer künftigen Gesellschaftsordnung und des Staatswesens waren Sozialdemokraten und Kommunisten grundsätzlich anderer Meinung. Die staatstragende Sozialdemokratie strebte den Sozialismus in einer demokratischen Gesellschaft an und sah im parlamentarischen System der Republik einen Weg zur Umsetzung dieses Ziels. Die oppositionellen Kommunisten wollten den Kommunismus mit einer Diktatur des Proletariats auf der Grundlage einer erfolgreichen proletarischen Revolution errichten.

Diese unterschiedlichen weltanschaulichen Haltungen spalteten die Linke in der Weimarer Republik, und die zum Teil grundsätzlichen politischen Kontroversen in den beiden Arbeiterparteien schwächten ihre politische Kraft außerdem. Diese Differenzen und Kontroversen haben sich auch auf das proletarische Laienspiel ausgewirkt. Die Laienspielarbeit mit Kindern und Jugendlichen wurde in beiden Lagern vornehmlich als politische Bildungsarbeit begriffen. Sie fand daher vor allem im Kontext der jeweiligen Kinder- und Jugendorganisationen der Parteien statt und stand somit auf dem Fundament der parteipolitischen Überzeugungen und Richtlinien, denn die Jugendorganisationen hatten keinen Einfluss auf die politischen Leitlinien der Parteien. Anders als das bürgerliche Laienspiel, das durch den *Bühnenvolksbund* überregionale Bedeutung gewann und breite öffentliche Wahrnehmung fand, war das proletarische Jugend- und Laienspiel zunächst eher auf innerparteiliche Erziehung und erst in zweiter Linie auf öffentliche Wirkung gerichtet. Das proletarische Jugend- und Laienspiel wurde in der sozialdemokratischen *Kinderfreunde*-Bewegung, im *Sozialistischen Arbeiterjugendbund* (SAJ), in den kommunistischen Kindergruppen, im *Jung-Spartakus-Bund* (JSB) und der kommunistischen Pionierorganisation gepflegt, und in diesen Kontexten entwickelten sich unterschiedliche künstlerische Ausdrucksformen.

Das sozialdemokratische Laienspiel orientierte sich in den frühen 1920er Jahren an jugendbewegten und reformpädagogischen Formen. Eickenbusch konstatiert in seiner 1978 verfassten, detailreichen und umfassenden Arbeit über *Sozialdemokratisches und kommunistisches Kinder- und Jugendtheater in der Weimarer Republik* (vgl. Eickenbusch 1997) das Laienspiel-Konzept „eines reformpädagogisch orientierten, auf Gefühlsbewegung, Verwendung jugendbewegter Formen gerichteten und in der Kulturbewegung der Sozialdemokratie stehenden Kinder- und Jugendtheaters" (ebd., S. 90), das vor allem bei der proletarischen Fest- und Feiergestaltung zum Einsatz kam. Eine öffentliche Außenwirkung war nicht beabsichtigt. Die Grundsätze dieses sozialdemokratischen Laienspiels formulierte Emil R. Müller in seiner Schrift *Bühnenkunst und Jugendspiel*, die 1922 im Berliner Arbeiterjugend-Verlag erschien, und er legte damit nach Einschätzung von Eickenbusch eine richtungsweisende Publikation für die Entwicklung des Laienspiels in der SAJ vor. (Vgl. Eickenbusch 1997, S. 100) Ab 1923 entwickelte sich neben dem jugendbewegten und reformpädagogischen Laienspiel die Sprechchorbewegung und postulierte den Sprech- und Bewegungschor gemäß Johannessons *Leitfaden für Sprechchöre* (1927) als „die künstlerische Ausdrucksform des Proletariats." (Ebd., S. 11). Für Müller war diese Entwicklung „aus dem Erlebnis der Revolution […] gewachsen." (Müller 1922, S. 26) Beim Laienspiel gehe es „viel weniger um Ästhetik und Geschmack als um Gesinnung", wenngleich er einräumte, dass ein sprechender Chor „bei guter Schulung tiefen Eindruck auf eine Gemeinde machen kann, die in seinem Geiste lebt." (Ebd.) Der Sprechchor als Form des linksorientierten und sozialistischen Laienspiels hatte in seiner Binnenwirkung den Charakter einer gemeinsamen kultischen Handlung der Gruppe. Nach außen wirkten das chorische Sprechen einer weltanschauliche Ideale manifestierenden Dichtung und die choreografierte Bewegung der Gruppe als emotionaler Appell an die Massen und suggestives Gemeinschaftserlebnis.

Für die kommunistische Partei hatte das Laienspiel in den Kindergruppen der Partei vor allem bildungspolitische Bedeutung. Im Schulkampf, der für Verbesserungen im Bildungswesen geführt wurde, kamen auch von der sowjetrussischen Proletkultbewegung inspirierte Formen der szenischen Agitation und Propaganda zum Einsatz. Mit dem Verbot der kommunistischen Organisationen 1923 endete die Kindergruppenbewegung, und mit der Gründung des *Jung-Spartakus-Bundes* (JSB) wurde 1924 eine überregional getragene kommunistische Jugendkulturbewegung geschaffen. In Anlehnung an die Organisationsform der Straßen- und Betriebszellen der KPD war der JSB in Schulzellen organisiert und verfolgte auch weiterhin bildungspolitische Ziele. 1930 wurde der JSB in die Jugendorganisation *Rote Jungpioniere* umgewandelt. Bildungspolitik wurde damit nur noch von der Partei betrieben, die Jungpioniere strebten nach konkret umsetzbaren Lösungen vor Ort.

Seit Mitte der 1920er Jahre existierte die kommunistische Agitproptruppen-Bewegung, und 1927 wurden im JSB die ersten Kinder-Agitproptruppen gegründet, die in ihren Programmen nach dem Prinzip der *Lebenden Zeitung*, einer in der Sowjetunion entstandenen neuen szenischen Agitationsform, zu tagesaktuellen Themen künstlerisch Stellung nahmen, um direkt Veränderungen zu erreichen. Für Christel Hoffmann ist „die Einbeziehung des Kindertheaters in die Agitation und Propaganda der revolutionären Arbeiterbewegung in Deutschland" Ausdruck dafür, „daß es [das Kindertheater – G.T.] keine besondere Wirklichkeit für Kinder akzeptiert, sondern das Kind als gesellschaftliches Wesen in einer sozialen Wirklichkeit […] sieht, und daß für die Interpretation dieser Wirklichkeit zum Zwecke ihrer Veränderung keine anderen Methoden tauglich sind als die der sozialistischen Weltanschauung." (Hoffmann 1976, S. 94)

5.3 Zeitstücke für Kinder und Jugendliche

Die bürgerlichen und die proletarischen Strömungen des Jugend- und Laienspiels hatten das Ziel, die Zuschauer und die Spieler auf der Grundlage der jeweiligen weltanschaulichen Haltung in einem Gemeinschaftserlebnis des Erkennens und Bekennens zusammenzuführen. Das jugendbewegte, reformpädagogisch geprägte bürgerliche Laienspiel nahm mit kultur- und zivilisationskritischer Grundhaltung Bezug auf Gegenwart und Zukunft vor allem im Rückgriff auf klassische und mythologische Stücke und Stoffe. Im proletarischen sozialdemokratischen und kommunistischen Laienspiel wurde die dramatische Literatur der Vergangenheit wegen der bürgerlichen Herkunft weitestgehend ignoriert, denn die Kunst galt als Waffe im Dienst des politischen Kampfes um eine bessere Gegenwart und Zukunft. In der dramatischen Literatur für das Berufstheater war das Zeitstück mit aufklärerischem und revolutionärem Gestus künstlerischer Ausdruck dieses mit den Mitteln der Kunst ausgetragenen politischen Kampfes in der Demokratie. Günther Rühle zählt für den Zeitraum von 1923 bis 1933 über hundert uraufgeführte Zeitstücke (Rühle 1976, S. 83), die er als literarische Ausdrucksform des gesellschaftlichen Kampfes der Weimarer Republik begreift. (Vgl. ebd. S. 87)

In diesem Zusammenhang ist auch eine Reihe von Zeitstücken für junge Zuschauer entstanden, die sich auf die gesellschaftliche Auseinandersetzung um die Bildungschancen und die Lebensbedingungen der jungen Generation bezogen. Wie schon 1906 in Frank Wedekinds *Frühlings Erwachen* stehen sich in den Zeitstücken der 1920er Jahre die Vorstellungen der jungen Generation über die Verbindlichkeit von Konventionen und die Überzeugungen der Bewahrer der hergebrachten Ordnung unversöhnlich gegenüber. Die Erfahrung des Ersten Weltkriegs verschärft diesen Konflikt zwischen den Generationen. Viele junge Männer hatten den industriellen Krieg in seiner sinnlosen Grausamkeit als Verbrechen erkannt, für das sie als „Spielball anonymer Kräfte" missbraucht worden waren, wie es der Kriegsheimkehrer Erwin Piscator formulierte. „Das Zeitstück drückt den Willen aus, nicht mehr länger dieser ‚Spielball anonymer Kräfte' zu sein. Es sucht die Hintergründe, die Mächte zu benennen, sie sichtbar zu machen und ihrer Anonymität, ihres Mythos und ihrer einschüchternden Kraft zu berauben." (zit. ebd. S. 89)

Peter Martin Lampels *Revolte im Erziehungshaus*, ein ‚Schauspiel der Gegenwart in drei Akten', zeigt die alten Mächte als die Bewahrer von menschenunwürdigem Recht und demütigender Ordnung in einem preußischen Erziehungshaus. Lampel hat das Zeitstück nach eingehenden Recherchen im Fürsorgewesen geschrieben und dabei auch Aufzeichnungen von Fürsorgezöglingen verwendet. Am 2. Dezember 1928 wurde das Stück als erste Inszenierung des Schauspielerkollektivs *Gruppe Junger Schauspieler* im *Theater am Schiffbauerdamm* in Berlin uraufgeführt. Einige der jungen Berufsschauspieler kamen von Piscator und brachten den Gedanken kollektiver künstlerischer Arbeit in das junge Ensemble ein. Die Uraufführung von Lampels Stück war ein großer Erfolg für die neu gegründete Gruppe. Die Inszenierung wurde in Berlin und auf Tourneen durch Deutschland, die Tschechoslowakei und die Schweiz über 250-mal gezeigt.

Ein Jahr nach Lampels Stück wurde am 13. November 1929 mit *Hans Urian geht nach Brot* von Béla Balázs und Lisa Tetzner ein Stück für die Kinder der Berliner Arbeiterviertel zur Uraufführung gebracht, womit das kulturelle und soziale Engagement der Verfasser für das junge Arbeiterpublikum bekräftigt wurde. Das Stück ist ein Stationendrama, das den Arbeiterjungen Hans Urian auf der Suche nach Brot für seine kranke und hungrige Mutter einmal um die ganze Welt führt. Statt Brot findet er überall Not, fragt immer wieder, warum das so ist, um zu erkennen, dass das Geld ungleich verteilt ist und arme Menschen von Reichen abhängig sind. Trotz seiner märchenhaften Züge darf dieses Stück für Kinder als Zeitstück bezeichnet werden, denn der Ausgangspunkt für die Reise ist die reale und aktuelle soziale Situation der Arbeiterkinder.

Solche Inszenierungen von Zeitstücken für die Arbeiterjugend können als die frühe Form eines emanzipatorischen Kinder- und Jugendtheaters begriffen werden, denn sie schafften mit den Aufführungen eine Öffentlichkeit für die sozialen Probleme der Jugendlichen und wollten jungen Zuschauern Mut für den Kampf um ein besseres Leben machen. Mit ihrer sozialkritischen Intention waren diese Aufführungen im Gegensatz zu den üblichen Schülervorstellungen des Berufstheaters nicht Schulunterricht mit anderen Mitteln, sondern sozialkritische Aufklärung aus linker und proletarischer Perspektive. Und der nach Günther Rühle vom Zeitstück ausgehende Appell „Erkennt Euch, Eure Umwelt, und entscheidet Euch" (Rühle 1976, S. 83) trug zur Erziehung mündiger Zuschauer bei.

6. Konzepte

Die Jugend- und Laienspielarbeit in der Weimarer Republik war methodisch vielfältig. In den unterschiedlichen soziokulturellen, pädagogischen und weltanschaulichen Kontexten sind Fachdiskurse über die methodischen und wirkungsästhetischen Ansätze geführt worden. Im Überblick betrachtet bezogen sie sich in der Mehrzahl mehr oder weniger direkt auf Stile und Methoden des jugendbewegten und reformpädagogischen Jugend- und Laienspiels, das sich seit den frühen 1920er Jahren entwickelt hatte. Demzufolge leiteten sich die empfohlenen und diskutierten Methoden aus den Funktionen und Wirkungen ab, die dem Theaterspielen zugeschrieben wurden: Erkenntnis und Bekenntnis – Selbsterkenntnis durch die Gemeinschaft des Erlebens in der künstlerischen Selbsttätigkeit und kollektives Bekenntnis zu einer gemeinschaftlichen Idee.

6.1 Kunst

Alle Strömungen des Jugend- und Laienspiels in dieser Zeit definieren die Idee des Jugendspiels aus der Abgrenzung zur Schauspielkunst des bürgerlichen Theaters. Das zeitgenössische Theater wurde nicht als Vergleichsmaßstab akzeptiert, weil es nur als seichtes *Geschäftstheater* galt und nicht als wertvolles *Kulturtheater*, vor allem aber weil die professionelle Kunst des Schauspielers als methodisch grundlegend anders geartet galt, als das Spiel der jugendlichen Laien. Der berufsmäßige Schauspieler, der auf der Bühne eine Figur verkörperte, habe einen fiktiven Menschen darzustellen, hinter dessen Darstellung der Schauspieler unsichtbar werde. Der jugendliche Spieler hingegen stelle sich in seiner Rolle selbst dar und offenbare sich selbst im Spiel. Die Theaterspieler der Dilettantentheater verfügten weder über die Darstellungskraft des Berufsschauspielers noch über die rauschhafte Hingabe des jugendlichen Spielers, ihre *Theaterei* galt als stümperhafter Abklatsch des Berufstheaters und wurde daher als ein Mittel zur Inspiration für das Spiel von Jugendlichen für ebenso ungeeignet gehalten wie das Original.

Die künstlerische Krise des Berufstheaters wird vor allem darauf zurückgeführt, dass die nur unter geschäftlichem Gesichtspunkt betriebenen Theater sich ihren Stil vom Geschmack des Publikums diktieren ließen. Die Vertreter der Jugend- und Laienspielbewegung sahen in dieser Krise die Chance des Jugend- und Laienspiels, ein *neues Kunstleben* zu schaffen. Dabei strebten sie keine Schauspiel- und Theaterkunst im Sinne des Berufstheaters an, sondern definierten die Erziehung zur Kunst und die Menschenbildung als Sinn und Zweck des Laienspiels und damit des neuen Kunstlebens. Die Idee des Laienspiels als individuelles Kunsterlebnis, das aus der Kraft der großen Gemeinschaft des Volkes schöpft und auf die Gemeinschaft zurückwirkt, steht in der romantischen Tradition, der Kunst Autonomie zuzusprechen, wonach die autonome Kunst als „Motor gesellschaftlicher Revolution“ angesehen wird, wenn „die Normen der Kunst in andere Bereiche übertragbar sind.“ (Ullrich 2001, S. 603) Das Laienspiel, als Kunst des Volkes, galt als ein Weg in eine bessere Welt und wurde deshalb oft religiös überhöht und als Heilsbringer und Erlöser propagiert. Wegen der ihm zugeschriebenen gleichsam therapeutischen Wirkung sollte es Lebensbestandteil des Volkes werden. Die Voraussetzung dafür war die Verpflichtung des Laienspiels auf die Wahrheit der Kunst und Wahrhaftigkeit des individuellen Ausdrucks. Von ideologischen, politischen und konfessionellen Einfärbungen abgesehen, lassen sich im Grunde alle Strömungen der Laienspielbewegung in der Weimarer Republik auf diesen Kunstbegriff zurückführen.

6.2 Dramaturgie

In den methodisch orientierten Anleitungen und Stückempfehlungen werden die Argumente des Abgrenzungsdiskurses immer wieder zur Standortbestimmung und Definition des Eigenwerts des Jugend- und Laienspiels genutzt. Dessen Formenvielfalt ist daher auch als ein Ausdruck dieser Abgrenzung zu verstehen, denn darin manifestierten sich die stilistischen Eigenarten des Laienspiels gegenüber dem Berufstheater am deutlichsten. Neben dem Märchen- und Stegreifspiel, dem Puppen- und Schattenspiel sowie dem Tanzspiel der Kinder stand das auf dialogischen Spielvorlagen (Spieltexte) basierende Jugend- und Laienspiel, als Schauspiel, chorisches oder musikalisches Spiel.

Die in den 1920er Jahren erschienene Flut von Texten für die Jugend- und Laienbühne ist ein Beleg für die grundlegende methodische Bedeutung, die dem Spieltext im Jugend- und Laienspiel der Weimarer Republik beigemessen wurde. Die Frage ‚Was sollen wir spielen?‘ stand am Anfang jeder Annäherung an das Spiel, wurde in jeder Anleitungsschrift ausführlich behandelt und in fast jedem Artikel oder Vortrag thematisiert. In den Auseinandersetzungen wurden politische und kirchliche Tendenzen des Laienspiels, die sich hauptsächlich in der zugrundeliegenden Spielliteratur manifestierten, oftmals abgelehnt, vor allem von den Vertretern der Ausschüsse zur Prüfung von Jugendschriften, aber es gab auch entschiedene Befürworter der Tendenz, vor allem im konfessionellen und im politischen Kontext. Für die Bewertung der Spielvorlagen im Hinblick auf ihre Eignung für das Jugend- und Laienspiel wurden ähnliche Kriterien wie bei der Beurteilung von empfehlenswerten Jugendschriften zu Grunde gelegt.

In Anlehnung an die Erfahrungen mit der Jugendliteratur entstand in den 1920er Jahren mit der Spielberatung die wichtigste und wirksamste Methode zur künstlerischen und pädagogischen Steuerung der Entwicklung der Jugend- und Laienspielbewegung, mit der auch weltanschaulich und politisch auf diese Bewegung eingewirkt wurde. Mit Druckschriften, Vorträgen, Tagungen, Schulungen und mit der Beantwortung von Anfragen wurde einerseits ein theoretisch reflektierter Praxisdiskurs geführt und wurden andererseits praktische Anregungen für die Spielpraxis gegeben. Die reichten von Empfehlungslisten für Spieltexte über methodisch-didaktische Anleitungen für die Spieltechnik einzelner Ausdrucksformen bis hin zu Bauanleitungen für Schulbühnen und Gestaltungshinweisen für Bühnenraum und Kostüme. Die Spielberatung orientierte sich an den Praxiserfordernissen der Spielleiter und Lehrer und war für die unterschiedlichen Ausdrucksformen des Jugend- und Laienspiels methodisch differenziert, denn Spielberatung sollte Spielerziehung sein.

Die Stückempfehlungen der Spielberatung haben die Stoffwahl für das Schul- und Laienspiel entscheidend beeinflusst und im jeweiligen Kontext ein bestimmtes Spielplankonzept definiert. Werke der klassischen dramatischen Literatur wurden bis auf wenige Ausnahmen, z.B. einige Stücke von Shakespeare, als nicht jugendgemäß eingestuft und daher nicht als Spieltexte empfohlen. Daher entstand aus den Erfordernissen der Spielpraxis eine eigene Spielliteratur für das Laienspiel. Die dramaturgischen Richtlinien der Spielberatung galten für die Auswahl der Spieltexte durch die Gruppen und Spielleiter, und daran orientierten sich auch die Autoren von neuen Texten.

Der *Bühnenvolksbund* hatte mit seiner Abteilung *Jugendpflege* das effektivste System der Spielberatung aufgebaut. Anhand der vorliegenden Handbücher und Empfehlungslisten des BVB lassen sich die dramaturgischen Grundsätze des bürgerlich-christlichen Laienspiels beschreiben:

Die Spielplangestaltung sollte auf die besonderen festlichen Anlässe im Jahreslauf hin ausgerichtet werden. Im *Taschenbuch für Laienspieler* (1929) wurden Spielempfehlungen in einer Übersicht über die *Festzeiten des Spiels 1929/30* entsprechend der zwölf Monate des Jahres systematisiert und mit den alten deutschen Monatsnamen bezeichnet: Im Christmonat (Dezember) beziehen sich die Vorschläge auf das christliche Weihnachtsfest, im Heumonat (Juli) auf den bäuerlichen Jahreszyklus und im Windmonat (November) auf typische Naturereignisse der Jahreszeit. In kurzen Texten werden in bildreicher Sprache die Stimmung und der Charakter des jeweiligen Monats symbolhaft beschrieben, und damit wird eine Verbindung zwischen dem Laienspiel einerseits sowie dem Alltags- und Festleben des Volkes und dem Walten der Natur andererseits hergestellt. Aus dem Stimmungsbild folgt dann der Vorschlag für einen bestimmten Spielstil: Im Hornung (Februar) dränge beispielsweise „die Ungeduld nach dem Frühling" zu „Schalksnarreteien und Possen" (*Taschenbuch für Laienspieler* 1929, S.27), weswegen sich Schwank, Groteskspiel und Rüpelspiel für diese Zeit eigneten. Daneben stehen Spielvorschläge zu nationalen Feier- und Gedenktagen, aber auch zu beweglichen Festen wie Schützenfest, Priesterweihe oder Kreisjugendtag. Für jede Gelegenheit wird eine bestimmte Art des Spiels empfohlen, in den 16 Kapiteln das Handbuchs werden diese Spielarten nach Stoffen und Stilen unterschieden und empfehlenswerte Spieltexte aufgelistet: Mysterienspiele, Legendenspiele, Vaterländische Spiele, Rüpelspiele und Grotesken, Lustspiele, Märchenspiele etc.

Dieser anlassbezogenen Spielplandramaturgie liegt der Gedanke eines in Inhalt und Form variierenden, aber thematisch einheitlichen Spielplans für das gesamte bürgerlich-christliche Laienspielwesen zugrunde. Gleichzeitig war diese Dramaturgie Ausdruck eines methodisch durchdachten Beratungskonzepts, mit dem die Flut der Textvorschläge auch für den noch wenig erfahrenen Spielleiter handhabbar gemacht werden sollte. Entscheidend für eine den Gruppen gemäße, d.h. stilgerechte Auswahl waren nicht das Lebensumfeld oder die Weltanschauung der Spieler, sondern ihre Fähigkeiten, einen bestimmten Stoff und einen bestimmten Stil zu erfühlen und zu erleben. Diese Fähigkeit wurde Kindern und Jugendlichen in Abhängigkeit von ihrem Lebensalter differenziert zugesprochen und mit dem Kriterium der Jugendgemäßheit operationalisiert, das aus der Beurteilungspraxis der Jugendliteratur übernommen und auf die spielende Rezeption von Texten durch Kinder und Jugendliche angewandt wurde. Hans-Heino Ewers benennt Textverständlichkeit und Textattraktivität als zwei grundlegende Aspekte der Jugendgemäßheit in der Jugendliteratur (vgl. Ewers 2000, S. 201), und er verweist auf die Historizität dieses Kriteriums: „Von Kinder- und Jugendgemäßheit kann sinnvoll nur [...] mit Bezug auf einen bestimmten [...] Kindheits- und Jugenddiskurs gesprochen werden." (Ebd. S. 202)

Bezogen auf das Laienspiel von Kindern und Jugendlichen in den 1920er Jahren ist der wiederkehrende Verweis auf das Verstehen im Erleben zu bedenken. Damit wurde das Spielen auch als ein Rezeptionsprozess der Texte begriffen. Die Verständlichkeit des Textes wurde somit nicht ausschließlich von rationalen Fähigkeiten der Spieler abhängig gemacht, sondern auch von ihren emotionalen und seelischen Kräften. Das Erlebnis des Textes als selbst (mit)vollzogene Handlung im Spiel sollte mit Fantasie und Intuition zum Verständnis des Textes führen. Die Attraktivität der für das Spielen der kindlichen und jugendlichen Laienspieler vorgeschlagenen Texte basierte auf bestimmten alterstypischen Interessen der Spieler. Für Kinder galten Märchenspiele (als Stegreifspiele) und Tanzspiele als besonders geeignet. Dem Kindheitsbild gemäß wurde damit auf das Interesse des Kindes am Wunderbaren und an der körperlichen Bewegung abgehoben. Für Jugendliche wurde die Attraktivität der Spieltexte zwar auch mit dem Interesse für bestimmte Stoffe begründet, doch als jugendgemäß galt vor allem das weltanschauliche Bekenntnis im Laienspiel und das damit verbundene *Apostolat der Jugend,* in dem das zeitgenössische Jugendbild zum Ausdruck komme.

6.3 Spielweisen

Der Spielstil, dem sich eine Laienspielgruppe oder ein Spielleiter verpflichtet fühlte, war durch eine bestimmte Spieltechnik bzw. Methode bedingt. Der Zusammenhang zwischen Stil und Methode soll als Spielweise bezeichnet werden. Ziel der Spielweise war immer das Ausdrucksspiel des ganzen Menschen mit all seinen Sinnen, in dem sich die *seelischen Kräfte* der Kinder und Jugendlichen frei von innerer oder äußerer Gebundenheit äußern sollten.

Als grundlegende Spieltechnik des Laienspiels galt das Stegreifspiel, vor allem für die Theaterarbeit mit Kindern. Mit dem Stegreifspiel sollte an das fantasiegeleitete Kinderspiel der Vorschulzeit und an die natürlichen Ausdrucksformen des Kindes angeknüpft werden. Bei dieser Improvisationstechnik in der Tradition der Commedia dell'arte war allerdings nicht ein vorgegebener Handlungsverlauf Grundlage für das Spiel, sondern „eine kleine reizvolle Geschichte mit wirklichen Menschen", eine „erzählte, dichterisch vorgeformte oder auch nur erlebnismäßige Begebenheit." (Gentges 1924 b, S. 109) Dem Stegreifspiel wurde ein Eigenwert als szenische Ausdrucksform für Kinder beigemessen, gleichzeitig wurde es auch zur Ausbildung spielerischer Fähigkeiten und zur Einübung in den darstellerischen Ausdruck empfohlen. (Vgl. Gentges 1924 a)

Eine ausgearbeitete Methode des Laienspiels, die für das gesamte Jugend- und Laienspiel in der Weimarer Republik Gültigkeit gehabt hätte, gibt es nicht. In den ab Mitte der 1920er Jahre in größerer Zahl erschienenen didaktisch-methodischen Anleitungen zum Jugend- und Laienspiel werden die künstlerischen Ansätze mit pädagogischen Grundsätzen begründet. So entstanden Regelwerke, die sich in der pädagogischen Praxis der Jugend- und Laienbühne leicht anwenden ließen, die aber auch oftmals wegen ihrer das Spielen didaktisch zergliedernden Rezeptbuchsystematik kritisiert wurden.

Die jugendbewegte Laienspielbewegung orientierte sich in der ersten Hälfte der 1920er Jahre vor allem an der Spielweise der 1919 in Thüringen gegründeten semiprofessionellen *Haaß-Berkow-Spiele*, geleitet von dem Regisseur und Stimmbildner Gottfried Haaß-Berkow. Auf dem ersten Wandervogeltag nach dem Krieg 1919 in Coburg hatte der Auftritt der Theatergruppe große Begeisterung hervorgerufen. So wurde die von der Anthroposophie Rudolf Steiners beeinflusste Spielpraxis für die erste Hälfte der 1920er Jahre stilprägend für das Laienspiel der Jugendbewegung und damit auch die von dieser Truppe bevorzugten Mysterienspiele und Totentänze. Die *Haaß-Berkow-Spiele* galten wegen des semiprofessionellen Status nicht als Laienspiel im Sinne der Bewegung, doch wegen des prägenden künstlerischen Einflusses sah Rudolf Mirbt in seinem Aufsatz *Laienspiel* (1923) in Haaß-Berkow einen wichtigen „Vorläufer und Anreger des Laienspiels." (Mirbt 1960, S. 11)

In welcher Form auch immer beziehen sich die meisten künstlerisch-methodischen Diskurse dieser Zeit auf die Praxisreflexionen der Spielleiter Rudolf Mirbt und Martin Luserke. Mirbts Auffassungen dürften allerdings die größere Breitenwirkung gehabt haben, da er die breit aufgestellte institutionalisierte Laienspielpraxis des *Bühnenvolksbundes* maßgeblich beeinflusst hat. Während der Reformpädagoge Luserke vor allem mit den Gastspielen seiner Gruppen, aber auch durch seine Vorträge und seine Schriften wirkte, war Mirbt u. a. einige Jahre gemeinsam mit Ignaz Gentges Herausgeber der Zeitschrift *Die Blätter für den Laienspieler* des *Bühnenvolksbundes* und lange Jahre Herausgeber der jugendbewegten *Münchner Laienspielblätter*. Die regelmäßige publizistische Präsenz von Mirbt dürfte der Verbreitung seiner Idee vom Laienspiel ebenso förderlich gewesen sein wie die Strukturen der Jugendspielpflege des BVB ihrer Umsetzung.

In einem Vortrag über *Möglichkeiten und Grenzen des Laienspiels* auf der Theater-Ausstellung 1927 in Magdeburg sprach Rudolf Mirbt vor Vertretern des jugendlichen Laienspiels und leitete seine Grundsätze aus seiner praktischen Spiel- und Schulungsleitertätigkeit mit Erwachsenen her. Das Jugendspiel, als notwendige Voraussetzung für das Laienspiel erwachsener Spieler, müsse sich dieses größeren Zusammenhangs bewusst sein.

Er formulierte als Grundlage des Laienspiels: die Hingabe des Spielers an das Spielen und an die Dichtung in der regelhaften Arbeitsgemeinschaft des Spielkreises, in der sich die Arbeitsgesinnung aller am Spiel Beteiligten äußere. Als Maßstab für Hingabe und Gesinnung galt ihm das Maß an Demut und Verantwortung jedes einzelnen Spielers gegenüber dem Spiel der Gruppe, denn im Laienspiel gebe es keine Haupt- und Nebenrollen, sondern nur den Spielkreis, in dem jeder seinen Beitrag leiste. (Vgl. Mirbt 1928, S. 19–21)

Ausgehend von einer „Urbegabung zum Spielen", über die jeder Mensch verfüge und die durch die Anleitung zum Spielen geweckt werden könne, müsse der Laienspieler nicht die „Geste des Schauspielers", nicht die „Pose des Dilettanten", sondern die „eigene Gebärde" suchen, um so nur das – durch „tiefes Eingehen in den Sinn des Stückes und die besondere Art der Rolle" – persönlich Erfasste zu spielen und nichts Angelerntes, wobei er sich der „Grenzen der eigenen Ausdrucksfähigkeit" bewusst sein müsse. (Mirbt 1923; in: Mirbt 1960, S. 11) „Die Laienbühne fördert also die Selbsterkenntnis der Darsteller: Sie entdecken ihren Charakter und die ihnen gemäße Gebärdensprache. Das Spiel beansprucht nicht nur die geistigen Kräfte des Menschen, sondern wendet sich an alle Fähigkeiten: Es ist auch Körpererziehung. Das Laienspiel besitzt einen pädagogischen Wert, der planmäßig genutzt wird." (Wolfersdorf 1962, S. 76)

Das individuelle Spiel kommt dabei nie als das Spiel eines Einzelnen zur Wirkung, denn das Ziel ist das gemeinsame Erleben und Erfahren im kollektiven Spiel des Spielkreises. Für die Anfangsarbeit eines Laienspielkreises empfahl Mirbt daher chorische Spiele als besonders geeignet: „Spiele, in denen der einzelne nur vorübergehend, nur für Augenblicke aus einer Gruppe heraus als einzelner spielen muß, um wieder in der Gruppe unter- und aufzugehen." (Mirbt 1928, S. 26) Die Spieler seien im Spiel gleichberechtigt und in gleichem Maße verantwortlich für das gesamte Spiel.

Eine entscheidende Rolle komme in diesen Prozessen dem Spielleiter zu, der nicht Regisseur sein solle, sondern „Spielbildner" *und* „Menschenbildner". Er solle die Gruppe künstlerisch und pädagogisch führen, und zwar nicht durch Nachahmung von Vorgeführtem, sondern indem er die methodischen Voraussetzungen dafür schaffe, dass „der einzelne Spieler die vom Stück her notwendige Gebärde selbst findet." (Ebd., S. 25). Dazu brauche der Spielleiter eine klare Vorstellung von der stilistischen Form und dem geistigen Inhalt des Spiels, die in der Methode der jeweiligen Spieltechnik umgesetzt würden, er müsse aber gleichzeitig auch so flexibel sein, „ernstzunehmende Anregungen von den Spielern aufzugreifen und seiner Form nutzbar zu machen." (Ebd.) Seine theaterpädagogische Aufgabe bestehe darin, nicht zu lehren, sondern selber lernen zu lassen.

Martin Luserke hat in den 1920er Jahren mit aufsehenerregenden Aufführungen und theoretischen Schriften, die in der gesamten jugendbewegten und reformpädagogischen Laienspielbewegung rezipiert wurden, entscheidend zur Entwicklung des Jugend- und Laienspiels beigetragen. Er stand in engem Kontakt mit führenden Reformpädagogen der Weimarer Republik. Selbst das preußische Kultusministerium unterstützte ihn und genehmigte für seine *Schule am Meer* besondere Lehrpläne, mit dem Laienspiel als integralem Bestandteil. Doch die Breitenwirkung seines Schaffens war letztlich eher gering, vielleicht weil er ein pädagogischer Außenseiter war, ein anregender Künstler, dessen künstlerisches Konzept nicht zur einfachen pädagogischen Nachahmung taugte. Denn Luserke hat auf der Grundlage der Reflexion seiner praktischen Arbeit in den Landschulheimen in Wickersdorf und später auf der Insel Juist in Vorträgen und Zeitschriftenbeiträgen, vor allem aber in Büchern nicht weniger als eine „Philosophie des Laienspiels" (Luserke 1931, S. 38) formuliert. Die bewusste, planmäßige und theoretisch untermauerte Entwicklung des Jugend- und Laienspiels war für Luserke nur auf der Grundlage einer bestimmten Qualität des Spiels denkbar: Lebendig und gegenwartsnah, auf der Grundlage einer entwickelbaren Spieltechnik und mit erkennbarem Stilbewusstsein. (Vgl. Luserke 1927, S. 10)

In seinem Grundlagenwerk *Jugend- und Laienbühne* hat Luserke 1927 die künstlerische und pädagogische Methode seiner Spieltechnik des von der Gruppe und nicht vom Einzelspieler getragenen Bewegungsspiels aufgrund seiner praktischen Erfahrungen theoretisch entwickelt. Er fasste das Theaterspiel als „Polyphonie von Vorgängen" auf, die unterschiedlichen Ausdrucksmittel der Bühne, „der Text wie die Mimik, das Kommen und Gehen auf der Bühne, sowie das Getön" seien „in sich zusammenhängende Vorgangsströme", die wie bei der musikalischen Polyphonie gleichwertig nebeneinanderstehende Mittel seien. (Luserke 1927, S. 24) Demgemäß war das Bühnenspiel für Luserke nicht die Verwirklichung des dramatischen Textes, sondern die „Vollendung des

Spielmäßigen und Nur-Theatralischen bis ins mythische Tun“ (Luserke 1931, S. 38) durch Bewegung der Spielermassen im Raum und die strukturierende Wirkung der Musik. Nicht die überkommenen Texte und Stoffe seien die Quelle des Spiels, sondern „die Ursprünge des Theaters überhaupt.“ (Luserke 1927, S. 36)

Das Konzept des Bewegungsspiels war Luserkes Versuch, auf diese Ursprünge zurückzugehen. Anhand der Werke von Shakespeare, die in seiner Praxis als Spielleiter oft Grundlage für seine Spiele waren, entwickelte er dieses Konzept aus den dem Text eingeschriebenen Bewegungen und erfand dafür die *Kompaßlehre des Bewegungsspiels*. Diese Spielweise bringe gemäß Luserke das Spiel aus der Flächigkeit des Guckkastens, der nur Schauplatz sei, in den gesamten Raum, der zum Spielplatz wird. Es wird nicht *für* die Zuschauer, sondern *inmitten* der Zuschauer gespielt. Der Gemeinschaftsgedanke des Jugend- und Laienspiels findet in der Dramaturgie des Spielraums Ausdruck. In Luserkes *Kompaßlehre* versinnbildlichen die Bewegungen auf der Querachse und auf der als Mittelweg den Zuschauerraum durchquerenden Längsachse dramaturgische Konstellationen, die für den Zuschauer sinnlich erfahrbar werden. Längs- und Querachse treffen sich auf einem Podest, das in der Mitte der Kreuzung den zentralen Ort des Spiels markiert. Ausgehend von den Bewegungen im Raum konnte das Spiel an diesem Brennpunkt zur höchsten Intensität geführt oder, wie es Luserke formulierte, „weißglühend“ werden. Mit der Spieltechnik des Bewegungsspiels und der besonderen Raumlösung ging Luserke weiter als die übrige Laienspielbewegung. Die hatte zwar mit der vom expressionistischen Theater inspirierten Stilbühne einen Gegenentwurf zum Illusionismus des Berufstheaters entwickelt, dabei aber nur das illusionistische Bühnenbild durch die Abstraktion und die Andeutungen des stilisierten Bühnenbilds ersetzt.

Mit dem *Bauhüttenspiel* entwickelte Luserke das Konzept eines kollektiven, hierarchisch strukturierten Arbeitsprozesses, in dem alle Beteiligten zusammenwirken. Er bezog sich damit, wie Walter Gropius bei der Gründung des Bauhauses, auf die Arbeit in der mittelalterlichen Dombauhütte, in der das Zusammenwirken der Gewerke beim Kirchenbau organisiert war und die den Charakter eines Geheimbundes hatte. Die hierarchische Struktur der Arbeitsgemeinschaft mit Meister, Geselle und Lehrling war für Luserke weniger Macht- als Arbeitsstruktur und kann daher als Hierarchie der Kompetenzen bezeichnet werden, denn die Stellung des Einzelnen auf der Stufenleier war abhängig von seinen subjektiven Fähigkeiten und seinem individuellen Können. Im *Bauhüttenspiel* entstanden die Inszenierungen nicht auf der Grundlage eines dramatischen Textes. Die jungen Menschen zwischen 15 und 25 Jahren waren Spieler und Dichter zugleich und schufen in der Arbeitsgemeinschaft und unter Anleitung des *Meisters* (Spielleiter) den Text und das Spiel aus der schöpferischen

Improvisation. Im Gegensatz zum Verinnerlichungsgedanken des *Verkündigungsspiels* lehnte Luserke die Identifikation mit einer dramatischen Rolle als stilfeindlich ab. Vielmehr wurde die Rolle in der gemeinsamen Arbeit an den Akteur angepasst, was die Fähigkeit des Spielleiters voraussetzte, die individuellen Anlagen der einzelnen Spieler richtig einzuschätzen. Anders als bei Mirbts Suche nach dem individuellen Ausdruck von Gemütsbewegungen der Rollenfigur durch die „eigene Gebärde", sollte der Spieler bei Luserke nicht zum Bühnencharakter werden, sondern lebendige Persönlichkeit bleiben. „Wichtiger als die Gestik des Einzelnen ist im Bauhüttenstil die Bewegung der Spielermassen und das Zusammenagieren von Gruppen und Solisten." (Wolfersdorf 1962, S. 66) Die philosophischen, künstlerischen und pädagogischen Konzepte Luserkes zum Jugend- und Laienspiel sind letztlich solitär geblieben und haben ihre Wirkung nur in seiner eigenen Spielpraxis entfaltet.

7. Folgen

Die Nationalsozialisten griffen nach 1933 in der Thingspielbewegung den völkischen Gemeinschaftsgedanken des Laienspiels der Weimarer Republik auf und bezogen ihn auf die Freilichtbühnen- und die Sprechchorbewegung. Mit der Gleichschaltung der Gesellschaft verschwanden auch die Strukturen des Laienspiels der Weimarer Republik. Nach dem Zweiten Weltkrieg knüpften die Akteure im Westen Deutschlands an die Vorkriegsentwicklung im bürgerlichen Laienspiel an. Mit Landesarbeitsgemeinschaften für das Laienspiel wurden neue Spielberatungsstrukturen aufgebaut und wurde das Laienspiel auf der Grundlage der vorhandenen Spieltexte und erprobten Spieltechniken im Kontext des Konzepts der musischen Erziehung weiter gepflegt. Erst in den 1960er Jahren suchten jüngere Gruppen in Texten und Ausdrucksformen wieder Bezüge zur Ästhetik und Dramatik des zeitgenössischen Theaters, wie beispielsweise zur experimentellen Dramatik des absurden Theaters. Der Begriff Laienspiel wurde nach und nach vom Begriff Amateurtheater abgelöst. Im Osten wurden, beeinflusst vom sowjetischen Modell des *Theaters für junge Zuschauer,* staatliche Kinder- und Jugendtheater gegründet. Mit dem Spielplan knüpfte man an die Entwicklungen im proletarischen Theater und an die *Dramaturgie des Zeitstücks* der 1920er Jahre an. Das darstellende Spiel war integraler Bestandteil des theaterpädagogischen Konzepts dieser Spezialtheater für Kinder und Jugendliche.

Heute bezeichnet der Begriff Laienspiel die historische Spielpraxis vom Beginn des 20. Jahrhunderts bis in die 1970er Jahre; er findet für zeitgenössische Phänomene kaum noch Verwendung. Das außerschulische Theaterspielen von Jugendlichen wird als Jugendtheater, das Theaterspiel in der Schule als Schultheater bezeichnet. Daneben hat sich der Begriff des Amateurtheaters für die Spielpraxis der Vereinsbühnen etabliert. Alle diese Formen werden als Gegenstand der Theaterpädagogik künstlerisch entwickelt und fachlich reflektiert.

Literaturverzeichnis

Texte bis zu den dreißiger Jahren

Bonn, Friedrich: Jugend und Theater. – Emsdetten : Lechte, 1939. – (Die Schaubühne : Quellen und Forschungen zur Theatergeschichte ; 30)

Brecht, Bertolt: Das deutsche Drama vor Hitler (1935). – In: Brecht, Bertolt: Werke : Große kommentierte Berliner und Frankfurter Ausgabe. – Berlin [u. a.] : Aufbau-Verl. [u. a.]. – 22/1. Schriften 2. – 1988, S. 164 – 168

Clasen, Georg: Vom Wesen und Wert der Schul- und Jugendbühne. – In: Jugendschriften-Warte. – 32 (1927), S. 65 – 69

Fronemann, Wilhelm: Jugend und große Bühne. – In: Die Jugendbühne. – 6 (1926) 1, S. 6 – 9

Gemeinschaftsbühne und Jugendbewegung / hrsg. von Wilhelm C. Gerst. – Frankfurt/Main : Verl. d. Bühnenvolksbundes, 1924

Gentges, Ignaz: Eine Stegreifspielstunde. – In: Gemeinschaftsbühne und Jugendbewegung. – (1924a), S. 107 f.

Gentges, Ignaz: Stegreifspiel einst und jetzt. – In: Gemeinschaftsbühne und Jugendbewegung. – (1924b), S. 108 ff.

Gerst, Wilhelm Carl: Warum wir der Jugend vertrauen. – In: Gemeinschaftsbühne und Jugendbewegung. – (1924), S. 5 – 10

Götsch, Georg: Wandervogel und Bühne. – In: Jugend und Bühne / im Auftr. des Zentralinstituts für Erziehung u. Unterricht hrsg. von Ludwig Pallat u. Hans Lebede. – Breslau : Hirt, 1925. – S. 154 – 159

Johannesson, Adolf: Leitfaden für Sprechchöre / hrsg. im Auftr. des Reichsausschusses für sozialistische Bildungsarbeit. – Berlin : Arbeiterjugend-Verl., 1927

Jugend und Bühne / im Auftr. des Zentralinstituts für Erziehung u. Unterricht hrsg. von Ludwig Pallat u. Hans Lebede. – Breslau : Hirt, 1925

Kästner, Erich: Vorwort. – In: Emil und die Detektive : ein Theaterstück für Kinder. – Weinheim/Bergstr. : Dt. Theaterverl., 1930. – (Das Bühnenspiel ; 28)

Kalk, Otto: Theorie und Praxis der Jugendbühne. – Osterwieck : Zickfeld, 1926a

Kalk, Otto: Kind und Theater. – In: Die Jugendbühne. – 6 (1926b) 1, S. 1 – 5

Lebede, Hans: Jugend, Drama und Bühne. – In: Jugend und Bühne / im Auftr. des Zentralinstituts für Erziehung u. Unterricht hrsg. von Ludwig Pallat u. Hans Lebede. – Breslau : Hirt, 1925. – S. 12 – 22

Löwenberg, Jacob: Das Elend unserer Weihnachtsmärchen. – In: Jugendschriften-Warte. – 26 (1919), S. 13 – 16

Luserke, Martin: Nachwort zu der Frankfurter Tagung „Jugend und Bühne". – In: Jugend und Bühne / im Auftr. des Zentralinstituts für Erziehung u. Unterricht hrsg. von Ludwig Pallat u. Hans Lebede. – Breslau : Hirt, 1925. – S. 321 – 335

Luserke, Martin: Jugend- und Laienbühne: eine Herleitung von Theorie und Praxis des Bewegungsspiels aus dem Stil des Shakespearischen Schauspiels. – Bremen : Angelsachsen-Verlag, 1927

Luserke, Martin: Dramen als Laienspiele : Auseinandersetzung und Versuch einer fachlich begründeten Fragestellung. – In: Jugendschriften-Warte. – 36 (1931), S. 37 – 40

Luserke, Martin: Das Laienspiel : Revolte der Zuschauer – für das Theater. – Heidelberg : Kampmann, 1939

Majer-Leonhard, Ernst: Schultheater. – In: Gemeinschaftsbühne und Jugendbewegung / hrsg. von Wilhelm C. Gerst. – Frankfurt/Main : Verl. d. Bühnenvolksbundes, 1924. – S. 49f.

Mirbt, Rudolf: Volk. – In: Das Laienspielbuch / hrsg. von Ignaz Gentges, Reinhard Leibrandt, Rudolf Mirbt, Bruno Sasowski. – Berlin : Verl. des Bühnenvolksbundes, 1929. – S. 80 – 93

Mirbt, Rudolf : Möglichkeiten und Grenzen des Laienspiels : ein Vortrag von Rudolf Mirbt. – München : Kaiser, 1928. – (Münchner Laienspiele)

Mirbt, Rudolf: Laienspiel (1923). – In: Mirbt, Rudolf: Laienspiel und Laientheater : Vorträge und Aufsätze aus den Jahren 1923 – 1959. – Kassel : Bärenreiter-Verlag, 1960. – S. 9 – 18

Mirbt, Rudolf: Laienspiel und Laientheater : Vorträge und Aufsätze aus den Jahren 1923 – 1959. – Kassel : Bärenreiter-Verlag, 1960

Mirbt, Rudolf: Von der eigenen Gebärde : ein Laienspielbuch in sechsundzwanzig Beispielen. – München : Don Bosco Verl., 1951

Müller, Emil R.: Bühnenkunst und Jugendspiel. – Berlin : Arbeiterjugend-Verl., 1922

Pallat, Ludwig: Wege zur Kunst. – In: Jugend und Bühne / im Auftr. des Zentralinstituts für Erziehung u. Unterricht hrsg. von Ludwig Pallat u. Hans Lebede. – Breslau : Hirt, 1925. – S. 7 – 11

Röttger, Karl: Das Kindertheater. – Frankfurt/Main : Verl. des Bühnenvolksbundes, 1922. – (Schriften zur Kunsterziehung und Theaterpflege)

Röttger, Karl: Zum Drama und Theater der Zukunft. – Leipzig : Matthes, 1921

Scharff, Erich: Bühnenerneuerung aus dem Geist der Jugend. – In: Jugend und Bühne / im Auftr. des Zentralinstituts für Erziehung u. Unterricht hrsg. von Ludwig Pallat u. Hans Lebede. – Breslau : Hirt, 1925. – S. 176 – 182

Taschenbuch für Laienspieler / hrsg. von Richard Beitl. – Berlin : Verl. des Bühnenvolksbundes, 1929

Trost, Oswald: Richtlinien für Kinderaufführungen. – In: Jugendschriften-Warte. – 27 (1920), S. 13f.

Unsere Volksschüler im Stadttheater / hrsg. von d. Lehrervereinigung für die Pflege der Künstlerischen Bildung. – Hamburg : Boysen, 1898

Verzeichnis wertvoller Spiele für die Schul- und Jugendbühne / hrsg. von den Vereinigten Dt. Prüfungsausschüssen für Jugendschriften. – 5. Ausg. – Hamburg : Verl. d. Vereinigten Dt. Prüfungsausschüsse für Jugendschriften, 1932

Wille und Werk : ein Handbuch des Bühnenvolksbundes / hrsg. von d. Arbeitsgemeinschaft in d. Reichsgeschäftsstelle des Bühnenvolksbundes unter Leitung von Wilhelm Karl Gerst. – Berlin : Bühnenvolksbundverl., 1928

Wolf, Friedrich: Revolte im Erziehungshaus (Die Rote Fahne, 4.12.1928). – In: Theater der Kollektive / hrsg. von Ludwig Hoffmann unter Mitarb. von Klaus Pfützner. – Berlin : Henschelverl., 1980. – S. 32f.

Wyneken, Gustav: Was ist „Jugendkultur“? : öffentlicher Vortrag, mit einem Nachwort über den „Anfang“, gehalten 1913 / von Gustav Wyneken. – München : Steinicke, 1914. – (Schriften der Münchener Freien Studentenschaft ; 1)

Sekundärliteratur

Baacke, Dieter: Jugend und Jugendkulturen : Darstellung und Deutung. – 5. Aufl. – Weinheim [u. a.] : Juventa Verl., 2007

Biccari, Gaetano: Zuflucht des Geistes? : konservativ-revolutionäre, faschistische und nationalsozialistische Theaterdiskurse in Deutschland und Italien 1900–1944. – Tübingen : Narr, 2001. – (Forum Modernes Theater ; 28)

Brecht, Bertolt: Werke : Große kommentierte Berliner und Frankfurter Ausgabe. – Berlin [u. a.] : Aufbau-Verl. [u. a.]. – 3. Stücke 3. – 1988

Eickenbusch, Gerhard: Sozialdemokratisches und kommunistisches Kinder- und Jugendtheater in der Weimarer Republik. – Frankfurt/Main [u. a.] : Lang, 1997

Ewers, Hans-Heino: Literatur für Kinder und Jugendliche : eine Einführung in grundlegende Aspekte des Handlungs- und Symbolsystems Kinder- und Jugendliteratur. – München : Fink, 2000

Frantzen, Peter: Laienspiel in der Weimarer Zeit : eine Dokumentation. – Münster : LAG für Spiel u. Amateurtheater in NRW, 1969. – (Hilfen für Spielleiter ; 8)

Hoffmann, Christel: Theater für junge Zuschauer : Sowjetische Erfahrungen – Sozialistische deutsche Tradition – Geschichte in der DDR. – Berlin : Akademieverl., 1976

Jahnke, Manfred: Von der Komödie für Kinder zum Weihnachtsmärchen : Untersuchungen zu den dramaturgischen Modellen der Kindervorstellungen in Deutschland bis 1917. – Meisenheim am Glan : Hain, 1977

Pfützner, Klaus: Soziale und geistig-künstlerische Krise des bürgerlichen Theaters. – In: Theater der Kollektive / hrsg. von Ludwig Hoffmann unter Mitarb. von Klaus Pfützner. – Berlin : Henschelverl., 1980. – S. 19–31

Radermacher, Norbert : Amateurtheater / Norbert Radermacher ; Hans-Albrecht Weber. – In: Koch, Gerd: Wörterbuch der Theaterpädagogik / Gerd Koch ; Marianne Streisand. – Berlin [u. a.] : Schibri-Verl., 2003. – S. 19–22

Rühle, Günther: Theater in unserer Zeit. – Frankfurt/Main : Suhrkamp, 1976

Schedler, Melchior: Kindertheater : Geschichte, Modelle, Projekte. – Frankfurt/Main : Suhrkamp, 1972

Scheibe, Wolfgang: Die reformpädagogische Bewegung 1900 – 1932 : eine einführende Darstellung. – Weinheim [u. a.] : Beltz, 1994

Schultze, Hermann: Das deutsche Jugendtheater : seine Entwicklung vom deutschsprachigen Schultheater des 16. Jahrhunderts bis zu den deutschen Jugendspielbestrebungen der jüngsten Gegenwart ; dargestellt, gesichtet und gewertet an den brauchtumsgebundenen Spielen der Jugend. – Emsdetten : Lechte, 1960. – (Die Schaubühne : Quellen und Forschungen zur Theatergeschichte ; 53)

Taube, Gerd: Kästners Kinderromane auf der Bühne : zur Dramatik für Kinder in der Nachkriegszeit. – In: Kinder- und Jugendliteraturforschung 1998/99 / hrsg. von Hans-Heino Ewers u. a. – Stuttgart [u. a.] : Metzler, 1999. – S. 88 – 106

Taube, Gerd: Kinder- und Jugendtheater der Gegenwart. – In: Kinder- und Jugendliteratur der Gegenwart / Günter Lange (Hrsg.). – Baltmannsweiler : Schneider Verl., Hohengehren, 2011. – S. 290 – 306

Theaterlexikon : Begriffe und Epochen, Bühnen und Ensembles / hrsg. von Manfred Brauneck u. Gérard Schneilin. – Reinbek bei Hamburg : Rowohlt, 1990

Ullrich, Wolfgang: Kunst / Künste / System der Künste. – In: Ästhetische Grundbegriffe (ÄGB) : historisches Wörterbuch in sieben Bänden / hrsg. von Karlheinz Barck u. a. – Stuttgart : Metzler. – 3. 2001. – S. 556 – 616

Wolfersdorf, Peter: Stilformen des Laienspiels : eine historisch-kritische Dramaturgie. – Braunschweig : Waisenhaus-Buchdr. u. Verl., 1962

Manfred Wegner

Künstlerisches Puppenspiel

I

Im Mai 1920 erschien in der Zeitschrift *Der Kunstwart* ein Artikel des Löbauer Amtmannes Benno von Polenz, in dem dieser auf die in einer vorangegangenen Heftnummer aufgeworfene Frage *Steht Kasperl wieder auf?* einging und gleich zu Beginn feststellte: „Im ersten Märzheft des Kunstwarts beklagt Mannhardt, daß Kasperl im Sterben liege, und macht Vorschläge, um ihm wieder auf die Beine zu helfen. Ich halte diese Vorschläge für sehr beachtlich, möchte aber allen, die für unsern Kasperl ein Herz haben (und das scheinen mir gar nicht wenige zu sein) zum Troste sagen, daß meines Erachtens die Krisis überwunden und der Kranke auf dem Wege der Gesundung ist. Zum mindesten gilt dies für Sachsen." (Von Polenz 1920a, S. 177) Als Grund für seinen Optimismus gab Polenz an, dass der am *Sächsischen Landesverein für Jugendschutz* gegründete *Unterausschuss für Kino-Ersatz*, dem er als Vorsitzender angehörte, erfolgreich dafür geworben hatte, den traditionellen Handpuppenspieler Arthur Ganzauge auf eine Rundreise durch Schulen der Region zu entsenden. Dies geschah mit Hilfe und unter der Schirmherrschaft des *Sächsischen Künstlerhilfsbundes* in Dresden. „Geboten werden die volkstümlichen Kasperstücke, wie sie in der Familie des Puppenspielers von einer Generation auf die andere vererbt werden und von den einzelnen Spielern weiter ausgestaltet worden sind. In Druck gegebene Stücke führt Ganzauge nicht auf. Er hat nicht einmal handschriftliche Unterlagen, spielt vielmehr nach dem Gedächtnis, soweit er sich nicht von den Eingebungen des Augenblicks leiten läßt. Wir haben es also mit einer Volkskunst sowohl dem Inhalte wie der Form nach zu tun." (Ebd., S. 178)

Um den flüchtigen Eindruck der Aufführungen bei Schülern und Lehrern auf eine dauerhafte Basis zu stellen und die schöpferische Betätigung in Familien, Schulen und Vereinen anzuregen, hatte das Gremium bereits 1919 mit der Sichtung von gedruckt vorliegenden Stücken für das Puppentheater begonnen und im Dezember auch einen Aufruf zur Übersendung von Nachweisen brauchbarer Literatur in der Presse veröffentlicht. Die Recherche erbrachte als Ergebnis, dass nur ein sehr schmaler Bestand der am Buch- und Spielwarenmarkt verfügbaren Texte für das Handpuppenspiel, wie man es in technischer und dramaturgischer Hinsicht durch die Vorstellungen von Ganzauge im Sinne hatte, genutzt werden konnte. Wenn auch teilweise mit Kompromissen behaftet, zählte von Polenz im Frühjahr 1920 hierzu die *Kasperliaden* von Franz Pocci aus dem 19.

Jahrhundert, die *Kasperl-Bilder-Bücher* von Carlo Böcklin und Beate Bonus aus dem Jahr 1911, die um 1915 erschienene Kartoffelkomödie *Die Großmutterbrille* von Viktor Blüthgen, die um 1918 publizierten *Drei Stücke für das Kasperltheater (Hans Kaspars Streiche)* von Paul Quensel sowie *Das alte Puppenspiel Dr. Fausts Leben und Höllenfahrt*, das von dem Philologen Johann Lewalter nach älteren schriftlichen Quellen und eigenen Erinnerungen an Kaspertheatervorstellungen auf Jahrmärkten bearbeitet und 1919 herausgegeben worden war. Die ultima ratio seines vorläufigen Spielplanes aber bildeten die 1915 und 1916 publizierten Bändchen *Sünd ji all' dor?* und *Vivat Putschenelle*, die von dem an norddeutscher Volks- und Mundartkunde interessierten Kaufmann Johannes E. Rabe zum Teil aus seinem 1912 edierten Buch *Kasper Putschenelle : historisches über die Handpuppen und althamburgische Kasperszenen* ausgewählt und, wie Rabe mitteilte, auf Wunsch von Soldaten für den Gebrauch hinter den Frontlinien des Ersten Weltkrieges herausgegeben worden waren. (Vgl. Rabe: Sünd ji all'dor? 1915, S. 5)

Mit der Aussicht, dass im Verlauf des Jahres noch mit einigen wenigen Neuerscheinungen beim Arwed Strauch-Verlag in Leipzig zu rechnen sei, verband von Polenz die Hoffnung, mit der Veröffentlichung eines somit vermehrten Spielverzeichnisses durch sein Gremium dazu beitragen zu können, „daß uns Kasperl, und damit ein wertvolles Stück Volksgut, erhalten bleibt." (Von Polenz 1920a, S. 179) Unter dem Titel *Spielt Handpuppentheater!* erschien die mit einer 26 Seiten umfassenden Einleitung versehene Liste mit 36 Titelempfehlungen zu Weihnachten 1920 als *Mitteilung des Sächsischen Landesausschusses für Jugendpflege* und wurde zur Ausgabe an die angeschlossenen Ortsgruppen weitergegeben. (Vgl. von Polenz 1920b) 1921 übernahm der Dürer-Bund die Broschüre und druckte sie im Callwey-Verlag München als *188. Flugschrift zur Ausdruckskultur* in der für diese Reihe üblichen hohen Auflage. Im Jahr darauf wurde sie mit geringfügigen Änderungen bereits neu aufgelegt. 1930 erschien eine völlig überarbeitete und erweiterte Ausgabe mit dem bezeichnenden Untertitel *Politik des Handpuppenspiels*. (Vgl. von Polenz 1930)

Benno von Polenz, der im Januar 1934 in Langebrück / Sachsen als ehemaliger Königlich Sächsischer Kammerherr und Ministerialrat im Ruhestand starb, formulierte mit seiner publizistischen Tätigkeit zu Beginn der 1920er Jahre eine soziale Aufbruchstimmung. Intuitiv erschloss er diese aus seiner Wahrnehmung von Ursachen und Folgen der Nachkriegsrealität, die er auf den zeit- und kulturkritischen Punkt einer anzueignenden volkstümlichen Kunst als geistiges Zentrum und Besitzstand des deutschen Volkes angesichts des Verlustes äußerer Güter territorialer wie alltäglich-materieller Art brachte. Kaspertheater als Mittel der Veredelung und Vereinfachung der Feierstunden und Volksbelustigungen sollte gegen die *Verrohung der Volksseele* durch *Schmutz und Schund* wirksam eingesetzt werden. Gefordert war ein gesunder Dilettantismus, um die Wiederbelebung der schöpferischen Kräfte des *Zivilisationsmenschen* und *Konsumenten* (vgl. von Polenz 1920b, S. 2) herbeizuführen. Von Polenz, der sich nicht als Urheber origineller Ideen, sondern als Vermittler allgemeiner mentaler Vorstellungen von neuer Gemeinschaft als Grundlage eines sich aus der Niederlage und geistig-moralischer Schieflage wieder erhebenden Volkes verstand, plädierte für ein Bündnis von Staat und freier Wohlfahrtspflege, Klerus, Lehrerschaft und Jugendbewegung im Schundkampf und in der Durchsetzung einer umfassenden Medienkontrolle. Im Hintergrund wirksam war natürlich auch die Idee vom Krieg als reinigender Durchgang zu einer geläuterten Kultur der Einfachheit und Demut, wie sie sich im Begriff der Heimat und der inneren Teilhabe an diesem Gut herausbilden sollte. Das Puppentheater als Bestandteil eines neu zu schaffenden Kultur- und Bildungsideals bürgerlicher Schichten wurde damit in das Projektionsschema einer sozialen Phantasie einbezogen, die im Bild des Kindes das Wesen des Volkes und im Volk den organischen Urgrund für das körperliche und geistige Wachstum des Kindes erblickte. *Hans Kaspars Streiche* (Quensel: *Drei Stücke für das Kasperltheater.* [Um 1918]) sollten helfen, dieses Modell der latenten Unreife und Führungsbedürftigkeit durch gute Unterhaltung im Fühlen und Denken seines Publikums zu verankern: derb, geradlinig, ulkig.

Dem Appell von Polenz standen im Zeitraum 1914 bis 1923 Aktivitäten zur Seite, die im Rahmen weiterer schriftlicher Beiträge und praktischer Einzelinitiativen dem Puppentheater als kulturhistorischem Phänomen und zugleich Instrument einer aktuell nationalpolitisch relevant verstandenen Volksbildung vermehrte öffentliche Aufmerksamkeit verschafften. Material, in dem das Vokabular der Begründung und Rechtfertigung seiner sozialen und künstlerisch darauf ausgerichteten Funktion weiter entwickelt wurde, lieferten Publizisten, Vertreter des Kunstgewerbes, Pädagogen, Aktive aus der Jugendbewegung sowie Wissenschaftler, Sammler und Liebhaber des Metiers.

Die ersten Anstöße kamen von Münchner Kunstgewerblerinnen, die ihr fachliches Können als Puppenbildner für den Spielzeug- und Sammlermarkt auf das aktive Puppenspiel übertrugen. Die von Else Hecht 1914 gegründeten *Erste(n) Münchner Künstler-Kriegs-Puppenspiele* (vgl. Purschke 1984, S. 182 f.) und das *Münchner Künstler Kriegspuppen-Spiel*, von Marion Kaulitz 1915 ins Leben gerufen (vgl. ebd., S. 175), gaben ihre Theatervorstellungen mit expressiv gestalteten Handpuppen aus Stoff und Wollfäden im Auftrag von verschiedenen Wohlfahrtsvereinen, der *Kriegshilfe für geistige Berufe*, dem *Roten Kreuz* und der *Kriegsnotspende*. Neben Aufführungen für Kinder, die mit Märchenspielen, den Kasperliaden von Franz Pocci und Puppentänzen bestritten wurden, standen satirisch-karikierende Stücke mit politischem Zeitbezug auf dem Spielplan.

Von der Kaulitz-Bühne sind Titel wie *Kasperle als Weltbesieger*, *Prinzessin Kultura und ihre Freier* oder *Michels Traum und Erwachen* bekannt.

Eine politisch-satirische Überzeichnung der Entente-Politik der Alliierten Frankreich, Großbritannien und Russland, verfasst von dem Journalisten Fritz von Ostini vor Eintritt der USA in den Ersten Weltkrieg, bot das seit 1906 im In- und Ausland bekannte *Marionettentheater Münchner Künstler* von Paul Brann im Winter 1916 / 17 in Berlin unter dem Titel *Grey & Co : oder King Edward's unselige Erben*. Aus Sicht des Deutschen Michel lieferte das Stück eine grobe Darstellung der nationalstaatlichen und weltpolitischen Interessen der europäischen Großmächte und verzerrte die tatsächlichen diplomatischen Vorgänge in propagandistischer Absicht. Dies veranlasste den Literaturwissenschaftler Paul Rilla und den Schriftsteller Gebhard Werner von der Schulenburg zu grundsätzlichen Stellungnahmen in der Zeitschrift *Das literarische Echo*. Rilla betonte gegenüber dem gesellschaftlich und psychologisch problemorientierten expressionistischen Schauspiel seiner Zeit das „Einfache, Geradlinige und in seiner Stileinheit so ungeheuer natürlich Wirkende und selbstverständlich in sich Ruhende" (Rilla 1917, Sp. 860) des Puppenspiels. In der ganzen Bandbreite des zur Verfügung stehenden Repertoires, wie es dem vor 1914 als künstlerisch wegweisend aufgenommenen Brann'schen Unternehmen in seinen Anleihen am Opern- und Singspielrepertoire des Barock und des Rokoko sowie der Aufnahme älterer und neuerer Puppenspielliteratur zu eigen war, sah er in dieser Theaterform eine einwandfreie und von Konflikten entlastende Stätte der Unterhaltung für das Volk. „Im Kampf gegen die Schäden des Kino (der heute nicht mehr immer schlecht und verwerflich zu sein braucht, es aber in den meisten Fällen noch ist) kann es zur wertvollen Waffe werden; wirksamer als alle donnernden Philippiken über ‚Kino-Gefahr' in Zeitschriften, welche diejenigen, die es angeht, nicht lesen." (Ebd., Sp. 861) Von der Schulenburg hob ab auf die „nationale(n) Mission des Puppentheaters"; darunter verstand er eine Ventilfunktion, die dem Puppenspiel als Mittel der Satire „in politisch erregten Zeiten" zuzusprechen sei und als Produkt einer Koalition der – alten wie neuen – aristokratischen Führungsklasse mit Vertretern bürgerlicher Bildungsschichten zum „Gesundungsprozeß des Volkes" nach Abschluss eines Verständigungsfriedens ohne Gebietsannexionen und Reparationszahlungen beitragen könne. (Von der Schulenburg 1917, Sp. 1113) In einer Verbindung von gewollter materieller Primitivität der Ausstattung und zugespitzter komischer Darstellung lokal- und zeittypischer Erscheinungen aus Politik, Wirtschaft und Gesellschaft schlug er eine Strategie der symbolischen Korrektur von Fehlentwicklungen und eine Entlastung von Interessenkonflikten durch deren Überführung ins Lächerliche vor. Auch in diesem Zusammenhang findet sich der Hinweis auf die notwendige Bekämpfung der Kinematographen-Theater, des Kolportageromans und der in Serienform verbreiteten Detektiv- und Abenteuergeschichten. Dies verweist auf die Intention von der Schulenburgs, dem Puppentheater eine Appeasement-Funktion gegenüber den Massenkünsten als Ausdruck eines schwer zu reglementierenden Angebotes kultureller Kommunikation zuzuschreiben. Da das Publikum in unsicheren Kriegszeiten, in denen auch generations- und geschlechtsspezifische Hierarchien ins Wanken gerieten, und in zu erwartenden Verteilungskämpfen und Versorgungsengpässen nach Kriegsende ein nur schwer zu kontrollierendes Unruhepotenzial darstellte, sollte es zu Gunsten des Konstruktes *Volk* als Ausdruck eines politischen Ordnungsfaktors in seinen sozialen Rezeptionsweisen korrigiert und das Bedürfnis nach Unterhaltung obrigkeitsstaatlich gesteuert werden. (Vgl. Korff 1992, S. 23ff. ; Maase 2001, S. 39ff.)

Wenn dem Puppenspiel im gedanklichen Umfeld des Ersten Weltkrieges sowohl eine Funktion an der Front als auch im eigenen Land zugeschrieben wurde und hierfür medizinische Begriffe wie Krankheit, Krisis und Gesundung für die Beschreibung der Regulierung sozialer Phänomene des öffentlichen Lebens durch Puppenspiel zur Geltung kamen, so ließ sich dies angesichts der als Katastrophe empfundenen Niederlage als notwendige und heilende Intervention am ‚geschundenen Volkskörper' interpretieren. Peter Richard Rohden, Mitarbeiter der auf dem Gebiet der Bildungsarbeit tätigen und völkisch orientierten *Fichte Gesellschaft* in Berlin, leistete diese Deutungsarbeit in einem Zeitschriftenartikel 1922 am Protagonisten der Puppenbühne: dem Kasper in seiner Gestalt auf dem Marionettentheater. Seine Ausführungen zur *Wiedergeburt des Puppenspiels* entsprangen einer Vision vom Sinngehalt dieser Beschäftigung, die er als Soldat in einem französischen Kriegsgefangenenlager entwickelt hatte (vgl. Rohden 1922a) und mit der Gründung des *Halberstädter Puppentheaters* 1921 in die Tat umzusetzen gedachte. Auf diese Weise an eine Praxis angebunden, blieben seine Gedanken jedoch im Bannkreis eines Ideals, das aus vitalistisch-lebensreformerischen Bestimmungen ästhetische Wirkungen ableitete.

Nach Rohden ist eine dem abgeschlossenen Prozess des Niedergangs rationalistischer Denkströmungen folgende *Wiedergeburt des Puppenspiels* nur in religiös gestimmten Epochen vorstellbar. In einer solchen Zeit, in die er sich hineingestellt sieht, treten der Typus des Helden oder Heiligen als geistig mit dem Bewusstsein der Last menschlicher Freiheit und Verantwortung ringende Menschen und die Marionette als gänzlich mit der dinglichen Welt verhaftete Narrenfigur in extremer Gegensätzlichkeit auseinander. Die Puppe wird zum Sinnbild der an die tote Materie gebundenen mechanischen Geste und zum Widerpart menschlicher Vitalität. Als negatives Prinzip fordert sie zum Verlachen auf, da ihre Wirkung „auf dem Ausdruck seelischer Empfindungen mittels seelenloser Gesten" (ebd., S. 189) beruht. Im hölzernen Ausdruck des erstarrten Lebens spiegelt sich die Unfreiheit und sittliche Verantwortungslosigkeit der

Figur. Dies entbindet das Publikum von jeder Art von Mitgefühl und bestimmt den Lachenden als in überlegenem Maße frei. „Lachen ist Sieg des Geistes über die Materie. Der Lachende zerbricht eine erstarrte Form, sprengt eine seelische Verengung, um wieder hinabzutauchen in den Strom des Lebens. Das Gelächter ist revolutionär." (Ebd., S. 189) Die in der Kasperfigur gebannten unbeherrschten menschlichen Leidenschaften sieht Rohden als Teil einer alten, absterbenden Gesellschaft, – in der „materialistische[n] Überladenheit des wilhelminischen Barock" (ebd., S. 190) –, deren Gesetzestafeln mittels Gelächter zerbrochen werden. Daher hebt die Jugend den Kasper auf ihre Schulter und erklärt ihn zum Schutzschild einer neuen, schöpferischen Gemeinschaft und zum Garanten eines durch keine Bildungsbarrieren behinderten Ausdrucks des seelisch-geistigen Wesens eines neuen Volkes, das sich in der Jugendbewegung abzuzeichnen beginnt.

Den unbedingten Ausdruckswillen als Zuchtmeister über die Ausformungen eines lebensfeindlichen und menschlich verwerflichen Prinzips zu erheben und darin das Kunstmäßige des Puppenspiels zu demonstrieren, setzt die Darstellung Rohdens in Beziehung zur Diskussion und Legitimation des Nachkriegsexpressionismus in der bildenden Kunst. Die künstlerische Avantgarde blies zur Rückkehr an die Wurzeln der gotischen Arrièregarde und verband damit auch die Vorstellung vom im einheitlichen Volksgeist schaffenden und diesen stets erneuernden und in seiner spirituellen Intensität steigernden Künstler-Handwerker. (Vgl. Bushart 1990, S. 135ff.) Es ist daher nicht verwunderlich, dass Expressivität des Materials und bewusste Vereinfachung der Formgebung in unterschiedlichen intentionalen Zusammenhängen und qualitativen Graden Figurenschöpfungen, Texte und Spielweisen ermöglichten, die dem Begriff des neuen künstlerischen Puppenspiels in der Weimarer Republik zuzurechnen sind.

In diesem Zusammenhang ist auf diverse Aktivitäten hinzuweisen, die das Terrain für die entstehende Theaterform vorbereiteten, erweiterten und abrundeten. Sie entfalteten sich unabhängig voneinander in Reaktion auf lokale Gegebenheiten, die eine Intervention auf Seiten der Volksbildung und Volksunterhaltung zu erfordern schienen und aus dem Erfahrungsreservoire privater und halböffentlicher Beschäftigung mit dem Puppenspiel geschöpft werden konnten.

Als kompensatorische Maßnahme zur Herstellung einer durch die Kriegs- und Nachkriegszeit verschütteten Bildungs- und Unterhaltungskultur ist die Öffnung von ursprünglich als Heimtheater geführten privaten Puppentheatern zu verstehen. So entstand 1921 auf Betreiben des im städtischen Münchner Schulamt beschäftigten Hilmar Binter und unter Hilfestellung seiner Behörde die *Marionettenbühne München* im Vortragssaal einer Frauenarbeitsschule. Das

Repertoire bestand in der Haupsache aus den bereits im Heimtheater gepflegten Marionettenspielen von Franz von Pocci. Der in Karlsruhe ansässige Dentist Georg Deininger baute seine aus Schreiber'schen Dekorationen bestehende Marionettenbühne zu einem entschieden größeren Theater aus und gastierte ab 1920 mit der Märchenbearbeitung *Der Froschprinz oder Der eiserne Heinrich* in Kindervorstellungen im örtlichen Künstlerhaus. Sowohl Binter als auch Deininger gingen später zum beruflich ausgeübten Marionettenspiel über und können als Repräsentanten des in diesem Medium mehrheitlich vertretenen Typs des an der Aufführung von Pocci-Komödien sowie Märchen- und Sagenstoffen des 19. Jahrhunderts interessierten Prinzipals angesehen werden.

Der 1916 von dem Kaufmann Joseph Bück und dem Arzt Prof. Artur Kollmann gegründete Verein *Leipziger Puppenspiele* verfolgte die Absicht, das Puppentheater als kulturhistorisches Phänomen und literaturgeschichtlichen Forschungsgegenstand ins Bewusstsein zu heben, um es mit seinen Bildungsinhalten breiten Schichten der Öffentlichkeit nahe zu bringen. Auch hier griff man zunächst auf privat geführte Heimtheater zurück. Im Fall von Kollmann handelte es sich hierbei um privat genutzte originale Figuren, Bühnenausstattungen und Textbücher des von ihm erforschten und gesammelten traditionellen sächsischen Wandermarionettentheaters. In den Jahren von 1917 bis 1921 lud man darüber hinaus das aus diesem Milieu stammende Theater der Familie Wünsch aus Meißen zu Vorstellungen an prominenten Orten wie der Leipziger Börse oder dem Zentralrestaurant auf dem Leipziger Messplatz ein. Die vorübergehend *Theaterdirektion Leipziger Puppenspiele, uneigennütziges Unternehmen zur Förderung des Puppen-, Schatten- und Taschenspiels* benannte Vereinigung verkörperte den neuartigen Anspruch der Bewahrung, Förderung und Entwicklung des Puppenspiels in seinen historischen und zeitgenössischen Ausformungen. Zudem verfolgten Bück und Kollmann in Zusammenarbeit mit dem Journalisten Alfred Lehmann die Popularisierung des verfügbaren Wissens durch die 1920 erfolgte Gründung einer *Abteilung Puppenspiel* bei der Besucherorganisation *Verband zur Förderung der deutschen Theaterkultur*, was 1923 zur Etablierung der ersten deutschsprachigen Fachzeitschrift *Das Puppentheater* führte, die bis Ende 1931 erschien. In ihren Beiträgen spiegelt sich das Bedürfnis der Amateure und Berufsspieler wider, die hauptsächlich aus dem 19. Jahrhundert bekannten Manifestationen der einzelnen Puppenspielgattungen im Sinne einer durch die deutsche Klassik und Romantik vermittelten Tradition volkstümlicher Kunstausübung für sich in Anspruch zu nehmen und hieraus den kulturellen, pädagogischen und politischen Wert des eigenen Tuns für die Gegenwart abzuleiten. Daher blieben Bezugnahmen auf Theorien aus dem Umfeld der Theaterreform um 1900 und eine Auseinandersetzung mit den von der bildenden Kunst in den 1920er Jahren angestoßenen abstrakt-figuralen Raumexperimenten für das künstlerische Puppenspiel weitestgehend ohne Bedeutung.

(Vgl. Kesting 1986 ; Scheper 1988) Ebenfalls ausgeblendet und als politische Propaganda angesehen wurden die Bemühungen um ein *Rotes Kaspertheater* in der Kinder-und Jugendarbeit der Arbeiterbewegung. (Vgl. Weinkauff 1982)

Bezüglich des Traditions- und Erbeverständnisses sind zwei Theatergründungen interessant, die sich konzeptuell auf eine lokale Spielform beriefen, die entweder im Begriff war zu verschwinden oder als existent nur konstruiert wurde. Im Falle des *Alten Kölner Hänneschen-Theaters* ging es einer *Kommission zur Wiederbelebung der Kölner Puppenspiele* um die Rückführung dieser aktuell als im Verfall angesehenen Spielform auf das historische Vorbild der auf 1802 zurückgehenden innerstädtischen Stockpuppen-Tradition. (Vgl. Kemmerling / Salchert 2002, S. 78 ff.) Unter Leitung des Theaterwissenschaftlers Dr. Carl Niessen bildete sich nach dem Ersten Weltkrieg eine Spielgemeinschaft, die unter Verwendung historischer, zum Teil aus dem Kölner Stadtmuseum entnommener Ausstattungen Schulaufführungen veranstaltete. Nach der offiziellen Gründung 1925 gastierte die Bühne auf großen Kulturveranstaltungen wie der *Jahrtausend-Ausstellung der Rheinlande* in Köln 1925, der Ausstellung *Gesundheitspflege, Soziale Fürsorge, Leibesübungen (Gesolei)* 1926 in Düsseldorf oder auf der Schau *Deutscher Rhein – Deutscher Wein* 1927 auf dem Berliner Messegelände. Die *Aachener Marionettenspiele* (Stockpuppentheater nach kölnischem Vorbild) entstanden 1921 auf Initiative des Zeitungswissenschaftlers Will Herrmanns und waren eine in Mundart und Lebenswelt auf den Ort zugeschnittene Entlehnung der rheinischen Tradition. (Vgl. Birmanns 1990, S. 49 ff.) Für beide Gründungen trifft zu, dass sie motiviert waren von der Idee eines kulturellen Abwehrkampfes gegen französische Einflüsse und den Identitätsverlust angesichts einer drohenden territorialen Separierung des Rheinlandes von Deutschland.

Der Studienrat Dr. Otto Max Paul in Dresden und der Schuldirektor Dr. Hugo Schmidt in Hainichen / Sachsen gehörten zu der Gruppe von Amateuren, die aus ihrer Praxis als Handpuppenspieler heraus ab 1919 bzw. 1921 sowohl öffentliche Vorstellungen im Rahmen der Wohltätigkeits- und Bildungspflege gaben als auch den Buchmarkt mit Spieltexten versorgten. Da Erfahrungen, wie im Fall von Paul, bereits auf das Jahr 1911 zurückgingen, gaben sie in literarischer und spieltechnischer Hinsicht den Standard der Kasper-Komödien vor, den sich die neuen Berufsspieler erst erarbeiten mussten. Für die Einen war mit dem Erreichen der für die gedruckten Textvorlagen erforderlichen technischen Fertigkeiten das Maß künstlerischer Beherrschung erreicht. Für Andere konnten sie sich im Laufe der eigenen Entwicklung aufgrund des den Erwartungshorizont des Publikums prägenden Einflusses als Hemmnis herausstellen. (Vgl. Schmidt 1928; Dienemann 1930; Verzeichnis wertvoller Spiele für die Schul- und Jugendbühne 1932; Schmidt 1933; Raeck 1934) Einigkeit jedoch bestand in der

Absicht, mit der Puppe als Darsteller Emotionen auszulösen, die das Publikum im Spiel zu einem Empfinden des gemeinschaftlich durchlebten ethischen Pathos‘ des Geschehens aufschließen sollte.

Carl Iwowski, der ab 1919 in Berlin mit seiner *Wandervogel-Arbeitsgemeinschaft für Volkskunst* vor Kinos, auf Spielplätzen, in kirchlichen Gemeindehäusern, in Schulen und anderen Bildungseinrichtungen mit einem Handpuppentheater auftrat, nutzte die Texte von Paul im Sinne einer Intervention auf dem Gebiet des Sozialen. In der Absicht, Kinder aus der Enge und Befangenheit ihres Umfeldes zu lösen, versuchte er, am Beispiel des draufgängerischen Kaspers Sympathieäußerungen und lustvolle Reaktionen im Publikum zu provozieren. Die Intention seines Spiels lag in der durch die direkte Ansprache erzielten Entlastung der Kinder von defizitär geprägten Alltagserfahrungen und in der Äußerungsmöglichkeit spontaner Affekte. Iwowski löste mit einer denkbar einfachen Dramaturgie Reaktionen aus, die er durch die Vorgabe der Konfliktkonstellationen *ja – nein, mein – dein, gut – böse* über die im Kampf mit moralisch zwiespältig erscheinenden Gegenspielern stehende Kasperfigur in das Publikum zur Beantwortung hinein gab. So vermittelte das Spiel die festliche Vorstellung eines gemeinsamen Handelns auf der Grundlage spontanen und sinnlichen Erlebens.

Für die Zeit zwischen 1919 und 1932 kann von der Gründung von ca. achtzig berufsmäßig betriebenen Handpuppen- und Marionettentheatern ausgegangen werden, deren Entstehung sich über den 14 Jahre währenden Zeitraum gleichmäßig verteilte und die das Profil des künstlerischen Puppenspiels in der Weimarer Republik prägten. Neben den bereits Genannten seien als wichtige Vertreter des Metiers stellvertretend erwähnt: Hermann Aicher / Salzburg, Jörg Breuer / Breslau, Fritz Gerhards / Elberfeld, Oswald Hempel / Dresden, Max Jacob / Hohnstein, Peter Anton Kastner / Dortmund, Karl Magersuppe / Steinau, Werner Perrey / Kiel, Max Radestock / Herbesthal-Welkenrath, Hermann Rulff / Bad Pyrmont, Carl Schröder / Radebeul, Harro Siegel / Berlin und Emanuel Zangerle / Köln. Hinzu kamen zehn bereits bestehende Theater, die zwischen 1906 und 1914 ihre Arbeit im Sinne einer Nachahmung, Erhaltung und Kultivierung bestehender traditioneller Spielweisen oder aber in der Absicht einer künstlerischen Modernisierung und gesellschaftlichen Aktualisierung aufgenommen hatten (etwa Anton Aicher / Salzburg, Waldemar Hecker / Berlin, Marie Janssen / Solln b. München, Georg Pacher / Bad Tölz, Ivo Puhonny / Baden-Baden, Hermann Scherrer / St. Gallen, Theodor Schück / Freiburg, Richard Teschner / Wien). Für die Zeit von 1933 bis 1945 darf von einem bleibenden Zuwachs um ca. zehn weitere Bühnen ausgegangen werden. Dieser Umstand ist auf nationalsozialistische Eingriffe auf allen Gebieten des kulturellen und gesellschaftlichen Lebens und auf organisatorische Maßnahmen innerhalb des Sektors *Volkstum / Brauchtum*, dem das Puppenspiel innerhalb der *NS-Gemeinschaft „Kraft durch Freude"* in der Einheitsgewerkschaft *Deutsche Arbeitsfront* zugeordnet wurde, zurückzuführen. (Vgl. Bohlmeier 1993, S. 21 ff.)

Der Auftritt der neuen Puppentheater, innerhalb derer die Handpuppenbühnen zahlenmäßig dominierten und das Schattentheater nur in geringem Umfang vertreten war, fand im Umfeld einer sozialen Orientierung an Randphänomenen statt, zu der die Spieler sich entweder selbst zählten (*Jugendbewegung*), oder auf die ihre Aktivitäten ohne äußere Veranlassung und zunächst ohne finanziellen Profit zielten (*Reformpädagogik*). Der Begriff Randphänomene ist dabei nicht im Sinne eines der Bedeutung nach als marginal anzusehenden Tatbestandes zu verstehen, sondern als Ausdruck einer Erfahrung geringfügiger gesellschaftlicher Durchsetzbarkeit von darauf bezogenen alternativen Ideen und Vorstellungen. Der Antrieb zum Spiel entstand aus dem selbst formulierten Auftrag, der für richtig erkannten Einsicht ein Forum zu schaffen, aus dem heraus und in das hinein zu wirken sei, um Getrenntes zusammenzufügen. Gesucht wurde nach der Verbindung des Geschiedenen: dem Pakt zwischen Bühne und Publikum als Modell einer gelungenen Aufhebung vereinzelter Individuen in die Erlebnisgemeinschaft des Spiels; als *Wiedergeburt* einer verloren geglaubten Einheit von Kunst und Volk.

Als *politische Romantik* hat Carl Schmitt (1968, S. 172 f.) die Ästhetisierung des Sozialen bezeichnet, und immer dann, wenn in der Puppenspiel-Publizistik Bezüge zwischen Geschichte und Gegenwart, Gegenwart und Zukunft hergestellt wurden, kam dieses Deutungsmuster dominant ins Spiel. Es gehört zum Signum der Epoche und bezieht das Puppenspiel der Weimarer Republik ein in die sozialen und politischen Auseinandersetzungen um die Legitimation einer auf Wandel angelegten demokratisch verfassten Zivilgesellschaft gegenüber der im stetigen organischen Wachstum verstandenen *Volksgemeinschaft* als Lebensform und sinnstiftenden Kulturraums. (Vgl. Mai 1994 ; Oelkers 1996, S. 227 ff.) Diese Dichotomie ist konstitutiv für das Genre und damit auch für die Analyse der literarischen und theatralen Ausdifferenzierungen, die das *Künstlerische Puppenspiel* in der Zeit der Weimarer Republik hervorgebracht hat.

II

Galt bereits vor 1914 die durch einen Regisseur konzeptionell vermittelte Anwendung kunsthandwerklicher, literarischer und musikalischer Prinzipien als verantwortlich für die exemplarisch und erfolgreich vollzogene Transformation des reformierten Marionettenspiels in die Sphäre des öffentlichen Kunst- und Kulturlebens, so verblieb das beruflich ausgeübte Handpuppenspiel in seiner noch weit über die Jahrhundertwende beharrenden Ausformung als Kaspertheater im Umherziehen mehrheitlich im nicht artifiziellen Milieu populärer Unterhaltungsangebote. Selbst der Begriff *Handpuppenspiel* kam erst 1912 mit der bereits erwähnten historischen Studie und Textsammlung von Johannes E. Rabe auf, was auf ein gewisses Bedürfnis nach Differenzierung und Unterscheidung der seit Beginn des 20. Jahrunderts denkbaren Gebrauchs- von den historischen Erscheinungsformen zurückzuführen ist.

So legte schon 1903 der Grafiker und spätere Gründer des *Baden-Badener Marionettentheaters*, Ivo Puhonny, ein Set von 11 Handpuppen als Beitrag zu einem vom *Bayerischen Gewerbemuseum* in Nürnberg ausgelobten Wettbewerbes für künstlerisch gestaltetes Spielzeug vor. (Vgl. Latus 1998, S. 55ff.) Die Unikat gebliebenen aber prämierten Entwürfe wiesen neben dem Gendarm und dem Teufel als bekannte Gegenspieler der lustigen Figur bislang nicht im traditionellen Kaspertheater verwendete Gestalten wie den Räuber und die Hexe, den Pedanten, eine Prinzessin und einen König, einen sich melancholisch gebärdenden Harlekin, einen Leierkastenmann sowie Babette als Haushälterin des Kaspers auf. Dieser ähnelte eher einem neugierigen Kind denn einem um den Grunderhalt von Leben und Lüsten aller Art kämpfenden Pauper. Fünf Jahre später berichtete Gr. Göhler in der Zeitschrift *Der Kunstwart* über das von dem Architekten Carlo Böcklin, Sohn des Malers Arnold Böcklin, im italienischen Fiesole bei Florenz errichtete Heimtheater für dessen Kinder. Böcklin setzte sich von den derbkomischen, erotischen und blasphemischen Spielarten des Jahrmarktkaspers ab und führte ein dramaturgisches Kalkül ein, mit dem eine geordnete, zeitlich und räumlich motivierte Handlungsführung möglich wurde, aus der Komik und Konflikt, Spannung und Entspannung logisch auseinander hervorgingen. Dem bürgerlichen Schutzraum *Kindheit* adäquat entsprach die Kasperfigur nun einem nach dem Gut – Böse – Schema helfenden oder gerecht bestrafenden Helden einer pädagogisch und moralisch einwandfreien Komödie, in der ein Räuberhauptmann und ein Räuber, der Teufel, ein Mohrenfürst, das Krokodil und der Tod sich gegenüber dem kritischen Urteil des Kaspers verantworten mussten. Hatte Puhonny 1903 den Typus ‚Kaspers Frau' durch eine Haushälterin ersetzt, so erschien an dessen Seite bei Böcklin erstmalig die Großmutter als weibliche Bezugsperson. Gina Weinkauff hat hierzu treffend bemerkt: „Zur Profilierung einer entsexualisierten, moralisch domestizierten Kasperfigur trägt die Großmuter Entscheidendes bei. Als Enkel der Großmutter ist Kasper unversehens zum Kind geworden, ein ungebärdiger Lausbub zwar, der seiner Oma hin und wieder Sorgen bereitet, aber in wirklichen Gefahrensituationen doch alles zum Guten wendet." (Weinkauff, 1989, S. 80)

Otto Max Paul erwarb die 1911 im Buchhandel erschienenen und sehr bald vergriffenen Kasper-Bilder-Bücher und Handpuppen, die er in seinen auch mit eigenen Texten bereicherten Privatvorstellungen benutzte. (Vgl. Paul 1923/24,

S. 138) Offensichtlich entsprachen sie dem Wunsch, einem Kinderpublikum die vitale Kaspergestalt in abgemilderter Form zu erhalten und in einen Handlungskontext zu stellen, aus dem positive Lehren und Handlungsmuster abgeleitet werden konnten. In einer Besprechung der Spiele Böcklins gab Ferdinand Avenarius allerdings in bewahrender Absicht zu bedenken, „daß dies oder jenes Stück nicht für alle Kinder paßt: wo der Tod und sonstige Ernstheiten oder Gruseligkeiten dabei sind, gilt das immer, denn wo des einen Phantasie noch kaum ins Bewegen kommt, tollt ja die andere schon jenseits des Zieles herum. Individualisiert werden muß eben immer.“ (Avenarius 1911, S. 272) Aber nur acht Jahre später machte es sich schon bei den Auftritten von Carl Iwowski bemerkbar, dass die Figuren und Spiele Böcklins, um 1919 wieder in einer zweiten Auflage greifbar, nun als Mittler zwischen geistiger Armut und Bildung, emotionaler Erstarrung und psychologischer Entwicklung, individueller Vereinzelung und kollektivem Erleben aufgefasst wurden.

Damit wuchs dem Puppenspiel eine historisch völlig neuartige Aufgabenstellung zu, die sich praktisch zwischen dem Milieu der Künstler- und Heimtheater bürgerlicher Provenienz und der Lebens- und Arbeitswelt des traditionellen Wandertheaters und seines Publikums etablierte. Die sowohl in spiel- wie bühnentechnischer Weise tastend vorgenommen und immer wieder reflektierten Versuche zielten nicht auf eine wie immer geartete Verbindung dieser weit auseinander liegenden Pole, sondern auf die künstlerische Gestaltung des dazwischen brach liegenden Potentials, dessen Nutzung dem Genre einen Platz auf dem Gebiet der dramatischen Kunst zuweisen sollte: die Belebung des leblosen Materials als Akt symbolischen Handelns. Dieser bislang unbeachtet gebliebene Faktor der Kommunikation zwischen Bühne und Publikum ermöglichte eine Aufmerksamkeit für die darin enthaltenen sozialen, psychologischen und ästhetischen Wechselwirkungen, auf die im Laufe der 1920er Jahre mit der Ausarbeitung und Tradierung des Konzeptes *Darstellungskunst mit Puppen* sowohl im Handpuppen- wie auch im Marionettentheater reagiert wurde. 1931 erschien als Höhepunkt und Zusammenfassung dieser Bemühungen die an der Landesuniversität Jena 1930 angenommene Dissertation *Die ästhetischen Wirkungen des Puppenspiels* von Lothar Buschmeyer in Buchform unter dem programmatischen Titel *Die Kunst des Puppenspiels*, in welcher der Autor mit hohem theoretischen Aufwand in der Analyse und äußerst praktischem Nutzwert im Ergebnis das Selbst- und Wunschbild der Puppenspieler und das von ihnen in welcher dem Ergebnis auch immer entsprechenden Weise Geleistete als Maßstab des *Künstlerischen Puppenspiels* festschrieb.

Gerd Taube (vgl. Taube 1995, S. 62 ff.) hat sich in seinen Vorstudien zu einer künftigen Sozial- und Kulturgeschichte des Puppenspiels mit Buschmeyers Darstellung auseinandergesetzt und festgestellt, dass hierin der Beginn eines

Ästhetik-Diskurses markiert ist, der sich neben den sonstigen Forschungskontexten, innerhalb derer in den 1920er / 30er Jahren theoretische Erörterungen des Gegenstandes vorgenommen wurden, nachhaltig etablierte. Als wichtige Ergebnisse der Studie hält Taube fest:

a) Die Auffassung vom Puppenspiel als einer besonderen Gattung der dramatischen Literatur wird zurückgewiesen; Buschmeyer bestimmt es eindeutig als Teilgebiet der dramatischen Kunst.

b) Dies führt notwendig zur wesensmäßigen Abgrenzung zwischen Schauspiel und Puppenspiel. Als *verminderte dramatische Kunst* (gedacht im Sinne eines Klavierauszuges aus der Orchesterpartitur oder des Holzschnittes gegenüber dem Tafelbild) gehorcht Puppenspiel eigenen Gesetzlichkeiten, die ihre Spezifik aus der Beschränkung auf die Arbeit mit totem Material erhalten und daher keinen negativen Rahmen ästhetischer Wirkungsmöglichkeiten bilden.

c) Hieraus folgt, dass die Puppe als technisch perfekt gestaltetes Werkzeug in den Händen des nicht in Erscheinung tretenden Spielers im Mittelpunkt der ästhetischen Existenzberechtigung und Weiterentwicklung des Puppenspiels steht.

d) Die Kommunikation zwischen Bühne und Publikum wird über die Puppe geleistet. Buschmeyer unterscheidet dabei zwei Stufen der Wahrnehmung des im Spiel parallel ablaufenden Rezeptionsprozesses sinnlicher Erscheinungen, den er als einen Akt der durch Einfühlung geleisteten *Beseelung* beschreibt. Hierzu schreibt Taube: „Kunst ist für ihn Erzeugung von Gegenständen und Handlungen zum Zwecke ästhetischer Wirkungen [...], ästhetische Wirkungen verbindet er wiederum vor allem mit dem Hervorbringen von Gefühlen beim Betrachter / Zuschauer, die dem Kunstwerk bei seiner Produktion eingeschrieben worden sind. Demzufolge empfindet der Zuschauer auf der ersten Stufe der sinnlichen Wahrnehmung zunächst nur Freude (ästhetischen Genuss) über die Lebendigkeit des Leblosen (der Puppe), das ihm vor allem deshalb als lebendig erscheint, weil er ihm diese Lebendigkeit unterstellt." (Taube 1995, S. 65)

e) Auf einer zweiten und qualitativ höher angesiedelten Stufe der Rezeption wird der Sinn der Handlung durch die Entschlüsselung des Symbolgehaltes der Puppe in ihrer allgemein menschlichen Bedeutung erfasst. Dieser Vorgang bezeichnet die *symbolische Einfühlung* (vgl. Buschmeyer 1931, S. 32) und erzeugt den gesteigerten Genuss an dieser spezifischen Qualität des Puppenspiels.

f) Indem Buschmeyer Darstellungsstoffe wie Märchen, Sage, Fabel, Mythos, und Mysterium und Darstellungskategorien wie Tragik, Erhabenheit, Komik, Burleske, Posse, Groteske, Parodie, Travestie, Satire und Humor den vier untersuchten Puppenspielformen Handpuppe, Stockpuppe, Marionette und Schattenspiel zuordnet, schätzt Taube die zeitgenössische Wirkung der Studie in dieser Richtung höher ein als „die ästhetisch-philosophisch tiefschürfende und nicht immer einfach nachzuvollziehende Darstellung“ (Taube 1995, S. 63) der den Weg späterer Untersuchungen dennoch weisenden Analyse des Prozesses der *Verlebendigung des Leblosen*. (Vgl. Eichler 1937, vgl. Glanz 1941, vgl. Sandig 1958, vgl. Kavrakova-Lorenz 1986, vgl. Knoedgen 1990)

Es bleibt festzuhalten, dass es um 1930 immerhin zu dieser das *Künstlerische Puppenspiel* begrifflich fassenden Theorie kam, selbst wenn sie nur in Ansätzen auf die zeitgenössische Spielpraxis bezogen werden konnte. Auch im Hinblick auf das Vermögen des Publikums, den beschriebenen Animationsprozess im vollen Umfang zu bewältigen, durften Zweifel angemeldet werden. Buschmeyer sah sich daher in einer zusammenfassenden Schlussbemerkung dazu veranlasst, das Zwei-Stufen-Modell der Rezeption auf die Bandbreite altersbedingter Wahrnehmungsweisen und bildungsbedingter Wahrnehmungsvoraussetzungen zu beziehen. Dies führte zu einer pragmatischen Öffnung des Kunstbegriffes und zu einem an der sozialen Wirklichkeit orientierten Angebot von Gebrauchsmöglichkeiten, die das Publikum dem Puppenspiel entnehmen könne: „Denn mag nun das Staunen des einfachen Zuschauers über die Beweglichkeit der Puppen noch so niedrig sein, es ist doch da, es entrückt ihn doch seiner sonstigen Welt. [...] Das ist es, was wir alle suchen, und es ist im Wesentlichen kein Unterschied, ob ein kindliches Gemüt aus dem Staunen über die Puppen nicht heraus kommt und von ihnen zu Tränen gerührt wird, ob der Geist eines einfachen, unkomplizierten Menschen durch die Puppendarstellung sich zum Schwung eines Faust zu erheben vermag und von dessen Kämpfen innerlich ergriffen wird, ob ein stumpf gewordenes Auge und Ohr sich von der Puppenbühne nur animalisches Behagen holen kann, ob der einfache Mann aus dem Volke unbändige Freude an der Komik der Puppen findet, oder ob sich dem verstehenden Betrachter die Feinheiten des Puppenspiels erschließen.“ (Buschmeyer 1931, S. 167)

Vom Standpunkt der Wissenschaft aus gesehen hätte es einer solchen Option nicht bedurft. Vielmehr versuchte Buschmeyer einer Orientierung gerecht zu werden, die sich im Laufe der 1920er Jahre als reale Grundlage einer *Kunst des Puppenspiels* herausgebildet hatte und theoretisch nicht zu hintergehen war. Hätte Buschmeyer mit seiner Arbeit künstlerisch hervorzubringende Produktions- und Kommunikationsprozesse beschreiben wollen, damit qualitativ potenzierende Wirkung erzeugen und Einfluss auf die ästhetische Praxis gewinnen wollen, so hätten seine Feststellungen auf der Grundlage des Puppenspiels seiner Zeit anwendbar sein müssen, mindestens eine gewisse Spur vorgeben müssen. Folgt man in diesem Sinne den von ihm im letzten Abschnitt seiner Arbeit unter der Überschrift *Kulturbewegung und Puppenspiel* referierten Positionen, die ihn nach eigener Aussage auch als begeisterten Liebhaber seines Gegenstandes ausweisen sollten (ebd., S. 168), erschließt sich ein Ansatz zur Beschreibung der tatsächlichen Dimension dessen, was *Künstlerisches Puppenspiel* in der Weimarer Republik darstellte und zu leisten in der Lage war.

III

Wie bereits im letzten Abschnitt skizziert, gewannen um die Wende vom 19. zum 20. Jahrhundert in bürgerlichen Kreisen Betrachtungweisen über Puppenspiel Einfluss, die auf die sittliche Zumutbarkeit des Gebotenen achteten und die jeweiligen Entwicklungsstufen von Kindern als Maßstab für die spezifische Beurteilung dieser Unterhaltungsform ansahen. Die niedere soziale Herkunft des Eindringlings aus den ambulanten Vergnügungsstätten bestimmte nun sehr deutlich die kritische Wahrnehmung zulässiger Spielarten, denen am Rand einer umfassenden und normativ ausgerichteten Persönlichkeitsförderung Raum zugemessen werden konnte. Dass mit einem solchen Theater zudem Kunst herstellbar sei, diese Inanspruchnahme einer Wertschätzung innerhalb der auf klassisch-humanistischen Bildungsidealen beruhenden wilhelminischen Kultur konnte durchaus als Provokation angesehen werden. Das gemeine, dem Volk zugeschlagene Grotesktheater passte so gar nicht in die Nähe des ernsthaften Milieus großer Schicksals- und ergreifender Menschendarstellungen. Zudem beunruhigte die gedankliche Vorstellung der anmaßenden Verzerrung schauspielerischer Darstellungskonventionen des realistischen Illusionstheaters durch das spiegelbildliche ‚Gehampel' von Holz und Textil, was als eine Verspottung und Unterminierung des Literaturtheaters gewertet werden musste. Ein *Volkstheater* als Widerpart zur Hochkultur war nur denkbar als Bestandteil der privaten Sphäre im Sinne der zu bändigenden kulturfernen Praktiken von Kleinkindern und Greisen durch kontrollierte Aggressionsabfuhr. Bühnengründungen wie das *Marionettentheater Münchner Künstler* von Paul Brann 1906, das *Baden-Badener Künstler-Marionettentheater* von Ivo Puhonny 1911 und der seit 1906 mit dem Puppenspiel innerhalb seines bildnerischen und malerischen Gesamtwerkes befasste Richard Teschner in Wien konnten sich durch ihre programmatische Anlehnung an die internationale Theater- und Kunstgewerbe-Reformbewegung um 1900 gegenüber dieser Grundeinstellung behaupten, blieben aber Ausnahmeerscheinungen und wurden in der Zeit der Weimarer Republik undifferenziert dem Spektrum des *Künstlerischen Puppenspiels* zugeordnet.

Der negativen Wertung des Puppenspiels als Überbleibsel einer überwunden geglaubten vorbürgerlichen Kultur (vgl. Legband 1906) stand nach 1918 eine Auffassung entgegen, nach der sich Puppenspiel bewähren könne als ein Mittel zur Überwindung der wirtschaftlichen, sozialen und kulturellen Schwellen und Versagungen der auf *Zivilisation*, *Rationalismus* und *Materialismus* gegründeten Weltanchauung der Vorkriegszeit. Diese These referierte Buschmeyer nach einem Aufsatz, dessen Autor der in diesem Beitrag bereits mit einem Text von 1922 zitierte Peter Richard Rohden war. (Vgl. Rohden 1923) Im Anschluss an Heinrich Heise (vgl. Heise 1928a), den Mitarbeiter und Propagandisten der Bühne *Deutsche Volkskunst-Handpuppenspiele* in Kiel, sah Buschmeyer die Aufgabe des Puppenspiels darin, „Aufräumarbeit" zu leisten und „das Feld frei zu machen für den geistigen Wiederaufbau." (Buschmeyer 1931, S. 170)

Interessanter als die von ihm vorgestellten Gedanken sind Passagen im Originaltext Heises, der bereits Aspekte von Buschmeyers Arbeit vorwegnahm: „Um das zu können, muß es sich mitten in seine Zeit hineinstellen: kämpferisch Vorurteile und falsche Meinungen einfangen in die Typen seines Spieles, in die Puppen. Die Puppe, in die menschliche Eigenschaften so ins Groteske und Bizarre übersteigert hineingebannt werden, ist ihrer Natur nach irrational und phantastisch, materiell und symbolisch [...]. Das in der Puppe sich widerspiegelnde menschliche Leben, ins bizarr Typische oder einfach Symbolische hineinprojiziert, wirkt durch sie einfach komisch oder schlicht ernst. – Komik bedeutet die Auflösung aller vermeintlichen Wahrheit oder Größe, allen vermeintlichen Ernstes und aller Erdenschwere überhaupt ins Unbedeutende oder Lächerliche." (Heise 1928a, S. 20f.) Die Komik der Puppe, so Heise, verletze niemanden und gestatte es, Kritik an den Werten der Zeit in weiteste Kreise hineinzutragen. „Die Puppe ist aber auch symbolisches Wesen; ihr Herr und Meister kann tiefen Ernst in sie hineinbannen, das Gegenteil also von Komik. Dann wird sie schlicht sein müssen und einfach, so einfach und schlicht wie die Idee, deren einfacher Ausdruck sie sein soll: alles Große ist einfach." (Ebd., S. 21) Die von Heise leidenschaftlich vorgetragenen Wirkungsmöglichkeiten der Puppe als Darsteller gipfelten in der Einsicht: „In ihr spiegelt sich doch nur der Mensch in seinem Stolz und in seiner Demut, in seiner Größe und in seiner Kleinheit, in seinem Glauben und in seinem Unglauben, in seiner Geistigkeit und in seiner materiellen Gebundenheit: in seiner ganzen Menschlichkeit." (Ebd., S. 22)

Mit seinen Ausführungen formulierte Heise einen Kunstanspruch, mit dem Kleinstes und Gewaltigstes, Alltägliches und Schicksalhaftes, Groteskes und Tragisches im Medium des Puppenspiels gleichermaßen zu gestalten und dem Publikum als Spiegelungen unbewusst wirksamer Seelenzustände, „seiner ganzen Menschlichkeit" (Heise, 1928b), mitteilbar seien. Dass hierfür, wie auch bei

Buschmeyer vorsichtig mitgedacht, letztendlich keine in der Realität herrschenden Unterschiede in der individuellen Deutung des Geschauten zu berücksichtigen seien, rechtfertigte eine gedankliche Konstruktion, nach der nicht die „Bildung des Deutschen, sondern deutsche Bildung" not tue (ebd).

Mit dieser Formulierung öffnet sich das dem *Künstlerischen Puppenspiel* vorgelagerte Theoriefeld der *Volkstümlichen Bildung*, die sich in erster Linie als eine Lehre vom Bildungswesen im Basissegment der Schul- und Hochschulausbildung, der Volksschule, verstand. Im Mittelpunkt der Aufwertungsbemühungen um diesen in der Weimarer Republik von vorzeitiger Abwanderung begabter Schüler bedrohten Ausbildungsgang standen pädagogisch-didaktische Erwägungen zu einer grundlegenden und dem kindlichen Vermögen angemessenen Förderung aller in Deutschland registrierten Schüler bis zum Alter von 14 Jahren und damit einem überdurchschnittlich hohen Prozentanteil von Absolventen an der Gesamtbevölkerung. In die pädagogische Diskussion eingeführt wurden sie vom ehemaligen Volksschullehrer und späteren Kultusminister, Reichstagsabgeordneten und Hochschulprofessor Richard Seyfert, der mit seinen Beiträgen zur Reform des staatlich organisierten Ausbildungssystems bis in die 1960er Jahre einflussreich blieb. (Vgl. Glöckel 1964 ; Molzahn 1981 ; Keppeler-Schrimpf 2005)

Seyferts Konzeption der Volksschule als primärer Bildungsinstanz eigener Prägung und Würde für alle Schichten der Bevölkerung beruhte auf einer anthropologischen Sichtweise auf den Typus des *volkstümlichen Menschen*: „Das Ziel der Oberstufe der Volksschule ist nicht eine abgekürzte oder zerstückelte oder verelementarisierte wissenschaftliche Bildung, sondern eine schlichte, volkstümliche Bildung. […] Der gebildete schlichte Mensch ist ein ganzer Mensch, ganz und geschlossen in seiner Lebens- und Weltanschauung, in seinem Weltbild, wie in seiner Lebensfüllung und Lebensführung. Er beobachtet mit offenem Sinne Welt und Leben und nimmt beides hin, wie es ist, und beurteilt Menschen und Dinge klar und klug auf Grund eigenen Nachdenkens. Das Wichtigste ist ihm das Tun. […] Die öffentlichen Dinge sieht er, gewiß von seinem Standpunkt aus, aber mit dem Bewußtsein, daß er als einzelner vom Ganzen abhängt und daß er dem Ganzen gegenüber Pflichten hat, daß das Ganze, unser Volk und unser Reich, nur bestehen kann, wenn der einzelne dem Ganzen dient. Er ist arbeitsgenossenschaftlich und nachbarlich gesinnt. Über sein Berufsleben hinaus hat er mindestens einen kleinen Bezirk, in dem er Anteil hat an den Lebensgebieten des Schönen und einer höheren Kultur, sei es in seinem Heim, in einem Garten, im Naturgenießen, im Lesen, in der Ausübung einer volkstümlichen Kunst, sei es in einer öffentlichen Tätigkeit. Er setzt sich in seiner Weise auch mit höheren Fragen auseinander und erringt sich eine religiöse Überzeugung. Er bildet sich eine politische Anschauung auf Grund eigenen Urteils und vertritt diese mit guten Gründen und in verständlicher Sprache. Er redet schlicht und wahr [...] Volkstümliche Bildung ist also volles Menschentum in eigenartiger Prägung." (Seyfert 1931, S. 234f.)

Wenn Seyfert für die Oberstufe der Volksschule ein Bildungsziel eigener Art reklamierte, so verstand er diesen Grad der Menschenbildung als auf der Mitte einer Entwicklungsreihe vom naiv-kindlichen über das gemein-volkstümliche zum wissenschaftlich-philosophischenWeltbild angesiedelt. Damit wurde zwar ein Niveauunterschied der einzelnen Stadien markiert, zugleich aber auch das *Grundschichtige* (vgl. Keppeler-Schrimpf 2005, S. 171 ff.) volkstümlicher Bildung betont, deren Anlagen bereits im kleinen Kind vorhanden seien, sich in der Folge für die Einen zum beharrenden Bildungserlebnis eigener Art ausbilde, während sie für Andere zu einer die Erfahrung prägenden Voraussetzung für das Durchgangsstadium zur Höherentwicklung intellektueller Fähigkeiten zähle.

Vor dem Hintergrund dieses pädagogischen Modells einer graduell unterschiedlichen, aber in der Sache gleichwertigen Ausprägung geistiger Teilhabe und Kompetenz kann man das Postulat von der *deutschen Bildung* in Heises Beitrag als Aufforderung verstehen, dem *Künstlerischen Puppenspiel* als rezipierbarer Kunstform für alle den Rang eines *volkstümlichen Bildungsmittels* zuzusprechen. Damit stand am Ende aber auch das Moment einer in der Volksbildung auf den Nukleus von *Gemeinschaft* zurückgeführten Gesellschaft zur Debatte, die begrifflich auf ein übergreifend wirksam aufgefasstes Artefakt, das *Volkstum*, bezogen wurde. Das Puppenspiel in der Weimarer Republik reklamierte demnach den Status des *künstlerischen* Schaffens, weil es dieses als Ausdruck und Gestaltung eines *volkstümlichen Daseins und Wissens* mit universellem Geltungsanspruch angesehen wissen wollte.

IV

Die Arbeitsmaxime des *Künstlerischen Puppenspiels*, Menschen aller Altersklassen, Bildungsstufen und gesellschaftlicher Rangfolgen die Teilhabe an einem als kulturell wertvoll angesehenen Theatergeschehen zu ermöglichen, appellierte an eine sinnlich-emotionale Rezeptionshaltung des Publikums. Sie entsprach dem im Konzept der *volkstümlichen Bildung* idealisierten Modell des *schlichten* und *gesunden Menschenverstandes* als kleinster gemeinsamer Nenner einer soziale Barrieren überwindenden Bildungsarbeit. Die Figur des Kaspers verkörperte das mittels Theaterillusion realisierte Wunschbild einer zwar störanfälligen, jedoch im Grunde nicht antastbaren und nach jeder Gefährdung als gestärkt hervorgehenden Ordnung des *Gemeinwesens.* Somit stand die erfolgreiche Abwehr von inszenierten Gefährdungen einer in sich ruhenden Sozialsphäre des alltäglichen Lebens oder einer märchenhaft überhöhten Welt durch moralisch verwerfliches Fehlverhalten oder menschliches Unvermögen von Einzelnen im Mittelpunkt einer jeden Aufführung.

Mit dieser wenig an der Realität sozialer Lebensformen orientierten Haltung des Ausspielens ausschließlich von der Bühne ausgehender und nur auf ihr bewältigter Konflikt- und Lösungspotentiale grenzte sich das *Künstlerische Puppenspiel* programmatisch von den im 19. und frühen 20. Jahrhundert noch dominierenden und primär gewerblich betriebenen Formen des traditionellen Kasper- und Wandermarionettentheaters und dem zeitgleich in den 1920er Jahren aufkommenden Puppenspiel in den sozialistischen und kommunistischen Jugendverbänden ab. Dabei erschienen die historischen und spezifisch geografischen Ausformungen des traditionellen Puppenspiels im Interesse einer die Reformbemühungen nach 1918 unterfütternden und pointierenden Vorgeschichte zwar als nicht mehr zeit- und insbesondere kindgemäß, jedoch in ihrem Kernbestand als kulturell respektabel. Gravierende weltanschauliche Differenzen kennzeichneten dagegen das Verhältnis zu den Betreibern des *Roten Kaspertheaters* der Weimarer Republik, zu denen keine kollegialen oder organisatorischen Querverbindungen bestanden. Deren Tätigkeit wurde als Propaganda-Arbeit für im Puppenspiel unzulässige, da politische Zwecke angesehen und abgelehnt. (Vgl. Rieck 1925/26)

Im Prinzip handelte es sich bei diesem Dissens um das Problem, auf welche Weise der Protagonist des Handpuppentheaters profiliert werden sollte, um als Stellvertreter und exemplarisch handelnder Anwalt des Publikums richtig zu agieren. Das *Rote Kaspertheater* entwickelte nach Weinkauff eine „Puppenspielpraxis im Spannungsfeld von politischer Pädagogik, populärer Kindervergnügung und Variation überlieferter Vorbilder“ (Weinkauff 1982, S. 51, Überschrift) und entwarf dabei den Typus des vitalen und bedürfnisorientierten „‚Plebejischen Rebells‘“ (ebd., S. 51), der noch sehr eng am Jahrmarkt-Kaspertheater orientiert blieb, des dem Klassenkampf dienenden „Genosse(n) der Arbeiterbewegung, des respektlosen Spaßmachers“ (ebd., S. 56), der sich über alle Zwänge der Wirklichkeit hinwegsetzte und falsche Machtansprüche lächerlich machen sollte, sowie eines Kaspers als Ebenbild eines neuzeitlichen Narren nach dem Vorbild des Till Eulenspiegel, der mit seinen Streichen Verblendung und Dummheit offenbarte. Ein allen Rollenkonzepten innewohnendes Problem bestand dabei in der „Schwierigkeit, Kasper gleichzeitig als unmittelbar Betroffenen in realitätsnah gezeichneten Repressionsverhältnissen und als souverän handelnden unbesiegbaren Held des Puppentheaters auftreten zu lassen“. (Ebd., S. 56)

Die Vertreter des bürgerlichen Puppenspiels kannten dieses Problem nicht, da realistische Elemente nur als Spuren einer profanen Welt zulässig waren, auf der sich eine Spielhandlung innerhalb einer ganz auf Künstlichkeit und Stilisierung abgestellten Bühnenillusion aufbaute. Dieser Ansatz wurde insbesondere in den ernsten, zum Teil auch purifizierten und zur sittlichen Belehrung des Publikums dienenden Märchendramatisierungen sowie in den als Deutung deutscher Art und Geschichte verstandenen Sageninterpretationen für das Marionettentheater wirksam. Der Kasper als im Original nicht vorgesehene Rolle konnte in den Adaptionen nur in einer dem Stoff untergeordneten, kommentierenden Funktion auftreten und erreichte dabei kaum die dramaturgisch wichtige Präsenz der von Franz von Pocci im 19. Jahrhundert konzipierten lustigen Figur seiner *Kasperl-Komödien*. In den das Repertoire abrundenden Opern- und Varietédarbietungen war die Figur nicht präsent.

Der Handpuppen-Kasper als der das Spiel dominierende Typ hingegen vermochte auf zweifache Weise die Aufmerksamkeit des Publikums auf seine spezifische Welt zu konzentrieren. In *Kasperspielen* agierte der Protagonist als kindlich charakterisierte und daher sorglos waghalsig auftretende Figur in Begegnungen mit Widersachern in unschuldig-traumwandlerischer Sicherheit. Diese wurde erreicht durch den ständig improvisierten Dialog mit dem Publikum, in welchem die Maßstäbe zur Beurteilung von Situationen festgelegt und im Moment der Gefahr in Gestalt einer exemplarisch exekutierten Strafe für den Gegner zur gemeinsamen Tat verschmolzen wurden. So hob zum Beispiel der Handpuppenspieler Robert May den Erlebnischarakter dieses Paktes in den Rang eines erzieherischen Wertes des Puppenspiels, den er „im Seelisch-Geistigen, im Befeuern der Phantasie, im Durchbluten einer Gemeinschaft, im Gemeinschaftserlebnis“ (May 1931, S. 101) ausmachte. Der dramaturgische Kunstgriff dieser Spiele bestand in der Identifizierung der Interessen des auf der Bühne agierenden Kaspers mit denen seines Publikums: „Kasperl ist ein Kern, von dem aus sich das Spiel aufwirbelt und der im Schnittpunkt aller Ereignisse auf der Bühne sowie aller Zweifel und Hoffnungen seines Publikums steht – stehen sollte. Er ist der Ausdruck einer Vielheit, eine Karikatur seines Publikums, worin dieses sein eigenes Wesen unbewußt erlebt.“ (May 1930, S. 209) Mit diesem dem traditionellen Kaspertheater entlehnten, jedoch völlig anders interpretierten Konzept der Reihendramaturgie konnten geschickte Spieler in einer Vorstellung mehrere hundert Kinder in besinnungslose Raserei versetzen und dennoch dem vorgesehenen Spielverlauf gemäß lenken.

Als Weiterentwicklung dieses Konzeptes und je nach Spielerpersönlichkeit mit einer individuellen Handschrift ausbaubarer Höhepunkt des *Künstlerischen Puppenspiels* in der Weimarer Republik ist die *Kasper-Komödie* bzw. die stofflich um Elemente des Volks- und Kunstmärchens erweiterte *Kasper-Märchen-*

Komödie anzusehen. Von diesem bis zur Mitte der 1920er Jahre erreichten Leistungsstand wichen nur wenige und kurzlebige Versuche in Richtung einer grundsätzlichen Überarbeitung der gewonnenen spieltechnischen, bildnerischen szenischen, dramaturgischen und pädagogischen Überzeugungen ab. Ein Grund hierfür kann in dem für die Freisetzung einer erweiterten Dramaturgie notwendigen Verzicht auf die Kasperfigur und die von ihr ausgehenden Gesetzmäßigkeiten des Spiels vor und mit dem Publikum gesehen werden. Dies war aber im betreffenden Zeitraum als reale Perspektive nicht konsequent denkbar und hätte sich gegen über Jahre hinweg geschürte Erwartungen an das Puppenspiel auch nur schwer durchsetzen lassen.

Die *Kasper-(Märchen)-Komödie* wurde 1920/21durch die Publikation der bis dahin im privaten Kreis aufgeführten Stücke des bereits erwähnten Dresdner Studienrates Dr. Otto Max Paul öffentlich bekannt und im Anschluss daran von mehreren Spielern unabhängig voneinander zum Ausweis eines kultivierten Handpuppenspiels für Kinder und Erwachsene ausgearbeitet. Im Prinzip steht auch hier der Kasper im Mittelpunkt der Handlung. Diese kommt durch Ereignisse des Alltags in Gang, die ihn zum Eingreifen bewegen. Anlässe können Handlungen motivierende Vorkommnisse wie zum Beispiel Krankheit, Diebstahl, Mangel an Versorgungsmitteln, öffentliche Missstände und Bedrohung der öffentlichen Ordnung von innen und außen, Vorbereitungen zu Festlichkeiten oder die sich ergebende Notwendigkeit eines Reiseantrittes sein. Sie alle stehen am Beginn einer Reihe von Erlebnissen oder gar eines Abenteuers, in denen der Kasper an verschiedenen Orten auf unterschiedlichste Mit- und Gegenspieler trifft. Die sich ihm stellenden Hindernisse werden überwunden, und eine positive Lösung zum Nutzen aller wird herbeigeführt, die den Kasper zum Schluss wieder an seinen Ausgangsort zurückführt.

Literarisch betrachtet sind diese Spiele völlig belanglos, und Autoren von gedruckten Textausgaben für das Laienspiel wurden in ihren Vorworten nicht müde zu betonen, dass hiermit nur eine Vorgabe gegeben sei, die begabte Spieler zum Leben zu erwecken hätten. Tatsächlich entsprach dieser Vorbehalt ihrer eigenen Praxis, derzufolge nicht der fixierte Text eine Aufführung strukturierte, sondern dessen Umsetzung in spielerische Situationen. Diese waren nicht dem Ergebnis nach offen und in der angelegten Tendenz als umkehrbar gedacht, sondern konzipiert als Aktionsfeld körperlich-sprachlicher Expressivität und räumlicher Präsenz der Puppen auf der Bühne in ihrem Dialog untereinander und mit dem Publikum. Auf diese Weise wurde die *Puppe als Darsteller* zum Träger einer stilistisch in sich schlüssigen Kunstwelt, die ihre Gesetzmäßigkeiten im Spiel realisierte und auf das Publikum übertrug. Ein Besuch in der *Welt des Kaspers* und des darin beheimateten Typenarsenals bot für ein bis zwei Stunden die Gelegenheit, die im karikierenden *Zerrspiegel* der Puppen nach und nach exemplarisch geläuterten Eigentümlichkeiten menschlichen Verhaltens und sozialen Vermögens mitzuerleben: als Prozess einer sich gefühlsmäßig vollziehenden Übertragung der erlebten Partizipation am theatralen Vorschein der *Gemeinschaft* auf die Realität.

V

Aus Anlass des fünfjährigen Bestehens der *Abteilung Puppentheater* des *Verbandes zur Förderung der deutschen Theaterkultur* im Herbst 1925 schrieb der Herausgeber der Zeitschrift *Das Puppentheater*, Joseph Bück, die bislang geleistete Arbeit habe sich bewährt an der Absicht, „das Puppenspiel allen denen nahe zu bringen und zu erhalten, die im heutigen materialistischen Zeitalter beschauliche Stunden, ethisch einwandfreie, gemütvolle Unterhaltung suchen, und die ihren Kindern eine sonnige Jugendzeit schaffen wollen.“ (Bück 1925, S. 179)

Dieser eher genügsamen, wenn auch im Hinblick auf das kontinuierliche Erscheinen der Zeitschrift bis Ende 1931 verdienstvollen Haltung eines privaten Liebhabers hatte sich auf Seiten der Berufsspieler und interessierter Kreise eine vergleichsweise hektische und stetig anwachsende Betriebsamkeit zugesellt. So waren neue stationäre Marionettentheater zum Beispiel in München, Freiburg, Stuttgart, Aachen, Köln, Elberfeld, Braunschweig, Aschersleben und Berlin entstanden. Zirka zwanzig Handpuppenbühnen arbeiteten 1926 mit einer hohen Aufführungsfrequenz auf lokal begrenztem Territorium oder befanden sich auf Tourneen durch ganz Deutschland, zunächst mit der Reichsbahn, ab der Mitte des Jahrzehnts zunehmend mit eigenem Wagen. Die Aufmerksamkeit der Presse gegenüber den Gastspielen stieg kontinuierlich an mit der Wahrnehmung der zunächst wenig bekannten, bald aber in ausführlichen Berichten gewürdigten Spielpraxis.

Als Partner von Unternehmen bot sich der 1919 gegründete christlich-national orientierte *Bühnenvolksbund* (BVB) in Berlin an. Im *Referat I: Berufs-Puppenspiel* der Abteilung *Puppenspielpflege* ermöglichte der BVB Tourneen der Handpuppenspieler Carl Iwowski, Berlin, Max Jacob, Hohnstein, und Werner Perrey, Kiel, durch die im ganzen Reich verstreuten Ortsverbände und unterhielt Verbindungen zu den *Braunschweiger Puppenspielern des Bühnenvolksbundes* und zur *Frankfurter Marionettenbühne Frey*. Das *Referat II: Laien-Puppenspiel* bemühte sich um Beratungsangebote für Bühnen- und Puppenbau und unterhielt eine Bildstelle, die drei große Diaserien zur Geschichte, Technik und gegenwärtigen Praxis des Puppenspiels als Lehr- und Werbemittel zur Verfügung stellte. (Vgl. Wille und Werk 1928, S. 114ff.) Für den der Sozialdemokratie nahestehenden *Verband der deutschen Volksbühnenvereine* reiste zwischen 1926 und 1930 der spätere Filmregisseur Robert Adolf Stemmle unter dem Etikett *Puppenspiele des Volksbühnenverbandes*. (Vgl. Brodbeck 1930, S. 149ff.) Auftraggeber außerhalb dieser Theaterorganisationen waren Volksbildungsverbände wie die *Fichte-Gesellschaft* oder der *Deutsche Vortragsverband,* die Verbände der freien Wohlfahrtspflege, kirchliche Organisationen, Vereine jeder Art, Gliederungen der Jugendbewegung, sozialpädagogische Einrichtungen sowie öffentliche und private Schulen. Die Spannbreite der Veranstaltungsorte lag zwischen angemieteten Stadttheatern und Kaufhäusern. In der Regel wurde auf eigenes Risiko gegen Eintrittsgeld gearbeitet. Leistungsstarke Bühnen wie die *Künstlerischen Handpuppenspiele der Jugendburg Hohnstein* unter Max Jacob erreichten unter diesen Voraussetzungen zum Beispiel in den Jahren 1928 und 1929 110000 bzw. 130000 Zuschauer in jeweils rund 400 Kinder- und Abendvorstellungen. Allerdings besaß diese Formation den Vorteil eines im Sommer bespielten Stammsitzes auf einer von der Jugendbewegung stark frequentierten Burg und verfügte zudem über bis zu fünf Spieler. Die Mehrzahl der reisenden Unternehmen bestand aber aus Formationen bis zu maximal drei Mitarbeitern. Lebens- und Unterhaltskosten sowie Investitionen für Neuinszenierungen hielten das Einkommensniveau in engen Grenzen.

Ein sich im Verlauf der 1920er Jahre einstellendes Bewusstsein über die dem Medium gewonnenen künstlerischen Mittel und Möglichkeiten lenkte den Fokus der Begehrlichkeiten auf das Gebiet der öffentlichen Bildung, insbesondere auf die Volksschule und weiterführende Einrichtungen für Jugendliche. Hiermit verbunden war ein Verteilungskampf um diese Publikumsressource und der Versuch, im öffentlichen Leben die Maßstäbe für das *künstlerisch wertvolle* und damit pädagogischen Intentionen nützliche Puppenspiel gegenüber einer angeblich rein am Lebensunterhalt orientierten Berufstätigkeit durchzusetzen. Hierfür wurden die Möglichkeiten von Puppenspiel und pädagogischem Personal in der öffentlichen Argumentation nahezu verschmolzen und als ideale Verbindung für die Förderung einer kindgerechten Bildungsarbeit dargestellt. Der qualifizierte Berufspuppenspieler sollte regelmäßig mit beispielhaften Inszenierungen in Schulen zugelassen werden und den Lehrern und Kindern Anregungen zum eigenen kreativen Tun geben. Ein durchschlagendes, greifbares Ergebnis erbrachten solche Bemühungen nicht, obwohl reformorientierte Deutsch- und Werklehrer für dieses Anliegen durchaus zu gewinnen waren. (Vgl. Harten 1930; Dienemann 1930)

Auch der sich 1930 in der Gründung einer zweiten Fachzeitschrift *Der Puppenspieler* manifestierende Wille der Spieler, die Vertretung der eigenen Interessen durch Bildung einer Berufsgruppe stärker zur Geltung zu bringen, konnte bis 1933 keine zeitnah wirksam werdenden Fortschritte in dieser Frage bewirken. Das Thema *Puppenspiel und Schule* war aber als Erfahrung des Scheiterns an einer scheinbar überlebenswichtigen Frage so dominant, dass hierdurch Fragen zu einer Ästhetik des Puppenspiels in aktuellen Medien wie Radio oder Film kaum ins Bewusstsein vordrangen. Durch eine fehlende ständische Profilierung als Beruf verblieb das Puppenspiel zudem in einem ungeklärten Verhältnis zur Kunst und Kritik des Theaters in der Weimarer Republik. Ausstellungen zur Kunst- und Kulturgeschichte des Puppenspiels sowie volkskundliche, theaterwissenschaftliche und populärwissenschaftliche Publikationen konnten (und wollten) an der von Anfang an verpassten (oder verweigerten) Öffnung des Mediums zur Moderne nichts ändern. Wenige Jahre bevor die nationalsozialistische *Volkstums- und Brauchtumspolitik* das Puppenspiel in seine Dienste nahm, hatte man sich 1929 mit den reformierten Traditionalisten anderer europäischer Nationen in Prag zur *Union internationale de la Marionnette* zusammengeschlossen. Im Ergebnis war dies ein Bündnis der Schwachen auf einem in seinen künstlerischen und gesellschaftlichen Perspektiven unscharfen Generalnenner.

Literaturverzeichnis

Primärliteratur

Bähr, Werner: Die Marsrakete : Marionettenspiel in einem Vorspiel und vier Akten / [mit sechs Federzeichn. d. Verf.]. – München : Kaiser, 1931. – 56 S.: Ill. – (Münchner Laienspiele ; 77)

Baur, Olli von: Die verschwundene Prinzessin : ein Spiel mit Puppen / Olli von Baur ; Hans Schenk. – München : Callwey, [1926]. – 19 S. – (Die Schatzgräber-Bühne : eine Sammlung deutscher Volks,- Jugend- und Puppenspiele / hrsg. vom Dürerbund durch Frhr. v. Egloffstein ; 14)

Benda, Joh.: Kasperls Schelmenstreiche : Schwank in zwei Akten. Berlin : Bloch, [1921]. – 23 S. – (Eduard Blochs Kasperl-Theater ; 20)

Bethge, Ernst Heinrich: Seid ihr alle da? : Kasperle feldgrau ; drollige Spiele für jung und alt. – Leipzig : Strauch, [1918]. – 47 S.

Bethge, Ernst Heinrich: Kaspar modern! : Kaspar geht zum Film / von Ernst Heinrich Bethge. – Leipzig : Strauch, [1928]. – 37 S.

Bethge, Ernst Heinrich: Die Bremer Stadtmusikanten : ein Märchenspiel in vier Teilen. – Berlin : Eduard Bloch, [1932]. – 38 S. – (Das Handpuppentheater : eine Reihe alter und neuer Komödien für die Handpuppenbühne / hrsg. von Robert Adolf Stemmle ; 16)

Blüthgen, Viktor: Die Großmutterbrille oder Geisterstücke und Enkeltugend : große Gemüse-Tragikomödie in 5 Akten und einem Nachspiel. – Hamburg, [um 1915]

Böcklin, Carlo / Bonus, Beate: Kasperl-Bilder-Bücher / Carlo Böcklin ; Beate Bonus. Hrsg. von Friedrich Michael Schiele. – Halle a.d. Saale, 1911
1. Der hohle Zahn
2. Freund Hein
3. Der Schatz
4. Der Höllenkasten

Bück, Joseph: Pfalzgräfin Genoveva : altdeutsches Schauspiel in 7 Aufzügen / Hrsg. Joseph Bück. – Leipzig : Leipziger Puppenspiele, [1928]. – 16 S. – (Das Heimpuppentheater ; 1)

Bück, Joseph: Das steinerne Herz : Märchen in 6 Bildern nach dem Hauffschen Märchen „Das kalte Herz" / von B. Fernand. Für d. Heimpuppentheater bearb. von Joseph Bück. – Leipzig : Lehmann & Schüppel, [1928]. – 16 S. – (Das Heimpuppentheater ; 2)

Bück, Joseph: Rotkäppchen : ein lustiges Spiel für unsere Kleinen nach dem bekannten Märchen ; unter Mitwirkung das allseitig beliebten Kasper / bearb. von Joseph Bück. – Leipzig : Leipziger Puppenspiele, [1929]. – 15 S. – (Das Heimpuppentheater ; 4)

Buresch, Hans: Kasper und der Zauberring : ein Handpuppenspiel in einem Aufzuge. – Leipzig : Strauch, [1930]. – 15 S. – (Radirullala – Kaspar ist wieder da! : eine Sammlung größerer Puppenspiele für die Kasparbühne / hrsg. von Hugo Schmidtverbeek ; 13)

Denneborg, Heinrich Maria: Genoveva : ein romantisches Kasperlspiel in sechs Aufzügen / von Heinrich Maria Denneborg. – München : Höfling, [1933]. – 32 S. – (Höflings Kasperltheater ; 8)

Denneborg, Heinrich Maria: Rumpelstilzchen : ein lustiges Kasperlspiel nach dem bekannten Volksmärchen ; in einem Vorspiel und fünf Bildern / von Heinrich Maria Denneborg. – München : Höfling, [1933]. – 28 S. – (Höflings Kasperltheater ; 7)

Driml, Karl: Der Bazillus : eine komische Tragödie für Kinder und Erwachsene über Gesundheit und Krankheit ; in einem Vorspiel und 4 Akten / für d. Puppenspiel geschrieben von Dr. Karl Driml. – [Ins Dt. übertragen u. hrsg. vom Reichsausschuß für hygienische Volksbelehrung]. – Berlin : Kribe, [um 1930]. – 56 S. : Ill.

Effa, J.: Der Zauberring : ein lehrreiches Beispiel nach Franz Pocci. – Berlin : Bloch [1925]. – 30 S. – (Eduard Blochs Kasperl-Theater ; 22)

Egloffstein, Leo von: Silfingerl : ein erschütterndes Schauerstück für die Puppenbühne ; mit einer Einführung: Winke und Ratschläge für die Kasperl- und Puppenbühne / von Leo von Egloffstein. – München : Callwey, [1926]. – 24 S. – (Die Schatzgräber-Bühne : eine Sammlung deutscher Volks,- Jugend- und Puppenspiele / hrsg. vom Dürerbund durch Frhr. v. Egloffstein ; 18)

Egloffstein, Leo von: Der Schmied von Jüterbogk : das Märchen für die Puppenbühne / bearb. von Leo von Egloffstein. – München : Callwey, [1926] – 19 S. – (Die Schatzgräber-Bühne : eine Sammlung deutscher Volks,- Jugend- und Puppenspiele / hrsg. vom Dürerbund durch Frhr. v. Egloffstein ; 19)

Egloffstein, Leo von: Das tapfere Schneiderlein : ein Märchenspiel für die Puppenbühne / von Leo von Egloffstein. – München : Callwey, [1926]. – 23 S. – (Die Schatzgräber-Bühne : eine Sammlung deutscher Volks,- Jugend- und Puppenspiele / hrsg. vom Dürerbund durch Frhr. v. Egloffstein ; 20)

Egloffstein, Leo von: Smetse, der Schmied : ein Puppenspiel nach der vlämischen Legende des Charles de Coster / von Leo von Egloffstein. – München : Callwey, [1928]. – 51 S. – (Die Schatzgräber-Bühne : eine Sammlung deutscher Volks,- Jugend- und Puppenspiele / hrsg. vom Dürerbund durch Frhr. v. Egloffstein ; 46)

Egloffstein, Leo von: Dursli oder Der heilige Weihnachtsabend : ein Volksstück nach einer Erzählung Jeresmias Gotthelfs ; für die Puppen- und Laienbühne / bearb. von Leo von Egloffstein. – München : Callwey, [1928]. – 43 S. – (Die Schatzgräber-Bühne : eine Sammlung deutscher Volks,- Jugend- und Puppenspiele / hrsg. vom Dürerbund durch Frhr. v. Egloffstein ; 47)

Fadrus, Viktor: Puppen- und Kasperlspiele : ausgewählt für Schule und Haus / Hrsg. Viktor Fadrus. [Mit Bildern von Franz Wacik]. – Wien : Dt. Verl. für Jugend u. Volk, 1925. – 127 S. : Ill.

Faust, Wilhelm: Gaugraf Siegfried und die heilige Genoveva / bearb. für das Kasperletheater von Wilhelm Faust. – Leipzig : Strauch, [1921]. – 14 S. – (Das Kaspertheater des Leipziger Dürerbundes / hrsg. von Bernh. Rahn ; 3)

Faust, Wilhelm: Am Narrenseil oder Die Vorstellung beginnt, wenn's los geht : eine lustige Einführungsszene für das Kasperletheater. – Leipzig : Strauch, [um 1924]. – 10 S. – (Aus Kaspers Rosengarten ; 2)

Filling, Grete: Kasperle und der Strolch / von Grete Filling. – Berlin : Bloch, [1929]. – 39 S. – (Eduard Blochs Kasperl-Theater ; 25)

Filling, Grete: Kasperle und die Hummel Piekepifft / von Grete Filling. – Berlin : Bloch, [1929]. – 26 S. – (Eduard Blochs Kasperl-Theater ; 26)

Fischer, Bernhard: Kaspars Braut : ein Puppenspiel für die Handpuppenbühne in fünf Aufzügen / von Dr. Bernhard Fischer. – Leipzig : Strauch, [1930]. – 16 S. – (Radirullala – Kaspar ist wieder da! : eine Sammlung größerer Puppenspiele für die Kasparbühne / hrsg. von Hugo Schmidtverbeek ; 11)

Gebhard, Gretel: Die verlorene Krone : eine Kartoffelkomödie mit sonstigem Gemüse in drei Szenen / von Gretel Gebhard. – München : Callwey, [1926]. – 18 S. – (Die Schatzgräber-Bühne : eine Sammlung deutscher Volks,- Jugend- und Puppenspiele / hrsg. vom Dürerbund durch Frhr. v. Egloffstein ; 27)

Gensecke, Hanns: Magenknurren, Thron und Teufelei : eine Puppenkomödie / von Hanns Gensecke. – Berlin : Bloch, [1930]. – 39 S. – (Das Handpuppentheater : eine Reihe alter und neuer Komödien für die Handpuppenbühne / hrsg. von Robert Adolf Stemmle ; 13)

Gruber, Eva: Antrascheck und Juratscheck : ein romantisches Puppenspiel für die Handpuppenbühne / bearb. von Eva Gruber u. Robert Adolf Stemmle. – Berlin : Bloch, [1929]. – 30 S. – (Das Handpuppentheater : eine Reihe alter und neuer Komödien für die Handpuppenbühne / hrsg. von Robert Adolf Stemmle ; 6)

Hempel, Oswald: Das Räuberwirtshaus im Walde oder Ende gut, alles gut : ein Kasperlespiel in drei Bildern / von Oswald Hempel. – Leipzig : Strauch, [um 1930]. – 16 S. – (Das Dresdner Kasperle / Hrsg. Oswald Hempel ; 1)

Hempel, Oswald: Lügenhansel oder Das Märchen von der bösen Hexe Pampelmeier : ein Kasperlespiel in drei Bildern / von Oswald Hempel. – Leipzig : Strauch, [um 1930]. – 19 S. – (Das Dresdner Kasperle. Herausgeber Oswald Hempel ; 2)

Hempel, Oswald: Das Märchen vom armen gefangenen Rotkehlchen : ein Kasperlespiel in drei Bildern / von Oswald Hempel. – Leipzig : Strauch, [um 1930]. – 18 S. – (Das Dresdner Kasperle / Hrsg. Oswald Hempel ; 3)

Himer, Kurt: Till Eulenspiegel : ein lustiges Spiel für die Puppenbühne / von Kurt Himer. – Leipzig : Lehmann & Schüppel, 1925. – 26 S.

Himer, Kurt: Prinz Drosselbart : ein Märchenspiel für die Puppenbühne / von Kurt Himer. – Leipzig : Lehmann & Schüppel, 1925. – 52 S.

Homann, Hermann: Kasper als Radiobastler : ein Spiel von Bastlers Freud' und Leid und endlichem Erfolg ; nebst einigen ergötzlichen Szenen aus Kaspers trautem Familienleben ; für die Handpuppenbühne erdichtet / von Hermann Homann. – Mühlhausen/Th. : Danner, [1929]. – ([Finsterwalder] Handpuppenspiele ; 17)

Jacob, Max: Kasper und Seppel auf Reisen : ein Kasperstück für Kinder / von Max Jacob. – Leipzig : Strauch, [um 1930]. – 27 S. – (Hohnsteiner Puppenspiele / Hrsg.: Max Jacob ; 1)

Jacob, Max: Die Reise nach Afrika : ein Kasperstück für Kinder / von Max Jacob. – Leipzig : Strauch, [um 1930]. – 27 S. – (Hohnsteiner Puppenspiele / Hrsg.: Max Jacob ; 2)

Jacob, Max: Kasper als Kammerdiener. Kasper als Arzt / von Max Jacob. – Leipzig : Strauch, [um 1930]. – 27 S. – (Hohnsteiner Puppenspiele / Hrsg.: Max Jacob ; 3)

Jacob, Max: Kasper beim Zauberer. Kasper als Mäuseminister / von Max Jacob. – Leipzig : Strauch, [um 1930]. – 23 S. – (Hohnsteiner Puppenspiele / Hrsg.: Max Jacob ; 4)

Jacob, Max: Ritter Elfenbein : ein Kasperstück für große Leute / von Max Jacob. – Leipzig : Strauch, [um 1930]. – 27 S. – (Hohnsteiner Puppenspiele / Hrsg.: Max Jacob ; 5)

Jacobius, Thea: Kasperle als Rechtsanwalt : nach dem mittelalterlichen Schwank vom Maître Pathelin / von Thea Jacobius. – München : Callwey, [um 1927]. – 36 S. – (Die Schatzgräber-Bühne : eine Sammlung deutscher Volks,- Jugend- und Puppenspiele / hrsg. vom Dürerbund durch Frhr. v. Egloffstein ; 42)

Karsch, Willi: Mutter Maiers Bett : ein lustiges Handpuppenspiel nach alten Aufzeichnungen / zsgest. u. bearb. von Willi Karsch. – Berlin : Bloch, [1930] – 30 S. – (Das Handpuppentheater : eine Reihe alter und neuer Komödien für die Handpuppenbühne / hrsg. von Robert Adolf Stemmle ; 10)

Kawe, Heinz: Kasperl kam, sah und siegte : eine hygienische Kasperiade. Kasperl wird Sportsmann : eine nicht allzu lehrhafte Kasperiade / von Heinz Kawe. – Leipzig : Strauch, [1931]. – 20 S. – (Das Kaspertheater des Leipziger Dürerbundes / hrsg. von Bernh. Rahn ; 9)

Kawe, Heinz: Der Hase und der Schwinbegel : Märchenspiel in 1 Akt nach Bechstein / von Heinz Kawe – Leipzig : Strauch, [1932]. – 16 S. – (Das Kaspertheater des Leipziger Dürerbundes / hrsg. von Bernh. Rahn ; 10)

Kniese, Julie: Das Taschentuch der Prinzessin : ein lustiges Kasparspiel in drei Aufzügen / von Julie Kniese. – Leipzig : Strauch, [1930]. – 16 S. – (Radirullala – Kaspar ist wieder da! : eine Sammlung größerer Puppenspiele für die Kasparbühne / hrsg. von Hugo Schmidtverbeek ; 10)

Koller, Eugen: Kasperl im Faltboot / von Dr. Eugen Koller. – Leipzig : Strauch, [1931]. – 27 S. – (Radirullala – Kaspar ist wieder da! : eine Sammlung größerer Puppenspiele für die Kasparbühne / hrsg. von Hugo Schmidtverbeek ; 18)

Koller, Eugen: Fidiwau! : Kasperltheater für den Rundfunk und für die Handpuppenbühne ; nach dem dänischen Volksmärchen „Fidiwau" / von Dr. Eugen Koller. [Scherenschnitte u. Zeichn. von Erika Heinrich]. – Im Bayerischen Rundfunk aufgeführt am 2. Dezember 1931. – Leipzig : Strauch, [1932]. – 23 S. – (Radirullala – Kaspar ist wieder da! : eine Sammlung größerer Puppenspiele für die Kasparbühne / hrsg. von Hugo Schmidtverbeek ; 20)

Koller, Eugen: Die Zauberkiste : Märchenspiel für die Handpuppenbühne und für den Rundfunk ; [nach einem chinesischen Volksmärchen] / von Dr. Eugen Koller, München. [Zeichn. von Laura Koller, Regensburg]. – Vom Reichssender München gefunkt am 16. 7. 1933. Vom Reichssender Breslau gefunkt am 23. 9. 1934. – Leipzig : Strauch, [um 1935]. – 32 S. – (Radirullala – Kaspar ist wieder da! : eine Sammlung größerer Puppenspiele für die Kasparbühne / hrsg. von Hugo Schmidtverbeek ; 23)

Krieger, Hans: Kasper und der Radio-Apparat : ein Handpuppenspiel mit Gesang und Tanz und Mundharmonika in 4 Aufzügen / von Hans Krieger. – Leipzig : Strauch, [1921]. – 19 S. – (Das Kaspertheater des Leipziger Dürerbundes / hrsg. von Bernh. Rahn ; 4)

Lehmann, Alfred: Genoveva, die schöne Pfalzgräfin am Rhein : Ritterschauspiel in 6 Akten und einem Nachspiel ; nach einer alten Puppenspieler-Handschrift / hrsg. von Dr. Alfred Lehmann. – Leipzig : Lehmann & Schüppel, 1929. – 40 S

Leibrand, Reinhard: Der Hexentrank : Kasperle-Spiel. – Königsberg i.Pr. : Hauptwohlfahrtsstelle für Ostpreußen, [1927]. – 26 S.

Lewalter, Johann: Das alte Puppenspiel Dr. Fausts Leben und Höllenfahrt : aus Simrocks aufgezeichnetem Puppenspiel „Dr. Johannes Faust", verschiedenen vom Verfasser auf Jahrmärkten gesammelten Puppenspielen sowie eigenen Erinnerungen an Kaspertheatervorstellungen vom „Dr. Faust" zur Aufführung auf Kaspertheatern / bearb. u. hrsg. von Johann Lewalter. – Kassel : Vïetor, 1919. – 55 S.

Lewalter, Johann: Doktor Kaspar : Puppenspiel in 2 Aufzügen ; mit gütigst erlaubter Benutzung verschiedener Szenen aus Johs. E. Rabes „Vivat Putschenelle" und „Sünd ji all' dor? (Quickborn-Verlag Hamburg) sowie auf Grund eigener Erinnerungen zur Aufführung auf dem Kaspertheater / verfaßt u. hrsg. von Johann Lewalter. – Kassel : Vïetor, 1920. – 38 S.

Lewalter, Johann: Artur Spieglers Puppenspiele für das Kaspertheater / gesammelt u. hrsg. von Johann Lewalter. – Kassel : Karl Vïetor, 1925. – 55 S.

Liepke, Katharina: Hoppentintel : ein Märchenspiel für Marionetten in sechs Bildern / von Katharina Liepke. – Hamburg : Hanseatische Verl.-Anst., [1923]. – 46 S. – (Deutsche Puppenspiele ; 1)

Marionettentheater <St. Gallen>: Hänsel und Gretel : ein Märchen in fünf Aufzügen / Fassung des Marionettentheaters St. Gallen auf Grund der Bearb. Franz von Poccis märchengetreu wiederhergestellt. – Leipzig : Lehmann & Schüppel, 1925. – 31 S.

Marionettentheater <St. Gallen>: Kalif Storch : ein Märchenspiel nach der Erzählung Wilhelm Hauffs / Fassung des Marionettentheaters St. Gallen. [Mit 6 Szenenbildern der St. Gallener Aufführung]. – 46 S. : Ill.

Mets, Hugo L.: Der Similiberg : ein Puppensiel in einem Vorspiel und drei Akten ; nach dem Märchen der Gebrüder Grimm / von Hugo. L. Mets. – Berlin : Bloch, [1929]. – 43 S. – (Eduard Blochs Kasperl-Theater ; 27/28)

Niederlein, Johannes: Kaspar bei den Zwergen : ein Märchen für die Handpuppenbühne in 1 Aufzug / von Johannes Niederlein. – Leipzig : Strauch, [1932]. – 24 S. – (Radirullala – Kaspar ist wieder da! : eine Sammlung größerer Puppenspiele für die Kasparbühne / hrsg. von Hugo Schmidtverbeek ; 19)

Oberndorfer, Fritz: Kasperls Kriegsdienst : ein Spielheft / von Oberlt. a. D. Fritz Oberndorfer samt vier Stücken von Dr. Johannes Wurst & dreizehn Zeichn. von Leutnant Fritz Silberbauer. Hrsg. von Hauptmann Robert Michel. – Graz [u. a.] : Leuschner & Lubensky, 1917. – 126 S. : Ill.

Ostini, Fritz von: Grey & Co. Oder King Edward's unselige Erben : ein lustiges Puppenspiel aus ernster Zeit in drei Bildern. – München, 1917

Paul, Otto Max: Der Schweinedieb oder Kasper als Polizist : eine Diebskomödie in drei Aufzügen / von Dr. Paul. [Bilder von M. Semmer]. – Leipzig : Strauch, [1920]. – 36 S. : Ill. – (Kasperstücke von Dr. Paul ; 1)

Paul, Otto Max: Die beiden Geldsäcke oder Kasper unter den Räubern : ein gefährliches Erlebnis Kaspers in 3 Aufzügen ; wobei es ihm dreimal hart an den Kragen geht / von Dr. Paul. [Bilder von M. Semmer]. – Leipzig : Strauch, [1920]. – 30 S. : Ill. – (Kasperstücke von Dr. Paul ; 2)

Paul, Otto Max: Rosalinde, das Wundertier des Mohrenfürsten : ein Kasperstück in einem Vor-, einem Haupt- und einem Nachspiel / von Dr. Paul. [Bilder von M. Semmer]. – Leipzig : Strauch, [1920]. – 36 S. : Ill. – (Kasperstücke von Dr. Paul ; 3)

Paul, Otto Max: Todgalgen, Hexenvieh und Teufelspanorama oder Kaspers Kämpfe mit dem Höllenfürsten : ein gruseliges Drama in drei Schlachten und einem Vorspiel in der Hölle / von Dr. Paul. [Bilder von M. Semmer]. – Leipzig : Strauch, [1920]. – 30 S. : Ill. – (Kasperstücke von Dr. Paul ; 4)

Paul, Otto Max: Der faule König oder Kasper, der Page, wird Minister : ein fürstliches Drama in 2 Akten / von Dr. Paul. [Bilder von M. Semmer]. – Leipzig : Strauch, [1920]. – 32 S. : Ill. – (Kasperstücke von Dr. Paul ; 5)

Paul, Otto Max: Zweifelhafte Geschicklichkeit oder Kasper als Handwerker : Lustiges vom Kasper in drei Werkstätten / von Dr. Paul. [Bilder von M. Semmer]. – Leipzig : Strauch, [1920]. – 40 S. : Ill. – (Kasperstücke von Dr. Paul ; 6)

Paul, Otto Max: Die gute Fee Angelika oder Kasper heilt die kranke Königstochter : ein zartes Märchenspiel mit etwas Zauberei in drei Aufzügen / von Dr. Paul. [Bilder von M. Semmer]. – Leipzig : Strauch, [um 1921]. – 32 S. : Ill. – (Kasperstücke von Dr. Paul ; 7)

Paul, Otto Max: Die Soldatenkuh oder Kasper im russischen Heere : Heldentaten Kaspers in zwei Aufzügen / von Dr. Paul. – Leipzig : Strauch, [um 1921]. – 32 S. – (Kasperstücke von Dr. Paul ; 8)

Paul, Otto Max: Der Geisterrat oder Kasper schafft Ordnung : ein Revolutionsstückchen in zwei Aufzügen / von Dr. Paul. – Leipzig : Strauch, [um 1921]. – 24 S. – (Kasperstücke von Dr. Paul ; 9)

Paul, Otto Max: Wenn jemand eine Reise tut oder Kasper unterwegs : Reiseerlebnisse an zwei Orten / von Dr. Paul. – Leipzig : Strauch, [um 1921]. – 24 S. – (Kasperstücke von Dr. Paul ; 10)

Paul, Otto Max: Der Zauberzweig oder Kasper beim Hexenmeister : ein romantisches Zauberstück in zwei Aufzüge / von Dr. Paul. – Leipzig : Strauch, [um 1921]. – 39 S. – (Kasperspiele von Dr. Paul ; 11)

Paul, Otto Max: Die drei geheimnisvollen Ringe oder Kasper holt einen Christbaum : ein Weihnachtsspiel in drei Aufzügen / von Dr. Paul. – Leipzig : Strauch, [um 1921]. – 28 S. – (Kasperspiele von Dr. Paul ; 12)

Paul, Otto Max: Bestrafte Neugier oder Kaspers Frau holt der Teufel : ein Kasperstück in 2 Aufzügen / von Dr. Paul. – Leipzig : Strauch, [um 1921]. – 23 S. – (Kasperstücke von Dr. Paul ; 13)

Paul, Otto Max: Die versteckten Goldstücke oder Kaspers Heimkehr aus Sibirien : ein Kasperstück in 1 Aufzuge / von Dr. Paul. – Leipzig : Strauch, [um 1921]. – 22 S. – (Kasperstücke von Dr. Paul ; 14)

Paul, Otto Max: Des Teufels Irrtum zur Mitternacht oder Kasper kriegt eine Frau. Gelernt ist gelernt oder Kasper im Harem des Sultans. – Leipzig : Strauch, [1921]. – 24 S. – (Kurze Kasperstücke von Dr. Paul ; 1)

Paul, Otto Max: Merkwürdige Kuren oder Kasper hält Sprechstunde. Borgen macht Sorgen oder Kasper und der Jude. Barlicke, Barlacke oder Kasper mit der Wunderbüchse. – Leipzig : Strauch, [1921]. – 24 S. – (Kurze Kasperstücke von Dr. Paul ; 2)

Paul, Otto Max: Das Drehdichfort oder Kasper beim Spiritisten. Die Wohnungsnot oder Kasper kriegt Zwangsmieter. Das Plagehemd oder Kasper beinahe futsch. – Leipzig : Strauch, [1921]. – 24 S. – (Kurze Kasperstücke von Dr. Paul ; 3)

Paul, Otto Max: Das weiße Mädchen in schwarzen Händen oder Kasper auf dem Affenhandel. Alberner Klatsch oder Kasper macht Tote lebendig. Selbstverdiente Kartoffeln oder Kasper bei den Bauern. – Leipzig : Strauch, [1921]. – 30 S. – (Kurze Kasperstücke von Dr. Paul ; 4)

Paul, Otto Max: Das Krokodil an der Angel oder Kasper und der unglückliche Fischer. Für mein gutes Geld oder Kasper im Wirtshaus. Der Halsabschneider oder Kasper gleicht aus. Die Polizei auf falscher Fährte oder Kasper mordsverdächtig. – Leipzig : Strauch, [1921]. – 30 S. – (Kurze Kasperstücke von Dr. Paul ; 5)

Paul, Otto Max: Adelgunde und Rosmarie oder Kasper als Brautwerber. Das blutige Messer am Waldrand oder Kasper klärt alles auf. Die Wunschkappe des fröhlichen Geistes oder Kaspers Christabend. – Leipzig : Strauch, [1921]. – 30 S. – (Kurze Kasperstücke von Dr. Paul ; 6)

Paul, Otto Max: Die aufgefressene Königstochter oder Kasper in Ägypten : eine orientalische Komödie in einem Aufzuge. Das vornehme Schwein oder Kasper und der geizige Bauer. – Leipzig : Strauch, [1921]. – 26 S. – (Kurze Kasperstücke von Dr. Paul ; 7)

Paul, Otto Max: Der Ritter mit dem goldenen Panzer oder Kasper fährt ins Morgenland : ein romantisch-orientalisches Kasperstück aus dem Mittelalter in drei Aufzügen / von Dr. Paul. – Leipzig : Strauch, [um 1930]. – 31 S. – (Neue Kasperspiele von Dr. Paul ; 1)

Paul, Otto Max: Der Kalif von Bagdad oder Die weiße Dame oder Kasper im Harem : eine harem-flüchtige Geschichte als Kasperstück / von Dr. Paul. – Leipzig : Strauch, [um 1930]. – 19 S. – (Neue Kasperspiele von Dr. Paul ; 2)

Paul, Otto Max: Der Kampf um die Palme oder Drei Könige und kein Wasser oder Kasper mit der Wünschelrute : ein west-östliches Kasperstück in zwei Aufzügen / von Dr. Paul. – Leipzig : Strauch, [um 1930]. – 24 S. – (Neue Kasperspiele von Dr. Paul ; 3)

Peppermint, Peter [d. i. Alfred Lehmann]: Kasperl und der Astronom. Kasperl fährt Raketenauto. Kasperl beim Photographen : drei Kasperlspiele von Peter Peppermint / [mit Bildern von A. Duntze]. – München : Höfling, 1930. – 27 S. : Ill. – (Höflings Kasperltheater ; 2)

Peppermint, Peter [d. i. Alfred Lehmann]: Kasperl will schlank bleiben. Kasperl dreht einen Film. Kasperl als Hungerkünstler : drei Kasperlspiele von Peter Peppermint / [mit Bildern von A. H. Fischer]. – München : Höfling, [1932]. – 32 S. : Ill. – (Höflings Kasperltheater ; 4)

Pepusch, Alexander [d. i. Theodor Schück]: Kasperl im Orient : Kasperlkomödie in 5 Akten / von Alexander Pepusch. – Berlin : Bloch, [1932]. – 62 S. – (Eduard Blochs Kasperl-Theater ; 29/30)

Pepusch, Alexander [d. i. Theodor Schück]: Kasperls Kampf mit den Höllengeistern / von Alexander Pepusch. – Berlin : Bloch, [1932]. – 36 S. – (Eduard Blochs Kasperl-Theater ; 32)

Pezellen, Elsa: Kasper und die Hexe : ein lustiges Kasperlspiel in 2 Aufzügen / von E. Pezellen. – Mühlhausen/Th. : Danner, [1928]. – 12 S. – ([Finsterwalder] Handpuppenspiele ; 12)

Pezellen, Elsa: Der Geizhals und die Diebe oder: Kasperls Errettung vom Galgen ; ein Halunkenstück in 5 Aufzügen / von E. Pezellen. – Mühlhausen/Th. : Danner, [1929]. – 32 S. – ([Finsterwalder] Handpuppenspiele ; 13)

Pezellen, Elsa: Prinzessin Firlefanz oder: Der Zauberer Izzebor : ein Märchenstück für Handpuppen- oder Marionettentheater / von E. Pezellen. – Mühlhausen/Th. : Danner, [1929]. – 24 S. – ([Finsterwalder] Handpuppenspiele ; 14)

Pezellen, Elsa: Kasperl und der Teufel : Spiel in einem Aufzug / von Elsa Pezellen. – Berlin : Bloch, [1930]. – 18 S. – (Eduard Blochs Kasperl-Theater ; 23)

Pezellen, Elsa: Kasperl am Ende der Welt : ein Puppenspiel in drei Aufzügen / von Elsa Pezellen. – Berlin : Bloch, [1930]. – 24 S. – (Eduard Blochs Kasperl-Theater ; 24)

Pleyer, Willi: Der Bärenhäuter : das deutsche Märchen für die Puppenbühne ; drei Akte / von Willi Pleyer. – München : Callwey, [1928]. – 22 S. – (Die Schatzgräber-Bühne : eine Sammlung deutscher Volks,- Jugend- und Puppenspiele / hrsg. vom Dürerbund durch Frhr. v. Egloffstein ; 53)

Pocci, Franz von: Franz Pocci's sämtliche Kasperl-Komödien. 3 Bde. – München : Ezold, 1909

Pocci, Franz: Franz Poccis sämtliche Kasperlkomödien. 6 Bde. / eingeleitet von Dr. P. Expeditus Schmidt. – München [u. a.] : Etzold, 1921. – 456 S.

Pocci, Franz: Die Prüfung : ein Handpuppenspiel / von Franz Pocci. – Berlin : Bloch, [1929]. – 24 S. – (Das Handpuppentheater : eine Reihe alter und neuer Komödien für die Handpuppenbühne / hrsg. von Robert Adolf Stemmle ; 5)

Quensel, Paul: Drei Stücke für das Kasperltheater : (Hans Kaspars Streiche). – Leipzig : Strauch, [1918]. – 40 S. – (Die Schulfeier ; 7)

Rabe, Johannes E.: Sünd ji all' dor? : althamburgische Kasperszenen / gesammelt u. für den „Quickborn" in Hamburg hrsg. von Johs. E. Rabe. – Hamburg : Quickborn-Verlag, 1915. – 59 S. – (Quickbornbücher ; 8)

Rabe, Johannes E.: Vivat Putschenelle! : der alten Kasperschwänke neue Folge / gesammelt u. für den „Quickborn" in Hamburg hrsg. von Johs. E. Rabe. [Umschlagzeichn. von Adolf Möller]. – Hamburg : Quickborn-Verlag, [1916]. – 59 S. – (Quickbornbücher ; 10)

Rabe, Johannes E.: Kasper to Hus : der alten Kasperschwänke dritter Teil / gesammelt u. für den „Quickborn" in Hamburg hrsg. von Johs. E. Rabe. – Hamburg : Quickborn-Verlag, 1921. – 58 S. – (Quickbornbücher ; 27)

Rahn, B.: Kasper und sein Fernrohr. – Leipzig : Strauch, [1921]. – 15 S. – (Das Kaspertheater des Leipziger Dürerbundes / hrsg. von Bernh. Rahn ; 1)

Rahn, B.: Ehrlich währt am längsten oder Wer hat das viele Geld gestohlen?. – Leipzig : Strauch, [1921]. – 24 S. – (Das Kaspertheater des Leipziger Dürerbundes / hrsg. von Bernh. Rahn ; 2)

Rebner, Joseph: Dreimal Weihnachtsmann : ein lustiges Puppenstück für Weihnachten. – Berlin : Bloch, [1931]. – 35 S. – (Das Handpuppentheater : eine Reihe alter und neuer Komödien für die Handpuppenbühne / hrsg. von Robert Adolf Stemmle ; 15)

Rendlös, A.: Kasperls Schneeballen-Geschichte / von A. Rendlös. – Bloch : Berlin, [1921]. – 24 S. – (Eduard Blochs Kasperl-Theater ; 13)

Rendlös, A.: Kasperls Schulprüfung / von A. Rendlös. – Berlin : Bloch, [1921]. – 10 S. – (Eduard Blochs Kasperl-Theater ; 14)

Rendlös, A.: Kasperls Berufswahl / von A. Rendlös. – Berlin : Bloch, [1921]. – 7 S. – (Eduard Blochs Kasperl-Theater ; 15)

Rendlös, A.: Kasperl als Rekrut / von A. Rendlös. – Berlin : Bloch, [1921]. – 7 S. – (Eduard Blochs Kasperl-Theater ; 16)

Rendlös, A.: Kasperl soll heiraten / von A. Rendlös. – Berlin : Bloch, [1921]. – 8 S. – (Eduard Blochs Kasperl-Theater ; 17)

Rendlös, A.: Kasperls Höllenfahrt / von A. Rendlös. – Berlin : Bloch, [1921]. – 7 S. – (Eduard Blochs Kasperl-Theater ; 18)

Rendlös, A.: Wie sich Kasperl aus der Hölle befreit / von A. Rendlös. – Berlin : Bloch, [1921]. – 7 S. – (Eduard Blochs Kasperl-Theater ; 19)

Riemann, Kurt: Das Flaschenteufelchen : eine Puppenkomödie / von Kurt Riemann. – Berlin : Bloch, [1928]. – 38 S. – (Das Handpuppentheater : eine Reihe alter und neuer Komödien für die Handpuppenbühne / hrsg. von Robert Adolf Stemmle ; 1)

Riemann, Kurt: Das Abenteuer mit der bösen Hexe und dem Teufel / von Kurt Riemann. – Leipzig : Strauch, [1930]. – 16 S. – (Das Kaspertheater des Leipziger Dürerbundes / hrsg. von Bernh. Rahn ; 6)

Riemann, Kurt: Pippifax, der kleine Waldgeist : ein Stück zu Weihnachten. Kasperle und das Krokodil / von Kurt Riemann. – Leipzig : Strauch, [1930]. – 19 S. – (Das Kaspertheater des Leipziger Dürerbundes / hrsg. von Bernh. Rahn ; 7)

Riemann, Kurt: Kasper nimmt den Mund zu voll. Kasper und der böse Räuber Pumpernickel / von Kurt Riemann. – Leipzig : Strauch, [1930]. – 23 S. – (Das Kaspertheater des Leipziger Dürerbundes / hrsg. von Bernh. Rahn ; 8)

Rokos, August Franz: Der Schmied von Jüterbock und sein Geselle Kasper : ein Puppenspiel in 9 Aufzügen / nach einer alten Erzählung für das Kasperltheater bearb. von August Franz Rokos. [Buchschmuck von Eva Schreier]. – Prag [u.a.] : Haase, 1922. – 68 S. – (Im Kasperltheater : eine Sammlung deutscher Puppenspiele ; 9)

Schade, Walter: Kasper als Wunderarzt : ein lustiges Spiel in 7 Aufzügen / von Walter Schade. – Mühlhausen/Th. : Danner, [1925]. – 32 S. – (Finsterwalder Handpuppenspiele ; 1/2)

Schade, Walter: Kasper als Sterngucker : ein lustiges Spiel / von Walter Schade. – Mühlhausen/Th. : Danner, [1925]. – 12 S. – (Finsterwalder Handpuppenspiele ; 3)

Schade, Walter: Kaspers Höllenfahrt : ein lustig Spiel in 3 Aufzügen / von Walter Schade. – Mühlhausen/Th. : Danner, [1925]. – 24 S. – (Finsterwalder Handpuppenspiele ; 4 / 5)

Schade, Walter: Kasper in der Koboldmühle : ein lustiges Spiel in 3 Aufzügen / von Walter Schade. – Mühlhausen/Th. : Danner, [1925]. – 16 S. – (Finsterwalder Handpuppenspiele ; 6)

Schade, Walter: Kasper in der Zwergenhöhle : ein lustiges Spiel in 2 Aufzügen / von Walter Schade. – Mühlhausen/Th. : Danner, [1926]. – 16 S. – (Finsterwalder Handpuppenspiele ; 7)

Schade, Walter: Kasper in tausend Ängsten : ein lustiges Spiel in 3 Aufzügen / von Walter Schade. – Mühlhausen/Th. : Danner, [1926]. – 16 S. – (Finsterwalder Handpuppenspiele ; 8)

Schade, Walter: Bestrafter Geiz oder Wie Kasper zu einer Frau kam : ein lustiges Kasperle-Spiel / von Walter Schade. – Mühlhausen/Th. : Danner, [1926]. – 16 S. – (Finsterwalder Handpuppenspiele ; 9)

Schade, Walter: Der gestohlene Geldsack : Kaspers Abenteuer mit dem Teufel, einem abhanden gekommenen Geldsack und dem König in 5 Aufzügen / von Walter Schade. – Mühlhausen/Th. : Danner, [1928]. – 20 S. – (Finsterwalder Handpuppenspiele ; 10)

Scheller, Thilo: Kasper als Sportsmann : ein Puppenspiel / [Figurinen von Walter Kramer]. – Berlin : Bühnenvolksbund, [1931]. – 15 Bl. – (Puppenspiele deutscher Jugend ; 1)

Scheller, Thilo: Die Verjüngungskur : ein Puppenspiel / [Figurinen von Walter Kramer]. – Berlin : Bühnenvolksbund, [1931]. – 21 Bl. – (Puppenspiele deutscher Jugend ; 2)

Scheller, Thilo: Kasper löst das Arbeitslosenproblem : ein Puppenspiel / [Figurinen von Walter Kramer]. – Berlin : Bühnenvolksbund, [um 1931]. – 18 Bl. – (Puppenspiele deutscher Jugend ; 3)

Schenk, Hans: Kaspar Faust oder Der Teufelspakt : ein Puppenspiel / von Hans Schenck. – München : Callwey, [1926]. – 16 S. – (Die Schatzgräber-Bühne : eine Sammlung deutscher Volks,- Jugend- und Puppenspiele / hrsg. vom Dürerbund durch Frhr. v. Egloffstein ; 13)

Scheu, Hans: Die Raketenfahrt : ein Handpuppenspiel / von Hans Scheu. – Leipzig : Strauch, [um 1935]. – 23 S. – (Radirullala – Kaspar ist wieder da! : eine Sammlung größerer Puppenspiele für die Kasparbühne / hrsg. von Hugo Schmidtverbeek ; 24)

Scheurmann, Erich: Neue Kasperstücke / von Erich Scheurmann. – Buchenbach-Baden : Felsen-Verl., 1922. – 104 S.

Scheurmann, Erich: Neue Kasperstücke : zweite Folge. 3 Hefte. / von Erich Scheurmann. – Leipzig : Strauch, [1923]. – 24, 24, 25 S.

Scheurmann, Erich: Kasperles drei Heldentaten / [mit Buchschmuck von Felix Albrecht]. – Berlin : Bloch, [1925]. – 24 S. – (Eduard Blochs Kasperl-Theater ; 21)

Schmid, Arthur: Doktor Johannes Faust : ein Spiel nach dem Puppenspiel von Karl Simrock / bearb. von Arthur Schmid. – München : Callwey, [1928]. – 37 S. – (Die Schatzgräber-Bühne : eine Sammlung deutscher Volks,- Jugend- und Puppenspiele / hrsg. vom Dürerbund durch Frhr. v. Egloffstein ; 45)

Schmidt, Ida: Die verschwundene Prinzessin : ein Spiel für die Handpuppenbühne / von Ida Schmidt. – Berlin : Bloch, [1928]. – 32 S. – (Das Handpuppentheater : eine Reihe alter und neuer Komödien für die Handpuppenbühne / hrsg. von Robert Adolf Stemmle ; 3)

Schmidt, Ida: Kasper und die blaue Blume : ein Spiel für die Handpuppenbühne in drei Akten / von Ida Schmidt. – Berlin : Bloch, [1930]. – 32 S. – (Das Handpuppentheater : eine Reihe alter und neuer Komödien für die Handpuppenbühne / hrsg. von Robert Adolf Stemmle ; 11)

Schmidt, Otto: Trullala – trullala – Kasperl ist schon wieder da! : 2 lustige Stücke fürs Kasperletheater / von Otto Schmidt. – Mühlhausen/Th. : Danner, [1929]. – 12 S. – ([Finsterwalder] Handpuppenspiele ; 15)

Schmidt, Otto: 2 lustige Kasperle-Stück / von Otto Schmidt. – Mühlhausen/Th. : Danner, [1929]. – 16 S. – ([Finsterwalder] Handpuppenspiele ; 16)

Schmidtverbeek, Hugo [d. i. Hugo Schmidt]: Doktor Eisenbart oder Kaspar als Arzt : ein Puppenspiel für das Kaspartheater in 3 Aufzügen / von Hugo Schmidtverbeek. – Leipzig : Strauch, [1920]. – 36 S. – (Radirullala – Kaspar ist wieder da! : eine Sammlung größerer Puppenspiele für die Kasparbühne / hrsg. von Hugo Schmidtverbeek ; 1)

Schmidtverbeek, Hugo [d. i. Hugo Schmidt]: Gevatter Tod oder Der Wunderarzt : Puppenspiel in 4 Aufzügen für das Kaspartheater / von Hugo Schmidtverbeek. – Leipzig : Strauch, [1921]. – 32 S. – (Radirullala – Kaspar ist wieder da! : eine Sammlung größerer Puppenspiele für die Kasparbühne / hrsg. von Hugo Schmidtverbeek ; 2)

Schmidtverbeek, Hugo [d. i. Hugo Schmidt]: Doktor Faust : das Leben und die Höllenfahrt des weltberühmten Zauberers und Schwarzkünstlers im Puppenspiel dargestellt / von Hugo Schmidtverbeek. – Leipzig : Strauch, [1922]. – 40 S. – (Radirullala – Kaspar ist wieder da! : eine Sammlung größerer Puppenspiele für die Kasparbühne / hrsg. von Hugo Schmidtverbeek ; 3)

Schmidtverbeek, Hugo [d. i. Hugo Schmidt]: Der Tragödie von Doktor Faust unwiderruflich dritter und letzter Teil oder Faust bekommt endlich eine Wohnung : ein lustiges Spiel für die Puppenbühne in 3 Akten, einem Vorspiele auf dem Theater und im Himmel ; für die Handpuppenbühne erdichtet und eingerichtet / von Hugo Schmidtverbeek. – Leipzig : Strauch, [1927]. – 32 S. – (Radirullala – Kaspar ist wieder da! : eine Sammlung größerer Puppenspiele für die Kasparbühne / hrsg. von Hugo Schmidtverbeek ; 4)

Schmidtverbeek, Hugo [d. i. Hugo Schmidt]: Kaspar in Marokko : eine romantische Puppenkomödie in drei Aufzügen und einem Vorspiele ; für die Handpuppenbühne erdichtet und eingerichtet / von Hugo Schmidtverbeek. – Leipzig : Strauch [1928]. – 32 S. – (Radirullala – Kaspar ist wieder da! : eine Sammlung größerer Puppenspiele für die Kasparbühne / hrsg. von Hugo Schmidtverbeek ; 5)

Schmidtverbeek, Hugo [d. i. Hugo Schmidt] : Der Schatz im Walde oder Es ist niemand da!. Kaspar hat Geburtstag oder Ende gut, alles gut : zwei lustige Stücklein für die Handpuppenbühne / von Hugo Schmidtverbeek. – Leipzig : Strauch, [1928]. – 32 S. – (Radirullala – Kaspar ist wieder da! : eine Sammlung größerer Puppenspiele für die Kasparbühne / hrsg. von Hugo Schmidtverbeek ; 8)

Schmidtverbeek, Hugo [d. i. Hugo Schmidt]: Kaspar in der Türkei : ein klassisch-romantisches Heldenstück in 3 Aufzügen ; für die Handpuppenbühne erdichtet und eingerichtet / von Hugo Schmidtverbeek. – Leipzig : Strauch, [1929]. – 32 S. – (Radirullala – Kaspar ist wieder da! : eine Sammlung größerer Puppenspiele für die Kasparbühne / hrsg. von Hugo Schmidtverbeek ; 9)

Schmidtverbeek, Hugo [d. i. Hugo Schmidt]: Die Kümmelhexe oder Der Zaubertrank oder Der böse Geist in der Flasche : ein lustiges Zauberspiel von guten und bösen Geistern in einem Aufzuge ; für die Handpuppenbühne erdichtet / von Hugo Schmidtverbeek. – München : Callwey, [1929]. – 26 S. – (Die Schatzgräber-Bühne : eine Sammlung deutscher Volks,- Jugend- und Puppenspiele / hrsg. vom Dürerbund durch Frhr. v. Egloffstein ; 62)

Schmidtverbeek, Hugo [d. i. Hugo Schmidt]: Der studierte Nachtwächter : ein lustiges Kasparstücklein in 3 Aufzügen ; für die Handpuppenbühne erdichtet und eingerichtet / von Hugo Schmidtverbeek. – Leipzig : Strauch, [1930]. – 32 S. – (Radirullala – Kaspar ist wieder da! : eine Sammlung größerer Puppenspiele für die Kasparbühne / hrsg. von Hugo Schmidtverbeek ; 12)

Schmidtverbeek, Hugo [d. i. Hugo Schmidt]: Kleine Kasparspiele. – Leipzig : Strauch, [1930]. – 24 S. – (Radirullala – Kaspar ist wieder da! : eine Sammlung größerer Puppenspiele für die Kasparbühne / hrsg. von Hugo Schmidtverbeek ; 14)

Schmidtverbeek, Hugo [d. i. Hugo Schmidt]: Max und Moritz : vier Bubenstreiche frei nach Wilhelm Busch ; für das Kasparttheater bearbeitet / von Hugo Schmidtverbeek. [Mit Zeichn. von Edi Kallista]. – Leipzig : Strauch, [1932]. – 19 S. – (Radirullala – Kaspar ist wieder da! : eine Sammlung größerer Puppenspiele für die Kasparbühne / hrsg. von Hugo Schmidtverbeek ; 21)

Schütze, Wolfgang: Jorinde und Joringel : Kasperstück in einem Aufzuge. Kasper als Kunstmaler : nach einem Marionettenspiel von Pocci frei bearbeitet / von Wolfgang Schütze. – Leipzig : Strauch, [1930]. – 32 S. – (Radirullala – Kaspar ist wieder da! : eine Sammlung größerer Puppenspiele für die Kasparbühne / hrsg. von Hugo Schmidtverbeek ; 15)

Schütze, Wolfgang: Der Froschkönig : ein Märchenspiel fürs Kaspartheater in zwei Aufzügen / Wolfgang Schütze. Der Zaubersessel : ein lustiges Kasperlspiel in einem Aufzug / Hans Buresch. – Leipzig : Strauch, [1930]. – 32 S. – (Radirullala – Kaspar ist wieder da! : eine Sammlung größerer Puppenspiele für die Kasparbühne / hrsg. von Hugo Schmidtverbeek ; 16)

Schulte, Sidonie: Die vertauschten Köpfe : große politische Kartoffelkomödie in 11 Bildern / von Sidonie Schulte. – Hamburg : Hanseatische Verl.-Anst., [1923]. – 44 S. – (Deutsche Puppenspiele ; 2)

Schulz-Heising, Otto: Die Prinzessin ist futsch : ein Puppenspiel / von Otto Schulz-Heising. [Das Titelbl. ist von Erich Sperling]. – Leipzig : Strauch, [1930]. – 23 S. – (Ollmärksche Puppenspeele : neue Handpuppenspiele für die Ollmärksche Speeldeel ; 1)

Schuster, Ludwig: Die Mondlaterne : heiteres Puppenspiel in 5 Bildern / von L. Schuster. – Leipzig : Strauch, [um 1933]. – 40 S. – (Radirullala – Kaspar ist wieder da! : eine Sammlung größerer Puppenspiele für die Kasparbühne / hrsg. von Hugo Schmidtverbeek ; 22)

Seebach, Hans: Eine Nacht im arabischen Schloß : ein orientalisches Puppenspiel in drei Aufzügen / von Hans Seebach. – Prag [u. a.] : Haase, 1919. – 69 S. – (Im Kasperl-Theater : eine Sammlung deutscher Puppenspiele ; 1)

Seebach, Hans: Kasperl und die wissenden Tiere : ein Märchenspiel in vier Aufzügen / von Hans Seebach. – Prag [u. a.] : Haase, 1920. – 64 S. – (Im Kasperltheater : eine Sammlung deutscher Puppenspiele ; 5)

Springenschmid, Karl: Siebenmal der Kasperl : sieben richtige Kasperlstücke mit Hexen, Geistern, Teufeln Räubern, Drachen und anderen Viechern ; aufgeschrieben nach dem Salzburger Kasperlspiel / von Karl Springenschmid. [Bilder von Frank Rubesch]. – Wien [u. a.] : Haase, 1931. – 56 S. : Ill.

Stemmle, Robert Adolf: Das Märchen von einem, der auszog, das Fürchten zu lernen : ein Puppenspiel / von Robert Adolf Stemmle. – Berlin : Bloch, [1928]. – 35 S. – (Das Handpuppentheater : eine Reihe alter und neuer Komödien für die Handpuppenbühne / hrsg. von Robert Adolf Stemmle ; 2)

Stemmle Robert Adolf: Dr. Johann Faust : ein altes Puppenspiel ; für die Handpuppenbühne bearbeitet / von Robert Adolf Stemmle. [Musik von Walter Wolf]. – Berlin : Bloch, [1929]. – 39 S. – (Das Handpuppentheater : eine Reihe alter und neuer Komödien für die Handpuppenbühne / hrsg. von Robert Adolf Stemmle ; 8/9)

Stemmle, Robert Adolf: Die vergiftete Leberwurst : eine Kasperliade in einem Aufzug / von Robert Adolf Stemmle. – Berlin : Bloch, [1930]. – 26 S. – (Das Handpuppentheater : eine Reihe alter und neuer Komödien für die Handpuppenbühne / hrsg. von Robert Adolf Stemmle ; 12)

Stemmle, Robert Adolf: Das Trillewipp-Hütchen : eine Zauberkomödie für Puppen / von Robert Adolf Stemmle. – Berlin : Bloch, [1931]. – 35 S. – (Das Handpuppentheater : eine Reihe alter und neuer Komödien für die Handpuppenbühne / hrsg. von Robert Adolf Stemmle ; 14)

Stenzel, Walter: Kasper erlöst die arme Seele : drei lustige Geisterbeschwörungen Kaspers / von Walter Stenzel. – Mühlhausen/Th. : Danner, [1928]. – 32 S. – ([Finsterwalder] Handpuppenspiele ; 11)

Teumer, Carl: Das tapfere Schneiderlein : ein Schattenspiel in Versen ; nach Bechsteins Märchen / von Carl Teumer. – Leipzig : Lehmann & Schüppel, 1925. – 15. S.

Thiele, Arthur: Kasperle in der Apotheke. Kasperle beim Phrenologen. Kasperles Hamsterglück. – Leipzig : Strauch, [um 1920]. – 24 S. – (Aus Kaspers Rosengarten ; 1)

Watzlik, Hans: Der Räuber Toldrian : ein Puppenspiel / von Hans Watzlik. – München : Callwey, [1926]. – 31 S. – (Die Schatzgräber-Bühne : eine Sammlung deutscher Volks-, Jugend- und Puppenspiele / hrsg. vom Dürerbund durch Frhr. v. Egloffstein ; 26)

Weismantel, Leo: Das Werkbuch der Puppenspiele / von Leo Weismantel. – Frankfurt/Main : Verl. des Bühnenvolksbundes, 1924. – 128 S. : Ill.

Weismantel, Leo: Die sechs schönsten Puppen-Komödien von Franz Pocci : mit Spielanmerkungen / hrsg. von Leo Weismantel als vierte Reihe der Bücherei erneuerter Volks- und Puppenspiele. – Frankfurt/Main: Verl. des Bühnenvolksbundes, [1924]. – 272 S. : Ill. – (Leo Weismantel erneuert alte Volks- und Puppenspiele ; 4)

Weismantel, Leo: Vaterländische Spiele : mit Spielanmerkungen / hrsg. von Leo Weismantel als erste Reihe der Bücherei erneuerter Volks- und Puppenspiele. – Frankfurt/Main : Verl. des Bühnenvolksbundes, [1924]. – 245 S. : Ill. – (Leo Weismantel erneuert alte Puppenspiele ; 1)

Weismantel, Leo: Die sechs schönsten Fastnacht-Spiele von Hans Sachs : mit Spielanmerkungen / hrsg. von Leo Weismantel als dritte Reihe der Bücherei erneuerter Volks- und Puppenspiele. – Frankfurt/Main : Verl. des Bühnenvolksbundes, 1926. – 154 S. : Ill. – (Leo Weismantel erneuert alte Puppenspiele ; 3)

Weismantel, Leo: Schattenspielbuch : Schattenspiele des weltlichen und geistlichen Jahres und Anleitung zur Herstellung einer Schattenspielbühne und zum Schattenspiel / von Leo Weismantel. – Augsburg : Filser, 1930. – 284 S. : Ill. – (Bücher der Adventstube ; 2). – Enth. sechs Beil.

Wendler, Otto Bernhard: Sieben auf einen Streich : ein Spiel für das Handpuppentheater / von Otto Bernh. Wendler. – Leipzig : Strauch [1928]. – 23 S. – (Radirullala – Kaspar ist wieder da! : eine Sammlung größerer Puppenspiele für die Kasparbühne / hrsg. von Hugo Schmidtverbeek ; 6)

Wendler, Otto Bernhard: König werden ist nicht schwer : ein Puppenspiel / von O. B. Wendler. – Leipzig : Strauch, [1928]. – 24 S. – (Radirullala – Kaspar ist wieder da! : eine Sammlung größerer Puppenspiele für die Kasparbühne / hrsg. von Hugo Schmidtverbeek ; 7)

Wendler, Otto Bernhard: Der Stilze Rumpel : ein Puppenspiel / von Otto Bernhard Wendler. [Liedvertonungen von Helmut Weiß]. – Berlin : Bloch, [1928]. – 47 S. – (Das Handpuppentheater : eine Reihe alter und neuer Komödien für die Handpuppenbühne / hrsg. von Robert Adolf Stemmle ; 4)

Wendler, Otto Bernhard: Knüppel aus dem Schnupftabak : ein Puppenspiel / von Otto Bernhard Wendler. [Musik von Helmuth Weiß]. – Berlin : Bloch, [1929]. – 39 S. – (Das Handpuppentheater : eine Reihe alter und neuer Komödien für die Handpuppenbühne / hrsg. von Robert Adolf Stemmle ; 7)

Wichmann, Joachim Herbert: Der Sterngucker : Lustspiel für das Puppentheater in 3 Aufzügen / von Joachim Herbert Wichmann. – Berlin : Bloch, [1932]. – 47 S. – (Eduard Blochs Kasperl-Theater ; 31)

Zimmermann, Albert: Die gestohlenen Kartoffeln oder Kasper und der faule Seppel : eine Kartoffelkomödie in fünf Aufzugen / von Albert Zimmermann. – Leipzig : Strauch, [1921]. – 19 S. – (Das Kaspertheater des Leipziger Dürerbundes / hrsg. von Bernh. Rahn ; 5)

Zimmermann, Albert: Kasper wird König der Bunzelmänner oder Seppel lernt das Fürchten : Kasperlspiel in vier Aufzügen / von Albert Zimmermann. – München : Callwey, [1928]. – 28 S. – (Die Schatzgräber-Bühne : eine Sammlung deutscher Volks,- Jugend- und Puppenspiele / hrsg. vom Dürerbund durch Frhr. v. Egloffstein ; 40)

Zimmermann, Albert: Das Wunderei oder Kasper, Seppel und der Osterhase : Handpuppenspiel (10 Auftritte) mit lustigen Knüppelversen für die Osterzeit ; besonders für die Aufnahme der Schulanfänger / von Albert Zimmermann. – Leipzig : Strauch, [1931]. – 19 S. – (Radirullala – Kaspar ist wieder da! : eine Sammlung größerer Puppenspiele für die Kasparbühne / hrsg. von Hugo Schmidtverbeek ; 17)

Sekundärliteratur

Avenarius, Ferdinand: Kasperle soll aufleben. – In: Der Kunstwart. – 24 (1911), S. 271 f.

Birmanns, Manfred: Geschichte des Aachener Puppenspiels Oecher Schängche : von der Gründung bis zum Ende des Dritten Reiches. – Aachen : Alano, 1990. – Zugl.: Aachen, RWTH, Diss., 1990

Bohlmeier, Gerd: Das Reichsinstitut für Puppenspiel : ein Beitrag zur Geschichte des Figurentheaters. – Braunschweig, Univ., Diss., 1993

Brodbeck, Albert: Handbuch der deutschen Volksbühnenbewegung. – Berlin : Volksbühnen-Verl., 1930

Bück, Joseph: Fünf Jahre Puppentheater-Arbeit. – In: Das Puppentheater. – 2 (1925/26), S. 178 f.

Buschmeyer, Lothar: Die Kunst des Puppenspiels. – [Triberg/Schwarzwald] : [Selbstverl.], 1931

Bushart, Magdalena: Der Geist der Gotik und die expressionistische Kunst : Kunstgeschichte und Kunsttheorie 1911 – 1925. – München : Schreiber, 1990

Dienemann, Karl: Das Spielgut der Puppenbühne. – In: Jugendschriften-Warte. – 35 (1930), S. 93 – 96

Eichler, Fritz: Das Wesen des Handpuppen- und Marionettenspiels. – Emsdetten : Leuchte, 1937. – (Die Schaubühne ; 17). – Zugl.: München, Phil. Diss., 1937

Glanz, Luzia: Das Puppenspiel und sein Publikum. Berlin : Junker u. Dünnhaupt, 1941. – (Neue deutsche Forschungen ; 33). – Zugl.: Münster, Phil. Diss., 1941

Glöckel, Hans: Volkstümliche Bildung? : Versuch einer Klärung ; ein Beitrag zum Selbstverständnis der Volksschule / mit e. Geleitw. von Prof. Dr. Hans Scheuerl. – Weinheim : Beltz, 1964. – Zugl.: Erlangen-Nürnberg, Phil. F., Diss., 1964

Goehler, Gr.: Vom Kasperletheater. – In: Der Kunstwart. – 22 (1908), S. 362 ff.

Harten, Reinhold: Kinder als Puppenspieler. – In: Jugendschriften-Warte. – 35 (1930), S. 65 – 68

Heise, Heinrich: Kulturbewegung und Puppenspiel. – In: Die Tide : Niederdeutsche Heimatblätter. – 5 (1928a), S. 19 – 24

Heise, Heinrich: „Deutsche Volkskunst-Handpuppenspiele" (Spielgruppe des B.V.B.). – Flugblatt ohne Pagina. – (1928b) – Standort: Stadtmuseum <München> / Archiv: Sammlung Puppentheater, Schaustellerei

Kavrakova-Lorenz, Konstanza: Das Puppenspiel als synergetische Kunstform : Erkundungen über die Dialektik von Bildgestalt und Darstellungskunst im kommunikativen Gestaltungsprozeß des Puppenspielers. – Berlin, Univ., Diss., 1986

Kemmerling, Frauke: Mieh Hätz wie Holz : 200 Jahre Kölsch Hännesche / Frauke Kemmerling ; Monika Salchert. – Köln : Emons, 2002

Keppeler-Schrimpf, Helga: „Bildung ist nur möglich auf der Grundlage des Volkstums“ : eine Untersuchung zu Richard Seyferts volkstümlicher Bildungstheorie als volksschuleigene Bildungskonzeption. – Münster : Lit-Verl., 2005

Kesting, Marianne: Raumkonzepte : konstruktivistische Tendenzen in Bühnen- und Bildkunst 1910–1930. – Frankfurt/Main, 1986

Knoedgen, Werner: Das Unmögliche Theater : zur Phänomenologie des Figurentheaters. – Stuttgart : Verl. Urachhaus, 1990

Korff, Gottfried: Volkskunst als ideologisches Konstrukt? : Fragen und Beobachtungen zum politischen Einsatz der „Volkskunst“ im 20. Jahrhundert. – In: Jahrbuch für Volkskunde. – 15 (1992), S. 23 – 49

Latus, Urs: Kunststücke : Holzspielzeugdesign vor 1914. – Nürnberg : Tümmel, 1998. – (Schriften des Spielzeugmuseums Nürnberg ; 3)

Legband, Paul: Die Renaissance der Marionette. – In: Das literarische Echo. – 9 (1906), S. 248 ff.

Lewalter, Johann: Das alte Puppenspiel Dr. Fausts Leben und Höllenfahrt. – Kassel : Vietor, 1919

Maase, Kaspar: Massenkunst und Volkserziehung : die Regulierung von Film und Kino im deutschen Kaiserreich. – In: Archiv für Sozialgeschichte. – 41 (2001), S. 39 – 77

Mai, Gunther: „Verteidigungskrieg“ und „Volksgemeinschaft“ : staatliche Selbstbehauptung, nationale Solidarität und soziale Befreiung in Deutschland in der Zeit des Ersten Weltkrieges (1900–1925). – In: Der Erste Weltkrieg : Wirkung – Wahrnehmung – Analyse / hrsg. von Wolfgang Michalka. – München [u. a.] : Piper, 1994, S. 583 – 602

Mannhardt: Steht Kasperl wieder auf?. – In: Der Kunstwart. – 33 (1920), S. 231 f.

May, Robert: Mein Theater der Jugend. – In: Das Puppentheater – 3 (1930), S. 209 ff.

May, Robert: Aphorismen über die Kasperei. – In: Das Puppentheater – 4 (1931), S. 97 – 106

Molzahn, Hans-Ulrich: „Volkstümliche Bildung“ und Deutschunterricht. – Köln : Pahl-Rugenstein, 1981. – (Pahl-Rugenstein-Hochschulschriften Gesellschafts- und Naturwissenschaften ; 70 : Ser. Studien zu Bildung u. Erziehung). – Zugl.: Oldenburg, Univ., Diss., 1981

Oelkers, Jürgen: Reformpädagogik : eine kritische Dogmengeschichte. – 3., vollst. bearb. u. erw. Aufl. – Weinheim [u. a.] : Juventa-Verl., 1996

Paul, Dr. [d. i. Otto Max Paul]: Einiges über Handpuppen. – In: Das Puppentheater – 1 (1923/24), S. 135 – 139

Polenz, Benno von: Nochmals: Steht Kasperl wieder auf? – In: Der Kunstwart. – 33 (1920a), S. 177 ff.

Polenz, Benno von: Spielt Handpuppentheater! / hrsg. im Auftr. des beim Sächsischen Landesverein für Jugendpflege begr. Unterausschusses für Kino-Ersatz. – [s. l.] : [s. n.] (Druck: Dresden : Kamerad), 1920b

Polenz, Benno von: Spielt Handpuppentheater! – München : Callwey, 1921. – (Flugschrift zur Ausdruckskultur // Dürer-Bund ; 188)

Polenz, Benno von: Spielt Handpuppentheater! : Politik des Handpuppenspiels. – Leipzig, 1930

Das Puppentheater : Zeitschrift für die Interessen aller Puppenspieler und für Geschichte und Technik aller Puppentheater. – Leipzig : Lehmann & Schüppel. – Von 1 (1923/24) – 3 (1928/29)[?] erschienen

Der Puppenspieler : Blätter für das gesamte Puppenspielwesen. – Bochum : Puppenspieler-Verl. – Von 1 (1930/31) – 3 (1933) und 4 (1948/49) – 5 (1950/51) 1/3 erschienen

Purschke, Hans Richard: Die Entwicklung des Puppenspiels in den klassischen Ursprungsländern Europas : ein historischer Überblick. – [Frankfurt/Main] : [Internat. Theaterbuchh.], 1984

Rabe, Johannes E.: Kasper Putschenelle : Historisches über die Handpuppen und althamburgische Kasperszenen. – Hamburg : Quickborn-Verl., 1912

Raeck, Siegfried: Das Kasperlbuch. – Wien : Kulturausschuß d. Dt. Schulvereins Südmark, 1934. – („Werk und Wille" ; Beih. 1)

Rieck, Friedrich: Puppentheater, Großstadt und Politik. – In: Das Puppentheater. – 2 (1925/26), S. 179 – 182

Rilla, Paul: Das Puppenspiel. – In: Das literarische Echo. – 19 (1917), Sp. 859 ff.

Rohden, Peter Richard: Die Wiedergeburt des Puppenspiels. – In: Vivos voco : Zeitschrift für neues Deutschtum. – 3 (1922a), S. 185 – 191

Rohden, Peter Richard: Das Puppenspiel. – Hamburg : Hanseatische Verl.-Anst., 1922b

Rohden, Peter Richard: Der Sinn des Puppenspiels. – In: Das Puppentheater – 1 (1923), S. 3 – 8

Sandig, Holger: Die Ausdrucksmöglichkeiten der Marionette und ihre dramaturgischen Konsequenzen. – München, Univ., Diss., 1958

Scheper, Dirk: Oskar Schlemmer : das Triadische Ballett und die Bauhausbühne. – Berlin : Akademie d. Künste, 1988. – (Schriftenreihe der Akademie der Künste ; 20)

Schmidt, Hugo: Bibliographie des Handpuppentheaters. – In: Börsenblatt für den deutschen Buchhandel. – 95 (1928), S. 1184 – 1185 u. 1192 – 1194

Schmidt, Hugo: Bibliographie des Handpuppenspiels oder des Kaspartheaters. – In: Börsenblatt für den deutschen Buchhandel. – 100 (1933), S. 961 – 963

Schmitt, Carl: Politische Romantik. – 3., unveränd. Aufl. : Berlin : Duncker u. Humblot, 1968. – [EA: 1919]

Schulenburg, Gebhard Werner von der: Von der nationalen Mission des Puppentheaters. – In: Das literarische Echo. – 19 (1917), Sp. 1112 ff.

Seyfert, Richard: Volkstümliche Bildung als Ziel der Oberstufe der Volksschule. – In: Pädagogisches Zentralblatt. – 11 (1931), S. 233 – 242

Taube, Gerd: Puppenspiel als kulturhistorisches Phänomen : Vorstudien zu einer „Sozial- und Kulturgeschichte des Puppenspiels". – Tübingen : Niemeyer, 1995. – (Theatron ; 14). – Zugl.: Berlin, Humboldt-Univ., Diss., 1993

Verzeichnis wertvoller Spiele für die Schul- und Jugendbühne / hrsg. von den Vereinigten Dt. Prüfungsausschüssen für Jugendschriften. – 5. Ausg. – Hamburg : Verl. d. Vereinigten Dt. Prüfungsausschüsse für Jugendschriften, 1932

Weinkauff, Gina: Der rote Kasper : das Figurentheater in der pädagogisch-kulturellen Praxis der deutschen und österreichischen Arbeiterbewegung von 1918 – 1933. – Bochum : Dt. Inst. für Puppenspiel, 1982. – (Puppenspielkundliche Quellen und Forschungen ; 8)

Weinkauff, Gina: „Obwohl nicht kasperlemäßig im Sinne des niederdeutschen Kasperlespiels" : der Anteil von Carlo Böcklin und Beate Bonus an der Entwicklung des künstlerischen Handpuppenspiels in Deutschland. – In: Die Spiele der Puppe : Beiträge zur Kunst- und Sozialgeschichte des Figurentheaters im 19. und 20. Jahrhundert / hrsg. von Manfred Wegner. – Köln : Prometh-Verl., 1989. – S. 80 – 90

Wille und Werk : ein Handbuch des Bühnenvolksbundes / hrsg. von d. Arbeitsgemeinschaft in d. Reichsgeschäftsstelle des Bühnenvolksbundes unter Leitung von Wilhelm Karl Gerst. – Berlin : Bühnenvolksbundverl., 1928

Bernd Schorb / Benjamin Bigl

Die neuen Medien der 20er Jahre für Kinder und Jugendliche

Der Hörfunk – Das Staatsmedium

Medien erlebten in Deutschland zwischen 1918/19 und 1933 ihre erste, in engen Grenzen freie Entwicklung, um im „Dritten Reich" in Dienst genommen zu werden. Wiewohl das Radio in den zwanziger Jahren das neueste Medium war, ist eine Auseinandersetzung mit seinen Wirkungen unter pädagogischen oder jugendschützerischen Aspekten für diese Zeit nicht zu konstatieren. Dies liegt zum einen an der Verfasstheit des Hörfunks. Im Ersten Weltkrieg primär für die Nachrichtenübermittlung des Militärs genutzt und der Reichspost unterstellt, wurde er erst 1923 zu einem der Allgemeinheit zugänglichen Medium. (Vgl. dazu allgemein Dussel 2004; Lersch / Schanze 2004; Hagen 2005) Vor allem die Musik trug in diesen Jahren dazu bei, dass der Rundfunk zu einem „Phänomen der Massenkommunikation" (Wilke 2008, S. 336) wurde. Zwar bis zum Jahre 1926 kommerziell von Rundfunkunternehmen getragen, stand er doch unter staatlicher Beobachtung, in Hamburg und Bayern gab es sogar von Beginn an eigene Aufsichtsorgane. (Vgl. Halefeldt 1997, S. 95) Die anfangs begrenzten Sendereichweiten verhinderten außerdem, dass der Hörfunk schnell zu einem Massenmedium wurde. Die unternehmerische Unabhängigkeit des Hörfunks war nur von kurzer Dauer. Schon 1926 wurde der Rundfunk praktisch verstaatlicht, nachdem die Reichspost die Mehrheit der Aktien einer *Reichs-Rundfunkgesellschaft* (RRG) übernommen hatte. Den Vorsitz im Verwaltungsrat – und damit die Kontrolle – übernahm der Staatssekretär Hans Bredow. Der Funkpionier und spätere Vorsitzende der *Reichs-Rundfunkgesellschaft* sprach erstmals im November 1919 im Rahmen der ersten Übertragung von Musik und Sprache bei einem Experimentalvortrag von „Rundfunk für alle" (Breitkopf 2006, S. 6); ein neuer Begriff war geboren. Der Rundfunkhistoriker Halefeldt beschreibt die Entwicklung: „Zwar gab es 1918/19 Versuche, das Funkwesen herauszulösen aus der Postadministration, [...] doch konnten diese von dem siegreichen konservativen, alles andere als ‚republikfreundlichen' Spitzenbeamten vor allem des Reichspostministeriums mit dem ‚Vater des deutschen Rundfunks', Hans Bredow, an der Spitze allemal als unlauter, links, sozialdemokratisch oder nur ‚politisch' apostrophiert und unterdruckt werden." (Halefeldt 1996, S. 13)

Die *Radio-Stunde AG* konnte als erster Rundfunksender am 29.Oktober 1923 den Sendebetrieb in Lizenz des Postministeriums aufnehmen; bis 1925 sollten sich insgesamt 9 regionale Rundfunkgesellschaften gründen, 1926 gab es im Reichsgebiet über 1,2 Millionen Rundfunkhörer. (Vgl. Breitkopf 2006, S.39) Der Hörfunk entwickelte sich nun zu einem Massenmedium, die staatliche Kontrolle aber verhinderte, dass es zu ‚Auswüchsen' wie beim Film kam. Organisatorisch gab es wie heute im öffentlich-rechtlichen Rundfunk Landesanstalten, aber Programminhalt und -struktur waren weitgehend einheitlich. Der Hörfunk war staatstragend und vermittelte primär die Informations- und Bildungsinhalte der politisch und ökonomisch führenden Klasse. Zwar war ca. ein Drittel des Programms der leichten Unterhaltung vorbehalten, aber der Schwerpunkt lag auf dem „Vortragswesen", dem „Zeitfunk", der „Anspruchsvollen Unterhaltung" und der Bildung. (Schumacher 1997, S. 382)

Die gesellschaftliche Auseinandersetzung über das neue Medium fand statt entlang der Fragen nach den inhaltlichen Schwerpunkten eines Rundfunkprogramms, seiner Aufgabe als kulturelles oder der Unterhaltung dienendes Medium und der staatlichen bzw. politischen Beeinflussung. Insbesondere die Kulturschaffenden setzten sich mit den Bedingungen und Möglichkeiten dieses neuen Mediums auseinander. Wie auch in der historischen Folge bei der Etablierung eines neuen Mediums gab es die Befürchtung, der Hörfunk werde die Menschen einfangen und zu passiven Nutzern degradieren. Alfred Döblin formulierte diese Position anschaulich: „Das Rundfunkpublikum ist nur ein Monstrum und besteht aus hunderttausend Einzelwesen. […] Der Rundfunk ist eine typische Erscheinung der Vereinsamung, der Isolation. Er reißt die Privatleute nicht genug aus dem Zimmer heraus. Das Theater hat ein Gesamterlebnis. Der Rundfunk dagegen bleibt stecken im Wohnzimmer und im Individuum. Er kennt kein Kollektivum." (Döblin 1984, S. 99f.) Diese Kritik am Hörfunk hat im Übrigen Anklänge an die ein Vierteljahrhundert danach angestellten Überlegungen Theodor Adornos zum Fernsehen, das er als Pantoffelkino bezeichnete und als vereinsamendes und individualisierendes Medium dem Kino gegenüberstellte. (Vgl. Adorno 1971) Bei der Frage nach den Inhalten, die das neue Medium zu vermitteln habe, formulierte Max Herrman-Neiße im Sinne eines gesellschaftlich engagierten Künstlertums: „Der Rundfunk müsste eben, von uns Dichtern aus gesehen, das Arsenal für unsere Kampagnen, die Inventuraufnahme für unsere Weltgestaltung sein. Das Ideal: der in jeder Beziehung freie, für alle Hörer fruchtbare, unbegrenzt internationale, im Ernsten und Heiteren selbständig schöpferische Rundfunk!" (Herrmann-Neisse 1984, S. 85) Dem Rundfunk wurde also von den Kulturschaffenden eindeutig ein Bildungsauftrag zugesprochen. Für Stefan Zweig stand fest, „dass der Rundfunk, was Bildungsarbeit und Aktualität anlangt, die weitesten Kreise zu ziehen hat, sonst wäre der Zweck dieser genialen Erfindung nicht erfüllt." (Zweig 1984, S. 105) Allerdings stand diesen vorausschauend optimistischen Vorstellungen die Realität eines von rückschrittlichen staatlichen Kräften zensierten Hörfunks gegenüber, und so musste notwendigerweise die Debatte über die Freiheit des Rundfunks geführt werden. „Der patriotische Rundfunk [...] das ist so, wie wenn Einer sagt: Wir erlauben die neuen Automobile, die da aufgekommen sind; aber es dürfen nur Generale und nationale Studenten drin fahren. Das Automobil ist ein Verkehrsmittel, das Allen gehört, so dass keiner einen Vorsprung hat. [...] Der Rundfunk könnte eben das sein, wenn ihr nur wollt. Aber wir müssen wohl erst ein Rundfunkgesetz, Rundfunkgesetzausführungsbestimmungen, die Judikatur, die Literatur und vierundzwanzig Untersuchungen über die ‚Psychologie des Rundfunks' haben, bis sich auch in Deutschland herumgesprochen haben wird, dass der Rundfunk neutral zu sein hat. Was er nicht ist." (Tucholsky 1984, S. 208)

Die wenigen Daten, die auf die Nutzung des Hörfunks durch Jugendliche hinweisen, hat Kutsch (1996) ausgewertet. Sie beziehen sich auf zwei größere Umfragen aus dem Jahre 1931. Zwar weist er ausdrücklich darauf hin, dass die erhobenen Daten keineswegs den heute anzulegenden Maßstäben quantitativer Forschung genügen, aber es lassen sich doch einige grobe Tendenzen ablesen. Dabei zeigt sich zum ersten, dass sich in den Möglichkeiten der Nutzung des neuen Mediums die Klassenverhältnisse der Weimarer Republik durchschlugen. „Die sozial schlechter gestellten Volks- und Mittelschüler hörten durchschnittlich weniger regelmäßig Rundfunk als die Real- und Gymnasialschüler, in deren Elternhäusern der Besitz von Rundfunkgeräten verbreiteter war und die sich wahrscheinlich auch technisch besser ausgestattete Empfangsgeräte leisten konnten als die minderbemittelten Haushalte." (Kutsch 1996, S. 207) Nicht unterschieden sich die Jugendlichen – auch nicht von den heutigen – in der Nutzungsweise des Radios und in ihren programmlichen Präferenzen. Die Studien legen nahe, dass das Radio von Beginn an von Jugendlichen (auch) als Nebenbei-Medium genutzt wurde, was insofern nicht verwunderlich war, als beim Radio ja nur der Hörsinn angesprochen wird. Die Programmpräferenzen gehörten eindeutig der Unterhaltungsmusik, also den Sendungen, die unter leichte Unterhaltung rubriziert wurden. (Vgl. dazu Stapper 2001) Hier wurden der Hörfunk und das ebenfalls neue Medium Grammophon komplementär genutzt. Kutsch konstatiert in seiner Übersicht über empirische Studien, „daß ‚Musik hören' schon in den 20er Jahren einen außerordentlich hohen, durch das Aufkommen des Rundfunks und den Zugang zu ihm noch verstärkten Stellenwert im Freizeitraum der Jugendlichen besaß." (Kutsch 1996, S. 210) Die Ausprägung eines eigenen Musikgeschmacks diente neben der Selbstpräsentation auch der Distinktion von den Erwachsenen. So die Jugendlichen über die entsprechenden Empfangsgeräte verfügten, ‚surften' sie gleich den Nachkriegsjugendlichen der fünfziger Jahre des 20ten Jahrhunderts durch die deutschen und ausländischen Programme. Kutsch zitiert die Aussage einer Berliner Untersekundanerin: „Wenn ich ganz allein in der Wohnung bin, stelle ich mir immer Radio an und suche andere Stationen. Musik ist für mich eine richtige Erholung." (Ebd., S. 210) Und eine 16jährige Schneiderin ergänzt diese Aussage: „Leidenschaftlich gern höre ich Radio. Wenn Dajos Béla seine neuesten Schlager spielt, dann bekomme ich den Tanzfimmel." (Ebd., S. 209) Neben der Unterhaltungsmusik waren für die Jugendlichen noch die Nachrichten von Bedeutung, während sie den anderen Sparten wie der ernsten Musik und den Bildungsangeboten ablehnend gegenüber standen. Ein 15jähriger Tischler-Lehrling bringt es für sich auf den Punkt: „Ich höre meistens abends, denn sonst sind immer Vorträge. Na und die kann ich von Vater und Mutter genug hören." (Ebd., S. 207)

In der „euphorischen Pionierzeit des Rundfunks" (Schiller-Lerg 1999, S. 105) herrschte zunächst ein undifferenziertes Angebot für Kinder und Jugendliche. Es bildete sich aber bis zur ersten Hälfte der zwanziger Jahre ein eigenes auf die Zielgruppe Kinder ausgerichtetes Programm heraus. Bald hatte jeder regionale Sender ein eigenes Kinderprogramm, das von den Kindern auch angenommen wurde. Traditionelle Programmplätze für Kinder waren die der „Funkstunde", jeweils der Mittwoch und der Sonntag, wobei das Programm in der Regel von Erwachsenen gestaltet wurde. Ab 1924 gab es bei der Berliner „Funkstunde" mit der „Ullstein-Stunde" das erste feuilletonartige Magazin für „Frau und Familie". Neben Information und Unterhaltung bot das Magazin auch eine „Kinderecke" mit Geschichten wie „Funkheinzelmann" oder „Funkprinzessin". (Stenzel 2007, S. 437) Da der Rundfunk ein Medium für alle sein sollte, orientierte sich die Programmstruktur an den unterschiedlichen Zeitzyklen des Tages. So wurde versucht, möglichst viele soziale Gruppierungen zu berücksichtigen. „Die Sendeplätze waren daher soweit möglich, d.h. auf der Basis von Vermutungen über den Tagesablauf der Rundfunkteilnehmer, auf den Hörerkreis abgestimmt." (Schumacher 1997, S. 360) Sendungen für Kinder und Jugendliche fanden sich – wie heute auch noch – entweder am frühen Nachmittag, vor dem Schlafengehen oder als Schulfunk am Vormittag, was eine gemeinsame Radiorezeption im Unterricht ermöglichte. (Vgl. ebd., S. 388) Generell schien man sich Mitte der zwanziger Jahre bewusst zu sein, dass es sich bei Kindern um eine Zielgruppe handelte, die sich nicht nur in Bezug auf geistige Aufnahmefähigkeit oder Konzentrationsfähigkeit von den übrigen Hörergruppen unterschied. Man bemühte sich z.B. durch direkte und indirekte Beteiligung von Kindern, ein der vermuteten Bedürfnis- und Interessenlage dieser Zielgruppe angemessenes und gleichzeitig attraktives Programm zu erstellen.

Inhaltlich entwickelte sich der Rundfunk sogar für jüngere Autoren als Publikationsorgan. Besonders die drei Sendegesellschaften, deren Intendanten selbst Schriftsteller waren – bei der Funk-Stunde Berlin, der WERAG und der Schlesischen Funkstunde –, öffneten sich schnell für die Jugend und richteten spezielle Sendereihen ein. Dies waren z.B. „Jüngste Dichter", „Nachwuchs. Die Zeit in der jungen Dichtung" oder die Sendereihe „Ungedruckte Dichter", die es in der WERAG auf 63 Folgen brachte. (Vgl. Deutsches Rundfunkarchiv 2006, S.20) Strapazierten monotone Lesungen die Geduld der Hörer teilweise stark, erschienen „literarische Gattungen, die erst über die gesprochene Sprache ihre Wirkung voll entfalten konnten, vor allem Lyrik und Märchen, prädestiniert für den Rundfunkvortrag." (Ebd. S.22) Bargen Lyriker auch die Gefahr, durch eine schwülstige Vortragsweise Zuhörer abzuschrecken, gestaltete sich die Märchenlesung problemlos und wurde zu einem Erfolg im noch jungen Radioprogramm. Die Märchenlesung und Märchenrezitation wurde zum festen Bestandteil des Kinderprogramms, insbesondere auch durch Schriftstellerinnen wie Margot Daniger, Alice Fliegel, Lisa Tetzner oder Frieda Weißmann (Vgl. ebd. S.23), deren eigene oder fremde Märchen sich teilweise auch an Erwachsene richteten. Für Lisa Tetzner (1894–1963) sind beispielsweise zwischen 1926 und 1932 mehr als 67 Märchensendungen oder -erzählungen im Rundfunk für Kinder belegt. (Vgl. Deutsches Rundfunkarchiv 2006, S.692) Der Ursprung dieser Mediengattung ist im Übrigen eng mit der Wandervogelbewegung verwandt, auch Tetzner wanderte zwischen 1918 und 1922 quer durch Deutschland und erzählte Volksmärchen. (Vgl. Messerli 2008, S.55)

Tetzner schuf in einer „vis-a-vis"-Situation in Dörfern und Städten, unterstützt von Mimik und Gestik, eine Vortragsform, „die als ein neuer Typus zwischen den (nicht mehr existierenden) Erzählgemeinschaften einerseits und ihrer späteren Tätigkeit als Märchenerzählerin im Rundfunk andererseits anzusiedeln ist." (Messerli 2008, S.60) Tetzner selbst wollte die Erinnerungen an eine ‚glückliche Kindheit' bewahren, Messerli sieht dahinter auch den Hegegedanken. (Vgl. ebd.) Nur konsequent erscheint es daher, dass das Volksmärchen von Beginn an in den Kindersendungen präsent war, neben „märchenhafte Züge aufweisenden Kindergeschichten mit zum Teil zeitgenössischen Umweltbezügen." (Ebd., S.70) Schon früh wurde gefragt, ob das tradierte Märchen für Kinder des technischen Zeitalters noch die geeignete Literatur sein könne. Diskutiert wurde vor allem die Eignung der Märchen für das neue Medium Rundfunk sowie die fehlende Möglichkeit für die Kinder, Fragen zu stellen, wenn etwas nicht verstanden wurde, die fehlende Interaktivität des Mediums also. (Vgl. ebd., S.71) Am geeignetsten seien „Abenteuer, Mut und Stärke des Einzelnen gegen die Macht des Schicksals und die Unbill des Lebens." (Dolle 1983; zit. in: Messerli 2008, S.74) Die Vielfalt der Märchen im Rundfunk beeindruckt vor diesem Hintergrund umso mehr. Sie reicht von schwedischen Märchen wie z.B. *Die Prinzessin auf der Insel* (17.4.1927, Funkstunde Berlin) über *Märchen fremder Völker* (8.4.1930, Deutsche Welle) bis hin zu Dialogsendungen im Schulfunk wie *Welche Märchen wollen Kinder lesen?* (24.1.1930, SWR Frankfurt), die das

Märchen als Gattung thematisierten und sich dezidiert mit den Vorlieben des jungen Publikums auseinandersetzten. Die zunehmend besseren technischen Möglichkeiten der Tonaufnahme und -montage brachen den vormals eintönigen Monolog schließlich auf und trugen entscheidend zur Entwicklung anderer Gattungen und Genres bei, die sich von Reiseberichten hin zu Hörberichten oder Hörspielen entwickelten; teilweise ist dabei auch die Mitwirkung von Kindern und Jugendlichen in Live-Sendungen belegt („Berliner Kinder spielen ein Kindheitserlebnis: Feuerwehr. Von Friedrich Wolf", 16.3.1931, NORAG). (Deutsches Rundfunkarchiv 2006, S. 693) Bis 1929 wurden die Sendungen live ausgestrahlt, Moderationen durch Redakteure, Erzähler oder die so genannten ‚Rundfunktanten' bildeten den Rahmen des Programms. (Vgl. Stenzel 2007, S. 437) Gegen Ende der Weimarer Republik hatten sich schließlich „rundfunkeigene oder rundfunkgeeignete Vermittlungsformen" (Schiller-Lerg 1999, S. 104) insgesamt durchgesetzt, was in besonderem Maße Rundfunkautoren wie Walter Benjamin zu verdanken ist. Er erkannte die Notwendigkeit, Rundfunkbeiträge für Kinder und Jugendliche an didaktischen und inhaltlichen Vorgaben auszurichten und eine angemessene Kommunikationsform und -situation zu schaffen. Benjamin repräsentiert stellvertretend einen Autorentyp, „der aus der Symbiose von Technik und Programm den zeitgenössischen Umgang mit dem neuen Medium ableitete." (Ebd., S. 106)

Ein spezielles Jugendprogramm dagegen gab es selten. Der Zusammenschluss der westdeutschen Sender WERAG sendete 1929 eine eigene Reihe: *Der junge Mensch.* (Vgl. Schumacher 1997, S. 385) Die Deutsche Welle, die ein Gesamtprogramm für alle Sender anbot, hatte auch Sendungen, die sich an Jugendliche richteten. (Vgl. Führer 1996; 1997) Das moralisch-erzieherisch-belehrende Angebot jedoch fand bei den Jugendlichen keinen Zuspruch. (Vgl. Kutsch 1996, S. 208) Einen festen Programmpunkt bildete auch der Schulfunk, der schon bei den ersten Sendern zu Anfang der zwanziger Jahre fest verankert war. (Vgl. Halefeldt 1996, S. 14ff.) Mit der Gründung der Reichsgesellschaft RRG wurde ein einheitliches Schulfunkprogramm eingerichtet, das auf Langwelle sendete. Es richtete sich an den Unterricht, den es ergänzen sollte, und war auf die Unterrichtsfächer abgestellt. Daneben gab es einen sogenannten *Pädagogischen Rundfunk,* der sich mit Weiterbildungsangeboten an die Lehrer richtete.

Der Schulfunk wurde durch Pädagogen, in erster Linie Lehrer, unterstützt, die in der Nutzung dieses neuen Mediums eine Möglichkeit sahen, durch den Einsatz von Technik den Unterricht zu optimieren. Es wurde ein *Schulfunk-Verein e. V.* gegründet, der eine eigene Zeitschrift herausgab und bis zu 8000 Mitglieder organisierte. Das schon damals bestehende Problem der Kulturhoheit der Länder, die ein einheitliches Programm verhinderte, wurde durch die Bildung von Programmausschüssen zu umgehen versucht. Im Jahre 1930 gelang es, eine

Reichsstelle für Schulfunk zu schaffen, die an die RRG angegliedert war und damit dem direkten Einfluss der herrschenden politischen Elite unterworfen war. Da auch die Hauptaufgabe des Schulfunks unter Berufung auf den Artikel 148 der Weimarer Verfassung in der Förderung ‚staatsbürgerlicher Gesinnung' gesehen wurde, konnten die Nationalsozialisten nach der Machtübernahme weitgehend Inhalte und Strukturen übernehmen. Halefeldt illustriert dies an einem Beispiel einer Sendung für die staatsbürgerliche Erziehung. „Unter dem Titel: ‚Soziale Dichtungen' bot sie ‚Arbeiterdichtungen von Bröger, Lersch, Barthel' an. Wenig später wurde Bröger – und die beiden anderen standen ihm ideologisch nahe – von den Nationalsozialisten als ‚der deutsche Arbeiterdichter' gefeiert." (Halefeldt 1996, S. 20)

Der Film – Das neue Massenmedium

Der Film war in den zwanziger Jahren ein zwar noch neues, aber auch schon weitgehend etabliertes Medium. Schon um die Wende des Jahres 1900 hatte der Film über die Jahrmärkte Zugang zu allen Bevölkerungsschichten gefunden und sich zu einem Massenmedium entwickelt. Einen nicht unbedeutenden Beitrag leistete das ökonomische Imperium der Brüder Lumiere, die nicht nur Filme für das allgemeine Publikum drehten, sondern sie auch über ein eigenes Franchise-System vertrieben. Da der Film bis zur nationalsozialistischen Diktatur nicht unter Staatskuratel stand, sondern (fast) ausschließlich privatwirtschaftlich betrieben wurde, richtete sich sein Angebot an marktwirtschaftlichen Prinzipien aus. Dies bedeutete, dass die Bildware leicht verkäuflich sein und primär Unterhaltung bieten musste. Sensationelles, (heute kaum noch zu entschlüsselndes) Erotisches sowie Verbrechen waren die Ingredienzien der Kaufware Film. Der erste große Publikumserfolg 1903 in den USA beinhaltete einen Überfall auf einen Zug: *The Great Train Robbery*. Die Ausrichtung am Massengeschmack ebenso wie die Ausrichtung des Massengeschmacks machte den Film für die herrschende politische Klasse, das Bürgertum, suspekt. Hinzu kam, dass der Film von Beginn an ein populäres Medium war, das im öffentlichen Raum vermarktet wurde, erst in Jahrmarktszelten, aber bald schon in eigens gebauten Lichtspielhäusern. „Die Zahl der Kinos wuchs ständig: von 2000 vor dem Krieg auf 3700 im Jahr 1920, und 1929 waren es über 5000. Während Filmvorführungen vor dem Krieg oft in Scheunen oder bestenfalls in einem umgebauten Lokal dargeboten worden waren, wurden die Kinos der Zwanziger und Dreißiger Jahre, wie ihre Namen verkündeten, oft zu kleinen Palästen." (Laqueur; zit. in: Fischer et al. 1996, S. 52)

Im Kaiserreich und natürlich während des Ersten Weltkrieges stand der Film unter strenger Kontrolle und Zensur des Staates, sekundiert von der Militärverwaltung. Mit der Kapitulation und dem Zusammenbruch des Kaiserreiches fiel auch die Filmzensur weg. Nunmehr ‚blühte' eine Filmindustrie auf, die mit den bis heute erfolgreichen Ingredienzien Skandal, Sensation und Überschreiten der normativen Grenzen der herrschenden Klasse auf dem Markt der Unterhaltungsangebote Profit erwirtschaftete. Besonders in den Großstädten wurde der Film zum neuen Medium, dem – soweit sie es sich finanziell leisten konnten – die Massen zuströmten. Siegfried Kracauer, einer der führenden Filmtheoretiker des letzten Jahrhunderts, beschrieb enttäuscht die Kommerzialisierung der Freiheit nach dem Ersten Weltkrieg: „Als die Volksräte unmittelbar nach dem Krieg die Zensur abschafften – eine Maßnahme, die die wirren Ideen jener Regierung über revolutionäre Erfordernisse enthüllt – war der Effekt nicht die Verwandlung des Films zu einem politischen Forum, sondern ein plötzlicher Ausstoß von Filmen, die angeblich mit sexueller Aufklärung zu schaffen hatten." (Kracauer 1979, S. 50) Diese Entwicklung wiederholte sich in der BRD in den sechziger Jahren im Kontext der damaligen sogenannten sexuellen Revolution, als man mit Pseudo-Aufklärungsfilmen und Pseudo-Dokumentarfilmen wie beispielsweise ‚Mondo Cane' den damaligen strengen Jugendschutz – das Pendant zur Zensur der zwanziger Jahre – zu umgehen suchte. Wiewohl, worauf noch näher einzugehen sein wird, bereits 1919 ein Gesetz zur Zensur von Filmen auf den Weg gebracht wurde, das sogenannte *Lichtspielgesetz*, welches 1920 verabschiedet wurde, und mittels dessen die Darstellung von Erotik und Gewalt, aber auch die Freiheit der Meinungsäußerung zurückgedrängt wurden, entwickelte sich das Kino zum vorherrschenden Massenmedium, in das vor allem in den Ballungsgebieten die Menschen strömten. Im Jahre 1925 wurden 275,5 Millionen Kinobesucher gezählt, im folgenden Jahre waren es bereits 332,4 Millionen, und im Jahre 1928 wurde der Höchststand mit 352,5 Millionen erreicht. In Folge der Wirtschaftskrise sank die Zahl der Kinobesucher bis 1931 wieder auf 273,1 Millionen. (Vgl. SPIO 2010) Der hohen Akzeptanz des Kinos durch die Zuschauer entsprach seine wirtschaftliche Macht. Deutschland war bis in die dreißiger Jahre der größte Filmproduzent Europas. (Vgl. Ross 2006, S. 169) In Deutschland wurden so viele Filme wie in allen europäischen Ländern zusammen hergestellt. Die Filmproduktion und –distribution wurde von Beginn an durch den Konzern Ufa beherrscht. Die Ufa war bereits im Ersten Weltkrieg auf Initiative des Generals Ludendorff und unter Führung der Deutschen Bank entstanden. Die von der Ufa produzierten Filme setzte das Militär gleich den anderen kriegführenden Staaten als Propagandainstrument ein. (Vgl. Hermand / Trommler 1978) Nach dem Kriege zog sich der Staat als Anteileigner zurück, und die Ufa wurde dem nationalistischen Hugenberg-Konzern einverleibt, dem größten Medienkonzern der Weimarer Republik. (Vgl. Dussel 2004, S. 81)

Das Kino war seit seinem Siegeszug zu Beginn des zwanzigsten Jahrhunderts *das* neue Medium, um welches heftige und kontroverse Debatten geführt wurden. Haupttenor war der Schutz der Jugend vor den vermuteten negativen Wirkungen des Films. Dabei standen aus pädagogischer Sicht nicht nur gewalttätige und erotische Inhalte unter Verdacht, sondern dem Film selbst als eine künstliche Realität wurde unterstellt, dass er es den Heranwachsenden erschwere oder gar unmöglich mache, zwischen künstlicher Realität und der Wirklichkeit zu unterscheiden. Insbesondere die Kinoreformer, der Bewegung der Reformpädagogik zuzuordnen, standen an der Spitze der Kritik am neuen Massenmedium Film. (Vgl. Schorb 1994; 1995)

Wie die gesamte Reformbewegung, so entstand auch die Bewegung der Kinoreformer aus einer generellen Kritik an der industriellen Entwicklung im 19. und zu Beginn des 20. Jahrhunderts. Diese Kritik verband die pädagogischen Reformer mit der Jugendbewegung, insbesondere der Jugendwanderbewegung. Sie lehnten den Film als unnatürlich ab, stellten die künstliche Realität als Negativum der unmittelbaren Erfahrung von Natur entgegen. (Vgl. Degenhart 2001) Caselmann, einer der Akteure der Schulfilmbewegung, die im Gegensatz zu den Kinoreformern den Film produktiv als Mittel der Anschauung in den Unterricht einbauen wollten, kennzeichnet die pädagogische Reformbewegung als technikfeindlich und damit dem Film gegenüber ablehnend eingestellt. „Sie waren zu sehr naturschwärmerische Rousseau-Jünger, als dass sie so zivilisatorische technische Mittel wie Photographie, Kinematographie und Phonograph ernsthaft für die Gestaltung des Unterrichts in Betracht ziehen konnten." (Caselmann 1961, S. 9) Das Augenmerk der Kinoreformer richtete sich auf die rapide öffentliche Verbreitung des neuen Mediums Kinematograph. Das bewegte Bild, eine Attraktion der Jahrmärkte, Schaubuden und Varietés, übte auf die gesamte Bevölkerung einen starken Reiz aus und stieß auf die durchgängige Ablehnung der Pädagogen. Abgelehnt wurden jedoch nicht allein sensationell aufgemachte Inhalte, sondern ebenso die Begleitumstände der Abspielbedingungen: auf Jahrmärkten, in schlecht gelüfteten, verrauchten oder verdreckten Räumen. Abgelehnt wurde jede Form von fiktionaler Darstellung als nachgestellte, verfremdete, unechte Wirklichkeit. Gefordert wurde das wahre Bild, die wirklichkeitsgetreue Abbildung dessen, was ist. So gesehen war also nicht einmal die Qualität etwa einer Literaturverfilmung ein Beurteilungskriterium, sondern ausschließlich die Frage, inwieweit existente Phänomene reproduziert werden. Sellmann, einer der führenden Kinoreformer, schreibt: „Die Dramenfilme bleiben natürlich Schundfilme, auch wenn die größten Künstler mitwirken sollten, denn diese sind im Kinodrama nichts anderes als Marionetten und seelenlose Puppen, nichts anderes als Hanswürste, die Fratzen schneiden." (Sellmann 1912, S. 19)

Erste Erkenntnisse, was Kinder und Jugendliche im Kino sahen und sehen wollten, lassen sich schon früh in Emilie Altenlohs Untersuchung „Zur Soziologie des Kino" (1914) finden. In der bis zum Ende der Weimarer Republik einzigen empirischen Studie dieser Art untersuchte sie Besucherstatistiken in Mannheimer Lichtspieltheatern und wertete sie aus. Altenloh identifizierte deutliche Geschlechterunterschiede zwischen Jungen und Mädchen, was die Häufigkeit des Kinobesuchs betrifft. Das Kino spielte bei Mädchen eine eher untergeordnete Rolle, zu eingebunden waren sie in die häuslichen Pflichten. Die höher gebildeten Jungen mochten eher Kriegs- und Soldatenstücke. Besonders von Jungen „mit primitiverer geistiger Entwicklung" (ebd. S. 61) wurden Indianer- und Trappergeschichten bevorzugt. Hingegen ist die Frage des Geschmacks bei Mädchen nicht einfach zu beantworten. Auch wenn Mädchen eher Musik präferierten, scheint es weniger „das reine Interesse an gerade diesem Programm [zu sein, B.B.], das sie dazu veranlaßt; vielmehr genießen sie es wie viele andere Vergnügungen, zu denen sie, meist von den Eltern, mitgenommen werden, während die Knaben den Kino meist auf eigene Faust, besonders gerne mit ihren Kameraden besuchen." (Ebd., S. 62) Ob diese Unterschiede „nun eine Folge oder die Vorbedingung des außerordentlich lebhaften Kinobesuchs" waren, wagt Altenloh nicht zu resümieren, jedenfalls sei „klar, daß bei dieser Vorliebe der Kino die Stätte des Haupterlebens bildet." (Ebd., S. 62)

Die Beobachtung, dass Kinder und Jugendliche von den filmischen Darstellungen gebannt und fasziniert waren, führte zur Befürchtung, dass die Heranwachsenden die falschen Bilder der Wirklichkeit für die Wirklichkeit selbst halten, dass sie annehmen, Familiendramen, Raubüberfälle, Zugunglücke u. ä. seien das Reale und auch das Erstrebenswerte. Die Darstellung des falschen Weltbildes, so die Annahme, generiere eben dieses falsche Weltbild und nicht das richtige in den Köpfen der Zuschauer. Kerstiens beschreibt die damals vorherrschende Auffassung so: „Dieses falsche Weltbild ist Gefährdung für die Schwankenden, besonders für die Kinder, die noch Wirklichkeit und Sittlichkeit verwechseln; es ist zugleich Bestätigung für alle, die die selbstverständliche Sittenlosigkeit im Film als Rechtfertigung ihres eigenen Tuns und als Anreiz zu neuen Taten sehen." (Kerstiens 1964, S. 188)

Die völlige Ablehnung des populären Films durch die Pädagogen hatte den Ruf nach staatlicher Zensur zur Folge. Dem kam der preußische Militärstaat schon im eigenen ideologischen Interesse durch seine Polizeidienststellen nach. Grundlage der Zensur war das Staatsinteresse, die Aufrechterhaltung des inneren Friedens. Einen speziellen Kinder- und Jugendschutz gab es zu Anfang nicht, der Jugendschutz war in die allgemeine Zensur eingepasst. Aber auch der preußische Kultusminister nahm sich der Gefahren an, die er durch den ungehemmten Kinobesuch entstehen sah. Kerstiens zitiert einen Erlass des Ministers aus dem Jahre 1912, „in dem dieser eingehend von den Gefahren des Kinos spricht; für Schüler werden Beschränkungen festgelegt, die in den Schulordnungen verankert werden; es wird aber gleichzeitig darauf hingewirkt, dass die Schulen eigene Veranstaltungen in Verbindung mit Besitzern der Theater veranstalten, die ausschließlich der Belehrung oder der den Ansichten der Schule nicht widersprechenden Unterhaltung dienen.“ (Ebd., S. 185)

Im Kontext dieser Ablehnung des Popularmediums Film wurde die allgemeine Gefahr der Vermittlung eines gefährdenden Weltbildes durch einen ersten Kanon von Wirkungshypothesen differenziert. (Vgl. Funk 1934) Die meisten dieser Hypothesen begleiten die Disziplin ebenso wie die veröffentlichte Meinung bis heute. Eine erste negative Wirkung des Filmes liegt nach Ansicht der Kinoreformer in der geistigen Überforderung der Kinder. Diese Annahme wurde abgeleitet aus der Beobachtung, dass insbesondere Kinder Schwierigkeiten haben, die Mittel filmischer Dramaturgie zu verstehen und einzuordnen: die Möglichkeiten des Schnitts und dessen Einfluss auf die Darstellung der Zeit, und die Möglichkeiten der Kamera und ihre Folgen für die Sichtweise von Perspektive, Größe, Geschwindigkeit. Ein weiteres Problem wurde in der Reizüberflutung mit der Folge der Hypermotorik gesehen. Die Kinder würden zu „Kinokindern“, zu „aufgeregten, zappelnden, hastigen, nervösen, genußsüchtigen, von einem Gegenstand zum andern fliegenden jungen Menschenleben, wie man sie heute in den Klassenzimmern findet. All das Geschaute wirbelt in ihrem Gehirn, der Geschmack ist verbildet, das Gemüt leer geworden. Gesunde, einfache Geisteskost mögen sie nicht mehr. Zu ernster Arbeit unlustig, wollen sie von Genuß zu Genuß taumeln.“ (Sellmann 1912, S. 6) Dieses Wirkungskonstrukt postuliert, dass die fertige Aufbereitung der Wirklichkeit die Phantasietätigkeit und das selbsttätige Denken zurückdrängen. Die Hauptprobleme jedoch wurden – und werden bis heute – im Verlust sittlicher Orientierungen und der Adaption von Handlungsvorbildern gesehen. Es wurde befürchtet, dass die Unterscheidung zwischen Realität und medialer Pseudorealität verwischt wird und die Kinder die Maßstäbe der medialen Realität, das Böse, Unsittliche, Unerlaubte für das Reale halten und übernehmen; und es wurde vermutet, dass von Kindern und Jugendlichen direkt Handlungen übernommen werden, es also einen unmittelbaren Zusammenhang zwischen negativen Darstellungen in Filmen und entsprechend negativem Handeln der Zuschauer gibt. (Vgl. Kerstiens 1964; Kommer 1979, S. 76 ff.)

Allerdings gab es im Kontext der Kinoreformer auch Ansätze, das neue Medium Film für den Unterricht zu nutzen. Wie im oben zitierten Erlass des preußischen Kultusministeriums anklingt, wurden Möglichkeiten gesehen, den Film als Mittel der Veranschaulichung für den Unterricht einzusetzen, natürlich unter pädagogischen Prämissen konzipiert und produziert. In den zwanziger Jahren entstand in Deutschland aus dieser Vorstellung heraus die sogenannte Schulfilmbewegung. Schon 1919 wurde im *Zentralinstitut für Erziehung und Unterricht* in Berlin eine Bildstelle gegründet, und die Ufa begann mit der Produktion eigener Unterrichtsfilme. Die Schulfilmbewegung und mit ihr die Bildstellen breiteten sich recht schnell aus, nicht nur in Deutschland. „Ab 1923 erschien die Zeitschrift ‚Der Bildwart', ein zentrales Publikationsorgan sowohl für die Bildstellen in Deutschland, der Schweiz und Österreich (!) als auch für alle an den Fragen der Filmpädagogik und Filmdidaktik interessierten Pädagogen." (Degenhart 2001, S. 65)

Auch für das Kino wurden entsprechende pädagogische Lehrfilme produziert, belegt sind in diesem Zusammenhang Gesundheits- und Aufklärungsfilme, die bspw. versuchten, die Säuglings- und Kleinkinderpflege zu popularisieren, oder die sich direkt der Erziehung und sexuellen Aufklärung von Kindern und Jugendlichen widmeten. (Vgl. Schmidt 2000, S. 55) Häufig bewegten sich diese Filme aber im Spannungsfeld zwischen aufklärerischem Impetus und Sensationslust. Der Film „Wie sag ich's meinem Kinde?" (1923) war so zum Beispiel Teil einer Kampagne zur ‚moralischen Jugenderziehung', indem er die Gefahren verfrühter sexueller Erfahrungen schilderte und diese als das Resultat einer verfehlten Erziehung darstellte. (Vgl. ebd., S. 66)

Die neue Schulfilmbewegung bediente sich nicht der privaten Kinos, sondern war in das etablierte Bildungswesen eingebunden, und ihre Einrichtungen wie die *Landesverbände zur Förderung des Lichtbildwesens in Erziehung und Unterricht* und die *Landesbildstellen* waren staatlich geförderte. Ohne Probleme konnten sie 1934 schließlich in die *Reichsstelle für den Unterrichtsfilm* überführt werden. Im Gründungserlass für die Reichsstelle formulierte der Minister Rust: „Der nationalsozialistische Staat stellt die deutsche Schule vor neue große Aufgaben. Sollen sie erfüllt werden, so müssen alle pädagogischen und technischen Hilfsmittel für diese Arbeit eingesetzt werden. Zu den bedeutungsvollsten der Hilfsmittel gehört der Unterrichtsfilm. [...] Es ist mein Wille, dass dem Film ohne Verzögerung in der Schule die Stellung geschaffen wird, die ihm gebührt; er wird dann – worauf ich besonderen Wert lege – gerade bei den neuen Unterrichtsgegenständen der Rassen- und Volkskunde von vornherein mit eingesetzt werden können." (Zierold 1943, S. 1 f.) Neben der Schulfilmbewegung gab es auch erste produktive Ansätze, den Film als pädagogischen Mittler einzusetzen, ja mehr noch, sich mit dem Medium Film als gestalteter Wirklichkeit auseinanderzusetzen. Ein Beispiel hierfür war Hans Bestler, ein Münchner Lehrer. Aus der Befürchtung heraus, auch der Unterrichtsfilm könne primär rezipiert werden und nicht zur aktiven Auseinandersetzung mit der Umwelt beitragen, plädierte er sowohl für eine Einbettung des Films in andere Aktivitäten wie Diskutieren, Zeichnen und Schreiben, als auch für eine Auseinandersetzung mit den Gestaltungsprinzipien von Filmen. Zusammengefasst also plädiert er für eine reflektierende Auseinandersetzung mit dem Film als ein bewusst und mit einer bestimmten Absicht gestaltetes Medium. (Vgl. Ammann 1976; Ruprecht 1976) Einen Schritt weiter ging Mitte der dreißiger Jahre Adolf Reichwein, ein Gegner des Nationalsozialismus, der sich im Kreisauer Kreis engagierte und 1944 hingerichtet wurde. Er führte in einem mecklenburgischen Dorf seine Schüler zu einer kritischen Auseinandersetzung mit den stehenden und bewegten Bildern, indem er sie anregte, vom ‚registrierenden Sehen' zum ‚planvollen Schauen' zu gelangen (vgl. Degenhart 2001, S. 97), also hinter dem Phänomen die Gestaltung zu erkennen, „denn das Kind soll nicht nur aufnehmen, sondern mitschaffen." (Ebd. S. 83)

Die kritische und reflexive Auseinandersetzung mit dem Film war aber damals, ebenso wie im Nachkriegsdeutschland, die seltene Ausnahme. Die veröffentlichte Meinung setzte sich mit dem kommerziellen Film auseinander und forderte, dem ‚Schmutz und Schund', der durch die Kinos verbreitet werde, Einhalt zu gebieten. Dies führte 1920 zur Verabschiedung des *Lichtspielgesetzes*. „Die öffentlichen Proteste und die Kritik sämtlicher Parteien führten, nach hitzigen Debatten im Parlament und verschiedenen Gesetzesvorlagen, zur Verabschiedung des LG 20, lediglich mit den Gegenstimmen der USPD." (Ebd., S. 33) Wiewohl die Weimarer Verfassung eigentlich die Zensur verbot, wurde diese nun eingeführt. Das neue Medium Film war das einzige, das der Vorzensur durch den Staat unterworfen wurde. (Vgl. Fischer et al. 1996; Kerlen 2003; Jugend und Medien in Deutschland 2005) Dies betraf jedoch nur wenige Kinder und zu Beginn der Weimarer Republik auch nur wenige Jugendliche, da der Kinobesuch für Kinder unter zehn Jahren generell untersagt war und die Jugendzensur in den ersten drei Jahren sehr streng gehandhabt wurde. Bis zum Jahr 1922 durften Jugendliche unter achtzehn Jahren 60 Prozent der Filme, ab 1922 etwa 30 Prozent der gezeigten Filme nicht besuchen.

Dennoch: Kino war für die Jugendlichen von höchster Attraktivität. Was jedoch sahen Kinder und Jugendliche? Zur Orientierung dienten ihnen die sehr beliebten Filmzeitschriften. Es gab mit dem *Filmkurier* sogar eine Filmtageszeitung, herausgegeben vom *Reichsverband Deutscher Lichtspieltheaterbesitzer e.V.* Die anderen periodisch erscheinenden Filmzeitschriften waren meist weltanschaulich ausgerichtet, wie die liberal-kritische *LichtBildBühne*, das konservative *Reichsfilmblatt* oder die sozialistische *Arbeiterbühne und Film*. (Vgl. Korte 1998, S. 135)

Generell bevorzugten die Jugendlichen das vordergründig unpolitische Massenprodukt ‚Unterhaltungsfilme'. Sie erlaubten in der unruhigen Zeit Realitätsflucht und machten individuelle Glücksversprechen „bei gleichzeitiger Pointierung vorhandener Vorurteile und betont optimistischer Bestätigung der Sehnsüchte des Publikums." (Ebd., S. 121) Die sogenannten ‚Tendenzfilme', die sich kritisch mit den gesellschaftlichen Verhältnissen auseinandersetzten, wie etwa *Kuhle Wampe*, zu der Bertolt Brecht das Drehbuch geschrieben hatte, oder Eisensteins Klassiker *Panzerkreuzer Potemkin*, wurden von der Zensur aus dem Verkehr gezogen. Mit dem Vorwurf der Verhetzung und des Aufrufs zu Gewalt wurde der Jugendschutz als Vorwand für Zensur genutzt.

Die ersten Filme speziell für Kinder – also Filme, die inhaltlich und formal auf Verständnis, Auffassungsvermögen und Bedürfnisse von Kindern konzipiert und produziert wurden – gab es in Russland. (Vgl. Wolf 1995, S. 176f.) Die Inszenierung von Märchen und Sagen wie etwa *Rübezahls Hochzeit* (1916), *Das kalte Herz* (1918) während oder nach dem Ersten Weltkrieg in Deutschland war zum einen der wirtschaftlichen Situation und zum anderen dem Fehlen von Originalstoffen für Kinder und Jugendliche geschuldet. (Vgl. Wolf 1995, S. 177) Bald schon unterstützten amerikanische Unterhaltungsproduktionen mit Komödien und Slapsticks wie bspw. denen von Charlie Chaplin (ab 1915) oder Stan Laurel und Oliver Hardy (ab 1921) das Angebot für Kinder und Jugendliche. Die Hollywood-Produktionen sprachen in erster Linie die Affekte des Publikums an. Sie waren zwar keine genuinen Kinderfilme im Sinne der obigen Definition, dennoch boten sie für Kinder und Jugendliche attraktive Identifikationsangebote. (Vgl. Möbius 2007, S. 451) Westernfilme und spannende Unterhaltungsangebote lockten die Großstadtkinder in Scharen in die Kinos, andererseits ermöglichten diese Art von Filmen „soziale Differenzerfahrungen" ebenso wie die „Erfahrung der Unterschiedlichkeit zwischen fiktiver Filmrealität und Alltagsrealität." (Ebd.) Die Distanzierung in Deutschland von diesen Produktionen begann etwa gleichzeitig mit dem Aufkommen der ersten Trick-, Puppen- und Scherenschnitt-Märchenfilme etwa von Lotte Reiniger oder den Gebrüdern Diehl Ende der 1920er Jahre. (Vgl. Wolf 1995, S. 177; Möbius 2007, S. 451) Diese bildeten ein Gegengewicht zu den seichten Unterhaltungsfilmen und bedienten gleichzeitig die gesellschaftliche Forderung nach einer idyllischen und heilen Welt. Pädagogisch intentionale Kinderfilme, wie etwa *Die Räuberbande* (1928) von Leonhard Frank „in der Form realistisch inszenierter Kindergruppenabenteuer" (Wolf 1995, S. 177), können als Vorstufe zur späteren Verfilmung von Kinderbüchern wie Erich Kästners *Emil und die Detektive* (1931) gesehen werden. Diese spiegelten die Großstadtrealität wider und sprachen gleichzeitig mit kindgemäßen Abenteuern den Geschmack der Kinder und Jugendlichen an. Gerade diese Filme und deren literarische Grundlagen demonstrieren, dass die Masseninformations- und Kommunikationsmittel wie Zeitungen und Zeitschriften, aber auch insbesondere die neuen Medien Radio und Film „wie selbstverständlich zum Alltag der kinderliterarischen Figuren“ (Tost 2005, S. 134) gehörten und sie diese für ihre Zwecke nutzten.

Die gesellschaftlichen und sozialen Entwicklungen der 1920er Jahre trafen gegen Ende der Weimarer Republik Kinder und Jugendliche besonders hart. „Vor allem Kinder und Jugendliche, deren Lebens- und Berufschancen von vornherein stark reduziert waren, hatten darunter zu leiden. Billige Tanzvergnügen, Sportveranstaltungen, gemeinsame Wanderungen an den Wochenenden oder auch – sofern finanziell überhaupt möglich – ein Kinobesuch waren die kleinen Freuden, um sich von der bedrückenden Not abzulenken und etwas Lebensmut zu finden.“ (Korte 1998, S. 118) Verwunderlich ist es aus der Retrospektive deswegen auch nicht, dass die Nationalsozialisten schnell die Möglichkeiten der ideologischen Überformung und Beeinflussung der Jugendlichen mitsamt ihrer Wünsche und Sehnsüchte erkannten und ausnutzten. (Vgl. Ross 2006) Der Film *Hitlerjunge Quex* (1933) war der erste und erfolgreiche Prototyp nationalsozialistischer Propaganda, der noch dazu von der Filmprüfstelle mit dem Prädikat ‚Künstlerisch besonders wertvoll‘ versehen wurde. (Vgl. Giesen / Hobsch 2005; Baird 1983) Er markiert das Ende der pluralistischen Filmproduktion der Weimarer Republik und den Beginn der, gemessen am Publikumszuspruch, höchst erfolgreichen nationalsozialistischen Filmproduktion, die den Unterhaltungsfilm förderte und ihn zugleich in den Dienst der faschistischen Propaganda stellte.

Literatur

Adorno, Theodor W.: Eingriffe : neun kritische Modelle. – 7. Aufl. – Frankfurt/Main : Suhrkamp, 1971

Altenloh, Emilie: Zur Soziologie des Kino : die Kino-Unternehmung und die sozialen Schichten ihrer Besucher. – Jena : Diederichs, 1914 [Neuaufl.: München : R. Fischer, 2007]

Ammann, Hans: Rückblick : aus der Geschichte des Schullichtbild- und Filmwesens. – In: Zur Geschichte des audiovisuellen Medienwesens in Deutschland : gesammelte Beiträge / hrsg. von Gerhard Konrad Hildebrand. – Trier : Spee, 1976. – S. 9 – 17

Baird, Jay W.: From Berlin to Neubabelsberg : Nazi Film Propaganda and Hitler Youth Quex. – In: Journal of Contemporary History. – 18 (1983) 3, S. 495 – 515

Breitkopf, Klaus: Der Beginn des Rundfunks und die Entwicklung bis 1945. – In: Rundfunk : Faszination Hörfunk / hrsg. von Klaus Breitkopf. – Heidelberg : Hüthig, 2006. – S. 1 – 74

Caselmann, Christian: Geschichte und Probleme von Film, Bild und Ton im Unterricht. – In: Reichsanstalt für Film und Bild und Unterricht / hrsg. von Wolfgang Tolle. – Berlin : W. Tolle, 1961. – S. 1 f.

Degenhart, Armin: „Bedenken, die zu überwinden sind" : das neue Medium Film im Spannungsfeld reformpädagogischer Erziehungsziele ; von der Kinoreformbewegung bis zur handlungsorientierten Filmarbeit Adolf Reichweins. – München : kopaed Verl., 2001

Döblin, Alfred: Auszug aus einem Interview. – In: Radio-Kultur in der Weimarer Republik / hrsg. von Irmela Schneider. – Tübingen : Narr, 1984. – S. 98 – 101

Dolle, Bernd: Märchen und Wirklichkeit : Entwürfe und Vorstellungen von einem neuen Märchen. – In: Es wird einmal ... : soziale Märchen der 20er Jahre / hrsg. von Bernd Dolle, Dieter Richter u. Jack Zipes. – München : Weismann, 1983. – S. 173 f.

Dussel, Konrad: Deutsche Rundfunkgeschichte. – 2. Aufl. – Konstanz : UVK Verl.-Ges., 2004

Fischer, Heinz-Dietrich: 100 Jahre Medien-Gewalt-Diskussion in Deutschland : Synopse und Bibliographie zu einer zyklischen Entrüstung ; ein Forschungsprojekt im Auftrag von RTL-Deutschland / Heinz-Dietrich Fischer ; Jürgen Niemann ; Oskar Stodiek. – Frankfurt/Main : IMK (Inst. f. Medienentwicklung u. Kommunikation), 1996

Führer, Karl Christian: Auf dem Weg zur „Massenkultur"? : Kino und Rundfunk in der Weimarer Republik. – In: Historische Zeitschrift. – Bd. 262 (1996) 3, S. 739 – 781

Führer, Karl Christian: A Medium of Modernity? : Broadcasting in Weimar Germany, 1923 – 1932. – In: The Journal of Modern History. – Vol. 69 (1997) 4, S. 722 – 753

Funk, Alois: Film und Jugend : eine Untersuchung über die psychischen Wirkungen des Films im Leben der Jugendlichen. – München : Reinhardt, 1934

Giesen, Rolf: Hitlerjunge Quex, Jud Süß und Kolberg : die Propagandafilme des Dritten Reiches ; Dokumente und Materialien zum NS-Film / Rolf Giesen ; Manfred Hobsch. – Berlin : Schwarzkopf & Schwarzkopf, 2005

Hagen, Wolfgang: Das Radio : zur Geschichte und Theorie des Hörfunks – Deutschland/USA. – München : Fink, 2005

Halefeldt, Horst: Schul- und Bildungsfunk in Deutschland : Quellen 1923 – 1945. – Frankfurt/Main : Dt. Rundfunkarchiv, Hist. Archiv der ARD, 1996. – (Materialien zur Rundfunkgeschichte ; 1)

Halefeldt, Horst: Sendegesellschaft und Rundfunkordnung. – In: Programmgeschichte des Hörfunks in der Weimarer Republik / hrsg. von Joachim-Felix Leonhard. – München : Dt. Taschenbuch Verl., 1997. – S. 173 – 179

Handbuch der Medienpädagogik : Theorieansätze – Forschungsgeschichte – Perspektiven / hrsg. von Susanne Hiegemann u. Wolfgang H. Swoboda. – Opladen : Leske & Budrich, 1994

Heidtmann, Horst: Kindermedien. – Stuttgart : Metzler, 1992

Hermand, Jost: Die Kultur der Weimarer Republik / Jost Hermand ; Frank Trommler. – München : Nymphenburger Verl.-Anst., 1978

Herrmann-Neiße, Max: Zur Ausgestaltung des Programms. – In: Radio-Kultur in der Weimarer Republik / hrsg. von Irmela Schneider. – Tübingen : Narr, 1984. – S. 84 f.

Jugend und Medien in Deutschland : eine kulturhistorische Studie / hrsg. von Dietrich Kerlen, Matthias Rath u. Gudrun Marci-Boehncke. – Weinheim : Beltz, 2005

Kerlen, Dietrich: Einführung in die Medienkunde. – Stuttgart : Reclam, 2003

Kerstiens, Ludwig: Zur Geschichte der Medienpädagogik in Deutschland. – In: Jugend Film Fernsehen. – 3 (1964) 8, S. 182 – 198

Kommer, Helmut: Früher Film und späte Folgen : zur Geschichte der Film- und Fernseherziehung. – Berlin-West : Basis-Verl., 1979. – Zugl.: Bremen, Univ., Diss., 1977

Korte, Helmut: Der Spielfilm und das Ende der Weimarer Republik : ein rezeptionshistorischer Versuch. – Göttingen : Vandenhoeck & Ruprecht, 1998

Kracauer, Siegfried: Von Caligari zu Hitler. – Frankfurt/Main : Suhrkamp. – Schriften Bd. 2. – 1979

Kutsch, Arnulf: Rundfunknutzung und Programmpräferenzen von Kindern und Jugendlichen im Jahre 1931 : Schülerbefragungen in der Pionierphase der Hörerforschung. – In: Rundfunk und Geschichte. – 22 (1996) 4, S. 205 – 215

Lersch, Edgar: Die Idee des Radios : von den Anfängen in Europa und den USA bis 1933 / Edgar Lersch ; Helmut Schanze. – Konstanz : UVK-Verl.-Ges, 2004. – (Jahrbuch Medien und Geschichte)

Messerli, Alfred: Vom Thüringer Wald zur Berliner Funk-Stunde : die Märchenerzählerin Lisa Tetzner zwischen primärer und sekundärer Oralität. – In: Schmitt, Christoph: Erzählkulturen im Medienwandel. – Münster : Waxmann, 2008. – S. 55 – 74

Möbius, Thomas: Kinderfilm und Kinderfernsehen. – In: Geschichte der deutschen Kinder- und Jugendliteratur / hrsg. von Reiner Wild. – 3. Aufl. – Stuttgart : Metzler, 2007. – S. 450 – 484

Programmgeschichte des Hörfunks in der Weimarer Republik / hrsg. von Joachim-Felix Leonhard. – München : Dt. Taschenbuch Verl., 1996

Radio-Kultur in der Weimarer Republik / hrsg. von Irmela Schneider. – Tübingen : Narr, 1984

Ross, Corey: Mass Culture and Divided Audiences : Cinema and Social Change in Inter-War Germany. – In: Past & Present. – (2006) 193, S. 157 – 196

Rundfunk : Faszination Hörfunk / hrsg. von Klaus Breitkopf. – Heidelberg : Hüthig, 2006

Ruprecht, Horst: Schulreform und Mediendidaktik in den Jahren 1907 – 1934. – In: Zur Geschichte des audiovisuellen Medienwesens in Deutschland : gesammelte Beiträge / hrsg. von Gerhard Konrad Hildebrand. – Trier : Spee, 1976

Schiller-Lerg, Sabine: Am Mikrofon : der neue Erzähler Walter Benjamin. – In: Walter Benjamin und die Kinderliteratur : Aspekte der Kinderliteratur in den zwanziger Jahren / hrsg. von Klaus Doderer. – Weinheim : Juventa Verl., 1999. – S. 102 – 112

Schmidt, Ulf: „Der Blick auf den Körper" : sozialhygienische Filme, Sexualaufklärung und Propaganda in der Weimarer Republik. – In: Geschlecht in Fesseln : Sexualität zwischen Aufklärung und Ausbeutung im Weimarer Kino 1918 – 1933 / hrsg. von Hans-Michael Bock, Wolfgang Jacobsen, Jörg Schöning u. Malte Hagener. – München : ed. text + kritik, 2000. – S. 23 – 46

Schriftsteller vor dem Mikrophon : Autorenauftritte im Rundfunk der Weimarer Republik 1924–1932 ; eine Dokumentation / hrsg. vom Dt. Rundfunkarchiv. Zsgest. u. bearb. von Theresia Wittenbrink. – Berlin : Verl. für Berlin-Brandenburg, 2006

Schorb, Bernd: Zwischen Reformpädagogik und Technozentrik : über Kinoreformer und die ‚Keilhacker-Schule' zu einer handlungsorientierten Medienpädagogik. – In: Handbuch der Medienpädagogik : Theorieansätze – Forschungsgeschichte – Perspektiven / hrsg. von Susanne Hiegemann u. Wolfgang H. Swoboda. – Opladen : Leske & Budrich, 1994. – S. 149 – 166

Schorb, Bernd: Medienalltag und Handeln : Medienpädagogik in Geschichte, Forschung und Praxis. – Opladen : Leske + Budrich, 1995

Schumacher, Renate: Programmstruktur und Tagesablauf der Hörer. – In: Programmgeschichte des Hörfunks in der Weimarer Republik / hrsg. von Joachim-Felix Leonhard. – München : Dt. Taschenbuch Verl., 1997. – S. 353 – 517

Sellmann, Adolf: Der Kinematograph als Volkserzieher. – 2. Aufl. – Langensalza : Beyer, 1912

SPIO [= Spitzenorganisation der Filmwirtschaft, Wiesbaden]: Filmbesuch 1925 – 2009. – URL: <http://www.spio.de/index.asp?SeitID=381>, Abruf: 30. 8. 2010

Stenzel, Gudrun: Radio für Kinder und Jugendliche. – In: Geschichte der deutschen Kinder- und Jugendliteratur / hrsg. von Reiner Wild. – 3. Aufl. – Stuttgart : Metzler, 2007. – S. 437 – 442

Stapper, Michael: Unterhaltungsmusik im Rundfunk der Weimarer Republik. – Tutzing : Schneider, 2001. – (Würzburger musikhistorische Beiträge ; 24). – Zugl.: Würzburg, Univ., Diss., 1999/2000

Tost, Birte: Moderne und Modernisierung in der Kinder- und Jugendliteratur der Weimarer Republik. – Frankfurt/Main : Lang, 2005. – (Kinder- und Jugendkultur, -literatur und -medien : Theorie – Geschichte – Didaktik ; 35). – Zugl.: Osnabrück, Univ., Diss., 2004

Tucholsky, Kurt: Der politische Rundfunk. – In: Radio-Kultur in der Weimarer Republik / hrsg. von Irmela Schneider. – Tübingen : Narr, 1984, S. 207f.

Wilke, Jürgen: Grundzüge der Medien- und Kommunikationsgeschichte. – 2., durchges. u. erg. Aufl. – Köln [u. a.] : Böhlau, 2008

Wolf, Steffen: Kinderfilm. – In: Lexikon der Kinder- und Jugendliteratur : Personen-, Länder- u. Sachartikel zu Geschichte u. Gegenwart d. Kinder- u. Jugendliteratur ; in 3 Bd. (A – Z) u. e. Erg.- u. Reg.-Bd. / [erarb. im Inst. für Jugendbuchforschung d. Johann-Wolfgang-Goethe-Univ. in Frankfurt/Main]. Hrsg. von Klaus Doderer. – Weinheim [u. a.] : Beltz. – 2. I – O. – 1977. – S. 176ff.

Zierold, Kurt: Bestimmungen über Film und Bild in Wissenschaft und Unterricht. – 4. Aufl. – Stuttgart [u. a.] : Kohlhammer, 1943

Zur Geschichte des audiovisuellen Medienwesens in Deutschland : gesammelte Beiträge / hrsg. von Gerhard Konrad Hildebrand. – Trier : Spee, 1976

Zweig, Stefan: Schafft Rundfunkuniversitäten. – In: Radio-Kultur in der Weimarer Republik / hrsg. von Irmela Schneider. – Tübingen : Narr, 1984. – S. 104f.

Jana Mikota

Kinder- und Jugendzeitschriften

Gesamtüberblick

Zeitschriften für Kinder und Jugendliche existieren seit dem 18. Jahrhundert und dokumentieren die zeitgenössische kulturelle, politische und technische Entwicklung wie keine andere Gattung der Kinder- und Jugendliteratur. (Vgl. Graf/Pellatz-Graf 2008; Nölling-Schweers 1998) Die Verleger müssen auf die unterschiedlichen Entwicklungen des literarischen Marktes schnell reagieren, um auf ihm bestehen zu können. Oder anders gesagt: Kinder- und Jugendzeitschriften unterliegen einem steten Wandel.

In der Zeit der Weimarer Republik kommt es zu einer breiten Ausfaltung periodischer Schriften nach Alter, Geschlecht, Sozialzugehörigkeit und politischer Einstellung; insbesondere politische Kreise nutzen die Printmedien, um ihre Ideen zu vermitteln. Neben Neugründungen von Kinder- und Jugendzeitschriften (z. B. *Der heitere Fridolin : Halbmonatsschrift für Sport, Spiel, Spaß und Abenteuer*. 1921–1928, *Hans Kunterbunt : heitere, nachdenkliche und seltsame Geschichten*. 1926–1941) wird eine Reihe von Zeitschriften für Kinder und Jugendliche weitergeführt, die sich im 19. und zu Beginn des 20. Jahrhundert etablieren konnten, ihre Produktion jedoch zum Teil bedingt durch den Ersten Weltkrieg unterbrechen mussten (z. B. *Das Kränzchen*. 1889–1933, *Der gute Kamerad*. 1887–1943/44; 1951–1968, *Der kleine Coco : Zeitschrift zur Unterhaltung und Belehrung für die Jugend*. 1912–1927).

Die Kinder- und Jugendzeitschriften der 1920er Jahre erscheinen entweder als Beilagen in Zeitschriften, werden als Werbematerial in Geschäften verteilt oder können als selbständige Zeitschriften gekauft werden. Unterschieden werden kann die Presse für Kinder und Jugendliche einerseits nach politischen Kriterien, so besitzen Parteien eigene Kinder- und Jugendzeitschriften, die SPD z. B. *Der Kinderfreund* (1925–1932), oder geben sie, wie die KPD, als Beilagen in parteipolitischen Organen heraus, z. B. *Die Kinder-AIZ* (1929–1933; 1936–1938 u. d. T. *Für die kleinen Leser/Kinder-VI)*. Andererseits können die Kinder- und Jugendzeitschriften nach inhaltlichen, z. B. religiösen Grundtendenzen unterschieden werden. Die konfessionellen Zeitschriften blicken z. T. auf eine lange Tradition zurück, auf evangelischer Seite z. B. die *Deutsche Mädchen-Zeitung* (1869–1941), das *Missionsblatt für unsere liebe Jugend* (1898–1937), der *Sonntagsbote für die Jugend* (1893–1919; 1920–1938) und *Der Jugend-*

freund (1887–1941; 1948–1988) und auf katholischer Seite z.B. *Der Schutzengel* (1875–1926), *Kommunionglöcklein* (1892–1941; 1950–1965), *Der Leuchtturm* (1908–1910/11; 1925/26–1939/40) und *Am Scheidewege* (1915/16–1935/36). Besonders die konfessionellen Zeitschriften werden zumindest noch für eine gewisse Zeit nach 1933 fortgesetzt, einige finden ihre Fortsetzung auch wieder nach 1945. Unterbrechungen finden sich häufig in der Kriegszeit, weil z.B. das Papier knapp wurde. Die Auflagenhöhen variieren, insbesondere die Werbezeitschriften erscheinen in hohen Auflagenzahlen.

Die Titel der einzelnen Publikationen deuten die Adressatengruppe an: ‚Jugend', ‚Kind', ‚Knabe' und ‚Mädchen' sind fest im Titelrepertoire verankert und wurden unterschiedlich genutzt: *Die Kinder-AIZ* (1929–1933; 1936–1938 u.d.T. *Für die kleinen Leser/Kinder-VI*), *Der Kinderfreund* (1925–1932), *Der Gute Kamerad* (1887–1943/44; 1951–1968) oder *Die Märchentante : illustrierte Monatsschrift für Knaben und Mädchen* (1922–1933) lassen die Vielfalt der Titel erkennen. ‚Jugend' und ‚Kinder' werden zudem mit Beifügungen wie ‚Freund', ‚Blätter' oder ‚Zeitung' beliebig kombiniert. Adressaten der Zeitschriften sind sowohl Jungen als auch Mädchen aus dem bürgerlichen, dem kleinbürgerlichen und dem proletarischen Milieu. Insbesondere die linke Presse wendet sich explizit an das Arbeiterkind, was sich auch in den Themen und Bildern manifestiert. Eine geschlechtsspezifische Trennung nehmen noch etliche Zeitschriften vor. (Vgl. *Das Kränzchen*, *Der gute Kamerad*) Nur in wenigen Fällen werden die Leserinnen und Leser der Zeitschriften in die redaktionelle Arbeit eingebunden und können eigene Texte veröffentlichen. (Vgl. hier *Die Kinder-AIZ*)

Das äußere Erscheinungsbild der Kinder- und Jugendzeitschriften ist sehr verschieden. Es existieren neben fast eher schlicht gemachten Zeitschriften bzw. Beilagen (z.B. *Die Kinder-AIZ*) auch jene, die sehr aufwendig gestaltet sind, farbige Bilder aufnehmen und auch ihre Kopftitel-Emblematik von Nummer zu Nummer verändern. In Anlehnung an die Familienblätter des frühen 20. Jahrhunderts gehören lesende und/oder spielende Kinder zum festen Repertoire der Kopftitel-Emblematik. (Vgl. u.a. *Der kleine Coco : Zeitschrift zur Unterhaltung und Belehrung für die Jugend*. 1912–1927, *Die Rama-Post vom lustigen Fips*. 1927–1930, *Die Rama-Post vom kleinen Coco : Zeitschrift zur Unterhaltung und Belehrung für die* Jugend. 1926–1933, *Die Blauband-Woche : eine Zeitschrift für die Familie*. 1925–1931)

Hinzu kommen gezeichnete Figuren, die in der Comictradition verankert sind (*Der heitere Fridolin*. 1921–1928), oder Figuren aus Märchen und Theater (*Hans Kunterbunt : heitere, nachdenkliche und seltsame Geschichten*. 1926–1941, *Dideldum : die lustige Kinderzeitung*. 1929–1950). Die Bilder korrespondieren mit den Titeln und den Intentionen der jeweiligen Zeitschrift. Farbige und Schwarz-Weiß-Abbildungen werden auch in die Zeitschriften aufgenommen. Namhafte Illustratoren und Autoren / Autorinnen gestalten die Kinder- und Jugendzeitschriften, Fortsetzungsromane gehören zum festen Bestandteil einiger Kinder- und Jugendzeitschriften. (Vgl. *Der heitere Fridolin*, *Die Kinder-AIZ*)

Die Kinder- und Jugendzeitschriften erscheinen im wöchentlichen, vierzehntägigen oder monatlichen Rhythmus entweder als Beilagen oder als selbständige Zeitschriften, wobei die Beilagen in Zeitschriften für Erwachsene in der Regel eine höhere Auflagenzahl haben.

Interessant in diesem Kontext sind auch die Herausgeber und Redakteure der Zeitungen. Einige statten sich mit fiktiven Biografien aus, um sich ihren Leserinnen und Lesern vorzustellen (vgl. *Die Rama-Post vom kleinen Coco*, *Der heitere Fridolin*) und wählen für ihre kindlichen Leserinnen und Leser spannende Namen aus (z.B. *Hans Kunterbunt*. 1926–1941). Viele Zeitschriften werden traditionell als Freund der Kinder oder Jugendlichen apostrophiert, und einige erscheinen als Gabe eines fingierten Onkels oder einer fingierten Tante (z.B. *Der kecke Kiebitz : Onkel Bollmanns Jugendzeitung*. 1931–1933, *Kinder-Kurier vom Onkel Max*. 1924–1925, *Die Märchentante*. 1922–1933), um so Nähe zwischen den Leserinnen und Lesern und den Herausgebern zu suggerieren. Jugendzeitschriften verzichten jedoch weitgehend auf solche fingierten Kontaktpersonen. Die Vielfalt an Kinder- und Jugendzeitschriften wird durch die nationalsozialistische Machtergreifung unterbrochen. Änderungen beispielsweise in den Kopftitel-Emblemata sollen exemplarisch eine solche Entwicklung nach 1933 andeuten. Nur wenige Zeitschriften können ihre Arbeit im Exil fortsetzen. (Vgl. *Die Kinder-AIZ*)

Ende des 19. Jahrhunderts können sich der für viele Kinder- und Jugendzeitschriften charakteristische ‚Briefkasten' sowie andere Leserkommunikationsformen wie etwa das Preisrätsel etablieren. Der Briefkasten bleibt, ungeachtet der Kritik daran, fest in der Kinder- und Jugendpresse der Weimarer Zeit verankert.

Die Ermittlung einer annähernd vollständigen Zahl der selbständigen und unselbständigen Zeitschriften für Kinder und Jugendliche im untersuchten Zeitraum gestaltet sich problematisch. Einen guten Überblick bietet das Handbuch *Kinder- und Jugendliteratur 1933–1945* (2001) von Norbert Hopster / Petra Josting und Joachim Neuhaus, in dem neben der Kinder- und Jugendliteratur in der Zeit der nationalsozialistischen Herrschaft auch Zeitschriften der Weimarer Zeit bibliografiert werden. Margarete Pirich-Diederichs geht in ihrem Beitrag *Kinderzeitschriften* (1941) davon aus, dass allein im Jahre 1931 449 unterschiedliche Kinderzeitschriften existierten. Auch die Auflagenhöhe der Kinder- und Jugendzeitschriften lässt sich nur bedingt bestimmen. Pirich-Diederichs konstatiert jedoch, dass die Kinder- und Jugendpresse bemerkenswert hohe Auflagen hatte:

> „Die nur von 371 Blättern bekannten Auflagenziffern ergaben die Summe von 18432430, wodurch auf jedes deutsche Kind im entsprechenden Alter etwa zwei K.[inderzeitschriften] entfielen." (Pirich-Diederichs 1941, Sp. 2323)

Solche Zahlen dokumentieren die hohe Bedeutung der Kinder- und Jugendpresse. Ein Teil der bei Pirich-Diederichs aufgeführten Zeitschriften lässt sich heute nicht mehr bibliografisch ermitteln. Neben den für längere Zeit existierenden Zeitschriften wird es mit Sicherheit auch nur kurzzeitig existierende gegeben haben, die u.a. in der *Zeitschriften-Datenbank* (ZDB) nicht aufgeführt werden.

Eine wichtige Quelle, um die Presse der 1920er Jahre ermitteln zu können, ist *Sperlings Zeitschriften- Adreßbuch*. Hier werden Jugend- und Kinderzeitschriften gesondert mit Auflagenhöhe und Preisen aufgelistet und kommentiert. Die Kommentare, die nicht zu jeder Zeitschrift erscheinen, sind zwar kurz, geben jedoch wichtige Einblicke in die Kinder- und Jugendpresse. So heißt es beispielsweise zum *Kinder-Kurier vom Onkel Max* (1924–1925):

> „Eine lustige, modern pädagogische Kinderzeitschrift, deren Mitarbeiter lebensfrische junge Lehrer und die Kinder selbst sind. Umfang: alle 14 Tage 12 reichbebilderte Seiten. Probenummer jederzeit!" (Sperling 1925, S. 264)

Bislang können in den Bibliografien etwa 100 Zeitschriften für Kinder und Jugendliche autopsiert werden. Ausgeklammert werden in dem folgenden Beitrag die nationalsozialistische Presse (vgl. Tl. 2, Beitr. N. Hopster: Nationalsozialistische Literatur…) sowie Zeitschriften in Österreich, der Schweiz und anderen deutschsprachigen Gebieten. Es liegt bislang keine Untersuchung zu der Kinder- und Jugendpresse der 1920er Jahre vor, die einen Gesamtüberblick liefert und dominierende Tendenzen erkennbar macht.

Der Beitrag folgt einer Gliederung nach inhaltlichen Aspekten: Die Zeitschriften und Beilagen werden kurz vorgestellt, und Besonderheiten werden herausgearbeitet. Der Beitrag versteht sich als ein Überblick über die Landschaft der Kinder- und Jugendpresse des anvisierten Zeitraumes. Eine detaillierte Analyse kann aufgrund der Fülle an Zeitschriften nicht erfolgen. Herausgearbeitet werden soll die Vielfalt der Kinder- und Jugendpresse, wobei einzelne Zeitschriften bzw. Beilagen stärker in den Blick der Analyse fallen als andere.

Die Diskussion um die Kinder- und Jugendzeitschriften

> „Wir werden heute mit neuen Jugendzeitschriften überschwemmt. Familienblätter, Elternzeitschriften, Parteiblätter, ehrliche Pädagogen, Missionare, Pastoren, alle fühlen sich berufen, der Jugend periodisch Lesestoff zu bieten." (Fronemann 1925a, S. 78)

Mit diesen Worten leitet Wilhelm Fronemann seinen Beitrag *Neue Jugend-Zeitschriften* (1925a) in der *Jugendschriften-Warte* ein. Bereits seine ersten Sätze spiegeln die kritische Haltung von vielen Literaturkritikern und Lehrern wider. Eine solche Kritik an der Presse für Kinder und Jugendliche ist jedoch nicht neu: Bereits 1894 fordern Autoren der *Jugendschriften-Warte*, die Jugend vor Kinder- und Jugendzeitschriften zu bewahren, der Journalismus wird als eine Krankheit bezeichnet, und 1904 spricht Ludwig Göhring bereits von einer „Sintflut an Kinderzeitschriften" (zit. in Rogge 1980, S. 171) und nimmt das Bild der Überschwemmung auf, das auch Fronemann in seinem Beitrag wählt. 1905 erscheint Otto Hilds Abhandlung *Die Jugendzeitschrift in ihrer geschichtlichen Entwicklung, erziehlichen Schädlichkeit und künstlerischen Unmöglichkeit*, in der der Verfasser u.a. jene Rubriken wie den Briefkasten oder die Plauderecke als „lächerliche Spielerei(en) (zit. in Pellatz-Graf 2008, Sp. 889) verurteilt.

Neben der Kritik an der Kinder- und Jugendpresse wird auch eine Klassifizierung und Bewertung besprochen, die mit der Diskussion um eine Bewertung der Kinder- und Jugendliteratur nach 1900 korrespondiert. Literaturkritiker und Pädagogen machen klar, dass bei der Bewertung von ‚guter' und ‚schlechter' Kinder- und Jugendpresse dieselben Kriterien gelten müssten wie bei der Kinder- und Jugendliteratur:

> „Nach Form und Inhalt soll sie ein Kunstwerk sein, natürlich ihrem schlichteren, loseren Kleide entsprechend in anderer Gestaltung als beim Kinderbuch, außerdem spielt die Frage der Wirkung auf das Kind hier eine besonders wichtige Rolle. Das setzt voraus, daß Herausgeber und Mitarbeiter der Jugendzeitschrift selbst ein tiefes, echtes, künstlerisches Empfinden haben müssen. Die Forderung des künstlerischen Wertes muß für sie so hoch stehen, daß kein anderes Motiv bei der Herausgabe der Zeitung ausschlaggebend sein darf. Und diese künstlerische Einstimmung muß gepaart sein mit dem rechten pädagogischen Verständnis, das die Wirkung auf das Kind zu erkennen vermag; denn künstlerischer Wert und Kindertümlichkeit müssen zusamenklingen, wenn es einen Widerhall in der Seele des Kindes geben soll." (Adam 1925, S. 82)

Zurückgewiesen werden Zeitschriften, die „tendenziös" seien, „so daß sie zum Mittel der seelischen Jugendverderbnis [werden] und die Jugend [mißbrauchen], um Zwecke der Erwachsenen zu erkämpfen." (Fronemann 1925a, S. 78) Die politische Presse – etwa *Der Kinderfreund*, Beilage zum sozialdemokratischen *Vorwärts* – wird aufgrund ihrer Zugehörigkeit zu Parteien missbilligt. Es überrascht daher auch nicht, dass die Werbezeitschriften für Kinder und Jugendliche abgelehnt werden und ihnen jegliche Qualität – literarische und pädagogische – abgesprochen wird. Neben literarisch-ästhetischen Mängeln monieren Pädagogen und Literaturkritiker den Geschäftssinn der Herausgeber. Sie sehen darin „geschäftliche Unternehmungen, die, um sich Absatz zu verschaffen, Bedürfnisse künstlich züchten müssen." (Klingebeil 1922, S. 45) Neben den selbständigen Kinder- und Jugendzeitschriften kritisieren Pädagogen und Pädagoginnen auch die Kinderbeilagen, die Fronemann z. B. als „kindischen Schwanz" (Fronemann 1925a, S. 78) bezeichnete. Der Inhalt, so Fronemann in *Neue Jugend-Zeitschriften*, sei von „grauenhafter Dürftigkeit". (Ebd., S. 79)

Eine Zeitschrift, die immer wieder in die Kritik der *Jugendschriften-Warte* gerät, ist *Der heitere Fridolin* aus dem Ullstein-Verlag. Bereits unmittelbar nach ihrem Erscheinen im Oktober 1921 wird die Zeitschrift in der März-Ausgabe 1922 in der *Jugendschriften-Warte* kritisiert und als Schundliteratur bezeichnet. Der Rezensent sieht vor allem eine Gefahr darin, dass der (erfolgreiche) Ullstein-Verlag eine solche Zeitschrift herausgibt: Denn sie werde dadurch „auf allen Bahnhöfen, in jeder Schundliteraturverkaufsstelle" (Stapelfeldt 1922, S. 19) zu finden sein und somit das Interesse vieler Kinder erregen. Tatsächlich, so schließt der Rezensent, werde der *Heitere Fridolin* auch von vielen Kindern gekauft.

Bereits im August 1922 geht Hedwig Klingebeil in ihrem Beitrag *Von Kinderzeitschriften* erneut auf den *Heiteren Fridolin* ein und hält an der Einschätzung fest, dass *Der heitere Fridolin* eine schlechte Kinderzeitschrift sei. Sie spottet, dass die negative Kritik zahlreiche Leser und Leserinnen herausgefordert habe, den *Heiteren Fridolin* zu verteidigen. Doch „welchen Nutzen kann solche Lektüre haben?" (Klingebeil 1922, S. 45) fragt Klingebeil weiter. Sie sieht keinen, moniert die Oberflächlichkeit der Texte und kann trotz mehrfacher Lektüre dem *Heiteren Fridolin* keine positive Empfehlung geben. 1925 folgte eine weitere Stellungnahme:

> „‚Der heitere Fridolin' ist ein Beweis dafür, daß unter dem Himmel der Heiterkeit alles gedeiht. Selbst die sinnwidrigste Jugendzeitschrift. Was hier der Jugend als Geist und Witz geboten wird, das ist zuweilen so hanebüchen dumm, daß es selbst die jugendlichen Leser merken und sich über die Zeichner und Schriftsteller amüsieren, die da zu ihrem Amüsement sich närrisch gebärden." (Fronemann 1925a, S. 80)

Während die *Jugendschriften-Warte* in der ersten Kritik noch feststellen muss, dass *Der heitere Fridolin* sehr wohl von Kindern gelesen wird, so wird in dem hier zitierten Auszug die Kritikfähigkeit der jugendlichen Leser / Leserinnen betont. Fronemann glaubt, dass die jugendlichen Leser und Leserinnen sehr wohl zwischen ‚guter' und ‚schlechter' Literatur unterscheiden können.

Andere Autoren der *Jugendschriften-Warte* wie Willy Gensch lehnen eine Kinder- und Jugendpresse fast vollständig ab. In seinem Beitrag *Nochmals : Jugendzeitschriften?* (1925) heißt es:

> „1. Kinderzeitschriften sind auf jeden Fall abzulehnen. Ihnen kann durch keine Mitarbeit der zerstreuende und auflösende Charakter genommen werden.
> 2. Zeitschriften der Jugendbewegung bedürfen der Prüfung, ob sie ihre Leser zur Untersuchung der eigenen Richtung veranlassen und über die Zeitung hinausführen. An sich kein unbilliges Verlangen, wie der Lehrer der beste ist, der sich überflüssig zu machen weiß." (Gensch 1925, S. 91)

Dennoch sind die Kinder- und Jugendzeitschriften ein wichtiges Sozialisationsinstrument, was sich auch in der Zeit der Weimarer Republik nicht ändert. Trotz der rigorosen Kritik im Umfeld der *Jugendschriften-Warte* wird die Kritik an der Presse für Kinder und Jugendliche differenzierter, und Versuche, ‚gute' Kinder- und Jugendzeitschriften zu definieren, werden zur Diskussion gestellt:

> „Richtig gelesen, kann eine gute K.[inderzeitschrift] zu einem vorzügl. Mittel werden, geistige Aufgeschlossenheit u. Regsamkeit in der Jugend zu erzielen u. zu erhalten. Um das zu können, ist allerdings erforderlich, daß die K.[inderzeitschrift] verschiedenen Voraussetzungen genüge. 1. Sie muß künstlerisch wertvoll sein in allem, was sie bietet, in den dichter. Gaben, den Darlegungen aus den Gebieten des Wissens, im Bildschmuck usw. 2. Sie soll kindgemäß sein, d. h. Auswahl u. Anordnung des Stoffes haben der psycholog. Entwicklung des Leserkreises zu entsprechen, für den sie bestimmt ist. 3. Sie muß von feinem päd. Takt geleitet sein." (Rieffert 1932, Sp. 33)

Die Diskussion um die Presse für Kinder und Jugendliche unterscheidet sich nicht von der Diskussion über die Kinder- und Jugendliteratur der Weimarer Zeit – sowohl die Argumente als auch die Rhetorik wiederholen sich. Die *Jugendschriften-Warte* argumentiert in der Wolgastschen Tradition und lehnt daher einen Großteil der Kinder- und Jugendzeitschriften ab.

Typologie der Kinder- und Jugendzeitschriften

Kinder- und Jugendzeitschriften sind Teil der Kinder- und Jugendpresse. Sie voneinander abzugrenzen ist schwierig. Die Übergänge sind häufig fließend.

Der Begriff Kinder- bzw. Jugendpresse meint alle periodisch erscheinenden Druckwerke, die an Kinder und Jugendliche adressiert sind. Er beinhaltet sowohl die selbständigen Kinder- und Jugendzeitschriften als auch die unselbständigen Kinderseiten, -beilagen und -rubriken, die Erwachsenenzeitungen oder -zeitschriften beigelegt werden und periodisch erscheinen. In einigen Fällen werden Zeitschriften nach Ablauf des Erscheinungsjahres als geschlossener Jahrgang auf den Buchmarkt gebracht. In der Regel werden die Zeitschriften aber einfach zusammengebunden, inhaltliche oder gestalterische Veränderungen gibt es dabei nicht. Graf/Pellatz-Graf wählen für diesen Komplex die Bezeichnung Zeitschriftenjahresband. (Vgl. Graf/Pellatz-Graf 2008, Sp. 881). In wenigen Fällen werden die einzelnen Zeitschriftenhefte für den Sammelband verändert. Beispiele hierfür sind *Das Kränzchen : illustrierte Mädchenzeitung* (1889–1933) oder *Der gute Kamerad* (1887–1943/44; 1951–1968) Graf/Pellatz-Graf sprechen hier von Zeitschriftenjahrbüchern. (Vgl. ebd.)

Charakteristische Merkmale der selbständigen und unselbständigen Zeitschriften für Kinder und Jugendliche sind: Periodizität, Kontinuität, Universalität, Verwendung unterschiedlicher Gattungen, Aktualität, ein enges Verhältnis zwischen Leserschaft und Herausgebern sowie eine Verbindung zwischen Text und Illustration.

Kinder- und Jugendbeilagen, d.h. Beiträge, die „innerhalb einer Pressepublikation für Erwachsene (Tageszeitungen, Zeitschriften) abgedruckt werden“ (Sommer 1994, S. 17), grenzen sich inhaltlich von der restlichen Zeitung ab. Eine solche Abgrenzung kann mittels Anrede – beispielsweise ‚Für die kleinen Leser‘ –, durch die plötzliche Anrede mit ‚Du‘, durch Bilder oder durch andere Schrifttypen erfolgen. Beilagen in Zeitschriften erfüllen unterschiedliche Funktionen: (1) Sie steigern die Attraktivität der Zeitung; (2) sie erreichen einen größeren Adressatenkreis; (3) die Produktionskosten sind niedriger als bei selbständigen Zeitschriften.

Das Programm der meisten Jugendzeitschriften unterscheidet sich vom Konzept der Zeitschriften für Kinder durch den hohen Anteil der erzählenden, aber auch belehrenden Literatur. Den Jugendlichen werden Texte aus der Geschichte und Zeitgeschichte angeboten. Insbesondere die Jugendzeitschriften, die dem Umfeld der politischen Gruppierungen zugeordnet werden können, werden von diesen dazu benutzt, Leser und Leserinnen in ihrem Sinne zu schulen.

Der literarische Markt der Weimarer Zeit kennt sowohl Jahrbücher als auch Zeitschriften für Kinder und Jugendliche. Jahrbücher wie *Deutsches Mädchenbuch : ein Jahrbuch der Unterhaltung, Belehrung und Beschäftigung für junge Mädchen* (1892–1925) oder *Jungmädchenwelt : ein Jahrbuch für junge Mädchen* (1927–1930) erscheinen einmal im Jahr und haben einen festen Einband. Während die Zeitschriften beispielsweise Fortsetzungsromane veröffentlichen konnten, dominierten in den Jahrbüchern abgeschlossene Erzählungen. (Zu Jahrbüchern für Mädchen vgl. Tl. 1, Beitr. B. Asper)

Selbständige Kinder- und Jugendzeitschriften im Bereich der traditionell-bürgerlichen Zeitschriften

Die Gruppe der selbständigen Kinder- und Jugendzeitschriften im Bereich der traditionell-bürgerlichen Zeitschriften blickt auf eine lange Geschichte zurück, die sich bis in das Jahrhundert der Aufklärung verfolgen lässt. Das Interesse an pädagogischen Fragen steigt in dieser Zeit an, und Erziehung wird als ein Mittel betrachtet, um die Ideen der Aufklärung zu verankern. 1770 erscheint mit der *Monatsschrift für Kinder* die wohl erste Kinderzeitschrift. Pirich-Diederichs führt zwar in ihrem Beitrag *Kinderzeitschriften* das *Wochenblatt zum Besten der Kinder* (1760–1769) als erste Kinderzeitschrift an, doch die heutige Forschung geht davon aus, dass es sich um eine Wochenschrift, die überwiegend von Erwachsenen gelesen wurde, handelte. (Vgl. Sommer 1994, S.28) 1772 folgt das *Leipziger Wochenblatt für Kinder* (1772–1774), das von Johann Christoph Adelung herausgegeben wurde und zu den bekanntesten Kinderzeitschriften des 18. Jahrhunderts zählt. Seit der zweiten Hälfte des 19. Jahrhunderts avancieren Kinder- und Jugendzeitschriften „zu einem brisanten, modernen und mit der gesamtgesellschaftlichen Entwicklung eng verknüpften Medium." (Pellatz-Graf 2008, Sp.885) Im letzten Drittel des 19. Jahrhunderts wandeln sich die Zeitschriften in ihrer Form, denn es wurde technisch möglich, Bilder zu reproduzieren.

Für Mädchen

Zu den Longsellern unter den Zeitschriften, die an ein weibliches Publikum adressiert sind, gehören *Das Kränzchen* (1889–1933), das von Wilhelm Spemann konzipiert und herausgegeben wurde, sich als ein unterhaltendes Wochenblatt verstand und in der Union Deutsche Verlagsgesellschaft erschien (vgl. Pellatz-Graf 2008, Sp.911), *Die Deutsche Mädchen-Zeitung : Monatsblatt für junge Mädchen* (1869–1941) und *Treuhilde* (1910–1935/36; zwischen 1936 und 1941/42 u.d.T. *Wir Schulmädel : neue Folgen der Treu-Hilde*). *Das Kränzchen* erschien wöchentlich mit einem Umfang von i.d.R. vierzehn durchnummerierten Seiten, die z.T. illustriert waren. Hinzu kamen noch Leserbriefe. Absicht der Herausgeber war es, mögliche Belehrungen durch Erwachsene auszublenden. Der Titel *Das Kränzchen* unterstreicht ein solches Vorhaben, denn ein Kränzchen meint eine Gruppe von heranwachsenenden Mädchen, die ihre Pubertät gemeinsam durchleben. Die Auswahl der fiktionalen Lesestoffe entsprach dieser Absicht. Es wurden Fortsetzungsromane u.a. von Marie Beeg, Luise Glass, Minni Grosch oder Else Hinzelmann aufgenommen, also jenen Schriftstellerinnen, die vor allem Backfischliteratur verfasst haben. Adressiert ist *Das Kränzchen* an Töchter der mittleren und höheren Schichten. Das Zeitschriftenkonzept ist von den jeweiligen zeitgenössischen Weiblichkeitsbildern bestimmt und ändert sich dementsprechend im Laufe der Jahrzehnte. In *Kränzchen*-Ausgaben der 1920er Jahren finden sich Bilder der modernen Frau, die beispielsweise Tennis spielt und kurze Haare trägt. Neben den Fortsetzungsromanen findet die Leserin auch Modetipps, Anleitungen für Handarbeiten, aber auch Berichte aus der Berufswelt der Frau. Eine weitere Zeitschrift für ein weibliches Lesepublikum ist die im Deutschen Druck- und Verlagshaus produzierte *Mädchenpost : illustrierte Zeitschrift für das junge Mädchen* (1913–1928). Sie folgt dem Konzept des *Kränzchens*, erscheint jedoch in einem kleineren Format und mit weniger Illustrationen. Die Zeitschrift enthält eine z.T. noch bis heute gängige Mischung aus Literatur, Unterhaltung, ratgebenden Artikeln sowie einem umfangreichen Briefkasten.

Die Mädchenzeitschriften zeichnen sich einerseits durch Vielfalt, andererseits auch durch Gemeinsamkeiten aus. Sie orientieren sich z.T. an der Tradition der Backfischliteratur, jedoch bringen fast alle Mädchenzeitschriften, wie bereits 1914 festgestellt wurde, „Berichte über die Vorgänge in der Welt, über Ereignisse der inneren und äußeren Politik; sie alle versuchen es mit staatsbürgerlicher Belehrung." (Treuge 1914, S.65). Damit ist gesagt, dass die Zeitschriften für Mädchen durchaus nicht nur auf Unterhaltung oder die Vermittlung sogenannter weiblicher Tugenden eingeschränkt waren.

Für Jungen

Neben dem *Kränzchen* existiert als Parallelprojekt *Der gute Kamerad*, das an Jungen adressiert war und ebenfalls in der Union Deutsche Verlagsgesellschaft herausgegeben wurde. Die Zeitschrift erschien ebenfalls wöchentlich in einem Umfang von i.d.R. 14 Textseiten. Auch hier deutet der Titel nicht nur eine geschlechtsspezifische Trennung an, sondern impliziert, dass Jugendliche in einer Gruppe geprägt werden. Der Titel *Der gute Kamerad* spielt auf das Militärische an, was möglicherweise den Adressatenkreis noch erweitert hat.

Ähnlich wie im *Kränzchen* will der Herausgeber Wilhelm Spemann die Leser unterhalten und belehren, was auch die Auswahl der Lesestoffe widerspiegelt: Erzähltexte dominieren, neben den Darstellungen aus den Bereichen von Technik und Naturwissenschaften. Aber auch Themen aus dem Bereich des Sports werden aufgenommen. Ähnlich wie *Das Kränzchen* zeichnet sich *Der gute Kamerad* durch große Vielfalt aus, was sicherlich zu seiner Popularität beitrug.

Sowohl *Der gute Kamerad* als auch *Das Kränzchen* können „am ehesten als eine Kombination von Bildungs- und Unterhaltungszeitschrift eingestuft werden." (Pellatz-Graf 2008, Sp.911)

Eine weitere Zeitschrift für Jungen ist *Jung-Siegfried : der deutschen Jugend dargeboten* (1909–1941), die 14-tägig erschien und einen Umfang von ca. 16 Seiten hatte. Es werden überwiegend schwarz-weiße Abbildungen aufgenommen; neben Erzählungen, Gedichten, Sagen und Liedern finden sich dort auch Bastelanleitungen. Die Kopftitel-Emblematik nimmt dann auch vier Jungen auf, von denen einer laut vorliest, während die anderen drei zuhören. Unterhalb des Kopftitels finden sich zwei weitere Zeichnungen, die Jungen bei sportlichen Aktivitäten zeigen. Dominant ist ein nationaler Duktus, der sich auch in der Themenauswahl widerspiegelt.

Für Jungen und Mädchen

Nur wenige der Kinderzeitschriften der Weimarer Zeit blicken auf eine längere Tradition zurück. *Für unsere Kleinen* (1884–1923) gehört zu den wenigen erfolgreichen Zeitschriften, die für Kinder im Alter vom vierten / fünften bis zum zehnten Lebensjahr herausgegeben wurden. Begründet wurde die i.d.R. 16 Seiten umfassende Zeitschrift von dem Pädagogen und Theologen Georg Christian Dieffenbach, der die Hefte bis 1899 edierte. Anschließend wechselten die Herausgeber. Die einzelnen Hefte zeichnen sich durch Abwechslung und eine kindgerechte Darstellung aus: Auf stabilem Papier werden dem kindlichen Lesepublikum unterschiedliche Texte angeboten. Hinzu kommen auch Bilder zum Ausmalen, Rätsel und Lieder. Seit den 1890er Jahren wird die Kinderzeitschrift immer nationalistischer, unterstützt u.a. die Kolonialpolitik und veröffentlicht zahlreiche Texte zum Ersten Weltkrieg.

Auch der *Deutsche(r) Kinderfreund* (1878–1931), begründet von Carl Ninck, blickt auf eine lange Tradition zurück. Die Zeitschrift hatte zu Beginn Texte mit religiösem Charakter aufgenommen, was sich nach und nach änderte. Populäre Unterhaltungsschriftsteller und -schriftstellerinnen wie Clementine Helm, Johanna Spyri oder Peter Rosegger beteiligten sich an der Zeitschrift.

Zeitschriften wie der *Deutsche(r) Kinderfreund* oder *Für unsere Kleinen* zeigen die Entwicklung der Kinderpresse eindrucksvoll, bewegen sie sich doch zwischen einer konservativen Prägung und Modernisierungstendenzen.

Die Zeitschrift *Hänsel und Gretel : deutschen Knaben und Mädchen im Alter von 7 bis 10 Jahren* erschien zwischen 1912 bis etwa 1941 alle 14 Tage. Herausgeber der Zeitschrift war der *Verein für soziale Ethik und Kunstpflege e.V.* in Berlin, der aus dem Kampf gegen Schmutz und Schund in der Jugendliteratur resultierte und mehrere Zeitschriften herausgab. Der Pädagoge und Schriftsteller Konrad Agahd (1867–1926), u.a. Vorstandsmitglied des *Deutschen Lehrervereins* und der *Gesellschaft für soziale Reform*, war an der Zeitschrift

Hänsel und Gretel beteiligt. Im Mittelpunkt stehen Sagen, Fabeln und Märchen u.a. von Musäus, Bechstein oder Reinick. Hinzu kommen noch Gedichte, Rätsel, Scherzfragen oder Wortspiele. Die Abbildungen sind überwiegend schwarz-weiß, es gibt nur wenige farbige Bilder. Die beiden anderen Zeitschriften des Vereins sind die bereits erwähnten *Jung-Siegfried* (1909–1941) und *Treuhilde* (1910–1935; zwischen 1936 und 1941/42 u.d.T. *Wir Schulmädel : neue Folgen der Treu-Hilde*). Alle drei Zeitschriften stehen in der Tradition Wolgasts und versuchten im Sinne der *Vereinigten deutschen Prüfungsausschüsse für Jugendschriften*, den Kindern und Jugendlichen ‚gute' Literatur anzubieten. In Besprechungen der *Jugendschriften-Warte* werden sie positiv rezensiert und können einem Vergleich mit den Forderungen von Otto Hild standhalten.

Eine besondere Stellung innerhalb der Kinder- und Jugendpresse nimmt der Berliner Ullstein-Verlag ein: Hier erschien neben dem *Heiteren Fridolin* noch die Beilage *Das Blatt der Kinder* (1900–1920) zur Wochenschrift *Dies Blatt gehört der Hausfrau* (1886–1903, 1904–1920).

Besonders auffällig und, wie bereits erwähnt, auch umstritten war die Zeitschrift *Der heitere Fridolin : Halbmonatsschrift für Sport, Spiel, Spass und Abenteuer*, die von Oktober 1921 bis Oktober 1928 vierzehntägig in einem Umfang von 16 Seiten, zum Teil mehrfarbig, im Ullstein-Verlag herausgegeben wurde. Der Jahrgang beginnt jeweils mit dem ersten Oktoberheft. Das Kopftitel-Emblem ist ein Delphin, der in einem einmotorigen Flugzeug sitzt. Illustratoren der Zeitschrift sind u.a. Paul Simmel (1887–1933) und Ferdinand Barlog (1895–1955)

Neben Fortsetzungsgeschichten finden sich technische und wissenschaftliche Erzählungen, Berichte aus der Tier- und Sportwelt sowie Beschreibungen fremder Länder, so dass sich sowohl jüngere als auch ältere Kinder mit der Zeitschrift identifizieren konnten. Hinzu kommen noch Rätsel, Witze und Bildergeschichten beziehungsweise Cartoons. Vor allem werden Abenteuer- oder Detektivgeschichten angeboten, aber auch historische Erzählungen nehmen einen breiten Raum in dieser Kinderzeitschrift ein. Zu der bekanntesten Fortsetzungsgeschichte gehört der mittlerweile zum Klassiker der Kinder- und Jugendliteratur avancierte Kinderroman *Kai aus der Kiste* von Wolf Durian, der 1924 in der Zeitschrift erschien. Der für Kinder- und Jugendzeitschriften typische Briefkasten wird auch ab 1927 von der Zeitschrift *Der heitere Fridolin* übernommen. Jedoch werden darin nur die Fragen der Kinder beantwortet, ein Briefwechsel der Kinder untereinander kommt nicht auf. Kinder selbst kommen nicht zu Wort.

Der heitere Fridolin greift viele der allgemeinen kinder- und jugendliterarischen Tendenzen der 1920er Jahre auf: Die Großstadt, vor allem die Architektur und das großstädtische Leben, und die technischen Errungenschaften bilden einen wichtigen Bestandteil der Kinderzeitschrift. Auch die Illustrationen greifen die moderne Malerei und moderne Sujets auf: Kinder in der Großstadt werden dargestellt, Illustrationen von Autos und Flugzeugen sind selbstverständlich.

Die Märchentante : Monatsschrift für Knaben und Mädchen (1922–1933) erschien zwischen 1922 und 1933 monatlich im Märchenverlag W. Gensch, Elberfeld, und hatte einen Umfang von etwa 16 Seiten. Bereits die Kopftitel-Emblematik verweist auf die Erzähltradition, denn es ist eine Frau im Kreise von Kindern abgebildet. Sie erzählt ihnen Geschichten. Die Kinder erinnern in ihrer Kleidung an Bilder des ausgehenden 19. Jahrhunderts. *Die Märchentante* enthält Erzählungen, Märchen, aber auch Rätsel und eine Bücherecke, in der den Leserinnen und Lesern Literatur empfohlen wird. Es werden Texte u.a. von den Gebrüdern Grimm abgedruckt. Die Kinder werden mit „liebe Nichten und Neffen" angesprochen, ein familiäres Umfeld wird geschaffen. Auch der Briefkasten fehlt nicht. Hier werden Antworten abgedruckt, die auf einen regen Briefwechsel zwischen Leserinnen, Lesern und Herausgebern deuten. Im Verlag W. Gensch erschien zudem noch die Zeitschrift *Onkel Hans : Rätsel- und Unterhaltungsblatt*, die 1930 erschien und im selben Jahr bereits eingestellt wurde.

Die Kinderwelt, die ab 1934 unter dem Titel *Die deutsche Kinderwelt* weitergeführt wurde, erschien seit 1926 alle 14 Tage im Verlag Emil Pinkau & Co. in Leipzig. Sie war an jüngere Kinder im Alter zwischem dem vierten und zwölften Lebensjahr adressiert. Ab 1929 wurde *Die Kinderwelt* im Eigenverlag herausgegeben. Die Hefte haben einen Umfang von etwa 8 Seiten und sind farbig gestaltet. Kurze Geschichten, Bilder und Rätsel sind feste Bestandteile der Zeitschrift. Sie konnte abonniert werden, der Preis betrug 10 Pfennig, später 15. Autorin war u.a. Frida Schanz. *Die Kinderwelt* wirkt im Vergleich zum *Heiteren Fridolin* konservativer, die gezeichneten, farbigen Bilder von Kindern erinnern mitunter noch an Darstellungen aus dem Kaiserreich. In der Kopftitel-Emblematik findet sich ein Zwerg, der von Kindern umringt wird und ihnen Geschichten erzählt. Die Kinder sehen ihn an, lauschen seinen Erzählungen, und neben den Kindern liegt zudem ein aufgeschlagenes Buch. Nach 1934 wird der erzählende Zwerg von der marschierenden HJ und dem BDM in der *Deutschen Kinderwelt* abgelöst, die Jungen führen eine Trommel und eine Hakenkreuzfahne mit sich. Im Januar 1936 verschwindet diese Kopftitel-Emblematik, erneut sind ein Zwerg sowie lesende Kinder zu erkennen. 1944 wird die Zeitschrift eingestellt:

„Mitteilung an unsere Bezieher! Im Zuge der durch den totalen Krieg bedingten Konzentrationsmaßnahmen auf dem Gebiete der Presse stellt unsere Zeitschrift mit dem 30. September 1944 das Erscheinen für die Dauer des Krieges ein. Es werden dabei weitere Kräfte für die Wehrmacht und für die Rüstung frei. Wir danken unseren Lesern und Freunden für die uns erwiesene langjährige Treue. Mit unserem zuversichtlichen Glauben an den Sieg verbinden wir die Hoffnung, unsere Zeitschrift nach dem Siege allen Beziehern wieder in gewohnter Weise liefern zu können." (*Deutsche Kinderwelt*. 1944, Nr. 8, S. 58)

Die Zeitschrift ist im Unterschied zu anderen Kinderzeitschriften also noch lange nach 1933 fortgesetzt worden. Eine Neuauflage nach 1945 erfolgte nicht.

Bis 1931 können die *Jugendblätter : zur Unterhaltung und Belehrung* (1854–1931), als älteste Jugendzeitschrift 1854 von Isabella Braun (1815–1886) gegründet, existieren. Um 1900 wechseln Verlag und Redakteur, und das Bild der Zeitschrift ändert sich: Autoren und Autorinnen wie Joseph von Eichendorff, Detlev von Liliencron oder Maria Kerschensteiner werden aufgenommen. Als Textsorten dominieren Gedichte, Lieder, Erzählungen und Märchen. Pirich-Diederichs kritisiert, dass der Zeitschrift etwas Modernität fehle, denn die Zeichnungen erinnerten an Darstellungen von Kindern im 19. Jahrhundert. Noch 1931, also im letzten Erscheinungsjahr der Zeitschrift, beträgt die Auflage ca. 10000 Stück im Monat. (Vgl. Pirich-Diederichs 1941, Sp. 2341)

1875 erschien die Zeitschrift *Jugendlust : Halbmonatsschrift mit Kunstbeilagen* (1875–1941, 1948ff.), die seit 1977 noch bis heute unter dem Titel *Flohkiste* erscheint. Sie wurde vom *Bayerischen Lehrerverein* herausgegeben, der mit der Zeitschrift „den Kampf gegen Kitsch, Schmutz und Schund" (Göbels 1986, S. 198) aufnehmen wollte. 1931 lag die Auflage der *Jugendlust* bei 106000 Exemplaren. Pirich-Diederichs bezeichnet die Zeitschrift „als eine der besten deutschen" (Pirich-Diederichs 1941, Sp. 2341) Kinderzeitschriften, weil sie hervorragend ausgestattet war. 1948 konnte sie erneut aufgelegt werden. Autoren wie Selma Lagerlöf, Christian Morgenstern oder Künstler wie Kaulbach sorgten für eine hohe Qualität der Zeitschrift. Die Herausgabe der Zeitschrift durch den *Bayerischen Lehrerverein* und eine kluge Vermarktung dürften die Gründe für den langanhaltenden Erfolg gewesen sein.

Der Wolkenreiter : eine Zeitschrift der Jugend für die Jugend ; im Dienste der Freundschaft und der Heimatliebe (1925–1936/37) ist, wie es der Untertitel besagt, eine Zeitschrift, die maßgeblich von Jugendlichen gestaltet wurde. *Der Wolkenreiter* wurde von der Junglehrer-Arbeitsgemeinschaft Bautzen-Nord herausgegeben und erschien zwischen 1925 und 1929 zunächst in Bautzen, nach 1929 dann in Dresden. Thematisch orientiert sich die Zeitschrift überwiegend an den Jahreszeiten. Kinder und Jugendliche verfassten unterschiedliche Textsorten zu den jeweiligen Themenfeldern. Hinzu kamen jedoch auch Märchen oder Sagen, die die Bandbreite der Zeitschrift erweiterten. Aufgrund seiner Konzeption nahm *Der Wolkenreiter* eine besondere Stellung innerhalb der Kinder- und Jugendpresse der Weimarer Zeit ein, da er zu den wenigen Zeitschriften gehört, die von Kindern/Jugendlichen für Kinder/Jugendliche gemacht wurden.

Weitere selbständige Zeitschriften waren die *Jugend-Insel : Zeitschrift für Jungen und Mädel* (1926–1927), die seit 1926 14-tägig erschien und bereits nach wenigen Nummern eingestellt wurde, sowie die Zeitschrift *Die deutsche Heimat : Blätter für die deutsche Jugend zur Pflege der Heimatliebe* (1925–1935), die sich an dem Schuljahr ihrer Leser und Leserinnen orientierte. In der März-Ausgabe 1926 heißt es:

> „An unsere Leser und Leserinnen!
> Mit dieser Nummer schließt der erste Jahrgang der ‚Deutschen Heimat'. Wir hoffen, daß Euch die Zeitschrift so lieb und wert geworden ist, daß Ihr sie auch im neuen Schuljahre gern lesen werdet. Um Eure zahlreichen Briefe beantworten zu können, werden wir mit der nächsten Nummer einen Briefkasten einrichten. Zudem wird die Aprilnummer im doppelten Umfang von 32 Seiten erscheinen, damit Ihr in den Osterferien Beschäftigung habt.
> Die Schriftleiter und Verleger." (*Die deutsche Heimat*. 1926, S. 208)

Die deutsche Heimat besteht fast ausschließlich aus Erzählungen, Gedichten oder Sachtexten z. B. von Joseph von Eichendorff, Friedrich Gerstäcker, Theodor Storm, Lulu von Strauß und Torney oder Frida Schanz. Lediglich auf der letzten der insgesamt 16 Seiten finden sich Rätsel. Die Zeichnungen sind schwarz-weiß. Adressiert ist die Zeitschrift an den jugendlichen Rezipienten aus dem bürgerlichen Milieu. Den Jugendlichen wird die Liebe zur Natur vermittelt, Wissenswertes wird mit Unterhaltendem kombiniert.

Den meisten Zeitschriften, die der traditionell-bürgerlichen Presse nahe stehen, ist die literarische (Aus-)Bildung ihrer Leser und Leserinnen wichtig. Sie sind insofern Teil des Diskurses um eine ‚gute' Literatur. In die Zeitschriften werden besonders jene Autoren und Autorinnen aufgenommen, die auch im schulischen Kanon vertreten sind und als Mittel im Kampf gegen ‚Schmutz und Schund' dienen sollten. Daher erscheint es nur konsequent, dass die Herausgeber die gleichen Texte aufgreifen, die sich auch in den Schullesebüchern finden.

Die selbständigen Kinder- und Jugendzeitschriften zeichnen sich durch eine breite Vielfalt aus. In ihrer Konzeption erinnern manche noch an die Zeitschriften des 19. Jahrhunderts, während einige die Strömungen der 1920er Jahre aufgreifen.

Beispiele für einen modernen Typ von Jugendzeitschriften, die vor allem darauf zielen, das Bedürfnis von Jugendlichen nach Orientierung und Information zu befriedigen, ihren Wissensdurst durch Angebote von Neuem, Unbekanntem aus der eigenen wie der fremden Welt zu stillen, sind die beiden Zeitschriften *Unser Schiff* (1924/25–1943/44) und *Aus fernen Landen* (1927/28–1935/36). Sie durchbrechen auf die Weise am ehesten auch traditionell-konservative Bildungsvorstellungen von Jugend. Damit entsprechen sie einer Tendenz, die sich besondern auch in den in der Weimarer Zeit vorhandenen bzw. neu entstandenen Jahrbüchern für Jugendliche abzeichnet.

Unselbständige Zeitschriften im Bereich der traditionell-bürgerlichen Zeitschriften

Neben den selbständigen Zeitschriften existierten auch Kinderbeilagen für Jungen und Mädchen, die in Tageszeitungen publiziert wurden und sich seit der ersten Hälfte des 19. Jahrhunderts etablieren konnten. Nach Pirich-Diederichs sind zwischen 1920 und 1930 gerade solche Beilagen sehr zahlreich.

Der kecke Kiebitz : Onkel Bollmanns Jugendzeitung (1931–1933), die Wochenbeilage der *Neuen Leipziger Zeitung*, gehört zu den populärsten Kinderbeilagen der Weimarer Zeit. Die erste Beilage erschien am 17. Juni 1931, und der Herausgeber führte sie mit folgendem Text ein:

„An meine 100 000 Kinder!
Hört, Kinder eine Neuigkeit
Die, hoff' ich, Leipzig hoch erfreut:
Heut'startet unter neuer Leitung
Die nagelneuste Kinderzeitung.
Frisch aus der Pfanne, neugebacken,
Und aufgelegt zu Schabernacken,
Zu Späßen viel und doch vernünftig!
Kurzum, wer lernen will, kann künftig
In Bild und Wort das Schönste sehen
Und wird beinah im Handumdrehen,
Verließen ihn nicht alle Geister,
Gelehrtes Huhn und großer Meister!
Damit jedoch nicht alle Sachsen
Voll Sorge sind um Onkel Maxen
Und mir sogleich die Freundschaft künd'jen:
Er ist zu Schiff nach Hinterindien!
Seid drum nicht traurig oder trübe!
Ihr mögt eure Gunst und Liebe,
Das läßt er euch zum Abschied sagen,
Auf Onkel Bollmann übertragen!" (*Der kecke Kiebitz*. 1931, S. 1)

Mit dieser Einleitung wird deutlich, dass *Der kecke Kiebitz* nicht die erste Kinderbeilage der *Neuen Leipziger Zeitung* ist, sondern, dass Onkel Bollmann diese von Onkel Max übernommen hatte. Die Beilage kommt wöchentlich heraus und enthält neben kurzen Erzählungen, Preisausschreiben, Rätsel, Witze und den obligatorischen Briefkasten. Der Umfang beträgt 8 Seiten.

1926/27 wird die Kinderbeilage *Jugendheimat : illustrierte Wochenschrift für Knaben und Mädchen ; Blatt der Unterhaltung und Erbauung* (1926/27–1931/32) begründet, die im ersten Jahr der *Münchener Zeitung* beigelegt wird, seit dem 2. Jahrgang auch der *Bayerischen Zeitung*. Sie erscheint wöchentlich und umfasst vier Seiten. Neben Erzählungen, Märchen oder Gedichten werden auch Rätsel aufgenommen.

Politisch begründete Zeitschriften

Die Presse der politischen Parteien umfaßte auch eigene Zeitschriften und Verlage, in denen neben der Literatur für Erwachsene auch Kinder- und Jugendliteratur wie Zeitschriften für Kinder und Jugendliche produziert wurden. Inhaltlich lassen sich die Kinder- und Jugendzeitschriften sehr gut den politischen Interessen zuordnen. Hier zeigt sich – ähnlich wie in der Literatur für Erwachsene – das gesamte politisch-ideologische Spektrum: Vom proletarisch-revolutionären bis hin zum völkischen.

Der Sozialdemokratie verbundene Kinder- und Jugendpresse

- Kinderbeilagen

Als Vorläufer der linken Kinderpresse ist die Kinderbeilage *Für unsere Kinder* (1905–1921) in der unter anderem von Clara Zetkin herausgegebenen Frauenzeitschrift *Die Gleichheit : Zeitschrift für die Frauen und Mädchen des werktätigen Volkes* (1892–1923) zu sehen. Diese Beilage konnte auf keine Tradition innerhalb der Sozialdemokratie zurückgreifen und musste demnach eigenständige Konzepte entwickeln. In ihrer Konzeption orientierten sich die Herausgeberinnen an den Diskussionen über eine sozialistische Kinder- und Jugendliteratur, die im letzten Drittel des 19. Jahrhunderts begann. Die Kinderbeilage hatte 1905 etwa 12 000 Abonnenten mit einem großen Kreis von Leserinnen und Lesern; die Auflage lag 1914 bei ca. 125 000 Exemplaren mit ansteigender Zahl. Aufgrund der Armut der proletarischen Familien muss man davon ausgehen, dass mehrere Familien diese Zeitschrift gelesen haben. (Vgl. Koch 1967, S. 66) Dass diese Kinderbeilage sich großer Beliebtheit erfreute, belegen nicht nur die Auflagenzahlen, sondern auch Aussagen der Arbeiterinnen und Arbeiter und der Parteimitglieder. Auf dem Parteitag 1907 in Essen hieß es beispielsweise:

> „Die ‚Gleichheit' erwarten mit Sehnsucht Tausende von Kindern, weil die Kinderbeilage ihnen […] das Blatt, das die Mutter liest, lieb und unentbehrlich macht." (zit. in: Koch 1967, S. 66)

Im Mittelpunkt der Kinderbeilage *Für unsere Kinder* stehen die Erziehung und die Aufklärung des proletarischen Kindes über Klassenkampf, Nationalismus und Imperialismus. Einerseits wollten die Kinderseiten die Lebensverhältnisse der proletarischen Familien aufzeigen und reflektieren, andererseits wollten sie die Kinder zu Klassenkämpfern erziehen. Der Kinderbeilage kam eine Funktion zu, die von der bürgerlichen Kinder- und Jugendliteratur nicht wahrgenommen werden konnte:

> „Es war der Versuch gestartet, wenigstens die Arbeiterjugend über die konkreten sozialen Verhältnisse aufzuklären und ihre geistige Immunität gegen vielfältige Heuchelei und Verhetzung auf dem bürgerlich-chauvinistischen Zeitschriften- und Buchmarkt zu stärken." (*Für unsere Kinder*. 1986, S. 191)

Kindheit soll nicht als sorglos beschrieben werden, sondern die Autoren/Autorinnen und Herausgeber fordern, ähnlich wie die gesamte linke Kinder- und Jugendliteratur in den 1920er Jahren, Kinder als gleichwertige Partner wahrzunehmen.

Eine wichtige Zeitschrift, die im Umfeld der SPD in der Weimarer Zeit erschien, ist *Der Kinderfreund* (1924–1932), der sicherlich zu den bekanntesten sozialdemokratischen Kinder- und Jugendzeitschriften gehört und in den Jahren 1924 bis 1932 alle vierzehn Tage von der sozialdemokratischen *Reichsarbeitsgemeinschaft der Kinderfreunde* herausgegeben wurde. Er lag als sechzehnseitige, zum Teil mehrfarbige Beilage den sozialdemokratischen Tageszeitungen bei – unter anderem dem *Vorwärts* und der *Leipziger Volkszeitung*. Der *Kinderfreund* präsentierte Erzählungen, Fortsetzungsgeschichten und Gedichte aus dem proletarischen Milieu, Biographien proletarischer Helden und Berichte aus den verschiedenen Kindergruppen. Viele stammten von bekannten Autorinnen und Autoren – unter anderem von Anna Siemsen, Carl Dantz, Max Barthel, Anni Geiger-Gog oder H. Jahn. Eine Rätsel-, Witz- und Bastelecke findet sich im *Kinderfreund* dagegen nur in vereinzelten Ausgaben. Bildergeschichten wurden ebenso wie Sachgeschichten nur sporadisch aufgenommen. Kinder beteiligten sich als Leserinnen und Leser der Zeitschrift, äußerten sich selbst im Briefkasten oder schrieben vereinzelt Berichte über Treffen der Organisation der *Kinderfreunde*. Typisch für den *Kinderfreund* sind längere Textpassagen, die nicht mit Bildern illustriert sind und daher das Lesen für jüngere, ungeübtere Leser und Leserinnen erschweren.

Die Redaktion des *Kinderfreundes* blieb namenlos, der Briefkasten endete mit ‚Freundschaft, der Kinderfreund' und vermied somit die Anrede Onkel oder Tante. Damit wollte die Redaktion sicherlich eine Gleichberechtigung im Verhältnis der Kinder zur Redaktion signalisieren.

Eine weitere sozialdemokratische Kinderbeilage nannte sich *Volksstimme : Wochenzeitung für Kinder im Magdeburger Land* (1928–1932). Sie erschien seit 1928 jeden Sonntag als Beilage der gleichnamigen Zeitung. Pirich-Diederichs nennt eine Auflagenhöhe von 40000 Exemplaren. Die Beilage hatte einen Umfang von acht Seiten. Neben Märchen, Erzählungen und Gedichten finden sich dort auch Kinderbeiträge. (Vgl. Pirich-Diederichs 1941, Sp. 2330f.)

- Selbständige Zeitschriften

Im Umfeld der SPD erschienen in der Weimarer Republik noch Zeitschriften wie *Arbeiter-Jugend: Monatsschrift der Sozialistischen Arbeiterjugend Deutschlands* (1909–1933), *Der junge Kämpfer* (1928–1930) oder *Die Internationale Jugendkorrespondenz* (1919–1923), die explizit an Jugendliche adressiert waren. Die erste sozialdemokratische Jugendzeitschrift war *Die arbeitende Jugend : Monatsschrift für die Interessen der jugendlichen Arbeiter und Arbeiterinnen* (1905–1909), die in den Jahren 1905 bis 1909 in Berlin in einer Auflage von 10000 Exemplaren erschien. (Vgl. Sellmeyer 1937, S. 23) Sie war das Organ des Vereins der Lehrlinge und jugendlichen Arbeiter Berlins.

Die bedeutendste Zeitschrift für Jugendliche im Umfeld der SPD war die *Arbeiter-Jugend* (1909–1933), in der ab 1909 die beiden Jugendzeitschriften *Junge Garde* und *Die arbeitende Jugend* zusammengefasst wurden. Sie erschien 14-tägig und hatte bereits 1910 etwa 40000 Abonnenten. 1926 brachte es die *Arbeiter-Jugend* bereits auf 65000 Leser und Leserinnen. Sie war die Monatsschrift des *Verband(es) der Arbeiterjugend-Vereine in Deutschland.* Der Preis für eine Ausgabe lag 1909 bei 10 Pfennigen. 1910 änderte sich das Titelblatt, das dann bis 1933 weitgehend unverändert blieb. Der Umfang betrug 12 Seiten.

Innerhab der Jugendbewegung entstanden Jugendzeitschriften wie der *Wandervogel* (1906–1926), *Der Pfadfinder* (1912–1930) oder *Der fahrende Gesell* (1909–1914/15; 1919–1933). Insbesondere der *Wandervogel* und *Der Pfadfinder* waren langlebige Zeitschriften. (Vgl. hierzu Tl. 2, Beitr. A. Bode)

Dem Kommunismus verbundene Zeitschriften

- Selbständige Kinder- und Jugendzeitschriften

Am 27. Dezember 1920 legte der kommunistische Pädagoge Edwin Hoernle auf der Reichskonferenz der Delegierten kommunistischer Kindergruppen seinen Entwurf für die kommunistische Kinderzeitung *Der Junge Genosse : internationale Zeitung für Arbeiterkinder* (1921–1924) vor. Die Konferenz gilt „als Gründungskonferenz der kommunistischen Kinderbewegung." (Jackstel 1967, S. 95) *Der Junge Genosse* knüpft an die sozialdemokratische Beilage *Für unsere Kinder* an. (Vgl. ebd., S. 100)

Einer der zentralen Aspekte für die Entwicklung einer kommunistischen Kinderpresse und einer kommunistischen Kinder- und Jugendliteratur sei, so Edwin Hoernle, die Erziehung zum Klassenbewusstsein. Die Organisation der Kinder in kommunistischen Kindergruppen sollte durch eine entsprechende Kinderzeitung gefördert werden; die Kinder sollten hier über den Verlauf der Nachmittage in den Gruppen berichten und somit die Neugier anderer erwecken. Politisches Ziel der kommunistischen Kinderpresse war, die Kinder dafür zu schulen, Missstände in der Gesellschaft erkennen und analysieren zu können. Ihre Aufgabe sollte es zudem sein, den Leserinnen und Lesern proletarische Literatur, proletarische Geschichte und proletarische Helden in Erzählungen zu vermitteln, das heißt einen im Sinne der proletarischen Erziehung guten Lesestoff anzubieten. Somit können die Erzählungen in der Zeitschrift *Der Junge Genosse* wie auch in der späteren *Kinder-AIZ* durchaus auch als Vorstufe einer kommunistischen Kinder- und Jugendliteratur gewertet werden.

Die kommunistische Kinderpresse zielte darauf ab, der gängigen Kinderpresse und dem Unterricht in den Schulen, der die proletarischen Kinder benachteiligte, entgegenzuwirken. Kommunistische Kinderzeitschriften erhielten demnach eine ähnliche Funktion wie die kommunistische Kinder- und Jugendliteratur der Weimarer Zeit, waren jedoch preiswerter und sicherlich auch leichter zu verbreiten als Kinder- und Jugendbücher. Ein weiteres Ziel war es, eine Zeitschrift sowohl für Kinder als auch von Kindern zu schaffen.

Der Junge Genosse erschien in Deutschland, in der Schweiz, in der Tschechoslowakei, in Österreich, Luxemburg und Elsaß-Lothringen. Vom dritten Heft 1923 an wurde sie zusätzlich noch in Holland, Schweden, Dänemark, Norwegen, Frankreich, Italien und in der Sowjetunion publiziert. Sie kam vierzehntägig heraus; der Preis betrug 30 Pfennig – wurde aber aufgrund der einsetzenden Inflation „für die frei verkäuflichen Einzelnummern laufend erhöht." (Jackstel 1967, S. 133) *Der Junge Genosse* war durch eine Vielfalt von Genres und Themen geprägt: Berichte über die kommunistische Arbeit und aus dem Leben des proletarischen Kindes, Erzählungen, Gedichte, Sach- und Tiergeschichten, Berichte und Solidaritätsaufrufe für die Sowjetunion, Märchen und Schulberichte bildeten ein buntes Spektrum von Textsorten. Der *Junge Genosse* führte unter anderem die Rubrik *Briefe, Aufsätze u. Zeichnungen junger Genossen* ein, die Kinder und Jugendliche aktiv gestalten sollten. Kinder traten also als Autoren wie auch als Rezipienten auf, und ihre Mitarbeit beschränkte sich hier nicht nur auf den Briefkasten. Mit einem solchen Konzept unterschied sich die erste kommunistische Zeitschrift von der bisherigen Kinderpresse, in der die Kinder nur als Leserinnen und Leser angesehen wurden und sich lediglich durch Leserbriefe äußern konnten.

- Unselbständige Kinderbeilagen

1929 erweiterte sich die *Arbeiter-Illustrierte-Zeitung* (*AIZ*) durch eine Kinderbeilage mit dem Namen *Die Kinder-AIZ*, deren Erscheinen im Exil fortgesetzt wurde. Betreut und redigiert wurde die Kinderbeilage von der Schriftstellerin Alex Wedding (d.i. Grete Weiskopf, 1905–1966), die ihre Mitarbeit auch im Prager Exil fortsetzte. Die *Kinder-AIZ* erschien alle vierzehn Tage, ihr Umfang betrug etwa eine Seite in Großformat. Die Adressatinnen und Adressaten waren explizit proletarische Kinder. Die *Kinder-AIZ* griff vor allem ihre Sorgen auf. Die Kinder selbst konnten Schulberichte, Berichte über ihre Werbearbeit oder über Erlebnisse bei den Kindergruppen, bei den Kindertreffen der *AIZ* oder in den Zeltlagern der Pioniere schreiben; sie konnten aber auch Bastelvorschläge und Zeichnungen einreichen. Die Kinderbeilage bot ihren Leserinnen und Lesern zudem noch Rätsel, Bilder aus den Zeltlagern, Fortsetzungsgeschichten, Witze und Bildergeschichten an. Einen großen Raum nahmen die Berichte aus der Sowjetunion ein, die für Solidarität mit dieser plädierten, aber auch deren Darstellung in der deutschsprachigen Presse und in der Schule kritisierten. Die Leserinnen und Leser sollten anhand der Berichte über die angeblich wirklichen Verhältnisse in der Sowjetunion informiert werden. Eine Politisierung der Kinder wurde ausdrücklich befürwortet. Kinder wurden somit im Sinne der kommunistischen Pädagogik als im Klassenkampf aktiv Handelnde wahrgenommen.

Die Briefe der Kinder hatten in der *Kinder-AIZ* einen höheren Stellenwert als in der bereits vorgestellten Kinderpresse. Damit setzte die *Kinder-AIZ* die erziehungstheoretische Forderung Hoernles um und schloss sich auch der Praxis der Zeitschrift *Der Junge Genosse* an. Neben Kindern aus Deutschland verfassten auch russische Kinder Briefe. Sie beschrieben ihr Leben in der Sowjetunion und wollten Brieffreundschaften mit deutschsprachigen Kindern schließen. Die deutschen Kinder kritisierten in ihren Briefen aber auch das zeitgenössische

Schulsystem. Sie berichteten u.a., dass Lehrer gegen den Kommunismus und die Sowjetunion agitierten, und klagten über viele Formen der Benachteiligung der Arbeiterkinder in den Schulen. Insgesamt seien Lehrer gegenüber den Hitlerjungen weitaus toleranter als gegenüber den Pionieren. Dem deutschen Schulsystem wird immer wieder das russische gegenübergestellt. Die *Kinder-AIZ* und auch die Leser sahen im Lehrplan der Sowjetunion ein Vorbild, weil der Geschichtsunterricht dort nicht mehr von Herrschern und Königen, sondern vom Volk und dessen Befreiung handele.

Die *AIZ* veranstaltete gemeinsam mit den Kindergruppen Kindernachmittage, auf denen Lieder gesungen, Märchen vorgelesen und Filme gesehen wurden. Die Kinder erhielten hier etwas zu essen, bei der materiellen Armut der proletarischen Familien sicherlich eine wichtige Hilfe für die Kinder und eine Entlastung für die Eltern. Die kommunistisch orientierten Zeitschriften für Kinder und Jugendliche waren sowohl für die freiwillige Freizeitlektüre als auch für eine gemeinschaftliche Rezeption bei Gruppentreffen gedacht.

Religiös-konfessionell begründete Zeitschriften

Die religiös-konfessionellen Zeitschriften in der Weimarer Zeit blickten z.T. ebenfalls auf eine längere Tradition zurück. Vorhanden waren katholische, evangelische und jüdische Kinder- und Jugendzeitschriften. Nach Pirich-Diederichs gab es in der Zeit der Weimarer Republik etwa 141 verschiedene religiös-konfessionelle Zeitschriften mit einer Auflage von etwa 6 ½ Millionen Exemplaren, wobei die katholische Presse mit 60 Zeitschriften und einer Auflage von mehr als 4 Millionen den ersten Platz eingenommen habe. (Vgl. Pirich-Diederichs 1941, Sp. 2333) Auch hier muss man zwischen selbständigen und unselbständigen Zeitschriften unterscheiden. Pirich-Diederichs konstatiert, dass „die selbständigen katholischen K.[Kinderzeitschriften] […] fast zwei Drittel der Gesamtgattung“ (ebd., Sp. 2333) umfassten. Im Mittelpunkt der religiös-konfessionellen Zeitschriften stand traditionell die religiöse Erziehung. Zeitschriften wie *Missionsblatt für unsere liebe Jugend* (1898–1937), *Sonntagsbote für die Jugend* (1893–1919; 1920–1938) oder *Der Jugendfreund* (1887–1941; 1948–1988) entstanden bereits im 19. Jahrhundert.

Für Mädchen

Die Mädchenzeitschrift *Komm mit! : Wochenschrift für junge Mädchen* (1898–1941; 1950–1958) erschien wöchentlich. Sie wurde vom *Verband der evangelischen Jungfrauenvereine Deutschlands* herausgegeben, hatte einen Umfang von vier Seiten und enthielt überwiegend schwarz-weiße Abbildungen. Sie folgte in ihrem Aufbau dem Kirchenjahr, bezog sich auf die Feiertage in ihren Erzählungen ebenso wie auf biblische Geschichten. Neben Erzählungen wies die Zeitschrift Briefe, Buchempfehlungen und Berichte auf. Den Leserinnen wurde sogenannte gute Literatur empfohlen, und in einigen Beiträgen wurde ihnen erläutert, wie sie diese Literatur finden könnten. Hier zeigt sich ein Unterschied zu den an männliche Leser adressierten Jugendzeitschriften: Die Diskussion um ‚gute' Literatur scheint, vorsichtig formuliert, stärker in der Presse für Mädchen geführt worden zu sein.

Ähnlich wie in den nicht-konfessionellen Mädchenzeitschriften greifen auch die Herausgeber der konfessionellen das bekannte Prinzip der Vermischung von unterhaltenden und ratgebenden Artikeln auf. Insgesamt zeigen die Texte aber dennoch einen religiösen Charakter und erinnern an die moralisch-religiöse Erzählung des 19. Jahrhunderts. Der *Evangelische Reichsverband weiblicher Jugend Deutschlands* gab zudem noch die traditionsreiche *Deutsche Mädchen-Zeitung* (1869–1941) heraus, ebenso die Mädchenzeitschrift *Am frühen Morgen* (1925–ca. 1970). Die Zeitschrift *Ins Leben hinaus : Blatt für Mädchen im letzten Schuljahr* (1916/17–1934/35) wurde vom *Zentralverband der katholischen Jungfrauenvereinigungen Deutschlands* und dem *Verein katholischer deutscher Lehrerinnen* herausgegeben.

Für Jungen

In der Trägerschaft des Jesuiten-Ordens wurde ab 1908 die Zeitschrift *Der Leuchtturm : Zeitschrift im Bund der Deutschen katholischen Jugend* herausgegeben und ab 1912 die Zeitschrift *Die Burg*. Beide waren für katholische Gymnasiasten gedacht, *Die Burg* für die Unterstufe und *Der Leuchtturm* für die Oberstufe. Beide erschienen zuerst im Paulinus-Verlag in Trier, ab 1919 nach der Übergabe der Zeitschriften an den 1919 gegründeten *Verband katholischer Schüler höherer Lehranstalten Neu-Deutschland* im Verlag Bachem in Köln. (Vgl. Göbels 1986, S. 222) Der Umfang der Monatsschrift *Die Burg* betrug 32 Seiten bei einer Durchschnittsauflage von 7000 Exemplaren im Monat. Aufgenommen wurden Gedichte, Erzählungen, Texte zum Nachdenklich-Machen, aus Umwelt, Technik, dem Gruppenleben, der Schule und von Fahrt und Lager. Ein unbekümmertes Jungenleben wird entworfen. Doch hinter solchen Rubriken versteckt sich keine harmlose Jugendzeitschrift. Bereits im ersten Heft wird die Parole „Treu sein und Gefolgschaft leisten!" verkündet. Treue und Nationalbewusstsein werden den männlichen Lesern vermittelt. Viele Texte sind durch einen deutschnationalen Duktus charakterisiert. Im dritten Heft der *Burg* werden die Mitglieder der *Neudeutschen* explizit auf die Losung *Alles für Deutschland, Deutschland für Christus* verpflichtet. (Vgl. ebd.) Eine allgemeinere Bedeutung kam der Zeitschrift *Am Scheidewege : Monatsschrift für katholische Jungen* (1915/16–1939) zu.

Neben den konfessionellen Zeitschriften, die jeweils spezifisch an Mädchen oder an Jungen adressiert waren, existierten auch weitere für Mädchen wie für Jungen. Von evangelischer Seite wurden z.B. die Zeitschriften *Jugendruf* (1923–1941), *Christliches Jungdeutschland* (1925–1941) und *Der evangelische Kinderfreund* (1870–1977) herausgegeben, von katholischer Seite z.B. die Zeitschriften *Der Kinderfreund im Sakrament* (1922–1940) und *Kommunionglöcklein* (1892–1941). Auch die jüdische Glaubensgemeinschaft verfügte über eigene Zeitschriften für Kinder und Jugendliche (vgl. Völpel/Shavit 2002), ebenso Baptisten und Methodisten. Insgesamt machten die religiös-konfessionellen Zeitschriften einen erheblichen Teil der Zeitschriften für Kinder und Jugendliche insgesamt aus, die in der Zeit der Weimarer Republik vorhanden waren. Zum überwiegenden Teil handelte es sich dabei aber nicht um Zeitschriften, die nach 1918 neu entstanden, sondern solche mit z.T. längerer Tradition, die nach 1918 weiterliefen. Dies ist auch der Grund dafür, dass die religiös-konfessionellen Zeitschriften im Prinzip traditionell, d.h. konservativ ausgerichtet blieben und dass nur bedingt die Alltagsprobleme wie die Interessen von Kindern und Jugendlichen in der Zeit nach dem Ersten Weltkrieg angesprochen wurden. Auf der Basis der traditionellen geschlechtsspezifischen Rollenbilder spricht aus den religiös-konfessionellen Zeitschriften zumeist der primäre Zweck einer ebenso traditionellen religiösen Erziehung.

Die Werbezeitschriften

Zwischen 1905 und 1910 kamen die Werbe- und Kundenzeitschriften auf, die sich sowohl bei Kunden als auch bei Händlern großer Beliebtheit erfreuten und hohe Auflagenzahlen hatten. Als Herausgeber fungierte entweder eine Firma oder ein Verlag, der dann die Hefte an den Einzelhandel weiterverkaufte. (Vgl. Sommer 1994, S.33) In den Geschäften wurden sie und werden sie bis heute zumeist kostenlos an die Kunden oder ihre Kinder verteilt. Die Ursprünge der Werbezeitschriften liegen in den US-amerikanischen Werbemethoden, die schon früh Kinder als Objekte der Werbung entdeckt hatten. Die Zeitschriften waren auf bestimmte Produkte ausgerichtet und in der Regel farbig gestaltet. Bildergeschichten und Fortsetzungsromane wurden ebenso in das Repertoire aufgenommen wie etwa Briefe der Kinder, Rätsel oder Preisausschreiben. Bei den Werbezeitschriften lassen sich zwei Arten unterscheiden: Einerseits entlarven Titel wie *Die Rama-Post* direkt den Werbezweck, auch wenn sich in den Heften selbst nur wenige Hinweise auf die Margarine finden; andererseits existieren auch solche Zeitschriften, die neutral gestaltet sind und auf den Titelbildern eine freie Fläche lassen, die von den Geschäftsleuten dann für ihre eigenen Zwecke genutzt werden kann, wie z. B. bei der Zeitschrift *Dideldum.*

1912 brachte die Margarine-Verkaufs-Union (Rama) die Kinder-Werbezeitschrift *Der kleine Coco : Zeitschrift zur Unterhaltung und Belehrung für die Jugend* (1912/13–1926/27) heraus, die 1916 ihr Erscheinen einstellte und dann erst ab 1924 in einem Verlag, der zu der Firma gehörte, wieder aufgelegt wurde. 1925 wurde im gleichen Verlag eine weitere Kinderzeitschrift mit dem Titel *Fips : Lach-Zeitung für liebe kleine Kinder* (1925/26–1926/27) herausgegeben, die später in *Die Rama-Post vom lustigen Fips* (1927/28–1930/31) umbenannt wurde und sich an etwa Drei- bis Achtjährige richtete, während *Der kleine Coco* an Kinder vom achten Lebensjahr an adressiert gewesen sein dürfte. Zwischen 1927 und 1933 erschien *Der kleine Coco* unter dem Titel *Die Rama-Post vom kleinen Coco : Zeitschrift zur Unterhaltung und Belehrung für die Jugend.* (Vgl.: Sommer 1994, S. 33; Pirich-Diederichs 1941, Sp. 2325) Beide Zeitschriften kamen vierzehntägig heraus – ihre Auflagenhöhe lag bei ca. zwei Millionen. (Vgl. Pirich-Diederichs 1941, Sp. 2325) Im Impressum der Zeitschrift *Die Rama-Post vom kleinen Coco* liest man:

> „Beim Einkauf von ‚Rama-Margarine butterfein' erhält man umsonst abwechselnd von Woche zu Woche die Kinderzeitung ‚Die Rama-Post vom kleinen Coco' oder ‚Die Rama-Post vom lustigen Fips'." (*Die Rama-Post vom kleinen Coco*. 1928/29, Nr. 11, S. 48.)

In den Zeitschriften *Der kleine Coco* und *Die Rama-Post vom kleinen Coco* finden sich Gedichte, Märchen, Sach- und Tiergeschichten, Rätsel und Preisausschreiben. Die Themen sind überwiegend von den Jahreszeiten und Feiertagen abhängig. Schriftsteller(innen) und Lehrer(innen) verfassen gemeinsam die Zeitschriften. Natürlich gibt es darin auch Koch- und Backrezepte, um die Leserinnen und Leser auf die Rama-Margarine zu verweisen.

Als erzählende Gattung dominiert das Märchen. Die realistischen Erzählungen wenden sich vorwiegend der Schule und der Erziehung zu.

Der Briefkasten in *Die Rama-Post vom kleinen Coco* wurde vielfältig genutzt und soll an dieser Stelle exemplarisch skizziert werden: Die Kinder kamen fast ausschließlich aus Deutschland. Der deutschnationale Sprachduktus, der für den narrativen Inhalt charakteristisch war, schien auch im Briefkasten durch. Die Kinder nutzten ihn, um Brieffreundschaften zu schließen oder Briefmarken und Kinderzeitschriften zu tauschen. Gleichzeitig wurden die Kinder ermahnt, sich für eingesandte Briefmarken oder Postkarten zu revanchieren. Der Briefkasten gibt somit Auskunft über die kinderkulturellen Aktivitäten und über kindliche Verhaltensweisen in den 1920er Jahren. Die Kinder ergriffen im Briefkasten auch die Möglichkeit, Fragen zu den Gebieten Technik, Geographie, Botanik,

Zoologie, Sprache und Sport zu stellen, die dann von der Redaktion zum Teil ausführlich beantwortet wurden. Aus dem Briefkasten geht ebenfalls hervor, dass Kinder Gedichte und Erzählungen an den *Kleinen Coco* schickten. In der Regel wurden diese Beiträge sehr gelobt, eine Veröffentlichung wurde dann aber aus Platzgründen abgelehnt. Eine Mitarbeit der Kinder wurde dadurch gefördert, dass sie sich bestimmte Themengebiete wünschen konnten. Die Kinder machten zudem Verbesserungsvorschläge: Kritisiert wurde u.a. das ‚Rama-Mädchen', das mit seinen langen blonden Zöpfen vielen Leserinnen und Lesern als altmodisch erschien. Die Empfehlungen lassen eine Modernisierung in der Selbsteinschätzung erkennen, die durch das Bild der neuen Frau in den 1920er Jahren beeinflusst sein dürfte. Da *Die Rama-Post vom kleinen Coco* aber an einem traditionellen Frauenbild festhielt, musste sie diese Modernisierungsvorschläge ablehnen. Zementiert wurde das traditionelle Verständnis von weiblichen Rollen zudem durch Rubriken wie *Für die Mütter*, die Backrezepte und praktische Tipps für den Haushalt enthielten. Auch die Zeichnungen illustrierten die traditionelle Geschlechterteilung.

Neben den hier vorgestellten Zeitschriften existierten in den 1920er Jahren noch weitere Zeitschriften, in denen Margarine beworben wurde: *Das Helmstedter Füllhorn* erschien 1927 in Helmstedt; von 1923 bis 1927 kam in Elberfeld die Halbmonatszeitschrift *Landbu-Männchens Abenteuer* der Bergisch-Märkischen Margarine-Werke Isserstedt heraus.

Eine weitere besonders erfolgreiche Zeitschrift war *Der kleine Genossenschafter : Monatsschrift des Reichsverbandes Deutscher Konsumvereine* (1925–1933/34; 1935–1939), eine Kinderbeilage der *Großeinkaufs-Gesellschaft Deutscher Consumverein* (GEG). Sie erschien vierzehntägig und erreichte durchschnittlich eine Auflage von etwa 750 000 Exemplaren. (Vgl. Pirich-Diederichs 1941, Sp. 2326) Ihr Umfang betrug vier Seiten. Neben Rätseln und Bastelanleitungen wurden auch Fortsetzungsgeschichten und Märchen abgedruckt. Auch der Briefkasten und Preisausschreiben fehlten nicht. Als Herausgeber trat ein Onkel Karl auf, an den auch die Briefe adressiert wurden. In den Bildergeschichten taucht offen Werbung für Produkte der Gepag (*Großeinkaufs- und Produktions-Aktiengesellschaft deutscher Konsumvereine*) auf.

Eine der bekanntesten Werbekinderzeitschriften war *Dideldum : die lustige Kinderzeitung* (1929–1950). Ein leeres Feld auf dem Titelblatt ermöglichte der Firma, das eigene Logo einzusetzen, bevor die Zeitschriften an die Kunden verteilt wurden. Hauptabnehmer der Zeitschrift war die Geschäftskette Karstadt. Neben bewährten Geschichten wurden den kindlichen Leserinnen und Lesern auch Comics und abenteuerliche oder phantastische Bildergeschichten angeboten. Die Bildergeschichten bedienten sich nicht des Mittels der Sprechblase, sondern unter jedem Bild befanden sich gereimte Texte. Die Comicforschung geht davon aus, dass *Dideldum* hauptsächlich von Otto Waffenschmidt, Autor auch anderer Bildergeschichten (z.B. *Muck und Puck und Adelheid)*, und seiner Frau Eva gestaltet wurde. Auch die Sparkassen hatten eigene Werbezeitschriften für Kinder. 1932 erschien z.B. *Der Sparelefant : eine vergnügte Angelegenheit für Buben und Mädel*. In der Kopftitel-Emblematik erkennt man einen Elefanten, auf dem fünf Kinder mit unterschiedlichen Spielsachen wie beispielsweise einem Springseil oder in Indianerverkleidung zu sehen sind. Die Zeitschrift enthält Geschichten, Bastelanleitungen und Rätsel.

Zusammenfassung

Erster Globalbefund der Analyse des Zeitschriftenmarktes für Kinder und Jugendliche in der Weimarer Zeit ist, dass eine große Anzahl solcher Zeitschriften vorhanden war. Der zweite Befund ist, dass das Spektrum dieser Zeitschriften zwar zu einem erheblichen Teil aus Fortsetzungen älterer, z.T. sogar aus dem 19. Jahrhundert stammender Zeitschriften bestand, dass aber nach 1918 zugleich auch eine Vielzahl neuer Zeitschriften bzw. Zeitschriftentypen für Kinder und Jugendliche entstanden.

Eine der Ursachen hierfür war die in der Weimarer Zeit sich verstärkende politische Polarisierung, die einerseits die Entstehung von linken Kinder- und Jugendzeitschriften und andererseits die Entstehung von rechten bzw. direkt nationalsozialistischen Zeitschriften zur Folge hatte. (Vgl. Tl. 2, Beitr. N. Hopster: Nationalsozialistische Literatur…) Eine zweite Ursache für die Entstehung neuer Zeitschriften für Kinder und vor allem für Jugendliche ist der mit der Wandervogel-Bewegung beginnende zunehmende Zusammenschluss von Jugendlichen in spezifischen Jugendorganisationen, Verbänden oder Bünden. Dem breiten und differenzierten Spektrum der bündischen Jugend entsprach ein entsprechendes Spektrum an Zeitschriften, in denen sich wie in den Bünden selbst auch die politische Polarisierung in der Gesellschaft der Weimarer Zeit niederschlug. (Vgl. Tl. 2, Beitr. A. Bode; vgl. auch Schierer 1938) Eine dritte Ursache für die Neuentstehung wie die Veränderung der vorhandenen älteren Zeitschriften in der Weimarer Zeit ist im Wandel von Kindheit und Jugend in der Nachkriegsgesellschaft zu sehen. Traditionelle Sozial- und Berufsbindungen, traditionelle Bildungs- und Laufbahnbestimmungen lösten sich mehr und mehr auf, es zeichnete sich dadurch eine immer stärkere Partikularisierung der Orientierungen und Interessen von Kindern und Jugendlichen ab. Die Zeitschriften wie auch die Jahrbücher reagierten darauf mit veränderten, der Tendenz nach modernisierten und stärker adressatenorientierten Leseangeboten, indem z.B. neue und zunehmend wichtig werdende Bereiche wie die Technik, der Sport, die Umwelt und die außerdeutsche Welt angesprochen wurden.

Dieser an vielen Zeitschriften erkennbaren Tendenz stand aber bei einer Vielzahl von Zeitschriften, besonders älteren, eine anhaltende Tendenz zum Traditionell-Konservativen entgegen. Die Auffassung, Kinder und Jugendliche seien noch unfertige Menschen, die geführt und bewahrt werden müssten, bestimmt in der Weimarer Zeit immer noch die meisten der traditionellen Zeitschriften. Entsprechend kinder- bzw. jugendtümlich sind dann auch die angebotenen Texte, die informatorischen wie auch die literarischen, erzählerischen in den meisten Zeitschriften. Das heißt, bei aller scheinbaren Aktualisierung der Leseangebote ist zumindest bei einem Großteil der nicht partei- oder verbandsgebundenen Zeitschriften eine Tendenz zur Trivialisierung unverkennbar. Diese Doppeltendenz zur Aktualisierung wie zur Trivialisierung dürfte auch die Vertreter der Jugendschriften-Ausschüsse dazu veranlasst haben, in der *Jugendschriften-Warte* die Notwendigkeit von Kinder- und Jugendzeitschriften grundsätzlich in Frage zu stellen, das heißt, sie nicht als ein brauchbares Medium der Erziehung zum literarisch-ästhetischen Lesen in ihrem Sinne zu akzeptieren. Dass diese Position durch viele der Zeitschriften wie auch durch viele Titel der zeitgenössischen Kinder- und Jugendliteratur untergraben wurde, weil sie im Prinzip auf Unterhaltung hin angelegt waren, wurde von den Prüfungsausschüssen durchaus richtig gesehen. Sie sahen aber nicht, dass Unterhaltung in steigendem Maße den Bedürfnissen von Kindern und Jugendlichen in der Gesellschaft der Weimarer Republik entsprach und dass außerdem Unterhaltung auch gut gemacht, innovativ und lesefördernd sein konnte, wie am Sonderfall unter den Zeitschriften für Kinder und Jugendliche, der Zeitschrift *Der heitere Fridolin*, demonstriert wird. Gerade diese Zeitschrift wurde massiv kritisiert. So wie die *Vereinigten Deutschen Prüfungsausschüsse für Jugendschriften* nicht oder erst sehr spät – im Rahmen der Debatte um gegenwartsbezogene Kinder- und Jugendliteratur (vgl. Tl. 2, Beitr. S. Ladwig) – in der Lage waren, ihre Position zu reflektieren und zu ändern, konnten sie auch nicht ihre Vorbehalte gegenüber den Zeitschriften kritisch überprüfen. Sie konnten daher nicht sehen, dass ihre Kritik an den Zeitschriften für Kinder und Jugendliche durchaus hätte sinnvoll sein können, als Kritik an geschlechtsspezifischen Zeitschriften wie als Kritik an der Fortsetzung traditionell-geschlechtsspezifischer Kindheits- und Jugendstereotype in Zeitschriften traditionell-bürgerlicher Prägung.

Literaturverzeichnis

Kinder- und Jugendzeitschriften in der Zeit der Weimarer Republik

Altkatholischer Kinderfreund. – Freiburg/Br. : Verl. des Reichsverbandes alt-katholischer Jungmannschaften. – Von 1 (1912/13) bis 15 (1927)[?] erschienen

Am frühen Morgen / hrsg. im Auftr. d. Evangelischen Reichsverbandes Weiblicher Jugend, Berlin-Dahlem. – Berlin [u. a.] : Buckhardthaus-Verl. – Von 1 (1925) bis 39 (1970)[?] erschienen

Am Scheidewege : Monatsschrift für katholische Jungen. – Düsseldorf : Verl. Haus Altenberg. – Von 1 (1915/16) bis 21 (1935/36) erschienen. – Außerdem von (1936) bis (1939); [N. S.] 1 (1949) 1(Jan.) [Vor.-H.]; 1 (1949) 1 [= Apr.] bis 6 (1954); (1955) bis (1958) 1 und (1966) 1–3 nachgewiesen

Die arbeitende Jugend : Monatsschrift für die Interessen der jugendlichen Arbeiter und Arbeiterinnen. – Berlin : Arbeiterjugendverl. – Von 1 (1905) bis 5 (1909) erschienen

Arbeiter-Jugend : Monatsschrift der Sozialistischen Arbeiterjugend Deutschlands / Hrsg.: Verband der Sozialistischen Arbeiterjugend Deutschlands, Hauptvorstand. – Berlin : Arbeiterjugendverl. – Von 1 (1909) bis 25 (1933) 2 erschienen

Aus fernen Landen : Blätter für die deutsche Jugend zum Kennenlernen der weiten Welt. – Berlin : Jugendschriften-Verl., Beenken. – Von 1 (1927/28) bis 9 (1935/36) erschienen

Bergauf : Konfirmandenblatt fürs evang. Deutschland / Sächsischer Provinzialverband der Inneren Mission. – Dresden : Verl. „Filmdienst“. – Von [1] (1924/25) bis 16 (1937) 2 erschienen

Das Blatt der Kinder. – Berlin : Schirmer [ab 1904: Ullstein]. – Beil. zu: Dies Blatt gehört der Hausfrau. – Von (1886) bis (1920) erschienen

Die Blauband-Woche : eine Zeitschrift für die Familie. – Berlin : Lintas. – Von 1 (1925) bis 7 (1931) und [N. F.] 1 (1931) u. d. T.: ‚Rama im Blauband – Woche‘ erschienen

Der blaue Kasper. – Hamburg : Broschek. – Beil. zu: Hamburger Fremdenblatt. – Von 1 (1933) bis 4 (1936) 14 erschienen

Die Burg. – Köln [u. a.] : Bachem [u. a.]. – Von 1 (1912/13) bis 28 (1939)[?] erschienen

Christliches Jungdeutschland : ein Blatt für die deutsche Kinderwelt. – Berlin : Christl. Zeitschriftenverein. – Von 17 (1925) bis (1941) erschienen. – Hauptsacht. bis [31] (1939) 18: Christliches Jung-Deutschland. – Früher u. d. T.: Jung-Deutschland

Die deutsche Heimat : Blätter für die deutsche Jugend zur Pflege der Heimatliebe. – Berlin : Jugendzeitschriften-Verl., Beenken. – Von 1 (1925) bis 9 (1935) 6 erschienen

Die Deutsche Mädchen-Zeitung : Monatsblatt für junge Mädchen / Evangelischer Reichsverband Weiblicher Jugend. – Berlin : Burckhardthaus-Verl. – Von 1 (1869) bis 73 (1941)[?] erschienen

Deutscher Kinderfreund. – Hamburg [u. a.] : Expedition des Dt. Kinderfreundes. – Von 1 (1878/79) bis 54 (1932)[?] erschienen

Deutsches Mädchenbuch : ein Jahrbuch der Unterhaltung, Belehrung und Beschäftigung für junge Mädchen. – Stuttgart : Thienemann. – 1 (1892) bis 28 (1925) erschienen. – Forts. u. d. T.: Thienemanns Mädchenbuch

Dideldum : die lustige Kinderzeitung. – Oldenburg i. O. : Stalling. – Von 1 (1929) bis (1950)[?] erschienen

Der Eisbrecher : eine deutsche Jungenzeitschrift. – Plauen : Wolff. – Von (1932) 1 bis (1934) 17/18 und N. F. (1934) [1] bis (1935) 15[?] erschienen

Der evangelische Kinderfreund : Wochenschrift Familie und Sonntagsschule. – Stuttgart : Christl. Verl.-Haus. – Von 1 (1870) bis 72 (1941) und 73 (1946) bis 91 (1964) 52 erschienen. – Später u. d. T.: Der Kinderfreund

Der fahrende Gesell / Bund für Deutsches Wandern u. Leben im DHV. – Brühl-Vochem [u. a.] : DHV [u. a.]. – Von 1 (1909) bis 6 (1914/15) und 7 (1919) bis 21 (1933)[?] erschienen

Der Familienfreund / Hrsg.: Gemeinnützige Milchversorgungs-Ges. Nürnberg-Fürth. – Kempten : [ohne Verl.]. – Von 1 (1926/27) bis 8 (1933) nachgewiesen

Fips : Lach-Zeitung für liebe kleine Kinder. – Goch : Verl. Fips. – Von 1 (1925/26) bis 2 (1926/27) erschienen

Für unsere Kinder. – Berlin : Vorwärts-Verl. – Beil. zu: Die Gleichheit. – Von (1905) bis (1921) 6 nachgewiesen

Für unsere Kleinen : ein neues Bilderbuch für Kinder von 4–10 Jahren von G.[eorg] Chr.[istian] Dieffenbach. – Gotha : Perthes. – Von 1 (1884) bis 39 (1923) erschienen

Die Gleichheit : Zeitschrift für die Frauen und Mädchen des werktätigen Volkes. – Berlin : Vorwärts-Verl. – Von 2 (1892) 1 [= 11. Jan.] bis 33 (1923) 17 [= Sept.] nachgewiesen

Der große Wagen : ein Werk der Jungentrucht / Hrsg.: Jungentrucht. – Berlin-Wilmersdorf : Hüttmann. – Von [1] (1933) 4 bis 3 (1935)[?] nachgewiesen

Der gute Kamerad : illustrierte Jungenzeitschrift. – Stuttgart : Union Dt. Verl.-Ges. – Von 1 (1887) bis 58 (1943/44) und 59 (1951) bis 75 (1968) erschienen. – Auch als geb. Jahrbuch erschienen

Hallo, etwas für uns. – Berlin : Bund d. freien Schulgesellschaften Deutschlands. – Beil. zu: Die freie weltliche Schule. – Von (1928) [= Probenr.], 2 (1929) bis 6 (1933) 2[?] erschienen

Hans Kunterbunt : heitere, nachdenkliche und seltsame Geschichten. – Leipzig : Herfurth. – Von 1 (1926) bis 16 (1941)[?] erschienen

Hänsel und Gretel : deutschen Knaben und Mädchen (im Alter von 7 bis 10 Jahren) / Verein für Soziale Ethik u. Kunstpflege. – Berlin : Verl. des Vereins für Soziale Ethik u. Kunstpflege. – Von 1 (1912/13) bis 52 (1941)[?] erschienen

Der heitere Fridolin : Halbmonatsschrift für Sport, Spiel, Spaß und Abenteuer. – Berlin : Ullstein. – Von 1 (1921/22) bis 7 (1927/28) erschienen

Das Helmstedter Füllhorn. – Helmstedt i. Br. : Schmidt. – Nachgewiesen: (1927)

Ins Leben hinaus : Blatt für Mädchen im letzten Schuljahr / hrsg. vom Zentralverband d. Kath. Jungfrauenvereine Deutschlands u. vom Verein Kath. Dt. Lehrerinnen. – Düsseldorf [u. a.] : Verbandesverl. weiblicher Vereine. – Von 1 (1916) bis 19 (1934/35) erschienen

Die internationale Jugendkorrespondenz / hrsg. vom Exekutivkomitee der Kommunistischen Jugendinternationale. – Wien [u. a.] : Internat. Jugendverl. – Von 1 (1919/20) bis 5 (1923/24)[?] erschienen

Jo's Freunde. – Berlin : Dt. Verl. – Beil. zu: Die grüne Post : Sonntagszeitung für Stadt und Land. – Von 1 (1927) bis 18 (1944) 34 [= 20. Aug.][?] erschienen

Jugend-Insel : Zeitschrift für Jungen und Mädel ; Nachricht. – Berlin : Reckendorf [anfangs Jugendbücher-Verl.]. – Von (1926) 1 [= 11. Sept.] bis (1927) 25 [= 24. Sept.][?] erschienen. – Nebent.: Nachrichten von der Jugendinsel

Jugendblätter : zur Unterhaltung und Belehrung. – München : Schnell & Steiner. – Von [1] (1855) bis [10] (1864), 11 (1865) bis 48 (1902), 49 (1902/03) bis 80 (1933/34) und 81 (1949) bis 83 (1951) 6/7 erschienen

Der Jugendfreund : die Zeitschrift für die neuapostolische Jugend. – Frankfurt/Main : Bischoff. – Von 1 (1929) bis 13 (1941) und 14 (1951) [= Juli] erschienen

Der Jugendfreund : das evangelische Mitmachheft für Kinder / hrsg. im Auftr. d. Jugendfreund-Kommission für Kindergottesdienste im Gesamtverband für Kindergottesdienst in d. EKD u. für Sonntagsschulen. – Leinfelden-Echterdingen : Verl. Der Jugendfreund. – Von 1 (1887) bis 55 (1941) 26 erschienen. – Außerdem nachgewiesen: 62 (1948) 49 [= Dez.] bis 120 (2006)

Der Jugendfreund : Zeitschrift für unsere Jugend. – München : Neuhäusler. – Von 1 (1919/20) bis 4 (1923) 6 erschienen

Jugendheimat : illustrierte Wochenschrift für Knaben und Mädchen ; Blatt der Unterhaltung und Erbauung. – München : Verl. d. Münchener Zeitung. – Von 2 (1926/27) bis 7 (1931/32) nachgewiesen

Jugendlust : Halbmonatsschrift mit Kunstbeilagen / hrsg. vom Bayerischen Lehrerverein. – Nürnberg [u.a.] : Tümmels Buchdr. [u.a.]. – Von 1 (1876) bis 66 (1940/41) nachgewiesen. – Ab 67 (1949) u.d.T.: Frohe Jugend. – Ab 72 (1954) wieder u.d.T.: Jugendlust. – Ab (1977) u.d.T.: Flohkiste bzw. floh!

Jugendruf. – Berlin [u.a.] : Burckhardthaus-Verl. – Von 1 (1923) bis (1941) [Juni] und (1947) [Okt.] bis (1958) 10 [= Okt.?] nachgewiesen

Jung-Deutschland : ein Blatt für die deutsche Kinderwelt. – Berlin : Christl. Zeitschriftenverein. – Von 1 (1908) bis 16 (1923) erschienen. – Später u.d.T.: Blätter für die Evangelische Jugend

Jung-Siegfried : der deutschen Jugend dargeboten. – Berlin : Verl. d. Vereins für Soziale Ethik u. Kunstpflege. – Von 1 (1909/10) bis 58 (1941) 3 erschienen

Die junge Garde : Organ der arbeitenden Jugend / Verband Junger Arbeiter u. Arbeiterinnen Deutschlands. – Mannheim : Verb. junger Arbeiter u. Arbeiterinnen Deutschlands. – Von 1 (1906) 1 [= 1. April] bis 3 (1908) erschienen

Der Junge Genosse : internationale Zeitung für Arbeiterkinder / hrsg. vom Exekutivkomitee d. Kommunistischen Jugendinternationale. – Dt. Ausg. – Berlin : Verl. Junge Garde. – Von 1 (1921) bis 4 (1924) 4 [= Okt.] erschienen

Der junge Kämpfer / hrsg. von d. Jungsozialistischen Vereinigung (SPD) Gross-Berlin. – Berlin : [ohne Verl.]. – Von 1 (1928/29) bis [2] (1930)[?] erschienen

Der junge Soldat : djs ; Kinderzeitschrift der Heilsarmee. – Köln : [ohne Verl.]. – Von 1 (1896) bis 69 (1977) und (1978) bis (1983) 22 erschienen

Jungmädchenwelt : ein Jahrbuch für junge Mädchen ; Erzählungen ernsten und heiteren Inhalts, Plaudereien über Kunst und Wissenschaft, Länder und Völker, Beruf, Sport, Haus, Hof und Garten. – Stuttgart [u.a.] : Union Dt. Verl.-Ges. – Von 1 (1927) bis 4 (1930)[?] erschienen

Jungneuland : ein Blatt für unsere Jugend unter 17 Jahren. – Eisenach : Heuse. – Von 1 (1924) bis 11 (1934)[?] erschienen

Der kecke Kiebitz : Onkel Bollmanns Jugendzeitung ; Wochenbeilage der Neuen Leipziger Zeitung. – Leipzig : [ohne Verl.]. – Von (1931/32) 1 (= 17.Juni) bis (1932/33) 52 (= 22. Juni)[?] erschienen. – Ab 1934 u.d.T.: Mein Kamerad : das Blatt für die Jungens und Mädels der Neuen Leipziger

Die Kinder-AIZ. – Berlin : Neuer Dt. Verl. – Beil. zu: Die Arbeiter-Illustrierte-Zeitung aller Länder. – Von (1929) bis (1933) erschienen

Kinder-Kurier vom Onkel Max. – Leipzig : Leipziger Verl.-Dr.– Von 1 (1924) bis 2 (1925) erschienen

Der Kinderfreund / Hrsg.: Reichsarbeitsgemeinschaft der Kinderfreunde. – Berlin : Vorwärts-Verl. – Beil. zu: Vorwärts [und anderen sozialdemokratischen Tageszeitungen]. – Von (1925) bis (1932) nachgewiesen

Der Kinderfreund im Sakrament : Zeitschrift für Kommunionkinder. – Essen : Fredebeul & Koenen. – Von (1922) bis (1940) und (1949) bis (1968/69) erschienen

Kindergabe. – Bethel b. Bielefeld : Blätterverl. d. Anst. Bethel. – Von 7 (1902) bis 10 (1905) und von (1907) bis (1941) April nachgewiesen

Kinderglück. – Marburg : Dt. Gemeinschaftsbl.-Dr.– Von 1 (1927) bis 15 (1941) erschienen

Die Kinderwelt. – Leipzig : Pinkau. – Von [1] (1926) bis 9 (1934) 7 nachgewiesen

Der kleine Coco : Zeitschrift zur Unterhaltung und Belehrung für die Jugend. – Goch (Rhld.) : Verl. des kleinen Coco [u.a.]. – Von 4 (1912/13) bis 10 (1926/27) 12 nachgewiesen

Der kleine Genossenschafter : Monatsschrift des Reichsverbandes Deutscher Konsumvereine / Hrsg.: Reichsverband Dt. Konsumvereine u. Gepag, Großeinkaufs- u. Produktions-Aktienges. Dt. Konsumvereine. – Köln : [ohne Verl.]. – Beil. zu: Genossenschaftsfamilie. – Von (1925), (1925/26) bis (1928/29) 8 und 22 (1928/29) bis 27 (1933/34) und 28 ([1935]) bis 32 ([1939])[?] nachgewiesen

Das kleine Kirchenblatt : Wochenschrift für die katholischen Kinder. – Wien : [ohne Verl.]. – Beil. zu: Das Große Kirchenblatt. – Von 1 (1924) bis 17 (1940)[?] erschienen

Komm mit! : Wochenschrift für junge Mädchen. – Berlin-Dahlem [u.a.] : Burckhardthaus-Verl. – Von 1 (1898) bis 44 (1941) 25/26 und 45 (1950) bis 53 (1958) 10 erschienen

Kommunionglöcklein : Wochenschrift für Erstkommunikanten. – Düsseldorf [anfangs Köln] : Schwann [anfangs Thiessing]. – Zusatz anfangs: Blätter für die Erstkommunikanten. – Von 1 (1892) bis 65 (1965) erschienen. – Von 1942 bis 1949 nicht erschienen

Das Kränzchen : illustrierte Mädchen-Zeitschrift. – Stuttgart [u.a.] : Union Dt. Verl.-Ges. – Von 1 (1888/89) bis 46 (1933/34). – Auch als geb. Jahrbuch erschienen. – Forts.u.d.T.: Wir Mädel

Das Lagerfeuer : eine deutsche Jungenzeitschrift / Schriftl. Eberhard Köbel (tusk). – Berlin : Atlantis-Verl. [u. a.]. – Von (1930) Juli / Dez. und 21 (1931) bis 22 (1932) Mai / Juni [?] nachgewiesen

Landbu-Männchens Abenteuer : Halbmonatsschrift der Bergisch-Märkischen Margarine-Werke. – Elberfeld : Isserstedt. – Von [1] (1923) bis 3 (1927) 19 erschienen

Leipziger Wochenblatt für Kinder / hrsg. von Johann Christoph Adelung. – Frankfurt [u. a.] : Crusiussische Buchh. – Von 1 (1772) 1 bis 9 (1774) 227 erschienen

Der Leuchtturm : Zeitschrift im Bund der Deutschen Katholischen Jugend. – Trier [u. a.] : Paulinus-Dr. [u. a.]. – Von 1 (1908) bis 4 (1910/11), 19 (1925/26) bis 33 (1939/40) und 36 (1948/49) bis 49 (1960) 12 erschienen. – Von 5 (1911/12) bis 18 (1924/25) u. d. T.: Der Leuchtturm für Studierende : illustrierte Halbmonatsschrift

Mädchenpost : illustrierte Zeitschrift für das junge Mädchen. – Leipzig : Dt. Druck- u. Verl.-Haus. – Von 1 (1913/14) bis 15 (1927/28) [?] erschienen

Die Märchentante : illustrierte Monatsschrift für Knaben und Mädchen. – Elberfeld : Gensch. – Von [1 (1922)] bis 8 (1933) 3 erschienen

Missionsblatt für unsere liebe Jugend. – Hermannsburg : Missionshandlung. – Von 1 (1898) bis 40 (1937) erschienen. – Forts. u. d. T.: Missionsanstalt <Hermannsburg>: Jugendblatt der Hermannsburger Mission. – Beil. zu: Missionsanstalt <Hermannsburg>: Hermannsburger Missionsblatt

Morgenrot : Beilage zur Unterhaltung für die Kinderwelt. – Essen : [ohne Verl.]. – Von 1 (1926) bis 11 (1936) erschienen

Onkel Hans : Rätsel- und Unterhaltungsblatt des Verlages Walter Gensch, Elberfeld. – Elberfeld : Gensch. – Erschienen: 1 (1930) 1

Onkel Otto's Kinderblatt. – [Berlin] : Ullstein. – Nachgewiesen: (1919)

Der Pfadfinder : Jugendblätter des Deutschen Pfadfinderbundes. – Bamberg : Reindl. – Von 1 (1912) bis 20 (1930) erschienen

Die Rama-Post vom kleinen Coco : Zeitschrift zur Unterhaltung und Belehrung für die Jugend. – Berlin : [ohne Verl.]. – Von 10 (1926/27) bis 17 (1933/34)[?] nachgewiesen

Die Rama-Post vom lustigen Fips. – Goch : Verl. „Die Rama-Post vom lustigen Fips". – Von 3 (1927/28) bis 6 (1930/31) [?] nachgewiesen

Samenkörner : Wochenblatt für Kinder. – Witten : Bundes-Verl. – Von 31 (1924) 18 bis 48 (1940), 49 (1949) bis 52 (1952) und von (1953) bis (1972) nachgewiesen

Der Schutzengel : ein Freund, Lehrer und Führer der Kinder. – Donauwörth : Auer. – Von 1 (1875) bis 52 (1926) erschienen

Der schwäbische Jugendfreund. – Stuttgart : [ohne Verl.]. – Beil. zu: Württemberger Zeitung. – Von (1924) 1 [= 9. Okt.] bis (1933) [?] nachgewiesen. Erschien unregelmäßig

Sonntagsbote für die Jugend. – Stuttgart : Christliches Verl.-Haus. – Von (1893) 1 bis (1919) 26 und (1920) 57 bis (1938) 75 nachgewiesen. – Bis (1919) 14 inhaltl. identisch mit, dann darin aufgegangen: Die Sonntags-Schule. – Beil. zu: Die Biene auf dem Missionsfelde

Der Sparelefant : eine vergnügte Angelegenheit für Buben und Mädel. – Berlin : Elsner. – Nachgewiesen: 3 (1932)

Treuhilde : Blätter für deutsche Mädchen / Verein für Soziale Ethik u. Kunstpflege. – Berlin : Verl. des Vereins für Soziale Ethik u. Kunstpflege. – Von 1 (1910/11) bis 50 (1935/36) erschienen. – Später u. d. T.: Wir Schulmädel : Neue Folge der Treu-Hilde

Unser kleiner Freund : Kinderblätter der Gemeinschaft der Siebenten-Tags-Adventisten. – Hamburg : Advent-Verl. – Von 1 (1899) bis 43 (1941) und 44 (1951) bis 52 (1959) 3 erschienen

Unser Schiff : eine Zeitschrift über Natur, Sport und Technik ; für jung und alt. – Stuttgart : Franckh. – Von 1 (1924/25) bis 20 (1943/44)[?] erschienen. – Von (1924/25) bis (1928/29) u. d. T.: Unser Schiff und die Welt

Volksstimme : Wochenzeitung für Kinder im Magdeburger Land. – Magdeburg : [ohne Verl.]. – Von (1928)[= Weihnachtssondernr.], 1 (1929) bis 4 (1932)[?] erschienen

Wandervogel : Monatsschrift für deutsches Jugendwandern. – Wolfenbüttel [u. a.] : [ohne Verl.]. – Von 1 (1907) bis 4 (1910); 5 (1911) 1, 2; 6 (1911) 3 bis 21 (1926) nachgewiesen

Die Welt der Kleinen. – Ludwigshafen/Rh. : Gensch. – Von 1 (1924) bis 6 (1929) und (1930) bis (1933) [?] nachgewiesen

Wochenblatt zum Besten der Kinder. – Berlin : Birnstiel. – Von 1 (1760) bis 4 (1769) erschienen

Der Wolkenreiter : eine Zeitschrift der Jugend für die Jugend ; im Dienste der Freundschaft und der Heimatliebe / hrsg. von d. Junglehrer-Arbeitsgemeinschaft Bautzen-Nord. – Dresden : Meinhold. – Von 1 (1925) bis 13 (1936/37)[?] erschienen

Zeitgenössische Quellen

Adam, Richard: Aus der Arbeit der Prüfungsausschüsse. Brauchen wir Jugendzeitschriften?. – In: Jugendschriften-Warte. – 30 (1925), S. 81 ff.

Bockemühl, O.: Jugendzeitschriften. – In: Jugendschriften-Warte. – 30 (1925), S. 77 f.

Elster, Hans-Martin: Warum ich eine Jugendzeitschrift herausgebe?. – In: Jugendschriften-Warte. – 30 (1925), S. 80 f.

Fronemann, Wilhelm: Neue Jugend-Zeitschriften : kritische Bosheiten. – In: Jugendschriften-Warte. – 30 (1925a), S. 78 ff.

Fronemann, Wilhelm: Noch ein Wort zur Kinderzeitung. – In: Jugendschriften-Warte. – 30 (1925b), S. 91

Gensch, Willy: Nochmals: Jugendzeitschriften?. – In: Jugendschriften-Warte. – 30 (1925), S. 89 ff.

Göhring, Ludwig: Die Anfänge der deutschen Jugendliteratur im 18. Jahrhundert : ein Beitrag zur Geschichte der deutschen Jugendliteratur. – Nürnberg : Korn, 1904

Hild, Otto: Die Jugendzeitschrift in ihrer geschichtlichen Entwicklung, erziehlichen Schädlichkeit und künstlerischen Unmöglichkeit. – Leipzig : Wunderlich, 1905

Klingebeil, Hedwig: Von Kinderzeitschriften. – In: Jugendschriften-Warte. – 29 (1922), S. 45 f.

Pirich-Diederichs, Margarete: Jugendzeitschriften. – In: Handbuch der Zeitungswissenschaft / hrsg. von Walther Heide. Bearb. von Ernst H. Lehmann. – Leipzig : Hiersemann. – 3 (1941), Sp. 2168 – 2193

Pirich-Diederichs, Margarete: Kinderzeitschriften. – In: Handbuch der Zeitungswissenschaft / hrsg. von Walther Heide. Bearb. von Ernst H. Lehmann. – Leipzig : Hiersemann. – 2 (1941), Sp. 2316 – 2358

Rieffert, Johanna: Jugendschriften. – In: Lexikon der Pädagogik der Gegenwart / hrsg. von Josef Spieler. – Freiburg i. Br. : Herder 1930. – Sp. 1299 – 1303

Rohwedder, Hans: Die Zeitung als Jugend- und Kinderlektüre. – In: Jugendschriften-Warte. – 34 (1929), S. 105 – 108

Schreiter-Meerane, Otto: Konrad Agahds Jugendzeitschriften. – In: Jugendschriften-Warte. – 18 (1911), S. 11 f.

Sperlings Zeitschriften-Adreßbuch : Handbuch der deutschen Presse. – 51. Ausg. – Leipzig : Verl. d. Börsenvereins d. Dt. Buchhändler, 1925

[Stapelfeldt, Ernst:] Eine neue Jugendzeitschrift. – In: Jugendschriften-Warte. – 29 (1922), S. 19 f.

Treuge, Margarete: Jugendzeitschriften. – In: Die Lehrerin : Organ des Allgemeinen Deutschen Lehrerinnenvereins. – (1914) 9, S. 65 ff.

Treuge, Margarete: Jugendzeitschriften. – In: Die Lehrerin : Organ des Allgemeinen Deutschen Lehrerinnenvereins. – (1914) 10, S. 73 ff.

Zimmermann, Heinz: Die literarische Jugendzeitschrift : hat sie einen Sinn?. – In: Jugendschriften-Warte. – 31 (1926), S. 25 ff.

Sekundärliteratur

Für unsere Kinder : Texte aus der Kinderbeilage der ‚Gleichheit‘ 1905 – 1917 / hrsg. von Heide Drust. – Berlin : Kinderbuchverl., 1986

Gärtner, Hans: Zu einer Typologie moderner Kinderzeitschriften. – In: Informationen des Arbeitskreises für Jugendliteratur. – (1985) 10, S. 2 – 14

Gebhardt, Hartwig: Presse für Kinder. Überlegungen zur kulturellen Funktion der Kinderzeitschriften in Deutschland 1830 – 1930. – In: Kinderkultur / 25. Deutscher Volkskundekongreß in Bremen vom 7. bis 12. Oktober 1985. – Bremen : Bremer Landesmuseum für Kunst u. Kulturgeschichte, 1987. – (Bremer Landesmuseum für Kunst- und Kulturgeschichte : Hefte des Focke-Museums ; 73). – S. 289 – 298

Geiss, Manfred: Sozialistische Kinder- und Jugendliteratur. – In: Lexikon der Kinder- und Jugendliteratur : Personen-, Länder- u. Sachartikel zu Geschichte u. Gegenwart d. Kinder- u. Jugendliteratur ; in 3 Bd. (A – Z) u. e. Erg.- u. Reg.-Bd. // [erarb. im Inst. für Jugendbuchforschung d. Johann-Wolfgang-Goethe-Univ. in Frankfurt/Main]. Hrsg. von Klaus Doderer. – Weinheim [u. a.] : Beltz. – 3. P – Z. – 1979. – S. 414 – 423

Göbels, Hubert: Zeitschriften für die deutsche Jugend : eine Chronographie 1772 – 1960. – Dortmund : Harenberg, 1986

Graf, Andreas: Periodische Publikationsformen: Überblick / Andreas Graf ; Susanne Pellatz-Graf. – In: Handbuch zur Kinder- und Jugendliteratur : von 1850 bis 1900 / hrsg. von Otto Brunken, Bettina Hurrelmann, Maria Michels-Kohlhage, Gisela Wilkending. – Stuttgart [u. a.] : Metzler, 2008. – Sp. 879 – 885

Hopster, Norbert: Kinder- und Jugendliteratur 1933 – 1945 : ein Handbuch / Norbert Hopster ; Petra Josting ; Joachim Neuhaus. – Stuttgart [u. a.] : Metzler. – 1. Bibliographischer Teil mit Registern. – 2001

Huß-Michel, Angela: Literarische und politische Zeitschriften des Exils 1933 – 1945. – Stuttgart : Metzler, 1987

Jackstel, Karl-Heinz: Die kommunistischen Kinderzeitungen in der Weimarer Republik unter Einbeziehung früherer Ansätze progressiver „Zeitungspädagogik“ : eine Studie zur Entwicklung der deutschen Kinderpresse aus erziehungsgeschichtlicher Sicht. – Halle/Sachsen, Univ., Diss., 1967

Karrenbrock, Helga: Märchenkinder – Zeitgenossen : Untersuchungen zur Kinderliteratur der Weimarer Republik. – 2., neu bearb. Aufl. – Stuttgart : Metzler, 2001

Koch, Artur: Die Verwirklichung sozialistischer Kindererziehung mit Hilfe der ersten deutschen proletarischen Kinderzeitschrift „Für unsere Kinder“ (1905 – 1917). – In: Jahrbuch für Erziehungs- und Schulgeschichte. – 7 (1967), S. 49 – 131

Mikota, Jana: Alice Rühle-Gerstel : ihre kinderliterarischen Arbeiten im Kontext der Kinder- und Jugendliteratur der Weimarer Republik, des Nationalsozialismus und des Exils. – Frankfurt/Main : Lang, 2004. – (Kinder- und Jugendkultur, -literatur und -medien ; 30). – Zugl.: Siegen, Univ., Diss., 2003

Nölling-Schweers, Claudia: Publikationsformen. – In: Handbuch zur Kinder- und Jugendliteratur : von 1850 bis 1900 / hrsg. von Otto Brunken, Bettina Hurrelmann, Maria Michels-Kohlhage, Gisela Wilkending. – Stuttgart [u. a.] : Metzler, 2008. – Sp. 1007 – 1072

Pellatz-Graf, Susanne: Zeitschriften. – In: Handbuch zur Kinder- und Jugendliteratur : von 1850 bis 1900 / hrsg. von Otto Brunken, Bettina Hurrelmann, Maria Michels-Kohlhage, Gisela Wilkending. – Stuttgart [u. a.] : Metzler, 2008. – Sp. 885 – 928.

Rogge, Jan-Uwe: Zur Geschichte der Kinderzeitschriften. – In: Der Medienmarkt für Kinder in der Bundesrepublik / hrsg. von Klaus Jensen u. Jan-Uwe Rogge. – Tübingen : Tübinger Vereinigung f. Volkskunde e.V., 1980. – S. 170 – 177

Rogge, Jan-Uwe: Kinderzeitschriften. Exemplarische Beschreibungen, inhaltliche und formale Tendenzen, Aspekte der Rezeption / Jan-Uwe Rogge ; Klaus Jensen. – In: Der Medienmarkt für Kinder in der Bundesrepublik / hrsg. von Klaus Jensen u. Jan-Uwe Rogge. – Tübingen : Tübinger Vereinigung f. Volkskunde e.V., 1980. – S. 178 – 200

Schierer, Herbert: Das Zeitschriftenwesen der Jugendbewegung : ein Beitrag zur Geschichte der Jugendzeitschrift. – Berlin, Univ., Diss., 1938

Sellmeyer, Fritz: Die Entwicklungsgeschichte der Jugendzeitschrift und ihre Gestaltung in der sozialdemokratischen, kommunistischen und nationalsozialistischen Jugendbewegung. – Würzburg, Univ., Diss., 1937

Sommer, Michael: Die Kinderpresse in der Bundesrepublik Deutschland : Angebot, Konzepte, Formen, Inhalte. – Hamburg : Kovac, 1994

Völpel, Annegret: Deutsch-jüdische Kinder- und Jugendliteratur : ein literaturgeschichtlicher Grundriß / Annegret Völpel ; Zohar Shavit. – Stuttgart : Metzler, 2002

Bettina Kümmerling-Meibauer

Spektrum und Tendenzen der übersetzten Kinder- und Jugendliteratur

1929 fand in Genf eine internationale Kinderbuchausstellung statt, die vom *Bureau International d'Éducation* unter der Ägide von Jean Piaget angeregt und organisiert worden war. (Vgl. Kempe 1929) Es handelt sich um die erste international ausgerichtete Ausstellung zeitgenössischer Kinderbücher aus mehreren europäischen Ländern. Ein Ziel der Ausstellung bestand darin, auf die Vielfalt der internationalen Kinderliteratur hinzuweisen, ein anderes Ziel war jedoch auch, zur Völkerverständigung beizutragen und den Toleranzgedanken zu fördern. Diese Ideen wurden dann von Paul Hazard in seiner bahnbrechenden Studie *Les livres, les enfants et les hommes* (1932; dt: *Kinder, Bücher und große Leute.* 1952) aufgegriffen und mündeten in die Forderung nach einem komparatistischen Zugang zur Kinderliteratur. Die nächste internationale Kinderbuchausstellung fand 1946 auf Anregung von Jella Lepman in München statt. Durchsetzen konnten sich folglich diese Prinzipien erst in der Nachkriegszeit und führten zur Gründung der *Internationalen Jugendbibliothek* in München durch Jella Lepman im Jahr 1949 und der IBBY 1953 in Zürich. Dennoch zeigte sich schon in der Vorkriegszeit und insbesondere in der Ära der Weimarer Republik ein gestiegenes Interesse an internationaler Kinderliteratur, das in einem weiteren Schritt zu einer regen Übersetzertätigkeit führte.

Mit der Rezeption von übersetzter Kinder- und Jugendliteratur und ihrer möglichen Bedeutung für die Entwicklung der deutschsprachigen Kinderliteratur in der Zeit der Weimarer Republik hat sich allerdings noch keine Studie intensiv befasst. Ebenso wenig liegt eine vollständige Bibliographie der übersetzten Kinderliteratur aus dem Zeitraum von 1918 bis 1933 vor. Ausführliche Besprechungen oder Buchanzeigen in zeitgenössischen Rezensionsorganen oder Zeitschriften konnten nicht eruiert werden. Der nachfolgende Beitrag versteht sich folglich als ein erster Versuch, dieses Defizit ansatzweise zu beheben und zugleich die wichtigsten Tendenzen in den Grundzügen anzudeuten. Auch wenn kaum genaue Daten über die Auflagenhöhen oder die Rezeption ermittelt werden konnten, wird sich zeigen, dass einige übersetzte kinderliterarische Werke einen nachhaltigen Einfluss auf die Entwicklung der deutschsprachigen Kinderliteratur der Weimarer Zeit ausgeübt haben. Dies lässt sich durch mehr oder minder deutlich markierte intertextuelle Bezüge (sowohl als Einzeltextreferenz als auch als Systemreferenz) nachweisen. Auch wenn einige Autoren und ihre Werke nach der nationalsozialistischen Machtergreifung nicht mehr opportun waren (wozu vor allem die osteuropäischen Kinderbücher oder sozialkritische

Werke gehörten), zeigten einige Kinderbücher eine erstaunliche Langlebigkeit und wurden auch nach 1933 weiterhin verlegt. (Vgl. Hopster, N. / Josting, P. / Neuhaus,J.: Kinder- und Jugendliteratur 1933–1945. Ein Handbuch. Bd. 1, 2001; Bd. 2, 2005) Aus diesem Grund wird bei den entsprechenden Kinderbüchern kurz auch auf die weitere Rezeption während der nationalsozialistischen Herrschaft eingegangen, um zu demonstrieren, dass sich auch hier gewisse Traditionen verfestigt hatten und an diesen weiterhin festgehalten wurde.

Die meisten Kinderbücher wurden aus dem Englischen übersetzt, wobei Werke aus Großbritannien, Kanada und den USA vertreten sind, dicht gefolgt von Übersetzungen aus dem skandinavischen Sprachraum (Schweden, Norwegen, Dänemark). Erstaunlich ist die Beobachtung, dass sich etliche Übersetzungen aus dem Russischen finden lassen. Ferner gibt es noch einige Übersetzungen aus dem Tschechischen, Ungarischen, Polnischen, Serbokroatischen, Flämischen, Italienischen und Französischen. Mit Ausnahme Nordamerikas (USA, Kanada) finden sich keine Übersetzungen aus nicht-europäischen Ländern, wenn man von dem Abenteuerroman *Der Soldat des Zaren* (dt. 1920) von Jehuda Steinberg, der aus dem Hebräischen übersetzt wurde, und dem Theaterstück *Das Postamt* (1912; dt. 1918) von Rabindranath Tagore, einer Übersetzung aus dem Bengalischen, absieht. Tagore hatte dieses Drama für die Schüler der von ihm im Jahr 1901 gegründeten Schule in Santinisketan verfasst und übte darin scharfe Kritik an der Kindererziehung und dem autoritären Schulsystem in Indien. Tagore setzte die Phantasietätigkeit und den Freiheitsdrang des Kindes dagegen und deutete mit dem hoffungsvollen und zugleich melancholischen Schluss eine mögliche Alternative zum überholten pädagogischen Konzept an. Der außergewöhnliche Umstand, dass ein Werk der indischen Literatur übersetzt wird, hängt einerseits damit zusammen, dass Tagore 1913 den Nobelpreis für Literatur erhalten hatte. Andererseits stießen seine Dramen, die durch eine Kompilation symbolistischer und expressionistischer Stilmittel gekennzeichnet sind, gerade in Deutschland auf ein großes Echo. Obwohl *Das Postamt* nicht die poetische Kraft der Originalversion aufweist (vgl. Sanatani 1983), avancierte es in den 1920er Jahren zum beliebtesten Theaterstück des Autors und wurde ebenso wie die Dramen von Carl Sternberg, Georg Kaiser und Ernst Toller auf zahlreichen deutschen Bühnen aufgeführt. (Vgl. Kämpchen 1997)

In der Regel werden die Übersetzer namentlich genannt, oft wird auch darauf hingewiesen, dass es sich um Bearbeitungen oder Nacherzählungen der Originalfassung handelt. Gerade bei den ursprünglich für eine erwachsene Leserschaft intendierten Abenteuerromanen von Edgar Rice Burroughs: *Tarzan bei den Affen* (1914; dt. 1924), James Fenimore Cooper: *Lederstrumpfgeschichten* (1823–1848; dt. 1930 u.ö.) oder Daniel Defoe: *Robinson Crusoe* (1719/20; dt. 1921) sowie anderen umfangreichen Prosawerken, wie etwa Harriet Beecher-Stowes *Onkel Toms Hütte* (1852; dt. 1919 u. ö.), Mark Twains *Huckleberry Finns Abenteuer* (1884; dt. 1920 u. ö.) oder Emilio Salgaris *Die Tiger von Mompracem* (1900; dt. 1930) handelt es sich in der Regel um erheblich gekürzte Ausgaben, die darüber hinaus auch stilistisch so umgeformt wurden, dass der ursprüngliche Duktus der Originalausgabe verloren gegangen ist. Besonders augenfällig ist diese Tendenz bei den *Lederstrumpf*-Romanen von James Fenimore Cooper, die bereits 1826–1850 im Rahmen einer 158 Bände umfassenden Gesamtausgabe bei Sauerländer (Frankfurt) erschienen sind. In den nachfolgenden Jahrzehnten erschienen vermehrt Jugendausgaben, die im Vergleich zu den Originaleditionen um 50–70 Prozent gekürzt wurden. Die vollständige Streichung der Naturschilderungen, reflexiven Passagen, historischen Erörterungen und Nebenhandlungen führten zu einer Verfälschung der Charaktere. (Vgl. Egger 1991) Der Zwiespalt und die Ambivalenz der Hauptfigur wird zugunsten einer Stereotypisierung aufgelöst, um diese als Helden ohne Fehl und Tadel (vgl. Aley 1969) zu präsentieren. Der Erfolg dieser gekürzten Ausgaben führte dazu, dass die *Lederstrumpf*-Erzählungen, die einen nachhaltigen Einfluss auf Karl May und Sophie Wörishöffer ausübten, seit der Jahrhundertwende bis weit in die Nachkriegszeit hinein in Deutschland als Jugendromane wahrgenommen wurden.

Werke, die der Nonsens-Tradition nahestehen, wie etwa Lewis Carrolls *Alice im Wunderland* (1865; dt. 1922 u.ö.), Karel Čapeks *Schrupp und Schlipp : Geschichte von einem Hund und einer Katze* (1929; dt. 1933) oder A. A. Milnes *Pu der Bär* (1926; dt. 1928) wurden entweder so umgeschrieben, dass die Nonsens-Aspekte weggelassen oder die grotesken Elemente zugunsten einer märchenhaften Szenerie abgeschwächt wurden. Bei Kenneth Grahames Kinderklassiker *The Wind in the Willows* (1908), der unter dem verniedlichenden Titel *Christoph, Großmaul und Cornelius : die Abenteuer einer fidelen Gesellschaft am Fluß, im Wald und anderswo* im Jahr 1929 beim Gundert-Verlag veröffentlicht wurde, strich man dagegen zwei ganze Kapitel („Wayfarer‘s All“, „Piper at the Gates of Dawn“), weil sie mit ihrem melancholisch-ernsten Ton vermeintlich nicht zu den eher humorvollen Episoden der anderen Kapitel passten. Außerdem wurden die zeitgeschichtlichen Bezüge und die intertextuellen Anspielungen auf die Antike oder Shakespeare weggelassen oder bis ins Unkenntliche verfremdet.

Unter den Übersetzern und Übersetzerinnen finden sich einige bekannte Kinderbuchautoren und -autorinnen (Wolf Durian; Hermynia Zur Mühlen; Helene Scheu-Riesz), aber auch Autoren, die für eine erwachsene Leserschaft geschrieben haben, sowie Verleger und Pädagogen. So übersetzte Franz Blei auf Wunsch des Insel-Verlages die Märchen und die phantastische Geschichte *Das Gespenst von Canterville* (1887; dt. 1926) von Oscar Wilde. Von Max Pannwitz, der dem Wiener Kreis um Hugo von Hofmannsthal angehörte, stammen die Übersetzungen des Tierromans *Monarch der Riesenbär* (1904; dt. 1921) von Ernest Thompson Seton sowie der Robinsonade *Sigismund Rüstig* (1841/42; dt. 1924) von Frederick Marryat. Der für seine Tiererzählungen berühmt gewordene Autor Hermann Löns zeichnet für die Übersetzung von Jack Londons *Wenn die Natur ruft* (1903; dt. 1929) verantwortlich, änderte jedoch den symbolhaften Charakter der Tiernovelle zugunsten eines Tierbildes, das die Komplexität zugunsten eines vereinfachten Sozialdarwinismus vernachlässigt. (Vgl. Bodeker 1991) Zum Erfolg von Rudyard Kiplings Schülerroman *Staaks und Genossen* (1899; dt. 1928) trug wesentlich auch der Übersetzer Norbert Jacques bei, der in den 1920er Jahren mit seinen Kolportageromanen äußerst populär war. Der Kinderbuchsammler Karl Hobrecker überarbeitete die bereits vorliegenden Übersetzungen von Coopers *Lederstrumpf*-Erzählungen. Der konservativ eingestellte Pädagoge und Literaturkritiker Wilhelm Fronemann, der nach 1933 eng mit den Nationalsozialisten zusammenarbeitete, übersetzte den ersten Band der mittlerweile als Klassiker angesehenen, elf Bände umfassenden *Swallows and Amazon*-Serie von Arthur Ransome: *Der Kampf um die Insel* (1930; dt. 1931). Während der britische Autor mit diesem Werk, das das Subgenre der ‚holiday novel' begründete, dem britischen Lake District ein Denkmal setzte und zugleich ein modernes Kindheitsbild konzipierte, modelte Fronemann den Roman in eine Abenteuergeschichte mit sozialdarwinistischem Gedankengut um. Der eher neutrale englische Buchtitel wurde dementsprechend verändert, um den Abenteueraspekt sowie den Kampf zweier rivalisierender Kindergruppen mehr in den Vordergrund zu heben. Die modernen Elemente des Kinderromans (insbesondere das liberale, vertrauensvolle Verhältnis zwischen Eltern und Kindern, der Appell an die Vernunft und Selbständigkeit des Kindes) werden in der deutschen Version zugunsten der Segelabenteuer und der detaillierten Darstellung des Lebens auf einem Segelboot und auf einer einsamen Insel zurückgedrängt, weshalb man diese Bände nicht nur als Abenteuer- bzw. Ferienromane, sondern zuweilen auch als Handreichungen bzw. ‚handbook of adventure' bezeichnet hat. (Vgl. Kümmerling-Meibauer 1999, Bd. 2, S. 903)

Hinsichtlich des Gattungsspektrums ist festzuhalten, dass vorwiegend Prosawerke (Romane, Erzählungen, Märchen, Legenden) übersetzt worden sind. Ihr Anteil nimmt fast 90 Prozent ein. Man findet gelegentlich noch Bilderbücher, aber keine Kinderlyrik und – mit Ausnahme von Rabindranath Tagores *Das Postamt* – keine Theaterstücke für Kinder. Die Präferenz für Prosawerke lässt sich seit dem 19. Jahrhundert beobachten, als die ersten europäischen und nordamerikanischen Kinderklassiker ins Deutsche übersetzt worden sind. Da Lyrik äußerst schwierig zu übersetzen ist und hierbei in der Regel auch keine hohen Auflagen zu erwarten sind, ist es folglich auch nicht verwunderlich, dass selbst bedeutende kinderlyrische Werke von bekannten Autoren weder im 19. Jahrhundert noch in der ersten Hälfte des 20. Jahrhunderts übersetzt wurden. So übersetzte man etwa den Gedichtband *A Child's Garden of Verses* (1885) von Robert Louis Stevenson erst in der Nachkriegszeit ins Deutsche, obwohl der Autor mit seinen beiden Abenteuerromanen *Die Schatzinsel* (1883; dt. 1925) und *Entführt* (1886; dt. 1925 u.ö.) in Deutschland überaus beliebt war. Überraschend ist die Tatsache, dass in demselben Zeitraum kaum Bilderbücher von ausländischen Verlagen übernommen worden sind. Es konnten lediglich zwei schwedische Bilderbücher ermittelt werden, die während der Weimarer Republik aufgelegt worden sind: Elsa Beskows *Hansi im Heitiswald* (1901; dt. 1919), das bereits 1903 unter dem Titel *Hänschen im Blaubeerenwald* beim Verlag F. Loewe (Stuttgart) publiziert wurde, und Carl Larssons *Das Haus in der Sonne* (1899; dt. 1921). Auch dieses Bilderbuch erschien zu Beginn des 20. Jahrhunderts als deutsche Erstausgabe und erreichte bis Ende der Weimarer Republik mit 250000 Exemplaren eine ungewöhnlich hohe Auflagenzahl. Der Erfolg des Bilderbuches von Carl Larsson erklärt sich u.a. damit, dass es – auch in Schweden – nicht als Bilderbuch für Kinder konzipiert war, sondern sich eher an Erwachsene richtete. Die lose Folge von Genreszenen, Darstellung von spielenden Kindern und Einblicken in das Wohnhaus des in Schweden berühmten Malers erfüllte das nostalgische Bedürfnis nach Visualisierung einer Idylle, die zugleich progressive, von der Reformpädagogik geprägte Ideen versinnbildlicht, was an der Einrichtung des Hauses, der Kinderkleidung sowie dem harmonischen Zusammenleben von Kindern, Eltern und Dienstpersonal zu erkennen ist. Die Affinität zur skandinavischen Natur und Kultur führte deshalb gerade in Deutschland dazu, dass dieses Bilderbuch überaus populär war und das Schwedenbild über Jahrzehnte hinweg nachhaltig prägte. Elsa Beskow, die in engem Kontakt mit dem Stockholmer Kreis um Ellen Key stand, beeinflusste mit ihren anthropomorphisierten Naturdarstellungen, den Anklängen an die nordische Mythologie und der Betonung einer kindlichen Traumwelt vor allem das Bilderbuchschaffen von Sybille Olfers. (Vgl. Halbey 1973) Während ihre anderen Bilderbücher, die heute ebenfalls als Klassiker angesehen werden, in die anderen skandinavischen Sprachen und auch ins Englische übersetzt wurden, hat man diese Werke in Deutschland erst in der Nachkriegszeit entdeckt und übersetzt.

Unter dem Titel *Sfer-Hadevarim* (dt. *Das Buch der Dinge*) erschien 1923 beim Berliner Mauritius-Verlag ein Bilderbuch mit sechzehn in hebräischer Sprache geschriebenen Kindergedichten von Nahum Bialik. Es handelt sich um die ersten für Kinder verfassten Reime des mittlerweile als Nationaldichter Israels anerkannten Schriftstellers, der von 1921–1923 in Berlin lebte und 1924 nach Palästina emigrierte. Diesen Gedichten wurden ganzseitige Illustrationen Tom Seidmann-Freuds zugeordnet. Die vom Stil der Neuen Sachlichkeit inspirierten

Bilder zeigen einfach Gegenstände oder Szenerien aus dem Alltag des Kindes. In der deutschsprachigen Ausgabe von 1924 dagegen wurden die Gedichte Bialiks vollständig weggelassen, so dass sich dem Betrachter ein textloses Bilderbuch präsentiert. Auf diese Weise ergeben sich Veränderungen hinsichtlich des Buchtyps und der Rezipientengruppe. War die hebräische Ausgabe für ältere Kinder (vom vierten Lebensjahr an) intendiert, so richtet sich die deutsche Ausgabe an Kinder im Alter von 2–4 Jahren: aus einem illustrierten Gedichtbuch wird ein Elementarbilderbuch oder ‚Frühe Konzepte Buch', das den Fokus ausschließlich auf die Abbildungen richtet. (Vgl. Kümmerling-Meibauer 2009)

Präferenzen und Genres

Bei den übersetzten Prosawerken lassen sich Präferenzen für bestimmte Genres erkennen: besonders beliebt waren Märchen, Tiergeschichten, Abenteuerromane, Mädchenbücher und phantastische Erzählungen, aber auch Schülerromane. Erkennbar wird hier an Traditionen und Tendenzen angeknüpft, die sich seit Mitte des 19. Jahrhunderts etabliert hatten. Dies führte dazu, dass vor allem die etablierten Kinderklassiker des 19. Jahrhunderts weiterhin aufgelegt wurden. Neben Einzelausgaben oder Sammelwerken der Märchen von Hans Christian Andersen, Ivana Brlić-Mažuranić, Charles Perrault, Alexander Puschkin und Oscar Wilde handelt es sich hierbei u.a. um *Der kleine Lord* (1886; dt. 1922 u.ö.) von Frances Hodgson Burnett, *Alice im Wunderland* (1865; dt. 1922 u.ö.) von Lewis Carroll, *Der Weihnachtsabend* (1843; dt. 1919 u.ö.) von Charles Dickens, *Das Dschungelbuch* (1894; dt. 1921 u.ö.) von Rudyard Kipling, *Das Shakespeare Geschichtenbuch* (1807; dt. 1928) von Charles und Mary Lamb, *Sigismund Rüstig* (1841/42; dt. 1922 u.ö.) von Frederick Marryat, *Die Schatzinsel* (1893; dt. 1925) von Robert Louis Stevenson, *Tom Sawyers Abenteuer* (1876; dt. 1920) von Mark Twain und *Das Gespenst von Canterville* (1887; dt. 1924 u. ö.) von Oscar Wilde. Diese Werke, die zugleich die Dominanz der englischsprachigen Kinderliteratur dokumentieren, erschienen wegen der Freigabe des Copyrights in mehreren Ausgaben, die sich hinsichtlich der beigefügten Illustrationen und der Qualität der Übersetzung voneinander unterscheiden.

Bei den nicht-englischsprachigen Klassikern gab es Neuausgaben bzw. Neubearbeitungen von Edmondo de Amicis *Herz* (1886; dt. 1922), Carlo Collodis *Abenteuer des Pinocchio* (1883; dt. 1922 u.ö.), Peter Erschows *Das Höcker Rösslein* (1836; dt. 1922), Jan Karafiats *Leuchtkäferchen für große und kleine Kinder* (1875; dt. 1928) und Božena Němcovás *Großmütterchen* (1855; dt. 1924). Die drei Collodi-Ausgaben deuten bereits mit dem gegenüber der Originalausgabe deutlich geänderten Titel an, dass sie sich auf die deutsche Kasperle-Tradition berufen: *Die Geschichte vom hölzernen Bengele* (1922),

Hölzele der Hampelmann (1923), *Kasperles Abenteuer* (1929). Im strengen Sinne handelt es sich bei diesen drei Ausgaben auch nicht um eine originalgetreue Übersetzung, sondern um eine mehr oder minder abweichende Neufassung bzw. Bearbeitung des Werkes von Collodi, die vor allem dem Zweck diente, die Handlung, Eigennamen und Landschaftsbeschreibungen einzudeutschen, um den exotischen Charakter der phantastischen Erzählung abzuschwächen und den pädagogischen Impetus stärker zu betonen. (Vgl. Marx 1990; Richter 1993)

Zu den populären Abenteuerromanen gehörten Robinsonaden für Kinder: neben Daniel Defoes *Robinson Crusoe* (1719/1720; dt. 1921) in kinderliterarischer Bearbeitung noch Johan Fabricius: *Kapitän Bontekoes Schiffsjungen* (1924; dt. 1926), Frederick Marryat: *Sigismund Rüstig* und Henryk Sienkiewicz: *In Wüste und Wildnis* (1911; dt. 1921) sowie historische Romane wie Rudyard Kiplings *Puck vom Buchsberg* (1906; dt. 1925), Robert Louis Stevensons *Entführt* (auch unter dem Titel: *David Balfour*. 1886; dt. 1925 u.ö.) und Mark Twains *Prinz und Bettelknabe* (1881; dt. 1921). 1925 kamen zudem drei verschiedene Übersetzungen von Stevensons *Schatzinsel* (1883) heraus. Eine Sonderrolle nahmen die wissenschaftlichen Romane von Jules Verne ein, die sowohl in Prachtausgaben als auch in billigen Broschurausgaben erschienen und Vorbild für die Science-Fiction-Romane von Hans Dominik waren.

Die Indianer- und Trapperbegeisterung führte dazu, dass mehrere Jugendbuchfassungen von Coopers *Lederstrumpf*-Erzählungen herausgegeben wurden. Diesem Interesse kam man mit der Übersetzung von Charles Eastmans Kindheitsautobiographie *Kindheitserlebnisse eines Siouxindianers* (1902; dt. 1922), der beiden Indianerromane *Der staubige Stern* (1922; dt. 1927) und *Der Sohn des Donners* (1924; dt. 1928) von Olaf Baker sowie des autobiographisch inspirierten Romans *Zwei kleine Wilde* (1903; dt. 1923) von Ernest Thompson Seton entgegen. Gerade Setons Buch, das als ‚Bibel der amerikanischen Pfadfinderbewegung' apostrophiert wird, ebnete der Boy-Scout-Bewegung von Baden-Powell auch in Deutschland den Weg. Der Autor steht mit seinem Werk, das eine Mischung aus Handbuch und Fiktion darstellt, in der aufklärerischen Tradition des literarischen Erziehers, indem er einerseits Wissen über das Leben in der Natur vermittelt, andererseits die Leserschaft zum aktiven Handeln und Lernen anregen will.

Im Bereich der Tierbücher waren skandinavische und nordamerikanische Autoren federführend. Neben den Titeln von diesen erschienen aber in der Weimarer Zeit auch gleich zwei verschiedene Ausgaben des britischen Kinderklassikers *Black Beauty* (1877; dt. 1922 und 1923) von Anna Sewell. Die fiktive Autobiographie eines Pferdes, das über seinen Leidensweg berichtet, war von der Autorin als Appell zur tiergerechten Haltung von Pferden intendiert und löste in England die Gründung von Tierschutzvereinen aus. Bemerkenswerterweise wurde die erste deutsche Übersetzung mit dem Titel *Schwarzfellchen* (1922) vom Tierschutzverein in Berlin ediert, um diesen Gedanken auch unter Kindern und Erwachsenen (als Mitlesern) in Deutschland zu verbreiten.

Der Schwede Bengt Berg, der seine Bücher teilweise selbst ins Deutsche übersetzte, der Norweger Mikkjel Fönhus und der aus Dänemark stammende Autor Svend Fleuron schrieben Tiererzählungen, die sich durch einen dokumentarischen Charakter auszeichnen und dadurch den Status von Sachbüchern annehmen. Berg und Fleuron beriefen sich dabei auf eigene Beobachtungen von Tieren, die sie mit einer fiktionalen Geschichte verknüpften. Während Fleuron zu einer Anthropomorphisierung der Tiere neigte und ihnen sogar persönliche Namen verlieh, bemühte sich Berg eher um eine neutral-sachliche Darstellung. Genau wie Berg und Fleuron verschrieb sich der Kanadier Ernest Thompson Seton dem Gedanken des Tierschutzes, indem er mithilfe seiner Tiererzählungen den Fokus auf die Perspektive des Tieres legte. Setons Schilderungen über das Leben von Tieren in der kanadischen Wildnis bemühten sich darum, eine Vermenschlichung der Tiercharaktere zu vermeiden. Im Gegensatz zu der ‚talking animal'-Tradition äußern sich die Tiere ausschließlich mit Lauten und Körpersprache. Durch die Einfügung von Märchenelementen werden die Tiere allerdings heroisiert und damit in die Rolle von ‚Märchenhelden' erhoben. Im Gegensatz zur Märchentradition enden diese Tiergeschichten immer mit dem Tod des Tierprotagonisten, eine Idee, die in Deutschland dann von Hermann Löns aufgegriffen wurde.

Jack Londons Tiernovelle *Wenn die Natur ruft* (1903; dt. 1929) dagegen stellt nicht nur die Freundschaft zwischen Mensch und Tier in den Mittelpunkt, sondern verrät eine deutliche Nähe zu (sozial)darwinistischem Gedankengut. Der Kampf ums Überleben und der Sieg des Stärkeren über Schwächere ist jedoch nicht nur bei London, sondern auch bei Fleuron und Seton virulent und dürfte mit dazu beigetragen haben, dass gerade diese Werke auch nach 1933 weiterhin aufgelegt worden sind.

Wegen des großen Erfolges der Mädchenbuchserien im Gefolge von Emmy von Rhodens *Der Trotzkopf* (1885) gaben mehrere Verlage die Übersetzung von populären Mädchenromanen aus anderen Ländern in Auftrag. Den größten Anteil hatten hierbei Mädchenbücher aus Skandinavien inne, während die klassischen Mädchenromane aus England und den USA während der Weimarer Zeit nicht publiziert wurden. Hierzu zählen u.a. Louisa May Alcotts *Little Women* (1868/69), Susan Coolidges *What Katy Did* (1873) oder Kate Douglas Wiggins *Rebecca of Sunnybrook Farm* (1903). Ausnahmen hiervon sind Frances Hodgson Burnetts Mädchenroman *Die kleine Miss* (1905; dt. 1927) und Eleanor Porters *Pollyanna* (1913; dt. 1926) mit der Fortsetzung *Pollyanna wächst heran* (1915; dt. 1932). Dass Burnetts Mädchenroman übersetzt wurde, ist sicher dem

Umstand zu verdanken, dass die Autorin mit *Der kleine Lord* (1886; dt. 1922 u. ö.) seit Anfang des 20. Jahrhunderts auch in Deutschland einen Bestseller lanciert hatte. *Pollyanna* wiederum war in den USA in den 1910er und 1920er Jahren so beliebt, dass zahlreiche Fortsetzungen (auch von anderen Autorinnen) erschienen und das Adjektv ‚pollyannish' (Umschreibung für eine Person, die trotz aller widrigen Umstände fröhlich bleibt und am Glauben an das Gute im Menschen festhält) als offizieller Begriff in das Wörterbuch aufgenommen wurde. (Vgl. Griswold 1992) Geprägt vom Optimismus und dem amerikanischen Zeitgeist stehen diese beiden Werke im krassen Gegensatz zu den eher sozialkritisch angehauchten Mädchenbüchern aus Skandinavien und offenbaren eher Bezüge zum Kindheitsbild der Romantik. Einen nachhaltigen Erfolg in Deutschland verzeichneten Burnetts und Porters Mädchenromane allerdings nicht.

Suse LaChapelle Roobols *Trotzkopf als Großmutter* (1905; dt. 1928) wurde lange Zeit als deutsche Originalversion wahrgenommen (auch weil aus den Copyright-Angaben der Erstausgabe nicht deutlich hervorgeht, dass es sich um eine Übersetzung aus dem Niederländischen handelt). Diese überaus erfolgreiche Fortsetzung zu Emmy von Rhodens Mädchenklassiker veranlasste von Rhodens Tochter Else Wildhagen, mit *Trotzkopfs Nachkommen – ein neues Geschlecht* (1930) ein Gegenstück zu verfassen. (Vgl. Grenz 1981; Zahn 1983, S. 196ff.)

Eine besondere Stellung nehmen die *Bibi*-Bücher (1929–32) der dänischen Autorin Karin Michaelis ein. Der erste Band erschien bereits 1927 unter dem Titel *Bibi : a little Danish girl* bei einem amerikanischen Verlag. Zu den innovativen Aspekten gehören vor allem das Verhältnis zwischen der weiblichen Hauptfigur und ihrem Vater, der dem Mädchen Bibi bei allen Entscheidungen freie Hand lässt und sie sogar vom Schulunterricht befreien lässt, um ihr im Gegenzug zu ermöglichen, selbständig mit der Eisenbahn durch Dänemark zu reisen und Land und Leute kennenzulernen. Durch den Wechsel von homodiegetischer und heterodiegetischer Erzählweise wird dem Leser die Empathie mit der Hauptfigur erleichtert, zumal sie mit ihrer Reiselust, Neugierde, Tierliebe und ihrem Gerechtigkeitssinn Eigenschaften aufweist, mit denen sich die Leserschaft identifizieren kann. (Vgl. Kaulen 2000) Die zwei Jahre später publizierte dänische Ausgabe zeitigte in Dänemark wegen des progressiven Mädchenbildes zunächst keinen großen Erfolg. Umso überraschender war die Popularität des Bandes, der beim renommierten Stuffer- Verlag ediert wurde, in Deutschland. Die nachfolgenden vier Bände erschienen deshalb zuerst in deutscher Übersetzung, bevor sie mit zeitlicher Verzögerung auf Dänisch publiziert wurden. Die Begeisterung, die der erste *Bibi*-Band bei der deutschen Leserschaft fand, brachte Michaelis auf die Idee, im zweiten Band eine Reise Bibis nach

Deutschland zu schildern. Ungewöhnlich an diesem Entwicklungsroman eines jungen Mädchens sind die Freimütigkeit der Kritik am herkömmlichen Erziehungskonzept und der strikten Schulmoral sowie die Integration von Jugendsprache. Die kritischen Aspekte, aber auch die sprachlichen Besonderheiten des dänischen Originals wurden jedoch bei der deutschen Übersetzung weggelassen. Beibehalten wurden die ganzseitigen Farbillustrationen im Art Deco-Stil von Hedvig Collin und die zahlreichen, in den Text integrierten Schwarz-Weiß-Abbildungen, die an Kinderzeichnungen erinnern. (Vgl. Kümmerling-Meibauer 1999, Bd. 2, S. 720)

Fast zeitgleich mit den *Bibi*-Bänden wurden weitere Mädchenbücher von dänischen Autorinnen publiziert, so die Reiseromane über das Mädchen Frida (auf deutsch: Inge) von Helene Horlyck und der für seine Zeit moderne Roman *Drei Mädel in einem Auto* (1927; dt. 1929) von Estrid Ott, der von den Emanzipationsbestrebungen dreier Mädchen berichtet. (Vgl. Tost 2005) Die Mädchenbücher von Bertha Holst (ebenfalls Dänemark) und Gabriel Scott aus Norwegen, der sich mehr als Autor für Jungenbücher einen Namen gemacht hat, sind noch den Traditionen des Backfischromans verpflichtet, wenn sie auch sozialkritische Aspekte in die Narration einfügen.

Bei den übersetzten Schülerromanen kam Rudyard Kiplings *Staaks und Genossen* (1899; dt. 1928) eine Schlüsselrolle zu. Dieses Werk inspirierte Wilhelm Speyer zu seinem Schülerroman *Der Kampf der Tertia* (1927), wobei die Fortsetzung *Die goldene Horde* (1931) darüber hinaus erkennbare intertextuelle Bezüge zu Kiplings *Das Dschungelbuch* (1894; dt. 1927 u.ö.) aufweist. (Vgl. Kümmerling-Meibauer 2001) Während bei Kipling und Speyer das Internatsleben auf dem Lande im Mittelpunkt steht, spielt Ferenc Molnárs *Die Jungen der Paulstraße* (1907; dt. 1929) vor einer Großstadtkulisse und thematisiert den rivalisierenden Kampf zweier Schulen. Béla Szenes' *Der Schandfleck der Klasse* (1929; dt. 1931) steht dagegen in der Tradition der Lausbubengeschichte. Der Schülerroman *Herz* (1886; dt. 1922) von Edmondo de Amicis war bereits Ende des 19. Jahrhunderts als illustrierte Prachtausgabe in deutscher Übersetzung erschienen und erfreute sich bis Ende der 1920er Jahre einer großen Beliebtheit.

Viele, mittlerweile berühmte Kinderklassiker, die zu Beginn des 20. Jahrhunderts bis Ende der 1920er Jahre erstmals erschienen, wurden dagegen nicht übersetzt; hierzu zählen etwa *Peter Pan* (1911) von James Matthew Barrie, *Der Zauberer von Oz* (1900) von Frank Baum, *Der geheime Garten* (1911) von Frances Hodgson Burnett, die Kinderromane von Edith Nesbit, die Bilderbücher von Beatrix Potter oder die klassische Mädchenbuchserie über *Anne von Green Gables* (1908) von Lucy Maud Montgomery. Alle diese genannten Werke erschienen erst nach 1945 in deutscher Übersetzung. Dass dennoch eine erhebliche Anzahl zeitgenössischer Kinderbücher ins Deutsche übersetzt wurde, ist nicht zuletzt auch dem gestiegenen Interesse an der skandinavischen Kinderliteratur, der engagierten Verlagspolitik des 1924 gegründeten Verlages Williams & Co sowie dem Verlag der Jugendinternationale, bei dem etliche russische und polnische Kinderromane (u.a. von Helena Bobinska, Alexander Newerow und Leonid Pantelejew) erschienen sind, zu verdanken.

Die Bedeutung der skandinavischen Kinderliteratur

Der Einfluss der skandinavischen Kinderliteratur auf die deutschsprachige Kinderliteratur der Weimarer Republik ist so gut wie unerforscht. Das erstaunt umso mehr, wenn man bedenkt, wie viele bedeutende Kinderbücher aus dem skandinavischen Sprachraum in diesem Zeitraum übersetzt worden sind und welche Vielfalt an Themen und Genres abgedeckt werden: Bilderbuch, Mädchenliteratur, Tiererzählung, phantastische Erzählung, realistischer Roman und Reiseroman für Kinder.

Während in Schweden nationalromantische Strömungen und literarische Moderne Hand in Hand gingen, war die deutsche Rezeption skandinavischer Kultur durch ein Paradox gekennzeichnet. Auf der einen Seite stand das Skandinavische für das Moderne, auf der anderen Seite wurde Skandinavien als ‚Naturidylle' wahrgenommen. Es war gleichsam die Flucht vor der eigenen industrialisierten Welt, die Schweden und Norwegen in den Augen der Deutschen zu einer Idylle werden ließ. (Vgl. Nix 2002) Es handelt sich um eine Tendenz, die durch die Neutralisierung oder Eliminierung gesellschaftskritischer Elemente bei der Übersetzung skandinavischer Kinderliteratur noch verstärkt wurde. Als Beispiel kann Carl Larssons *Das Haus in der Sonne* (1899) genannt werden. In der deutschen Ausgabe lag der Schwerpunkt auf dem frohen und harmonischen Familienleben auf dem Lande. Die Ideen über die Inneneinrichtung, die in den schwedischen Ausgaben von Larssons Buch im Mittelpunkt standen, spielten in der deutschen Version keine Rolle, die Bilder wurden einfach weggelassen.

Darüber hinaus wurden etliche realistische Erzählungen und Romane für Kinder übersetzt, die in der Tradition des ‚Modernen Durchbruchs' – hiermit bezeichnet man die Zeit um 1870, als bedeutende Autoren wie Henrik Ibsen, August Strindberg und Jens Peter Jacobsen ihre Werke veröffentlichten – stehen. Das in dieser Zeit erwachte Interesse für sozialkritische Fragestellungen fand seinen Weg auch in die skandinavische Kinderliteratur. Wichtige Werke dieser Richtung, die auch ins Deutsche übersetzt wurden, sind die schwedischen Romane *Sieben kleine Heimatlose* (1907; dt. 1920) von Laura Fitinghoff und Selma Lagerlöfs *Wunderbare Reise des kleinen Nils Holgersson mit den Wildgänsen* (1906/07; dt. 1919) sowie die phantastische Erzählung *Das seltsame Weihnachtserlebnis des kleinen Vigg* (1875; dt. 1919) von Victor Rydberg. Das bedeutendste dänische Jugendbuch ist Martin Andersen Nexös *Stine Menschenkind* (1917–1921; dt. 1924). Aus Norwegen sind insbesondere die Autoren Hans Aanrud, Halvor Floden und Ågot Gjems-Selmer zu nennen. In allen diesen Werken werden bislang tabuisierte Aspekte wie Kinderarmut, Kinderarbeit, soziale Vernachlässigung und Ausbeutung von elternlosen Kindern, Folgen der Landflucht, Tod von Kindern usw. angesprochen. Auch wenn diese Romane ein mehr oder minder glückliches Ende vorweisen können, sind sie von einer melancholischen Stimmung gekennzeichnet, die den kritischen Tenor nicht völlig unterdrückt. Rydbergs Erzählung ordnet sich – wie die ebenfalls in deutscher Übersetzung erschienenen Werke *Der Weihnachtsabend* (1843; dt. 1919 u.ö.) von Charles Dickens und *Das Jesuskind in Flandern* (1918; dt. 1919) von Felix Timmermans – in die Tradition der Weihnachtsmärchen ein und wurde seit der Jahrhundertwende in mehreren deutschsprachigen Ausgaben ediert. Die sozialkritischen Komponenten und satirischen Anspielungen wurden bei der Übersetzung allerdings deutlich abgeschwächt, um den harmonischen Charakter des Weihnachtsfestes zu unterstreichen. Weitaus schonungsloser erweist sich die sozialkritische Perspektive in Laura Fitinghoffs *Sieben kleine Heimatlose* (1907; dt. 1920), das von der Wanderung von sieben Waisenkindern durch Schweden berichtet. Um der Unterbringung in einem Armenhaus und den dortigen miserablen Lebensbedingungen zu entgehen, verlassen die Geschwister Norrland, das im Jahr 1867 von einer Hungersnot heimgesucht wird, um im Süden des Landes nach einer neuen Bleibe zu suchen. Die Reise durch Schweden wird von der Autorin zum Anlass genommen, über die verschiedenen Landstriche, die dortigen Gebräuche und Lebensweisen zu berichten. Angeregt durch den Kulturhistoriker Artur Hazelius, dem Begründer des Freilichtmuseums Skansen in Stockholm, schildert Fitinghoff eine mittlerweile vergangene Ära, die von einer vorindustriellen Gesellschaft geprägt war. Die diesem Roman inhärente ‚Skansenromantik' in Verbindung mit einer protestanischen Arbeitsethik ist wohl für den Erfolg der deutschsprachigen Ausgabe vor allem im süddeutschen Raum verantwortlich.

Mit *Wunderbare Reise des kleinen Nils Holgersson mit den Wildgänsen* (1906/07; dt. 1919) begründete Selma Lagerlöf ein neues kinderliterarisches Subgenre, den didaktischen Reiseroman für Kinder, mit dem sie nicht nur in Deutschland überaus erfolgreich war. Lagerlöf hat ihr zweibändiges Kinderbuch im Auftrag der schwedischen Schulbehörde geschrieben. Es sollte sich um ein Lesebuch für neunjährige Schüler handeln, das nach Vorstellung der Kommission unter dem Vorsitz von Fridtjuv Berg und Alfred Dahn eine Kontamination von Sagen, Märchen, Fabeln, Sachberichten und Naturbeschreibungen darstellen sollte. Die Intention dieses Lesebuches bestand darin, den Schülern Wissen über ihr eigenes Land und ihre eigene Kultur zu vermitteln. (Vgl. Edström 1996; Ritte 1966) Eine bloße Aneinandersetzung von einzelnen Geschichten und Sachinformationen oder die ausschließliche Orientierung am Märchen lehnte Lagerlöf jedoch ab. Bei der Suche nach einem geeigneten neuen Lesebuch-Konzept studierte die Autorin einerseits die bislang vorhandenen Schullesebücher in Skandinavien, auf der anderen Seite befasste sie sich mit internationalen Kinderbuchklassikern, um sich dort Anregungen zu verschaffen. Hector Malots *Sans famille* (1878; dt. *Heimatlos.* 1885) inspirierte sie, die Darstellung der Reise eines Kindes durch ein Land in den Fokus zu rücken, während Rudyard Kiplings *The Jungle Book* (*Das Dschungelbuch.* 1894) der Auslöser für die Entscheidung war, das Werk als Tierfabel mit einem Jungen als Hauptfigur zu konzipieren. Lagerlöf holte sich noch Anregungen bei anderen Autoren (Lewis Carroll, Victor Rydberg, Zachris Topelius, Emile Zola), um auf diese Weise ein innovatives Lesebuch zu entwickeln, das vier Genres miteinander verbindet: Abenteuerroman, Entwicklungsroman, phantastischer Roman und Sachbuch. Die ungekürzte deutsche Übersetzung erschien 1919 beim renommierten Verlag Langen/Müller und inspirierte in den nachfolgenden Jahren mehrere deutschsprachige Autoren und Autorinnen dazu, ebenfalls für Kinder den Roman einer Reise durch Deutschland bzw. bestimmte Regionen Deutschlands zu verfassen. Der gesellschaftskritische Aspekt von Lagerlöfs Roman (so etwa die schonungslose Darstellung der Armut unter den Bauern, Kinderarbeit, Elend der Bergarbeiter, Emigration der Landbevölkerung in die USA und nach Kanada) stand den Autorinnen Berta Lask (*Auf dem Flügelpferde durch die Zeiten.* 1925) und Lisa Tetzner (*Hans Urian : die Geschichte einer Weltreise.* 1931) bei ihren phantastischen Reiseromanen Pate. Die Reise von zwei deutschen Kindern durch Russland in *Wie Franz und Grete nach Russland reisten* (1926) wird bei Berta Lask zum Anlass genommen, die kindlichen Leser und Leserinnen zugleich mit den Errungenschaften des Kommunismus vertraut zu machen. Elisabeth Walter übernahm das Konzept von Lagerlöf für ihren in Baden spielenden Roman *Abenteuerliche Reise des kleinen Schmiedledick mit den Zigeunern* (1930), wobei bereits die Titelwahl die enge Anlehnung an das schwedische Vorbild erkennen lässt. Weitere Kinderromane aus der Zeit der Weimarer Republik, die sich sichtlich an *Nils Holgersson* orientierten, waren *Tirilin reist um die Welt* (1931) von Fritz Rosenfeld und *Stoffel fliegt übers Meer* (1932) von Erika Mann. Für die Rezeption von Lagerlöfs Reiseroman bei diesen Autorinnen und diesem Autor waren dabei fünf Aspekte konstitutiv: a) es handelt sich um die Darstellung einer Reise durch ein Land, wobei diese Reise einer Kreisbewegung gleicht (Anfangsort und Zielort der Reise sind identisch); b) Auslöser für die Reise ist entweder die Suche nach einem Familienmitglied oder nach der eigenen Identität; c) in das Werk sind Binnenerzählungen eingefügt, die von wechselnden Erzählern vorgetragen werden; d) die Reise ist mit einer didaktischen Funktion verbunden: es wird Sachwissen über das betreffende Land vermittelt, um damit zur Bildung und psychischen Entwicklung der Hauptfiguren beizutragen; e) es findet eine Verknüpfung der Darstellung einer phantastischen und einer realistischen Welt statt.

Während dieser Reiseroman während der Weimarer Republik eher Autoren, die an der Darstellung von sozialen Missständen und der Herausstellung möglicher (utopischer) Lösungen interessiert waren, inspirierte, entstanden nach 1933 – z. T. in deutlicher Anlehnung an Selma Lagerlöf – mehrere didaktische Reiseromane, die die Reise eines Kindes durch eine bestimmte Region Deutschlands in den Mittelpunkt stellten und dabei eher den Akzent auf die Schönheit der Landschaft und die Bewahrung überlieferter Traditionen legten. Hierzu zählen etwa Friedrich Gansbergs *Bertholds wunderbare Reise durch Niedersachsen* (1937) und August Clausens *Peter Jünks Reisen mit der Silbermöwe : kreuz und quer durch Schleswig-Holstein* (1934), ebenso auch Tamara Ramsays *Wunderbare Fahrten und Abenteuer der kleinen Dott* (1938–44).

Den Romanen von Fitinghoff und Lagerlöf kommt das Verdienst zu, erstmals das Leben der Samen (Lappen) in Nordschweden vorurteilsfrei dargelegt und in die Romanhandlung integriert zu haben. Dieses Nomadenvolk und seine naturgebundene Lebensweise stieß in Deutschland während der 1920er und 1930er Jahre auf ein wachsendes Interesse und führte dazu, dass noch weitere Kinderbücher über ‚Naturvölker' (u. a. Indianer in Nordamerika) erschienen. Unter den skandinavischen Kinderromanen ragt noch *Juvi, die Lappin* (1928; dt. 1929) des Norwegers Jens Hagerup heraus, bei dem sich die Traditionen des Mädchenbuches und des ethnographischen Romans miteinander verbinden.

Weil in ihnen die dörfliche Gemeinschaft dem hektischen Großstadtleben gegenübergestellt wird, erfreuten sich gerade die Werke von Halvor Floden und Marie Hamsun einer großen Beliebtheit unter der deutschen Leserschaft. Mit den Bänden über die Langerud-Kinder (1924–1932), die auf autobiographische Erinnerungen und Beobachtungen der eigenen Kinder zurückgehen, stellte Marie Hamsun, die mit dem Nobelpreisträger Knut Hamsun verheiratet war, das Gemeinschaftsleben einer Bauernfamilie mit großer Kinderschar in den Mittelpunkt. Die drei Generationen umfassende Familienchronik vermittelt anschaulich das Leben auf einem norwegischen Bauernhof um die Jahrhundertwende und wird folglich als ein wesentlicher Beitrag zur Sozialgeschichte des Landes eingestuft. Mit der Fokussierung auf die Lebenswelt der Kinder, der individuellen Schilderung der Hauptfiguren, der Betonung der engen Bindung an Natur und Tierwelt sowie der Darstellung der kindlichen Spielwelt nahm Hamsun mehrere Aspekte vorweg, die in der Nachkriegszeit die *Bullerbü*-Bände von Astrid Lindgren prägten. Wegen der Darstellung des Bauernmilieus, das explizit als Gegenmodell zum Leben in der Stadt konzipiert wird, und der im Werk vermittelten konservativen Werte wurden die *Langerud*-Bände von den Nationalsozialisten als adäquate Lektüre für Kinder empfohlen. Während sich Halvor

Floden gegen die Vereinnahmung seiner Kinderbücher durch die nationalsozialistische Propaganda vehement, wenn auch vergeblich, wehrte, sympathisierte Hamsun, die Mitglied der norwegischen Quisling-Bewegung war, mit der nationalsozialistischen Ideologie und unternahm 1941 sogar eine Lesetournee durch Deutschland.

Der Asienforscher und Reiseschriftsteller Sven Hedin verarbeitete seine Reiseerlebnisse in populärwissenschaftlichen Schriften, von denen einige in gekürzter Form als Jugendbücher ediert wurden. Neben seinen Berichten über die Expeditionen in die Wüste Gobi (*Rätsel der Gobi.* 1931; dt. 1932 u. ö.) und durch Tibet und andere unwegsame Gebiete Asiens (*Durch Asiens Wüsten.* 1899; dt. 1919 u. ö.) wurde er in Deutschland vor allem durch das Werk *Von Pol zu Pol* (1911; dt. 1927–1930 u. ö.) bekannt. Das für schwedische Schulen verfasste Werk war als Gegenstück zu Lagerlöfs *Nils Holgersson* konzipiert. In Deutschland erreichte es bis 1944 83 Auflagen.

Das Leben in einer Großstadt steht dagegen in Barbra Rings norwegischem Jungenbuch *Peik : die Geschichte eines kleinen Jungen* (1917; dt. 1928) im Vordergrund. Es handelt sich zugleich um den ersten Kinderroman, in dem die Metropole Berlin, die mit der norwegischen Hauptstadt Kristiania (später: Oslo) kontrastiert wird, im Mittelpunkt steht. (Vgl. Kümmerling-Meibauer 2007) Die Straßenzüge, Verkehrsmittel und das Treiben der Menschen werden hier in einer Detailfreudigkeit beschrieben, wie man sie erst wieder in den Kinderromanen *Kai aus der Kiste* (1927) von Wolf Durian und *Emil und die Detektive* (1929) von Erich Kästner antrifft. Ob diesen beiden Autoren der Titel von Ring bekannt war, lässt sich trotz einiger struktureller Ähnlichkeiten allerdings nicht eruieren.

Williams & Co und der Verlag der Jugendinternationale

1924 gründete Edith Jacobson zusammen mit Edith Weinreich-Williams und deren Schwester den Verlag Williams & Co (Berlin). Während die beiden letzteren bald aus dem Verlag ausschieden, leitete Jacobson den Verlag zusammen mit ihrem Mann Siegfried Jacobson, Herausgeber der Wochenzeitung *Weltbühne*, weiter. Bereits ein Jahr später gelang es ihr, die Rechte an den *Doktor Dolittle*-Bänden von Hugh Lofting und dem Buch über *Winnie-the-Pooh* von A.A. Milne zu erwerben. Edith Jacobson übersetzte die Titel selbst ins Deutsche, wobei sie im Impressum mit ihrem Mädchennamen Schiffer angegeben wird. Das dem ersten Band *Doktor Dolittle und seine Tiere* (1920; dt. 1926) vorangestellte Vorwort des bekannten Schriftstellers Oskar Loerke sorgte dafür, dass die Presse und die Öffentlichkeit auf den neuen Verlag aufmerksam wurden. Zu dem Erfolg der sechs ins Deutsche übersetzten Bände trugen noch drei kurze

Scherenschnittfilme von Lotte Reiniger bei, die ab 1928 im Vorprogramm deutscher Kinos gezeigt wurden. Durch Loerkes Vorwort wird dem deutschsprachigen Publikum verdeutlicht, dass Lofting aufgrund seiner Erfahrungen im Ersten Weltkrieg mit seinen Büchern über den Tierarzt Doktor Dolittle ein Fanal gegen Rassismus, Krieg und Tierquälerei verfasst hat und Kinder als die zukünftige Erwachsenengeneration mithilfe seiner phantastischen Erzählungen in diesem Sinne erziehen wollte. (Vgl. Pech 1995)

Das von der Nonsens- und Spielzeuggeschichten-Tradition geprägte Buch über *Winnie-the-Pooh* (1926; dt. *Pu der Bär*. 1928) fand allerdings nicht dasselbe Echo wie die *Doktor Dolittle*-Bände. Ein Grund hierfür ist sicherlich, dass die Doppeltadressiertheit (d.h. die Wendung an den kindlichen Leser und den erwachsenen Mitleser) und Ironie der Originalausgabe in der Übersetzung von Schiffer durch das Weglassen der Rahmenkonstruktion am Anfang des Buches und die Vereinfachung der Sprache nicht mehr angemessen wiedergegeben wurden. (Vgl. O'Sullivan 1994) Ein weiterer Grund für die geringere Resonanz von Milnes Titel ist darin zu sehen, dass sich die Nonsens-Tradition in Deutschland erst in der Nachkriegszeit etablieren konnte. Erst spät ist ein intertextueller Bezug zu Milne nachzuweisen, z.B. in der Spielzeuggeschichte *Mirjams Wundergarten* (1935) von Setta Cohn-Richter. Das Mädchen Mirjam übernimmt gegenüber ihren Stofftieren dieselbe Rolle wie Christopher Robin aus Milnes Roman. Die Spielzeugtiere sind auch hier durch individuelle Eigenschaften, die Züge des Nonsenshaften und Exzentrischen aufweisen, gekennzeichnet. Auch die Rahmenkonstruktion und die doppelte Lesart der Geschichte scheint durch *Winnie-the-Pooh* inspiriert worden zu sein. (Vgl. Urlaub 2005)

1921 gründete Fritz Schälike im Auftrag der *Komintern* (Kommunistischen Internationale) den Verlag der Jugendinternationale in Berlin-Schöneberg, den er bis zur Auflösung des Verlags im Jahr 1931 leitete. In diesem Verlag erschienen neben politischen Schriften und literarischen Werken für Erwachsene auch einige russische und zwei polnische Kinderbücher in deutscher Übersetzung. Als Übersetzerin fungierte Maria Einstein, die bis 1923 mit dem Schriftsteller Carl Einstein verheiratet war und enge Kontakte mit den russischen Emigrantenkreisen in Berlin pflegte.

Bei den übersetzten Kinderbüchern handelt es sich ausschließlich um Werke, deren Autoren/Autorinnen dem Kommunismus nahestanden. Neben eher tendenziösen Schriften wie Alexander Fadejews *Die Neunzehn* (1927; dt. 1928) oder Nikolaj Bogdanovs *Das erste Mädel* (1929; dt. 1930) wurden in diesem Verlag auch Romane veröffentlicht, die den Status von Klassikern erreicht haben: Alexander Newerows *Taschkent, die brotreiche Stadt* (1923; dt. 1925), Nikolai Ognjews *Das Tagebuch des Schülers Kostja Rjabzew* (1928; dt. 1929), Jurij Olešas *Die drei Dicken* (1928; dt. 1931) und Leonid Pantelejews *Die Uhr*

(1928; dt. 1930). Obwohl sie in der Tradition des sowjetischen Erziehungsromans standen und u.a. die Situation verwahrloster Jugendlicher in Russland darstellten, zeichnen sich gerade diese Romane durch einen hohen literarischen Anspruch aus. (Vgl. Das proletarische Kinderbuch 1988) Während die Romane von Newerow und Pantelejew einen eher ernsthaften Ton anschlagen, sind der Schülerroman von Ognjew und Olešas Märchenroman durch eine humoristische Note gekennzeichnet. Einige dieser Werke wurden dann in der Nachkriegszeit nochmals in der DDR aufgelegt, während sie in Westdeutschland auf kein Interesse stießen und in Vergessenheit geraten sind. Während man in der DDR-Forschung bereits auf den Einfluss dieser russischen Kinderbücher auf die Anfänge der DDR-Kinderliteratur hingewiesen hat (vgl. Ludewig/Bussewitz 1974), fehlen bislang Studien, die sich mit der Rezeption in der Zeit der Weimarer Republik befassen. Es ist aber anzunehmen, dass deutschsprachige Autoren und Autorinnen wie Berta Lask, Auguste Lazar oder Max Zimmering, die selbst mit dem Kommunismus sympathisierten und sich in verschiedenen politischen Zirkeln bewegten, durch diese Texte zu ihren eigenen kinderliterarischen Werken inspiriert worden sind. Das einzige westeuropäische Kinderbuch, das beim Verlag der Jugendinternationale erschien, war Paul Vaillant-Couturiers *Hans ohne Brot* (1921; dt. 1927), das Lisa Tetzner zu *Hans Urian* (1931) angeregt hat. Vaillant-Couturiers Buch ist ein ergreifender Protest gegen den Krieg und gehört zu den ersten Antikriegsromanen für Kinder, die nach dem Ersten Weltkrieg verfasst worden sind.

Fazit

Die übersetzte Kinder- und Jugendliteratur der Weimarer Republik weist eine Vielfalt an Genres und Themen auf. Auf der einen Seite griff man auf ein großes Repertoire von populären Kinderklassikern aus dem 19. Jahrhundert zurück, die bereits seit dem Ende des 19. Jahrhunderts in deutscher Übersetzung vorlagen. In diesem Bereich war die englischsprachige Kinderliteratur (Großbritannien, Kanada, USA) dominant. Diese Klassiker erschienen entweder in Neuauflage oder wurden neu illustriert und übersetzt, wobei gerade die umfangreichen Abenteuerromane erheblich bearbeitet und gekürzt wurden. Beliebte Genres waren: Abenteuerroman, Mädchenbuch, Tierroman, Märchen, phantastische Erzählung und Schülerroman. Das Bilderbuch, aber auch Kinderlyrik und Kindertheater spielten so gut wie keine Rolle.

Auf der anderen Seite richtete sich das Interesse des kinderliterarischen Buchmarktes auf die skandinavische Kinderliteratur, von der auch neue Impulse auf die zeitgenössische deutschsprachige Kinderliteratur ausgingen. Dem Verlag Williams & Co und dem Verlag der Jugendinternationale hat man die Übersetzung zeitgenössischer Kinderbücher aus dem englischsprachigen Raum (Williams & Co.) sowie der russischen Kinderliteratur der 1920er und 1930er Jahre zu verdanken. Darüber hinaus erschienen auch einige Kinderbücher aus Belgien, Frankreich, Italien, Polen, Ungarn und der Tschechoslowakei in deutscher Übersetzung. Bei den Büchern aus Belgien handelt es sich um den autobiographisch inspirierten Roman *Flachskopf* (1920; dt. 1930) von Ernest Claes und Felix Timmermans Weihnachtsgeschichte *Das Jesuskind in Flandern* (1918; dt. 1919) Neben dem sozialkritischen und als Protest gegen den Krieg verfassten Titel *Hans ohne Brot* von Vaillant-Couturier wurden in der Weimarer Zeit von der französischen Literatur für Kinder auch noch einmal Märchen von Charles Perrault und einige der bekannten utopisch-abenteuerlichen Bücher von Jules Verne neu herausgegeben, z.B. *Die Reise um den Mond* (1870; dt. [1920]), *Zwanzigtausend Meilen unter dem Meer* (1870; dt. [1920]) und *Die Kinder des Kapitän Grant* (1867/68; dt. 19. Aufl. 1921). Außer Neuausgaben von Edmondo de Amicis *Herz* (1886; dt. 1922) und Carlo Collodis *Pinocchio* (1881; dt. 1922 u.ö.) erschienen in den 1920er Jahren aus dem Italienischen mehrere Abenteuerromane von Emilio Salgari (u.a. *Der schwarze Korsar*. 1898; dt. 1930; *Die Tiger von Mompracem*. 1900; dt. 1930) sowie Luigi Bertellis phantastische Erzählung *Max Butziwackel* (1910; dt. 1920). Von der polnischen Kinderliteratur liegen zwei Kinderbücher in deutscher Übersetzung vor: Henryk Sienkiewicz' Robinsonade *In Wüste und Wildnis* (1911; dt. 1921) und Helena Bobinskas sozialkritischer Roman *Die Rache des Kabunauri* (1930; dt. 1931). Aus Ungarn stammen die beiden Schülerromane *Die Jungen der Paulstraße* (1907; dt. 1929) von Ferenc Molnár und *Der Schandfleck der Klasse* (1929; dt. 1931) von Béla Szenes. Sehr gegensätzlich sind die beiden aus dem Tschechischen übersetzten Kinderbücher *Schrupp und Schlipp* (1929; dt. 1933) von Josef Čapek sowie *Leuchtkäferchen* (1875; dt. 1928) von Jan Karafiat. Während Čapeks Buch der Nonsenstradition verpflichtet ist und sich durch avantgardistische Züge auszeichnet, ist Karafiats phantastische Erzählung noch der religiös-moralischen Tradition des 19. Jahrhunderts verhaftet. Fast alle diese Werke haben mittlerweile den Status von Kinderbuchklassikern erlangt. Die Bedeutung dieser übersetzten Kinderbücher für die deutschsprachige Kinderliteratur, ihr Einfluss auf sie in der Weimarer Zeit, der Zeit der nationalsozialistischen Herrschaft und der Nachkriegszeit (BRD und DDR) ist noch nicht hinreichend untersucht worden und stellt ein Desiderat der Forschung dar.

Literaturverzeichnis

Primärliteratur (in Auswahl)

Aanrud, Hans: Sidsel Langröckchen : eine Erzählung aus den norwegischen Bergen / aus d. Norweg. übers. von Walther H. Schmidt. – 6. Aufl. – Leipzig : Merseburger, 1922 [norweg. EA: Sidsel Sidsærk. 1903]

Aanrud, Hans: Sölve Solfeng, das Sonntagskind : Erzählung / aus d. Norweg. übers. von Friedrich Leskien. – Leipzig : Merseburger, 1923 [norweg. EA: Sølve Solfeng. 1910]

Amicis, Edmondo de: Herz / aus d. Ital. übers. von R. Wülser. – Basel : Kober, 1922 [ital. EA: Cuore. 1886]

Andersen, Hans Christian: Märchen / aus d. Dän. übers. von M. Mann. – München [u. a.], 1927 [dän. EA: Eventyr fortalte for børn. 1835 – 1848]

Andersen Nexö, Martin: Stine Menschenkind / aus d. Dän. übers. von Hermann Kiy. – München : Langen, 1924 [dän. EA: Ditte Mennskebarn. 1917 – 1921]

Baker, Olaf: Der staubige Stern / aus d. amerikan. Engl. übers. von Curt Thesing. – Leipzig : Grethlein, [1927] [amerikan. EA: Dusty Star. 1922]

Baker, Olaf: Der Sohn des Donners / aus d. amerikan. Engl. übers. von Marguerite Thesing. – Leipzig : Grethlein, [1928] [amerikan. EA: Thunder-Boy. 1924]

Beecher-Stowe, Harriet: Onkel Toms Hütte / bearb. von Br. Hoffmann. – Leipzig : Fock, 1919 [amerikan. EA: Uncle Tom's Cabin, or, Life among the Lowly. 1852]

Beecher-Stowe, Harriet: Onkel Toms Hütte / bearb. von Robert Münchgesang. – Reutlingen : Enßlin & Laiblin, 1921

Beecher-Stowe, Harriet: Onkel Toms Hütte / bearb. von Albert Geyer. – Leipzig : Abel & Müller, [1922]

Beecher-Stowe, Harriet: Onkel Toms Hütte / bearb. von M. Jakobi. – Stuttgart : Thienemann, [1924]

Berg, Bengt: Arizona Charleys Junge / aus d. Schwed. übers. von Bengt Berg. – Berlin : Reimer, Vohsen, 1928 [schwed. EA: Arizona Charleys poike. 1927]

Berg, Bengt : Mein Freund der Regenpfeifer / aus d. Schwed. übers. von Edmund Herms. – Berlin : Reimer, 1925 [schwed. EA: Min vän fjällpiparen. 1917]

Berg, Bengt: Die seltsame Insel / aus d. Schwed. übers. von Ernst Züchner. – Berlin : Reimer, 1920 [schwed. EA: Stora Karlsö. 1915]

Berg, Bengt: Mit den Zugvögeln nach Afrika / übers. von Bengt Berg. – Berlin : Reimer, Vohsen, 1927 [schwed. EA: Med tranorna till Afrika. 1926]

Bertelli, Luigi: Max Butziwackel der Ameisenkaiser : ein Buch für Kinder und große Leute / bearb. von Luise von Koch. – Freiburg : Herder, 1920 [ital. EA: Ciondolino. 1910]

Beskow, Elsa: Hansi im Heitiswald / aus d. Schwed. übers. von Mathilde Reinhard. – 3. Aufl. – Bern : Francke, 1919 [schwed. EA: Puttes äfventyr i blåbärsskogen. 1901]

Bjelych, Grigorij: Schkid : die Republik der Strolche / Grigorij Bjelych ; Leonid Pantelejew. Aus d. Russ. übers. von Maria Einstein. – Berlin : Verl. d. Jugendinternationale, 1929 [russische EA: Respublika Škid. 1927]

Bobinska, Helena: Pioniere / aus d. Poln. übers. von Wanda Koch. – Berlin : Verl. d. Jugendliternationale, 1926 [poln. EA: Pionery. 1924]

Bobinska, Helena: Die Rache des Kabunauri / aus d. Poln. übers. von Wanda Koch. – Berlin : Verl. d. Jugendinternationale, 1931 [poln. EA: Zemsta rodu Kabunauri. 1930]

Bogdanov, Nikolaj: Der rote Stern / aus d. Russ. übers. von Hermynia ZurMühlen. – Berlin : Verl. d. Jugendinternationale, 1923 [russ. EA: Krasnaja zvezda. 1908]

Bogdanov, Nikolaj: Das erste Mädel / aus d. Russ. übers. von Alfred Kurella. – Berlin : Verl. d. Jugendinternationale, 1930 [russ. EA: Pervaja devuška. 1929]

Brlić-Mažuranić, Ivana: Aus Urväterzeiten : Märchen aus kroatischer Urzeit / aus d. Serbokroat. übers. von C. Lucerna. – Salzburg : Pustet, 1933 [kroat. EA: Prižе iz danine. 1916]

Burnett, Frances Hodgson: Der kleine Lord / aus d. amerikan. Engl. übers. von Beatus Rhein. – München : Rösl, 1922 [amerikan. EA: Little Lord Fauntleroy. 1886]

Burnett, Frances Hodgson: Der kleine Lord / aus d. amerikan. Engl. übers. von Richard Hummel. – Stuttgart : Thienemann, 1927

Burnett, Frances Hodgson: Der kleine Lord / aus d. amerikan. Engl. übers. von Rudolf Reinhardt. – 13. Aufl. – Berlin : Loewe, 1932

Burnett, Frances Hodgson: Der kleine Lord Fauntleroy / aus d. amerikan. Engl. übers. von Mira Munkh. – Leipzig : Reclam, [1925]

[Burnett, Frances Hodgson]: Die kleine Miss. – Berlin : Die Buchgemeinde, 1927 [amerikan. EA: A Little Princess. 1905]

Burroughs, Edgar Rice: Tarzan bei den Affen / übers. von Tony Kellen. – Stuttgart : Dieck, 1924 [amerikan. EA: Tarzan of the Apes. 1914]

Čapek, Josef: Schrupp und Schlipp : Geschichte von einem Hund und einer Katze / aus d. Tschech. übers. von Lilli E. Roubiczek. – Stuttgart : Union Dt. Verl.-Ges., 1933 [tschech. EA: Povídani o pejeskovi a kočičce, jak spolu hospodařili a ještě o všelija kých jiných véech. 1929]

Carroll, Lewis: Alice im Wunderland / aus d. britischen Engl. übers. von Robert G.L. Barrett. – Nürnberg : Verl. d. Bund, 1922 [engl. EA: Alice's Adventures in Wonderland. 1865]

Carroll, Lewis: Alice im Wunderland / aus d. britischen Engl. übers. von Klara Sternbeck. – Berlin : Meidinger, 1931

Carroll, Lewis: Liese im Wunderland / aus d. britischen Engl. übers. von Helene Scheu-Riesz. – Wien [u.a.] : Konegen, [1919]

Carroll, Lewis: Alice im Spiegelland / aus d. britischen Engl. übers. von Helene Scheu-Riesz. – Wien : Sesam Verl., 1923 [engl. EA: Through the Looking-Glass and What Alice Found There. 1872]

Claes, Ernest: Flachskopf / aus d. Fläm. übers. von Peter Mertens. – Leipzig : Insel-Verl., 1930 [fläm. EA: De Witte. 1920]

Clausen, August: Peter Jünks Reisen mit der Silbermöwe : kreuz und quer durch Schleswig-Holstein. – Kiel : Heimat u. Erbe, 1934

Collodi, Carlo: Die Geschichte vom hölzernen Bengele / aus d. Ital. übers. von Anton Grumann. – Freiburg : Herder, 1922 [ital. EA: Le avventure di Pinocchio. 1881 – 1883]

Collodi, Carlo: Hölzele der Hampelmann, der schlimm ist und nicht folgen kann / aus d. Ital. übers. u. bearb. von Franz Latterer. – Wien : Steyrermühl Verl., 1923

Collodi, Carlo: Kasperles Abenteuer / aus d. Ital. übers. u. überarb. von Heinrich Siemer. – Berlin : Dt. Buchgemeinde, [1929]

Cooper, James Fenimore: Lederstrumpf-Geschichten / aus d. amerikan. Engl. übers. u. bearb. von Karl Hobrecker. – Stuttgart : Union Dt. Verl.-Ges., 1930 [amerikan. EA: Leatherstocking Tales. 1823 – 1848]

Cooper, James Fenimore: Lederstrumpf-Geschichten / aus d. amerikan. Engl. übers. u. bearb. von Fr. Meister. – Leipzig : Abel & Müller, 1927

Cooper, James Fenimore: Der Pfadfinder / bearb. von Karl Meyer. – Reutlingen : Enßlin & Laiblin, 1931

Cooper, James Fenimore: Unkas, der letzte Mohikaner / bearb. von Karl Meyer. – Reutlingen : Enßlin & Laiblin, 1930

Crompton, Richmal: Willis Einbrecher / aus d. britischen Engl. übers. von Rosie Fuchs. – Leipzig : Reclam, 1931 [engl. EA: Just William.1922]

Defoe, Daniel: Robinson Crusoes Leben und seltsame Abenteuer / aus d. britischen Engl. übers. von Reinhard Woller. – Stuttgart : Thienemann, 1921 [engl. EA: The Life and Strange Surprising Adventures of Robinson Crusoe. 1719/1720]

Dickens, Charles: Der Weihnachtsabend / aus d. britischen Engl. übers. von Julius Seybt. – Berlin : Hendel, [um 1919] [engl. EA: A Christmas Carol in Prose. 1843]

Dickens, Charles: Der Weihnachtsabend / aus d. britischen Engl. übers. von M. Steiger. – München : Dietrich, 1927

Durian, Wolf: Kai aus der Kiste. – Berlin : F. Schneider, [1927]

Eastman, Charles A.: Kindheitserlebnisses eines Siouxindianers / aus d. kanadischen Engl. übers. von Elisabet Friedrichs. – Köln : Schaffstein, 1922 [amerikan. EA: Memories of an Indian Boyhood. 1902]

Erschow, Peter: Das Höcker Rösslein / übers. von Egon Strassburger. – Berlin : D. Kirchner, 1922 [russ. EA: Konek-Gorbunok. 1836]

[Fabricius, Johan]: Kapitän Bontekoes Schiffsjungen : die abenteuerlichste Fahrt aller Zeiten. – Stuttgart [u. a.] : Union Dt. Verl.-Ges., 1926 [niederländ. EA: De scheepsjongen van Bontekoe. 1924]

[Fadejew, Alexander]: Die Neunzehn. – Berlin : Verl. für Literatur u. Politik, 1928 [russ. EA: Razgrom. 1927]

Fitinghoff, Laura: Sieben kleine Heimatlose : eine Kindergeschichte aus Schweden / aus d. Schwed. übers. von Harriet Blumenfeld. – Bielefeld : Siedhoff, 1920 [schwed. EA: Barnen ifrån Frostmofjället. 1907]

Fleuron, Svend: Meister Lampe / aus d. Dän. übers. von Thyra Dohrenburg. – Jena : Diederichs, 1923 [dän. EA: Haren den graa. 1918]

Fleuron, Svend: Die rote Koppel : eine Fuchsgeschichte / aus d. Dän. übers. von Thyra Dohrenburg. – Jena : Diederichs, 1922 [dän. EA: Det røde Kobbel. 1914]

Fleuron, Svend: Schnipp Fidelius Adelzahn : Geschichte eines Dackels / aus d. Dän. übers. von Thyra Dohrenburg. – Jena : Diederichs, 1922 [dän. EA: Ib Fidelius Adeltand. 1917]

Fleuron, Svend: Schnock : das Leben eines Hechtes / aus d. Dän. übers. von Thyra Dohrenburg. – Jena : Diederichs, 1924 [dän. EA: Grum. 1919]

Fleuron, Svend: Strix : die Geschichte eines Uhus / aus d. Dän. übers. von Thyra Dohrenburg. – Jena : Diederichs, 1920 [dän EA: Det tuder om Natten. 1919]

Floden, Halvor: Erik und seine Freunde : eine Kindergeschichte / aus d. norwegischen Riksmål übers. von Georg Bachmann. – Köln : Schaffstein, 1932 [norweg. EA: Erik med fela. 1917]

Fönhus, Mikkjel: Der Troll-Elch / aus d. Norweg. übers. von J. Sandmeier u. S. Angermann. – München : Beck, 1926 [norweg. EA: Troll-Elgen. 1921]

Fönhus, Mikkjel: Die Wildnis braust / aus d. Norweg. übers. von J. Sandmeier u. S. Angermann. – München : Beck, 1928 [norweg. EA: Der vildmarken suser. 1919]

Fönhus, Mikkjel: Die Löwen am Kilimatui / aus d. Norweg. übers. von J. Sandmeier u. S. Angermann. – München : Beck, 1932 [norweg. EA: Lövene i Kilimatui. 1931]

[Forest, Ellen]: Yuki San : Erzählung aus dem japanischen Mädchenleben. – Stuttgart [u. a.] : Dt. Verl.-Anst., 1926 [amer. EA: Yuki San : the Life of a modern girl in Japan. 1925]

Gansberg, Fritz: Bertholds wunderbare Reise durch Niedersachsen. – Langensalza [u. a.] : Beltz, 1937

Gjems-Selmer, Ågot: Die Doktorsfamilie im hohen Norden : ein Buch für die Jugend / aus d. Norweg. übers. von Francis Maro. – 21. – 27. Tsd. – München : Etzold, 1919 [norweg. EA: Smaa pigernes bog. 1900]

Grahame, Kenneth: Christoph, Großmaul und Cornelius : die Abenteuer einer fidelen Gesellschaft am Fluß, im Wald und anderswo / aus d. britischen Engl. übers. von Else Steup. – Stuttgart : Gundert, 1929 [engl. EA: The Wind in the Willows. 1908]

Gurjan, Olga Markovna: Die Pioniere sind da / aus d. Russ. übers. von Eugen W. Mewes. – Berlin : Verl. d. Jugendinternationale, 1927 [russ. EA: Pionery prišli. 1925]

Hagerup, Jens: Juvi, die Lappin : ein Jugendroman / aus d. Norweg. übers. von Georg Bachmann. – Köln : Schaffstein, 1929 [norweg. EA: Juvi. 1928]

Hamsun, Marie: Die Langerudkinder : zu Hause und auf der Alm / aus d. Norweg. übers. von J. Sandmeier u. S. Angermann. – München : Langen, 1929 [norweg. EA: Bygdebørn. Hjemme og paa sæteren. 1924]

Hamsun, Marie: Die Langerudkinder im Winter / aus d. Norweg. übers. von J. Sandmeier u. S. Angermann. – München : Langen, 1929 [norweg. EA: Bygdebørn om vinteren. 1926]

Hamsun, Marie: Ola Langerud in der Stadt / aus d. Norweg. übers. von J. Sandmeier u. S. Angermann. – München : Langen, 1930 [norweg. EA: Bygdebørn. Ola i byen. 1928]

Hamsun, Marie: Die Langerudkinder wachsen heran / aus d. Norweg. übers. von J. Sandmeier u. S. Angermann. – München : Langen, 1933 [norweg. EA: Bygdebørn. Ola og hans søsken. 1932]

Hedin, Sven: Durch Asiens Wüsten. – 6. Aufl. – Leipzig : Brockhaus, 1919 [schwed. EA: Genom Asiens öknar. 1899]

Hedin, Sven: Von Pol zu Pol. 3 Bde. – Leipzig : Brockhaus, 1927 – 1930 [schwed. EA: Från pol till pol. 1911]

Hedin, Sven: Rätsel der Gobi. – Leipzig : Brockhaus, 1932 [schwed. EA: Gobiöknens gåtor. 1931]

Holst, Bertha: Kameraden fürs Leben : ein Roman für die Jugend / aus d. Dän. übers. von Käthe Miethe. – Köln : Schaffstein, 1930 [dän. EA: Gylden sol. 1926]

Holst, Bertha: Vibe : ein Mädchenroman / aus d. Dän. übers. von Käthe Miethe. – Köln : Schaffstein, 1929 [dän. EA: Vibe. 1928]

Horlyck, Helene: Die Geheimnisse der alten Eiche : ein Waldmärchen / aus d. Dän. übers. von Antje Hering. – Dresden : Abshagen, 1928 [dän. EA: To eventyr fra insekternes verden. 1919]

Horlyck, Helene: Inge muß in die Welt : Erlebnisse unter den Eingeborenen der Sundainseln / aus d. Dän. übers. von O.B. Wendler. – Berlin : F. Schneider, 1928 [dän. EA: Frau hos de vilde. 1920]

Horlyck, Helene: Inge erarbeitet sich die neue Heimat : Erlebnisse in Japan und Rückkehr nach Sumatra / aus d. Dän. übers. von O.B. Wendler. – Berlin : F. Schneider, 1931 [dän. EA: Frida i Japan. 1921]

Horlyck, Helene: Inge auf Sumatra : abenteuerliche Erlebnisse eines jungen Mädchens / aus d. Dän. übers. von Antje Hering. – Berlin : F. Schneider, 1932 [dän. EA: Frida paa Sumatra. 1921]

Kästner, Erich: Emil und die Detektive. – Berlin : Williams, 1929

Karafiat, Jan: Leuchtkäferchen für große und kleine Kinder / übers. von Josefine Herzog. – Prag : Hynek, 1928 [tschech. EA: Broučci. 1875]

Karawajewa, Anna: Fabrik im Walde / aus d. Russ. übers. von Alexandra Ramm. – Berlin : Verl. d. Jugendinternationale, 1930 [russ. EA: Lesozavod. 1927]

Kearton, Cherry: Mein Freund Toto : Biographie eines Schimpansen / aus d. amerikan. Engl. übers. von E. L. Schiffer. – Berlin : Williams, 1927 [amerikan. EA: My friend Toto. 1924]

Kearton, Cherry: Die Insel der fünf Millionen Pinguine / aus d. amerikan. Engl. übers. von Magda Kahn. – Stuttgart : Engelhorn, 1932 [amerikan. EA: The Island of Penguins. 1930]

Kipling, Rudyard: Das Dschungelbuch / aus d. britischen Engl. übers. von Curt Abel-Musgrave. – Freiburg : Fehsenfeld, 1921 [engl. EA: The Jungle Book. 1894]

Kipling, Rudyard: Das Dschungelbuch / aus d. britischen Engl. übers. von Max Krell. – Berlin : Gurlitt, 1921

Kipling, Rudyard: Das Dschungelbuch / aus d. britischen Engl. übers. von Benvenuto Hauptmann. – Leipzig : List, [1927]

Kipling, Rudyard: Das neue Dschungelbuch / aus d. britischen Engl. übers. von Benvenuto Hauptmann. – Leipzig : List, 1925 [engl. EA: The Second Jungle Book. 1895]

Kipling, Rudyard. Das neue Dschungelbuch / aus d. britischen Engl. übers. von Sebastian Harms. – Berlin : Vita, 1922

Kipling, Rudyard: Staaks und Genossen : Pennälerstreiche / übers. von Norbert Jacques. – Leipzig : List, 1928 [engl. EA: Stalky & Co. 1899]

Kipling, Rudyard: Das kommt davon! : Geschichten und Märchen / übers. von Hans Rothe. – Leipzig : Abel & Müller, 1925 [engl. EA: Just So Stories for Little Children. 1902]

Kipling, Rudyard: Puck vom Buchsberg / übers. von Ernst Hardt. – Leipzig : List, 1925 [engl. EA: Puck of Pook's Hill. 1906]

LaChapelle Roobol, Suse: Trotzkopf als Großmutter : eine Erzählung für junge Mädchen / aus d. Holländ. übers. von Anna Herbst. – Berlin : Weise, 1928 [niederländ. EA: Stijfkopje als grotmoeder. 1905]

Lagerlöf, Selma: Wunderbare Reise des kleinen Nils Holgersson mit den Wildgänsen / aus d. Schwed. übers. von Pauline Klaiber-Gottschau. – München : Langen/Müller, 1919 [schwed. EA: Nils Holgerssons underbara resa genom Sverige. 1906/07]

Lamb Charles: Das Shakespeare-Geschichtenbuch / Charles Lamb ; Mary Ann. Aus d. britischen Engl. übers. von Herbert E. Herlitsch. – Wien : Phaidon-Verl., 1928 [engl. EA: Tales from Shakespeare. 1807]

Lamb, Charles: Shakespeare-Novellen / Charles Lamb ; Mary Ann. Aus d. britischen Engl. übers. von Elisabeth Schücking. – Leipzig : Fikentscher, 1928

[Larsson, Carl]: Das Haus in der Sonne. – 198. – 249. Tsd. – Königstein [u.a.] : Langewiesche, 1921 [schwed. EA: Ett hem. 1899]

Lask, Berta: Auf dem Flügelpferde durch die Zeiten. – Berlin : Vereinigung internat. Verl.-Anst., 1925

Lask, Berta: Wie Franz und Grete nach Rußland kamen. – Berlin : Vereinigung internat. Verl.-Anst., 1926

Lofting, Hugh: Doktor Dolittle und seine Tiere / aus d. amerikan. Engl. übers. von E.L. Schiffer. – Berlin : Williams, 1926 [amerikan. EA: The Story of Doctor Dolittle. 1920]

Lofting, Hugh: Doktor Dolittles schwimmende Insel / aus d. amerikan. Engl. übers. von E.L. Schiffer. – Berlin : Williams, 1926 [amerikan. EA: The Voyages of Doctor Dolittle. 1922]

Lofting, Hugh: Doktor Dolittles Zirkus / aus d. amerikan. Engl. übers. von E.L. Schiffer. – Berlin : Williams, 1927 [amerikan. EA: Doctor Dolittle's Circus. 1924]

Lofting, Hugh: Doktor Dolittles Tieroper / aus d. amerikan. Engl. übers. von E.L. Schiffer. – Berlin : Williams, 1928 [amerikan. EA: Doctor Dolittle's Caravan. 1926]

Lofting, Hugh: Doktor Dolittles Postamt / aus d. amerikan. Engl. übers. von E.L. Schiffer. – Berlin : Williams, 1929 [amerikan. EA: Doctor Dolittle's Post Office. 1923]

Lofting, Hugh: Doktor Dolittles Zoo / aus d. amerikan. Engl. übers. von E.L. Schiffer. – Berlin : Williams, 1930 [amerikan. EA: Doctor Dolittle's Zoo. 1925]

London, Jack: Wenn die Natur ruft / aus d. amerikan. Engl. übers. von Hermann Löns. – Berlin : Volksverband d. Bücherfreunde, 1929 [amerikan. EA: The Call of the Wild. 1903]

Malot, Hector: Heimatlos / aus d. Franz. übers. – Stuttgart : Thienemann, 1885 [franz. EA: Sans famille. 1878]

Mann, Erika: Stoffel fliegt übers Meer. – Stuttgart : Levy & Müller, 1932

Marryat, Frederick: Peter Simpel geht zur See / aus d. britischen Engl. übers. von Rudolf Lepa. – Berlin : Kube, 1925 [engl. EA: Peter Simple. 1834]

Marryat, Frederick: Sigismund Rüstig : eine Robinsonade / aus d. britischen Engl. übers. von Paul Moritz. – Stuttgart : Thienemann, 1930 [engl. EA: Masterman Ready, or The Wreck of the Pacific. 1841/42]

Marryat, Frederick: Steuermann Ready der neue Robinson oder Der Schiffbruch des „Pacific" / nach d. Engl. erz. von Gustav Höcker. Neu bearb von Karl Hobrecker. – Stuttgart [u. a.] : Union Dt. Verl.-Ges., [1927]

Marryat, Frederick: Sigismund Rüstig oder Der Schiffbruch der Pazifik / aus d. britischen Engl. übers. von L. Freytag u. Karl Henninger. – Köln : Schaffstein, 1921

Marryat, Frederick: Sigismund Rüstig / aus d. britischen Engl. übers. von Josef Feldmann. – Leipzig : Anton, 1922

Marryat, Frederick: Sigismund Rüstig / aus d. britischen Engl. übers. von Max Wulff. – Berlin : Meidinger, 1922

Marryat, Frederick: Sigismund Rüstig / aus d. britischen Engl. übers. von Max Pannwitz. – Berlin : Loewe, 1924

[Marryat, Frederick]: Die Kinder des Neuwaldes. – Leipzig : Oldenburg, 1920 [engl. EA: The Children of the New Forest. 1847]

[Michaelis, Karin]: Bibi : Leben eines kleinen Mädchens. – Berlin : Stuffer, 1930 [dän. EA: Bibi. En lille piges liv. 1929]

[Michaelis, Karin]: Bibis große Reise. – Berlin : Stuffer, 1930 [dän. EA: Bibis store rejse. 1930]

[Michaelis, Karin]: Bibi und die Verschworenen. – Berlin : Stuffer, 1932 [dän. EA: Bibi og de Sammensvorne. 1932]

[Michaelis, Karin]: Bibi und Ole. – Berlin : Stuffer, 1931 [dän. EA: Bibi og Ole. 1931]

Milne, Alan Alexander: Pu der Bär / aus d. britischen Engl. übers. von E.L. Schiffer. – Berlin : Williams, 1928 [engl. EA: Winnie-the-Pooh. 1926]

Molnár, Ferenc: Die Jungen der Paulstraße / aus d. Ungar. übers. von Edmund Alkalay. – Leipzig : Tal, 1929 [ungar. EA: A Pál utcai fiúk. 1907]

Němcová, Božena: Großmütterchen / aus d. Tschech. übers. von Kamill Eben. – Olmütz : Promberger, 1924 [tschech. EA: Babička. 1855]

Newerow, Alexander: Taschkent, die brotreiche Stadt / aus d. Russ. übers. von Maria Einstein. – Berlin : Verl. d. Jugendinternationale, 1925 [russ. EA: Taškent – gorod chlebnyi. 1923]

Ognjew, Nikolai: Das Tagebuch des Schülers Kostja Rjabzew / aus d. Russ. übers. von Maria Einstein. – Berlin : Verl. d. Jugendinternationale, 1927 [russ. EA: Dnevnik Kosti Rjabceva. 1927]

Ognjew, Nikolai: Kostja Rjabzew auf der Universität / aus d. Russ. übers. von Maria Einstein. – Berlin : Verl. d. Jugendinternationale, 1929 [russ. EA: Kostja Rjabcev na VUZe. 1928]

Oleša, Jurij: Die drei Dicken / aus d. Russ. übers. von R. Hoffmann u. D. Umanskij. – Berlin : Verl. d. Jugendinternationale, 1931 [russ. EA: Tri Tolstjaka. 1928]

Ott, Estrid: Drei Mädel in einem Auto / aus d. Dän. übers. von Else Hollander-Lossow. – Stuttgart : Thienemann, 1929 [dän. EA: Tre piger i en bil. 1927]

Pantelejew, Leonid: Die Uhr / aus d. Russ. übers. von Maria Einstein. – Berlin : Verl. d. Jugendinternationale, 1930 [russ. EA: Časy. 1928]

Perrault, Charles: Gänsemütterchens Märchen / übers. von Hans Krause. – München : Recht, 1921 [franz. EA: Histoires ou contes du temps passé, avec des moralitez. 1697]

[Porter, Eleanor]: Pollyanna : ein frohes Buch. – Zürich [u.a.] : Rascher, 1926 [amerikan. EA: Pollyanna. 1913]

Porter, Eleanor: Pollyanna wächst heran / aus d. amerikan. Engl. übers. von Olga Früh. – Zürich : Rascher, 1932 [amerikan. EA: Pollyanna Grows Up. 1915]

Puschkin, Alexander: Märchen vom Zaren Saltan / aus d. Russ. übers. von Friedrich Bodenstedt. – Berlin : Euphorion-Verl., 1921 [russ. EA: Skazka o Čare Saltane. 1832]

Puschkin, Alexander: Märchen vom Fischer und dem Fischlein / aus d. Russ. übers. von W. E. Groeger. – Berlin : Euphorion-Verl., 1922 [russ. EA: Skazka o rybake i rybke. 1835]

Ramsay, Tamara: Wundersame Fahrten und Abenteuer der kleinen Dott. – Stuttgart : Union Dt. Verl.-Ges., 1938

Ransome, Arthur: Der Kampf um die Insel / aus d. britischen Engl. übers. von Wilhelm Fronemann. – Stuttgart : Union Dt. Verl.-Ges., 1931 [engl. EA: Swallows and Amazons. 1930]

Ring, Barbra: Peik : die Geschichte eines kleinen Jungen / aus d. Norweg. übers. von Franck Züchner. – München : Langen/Müller, 1928 [norweg. EA: Peik. Da Peik skulde gjöre sin lykka. 1917]

Rosenfeld, Friedrich: Tirilin reist um die Welt. – Leipzig : Prager, 1931

Rydberg, Victor: Das seltsame Weihnachtserlebnis des kleinen Vigg und Märchen von Zacharias Topelius / übers. von Eugenie Hoffmann. – Wien : Sesam Verl., 1919 [schwed. EA: Lille Viggs äventyr på julafton. 1875]

Salgari, Emilio: Die Tiger von Mompracem / aus d. Ital. übers. von K. Heinz Hellwig. – Berlin : Phönix Verl., 1930 [ital. EA: Le tigri die Mompracem. 1900]

Salgari, Emilio: Der schwarze Korsar / aus d. Ital. übers. von F.M. von Siegroth. – Berlin : Phönix Verl., 1930 [ital. EA: Il Corsare Nero. 1898]

Scott, Gabriel: Die kleine Terz : lustige Jungengeschichten / aus d. Norweg. übers. von Käthe Miethe. – Köln : Schaffstein, 1930 [norweg. EA: Trip, trap, træsko. 1902]

Scott, Gabriel: Jonas sorgt für drei : eine Jungengeschichte / aus d. Norweg. übers. von Käthe Miethe. – Köln : Schaffstein, 1931 [norweg. EA: Hollender-Jonas. 1910]

Scott, Gabriel: Kari : eine Mädchengeschichte / aus d. Norweg. übers. von Käthe Miethe. – Köln : Schaffstein, 1933 [norweg. EA: Kari Kveldsmat. 1912]

Seidmann-Freud, Tom: Das Buch der Dinge. – Berlin : Mauritius-Verl., 1924

Seton, Ernest Thompson: Monarch der Riesenbär : die Lebensgeschichte eines Einzelgängers / aus d. kanadischen Engl. übers. von Max Pannwitz. – Stuttgart : Franckh, 1921 [kanad. EA: Monarch, the Big Bear of Tallac. 1904]

Seton, Ernest Thompson: Rolf der Trapper / aus d. kanadischen Engl. übers. von Wolf Durian. – Stuttgart : Franckh, 1921 [kanad. EA: Rolf in the Woods. 1911]

Seton, Ernest Thompson: Wahb : Lebensgeschichte eines Grislybären / aus d. kanadischen Engl. übers. von Max Pannwitz. – Stuttgart : Franckh, 1922 [kanad. EA: The Biography of a Grizzly. 1906]

Seton, Ernest Thompson: Zwei kleine Wilde : ein Buch von Jan und Sam und ihrem Treiben in ihrem Reich und auf der Farm in Sanger / aus d. kanadischen Engl. übers. von Hermann Dengler. – Stuttgart : Franckh, 1923 [kanad. EA: Two Little Savages. 1903]

Seton, Ernest Thompson: Domino Reinhard : die Lebensgeschichte eines Silberfuchses / aus d. kanadischen Engl. übers. von Max Pannwitz. – Stuttgart : Franckh, 1924 [kanad. EA: The Biography of a Silver Fox : or Domino Reynard of Goldur Town. 1909]

[Sewell, Anna]: Schwarzfellchen : Denkwürdigkeiten eines Pferdes von ihm selbst erzählt. – Berlin : Tierschutzverein, 1922 [engl. EA: Black Beauty. 1877]

Sewell, Anna: Rabe : die Lebensgeschichte eines Pferdes / übers. von M.V. Kraut. – Reutlingen : Enßlin & Laiblin, 1923

Sienkiewicz, Henryk: In Wüste und Wildnis / übers. von T. Kroczek. – Wien : Roller, 1921 [poln. EA: W pustyni i w puszczy. 1911]

Speyer, Wilhelm: Der Kampf der Tertia. – Berlin : Rowohlt, 1927

Speyer, Wilhelm: Die goldene Horde. – Berlin : Rowohlt, 1931

Steinberg, Jehuda: Der Soldat des Zaren / aus d. Hebr. übers. von R. Walzer. – Berlin : Jüdischer Verl., 1920 [hebr. EA: Bajamim hahem]

Stevenson, Robert Louis: A Child's Garden of Verses. – New York [u.a.] : Scribner, 1885

Stevenson, Robert Louis: Die Schatzinsel / übers. von Rosa Hilferding. – München : Buchenau & Reichert, 1925 [engl. EA: Treasure Island. 1883]

Stevenson, Robert Louis: Die Schatzinsel / aus d. britischen Engl. übers. von E.A. Witte. – Stuttgart : Franckh, 1925

Stevenson, Robert Louis: Die Schatzinsel / aus d. britischen Engl. übers. von Franz Franzius. – Leipzig : Insel, 1925

Stevenson, Robert Louis: David Balfour / aus d. britischen Engl. übers. von Käthe Briese. – Leipzig : Hesse & Berner, [1927]

Stevenson, Robert Louis: David Balfour von Shaw : seine Abenteuer A.D. 1751 / aus d. britischen Engl. übers. von Curt Thesing. – Berlin : Buchenau & Reichert, 1925 [engl. EA: Kidnapped. 1886]

Stevenson, Robert Louis: Entführt / aus d. britischen Engl. übers. von Clarisse Meitner. – Berlin : Maschner, 1925

[Szenes, Béla]: Der Schandfleck der Klasse : ein Roman für Kinder. – Berlin : Williams, 1931 [ungar. EA: Csibi. 1929]

Tagore, Rabindranath: Das Postamt / aus d. Bengal. übers. von Hedwig Lachmann u. Gustav Landauer. – Leipzig : Wolff, 1918 [bengal. EA: Dāghar. 1912]

Tetzner, Lisa: Hans Urian : die Geschichte einer Weltreise. – Stuttgart : Gundert, 1931

Timmerman, Felix: Das Jesuskind in Flandern / aus d. Fläm. übers. von Anton Kippenberg. – Leipzig : Insel-Verl., 1919 [fläm. EA: Het kindeken Jezus in Vlaanderen. 1918]

Twain, Mark: Die Abenteuer Tom Sawyers / aus d. amerikan. Engl. übers. von H. Hellwag. – Berlin : Hendel, [1920] [amerikan. EA: The Adventures of Tom Sawyer. 1876]

Twain, Mark: Tom Sawyers Abenteuer / aus d. amerikan. Engl. übers. von Ulrich Steindorff. – Berlin : Ullstein, 1921

Twain, Mark: Prinz und Bettelknabe / aus d. amerikan. Engl. übers. von Helene Lobedan. – Stuttgart : Loewe, 1921 [amerikan. EA: The Prince and the Pauper. 1881]

Twain, Mark: Huckleberry Finns Abenteuer und Fahrten / aus d. amerikan. Engl. übers. von Henny Koch. – Leipzig : Hesse & Becker, [1920] [amerikan. EA: The Adventures of Huckleberry Finn. 1884]

Twain, Mark: Huck Finns Fahrten und Abenteuer / aus d. amerikan. Engl. übers. von Ulrich Steindorff. – Berlin : Ullstein, 1921

Vaillant-Couturier, Paul: Hans ohne Brot / aus d. Franz. übers. von Anna Nussbaum. – Berlin : Verl. d. Jugendinternationale, 1927 [franz. EA: Jean sans pain. 1921]

Verne, Jules: Die Kinder des Kapitän Grant / aus d. Franz. übers. von Br. Hoffmann. – 19. Aufl. – Leipzig : Fock, 1921 [franz. EA: Les enfants du capitaine Grant. 1867/68]

Verne, Jules: Die Reise um den Mond / aus d. Franz. übers. von Walter Heichen. – Berlin : Weichert, 1920 [franz. EA: Autour de la lune. 1870]

Verne, Jules: Zwanzigtausend Meilen unter dem Meer / aus d. Franz. übers. von Walter Heichen. – Hamburg : Drei Türme Verl., [1920] [franz. EA: Vingt mille lieues sous les mers. 1870]

Walter, Elisabeth: Abenteuerliche Reise des kleinen Schmiedledick mit den Zigeunern. – Freiburg : Herder, 1930

Westergaard, Anders Christian: Per von der Düne / aus d. Dän. übers. von Georg Bachmann. – Köln : Schaffstein, 1930 [dän. EA: Klit-Per. 1923]

Wilde, Oscar: Das Gespenst von Canterville / aus d. britischen Engl. übers. von Emil Adolf Engelhardt. – Leipzig : Matthes, 1924 [engl. EA: The Canterville Ghost. 1887]

Wilde, Oscar: Das Gespenst von Canterville / aus d. britischen Engl. übers. von Franz Blei. – Leipzig : Insel-Verl., [1926]

Wilde, Oscar: Das Gespenst von Canterville : eine hylo-idealistische Romanze / aus d. britischen Engl. übers. von Ernst Sander. – Leipzig : Reclam, 1927

Wilde, Oscar: Erzählungen und Märchen / aus d. britischen Engl. übers. von Hugo Reichenbach. – Leipzig : Hesse & Becker, 1922 [engl. EA: The Happy Prince and Other Tales. 1888]

Wilde, Oscar: Der glückliche Prinz und andere Märchen / aus d. britischen Engl. übers. von Ernst Sander. – Leipzig : Reclam, 1928

Wilde, Oscar: Der glückliche Prinz und andere Erzählungen / aus d. britischen Engl. übers. von Franz Blei. – Leipzig : Insel, 1931

Sekundärliteratur

Aley, Peter: James Fenimore Coopers „Lederstrumpf" in Jugendausgaben – Oder: Bearbeiteter Edelmut. – In: Klassische Kinder- und Jugendbücher / hrsg. von Klaus Doderer. – Weinheim : Beltz, 1969. – S. 98 – 118

Becker, Susanne: Erziehungsanstalt, Museum und Safaripark : die Welt der „Wilden" in der jugendlichen Reise- und Abenteuerliteratur der 20er und 30er Jahre. – In: Jahrbuch für Historische Bildungsforschung. – Bad Heilbrunn / Obb. : Klinkhardt. – 8 (2002), S. 57 – 80

Bodeker, Boyer: Terms of Material Culture in Jack London's „Call of the Wild" and its German Translations. – In: Interculturality and the Historical Study of Literary Translation / hrsg. von Harald Kittel u. Armin Paul Frank. – Berlin : Schmidt, 1991. – S. 64 – 74

Edström, Vivi: Uppdräg Läsebok : Nils Holgersson. – Stockholm : Alfabeta, 1996

Egger, Irmgard: Lederstrumpf – ein deutsches Jugendbuch. – Wien : VWGÖ, 1991

Geschichte der deutschen Kinder- und Jugendliteratur / hrsg. von Reiner Wild. – 3. Aufl. – Stuttgart [u. a.] : Metzler, 2008

Grenz, Dagmar: Mädchenliteratur : von den moralisch-belehrenden Schriften im 18. Jahrhundert bis zur Herausbildung der Backfischliteratur im 19. Jahrhundert. – Stuttgart : Metzler, 1981

Griswold, Jeremy: Audacious Kids : Coming of Age of America's Classic Children's Books. – Oxford : Oxford Univers. Pr., 1992

Halbey, Hans Adolf: Das Bilderbuch im Jugendstil. – In: Das Bilderbuch : Geschichte und Entwicklung / hrsg. von Klaus Doderer u. Helmut Müller. – Weinheim [u. a.] : Beltz, 1973. – S. 225 – 247

Hopster, Norbert: Kinder- und Jugendliteratur 1933 – 1945 : ein Handbuch / Norbert Hopster ; Petra Josting ; Joachim Neuhaus. 2 Bde. – Stuttgart [u. a.] : Metzler, 2001, 2005

Jüdische Kinderliteratur : Geschichte, Traditionen, Perspektiven / hrsg. von Bettina Kümmerling-Meibauer. – Wiesbaden : Aktives Museum Spiegelgasse, 2005

Kämpchen, Martin: Rabindranath Tagore and Germany. – Santinitketan : Visva-Bharati, 1997

Karrenbrock, Helga: Märchenkinder – Zeitgenossen : Untersuchungen zur Kinderliteratur der Weimarer Republik. – Stuttgart : M & P, Verl. für Wiss. u. Forschung, 1995. – Zugl.: Osnabrück, Univ., Diss., 1993

Kaulen, Heinrich: Karin Michaelis – eine Wegbereiterin der modernen Mädchenliteratur. – In: Aus Wundertüte und Zauberkasten : Festschrift für Heinz Kliewer / hrsg. von Heinz Barthel. – Frankfurt/Main : Lang, 2000. – S. 349 – 359

Kempe, E.: Kinderliteratur und internationale Zusammenarbeit : Anmerkungen zu der Internationalen Kinderbuch-Ausstellung in Genf. – In: Jugendschriften-Warte. – 34 (1929), S. 69 – 72

Klotz, Aiga: Kinder- und Jugendliteratur in Deutschland 1840 – 1950 : Gesamtverzeichnis der Veröffentlichungen in deutscher Sprache. 5 Bde. u. 2 Reg. Bde. – Stuttgart : Metzler, 1990 – 2000

Kümmerling-Meibauer, Bettina: Klassiker der Kinder- und Jugendliteratur : ein internationales Lexikon. 2 Bde. – Stuttgart [u. a.] : Metzler, 1999

Kümmerling-Meibauer, Bettina: Im Dschungel des Texts. Kiplings „Dschungelbücher" und das Prinzip der asymmetrischen Intertextualität. – In: Kinder- und Jugendliteraturforschung 2000/2001 / hrsg. von Hans-Heino Ewers u. a. – Stuttgart [u. a.] : Metzler, 2001. – S. 42 – 61

Kümmerling-Meibauer, Bettina: Kinderliteratur, Kanonbildung und literarische Wertung. – Stuttgart [u. a.] : Metzler, 2003

Kümmerling-Meibauer, Bettina: „Kommt nach Berlin und dreht gleich 'nen Film" : Berlin in der Kinderliteratur der Weimarer Republik. – In: Berlin : Medien- und Kulturgeschichte einer Hauptstadt im 20. Jahrhundert / hrsg. von Matthias Bauer. – Tübingen : Francke, 2007. – S. 189 – 206

Kümmerling-Meibauer, Bettina: Erste Bilder, erste Begriffe : Weltwissen für Kleinkinder. – In: Literatur im Laufstall : Bilderbücher für die ganz Kleinen / hrsg. von Bettina Kümmerling-Meibauer u. Maria Linsmann. – Troisdorf : Bilderbuchmuseum Burg Wissem, 2009. – S. 14 – 33

Ludewig, Nadesha: Vorwort / Nadesha Ludewig ; Wolfgang Bussewitz. – In: Sowjetische Kinder- und Jugendliteratur in Überblicken und Einzeldarstellungen / hrsg. von Nadesha Ludewig u. Wolfgang Bussewitz. – Berlin : Kinderbuchverl., 1974. – S. 7 – 10

Marx, Sonia: Le avventure tedesche di Pinocchio. – Florenz : Nuova Italia, 1990

Marx, Sonia: Komik in der Übersetzung : am Beispiel der deutschen Pinocchio-Übersetzungen und -Bearbeitungen. – In: Kinderliteratur im interkulturellen Prozeß / hrsg. von Hans-Heino Ewers, Gertrud Lehnert u. Emer O'Sullivan. – Stuttgart : Metzler, 1994. – S. 154 – 171

Nix, Angelika: Das Kind des Jahrhunderts im Jahrhundert des Kindes : zur Entstehung der phantastischen Erzählung in der schwedischen Kinderliteratur. – Freiburg : Rombach, 2002

O'Sullivan, Emer: Winnie-the-Pooh und der erwachsene Leser : die Mehrfachadressiertheit eines kinderliterarischen Textes im Übersetzungsvergleich. – In: Kinderliteratur im interkulturellen Prozeß / hrsg. von Hans-Heino Ewers, Gertrud Lehnert u. Emer O'Sullivan. – Stuttgart : Metzler, 1994. – S. 131 – 153

Pech, Klaus-Ulrich: Tiere sind die besseren Menschen : Hugh Loftings „Doktor Dolittle"-Serie. – In: Klassiker der Kinder- und Jugendliteratur / hrsg. von Bettina Hurrelmann. – Frankfurt/Main : Fischer Taschenbuch Verl., 1995. – S. 90 – 106

Das proletarische Kinderbuch : Dokumente zur Geschichte der sozialistischen deutschen Kinder- und Jugendliteratur / hrsg. von Manfred Altner. – Dresden : VEB Verl. d. Kunst, 1988

Richter, Dieter: Pinocchio fra i suoi fratelli tedeschi : problemi di acculturazione del „burattino". – In: Pinocchio fra i burattini / hrsg. von Fernando Tempesti. – Florenz : Salani, 1993. – S. 67 – 77

Ritte, Hans: Landeskunde in Sagenform : eine Studie über Selma Lagerlöfs „Nils Holgersson". – In: Lagerlöfstudier. – 3 (1966), S. 161 – 176

Sanatani, Reeta: Rabindranath Tagore und das deutsche Theater der zwanziger Jahre : eine Studie zur Übersetzungs- und Wirkungsgeschichte. – Frankfurt/Main : Lang, 1983

Sowjetische Kinder- und Jugendliteratur in Überblicken und Einzeldarstellungen / hrsg. von Nadesha Ludewig u. Wolfgang Bussewitz. – Berlin : Kinderbuchverl., 1974

Stark, Roland: Der Schaffstein-Verlag. – Frankfurt/Main : Lang, 2003

Stark, Roland: Weimarer Republik. – In: Kinder- und Jugendliteratur : ein Lexikon / begr. von Alfred Clemens Baumgärtner u. Heinrich Pleticha. Hrsg. von Kurt Franz, Günter Lange u. Franz-Josef Payrhuber. – 31. Erg.Lfg. – Meitingen : Corian-Verl., 2007. – S. 1 – 27

Tost, Birte: Moderne und Modernisierung in der Kinder- und Jugendliteratur der Weimarer Republik. – Frankfurt/Main : Lang, 2005. – (Kinder- und Jugendkultur, -literatur und -medien : Theorie – Geschichte – Didaktik ; 35). – Zugl.: Osnabrück, Univ., Diss., 2004

Urlaub, Christina: Setta Cohn-Richter. – In: Jüdische Kinderliteratur : Geschichte, Traditionen, Perspektiven / hrsg. von Bettina Kümmerling-Meibauer. – Wiesbaden : Aktives Museum Spiegelgasse, 2005. – S. 22 f.

Wegehaupt, Heinz: Spiegel proletarischer Kinder- und Jugendliteratur. – Berlin : Kinderbuchverl., 1985

Zahn, Susanne: Töchterleben : Studien zur Sozialgeschichte der Mädchenliteratur. – Frankfurt/Main : dipa-Verl., 1983. – (Jugend und Medien ; 4)

Roland Stark

Die Fortsetzung der Kinder- und Jugendliteratur aus der Zeit vor 1918/19 in die Zeit der Weimarer Republik

„Wir stehen mitten im Werden einer neuen Zeit. Wir sind am Alten irre geworden, lassen es unseren Händen entgleiten, ohne es ernstlich mehr zu halten, weil unsere Erkenntnis uns daran hindert. Doch noch fehlt uns die Kraft und das Vertrauen, das Neue zu gestalten" (Geiger-Gog 1929, S. 5), schrieb die Autorin Anni Geiger-Gog 1929 im Vorwort zu ihrem zwar berühmten, aber doch eigentlich in der Publikumswirkung ohne Widerhall gebliebenen *Heini Jermann* im Gundert Verlag. Sie drückte damit aus, was im Wesentlichen die Entwicklung der Kinder- und Jugendliteratur nach dem Zusammenbruch des Kaiserreichs bestimmte. Ein Neuanfang gestaltete sich mühsam, es blieb beim Anklammern an die überkommene Themenwelt, an eingeübtes gesellschaftliches Verhalten und die dazu gehörigen Klischees: die Leseneigung der Jugend verharrte weitgehend im konservativ Gewohnten. Die schon im Kaiserreich bekannten Autorennamen blieben tonangebend, obwohl sich die gesellschaftlichen und politischen Verhältnisse nach Krieg und Revolution entscheidend verändert hatten. Schon der Blick in die zu Weihnachten 1919 von den *Vereinigten Deutschen Prüfungsausschüssen für Jugendschriften* erstellte *Auswahl wertvoller Jugendlektüre* bestätigt die Fortsetzung des Gewohnten. Unter den Bilderbüchern erscheinen z. B. die bekannten Namen und Titel von Elsa Beskow, Gertrud Caspari, Sibylle von Olfers, Ernst Kreidolf und Else Wenz-Viëtor. Ebenso werden Titel von Johanna Spyri, Agnes Sapper und Helene Böhlau empfohlen. Irritierend ist, dass im Teil *Aus der deutschen Geschichte* so viele Titel zu Kriegen aufgeführt werden, angefangen vom Bauernkrieg bis zum Ersten Weltkrieg (z. B. Fliegerbücher). Auch die Masse der alten und neuen Märchen und Märchenbearbeitungen wird ungebrochen fortgesetzt wie auch die Tradition der klassischen Abenteuer- und Reiseliteratur (u. a. Defoe, Cooper, Kipling, London, Hedin). (Vgl. Auswahl wertvoller Jugendlektüre 1919, S. 21–24)

Die Veränderung der politisch-gesellschaftlichen Situation betraf zunächst lediglich die äußeren Phänomene. In ihrer geistigen Haltung und ihren Wertvorstellungen blieben die jungen Leser und ihre Erzieher zunächst einmal überwiegend im Hergebrachten hängen. Wilhelm Fronemann hat noch in der mittleren Weimarer Zeit diesen fehlenden Fortschritt in seinem Buch *Das Erbe Wolgasts* konkret benannt:

> „Überblickt man die Neuerscheinungen der letzten zehn Jahre, so ist unverkennbar, daß die Arbeit der Verleger und Herausgeber gegenüber der schriftstellerischen Leistung durchaus im Vordergrund steht. Man bemerkt viele Neuauflagen, neue Ausgaben und

> Auswahlen, aber wenig neue Werke. Sieht man auf die Qualität der Neuerscheinungen, so sinkt die Waage der Jugendschriftstellerei beschämend tief." (Fronemann 1927, S. 92)

Fronemann fällte hier zwei Urteile: Eine zur (seiner Ansicht nach nicht erfolgten) Weiterentwicklung der Jugendliteratur, das andere zu ihrer gegenwärtigen Qualität. Beide Bewertungen fallen negativ aus.

Schon 1918 hatte Gertrud Bäumer diesen Status der Mädchenliteratur verurteilt:

> „Die allermeisten Backfischbücher von der leider unsterblichen Clementine Helm an sind breitspurige Darstellungen einer durchaus geist-, ja gemütlosen und äußerlichen Mittelstandsexistenz. Sie bewegen sich im kleinen Umkreis der Familienereignisse vom Zähneputzen bis zum Liebeskummer. [...] In dieser Welt steht dann – was die Gefahr der Gefahr bedeutet – der Backfisch im Mittelpunkt. Eine süßliche Schalkhaftigkeit [...] pflegt die durchschlagende Note in der Charakteristik des jungen Mädchens durch diese bedenklichen schriftstellernden Freundinnen der weiblichen Jugend zu sein." (Bäumer 1918, S. 5)

Besonders deutlich wird dieses Festklammern an Vorkriegstiteln und die mit ihnen verbundenen Namen bei Autoren und Illustratoren, wenn man in der *Jugendschriften-Warte* 1925 die für eine geplante Ausstellung empfohlenen Kinder- und Bilderbücher ansieht: Die schon vor der Republik edierten Bücher sind zahlenmäßig weit überlegen, und unter den für die Zeit von 1918 bis 1923 genannten Bilderbuch-Autoren finden sich nicht wenige, die auch schon in der voraufgegangenen Zeit bekannt waren, z. B. Ernst Kreidolf, Ernst Liebermann, Paul Hey und Carl Alexander Brendel. Auch nach 1918 besonders erfolgreiche Autorinnen wie Gertrud Caspari und Else Wenz-Viëtor werden für die Jahre vor 1918 aufgeführt. (Vgl. Köster 1925, S. 20–21)

Schaut man sich in der Verlagslandschaft der ersten Zeitphase nach dem Ersten Weltkrieg um, sucht nach Namen und Titeln, so fällt auf, dass die Kontinuität der Verleger und ihrer Verfasser so ungebrochen ist, als ob keine Zäsur in der Geschichte der Deutschen stattgefunden hätte. Die Bevorzugung altbekannter Autorinnen und Autoren dokumentiert ungeachtet der Beurteilung der Wertigkeit ihrer schriftstellerischen Leistung deutlich, wie sehr sowohl die (schenkenden) Erwachsenen als auch die (lesenden) Jugendlichen traditionellen Inhalten verpflichtet blieben, auch wenn diese bisweilen partiell unterschwellig andere Akzente erhielten. Der Verlag Georg Westermann inserierte im *Börsenblatt* zu seinen *Lesebüchern der Jugend*: „Alles, was sich in dieser Sammlung an bewährtem Alten und gutem Neuen zusammenfindet, dient nicht bloß der Unterhaltung: Es bietet unserer Jugend, Knaben und Mädchen, auch vaterländische, sittliche und künstlerische Schätze von dauerndem Wert. Mehr als je fühlen wir jetzt die Verpflichtung, nur gehaltvolle Gaben in die Hände der Jugend zu legen." (Börsenblatt 1919, S. 7248) Dazu gehörten 1919 Novellen von Tim Kröger (*Eine Auswahl für die Jugend*) und von Theodor Storm *Märchen und Er-*

zählungen, wobei der Verlag das Buch als „einen stattlichen Band mit wertvollem Einbande“ (ebd.) anpries. Doch Westermann annoncierte gleichzeitig auch *Unsere Kriegshelden* (Bd. 27), *Unsre Flieger im Felde* (Bd. 28) und *Schlachtendenker und Schlachtenlenker* (Bd. 35) in ungebrochenem Fortbestehen der Kriegsliteratur, z. B. mit einer neuen Auflage von Gunter Plüschows *Die Abenteuer des Fliegers von Tsingtau* (1916) im Jahre 1927 und mit einem erweiterten Nachdruck des ebenso berühmten Titels *Der rote Kampfflieger* (1917) von Manfred von Richthofen im Jahre 1920. *Deutsche Volkssagen*, herausgegeben von Friedrich Düsel, waren mit einem Farbbild von Moritz von Schwind und Zeichnungen von Ludwig Richter ausgestattet – wahrhaft, man blieb beim Bewährten ganz bewusst stehen und attestierte ihm Substanz und Wertigkeit.

Denselben Eindruck bekommt der kritische Leser, wenn er sich die Autorennamen und Titel dieses jugendliterarischen Beginns der jungen Republik ansieht. Neben den Jahrbüchern wie z. B. *Das neue Universum* (1880 ff.), *Der gute Kamerad* (1887 ff. – auch als Zeitschrift), *Deutsches Knabenbuch* (1893 ff.) und sogar Thekla von Gumperts *Herzblättchens Zeitvertreib* (1855 ff.) und *Töchter-Album* (1855 ff.), von dem Fronemann sagte, es enthalte „die unglaublichsten Stoffzusammenstellungen“ (Fronemann 1927, S. 134), blieben auch viele der traditionellen Zeitschriften auf dem Markt, z. B. *Das Kränzchen* (1889 ff.), *Deutsche Mädchen-Zeitung* (1869 ff.), *Jugendlust* (1876 ff.) und *Jung-Siegfried* (1809/10 ff.). 1919 wurde auch die 100. Auflage von Waldemar Bonsels *Die Biene Maja und ihre Abenteuer* (1912) angekündigt. Der Verfasser wurde 1924 in der Zeitschrift *Eckart* von einem Rezensenten mit folgenden Worten ausgezeichnet:

> „Nicht von dem Künstler Bonsels soll die Rede sein, der unendlich viel Feines und Gutes geschrieben hat, in einer oft bezaubernd schönen Sprache, und der uns in seinen Tiermärchen 'Biene Maja' und 'Himmelsvolk' eine reine und tiefe Welt erschließt, sondern von dem Erlöser Bonsels will ich sprechen.“ (*Eckart* 1924, S. 152)

Man sieht, der hohe Ton, das Pathos sind weiterhin gültig. Realismus und Erkenntnis der revolutionär neuen Situation in der Politik werden nicht gefragt, die Aussagen entsprechen traditionellen Wertungen.

Nun ist unbestreitbar, dass die *Biene Maja* ein ungewöhnliches Erfolgsbuch war (und ist). Das *Börsenblatt* meldete in regelmäßigen Abständen die neuen Auflagen, der Verlag edierte zwischen diesen Auflagen Sonderausgaben, wie die bebilderte Version mit den Steinzeichnungen von Fritz Franke (1920) und eine einmalige Auflage von 600 Stück mit einem Bild des Verfassers in Pergamenteinband im Herbst 1919. Ebenfalls 1919 kündigt das *Börsenblatt* die 111.–120. Auflage dieses Titels an, aber auch die anderen Erfolgsautoren und vor allem -autorinnen der imperialen Staatsform sind unberührt von allen geistigen Veränderungen, Strömungen und Radikalisierungen, sie tangiert anscheinend nicht der Kampf der einzelnen gesellschaftlichen Gruppen, sie schreiben in der gewohnten Tonlage weiter oder werden als Absatzgaranten üblicher Lesestoffe weiter verlegt. Wie auch Gerdt von Bassewitz mit den Bildern von Hans Baluschek sein *Peterchens Mondfahrt* (1912) mit der Herausgabe des 20. Tausend im Jahre 1920 auf dem Erfolgsweg sieht. Das weit verbreitete Kunstmärchen mit vielen gewohnten Rollenbildern lebt unbeirrt von Nachkriegsnot weiter.

Da ist es eine Ausnahme, wenn schon 1918 der Verlag Bruno Cassirer im *Börsenblatt für den Deutschen Buchhandel* seine Folge von Märchenbüchern wie folgt ankündigte:

> „Mit diesen fünf Bänden eröffnet der Verlag eine größere Sammlung illustrierter Märchenbücher. Er geht von dem Gedanken aus, daß seit den Tagen Ludwig Richters, Schwinds, Rethels u. a. zeichnerisch für das deutsche Märchenbuch wenig mehr geschaffen worden ist, was den Wettbewerb mit den klassischen deutschen Zeichnungen aufnehmen kann, und daß es doch dringend nötig erscheint, den Kindern, und auch den Erwachsenen, endlich wieder illustrierte Märchen darzubieten, die künstlerisch den höchsten Ansprüchen genügen und die zugleich den Geist unserer Zeit atmen." (*Börsenblatt* 1918, S. 5133)

Mit dieser Aussage wird der Zeitgeist deutlich angesprochen – wenn auch nur im Zusammenhang mit alten Texten, ein Neuanfang deutet sich auf halber Höhe an.

Doch abgesehen von Autoren wie Bonsels und Bassewitz sind es neben dem unverwüstlichen Karl May vor allem Frauen, die den Markt dominieren: Johanna Spyri, Josefine Siebe, Agnes Sapper, Tony Schumacher, Else Ury, Clementine Helm, Marie von Felseneck, Clara Nast, Frida Schanz, Magda Trott, Henny Koch, Bertha Clement. Man fragt sich, was sich geändert hat an der Situation, die Frauen dominieren die Jugendliteratur, und es sind die bekannten und anerkannten Namen. Da stutzt der Leser, wenn er ein Buch wie *Großstadtmädel* von Gabriele Reuter (1920) erwähnt findet, in dem die Hauptfigur bei einer allein erziehenden Mutter in einer dem Neuem aufgeschlossenen Atmosphäre aufwächst, in der die Entwicklung der Persönlichkeit wichtiger ist als alle starren Erziehungsgrundsätze.

Viel zeitgemäßer in seinen anachronistischen Aussagen verhält sich da ein Auswahlband *Eine Sammlung des Schönsten vom Kinde und für das Kind* unter dem Titel *Das Kind*, den Frida Schanz 1920 herausgibt. Eines der Gedichte von Otto Romberg trägt die Überschrift *Deutsches Mädchen! Deutsche Frau!* Und lautet in Strophe 2:

> „Es stürmt aus fremden Breiten
> Auf Deutschlands Hochburg ein,
> die Zeit ruft Dich zum Streiten,
> Du musst dem Kampf Dich weihn

Und treu als Schirmgeist stehen
An Deines Hauses Tor,
Das Fremde lass verwehen,
Das Deutsche halt empor!" (Schanz 1920, S. 159)

Nun muss man selbstverständlich bei derartigen Publikationen berücksichtigen, dass in dieser Zeitspanne erhebliche wirtschaftliche Zwänge bestanden, die zu einer Beibehaltung der viel gelesenen Titel führten. Deutschland war nach dem verlorenen Krieg in großen wirtschaftlichen Schwierigkeiten, das Papier war knapp, die Fachkräfte fehlten, aber auch die Kapitalausstattung der Verlage ließ zunächst Lagerabbau und Verwertung vorhandener Bestände als vorrangig für das Überleben erscheinen. Zudem war die Nachfrage bei den durchschnittlichen Einkommensverhältnissen gering. Neuigkeiten waren in dieser Phase der Unsicherheit ein noch größeres Experiment als in normalen Zeiten. Eine Anzeige vom 24. März 1919 des Verlags Abel & Müller im *Börsenblatt* verdeutlicht diese Aussage: „Wir waren im vorigen Jahr leider nicht in der Lage, einen größeren Teil der Bestellungen auszuführen, teils weil die Auflage zu schnell vergriffen war, teils weil die Bücher zu spät erschienen sind", und es wird offen eingestanden, dass man „in diesem Jahr einen Neudruck nicht herausbringen" könne. (*Börsenblatt* 1919, S. 2041)

Andere Verlage wie Hermann Schaffstein halfen sich durch Neugestaltung vorhandenen Materials. Der berühmte Kinder- und Jugendbuchverlag aus Köln ordnete die in den Jahren 1899 bis 1901 herausgegeben Jahrbücher *Knecht Ruprecht* neu, halbierte den Umfang und gab unter demselben Titel nun 8 sogenannte *Gaben* heraus, die nach dem Lesealter gestaffelt waren. Sterne von 1 bis 8 ordneten Inhalt und Adressat einander optisch zu.

Die desolate wirtschaftliche Lage spiegelt sich auch in den Mengenangaben wider: 1919 wurden 542 Bücher neu herausgegeben, 365 neu aufgelegt. 1920 gab es leicht ansteigend 879 neue Titel, 474 wurden wieder aufgelegt. Vergleicht man diese Daten mit den Angaben für 1927 – als die ökonomische Situation weit besser war-, so zählt man dann mit 1577 neuen Titeln fast doppelt so viele Neuausgaben wie 1920. (Vgl. Fröse 1988, S. 8)

Die Hauptursache für das Verharren in Tradition war und blieb aber die Vorliebe der jugendlichen Leser und ihrer Eltern für bewährte und bewahrende Themen. Gab es neue Verfasser mit neuen Büchern, so verkörperten sie alte Werte wie in dem Titel *Um Vaterland und Kolonie : ein Weckruf an die deutsche Nation ; der Feldzug in Ostafrika* (1919) von einem bewusst mit seinem Hauptmannsrang herausgestellten Autor Walter von Ruckteschell. Der Verlag Hugo Bermühler bezeichnete das Buch des Mitkämpfers von Paul von Lettow-Vorbeck als das „schönste Weihnachtsbuch für die deutsche Jugend", das die Zeitung *Der Tag* mit folgenden Worten bejubelte:

„Die Darstellung ist wie ein Sang aus der Kreuzfahrerzeit, der von unerreichter Ritterlichkeit und nie dagewesener Mannestreue berichtet. Jung und alt, Männer und Frauen, sollten das Buch lesen.“ (*Börsenblatt*, 1920 S. 11 560)

Im Rahmen des nach 1919 zunehmenden Kampfes der immer stärker werdenden Kolonialbewegung für die Wiedergewinnung der Kolonien, die durch den Versailler Vertrag verloren gegangen waren, hatten solche Bücher Konjunktur. Das Festhalten an den bekannten Titeln der früheren Kolonialliteratur wie z.B. Gustav Frenssens *Peter Moors Fahrt nach Südwest* (1906), 1919 mit dem 187. Tausend wieder aufgelegt, wie der außerordentliche Erfolg von Paul von Lettow-Vorbecks *Heia Safari* aus dem Jahre 1920 bestätigen diesen Trend.

In der Märkischen Verlagsanstalt erscheint 1920 aus der Feder von Richard Michael Bars *Hannemanns Traum : ein Buch für Deutschlands Jugend*, das der Katalog zur Ausstellung *Wien und Berlin* wie folgt kommentiert:

„Michel ein richtiger Berliner Junge, dessen Großvater 1870 in Paris einmarschierte und dessen Vater sich als Soldat in Flandern aufhält, besucht diesen in einer Traumreise, auf der er von Engeln begleitet wird. Danach reist er nach Frankreich, trifft Matrosen, die in mutigem Einsatz ein Bildnis Kaiser Wilhelm II. gerettet haben und fliegt zu General Hindenburg. Merkwürdig ist die Kombination aus Glaubenskitsch und Militärdarstellungen, die besonders in den Illustrationen von Moritz Pathé deutlich wird'.“ (*Wien und Berlin* 2008, S. 22)

Als weiteres Beispiel dieser Einstellung kann man die in der Verlagsanstalt Hermann Klemm herausgekommene Erzählung *Hans Geradedurch* von Paul Hermann Hartwig nennen, der das Unternehmen das Entzücken der Kinderwelt verspricht, denn „Hans Geradedurch ist die Verkörperung des gesamten deutschen Volkstums. Jung Deutschland, wie es war, ist in ihm lebendig.“ (*Börsenblatt* 1919, S. 11 203)

In dem bereits erwähnten Band *Das Kind* von Frida Schanz wird 1920 auch *Der deutsche Junge* in einem Gedicht angesprochen; Strophe 2 lautet:

„Dein Deutschtum sollst Du halten
Als höchstes Heiligtum,
Dein Deutschtum treu verwalten
Zu Deines Volkes Ruhm.“ (Schanz 1920, S. 158)

Hier zeigt sich jene deutsch-völkische Ideologie, die bereits die gesamte wilhelminische Ära prägte und mit dem Jahre 1918 sich keineswegs erledigt hatte. Die auf dem Kinder- und Jugendbuchmarkt vorhandenen Titel wie die Lesepräferenzen der jugendlichen Leserinnen und Leser bestätigen diese Kontinuität. In der *Jugendschriften-Warte* von 1928 wird z.B. von Günter Keiser die Auswertung eines Preisausschreibens für Schülerinnen und Schüler wiedergegeben, in dem diese befragt werden, welches Buch sie empfehlen könnten. Die Ergebnisse des Preisausschreibens konnten zwar nur begrenzt repräsentativ sein, weil bis auf eine in den Ergebnissen stark abweichende Ausnahme (Volksschülerinnen) nur Schülerinnen und Schüler höherer Schulen daran teilnahmen, aber an den etwa 1700 eingegangenen Antworten waren immerhin bestimmte altersspezifische wie auch geschlechtsspezifische Tendenzen in den Lesepräferenzen zu erkennen. Bei den zehn- und elfjährigen Jungen stellt Keiser u. a. eine „Bevorzugung von Büchern mit einem gewissen *nationalen* Einschlag" fest, was „überhaupt so ziemlich für den ganzen von Jungen gewählten Bücherkreis" gelte. (Keiser 1928, S. 1) Neben den Abenteuerbüchern wurden vor allem auch Schilderungen von Seekriegsabenteuern genannt. Für die Zwölf- bis Dreizehnjährigen konstatiert Keiser eine Neigung zu einer *„Mischung aus Spannendem, Heldischem, Abenteuerlichem und Lehrreichem"*, wobei diese Altersgruppe einerseits stark an der traditionellen Abenteuerliteratur (Defoe, Gerstäcker, Wörishöffer, May) festzuhalten schien und andererseits, wie schon z. T. in der Gruppe der Jüngeren, eine „Liebe zu germanischen oder auch klassischen Götter- und Heldensagen und zu Kriegsgeschichten" zeigte. (Ebd., S. 1) Eine Neigung zu sogenannten Helden des Seekriegs, des Kolonialkriegs wie auch zu Fliegerbüchern konnte Keiser auch an den Buchempfehlungen der vierzehn- und fünfzehnjährigen Jungen erkennen. (Vgl. ebd., S. 2) Erst bei Fünfzehnjährigen stellt Keiser dann als „voll ausgebildetes Merkmal [...] das Vorherrschen einer oft krassen *nationalen* Gesinnung" fest, was für sie heiße:

> „Das Buch muß 'kerndeutsch' sein, der Held ist nicht mehr Held schlechthin, sondern 'deutscher Held', die Natur wird zur 'deutschen Heimat' usw. (Es ist das eine Erscheinung, die man sehr ernst nehmen sollte, führt sie doch zu einer furchtbaren Verkennung von Form und Wesen des Maschinenkrieges des 20. Jahrhunderts bei unserer Jugend.)!" (Ebd., S. 2)

Doch auch die führenden Schriftstellerinnen blieben bei ihren bewährten Themen und ihrem vom Lesepublikum akzeptierten Stil, wenn sich auch hier und da ein etwas anderer Ton zeigte; doch das waren Randerscheinungen. Allein die Titel zeugen von Fortsetzung ohne Bruch: Else Ury, auf deren *Nesthäkchen*-Bände nach Keiser bei der Schülerbefragung in der Altersgruppe der elf- und zwölfjährigen Mädchen „gut ein Fünftel der Nennungen" (ebd., S. 17) fiel, präsentiert sich mit *Lieb Heimatland* (1919) und *Nesthäkchen fliegt aus dem Nest* (um 1921), Marie von Felseneck mit *Elfriede in der Fremde* (1920), Josefine Siebe mit *Die Welt im Kinderköpfchen* (1919) und *Die Nichten des Herrn von Trentlin* (1919). Tony Schumacher veröffentlichte *Die beiden Trotzköpfe* (1919) und *Großmutters Geburtstag* (1919), und Agnes Sapper blieb ähnlich im Begriffsvokabular einer untergegangenen Epoche mit *Frieder : die Geschichte vom kleinen Dummerle* (1920). Frida Schanz spiegelte Reminiszenzen in *Friedel : ein Buch Jugenderinnerungen für Jung und Alt* (1919), Magda Trott orientierte sich mit *Steffys Backfischzeit* (1922) an überholten Bezeichnungen und

Klischees, und Clara Nast schrieb gewohnt bürgerlich-familiär in *Die kleine Toni und ihre Tanten* (1919). Während auf den Straßen geputscht wurde, blieb die Welt in solchen Büchern im trauten Familienleben aufgehoben. Mit ihnen wurde das tradierte Phänomen der von Frauen geschriebenen spezifisch an Mädchen adressierten Literatur nicht überwunden. Clara Nast hat ihrem Buchtitel *Hummelchen will heiraten* (1921) auch völlig bewusst *Eine Erzählung für Junge Mädchen* angefügt, bei Magda Trott ist allein aus dem Titel herauszulesen, wer dieses Buch in die Hand nehmen soll. Malte Dahrendorf hat mit Recht in seinem Lexikonbeitrag zu dieser Autorin angemerkt:

> „Die Mädchengeschichten Tr.s sind extreme Beispiele eines apolitischen Innerlichkeitskults und einer Beschränkung von Frau und Familie auf den Privatbereich. Die weiblichen Hauptfiguren bleiben sich trotz aller Erfahrungen und Schicksalsschläge immer 'treu'." (Dahrendorf 1984, S. 571)

Diese ironisch angemerkte Treue bleibt auch weiterhin gültig: Noch 1928 beginnt Magda Trott unbeirrt ihre *Goldköpfchen*-Reihe: *Goldköpfchens Backfischzeit* erscheint 1929; ganz offenbar gab es immer noch diese breite, an bürgerlicher Beständigkeit orientierte Leserinnen-Schicht. Die Beispiele lassen sich fortsetzen: Henny Koch veröffentlichte 1920 *Das Komteßchen*; das Buch wird mit 4 Vollbildern und 22 Illustrationen ausgestattet. Und Bertha Clément durfte sich 1920 der 30. Auflage von *Libelle : Backfischzeit* in der *Kränzchen-Bibliothek* bei der Union Deutsche Verlagsgesellschaft rühmen.

Die Jungen blieben auf andere Felder ausgerichtet, aber auch sie lebten aus der Vergangenheit. Dieses Marktsegment wurde neben Karl May nicht zuletzt mit den (Helden-) Sagen und Erzählungen aus der deutschen Geschichte versorgt. 1920 begann der Thienemann-Verlag mit *Asgard* die Reihe der Neuerzählungen der nordischen Götter- und Heldensagen von Leopold Weber. Irene Dyhrenfurth, die auch auf die folgenden Bücher eingeht, schreibt dazu, dass Weber versuche, „eine Verbindung der ursprünglichen Form mit einer gegenwartsnahen Erzählweise" (Dyhrenfurth 1967, S. 206) herzustellen. Die Oberfläche wird verändert, doch die Substanz bleibt unberührt – es sind die Heldentaten tonangebend. 1922 folgte *Midgard*, 1924 *Dietrich von Bern*. Und es ging weiter mit diesen Wiederbelebungen großartiger Männer und großer Taten. Will Vesper schloss sich 1921 diesem Trend mit der Serie *Der Blumengarten* an – auch das alter Wein in neuen Schläuchen, denn die Stoffe waren nichts als überarbeitete Vorlagen. Die Ankündigung des Stalling- Verlags täuschte etwas vor, was Neuheit suggerierte und doch nur Hergebrachtes in angepasste Gewänder hüllte. Der nationale Gedanke wurde so an die jungen Leser in indirekter Form herangetragen und aktualisiert. Zu dieser Aktualisierung trug vor allem das äußere Erscheinungsbild bei, denn nach den ersten wirtschaftlichen Erholungszeichen versuchten viele Verleger, mit einer neuen, zumeist dem Zeitgeschmack angepassten bebilderten Ausstattung Neuigkeit zu suggerieren, wo in Wirklichkeit vorhandene Texte lediglich zeitgemäß ausgestattet wurden. Dabei wurde auf die bisherige, d.h. bürgerliche Leseklientel gezielt, was Wilhelm Fronemann kritisch kommentiert:

> „Beispielsweise wurde häufig darüber geklagt, daß die Heldensagen, als Produkte einer gehobenen, heroischen Lebensstimmung für die vielfach gedrückte Lebensstimmung des Proletarierkindes fast unfruchtbar sei (sic!).“ (Fronemann 1927, S.,41)

Nationalismus wurde aber auch in Erinnerungen an Kriegshelden gepflegt. Es gab nicht nur den Rückblick auf die bedeutenden Feldherren und tapferen Soldaten, es gab auch die Beschwörung eigener großer Taten wie z.B. in Felix Graf Luckners *Der Seeteufel* (1921). Ein verwegener Haufe tapferer Deutscher steht hierin erfolgreich gegen eine ganze Welt. Diese Einstellung schließt an die Zeiten der imperialen Ära an, von denen Wilhelm Fronemann sagt: „Bekanntlich hatten damals die rechtsstehenden Kreise das Vaterland in Erbpacht genommen.“ (Fronemann 1927, S. 110)

Es gab noch deutlichere Kritik: Hermynia Zur Mühlen, selbst Autorin von Kinder- und Jugendliteratur, wandte sich bereits 1919 entschieden gegen diese restaurativen Kräfte. In ihrem Beitrag *Junge-Mädchen-Literatur* schlug sie scharfe Töne an:

> „Sie sehen von außen ganz harmlos drein, diese Jugendvergifter und schmutzigen Skribenten; wer ahnt Böses in einer 'Erzählung für das reifere Mädchenalter'! Aber blättert einmal in diesen Büchern, betrachtet, wer zum Helden der deutschen Jungfrauenseele erhoben wird – der Mann in des Kaisers Rock, der Offizier, der berufsmäßige Mörder. [...] Die Herrlichkeit des deutschen Wesens wird betont und wieder betont, der Nichtdeutsche ist im besten Fall eine lächerliche Figur, [...] Kein menschlicher Ton wird in diesen Büchern angeschlagen, der Horizont ist von einer erschreckenden Enge, läßt höchstens den Ausblick auf Sedan und andere Siege frei. Eine niederträchtige, kleinliche, spießbürgerliche Welt wird als einzig gute aller Welten dargestellt, die Pflichten der Frau existieren bloß der Familie gegenüber, ihre verderbliche, angeborene Engherzigkeit wird gefördert und gepriesen.“ (Zur Mühlen 1919, S. 473 f.)

Eben dieser Verfasserin bescheinigte *Der Zwiebelfisch* bezogen auf ihr Buch *Märchen* im Viva Verlag:

> „Nein, da machen wir nicht mit. Die Politisierung der Natur für die ganz Kleinen ist grober Unfug. Man beseitigt den Militarismus in der Kinderstube nicht, indem man Sowjetsterne in die Windeln stickt. Vierjährige aller Länder, vereinigt Euch zum Schutz der Märchen und gegen den politischen Mißbrauch mit der Natur.“ (*Zwiebelfisch*, 1922/23 S. 133)

Wie recht Hermynia Zur Mühlen hat, beweist ein Blick auf die Verlagsaussagen noch Mitte der 20er Jahre. Die Union Deutsche Verlagsgesellschaft verteilt einen Prospekt zum 30. Jahrgang ihrer Zeitschrift *Das Kränzchen,* veröffentlicht darin ein Preisausschreiben für *alle Gebiete der weiblichen Handfertigkeit*, kündigt ein Abzeichen für alle *Kränzchen-Schwestern* an und zitiert dann ein Presseurteil aus der Zeitschrift *Pädagogische Warte*:

> „Uns erscheint es kein Wunder, daß 'Das Kränzchen' im deutschen Vaterlande sich eine sichere Heimstätte erobert hat. 'Das Kränzchen' will eben aus den jungen Mädchen echte deutsche Hausfrauen mit sicherem Blick, mit liebevollem Herzen, mit Treue und Hingabe an den Beruf als Hausfrau erziehen. Ob es die jugendlichen Gestalten hinausführt in die schöne Natur, ob es sie fesselt bei nützlichen Handarbeiten oder in Küche und Haus, ob es sie leitet beim Spiel oder gar einführt in die Wissenschaften oder in die Blumengefilde der Poesie, immer weiß 'Das Kränzchen' seine Tätigkeit in den Dienst des obigen Zieles zu stellen. Wir sind überzeugt, daß es dadurch ein wesentlicher Faktor in der Mädchenbildung werden muß und die Arbeiten der Lehranstalten aufs nachdrücklichste unterstützt. 'Das Kränzchen' ist die beste, reichste, gediegenste und reinste Jugendzeitschrift für unsere Mädchen." (Zit. in: Verlagsprospekt Union Deutsche Verlagsgesellschaft, 1925)

Günter Keiser bestätigt 1928 in seiner Auswertung des Schüler-Preisausschreibens diese ebenfalls sehr deutsche Kontinuität auf dem spezifischen Buchmarkt für Mädchen wie in deren Leseneigungen. Er charakterisiert z.B. die Vorlieben der Elf- bis Zwölfjährigen wie folgt:

> „Zweitens liebt das Mädchen in diesem Alter *das* Buch besonders, das ein *harmonisches*, sonniges und lustiges *Familienleben*, ein 'trautes' Heim, eine liebe unermüdliche Mutter darstellt, das jene warme hegende Atmosphäre ausstrahlt, die das Mädchen zu seinem Werden und Wachsen vor allem braucht. Ein Teil der Nesthäkchen-Bände [...], vor allem aber die 'Familie Pfäffling' der Agnes Sapper, auch 'Mütterchens Hilfstruppen' von Toni Schuhmacher(sic!) und 'Die Rasselbande von Wiesenau' von Else von Hoffmann (sic!) sind dafür der vielgesuchte und – geliebte Quell." (Keiser 1928, S. 17)

Die Orientierung der Leserinnen an der überwiegend aus der Zeit vor der Weimarer Republik entstandenen spezifischen Mädchenliteratur bzw. Backfischliteratur blieb zwar noch eine Weile erhalten, wie Keisers Auswertung zeigt. Die Mädchen wenden sich aber früher als die Jungen anspruchsvollerer Literatur zu und entwickeln u.a. eine starke Neigung zu Naturschilderungen und historischen Erzählungen. Bemerkenswert ist, dass dabei in den Beurteilungen von fünfzehnjährigen, aber auch älteren Schülerinnen offenbar nur „gelegentlich ein *politisches Element* (ebd., S. 19) sichtbar ist, d.h. auch – anders als in den Urteilen von Jungen – keine Fixierung auf die Weltkriegsliteratur oder die Kriegsliteratur überhaupt. Die Ergebnisse der Schülerbefragung spiegeln insgesamt die generelle Situation: Buchmarkt und Leseverhalten bleiben weitgehend traditionell, d.h. weitgehend als Fortsetzung der Verhältnisse in der Zeit vor 1918 bestimmt.

Auch die offiziellen Institutionen, die Presse und die Verlagsprospekte spiegelten keinen Um- und Aufbruch wider. Die einzige bedeutende Ausnahme in dieser Phase war das Bilderbuch, das mit einigen avantgardistischen Titeln Neuland betrat und vor allem durch die Herausgabe der *Nürnberger Bilderbücher* bei Gerhard Stalling ab 1920 eine in Teilen weiterführende Dimension der bebilderten Kinderliteratur eröffnete. (Vgl. Tl. 1, Beitr. R. Stark: Das Bilderbuch) Die erzählende Literatur zeigte keinen entscheidenden Fortschritt in diesen ersten Jahren nach Kriegsende. Titel wie Bruno Schönlanks *Sonniges Land* mit den Zeichnungen von George Grosz bei Bruno Cassirer (2. Tsd. 1920) sind Sondererscheinungen im damaligen Deutschland. Etwas anders stellt sich die Lage auf dem Sektor der Pädagogik dar, weil das (unaktuell gewordene) Lesebuch abgeschafft wurde und an seine Stelle die sogenannten Einzelschriften traten, wie z.B. *Schaffsteins Blaue Bändchen.* Noch einmal differenzierter entwickelt sich die Situation in Österreich, wo die sozialdemokratischen Bemühungen um eine neue Pädagogik auch in der Kinder- und Jugendliteratur ihren Ausdruck fanden, wie zum Beispiel in den *Klassenlesestoffen* bei Gerlach und Wiedling. Doch auch sie blieben Stückwerk, und insgesamt gesehen wird sich die restaurative Tendenz in der Kinder- und Jugendliteratur im deutschen Sprachraum auch noch weiter in die Ära der Weimarer Republik hinziehen. Erst Mitte der zwanziger Jahre deuten sich nennenswerte erste Tendenzen einer veränderten Stoffwahl und Sprache an. Sie gehen zusammen mit neuen Verlagen und Verlegern, gravierenden Entwicklungen in der Gesellschaft und der Technik, neuen Medien wie dem Radio und der Entwicklung der Großstadt mit geänderten Verhaltensweisen und dann schließlich auch mit dem Wechsel der Schriftart: die Fraktur wird schrittweise von der Antiqua abgelöst.

Die Anfangsjahre der Weimarer Republik demonstrierten aber Tradition und Rückwärtsgewandtheit auch da, wo man mit Neuankündigungen scheinbar anderes Terrain betrat. Die Verlage annoncierten daher ausdrücklich mit dem Blick in die Vergangenheit wie der Verlag Breitkopf & Haertel, der 1920 Volkmann-Leanders *Träumereien an französischen Kaminen* bewarb: „In mehr als 500 000 Exemplaren drang in das deutsche Volk das ewig junge Märchenbuch 'Träumereien an französischen Kaminen'.“ (*Börsenblatt* 1920, Umschlag Nr. 2) Geschrieben waren die Geschichten im Kriegsjahr 1871 im besetzten Frankreich.

Dieser Tenor setzt sich fort – nicht nur ein scheinbarer Beweis für die „Güte“ der herausgestellten Titel, sondern ein Zeugnis für die Kontinuität der Leseneigungen des Publikums. Damit sind nicht die Klassiker der Kinder- und Jugendliteratur angesprochen, *Struwwelpeter, Wilhelm Buschs Werke, Robinson Crusoe, Die Schatzinsel*, um einige Beispiele zu nennen, und auch die Märchen von Grimm bis Andersen sind selbstverständlich weiterhin Bestandteil der Bibliotheken und der Leserschaft. Sie verkörpern eine Lektüre, die das ganze Spektrum der lesenden Bevölkerung anspricht und umfasst. Deutlich wird das an den völlig unterschiedlichen Verlagen, die diese Texte herausgeben; von der kostbaren, hervorragend illustrierten Ausgabe des Insel-Verlages bis zu den 20 Pfennig-Heftchen von Thienemann reicht die Spannweite der Editionen. Die „Insel" wendet sich an den Bücherschrank des gehobenen Lesers, Thienemann an das kleine Volk, das seinen ersten Lesestoff nach dem Erzähl- und Vorlesealter geschenkt bekommt.

Dabei ist zu beachten, dass der Insel-Verlag seine Produkte über das Sortiment absetzte, wogegen die Mehrzahl der Jugendschriften andere Vertriebswege ging. Fronemann kommentierte kritisch die damit hinsichtlich des Buchkaufs und der Verbreitung von Büchern gegebene nahe Bindung an die Schund- und Schmutzliteratur:

> „Wer die Käufer des Grossobuches sind, können wir nach Weihnachten in unseren Volksschulen feststellen. Es stellt sich dann meist heraus, daß ein großer Teil unserer heutigen Elterngeneration, das sind die Volksschuljahrgänge etwa von 1875 bis 1910, von keiner literarischen Kultur berührt ist." (Fronemann 1927, S. 93)

Das Jahr 1921 begann mit nahezu denselben Editionspraktiken wie die beiden ersten Jahre der Nachkriegszeit: *Onkel Antons Kinderkalender*, *Hummelchen will heiraten* von Clara Nast und der nächste Serientitel der Else Ury, *Nesthäkchen fliegt aus dem Nest,* mit dem Vermerk *für heranwachsende Mädchen,* dominierten die Szene. Der Meidinger-Verlag, Else Urys Hausverlag, schrieb zu ihrer neusten Fortsetzung im Börsenblatt: „Der neueste Nesthäkchen Band ist durch Vorbestellungen vergriffen" (*Börsenblatt* 1921, S. 2512), und er bewies damit, wie völlig selbstverständlich sich Autorin und Geschöpf nach wie vor vermarkten ließen. Wie auch A. Weichert in einer Anzeige mit Stolz sagen durfte, dass die Bücher der Autorin Marie von Felseneck nunmehr mehr als zweimillionenmal verkauft worden seien. Dagegen nahmen sich die verkauften 500 000 Bände einer Henny Koch als geradezu kümmerlich aus.

Daran änderte auch die Tatsache nichts, dass der Thienemann-Verlag seine Jahrbücher *Deutsches Knabenbuch* und *Deutsches Mädchenbuch* optisch von den Schlacken einer untergegangenen Epoche säuberte und sowohl den Matrosenanzug als auch den Backfischzopf durch modern gestaltete Einbände ersetzte. Das ist nur ein Beispiel von vielen Scheinkorrekturen einer Weltanschauung, die auch in der Lektüre überwiegend weiterhin Bestand hatte, zumal eine sozialistisch bzw. proletarisch geprägte Kinder- und Jugendliteratur in diesem Stadium noch nicht auf dem Markt war.

Es ist kein Wunder, dass sich auch die Empfehlungen der Jugendschriften-Ausschüsse häufig an diesen verkrusteten Vorgaben orientierten. Sie waren zudem nur strukturell wirksam, denn sie richteten sich an Fachkreise, nicht an die Elternschaft. Das bedingte nicht nur eine Orientierung an Fachlesern und eine Ausrichtung an den vorhandenen Titeln, diese Situation kam auch gelegen, denn sonst wäre man – wie es seinerzeit bei dem hoch ambitionierten Kinderbuch von Richad Dehmel *Der Buntscheck* (1904) völlig widersinnig geschehen war – gegen diese Vorlagen vorgegangen. Doch davon kein Wort, und Wilhelm Fronemann ist noch 1927 von der generellen Situation so irritiert, dass er sagt: „Die allgemeine kulturpolitische Lage ist heute noch vollkommen unübersichtlich." (Fronemann 1927, S. 83) Aber auch er kann sich nicht von alten Vorstellungen lösen, wenn er ausführlich darlegt, wie sich die Kinder- und Jugendliteratur seit 1918 entwickelt habe:

> „Als mit der staatlichen Umwälzung von 1918 die ungeheuren Wirkungen des Weltkrieges in politischer, sozialer und geistig-sittlicher Hinsicht offen in Erscheinung traten, war auf allen Gebieten ein hastiges Bestreben erkennbar, sich den neuen Verhältnissen anzupassen. Neuorientierung! Heute schon steht fest, daß die Auswirkung der neuen staatlichen Lage weit überschätzt wurde. Die beharrenden Kräfte erwiesen sich überall als viel stärker, als es in der Unruhe der Zeit, die für phantasievolle Köpfe alle Wertmaßstäbe vernichtet hatte, schien. Und selbst der vorsichtigste Beurteiler der Lage mußte manche seiner Schlüsse als unrichtig erkennen. Auch in der Jugendschriftenbewegung sind damals Stimmen laut geworden, die eine gänzliche Neuorientierung verlangten. Sie drangen glücklicherweise nicht durch. Die Jugendschriftenbewegung war durchaus gesund. Sie hatte sich nur den neuen staatlichen und sozialen Verhältnissen anzugleichen. Was damals an neuen geistigen und sittlichen Strömungen festgestellt wurde, erwies sich bald als voreilige Konstruktion. Die tiefsten geistig-sittlichen Wirkungen des Weltkriegs konnte damals niemand ahnen. Sie werden erst jetzt nach und nach sichtbar, und ihre Wirkung auf die Jugendschriften-Bewegung zu ergründen erscheint mir eine Aufgabe des nächsten Jahrzehnts. Das beste Beispiel wie man 1918 vorübergehende Zeitstimmungen mit tiefgehenden Geisteswenden verwechselte, ist die Welle des Pazifismus der Nachkriegszeit." (Ebd., S. 81)

Allein dieser Ausschnitt macht das ganze Dilemma einer Neuordnung der Geisteswelt in einer geschlagenen Nation deutlich. Aber abgesehen von dieser (sich immer wieder an den Fakten bestätigenden) Feststellung konnte Fronemann Ende der zwanziger Jahre noch nicht ahnen, was dann die dreißiger Jahre bringen sollten.

Während sich die Literatur der Weimarer Republik als ein „Ensemble von Strömungen, Ismen und künstlerischen Einzelleistungen" auswies, „deren Heterogenität bereits ganz äußerlich durch das Nebeneinander unterschiedlicher Generationen" erzeugt wurde (Fähnders 1998, S. 222), war die Kinder- und Jugendliteratur bei allen Bemühungen um ein neues Erscheinungsbild, das auch Fronemann würdigt, alten Leitbildern und Aussagen verpflichtet. Die naturwissenschaftlichen Bereiche bilden eine (sachbedingte) Ausnahme, die literarischen Texte sind, was auch eine Übersicht in den Besprechungen, beispielsweise der *Bücherschau* in der Zeitschrift *Bücherei und Bildungspflege,* ergibt, von überwiegender Banalität. So wird z.B. Josephine Siebe 1920 mit *Feriengäste im silbernen Stern* unbarmherzig abgestraft:

> „Die unheimlich fruchtbare Schriftstellerin weiß auch mit diesen neuen Erzählungen wohl zu unterhalten, bleibt aber immer mehr im Oberflächlichen stecken. Das Buch ist noch schwächer als seine Vorgänger. Die Kinderstreiche wirken hin und wieder peinlich." (*Bücherei und Bildungspflege* 1920, S.282).

Auch die vom Franz Schneider-Verlag hoch gepriesene Sophie Reinheimer findet mit *Freunde ringsum* keine Zustimmung:

> „In diesen Märchen ist die Verf. von ihrer eigenen Linie abgewichen: von der Beseelung der Natur gelangt sie zur Beseelung der Dinge um uns. Sie vermag mit den Geschichten des schmächtigen Bändchens nicht recht zu fesseln. Ob sie vom Wegweiser, der Uhr, der Nähmaschine, der Dorfmusik erzählt, immer bleibt sie zu sehr am Äußeren hängen, und trotz alles fidelibum tsching täterità sind es keine Märchen geworden." (*Bücherei und Bildungspflege* 1921, S 248)

Doch sollte bei all diesen doch überwiegend negativ erscheinenden Zustandsbeschreibungen der Kinder- und Jugendliteratur in der frühen Zeit der Weimarer Republik nicht vergessen werden, dass 1921 in Berlin eine Zeitschrift erschien, die neue Maßstäbe setzen sollte: *Der heitere Fridolin*, den der Ullstein-Verlag im *Börsenblatt* unter der Überschrift *Eine Zeitschrift, die es bisher nicht gab, für jung und alt* ankündigte. Wie dieses neue Periodikum gegen tradierte Auffassungen stand, beweist eine Rezension in *Eckart* (1924) von einem Studienrat namens Otto Schinck:

> „‚Der heitere Fridolin' ist allbekannt (Halbmonatsschrift für Sport, Spiel, Spaß und Abenteuer, Verlag Ullstein, Berlin SW 68). Er macht ja immer so drollige Reklame an den Säulen, im Sommer haben sich die Kinder auf dem Fridolinfest halb totgelacht!
> Freudestrahlend kommt unser Junge damit heim, wir werfen einen Blick hinein: ein naturwissenschaftlicher, ein technischer Aufsatz, dem Kinderverständnis angepaßt, einige Rätsel, Scherze, eine Geschichte. Na ja, meinetwegen halt ihn dir. Er kostet ja auch nur 10 Pfennig alle vierzehn Tage." (Schinck 1924, S.136)

Doch dann kommt es knüppeldick mit der Verdammnis und endet bei dem Satz: „Was den Kindern das Heiligste sein sollte, das wird systematisch in den Schmutz gezogen." (Ebd., S.136) Statt dieses Schandblattes empfiehlt der väterliche Kritiker die Blätter *Der getreue Eckart* und *Neue deutsche Jugend.* Schon diese eine Besprechung zeigt exemplarisch, wo die Mehrheit des deutschen Volkes weltanschaulich in der Anfangszeit der Nachkriegsjahre stand. Die Kinder- und Jugendliteratur war dabei ein Spielfeld für die Erziehungsberechtigten, ihre Ansichten weiter zu pflegen und durchzusetzen. Die Verlage waren willige Gehilfen, weil diese Stimme kein Einzelfall blieb. Dem Neuen blieb man skeptisch oder ablehnend gegenüber. Daher wird auch eine Zeitschrift für Kinder und Jugendliche mit einem neuen Konzept nicht akzeptiert, die sich möglichst eng an Interessen und Erwartungen von Kindern und Jugendlichen orientiert und in der Spaß, Spiel, Belehrung wie auch Unterhaltung und Spannung zu einem bunten Angebot für die Leserinnen und Leser gemischt werden. Im Jahre 1922 sah auch die *Jugendschriften-Warte* darin eine Gefahr. In einem im Auftrag des *Hamburger Jugendschriften-Ausschusses* veröffentlichten Artikel wird entsprechend *Der heitere Fridolin* rigoros abqualifiziert. „Das bunte Sammelsurium" helfe nur dazu, die Kinder „noch hemmungsloser den Zeitungen und Familienblättern auszuliefern, sie noch rettungsloser unfähig zu machen für gute Bücher." (Klingebeil 1922, S. 45) Und über die Bilder in der Zeitschrift wird abfällig gesagt:

> „Aber Kitsch, ausgesprochener Kitsch sind seine humoristischen Bilder. Das läßt sich mit Worten schlecht begründen. Aber man lege neben die Bilder aus 'Fridolin'. neben 'Laatsch und Bommel' einen aufgeschlagenen Band Busch. Dann ist jede Beweisführung überflüssig." (Ebd., S. 45)

So kann man ohne Argumente aburteilen, retrospektiv denken, um Novität zu bespötteln, wobei zu erwähnen ist, dass in dieser Rezension auch noch der Satz enthalten ist: „Es ist durchaus nicht nötig, daß alle Kinder lesen." (Ebd., S. 45) Womit wohl ausgedrückt werden sollte, dass sie vielleicht auf diesem – für sie spannenden – Weg dazu kommen könnten, was schlimm wäre.

Es war überraschenderweise Severin Rüttgers, der dann 1931 (!) eine gewisse Einsicht in das Faktische zeigte und feststellte, er habe oft beobachtet, dass Kinder „mit gespanntester Aufmerksamkeit die Bildgeschichten" (Rüttgers 1931b, S. 87) besonders auch im *Heiteren Fridolin* entziffert und nachher erzählt hätten. Er kritisiert scharf, dass in den Bilderbüchern immer noch die alten und trivialen, von „tantenhaften Vorstellungen" (ebd., S. 87) geprägten Bilder vorherrschten, und er zieht den Schluss:

> „Kein Zweifel, daß fast alles, was da zu finden ist, in die Spalte 'Schund' gehört; aber es ist, ebenso sicher, etwas drin, was in seiner Art 'zur Sache' gehört, sie irgendwo im Nerv getroffen hat. (Man soll bedenken, daß die Hersteller dieser Ware strukturell wesentlicher 'Volk' und darum kindernäher sind als die Bilderbuchtanten oder etwa der sehr spekulative große Künstler Ernst Kreidolf)."(Ebd., S. 87)

Doch der Durchbruch – nicht für den Schund, sondern auch für die Kinder- und Jugendliteratur selbst – kam schließlich, verzögert und zögerlich, zeitversetzt und dann auch nur für wenige Jahre, bis die braune Diktatur die unliebsamen Bücher verbot und verbrannte. Es bleibt das Fazit, das Joachim Fest so eindringlich formuliert hat:

„Wie tief der Bruch auch reichen mochte, den die Weimarer Republik zum Vergangenen markierte, hatte sie doch enger am Gewesenen festgehalten als ihr guttun konnte. Zeit ihrer Dauer zahlte sie für die von den Nachkriegswirren 1918 bis 1920 verhinderte gesellschaftliche Revolution und alles das, was sie an Relikten aus der Kaiserzeit mitschleppte.“ (Fest 1994, S. 24).

Literaturverzeichnis

Primärliteratur

Bars, Richard Michael: Hannemanns Traum : ein Buch für Deutschlands Jugend. – Berlin : Märkische Verl.-Anst., 1920

Bassewitz, Gerdt von: Peterchens Mondfahrt. – Berlin : Klemm, 1912

Bonsels, Waldemar: Die Biene Maja und ihre Abenteuer. – Berlin : Klemm, 1912

Clément, Bertha: Libelle : Backfischzeit. – Stuttgart : Union Dt. Verl.-Anst., 1901

Dehmel, Richard: Der Buntscheck. – Köln : Schaffstein, 1904

Deutsche Volkssagen / ausgew. von Friedrich Düsel. Illustr. von Moritz von Schwind, Ludwig Richter u. H. Neuhaus. – Braunschweig : Westermann, [1918]

Felseneck, Marie von: Elfriede in der Fremde. – Berlin : Weichert, 1920 [EA: um 1910]

Frenssen, Gustav: Peter Moors Fahrt nach Südwest : ein Feldzugsbericht. – Berlin : Grote, 1906 [187. Tsd. – Berlin : Grote, 1919]

Geiger-Gog, Anni: Heini Jermann. – Stuttgart : Gundert, 1929

Hartwig, Paul Hermann: Hans Geradedurch. – Berlin : Klemm, 1919

Hofmann, Else: Die Rasselbande von Wiesenau. – Leipzig : Broecke, [1919] [2., verb. Aufl. – Leipzig : Anton, 1923]

Hoffmann, Heinrich: Struwwelpeter. – Frankfurt/Main : Ruetten u. Loening, 1845

Knecht Ruprecht : 8 Gaben / hrsg. von Hermann Schaffstein. – Köln : Schaffstein, 1919

Koch, Henny: Das Komteßchen. – Berlin : Knobloch, 1920

Kröger, Tim: Novellen : eine Auswahl für die Jugend. – Braunschweig : Westermann, 1919

Lettow-Vorbeck, Paul von: Heia Safari! : Deutschlands Kampf in Ostafrika. – Leipzig : Koehler, 1920

Luckner, Felix Graf: Der Seeteufel. – Leipzig : Köhler, 1921

Nast, Clara: Die kleine Toni und ihre Tanten. – Berlin : Weichert, 1919

Nast, Clara: Hummelchen will heiraten : Erzählung für junge Mädchen. – Berlin : Weichert, 1921

Plüschow, Gunther: Die Abenteuer des Fliegers von Tsingtau : meine Erlebnisse in drei Erdteilen. – Berlin : Ullstein, 1916 [600. – 610. Tsd. 1927]

Reinheimer, Sophie: Freunde ringsum. – Berlin [u. a.] : F. Schneider, 1921

Reuter, Gabriele: Großstadtmädel. – Berlin : Ullstein, 1920

Richthofen, Manfred von: Der rote Kampfflieger. – Berlin : Ullstein, 1917 [Erw. Nachdr. d. Erstausg. u. d. T.: Ein Heldenleben. – Berlin : Ullstein, 1920]

Ruckteschell, Walter von: Um Vaterland und Kolonie : ein Weckruf an die deutsche Nation ; der Feldzug in Ostafrika. – Berlin : Bermühler, 1919

Sapper, Agnes: Frieder : die Geschichte vom kleinen Dummerle. – Stuttgart : Gundert, 1920

Sapper Agnes: Familie Pfäffling. – Stuttgart : Gundert, 1907

Schanz, Frida: Friedel : ein Buch Jugenderinnerungen für Jung und Alt. – Berlin : Scherl, 1919

Schanz, Frida: Das Kind. – Berlin : Zillessen, 1920

Schönlank, Bruno: Sonniges Land. – Berlin : Cassirer, 1920

Schumacher, Tony: Die beiden Trotzköpfe. – Stuttgart : Levy & Müller, 1919

Schumacher, Tony: Großmutters Geburtstag. – Stuttgart : Quell-Verl, 1919

Schumacher, Tony: Mütterchens Hilfstruppen. – Stuttgart : Levy & Müller, 1895

Siebe, Josefine: Die Welt im Kinderköpfchen. – Leipzig : Teubner, 1919

Siebe, Josefine: Die Nichten des Herrn von Trentlin. – Leipzig : Fock, 1919

Siebe, Josefine: Feriengäste im silbernen Stern. – Stuttgart : Levy & Müller, 1920

Storm, Theodor: Märchen und Erzählungen. – Braunschweig : Westermann ,1919

Trott, Magda: Steffys Backfischzeit. – Leipzig : Leipziger Graph. Werke, 1922

Trott, Magda: Goldköpfchens Backfischzeit. – Leipzig : Leipziger Graph. Werke, 1929

Ury, Else: Lieb Heimatland. – Stuttgart : Union Dt. Verl.-Ges., 1919. – (Kränzchen-Bibliothek ; 23)

Ury, Else: Nesthäkchen fliegt aus dem Nest. – Berlin : Meidinger, 1921

Vesper, Will: Der Blumengarten. – Oldenburg : Stalling. – Als Gesamttitel von (1921) 1 – (1923) 9 nachgewiesen

Volkmann-Leander, Richard von: Träumereien an französischen Kaminen. – 48. Aufl. – Leipzig : Breitkopf & Haertel, 1913

Weber, Leopold: Asgard. – Stuttgart : Thienemann, 1920

Weber, Leopold: Midgard. – Stuttgart : Thienemann, 1922

Weber, Leopold: Dietrich von Bern. – Stuttgart : Thienemann, 1924

Zur Mühlen, Hermynia: Märchen. – Berlin : Viva Verl., 1922

Sekundärliteratur

Auswahl wertvoller Jugendlektüre / hrsg. von d. Vereinigten Dt. Prüfungsausschüssen für Jugendschriften. – In: Jugendschriften-Warte. – 26 (1919), S. 21 – 24

Bäumer, Gertrud: Jungmädchenlektüre. – In: Jugendschriften-Warte. – 25 (1918), S. 5f.

Börsenblatt für den deutschen Buchhandel : Fachzeitschrift für Verlagswesen und Buchhandel / Hrsg.: Börsenverein der Deutschen Buchhändler zu Leipzig. – Leipzig : Fachbuchverl. – 83 (1916) – 100 (1933)

Bücherei und Bildungspflege : Zeitschrift für die gesamten ausserschulmässigen Bildungsmittel. – Leipzig [bis 3 / 23; danach:] Stettin. – 1=22 (1921) – 13=34 (1933), 5 [Dez.]

Dahrendorf, Malte: Trott, Magda. – In: Lexikon der Kinder- und Jugendliteratur : Personen-, Länder- u. Sachartikel zu Geschichte u. Gegenwart d. Kinder- u. Jugendliteratur ; in 3 Bd. (A – Z) u. e. Erg.- u. Reg.-Bd. / / [erarb. im Inst. für Jugendbuchforschung d. Johann-Wolfgang-Goethe-Univ. in Frankfurt/Main]. Hrsg. von Klaus Doderer. – Weinheim [u. a.] : Beltz. – 3. P – Z. – 1979. – S. 571 f.

Dreher, Ingmar: Die deutsche proletarisch-revolutionäre Kinder- und Jugendliteratur zwischen 1918 und 1933. – Berlin : Der Kinderbuchverl., 1975

Dyhrenfurth, Irene: Geschichte des deutschen Jugendbuches. – 3. neubearb. Aufl. – Zürich [u. a.] : Atlantis-Verl., 1967

Die Erde : politische und kulturpolitische Halbmonatsschrift. – Berlin-Halensee : Verl. Die Erde. – 1 (1919) – 2 (1920), 1; damit Ersch. eingest.

Fähnders, Walter: Avantgarde und Moderne 1890 – 1933. – Stuttgart : Metzler, 1998

Fest, Joachim: Staatsstreich : der lange Weg zum 20. Juli. – Berlin : Siedler, 1994

Fröse, Egbert: Jugendschriften und Jugendschriftentheorie in der Zeit der Weimarer Republik : zur Ideologie eines literarischen Genres in den Jahren 1918 – 1933. – Wuppertal, Univ., Diss., 1988

Fronemann, Wilhelm: Das Erbe Wolgasts : ein Querschnitt durch die heutige Jugendschriftenfrage. – Langensalza : Beltz, 1927

Gesamtverzeichnis des deutschsprachigen Schrifttums : 1911 – 1965 (GV neu) / hrsg. von Reinhard Oberschelp. – München [u. a.] : Saur. – 1 (1976) – 150 (1981)

Geschichte der deutschen Kinder- und Jugendliteratur / hrsg. von Reiner Wild. – Stuttgart: Metzler, 1990

Karrenbrock, Helga: Märchenkinder – Zeitgenossen : Untersuchungen zur Kinderliteratur der Weimarer Republik. – Stuttgart : M u. P, Verl. für Wiss. u. Forschung, 1995. – Zugl.: Osnabrück, Univ., Diss., 1993

Keiser, Günter: Kind und Buch : Eindrücke von einem Schüler-Preisausschreiben: „Kannst du ein Buch empfehlen?“. – In: Jugendschriften-Warte. – 33 (1928), S. 1 – 4 u. 17 – 20

Klingebeil, Hedwig: Von Kinderzeitschriften. – In: Jugendschriften-Warte. – 29 (1922), S. 45 f.

Köster, Hermann Leopold: Das deutsche Bilderbuch im 20. Jahrhundert. – In: Jugendschriften-Warte. – 30 (1925), S. 20 f.

Köster, Hermann Leopold: Geschichte der deutschen Jugendliteratur. – Braunschweig : Westermann, 1927

Nassen, Ulrich: Konservative und nationalsozialistische Positionen der Jugendschrifttumskritik : Jugendliteraturkritik als Bestandteil praktischer Sozialhygiene (1927 – 1933). – In: Theorien der Jugendlektüre : Beiträge zur Kinder- und Jugendliteraturkritik seit Heinrich Wolgast / hrsg. von Bernd Dolle-Weinkauff u. Hans-Heino Ewers. – Weinheim [u. a.] : Juventa-Verl., 1996. – S. 151 – 164

Nimm und lies / Börsenverein der Deutschen Buchhändler zu Leipzig. – Leipzig : [Börsenverein d. Dt. Buchhändler. – 1 (1924) – 10 (1933), 4

Prestel, Josef: Geschichte des deutschen Jugendschrifttums. – Freiburg : Herder, 1933. – (Handbuch der Jugendliteratur ; 3)

Ries Hans: Illustration und Illustratoren des Kinder- und Jugendbuchs im deutschsprachigen Raum 1871 – 1914 : das Bildangebot der Wilhelminischen Zeit ; Geschichte und Ästhetik der Original- und Drucktechniken ; internationales Lexikon der Illustratoren, Bibliographie ihrer Arbeiten in deutschsprachigen Büchern und Zeitschriften, auf Bilderbogen und Wandtafeln ; [Forschungsvorhaben zur historischen Kinder- und Jugendliteratur im Rahmen der Arbeitsstelle für Kinder- und Jugendliteraturforschung der Universität zu Köln]. – Osnabrück : Wenner, 1992

Rüttgers, Severin: Literarische Erziehung : ein Versuch über die Jugendschriftenfrage auf soziologischer Grundlage. – Langensalza : Beltz, 1931a

Rüttgers, Severin: Vom Wesen und von der Wirkung des Bilderbuchs : ein erster Versuch. – In: Jugendschriften-Warte. – 36 (1931b), S. 85 – 88

Schinck, Otto: Die Zeitschrift. – In: Eckart : Blätter für evangelische Geisteskultur. – 1 (1924/25), S. 136

Sontheimer, Kurt: Antidemokratisches Denken in der Weimarer Republik : die politischen Ideen des deutschen Nationalismus zwischen 1918 und 1933. – 3. Aufl., 14. – 19. Tsd. – München : Dt. Taschenbuch Verl., 1992

Tost, Birte: Moderne und Modernisierung in der Kinder- und Jugendliteratur der Weimarer Republik. – Frankfurt/Main : Lang, 2005. – (Kinder- und Jugendkultur, -literatur und -medien : Theorie – Geschichte – Didaktik ; 35). – Zugl.: Osnabrück, Univ., Diss., 2004

Wagner, Irmgard: Kaiserreich und Republik in Tony Schumachers Jugendbüchern : eine literarisch-kulturgeschichtliche Zeitreise. – Ludwigsburg : Hackenberg, 2006. – (Ludwigsburger Bibliothek)

Weimarer Republik : Manifeste und Dokumente zur deutschen Literatur 1918 – 1933 / hrsg. von Anton Kaes. – Stuttgart : Metzler, 1983

Wien und Berlin : zwei Metropolen im Spiegel des Kinderbuchs 1870 – 1945 ; [16. Mai – 28. Juni 2008] / Staatsbibliothek zu Berlin – Preußischer Kulturbesitz. Bearb. von Friedrich C. Heller u. Carola Pohlmann. – Berlin : Staatsbibliothek zu Berlin – Preußischer Kulturbesitz, 2008. – (Ausstellungskataloge / Staatsbibliothek Preußischer Kulturbesitz ; N. F. 52)

Wilkending, Gisela: Mädchenlektüre und Mädchenliteratur : „Backfischliteratur" im Widerstreit von Aufklärungspädagogik, Kunsterziehungs- und Frauenbewegung. – In: Theorien der Jugendlektüre : Beiträge zur Kinder- und Jugendliteraturkritik seit Heinrich Wolgast / hrsg. von Bernd Dolle-Weinkauff u. Hans-Heino Ewers. – Weinheim [u. a.] : Juventa-Verl., 1996. – S. 105 – 125

Zur Mühlen, Hermynia: Junge-Mädchen-Literatur. – In: Die Erde. – 1 (1919), S. 473 f.

Der Zwiebelfisch : Zeitschrift über Bücher, Kunst und Kultur. – München-Obermenzing : Weber. – 1 (1909/10) – 24 (1934); 25 (1946/48); damit Ersch. eingest.

Norbert Hopster

Kinder- und Jugendliteratur der Weimarer Zeit in der Zeit nach 1933

1.

Geht man der Frage nach, inwieweit die KJL der Weimarer Zeit auch noch ab 1933 unter der NS-Herrschaft auf dem Buchmarkt verblieb (vgl. Hopster 2005c, Sp. 12–31), muss man von dem grundlegenden Befund ausgehen, dass der Buchmarkt in der NS-Zeit im Prinzip privatwirtschaftlich organisiert blieb, also nicht verstaatlicht wurde. Nur diese Tatsache erklärt überhaupt, weshalb das NS-System so viele Institutionen und Instanzen bildete, deren spezifische Funktion darin bestand, den gesamten Buchmarkt, von den Autorinnen und Autoren über die Verlage bis hin zum Buchhandel, zu kontrollieren und zu lenken. Die literarpolitischen Instanzen übten in eigenen, von ihnen begründeten oder von ihnen übernommenen Organen – z. B. der *Jugendschriften-Warte* – eine umfassende Zensur aus, durch die sowohl die Buchproduktion als auch der Buchhandel ständigen Reglementierungen unterworfen war. (Vgl. Strothmann 1985; Hopster/Josting 1993; Hopster/Josting/Neuhaus 1994) Trotz der vielen, z. T. gewalttätigen Eingriffe der literaturpolitischen Instanzen des NS-Regimes, trotz der vielfältigen Maßnahmen gegen Autorinnen/Autoren – z. B. der Zwangsmitgliedschaft in der *Reichsschrifttumskammer* –, gegen Verlage und Verleger, Buchhändler und sogar Büchereien konnte in der NS-Zeit eine freie, d. h. eine nicht ns-hörige, nicht ns-affine Literatur entstehen. Und auch die vor 1933 auf dem Buchmarkt vorhandene Literatur, vor allem auch KJL, blieb bis auf bestimmte indizierte Bereiche, Autorinnen/Autoren und Titel in weiten Teilen zumindest noch für eine gewisse Zeit auf dem Markt. Dies traf sogar auch auf Titel zu, die von den Zensurinstanzen abgelehnt wurden. Bücher wurden also in der Regel nicht verboten bzw. durch unmittelbare Maßnahmen vom Markt genommen, wenn sie nicht ausdrücklich indiziert worden waren, z. B. in der von 1936 (Stand vom Oktober 1935) bis 1944 jährlich erscheinenden *Liste des schädlichen und unerwünschten Schrifttums*, die von der *Reichsschrifttumskammer* herausgegeben wurde. Sie galt im übrigen als „streng vertraulich" und war auch keine direkte Verbotsliste, war aber sicherlich die Liste, die die stärkste restriktive Wirkung auf den Buchmarkt hatte, besonders auf die politisch verpönte Literatur, die Sexualliteratur, die Massen-Unterhaltungsliteratur wie die esoterische Literatur. Will man in einem ersten Schritt zunächst feststellen, welche Literatur für Kinder und Jugendliche aus der Zeit vor 1933 von den nationalsozialistischen Zensurinstanzen als unerwünscht beurteilt bzw. abgelehnt wurde, womit ihre Verbreitung wie auch das Erscheinen von Neuauflagen zumindest behindert wurden, dann ist es unerlässlich, die einschlägigen Listen zugrunde zu legen. (Vgl. Josting 2005a, Sp. 68ff.) Die *Liste des schädlichen und unerwünschten Schrifttums* (sogenannter *Index*) weist, gemessen an der Gesamtzahl der indizierten Titel, einen nicht unerheblichen Anteil an Titeln für Kinder und Jugendliche auf, wobei manche Autorinnen und Autoren mit ihren Titeln wiederholt in verschiedenen Jahresausgaben der Liste erscheinen. (Vgl. Hopster/Josting/Neuhaus 2001, Sp. 1473–1484) Die stärkste Form der Ablehnung einer Autorin/eines Autors drückt sich durch den Vermerk „Sämtliche Schriften“ aus, von dem viele betroffen waren. Indiziert wurde vor allem die proletarisch-revolutionäre KJL, von der die meisten Autorinnen/Autoren mit dem Vermerk versehen wurden; z. B.: Béla Balázs (*Hans Urian geht nach Brot*. 1929), Kurt Kläber (*Barrikaden an der Ruhr*. 1925), Berta Lask (d. i. Berta Jacobsohn-Lask) (*Auf dem Flügelpferde durch die Zeiten*. 1925), Walter Schönstedt (*Kämpfende Jugend*. 1932), Lisa Tetzner (*Der Fußball*. 1932), Alex Wedding (d. i. Margarete Weiskopf) (*Ede und Unku*. 1931), Hermynia Zur Mühlen (*Said der Träumer*. 1927). Auch die Sozialdemokratin Anna Siemsen (*Buch der Mädel*. 1926/27) wurde mit dem Vermerk „Sämtliche Schriften“ abqualifiziert. Die Titel von Kläber und Zur Mühlen erschienen in dem insgesamt indizierten Verlag der Jugendinternationale. Von diesem wurden auch die nicht wenigen Übersetzungen herausgebracht, die der proletarisch-revolutionären KJL zuzurechnen sind, z. B. die aus dem Russischen übersetzten Titel von Grigori G. Bjelych (*Schkid : die Republik der Strolche*. 1927/28), Nikolaj V. Bogdanov (*Das erste Mädel*. 1928/1930) und Nikolaj Ognjew (*Das Tagebuch des Schülers Kostja Rjabzew*. 1927/1927). Auch das aus dem Polnischen übersetzte pazifistische Buch *Die Rache des Kabunauri* (1931) von Elena F. Bobinskaja wurde im Verlag der Jugendinternationale produziert. Der aus dem Russischen übersetzte und seinerzeit sehr bekannte Titel *Taschkent, die brotreiche Stadt* (1923/1925) von Alexander Newerow erschien dagegen im Neuen deutschen Verlag in Berlin.

Auch eine größere Anzahl von proletarisch-revolutionären, sozialkritischen wie pazifistischen Einzeltiteln wird in der *Liste des schädlichen und unerwünschten Schrifttums* aufgeführt, z. B. von Carl Dantz *Peter Stoll : der Lehrling erzählt von Flegel-, Lehr- und Wanderjahren* (1930), von Emko (d. i. Emil Kortmann) *Der Sieg der 15 Giesserstifte* (1932), von Georg Waldemar Pijet *Die Straße der Hosenmätze* (1929) und von Anni Geiger-Gog *Heini Jermann : der Lebenstag eines Jungen* (1929); die Autorin trat nach Altner 1928 dem *Bund proletarisch-revolutionärer Schriftsteller* und 1929 der *Kommunistischen Partei* bei. (Vgl. Altner 1991, S. 200) Selbstverständlich wurde auch das Anti-Kriegsbuch *Der Schädel des Negerhäuptlings Makaua* (1931 – U. T.: *Kriegsroman für die junge*

Generation) von Rudolf Frank und Georg Lichey indiziert, weil es die vom Nationalsozialismus betriebene Glorifizierung des Ersten Weltkriegs destruierte.

Aus dem Bereich der nicht politisch oder weltanschaulich zu verortenden KJL wurden mit dem Etikett „Sämtliche Schriften" neben Erika Mann (*Stoffel fliegt übers Meer*. 1932) Erich Kästner mit Nennung auch seiner vor 1933 erschienenen Kinderbücher (*Emil und die Detektive*. 1930; ausgelief. 1929; *Pünktchen und Anton*. 1932; ausgelief. 1931; *Der 35. Mai oder Konrad reitet in die Südsee*. 1933; ausgelief. 1932) und Otto Bernhard Wendler indiziert. Erika Mann wurde sicherlich wegen ihrer anti-nationalsozialistischen Aktivitäten im Exil in die Liste aufgenommen, Kästner wohl nicht nur wegen seiner kritisch-satirischen Texte für Erwachsene, sondern auch wegen seiner von der Tradition abweichenden Kinderbücher. Wendler hatte ebenso mit vor 1933 erschienenen Titeln für Erwachsene bei den NS-Zensoren Anstoß erregt; immerhin wurden zwei seiner Jugendbücher von der Indizierung ausgenommen (*Die Hechte von Rotscherlinde*. 1932; *Elf Jungen in einem Boot*. 1933). Die Ablehnung der Kästner-Bücher lässt erkennen, dass Bücher nicht nur wegen der von ihnen vermittelten Ideologeme oder politisch-weltanschaulichen Positionen abgelehnt und indiziert wurden, sondern auch wegen ihrer literarischen Dignität, näherhin wegen ihrer Fähigkeit, traditionelle Vorstellungs-Schablonen der bürgerlichen Welt zu durchbrechen oder gegen den Strich zu bürsten. Bei Kästner trifft dies vor allem auf die von ihm entworfenen Typen von selbständig handelnden und über eine eigene Sprache verfügenden Kinder zu, die die tradierten Formen der Erwachsenenautorität in Frage stellen. Aus diesem Grund hätten letztlich auch die vielgelesenen *Bibi*-Bücher der Dänin Karin Michaelis von Anfang an indiziert werden können oder müssen, weil das emanzipierte Mädchen Bibi die zu der Zeit noch gängigen Vorstellungen vom Mädchen destruierte. Aber erst in der *Liste des schädlichen und unerwünschten Schrifttums* von 1938 wird Karin Michaelis mit dem Vermerk „Sämtliche Schriften" aufgeführt, obwohl ihre Bücher bis 1935 z.T. noch in Empfehlungslisten aufgenommen wurden, z.B. in die erste Empfehlungsliste *Das Jugendbuch im Dritten Reich* (1933), in der ausdrücklich *Bibi und die Verschworenen* (1931), *Bibi und Ole* (1931) und *Bibis große Reise* (1929) genannt werden. Von *Bibis große Reise* und *Bibi und Ole* brachte der Stuffer-Verlag 1935 noch eine neue Auflage heraus. Die Gesamtindizierung der Autorin hängt möglicherweise mit ihrem Engagement für Frauenrechte zusammen, u. U. war sie auch ein Reflex ihrer freundschaftlichen Beziehung zu Bert Brecht, dem sie bei seiner Flucht ins Exil Hilfestellung leistete. (Vgl. Salentin 2000) Merkwürdig ist, dass in den Indizierungslisten nur wenige jüdische, d.h. der jüdischen Konfession angehörige Kinder- und Jugendbuchautorinnen und -autoren aufgeführt werden, nämlich Felix Salten (u.a. mit *Bambi : eine Lebensgeschichte aus dem Walde*. 1922/23), Wilhelm Speyer (u.a. mit *Der Kampf der Tertia*. 1927), der aber protestantisch getauft und demnach kein Jude war (vgl. Josting 2005d, Sp. 848), Adrienne Thomas (d. i. Hertha Adrienne Deutsch) (mit *Die Katrin wird Soldat*. 1930) und Berta Lask (u. a. mit *Auf dem Flügelpferde durch die Zeiten*. 1925). Sie wurden jeweils mit ihren sämtlichen Schriften indiziert, Berta Lask wahrscheinlich primär wegen ihrer Zugehörigkeit zu den proletarisch-revolutionären Autorinnen. Auffällig ist besonders, das Else Ury mit ihren *Nesthäkchen*-Bänden in allen Fassungen der *Liste des schädlichen und unerwünschten Schrifttums* wie in allen anderen Listen fehlt. Sie wurde offenbar totgeschwiegen, vielleicht wegen ihrer allgemeinen Beliebtheit. Noch 1936 benannten in einer Befragungsaktion zehn- bis sechszehnjährige Mädchen neben den Büchern von Johanna Spyri die von Else Ury als ihre Lieblingslektüre. (Vgl. Hopster 1986, S. 29) Totgeschwiegen wurde – trotz ihrer Zugehörigkeit zur jüdischen Konfession – auch Ruth Rewald, von der vor 1933 zwei Kinderbücher erschienen, *Rudi und sein Radio* (1931) und *Müllerstraße : Jungens von heute* (1932). Die Autorin wurde 1942 in ihrem Exil in Frankreich verhaftet, ins KZ Auschwitz deportiert und dort ermordet. (Vgl. Josting 2005c, Sp. 805) Um einen besonderen Fall handelt es sich offenbar bei der ebenfalls jüdischen Autorin Adele Elkan, die ebenfalls 1943 ins KZ Ausch-witz deportiert wurde und dieses nicht überlebte. (Vgl. Asper 2010) Auch sie wird in keiner der Ablehnungs-Listen genannt; seltsamerweise wurden von ihr nach 1933 noch Titel neu aufgelegt, nämlich im Jahre 1935 die Erzählungen *Mädel von heute* von 1930 und *Weidners Jüngste* von 1932. Und auch die an Mädchen gerichtete Erzählung *Im Drei-Engelhaus* von 1927 erschien mit der 7. Auflage im Verlag Herold, Stuttgart, wahrscheinlich nach 1933. Auch dies könnte als Beleg dafür gewertet werden, dass eine totale Zensur wie eine totale Durchsetzung der Zensur selbst auf dem Buchmarkt im NS-Staat offenbar nicht möglich war. Abgelehnte oder indizierte Titel bzw. Gesamtwerke konnten aber in der Regel nicht mehr erscheinen. Die sogenannte Ausmerze der Autorinnen und Autoren mit jüdischer Konfession bestätigt die schon vor 1933 verbreitete und vom Nationalsozialismus auf die Spitze getriebene Gleichsetzung des Attributs „jüdisch“, das einzig und allein als ein konfessionelles Unterscheidungskriterium – wie etwa das Attribut „christlich“ – haltbar und begründbar ist, mit einem Merkmal einer sogenannten Rasse. Dem heutigen und wissenschaftlich bewiesenen Wissen, dass alle Menschen prinzipiell genetisch identisch sind und daher von Menschen-Rassen keine Rede sein kann, sondern äußerliche Unterschiede lediglich als ethnische Spezifika zu bewerten sind, steht der rassistische Antisemitismus und Antijudaismus des Nationalsozialismus diametral entgegen. Auf dessen Basis beruhte der Grundsatz der nationalsozialistischen Literaturpolitik, dass von jüdischen Autorinnen und Autoren keine Literatur für deutsche, d. h. sogenannte arische Leserinnen und Leser, näherhin auch Kinder und Jugendliche geschrieben werden könne und dürfe und deren Texte daher auszumerzen bzw. zu verhindern seien. Entsprechend der kruden Logik dieses rassistischen Antisemitismus konnte in jüdischen Verlagen eine spezifisch jüdische KJL, d.h. eine Literatur von jüdischen Autorinnen/Autoren mit jüdischen Themen für jüdische Kinder und Jugendliche, trotz der immer schärferen Ghettoisierung der jüdischen Kultur noch bis 1938 im NS-Staat erscheinen, und zwar sowohl die aus der Zeit vor 1933 als auch die aus den Jahren bis 1938. (Vgl. Josting 2005c, Sp. 800 ff.)

Neben der proletarisch-revolutionären und linken bzw. pazifistischen KJL wurde auch ein Teil der Titel indiziert (z.B. aber nicht *Die Meute* von Paul Jordan von 1929), die im Umkreis der bündischen Jugend entstanden waren und auch für diese geschrieben wurden. Es handelt sich überwiegend um Titel aus dem bündischen Verlag Wolff in Plauen, in dem auch zumeist die Liederbücher der bündischen Jugend erschienen, die ebenfalls in die *Liste des schädlichen und unerwünschten Schrifttums* aufgenommen wurden, ebenso die auch noch nach 1933 im Verlag Wolff bis zu seiner Schließung um 1934/35 erschienenen bündischen Titel. Beispiele für indizierte bündische Titel sind: Heinrich Banniza von Bazan: *Jungen am Feuer* (1932), Günther Eten: *Horst, Geschichte eines Wölflings* (1931), Karl Köster: *Orientfahrt der Sturmvaganten* (1932). Auffällig ist nicht nur, dass die vor 1933 verfassten Bücher von Paul Jordan, einem der exponiertesten bündischen Literaten, unbeanstandet blieben und dass dieser ab 1933 unter dem Pseudonym Paul Etzel problemlos eine Reihe weiterer Jugendbücher veröffentlichen konnte; auffällig ist ebenso, dass auch die ab 1933 erschienenen Titel von Banniza von Bazan wie die vielen von Köster nicht indiziert, sondern in einigen Fällen sogar empfohlen wurden. Der Grund hierfür ist darin zu sehen, dass beide Autoren, ebenso wie Etzel/Jordan, in ihren Titeln bündisches Erleben in ns-konformes, z.T. direkt in HJ-spezifisches Erleben transferierten. Sie demonstrieren damit auf symptomatische Weise, dass Teile der bündischen Jugend und auch nicht wenige ihrer Führer und Autoren nach der Auflösung der Bünde sich dem Nationalsozialismus bzw. der HJ anschlossen, womit sie dem nachdrücklichen Bestreben von nationalistischer Seite entsprachen, die Bünde wie auch die konfessionellen Verbände zum Zwecke der Bildung einer einheitlichen NS-Jugendorganisation zu integrieren. Dass sich viele dieser Integration verweigerten und dafür Verfolgung oder Exil in Kauf nahmen, darf aber nicht verschwiegen werden. (Vgl. Brandenburg 1982, S. 134 ff.; Jovy 1984, S. 157 ff.; von Hellfeld 1987; Hopster 2005a, Sp. 128–131)

Eine der Grundlagen für die *Liste des schädlichen und unerwünschten Schrifttums* war offenbar die 1933/34 vom *Kampfbund für deutsche Kultur* (masch. schriftl.) herausgegebene *Schwarze Liste* (Teil 1, *Schwarze Liste für öffentliche Büchereien und gewerbliche Leihbüchereien*; Teil 2, *Schwarze Liste für Volksbüchereien*). In ihr sind bereits viele der Autorinnen/Autoren und Titel erfasst, die auch in der *Liste des schädlichen und unerwünschten Schrifttums* erscheinen. Auch in der *Schwarzen Liste* ist bereits umfassend die linke bzw. proletarisch-revolutionäre Literatur aufgeführt, auch die an Jugendliche adressierte, u.a. die Übersetzungen aus dem Russischen und Polnischen, die dann später auch indiziert wurden. Besonders in Teil 2 der Liste wird im Bereich Pädagogik und Jugendbewegung die Frontstellung gegen die linke und proletarisch-revolutionäre Literatur deutlich. Interessant ist, dass in der *Schwarzen Liste* auch schon Erich Kästner aufgeführt worden ist, hier aber noch mit dem einschränkenden Vermerk „Alles ausser: *Emil und die Detektive*". (*Schwarze Liste.* T. 1, Bl. [35] Unter der Rubrik Schriftsteller, deren sämtliche Werke auszuscheiden sind, werden in Teil 1 der *Schwarzen Liste* von den für die Jugendliteratur relevanten Autorinnen / Autoren lediglich Kurt Kläber, u.a. mit *Barrikaden an der Ruhr* (1925), und auch bereits Otto Bernhard Wendler aufgeführt, der als „Marxistischer Tendenzschriftsteller […] mit stark erotischem Einschlag" abqualifiziert wird. Unter den abgelehnten Einzeltiteln finden sich u.a. das später indizierte pazifistische Buch *Der Schädel des Negerhäuptlings Makaua* (1931) von Rudolf Frank und Georg Lichey und die von Walter Trier mit Texten von Erich Kästner produzierten Bilderbücher *Das verhexte Telefon* (1931) und *Arthur mit dem langen Arm* (1931). Beide erschienen wie die drei frühen Kinderbücher Kästners in dem insgesamt abgelehnten Verlag Williams in Berlin. Ein Grund für die Ablehnung der Bilderbücher wird sicher auch die Zugehörigkeit Triers zur jüdischen Konfession gewesen sein. In dem speziellen Teil Jugendschriften (T. 2: *Schwarze Liste für Volksbüchereien*) führt die *Schwarze Liste* dann zu einem großen Teil die linke bzw. proletarisch-revolutionäre oder sonstwie als schädlich oder „zersetzend" (wie Kästner oder Ringelnatz) qualifizierte Literatur für Jugendliche auf, einschließlich der Reihen und der Verlage mit den jeweils abgelehnten Titeln. Hier finden sich dieselben Namen wie in der *Liste des schädlichen und unerwünschten Schrifttums*, von Béla Balázs über Berta Lask und Alex Wedding bis Hermynia Zur Mühlen. Lisa Tetzner fehlt allerdings. Und auch Carl Dantz wie die sozialdemokratisch orientierte Anna Siemsen werden unter dem Etikett „marxistisch" aufgeführt.

Es zeigt sich: Primäres Interesse der nationalsozialistischen Zensur war in der Frühzeit des Regimes offenbar die Ausschaltung der linken Literatur wie Jugendliteratur. Die *Liste des schädlichen und unerwünschten Schrifttums* ergänzt das Spektrum der auszuschaltenden Literatur für Jugendliche aus der Zeit vor 1933 nur noch um die bündische Literatur, einige pazifistische Titel wie einige Titel jüdischer, d.h. der jüdischen Konfession angehörender Autorinnen und Autoren. Man kann also durchaus folgern, dass aus den beiden wichtigsten und wohl auch folgenreichsten Listen der nationalsozialistischen Literaturzensur keine generelle und auch – abgesehen von der linken, der bündischen und der von jüdischen Autorinnen und Autoren verfassten Literatur für die Jugend –

keine partielle Ablehnung der KJL der Weimarer Zeit spricht. Erst andere Listen und Zensurorgane setzen sich – zumeist später –zumindest mit Teilen oder einzelnen Titeln und Autorinnen/Autoren dieser Zeit auseinander. Maßgeblich war besonders die vom *NS-Lehrerbund* vorbereitete und 1940 vom *Reichsministerium für Volksaufklärung und Propaganda (Abteilung Schrifttum)* herausgegebene *Liste der für Jugendliche und Büchereien ungeeigneten Druckschriften* (Ausg. 1942 mit e. Nachtr.; 2. veränd. Aufl. 1943), die aber auch keine direkte Verbotsliste war. (Vgl. Josting 1996a; Josting 2005a, Sp. 68ff.) Erst zu diesem späten Zeitpunkt wird – mit Bezug auf eine amtliche Bekanntmachung der *Reichsschrifttumskammer* von 1940 (Erstfassung 1935) – erklärt, welche Literatur nicht ausgestellt, nicht vertrieben, nicht ausgeliehen und nicht Jugendlichen unter achtzehn Jahren ausgehändigt werden durfte. Mit dieser Literatur war fast ausschließlich die auch von Jugendlichen konsumierte Massenmarkt-Literatur gemeint, d.h. die Massen-Abenteuer- und Wildwestliteratur wie die Massen-Kriminal- und Detektivliteratur, z.B. die Titel von Edgar Wallace. Den größten Teil der erfassten Titel machten aber die nach 1933 erschienenen aus. Insofern ist die Liste eher ein Beleg dafür, dass nicht nur die Massenmarkt-Literatur aus der Zeit vor 1933 über die Grenze von 1933 hinaus weiterlief, sondern dass diese auch in großem Umfang weiterproduziert wurde. Mit den Heftchen-Serien verhält es sich ähnlich. Es blieben nicht nur viele der Heftchen-Serien aus der Weimarer Zeit nach 1933 auf dem Markt, wie z.B. *Tom Shark*, *Rolf Torrings Abenteuer* und *Jörn Farrows Abenteuer*, sondern es begannen auch viele erst nach 1933,wie z.B. *Billy Jenkins Abenteuer, John Klings Abenteuer, Jan Mayen, Sun Koh, der Erbe von Atlantis* und *Bob Hunter auf Indianerpfaden*. (Vgl. Galle 1988 u. 2001; Josting 1996a) Sie blieben zumindest für eine gewisse Zeit, d.h. für einige Jahre auf dem Markt, trotz der häufigen Kritik an ihnen, besonders von Seiten des *Nationalsozialistischen Lehrerbundes*, der einen besonders intensiven Kampf gegen die sogenannten Schundreihen führte und z.B. auch in eine entsprechende Ablehnungsliste die in der Weimarer Zeit außerordentlich verbreitete *Frank-Allen*-Serie aufnahm, die aber in der *Liste der für Jugendliche und Büchereien ungeeigneten Druckschriften* völlig fehlt. (Vgl. Josting 1996a, S. 29) Hieran zeigt sich beispielhaft, dass die nationalsozialistischen Schrifttums-Instanzen, und besonders die für die KJL zuständigen, in ihrem immer wieder beschworenen Kampf für das gute Buch bzw. Jugendbuch nicht auf eine Praxis des totalen Verbots unliebsamer und unerwünschter Literatur setzten. In der *Liste der für Jugendliche und Büchereien ungeeigneten Druckschriften* finden sich daher auch keine Titel der in weiten Teilen traditionell-trivialen, nichtssagenden oder kindertümelnden spezifischen KJL aus der Weimarer Zeit, obwohl man diese gemäß Titel der Liste in ihr erwartet hätte. Die nationalsozialistischen Schrifttums-Instanzen setzten eben nicht das sogenannte *Schmutz- und Schundgesetz* von 1926 fort. Dieses wurde vielmehr im April 1935 aufgehoben.(Vgl. Josting 1996a) Da es schon in der Weimarer Zeit nicht die Wirkung gehabt hatte, die sich die Schund- und Schmutzkämpfer wie z. B. Wilhelm Fronemann erhofft hatten, wurde auf nationalsozialistischer Seite stattdessen ein Geflecht von literaturpolitischen Instanzen neben der *Reichsschrifttumskammer* gebildet, die – oftmals in harter Konkurrenz – durch stetige Maßnahmen, Bestimmungen und Zensurorgane den Literaturmarkt lenkten, d. h. auf vielfältige Weise die Literatur der Zeit vor 1933 wie die danach neu entstandene filterten und be- bzw. verurteilten, besonders auch die Literatur für Kinder und Jugendliche. (Vgl. Josting 1995, S. 52ff.)

Es ist also nicht so, dass von nationalsozialistischer Seite die sogenannte Schmutz- und Schundliteratur, die in großem Umfang auf dem Markt blieb, toleriert oder für unbedenklich gehalten wurde. Die nationalsozialistische Literaturpolitik, näherhin die Jugendschrifttumspolitik, ging vielmehr von einem anderen Basis-Anspruch aus als die Schmutz- und Schundpolitik der Zeit vor 1933, sie konnte und wollte nicht wie diese mit einer von vornherein auf die verpönte Literatur eingeengten Perspektive ihre Wirksamkeit entfalten, sondern hob prinzipiell auf die Erfassung und Beurteilung der gesamten Literatur bzw. KJL ab, auch der aus der Weimarer Zeit. In Konsequenz dieses totalen Anspruchs entstand dann das für das NS-Regime symptomatische Beurteilungs- und Besprechungswesen; mit einem ungeheuren personellen und institutionellen Aufwand wurde die vorhandene wie neu erscheinende Literatur von den zuständigen Instanzen gesiebt und beurteilt, besondern von dem *Nationalsozialistischen Lehrerbund*, der *Reichsjugendführung*, vom *Amt Schrifttumspflege* Alfred Rosenbergs, der *Parteiamtlichen Prüfungskommission*, dem *Reichsministerium für Volksaufklärung und Propaganda* (*Abteilung Schrifttum*) und der *Reichsstelle zur Förderung des Deutschen Schrifttums*. (Vgl. Josting 2005a, Sp. 55ff.)

Die Totalisierung des Zensur- und Besprechungswesens bedeutete aber auch logischerweise, dass nicht mehr nur eine negative, ablehnende Beurteilung möglich war, sondern dass zwangsläufig vor allem auch positive Bewertungen, Empfehlungen ausgesprochen werden mussten. Die nationalsozialistischen Literaturinstanzen mussten aufgrund ihres Anspruchs, die gesamte Literatur / KJL zu beurteilen, eine *„positive Schrifttumspolitik*" (Josting 1996a, S. 23) betreiben, die sich darin bewies, „dass überwiegend nur solche Bücher in Zeitschriften, speziellen Verzeichnissen etc. angezeigt wurden, die man für förderungswürdig hielt, d. h. die man *empfehlen* oder zumindest *bedingt* empfehlen konnte." (Ebd., S. 24) Die reinen Ablehnungs- und Unterdrückungslisten wie die *Liste des schädlichen und unerwünschten Schrifttums*, die *Schwarze Liste* und die *Liste der für Jugendliche und Büchereien ungeeigneten Druckschriften* gründeten sich allein auf eine politisch-ideologisch motivierte Vorab-Auswahl eines

Teils der vorhandenen Literatur. Die Erfassung und Bewertung der gesamten Literatur/KJL zog zwangsläufig eine Differenzierung der Beurteilungen zwischen Ablehnung und Empfehlung nach sich. Folgerichtig wurde auch permanent um Bewertungsprinzipien gestritten, wobei besonders der *Nationalsozialistische Lehrerbund* mit Nachdruck die Berücksichtigung sprachlich-ästhetischer Bewertungskriterien aus der Tradition Wolgasts und der *Vereinigten deutschen Prüfungsausschüsse für Jugendschriften* forderte und auch nach diesen vorging. Der Kampf um eine neue, gute KJL in der NS-Zeit, der durchaus auch politisch motiviert war, musste unausweichlich zum Kampf um die richtigen Bewertungskriterien im Kontext pädagogischer, politischer und literarisch-ästhetischer Forderungen an die Literatur werden. (Vgl. Josting 1995, S.66ff.; 2005b, Sp.95ff.) Der Anspruch der für die KJL zuständigen Instanzen der NS-Literaturpolitik, die gesamte auf dem Markt befindliche Literatur bzw. KJL zu beurteilen, schloss prinzipiell eine Bewertung allein nach dem Kriterium der politisch-ideologischen Erwünschtheit oder Tolerierbarkeit bzw. der politisch-ideologischen Unerwünschtheit aus, die nur im Hinblick auf die politisch-ideologisch identifizierbaren Teil-Literaturen wie die proletarisch-revolutionäre und bündische Literatur möglich war. Das heißt, die Beurteilungs- und Bewertungspraxis der NS-Instanzen geriet in dieselben Schwierigkeiten, die auch schon an den Beurteilungen und Bewertungen der *Vereinigten deutschen Prüfungsausschüsse* in der *Jugendschriften-Warte* zu erkennen sind. Nur eine einzige Globalbewertung auf der Basis einer spezifisch nationalsozialistischen Gesellschaftstheorie hätte die nationalsozialistische Bewertung der KJL vor diesen Schwierigkeiten bewahrt, nämlich die, dass die gesamte vor 1933 entstandene bürgerliche KJL des neuen Staates, der neuen Gesellschaft nationalsozialistischer Prägung unwürdig sei und vom Markt verbannt werden müsse. Da die Gesellschaft im NS-Staat aber einschließlich des Buchmarktes im Prinzip dieselbe blieb wie vor 1933, war eine globale *Ausmerze* der traditionellen, überwiegend bürgerlichen Literatur/KJL unmöglich, die auch einen staatlichen Literaturmarkt vorausgesetzt hätte. Realiter mussten die NS-Schrifttumswalter die Erfahrung machen, dass der von ihnen mit Absolutheitsanspruch betriebenen Beurteilungspraxis ihre eigene Selbstaufhebung inhärent war. Die Beurteilungskriterien wurden uneingrenzbar, unscharf, letztlich beliebig. Die sechs Ablehnungslisten, die zwischen 1936 und 1938 in der ab 1935 vom *Nationalsozialistischen Lehrerbund* herausgegebenen *Jugendschriften-Warte* erschienen (1.–4. Liste: *Wir lehnen ab*; 5. u. 6. Liste: *Für Schüler und Jugendbüchereien ungeeignete Werke)*, beweisen es. Schon die Auswahl der abgelehnten Titel ist willkürlich, nahezu zufällig. Sie könnte mit derselben, d.h. derselben geringen Plausibilität auch ganz anders aussehen. Die Beurteilungen – in Kooperation von *Nationalsozialistischem Lehrerbund, Reichsjugendführung, Reichsstelle zur Förderung des deutschen Schrifttums* und *Reichsministerium für Volksauf-*

klärung und Propaganda entstanden – zerfließen, lassen sich nicht oder kaum auf durchgängige Prinzipien zurückführen. Mal wird die unzulängliche sprachliche Darstellung bemängelt, mal die Überholtheit des dargestellten Geschehens, mal das Fehlen eines künstlerischen Wertes, mal die platte Reproduktion schablonisierter Genres (z.B. Mädchenliteratur, Abenteuerliteratur), mal das Unwahrscheinliche einer Erzählung oder deren falsche Kindlichkeit und Kitschigkeit. Oft werden die Kriterien kombiniert und variiert. Symptomatisch ist auch, dass diese Kriterien gleichermaßen auf Titel angewandt werden, die vor 1933 erschienen, wie auch auf Titel, die in der NS-Zeit neu auf den Markt kamen. Das heißt erstens, dass die NS-Zensurinstanzen über keine Kriterien zur prinzipiellen Abgrenzung von der vor 1933 erschienenen KJL verfügten und dass zweitens die nach 1933 produzierte KJL auch nach Einschätzung der Instanzen bzw. ihrer für die Beurteilung zuständigen Akteure zumindest in weiten Teilen die gleiche wie die aus der Zeit vor 1933 geblieben war. Als ein Sonderfall der Produktion ist lediglich die von den Zensurinstanzen als *Konjunkturliteratur* beurteilte Literatur zu sehen. Nach diesem einzigen nachvollziehbaren, schlüssigen und ns-spezifischen Kriterium wurden die ab 1933 in großer Zahl erschienenen Titel bewertet, in denen der Nationalsozialismus selbst, vor allem die HJ oder die SA, in zumeist kitschig-pathetischer Form dargestellt wurde. Wegen der Gefahr der mit der trivialisierenden Darstellung gegebenen Abwertung nationalsozialistischer Überzeugungen und Lebensformen wurde die Konjunkturliteratur von Anfang an vehement bekämpft und abqualifiziert. (Vgl. Josting 1995, S. 81 ff.) Daums *SA-Sturmführer Horst Wessel* (1933) wurde z.B. als „nationaler Kitsch" (*Wir lehnen ab.* 1. Liste) abgelehnt, und Griesbachs *Packt zu, Kameraden!* (1935) wird als „Seichte Konjunkturware mit dicker Tendenz" (*Wir lehnen ab.* 1. Liste) abgewertet.

Das Fehlen einer globalen und stringenten Ablehnung der KJL aus der Zeit der Weimarer Republik bestätigt sich auch an den Bewertungen abgelehnter Einzeltitel. *Ein braver Tunichtgut* (1925) von Maria Clementis wird als ein „Courths-Mahler für Jugendliche" (*Wir lehnen ab.* 1. Liste) bezeichnet. Dem Osterhasenbuch *Osterhas reist in die Stadt* (1932) von Adolf Holst und Ernst Kutzer (Illustr.) – einem der vielen Osterhasen-Bücher – wird wie diesen insgesamt vorgeworfen, „Unsinn an Unsinn" (*Wir lehnen* ab. 3. Liste) zu reihen. Und die von Albert Sixtus unter dem Titel *Die beiden Ausreißer und andere Abenteuer* (1931) erschienenen Erzählungen sind gemäß Beurteilung „belanglose Geschichten mit moralisierendem Charakter". (*Wir lehnen ab.* 3. Liste) Das von Arno Brückner in *Der große Paul und der kleine Karl* (1926) geschilderte alltägliche Jungenleben wird als „unzulänglich dargestellt" und als eine „nur blasse Abschrift des Lebens" qualifiziert. (*Wir lehnen ab.* 4. Liste) Alle als Beispiele vorgeführten Beurteilungen lassen sich so oder ähnlich auf eine fast unbegrenzbare Anzahl von Büchern aus der Zeit vor 1933 und nach 1933 anwenden – und wurden auch so angewandt.

Dass den Ablehnungen die Fundierung auf durchgängige und nachvollziehbare Prinzipien fehlt, lässt sich auch an anderen Aspekten erkennen. So werden von manchen Autorinnen und Autoren fast wahllos einige Titel abgelehnt, andere von ihnen bleiben unbeanstandet. Von der Vielschreiberin Josephine Siebe werden z.B. einige ihrer z.T. schon vor 1918, aber auch in der Weimarer Zeit erschienenen Kasper-Stücke abgelehnt; einige von diesen wie auch weitere Titel von Siebe wurden in der NS-Zeit wieder aufgelegt. Von Tony Schumacher wird der Titel *Als Vater im Krieg war* (1915–1916) abgelehnt, aber 1935 neu herausgegeben. Viele der von Schumacher vor 1918 wie nach 1918 in großer Zahl produzierten Titel erscheinen nach 1933 ebenfalls neu und bleiben unbeanstandet. Geradezu ein Paradebeispiel für die Inkonsequenz der nationalsozialistischen Zensurinstanzen gegenüber dem größten Teil der vor 1933 erschienenen KJL ist die Beurteilung der Titel von Manfred Kyber. In der 6. Ablehnungsliste der *Jugendschriften-Warte* wurden viele davon aus der Zeit vor 1933 einzeln abgelehnt, wahrscheinlich wegen der anthroposophischen Grundüberzeugung des Autors. (Vgl. 6. Liste. 1938) Dennoch erschienen nicht wenige der abgelehnten Titel weiter, bis in die vierziger Jahre hinein; z.B.: *Märchen* (1922; neue Ausg. 1942); *Der Mausball und andere Tiermärchen* (1927; 1936 u. 1944); *Unter Tieren* (1912; 1916; 1924); *Neue Tiergeschichten* (1926). Die beiden letzteren sind neu aufgelegt unter *Gesammelte Tiergeschichten* (1934; 1936; 1938; 1940). Es bestätigt sich am Beispiel Kybers, dass die Beurteilungen der nationalsozialistischen Zensurinstanzen offenbar nicht vollständig und nicht automatisch auf dem Buchmarkt realisiert wurden.

Auch zur spezifischen Mädchenliteratur, der Backfischliteratur, scheinen die NS-Zensoren ein widersprüchliches Verhältnis gehabt zu haben. Die Ablehnungen betreffen nur einen relativ geringen Teil von dieser und auch nur einen Teil der einschlägigen Titel einzelner Autorinnen. Von Ilse-Dore Tanner wird zwar die Erzählung *Gillhagens Töchter* (1936) abgelehnt. Die von ihr zwischen 1918 und 1933 veröffentlichten Mädchenbücher werden aber nicht berücksichtigt. Von Henny Koch ist zwar ihr Mädchenbuch *Wir Fünf. Wie Ilse zum Wandervogel bekehrt wurde* (2 Erz., 1930) in die Liste aufgenommen worden, darüber hinaus aber kein anderer ihrer in der Weimarer Zeit wie z.T. schon vorher erschienenen Titel für Mädchen. Extrem bestätigt sich die Uneinheitlichkeit der nationalsozialistischen Zensurpraxis in der Beurteilung der Bücher von Magda Trott. Von ihren zwölf von 1935 bis 1941 erschienenen *Pucki*-Büchern sind der erste Band von 1935 und die drei Bände von 1937 bis 1941 in der 5. Ablehnungsliste aufgeführt. Die mit etlichen Bänden schon vor 1933 begonnene und in der NS-Zeit weiterlaufende *Goldköpfchen*-Reihe wird aber ebenso wenig erwähnt wie die seit 1926 und bis zu Beginn der vierziger Jahre mit Neuerscheinungen wie Neuauflagen laufende *Pommerle*-Reihe. Überhaupt ist festzustellen, dass trotz fast ständig wiederholter Kritik am traditionellen Mädchenbuch/Backfischbuch (vgl. Josting 1995, S. 144ff.) dieses insgesamt in der massenhaften Verbreitung älterer wie neuproduzierter Titel kaum angetastet wurde. So wie aus der Weimarer Zeit Mädchenbücher z.B. von Ilse-Dore Tanner, Else Hofmann, Aimée Gaber und Lina Haarbeck (*Wildfang*-Reihe) auch nach 1933 erschienen, so blieben auch viele der Titel aus der Zeit vor 1918, die in der Weimarer Zeit wieder aufgelegt wurden, nach 1933 mit Neuauflagen auf dem Buchmarkt. Hierzu zählen z.B. die Mädchenbücher von Helene Böhlau, Marie von Felseneck, Henny Koch, Tony Schumacher und Frida Schanz (ein Titel abgelehnt, 4.Liste). Selbstverständlich liefen auch die *Heidi*-Bücher von Johanna Spyri neben anderen für Mädchen geschriebenen Titeln von ihr bis in die NS-Zeit weiter und ebenso einige von Agnes Sapper. Keineswegs selbstverständlich war, dass auch Emmy von Rhodens *Der Trotzkopf* (1885) noch einmal mit dem 99.–103. Tausend im Jahre 1944 neu aufgelegt wurde und auch die Nachfolgebände von Else Wildhagen (ein Titel abgelehnt, 2. Liste) in den späten dreißiger Jahren mit einer weiteren Auflage auf den Markt kamen. Dies ist insofern verwunderlich, als der *Trotzkopf* in der NS-Zeit gleichsam zum Inbegriff des abzulehnenden Backfischbuches wurde.

An keinem anderen Genre der KJL lässt sich so deutlich eine – schlechte – Kontinuität erkennen wie an der spezifischen Mädchenliteratur, wobei aber nicht übersehen werden darf, dass in der Weimarer Zeit doch auch in bemerkenswerter Zahl neue, fortschrittliche Mädchenbücher entstanden, jenseits der traditionellen Backfisch-Schemata. (Vgl. Tl. 1, Beitr. B. Asper) Trotz des intensiven Bemühens um ein neues Mädchenbuch in der NS-Zeit dominierte das alte weiter auf dem Markt und blieben auch die Leseneigungen der Mädchen traditionell geprägt. (Vgl. Josting 1995, S. 144ff.)

Will man sich Klarheit darüber verschaffen, wie groß der Verlust gewesen ist, den der Bereich der KJL in Deutschland durch das Ende der Weimarer Republik, d.h. durch die Errichtung des NS-Staates erlitten hat, genügt es nicht, nur die Ablehnungs- und Verbotslisten der Zensurinstanzen zu Grunde zu legen. Es muss vielmehr auch die Frage nach den personellen Konsequenzen des radikalen politischen Wechsels gestellt werden. Zu fragen ist also, welche und wie viele Autorinnen und Autoren dem Bereich der KJL durch diesen Wechsel verloren gingen, nicht mehr publizieren konnten oder durften bzw. ins Exil gingen und dort z.T. weiter schrieben. (Vgl. Josting 2005d) Global kann gesagt werden, dass die Autorinnen und Autoren der proletarisch-revolutionären KJL, die meisten jüdischen Autorinnen und Autoren von KJL und auch manche Autoren bündischer Literatur nach 1933 ins Exil gingen. Dadurch verschwanden auch ihre vor 1933 erschienenen Bücher – in Listen abgelehnt oder auch nicht – vom Markt. Und: Die Bücher, die sie im Exil schrieben, gelangten selbstverständlich auch nicht in Deutschland auf den Markt. Zu den aus rassistischen Gründen verfolgten Autorinnen, von denen Kinder- und Jugendbücher vor 1933 veröffentlicht wurden, gingen z. B. ins Exil: Berta Lask, Ruth Rewald und Adrienne Thomas. Nur Ruth Rewald wurde nicht indiziert. Nicht wenige Autorinnen, die wegen der aus rassistischen Gründen drohenden Verfolgung ins Exil gingen, verfassten erst dort – z. T. in englischer Sprache – Kinder- bzw. Jugendbücher, z. B. Elsa Margot Hinzelmann, Anna Maria Jokl, Auguste Lazar (Ps.: Mary Macmillan) und Hertha Ernestine Pauli. Auch aus anderen, vor allem politischen Gründen gingen einige der z. T. schon vor 1933 bekannteren Autorinnen ins Exil, z. B. Erika Mann, Jo Mihaly (d. i. Elfriede Steckel), Anna Siemsen, Lisa Tetzner, Alex Wedding (d. i. Margarete Weiskopf), Hermynia Zur Mühlen. Nur die Bücher von Jo Mihaly (u. a. *Michael Arpad und sein Kind.* 1930) wurden nicht indiziert. Weitere Autorinnen, die erst im Exil Bücher für Kinder und Jugendliche verfassten, waren z. B. Irmgard von Faber DuFaur, Hildegard Johanna Kaeser, Marie Neurath und Maria Gleit (d. i. Hertha Gleitsmann), von der aber noch drei Titel aus der Zeit zwischen 1937 und 1940 in Deutschland erschienen, die dann im Exil weitere folgen ließ und in der Liste von 1942 mit sämtlichen Schriften indiziert wurde.

Von den aus rassistischen Gründen von Verfolgung bedrohten Autoren, von denen Kinder- und Jugendbücher vor 1933 erschienen waren, sind zu nennen: Béla Balázs (d. i. Herbert Bauer), Felix Salten, Bruno Schönlank, Wilhelm Speyer (obwohl christlich getauft), Walter Trier. Sie veröffentlichten vor 1933 und im Exil Bücher für Kinder und Jugendliche. Alle, bis auf Walter Trier, der nur in der *Schwarzen Liste* erscheint, sind im Index mit dem Vermerk „Sämtliche Schriften“ markiert worden.

Weitere Autoren, die vor 1933, vor 1933 und im Exil oder nur im Exil Bücher für Kinder und Jugendliche schrieben und nicht wegen aus rassistischen, sondern zumeist aus politischen Gründen drohender Verfolgung ins Exil gingen, sind z. B. Willi Bredel (nur im Exil), Kurt Held (d. i. Kurt Kläber) (vor 1933 und im Exil) und Walter Schönstedt (vor 1933 und im Exil). Von ihnen wurden ebenfalls sämtliche Schriften wegen ihrer Zugehörigkeit zur proletarisch-revolutionären KJL, d. h. wegen der linkspolitischen Position ihrer Verfasser, indiziert. Der ebenfalls den Autoren der proletarisch-revolutionären KJL zugehörige Georg Waldemar Pijet ist insofern ein Sonderfall , als er nur für einige Jahre ins Exil ging. Obwohl seine vor 1933 veröffentlichten Titel einzeln indiziert worden waren, konnte er während der NS-Zeit noch einen neuen, die Hundegeschichte *Struppi* (1937), ohne Beanstandungen erscheinen lassen. Auch Erich Kästner ist als ein Sonderfall zu bewerten. Er erhielt in der NS-Zeit zwar

Publikationsverbot (vgl. Josting 1996b), ging aber nicht ins Exil, dafür exilierten gleichsam seine in der NS-Zeit entstandenen Kinderbücher; so erschienen z.B. *Emil und die drei Zwillinge* (1935) und sein nacherzählter *Till Eulenspiegel* (1938) mit Illustrationen von Walter Trier im Baseler Atrium-Verlag, in dem auch *Pünktchen und Anton* (1931/32) im Jahre 1938 neu aufgelegt wurde.

Es gab also durchaus so etwas wie individuelle Regelungen für Autorinnen und Autoren der KJL aus der Weimarer Zeit von Seiten der literaturpolitischen Instanzen des NS-Regimes. Anders ist nicht zu erklären, dass eine nach Altner dem *Bund proletarisch-revolutionärer Schriftsteller* wie der *Kommunistischen Partei* angehörende Autorin wie Anni Geiger-Gog, die nicht ins Exil ging und von der u.a. das sozialkritische Buch *Heini Jermann* (1929) indiziert wurde, trotz Verfolgung und nach Altner sogar KZ-Haft, dennoch unter dem Pseudonym Hanne Menken eine größere Anzahl von Jugendbüchern, vor allem Mädchenbüchern, in Deutschland veröffentlichen konnte. Beispiele hierfür sind u.a.: *Anja* (1939), *Marli* (1934), *Nickel läuft ins Leben* (1937). Sie wurden fast ausnahmslos in mehreren Empfehlungslisten aufgeführt. Insofern erscheint die Aussage von Altner, Geiger-Gog sei mit „Schreibverbot" belegt worden und habe unter „ständige(r) Gestapoaufsicht bis 1945" gestanden (Altner 1991, S.200), zumindest als klärungsbedürftig.

An den Beispielen Erich Kästner, Anni Geiger-Gog und auch anderen bestätigt sich, dass die für die Literatur bzw. die KJL zuständigen NS-Instanzen in ihren Bemühungen um Unterdrückung und Verhinderung der Literatur aus der Zeit der Weimarer Republik nicht allein auf Ablehnungs- und Verbotslisten setzten, sondern auch über diverse ordnungspolitische und auch direkte polizeiliche Maßnahmen ihre Entscheidungen durchsetzten oder auch variierten. Außer dem Publikationsverbot spielten hierbei vor allem die Nicht-Aufnahme in die *Reichsschrifttumskammer* bzw. der Ausschluss aus ihr eine erhebliche Rolle. Autorinnen/Autoren, die ihr nicht angehörten, durften nicht publizieren. Auch die Zwangsmitgliedschaft der am Buchmarkt beteiligten Berufsgruppen in speziellen Fachschaften für Verlage/Verleger, Buchhandel, Büchereiwesen bot den NS-Zensoren die Möglichkeit, durch Ausschluss oder Nichtaufnahme den Markt zu lenken. Dennoch kann im Hinblick auf die Lenkungs- und Säuberungspolitik der nationalsozialistischen Literaturinstanzen global gesagt werden, dass der überwiegende Teil der KJL aus der Zeit vor 1933 auch danach auf dem Markt blieb und dass der Anteil der durch Listen, Verordnungen oder direkte Maßnahmen – u.a. auch durch die Papierzuteilung in den Kriegsjahren – vom Markt tatsächlich verdrängten wie durch Exilierung der Autorinnen und Autoren quasi ausgelöschten Titel deutlich kleiner war.

Festzustellen ist, dass die *Ausmerze* der KJL aus der Zeit vor 1933 durch die literaturpolitischen Instanzen des Nationalsozialismus nur im Hinblick auf die Autorinnen / Autoren und Titel funktionierte, die aus NS-Perspektive als politisch-weltanschaulich unerwünscht zu identifizieren waren. Dies traf nur auf einen Teil der KJL zu. Deshalb blieb der größte Teil der KJL aus der Zeit vor 1933 nicht nur wegen der zu großen Menge der Titel, sondern auch, weil die Instanzen nicht über hinreichende Kriterien für ihre Beurteilung verfügten, auf dem Markt. Dass der oft angeführte Kompetenzstreit der NS-Instanzen nicht nur ein Streit um Zuständigkeiten, sondern auch um Beurteilungskriterien war, zeigt sich u. a. daran, dass manche Titel auch unterschiedlich beurteilt wurden. Ein Beispiel hierfür ist Karin Michaelis, von der vor 1933 erschienene Titel bis 1935 in mehreren Listen empfohlen wurden, die aber 1938 mit sämtlichen Schriften indiziert wurde. Unterschiedlich bewertet wurden z. B. auch: Etzel, Paul (d. i. Paul Jordan): *Sieben deutsche Jungen : Erlebnisse und Abenteuer einer Jugendgruppe* (1932) – zweimal empfohlen, einmal abgelehnt; *Die Germanen* (1924) – einmal empfohlen, einmal abgelehnt; Gruhn, Karl: *Bismarck : sein Leben und sein Werk* (1931) – einmal empfohlen, einmal abgelehnt; *Hundert lustige Geschichten* (1912) – dreimal empfohlen, einmal abgelehnt; Schnurbein, Anna Clotilde von: *Wenn das Kindlein erwacht : zwanzig Geschichten für ganz Kleine* (1924) – einmal empfohlen, einmal abgelehnt; Strauß, Fritz: *Auf gefahrvollem Flug* (1932) – einmal empfohlen, einmal abgelehnt.

Auch die vor wie nach 1933 entstandenen illustrierten Tiererzählungen für Kinder von William Schneebeli, die sehr verbreitet waren, wurden zwar viel gelobt und in zahlreichen Listen empfohlen; von Seiten der HJ, im *Buchanzeiger der Reichsjugendbücherei*, wurden sie aber durchweg nur als „Eingeschränkt verwendbar" beurteilt. (Nachweis: Hopster / Josting / Neuhaus 2001)

2.

Wie an den Ablehnungs- und Indizierungslisten erkennbar ist, welche Literatur für Kinder und Jugendliche aus der Zeit vor 1933 von den sogenannten Schrifttumswaltern der NS-Instanzen vom Markt ferngehalten bzw. vom Markt verdrängt werden sollte, so lässt sich an entsprechenden Empfehlungslisten erkennen, welche KJL aus der Weimarer Zeit oder sogar der Zeit vor 1918 erwünscht war, favorisiert wurde. Mit diesen Listen vor allem wollten die zuständigen Instanzen ihre *„positive Schrifttumspolitik"* (Josting 1996a, S. 23) praktizieren. Schon 1933 erschien ein erstes Verzeichnis empfehlenswerter Bücher unter dem Titel *Das Jugendbuch im Dritten Reich* [1933]. Dieses Verzeichnis wurde jährlich herausgegeben, z. T. mit verändertem Titel (z. B. *Das Buch der Jugend 1934/35* [1934]) und mit heftigem Streit zwischen den Instanzen wie u. a. dem

Nationalsozialistischen Lehrerbund und der *Reichsjugendführung* um die Gesamtverantwortung. (Vgl. Josting 1995, S. 184ff.) Die Empfehlungslisten und Verzeichnisse lassen erkennen, dass die Empfehlungen nicht wahllos oder nur titelspezifisch ausgesprochen wurden, sondern dass ihnen zumindest grob ein gewisses Konzept zugrunde lag, ein Raster von allgemeinen, primären Gesichtspunkten. Sie entsprechen bestimmten Themen oder Sachbereichen, die für die NS-Ideologie einen hohen Stellenwert hatten bzw. die sich besonders gut, leicht dafür eigneten, mit NS-Ideologemen gleichsam aufgeladen zu werden. Solche Themen oder Sachbereiche waren z.B. die deutsche Geschichte, das Germanentum, die Kolonien, die Heimat und das sogenannte Volkstum, Kriege, besonders der Erste Weltkrieg. Dieses immer wieder variierte, aber im Prinzip gleichbleibende Grundraster bestimmte die Empfehlungspraxis der Zensurinstanzen, auch gegenüber der KJL aus der Zeit vor 1933. Das heißt also, dass durch die politisch-ideologisch gesteuerte Empfehlungspraxis auch die Auswahl wie die Rezeption von Büchern deutlich vorgesteuert, gelenkt wurden. Globalziel war, die empfohlene KJL, besonders die aus der Zeit vor 1933, als eine ns-affine Literatur erscheinen zu lassen oder – noch mehr zugespitzt – den Eindruck zu vermitteln, dass die gute, empfehlenswerte KJL immer schon ns-affin gewesen sei. Die Überschriften der Sachbereiche im Verzeichnis *Das Jugendbuch im Dritten Reich* von 1933 lassen diese Tendenz bereits erkennen, eine primär völkische und damit ns-affine Einordnung und Vorbewertung der Texte:

- *Märchen, Sagen, Götterglaube* – u.a. Brüder Grimm, Ludwig Bechstein, Wilhelm Hauff, Leopold Weber, viele Volks- und Heldensagen.
  Vorbemerkung: In Mythos, Sage und Märchen eines Volkes offenbare sich „sein schicksalhaft ihm zugewiesenes unverfälschtes Wesen“, sie gäben „Kunde vom artgemäßen Verhältnis des deutsch-germanischen Menschen zum Göttlichen, von der Heldengröße deutscher Führer und Stämme“, und sie seien „in urfernen Tagen dem von Verstandeskräften, Stoffglauben und Rassemischung unzerstörten Nährboden des Volksgeistes“ entsprungen. (*Das Jugendbuch im Dritten Reich*. 1933, S. 6)
- *Schwänke, lustige Geschichten und Fabeln* – u.a. Ausgaben von Münchhausen, Eulenspiegel, Schildbürgern, aber auch Bearbeitungen von Will Vesper und Wilhelm Fronemann.
  Vorbemerkung: „Überall, wo ein *gesundes* Volk“ lebe, verliere es selbst „in der schlimmsten Lage […] seinen artbedingten Humor nicht“, und die deutsche Jugend solle an den Texten lernen, „deutschen Humor und Schalk wieder vom undeutschen 'Witz'“ zu unterscheiden. (Ebd., S. 10)

- *Erzählungen aus der deutschen Geschichte. – Der letzte Kampf ums Reich. (Vom Weltkrieg zum Dritten Reich)* – u.a. Titel von Wilhelm Kotzde, Erhard Wittek, Josef Magnus Wehner, Werner Beumelburg, Felix Graf Luckner, Paul von Lettow-Vorbeck, Karl Aloys Schenzinger.
  Vorbemerkung: „Wenn wir als Träger des werdenden Volkes und neuen Reiches uns darum bewußt für die geschichtliche Sendung unseres Volkes einsetzen wollen, müssen wir uns gerade aus unserer Volksgeschichte ein starkes Erleben unserer Volkheit und unserer Volksaufgaben holen." (Ebd., S. 12) Ziel der Bücher zur Geschichte wie der gesamten Erziehung sei, „das Herz eines jeden in der Verantwortung stehenden Deutschen zu einem sicheren Kompaß zu machen für das, was unserem Volke gemäß ist und was unserem Volke nottut." (Ebd., S. 12)
- *Geschichten und Bilder aus Heimat und Vaterland* – u.a. Peter Rosegger, Hermann Löns, Adam Müller-Guttenbrunn, Bändchen zu deutschen Landschaften und Bauwerken.
  Vorbemerkung: „Boden und Blut, Landschaft und Persönlichkeit sind Wurzeln einer jeden echten Volkskultur und bodenwüchsige Gemeinschaften, bodenverwurzelte Menschen sind die lebendigen Träger einer jeden gesunden Volksgegenwart." (Ebd., S. 17) Die Bücher vermittelten das Erlebnis, „daß wir alle als Volksglieder nur dann recht gedeihen können, wenn wir mit einem Stück deutscher Erde in engster Verwurzelung leben". (Ebd., S. 17)
- *Von Reisen und Abenteuern, fernen Völkern und Ländern* – Reise- und Abenteuerliteratur, über Entdeckungen, Expeditionen, Indianerliteratur, u.a. Sven Hedin, Fritz Steuben, Karl May (!).
  Vorbemerkung: Nur ein Junge, der etwas Sehnsucht in die Ferne, etwas Abenteurerblut habe, sei „ein rechter deutscher Junge, wesensgleich den Ahnen, die in großen Völkerzügen und zahllosen Auswanderungen schier in die ganze Welt deutsches Blut als Wurzelboden vieler Kulturen verpflanzten. […] an den Taten und Fahrten großer Forscher und Reisender, Seefahrer und Abenteurer […] soll deutsche Jugend das Feuer eigener Abenteurerlust kühlen und auf Wanderfahrten und Streifzügen, am Lagerfeuer, in den Kriegsspielen ihre eigenen köstlichen Abenteuer erleben." (Ebd., S. 19)

In allen Vorbemerkungen zu den in den jeweiligen Kapiteln zusammengestellten Texten scheinen dieselben NS-Ideologeme durch, die Ideologeme von der seit der Germanenzeit bestehenden völkischen Identität der Deutschen und des Deutschen, von der durch Blut und Boden bedingten Rassegebundenheit der Deutschen, von ihrer sogenannten Sendung in der Welt, ihrer kulturellen Prädominanz. So heißt es z.B. auch in der Vorbemerkung zum Kapitel *Geschichten, Erzählungen und Romane aus der Natur*, dass es zum „Wesen des Deutschen" gehöre, der Natur „nicht als gewalttätiger Herr, sondern als verstehender, beobachtender Freund gegenüberzutreten." (Ebd., S. 22) Als Vorbild dient dem Text ausdrücklich „die große Gestalt unseres natur- und tierliebenden Führers." (Ebd., S. 22) Es sei kein Zufall, dass die meisten der aufgeführten Schriftsteller „deutschen oder verwandten nordischen Blutes" (ebd., S. 22) seien, z. B. – wiederum – Hermann Löns, der Däne Svend Fleuron, Egon von Kapherr, Erich Kloß, der Norweger Mikkjel Fönhus, aber auch der Kanadier Ernest Thompson Seton. Es ist symptomatisch, dass es sich bei den in der Liste wie entsprechend auch in anderen Listen aufgeführten Übersetzungen überwiegend um solche aus dem Skandinavischen handelt. Übersetzungen aus romanischen oder slawischen Sprachen fehlen nahezu ganz. Dies bestätigt sich auch an dem allgemeinen Kapitel *Erzählungen, Geschichten und Gedichte*, in dem – neben deutschsprachigen Autorinnen und Autoren wie Agnes Sapper, Alois T. Sonnleitner und Johanna Spyri – die von nationalsozialistischer Seite besonders geschätzten skandinavischen Autorinnen und Autoren empfohlen werden, nämlich die Norwegerin Marie Hamsun, die Norweger Jens Hagerup und Gabriel Scott, die Schwedin Selma Lagerlöf, die Dänin Helene Horlyck und der Däne Anders Christian Westergaard. Gemäß Vorbemerkung handelt es sich bei den in dem Kapitel zusammengestellten Büchern um die, „die Menschenliebe und Anteilkraft, Wagemut und Abenteurerlust, unseren Lebenswillen und unser Verständnis für den Mitmenschen" stärken können und damit dazu verhelfen, mitzubauen „an den seelisch-menschlichen Grundlagen unserer Volksgemeinschaft." (Ebd., S. 24) Dominant ist in der Auswahl in diesem Kapitel das Ideologem der nordisch-rassisch begründeten Prägung des sogenannten Volkes. Als mitten aus dem Leben des echten, gesunden Volkes gegriffen werden die aufgeführten Titel bewertet, z. T. in spezifischen Teilen für Jungen und Mädchen, woran sich zeigt, dass auch in den Vorstellungen von KJL wie in deren Bewertung auf nationalsozialistischer Seite noch die traditionelle Leitkategorie der Geschlechtsspezifik dominierte.

Wie massiv schon die erste Liste *Das Jugendbuch im Dritten Reich* darauf abhob, nicht nur eine nach spezifischen NS-Kriterien selegierte Auswahl zu bieten, sondern auch die ausgewählten Titel nationalsozialistischen Ideologemen zu amalgamieren, zeigt sich auch am letzten Teil mit der Überschrift *Belehrung und Erkenntnis*. Hier werden Sachbücher zu verschiedenen Wissensgebieten zusammengestellt, grob unterteilt in die Gebiete Geschichte, Natur und Technik. Dass die Selektion bei der Auswahl zugleich auch eine Reduktion der Vielfalt eines Gebietes bedeutete, zeigt sich z. B. an der Zwischenüberschrift *Aus Deutscher Geschichte*, die mit dem Zusatz *Volk – Rasse – Wehr* spezifiziert wird. In der Vorbemerkung wird klar ausgedrückt, dass alle Wissenschaft, alle Forschung der organologisch-völkischen Ideologie des Nationalsozialismus entsprechend aus deren Perspektive erfolgen müsse, alles Wissen müsse aus organologisch-völkischem Interesse heraus vermitteltes Wissen sein. Es heißt dort: „Wohl sind Begriffe und Kenntnisse aus Geschichte und Erdkunde, Naturforschung und Technik nicht überflüssig, aber sie sind uns auch nicht mehr so wichtig wie einer versunkenen Zeit, die glaubte, dass Wissen Macht sei. Alle Kenntnisse müssen Erkenntnisse sein, Erkenntnisse unseres volklichen Werdens und seiner Kräfte, der Zusammenhänge von Boden und Blut, Volk und Land, Mensch und Heimat [...]. Alle Tätigkeit unseres Verstandes muß wurzeln und wirken in den Herzkräften unseres Blutes und unserer Seele, muß stärken den einsatz- und tatbereiten Willen für Volk und Land, für Forschung und Arbeit." (Ebd., S. 29)

Genannt werden unter den empfohlenen Sachbüchern z. B.:

> Meyer, Arnold: *Das Wunderbuch der Technik*. 1931; Gail, Otto Willi: *Wir plaudern uns durch die Physik*. 1931; Schmid, Karl Friedrich: *Das Wunderbuch unserer Heimat*. 1928; Haller, Johannes: *Das altdeutsche Kaisertum*. 2. Aufl. 1926; Schwarte, Max: *Geschichte des Weltkrieges : ein deutsches Volksbuch*. 1932; Plaßmann, Joseph: *Das Sternenzelt und seine Wunder*. 1924; Schmitt, Cornel: *Erlebte Naturgeschichte*. 1918.

Ob die Empfehlungsliste bzw. alle ähnlichen Empfehlungslisten einen Einfluss auf den Buchmarkt, die Literaturvermittlung oder die Leserschaft gehabt haben, lässt sich nicht nachprüfen. Dass sie auf die Verbreitung und Rezeption der KJL aus der Zeit vor 1933 überhaupt keinen Einfluss gehabt haben, ist aber sicher nicht wahrscheinlich. Eher ist davon auszugehen, dass sich die empfohlenen Titel aus der Weimarer Zeit zumindest in vielen Fällen der Adaption durch die von nationalsozialistischer Seite vorgestanzten Leseweisen widersetzten. Immerhin gaben die für die KJL zuständigen Instanzen, besonders der *Nationalsozialistische Lehrerbund*, noch eine Reihe weiterer Listen mit regionalem, thematischem oder genrespezifischem Schwerpunkt heraus, was den Schluss nahe legt, dass Listen insgesamt für ein erfolgversprechendes Instrument der Lenkung gehalten wurden. (Vgl. Josting 1995, S. 184 ff.; Josting 2005a, Sp. 76 ff.)

Ausgeschlossen aus den Empfehlungslisten wie auch aus den Ablehnungslisten – mit wenigen Ausnahmen in den sechs Listen in der *Jugendschriften-Warte* – blieb offenbar die konfessionelle KJL, von der auch keine eigene Liste zusammengestellt wurde. Der *Nationalsozialistische Lehrerbund* hielt sie z. B. insgesamt für nicht empfehlenswert. (Vgl. Josting 1995, S. 191) Das ignorante Verhalten der Zensurinstanzen gegenüber der konfessionellen Literatur, d. h. der konfessionellen Gebrauchsliteratur für Jungen und Mädchen wie der für diese geschriebenen Literatur mit konfessionellen Themen, hatte immerhin zur Folge, dass die aus der Zeit vor 1933 stammende auch nach 1933 auf dem Markt verbleiben konnte, auch die Periodika. (Vgl. Hopster / Wegner 2005; Hopster 2005b) Beispiele hierfür sind:

Brey, Henriette: *Weiße Blüten : Kommunionerzählungen für Mädchen*. 1926; 1933; Dörfler, Peter: *Der junge Don Bosco*. 1930; 9.–19. Tsd. 1933; Gumtau, Lotte: *Lisis Geheimnis : Nöte und Freuden eines hilfreichen Herzens*. 1930; 1939; Jaeger, Paul: *Christsonne : Weihnachtsgeschichten*. 1931; 27.–30. Tsd. 1938; Willam, Franz Michel: *Der Herrgott auf Besuch*. 1923; 2. neubearb. Aufl. 1934; Norden, Heinrich: *Der Neffe des Zauberers : eine Erzählung aus Kamerun*. 1913; 8. Aufl. 1939.

Die nachhaltigste Wirkung im Sinne der positiven Schrifttumspolitik der NS-Instanzen hat sicherlich der ab 1935 monatlich in der *Jugendschriften-Warte* erscheinende Karteiteil mit der Beurteilung von jeweils 32 Titeln gehabt. Aufgrund der weiten Verbreitung der Zeitschrift, besonders unter der Lehrerschaft, wird der Karteiteil sicherlich den Kauf, die Vermittlung und die Rezeption eines erheblichen Teils der auf dem Markt befindlichen KJL beeinflusst haben. Weitere, über den Karteiteil hinausgehende Beurteilungen wurden auch in anderen Zeitschriften, z. B. der *Reichszeitung der deutschen Erzieher*, veröffentlicht. Für die Beurteilungen auf den Karteikarten zeichneten jeweils mehrere der Zensurinstanzen verantwortlich. (Vgl. Josting 1995, S. 44 ff.)

Das Fazit der Beurteilungen lautete entweder *abgelehnt, geeignet* oder *empfohlen*, später auch noch *bedingt geeignet*. Beabsichtigt war also eine gewisse Differenzierung in der Beurteilung. Der weitaus größte Teil der im Karteiteil der *Jugendschriften-Warte* beurteilten Titel wurde empfohlen, d.h., es wird eine entsprechende Selektion vorausgegangen sein, ganz im Sinne der beabsichtigten positiven Schrifttumspolitik.

Das Raster der Sachgebiete, das dem Karteiteil zugrunde lag, entspricht zum großen Teil, zumindest tendenziell, dem Raster der Empfehlungsliste *Das Jugendbuch im Dritten Reich* von 1933. Der Unterschied besteht darin, dass im Karteiteil die Anpassung der Titel an NS-Ideologeme nicht nur durch das Einzwängen in ein Raster und ihre Vorwertung durch die Vorbemerkungen vollzogen wird, sondern dass die Anpassung gleichsam Buch für Buch anhand der jeweiligen Karteikarte nachvollziehbar und akzeptabel gemacht wird. Sachbereiche sind z. B. *Volksgut, Aus der Geschichte, Der erste Weltkrieg, Der Großdeutsche Freiheitskampf, Grenz- und Auslandsdeutschtum, Natur und Landschaft, Technik und Arbeit, Heimatschrifttum.* Mit entsprechenden Kürzeln wurde die Zuordnung eines Titels auf jeder Karteikarte vermerkt.

Im Hinblick auf die KJL der Weimarer Zeit oder sogar der Zeit vor 1918 stellt sich nun die Frage, inwieweit der Karteiteil das Weiterlaufen dieser Literatur über die Grenze von 1933 hinweg beeinflusst hat. Zugespitzt lautet die Frage: Welche Titel der KJL aus der Zeit vor 1933 wurden besonders empfohlen, favorisiert und aus welchen Gründen. Diese Frage kann nur anhand signifikanter Beispiele, d.h. tendenziell beantwortet werden, da ein Gesamtnachweis von

Büchern aus der Weimarer Zeit auf dem Buchmarkt in der NS-Zeit nicht möglich ist und auch nur ein Teil davon in den Listen der NS-Zensurinstanzen erfasst worden ist.

Anhand einer Auswahl von 606 Titeln aus der Weimarer Zeit, die auch in der NS-Zeit rezipiert und wieder aufgelegt wurden (vgl. Hopster/Josting/Neuhaus 2001, Sp. 1391–1416), lassen sich bestimmte Tendenzen in deren Beurteilung durch die Zensurinstanzen erkennen. Beurteilt wurden im Karteiteil 216 der ausgewählten 606 Titel, also etwas mehr als ein Drittel. Im Jahre 1933 erschienene Titel in der Auswahl wurden nicht mitgezählt, weil nicht zu eruieren ist, ob sie noch in der Weimarer Zeit abgeschlossen waren oder schon unter den Bedingungen des NS-Staates verfasst wurden. 191 der 216 beurteilten Titel erhielten das Prädikat *empfohlen*, 13 das Prädikat *abgelehnt* (drei davon, weil als Jugendbuch ungeeignet), 12 das Prädikat *geeignet*. Es wurden also deutlich mehr Titel empfohlen als abgelehnt. Im engeren Sinne jüdische Titel, also Titel von jüdischen Autoren/Autorinnen mit jüdischen Themen für jüdische Kinder und Jugendliche, wurden nicht im Karteiteil besprochen; ebenso wenig im engeren Sinne christlich-konfessionelle Titel. Besprochen und zensiert wurden auch nicht die in den sechs Ablehnungslisten der *Jugendschriften-Warte* aufgeführten Titel.

Interessant ist die Aufschlüsselung der empfohlenen Titel nach Textsorten. Es dominieren hierbei die Ausgaben bzw. Sammelbände von Sagen, Heldensagen, Schwänken, Anekdoten – auch in Form von Nacherzählungen – mit 30 Titeln, gefolgt von den Ausgaben/Teilausgaben bzw. Sammelbänden – auch in Form von Nacherzählungen – von Märchen mit 19 Titeln, wobei die neuen Märchen der damaligen Zeit nicht mitgerechnet wurden. Ebenfalls wurden 19 Sammelbände mit überwiegend literarisch-erzählerischen Texten empfohlen. Von anderen Textsorten wurden weit weniger Titel positiv beurteilt, von Beschäftigungs- und Spielbüchern z.B. 9, von den Jahrbüchern 6, von Lieder- bzw. Musikbüchern und Wegweisern jeweils 5, von sachliterarischen Sammelbänden – z.T. zur Technik – immerhin 4. Auffällig ist auch, dass 13 der in der Menge von 606 Titeln aufgeführten Zeitschriften aus der Weimarer Zeit empfohlen wurden.

Einen thematischen Schwerpunkt der Ausgaben, Sammlungen und Bearbeitungen bildet das Ur-Völkische des Deutschen, das sich vorgeblich in der sogenannten Volksdichtung, den Sagen und Märchen noch am reinsten ausdrücke. Beispiele sind u.a.: Bässler, Ferdinand: *Germanische Heldensagen* (1843–1856; 1924); Bonus, Arthur: *Isländerbuch* (1920); *Sachsenmärchen aus Siebenbürgen* (1925); Wolters, Friedrich: *Heldensagen der Germanen* (1930); *Deutsches Anekdotenbuch* (1927); *Der goldene Vogel : deutsche Helden- und Abenteuer-Märchen* (1929); *Versunkene Volksmärchen* (1928). Besonders empfohlen und auch verbreitet waren die vielen Titel mit Nacherzählungen germanischer Götter- und Heldensagen von Leopold Weber, z.B. *Asgard : die Götterwelt unserer Ahnen* (1920) und *Midgard : die Heldensagen des Nordlandes* (1922). Und auch Webers Wiedergaben der Heldensagen um Parzival bzw. König Artus, Dietrich von Bern und Gudrun wurden in der NS-Zeit jener Literatur zugerechnet, durch die eine Wiedererweckung des völkischen, nordisch-deutschen Selbstbewusstseins erwartet wurde. Weitere thematische Schwerpunkte unter den empfohlenen Titeln sind:

- der Erste Weltkrieg (z.B. Beckmann, Adolf: *U-Boote vor New York. 1931;* Gilbert, Hubert E.: *Batterie Glahn.* 1930; Nobbe, Uwe Lars: *Kriegsfreiwillige.* 1929; Beumelburg, Werner: *Sperrfeuer um Deutschland* 1928; 1933 gekürzte Jugendausg.),
- die Technik (z.B. *Der Bau von Flugmodellen.* Bd. 1, 1929; Bd. 2, 1927; Gail, Otto Willi: *Wir plaudern uns durch die Physik.* 1931; Stamer, Fritz: *Handbuch für den Jungsegelflieger.* 1. u. 2. Bd. 1930),
- die Kolonien (z.B. Lettow-Vorbeck, Paul von: *Heia Safari.* 1920; Thorbecke, Marie Pauline: *Häuptling Ngambe : eine Erzählung aus Kamerun. 1922;* Voigt, Bernhard: *Du meine Heimat Deutschsüdwest.* 1920),
- die Natur (z.B. Busemann, Libertus: *Deine Freunde in Wald und Flur.* 1932; Kloss, Erich: *Geheimnisse der Schilfbucht.* 1931 – u. einige der vor 1933 wie in der NS-Zeit erschienenen Titel von Hermann Löns),
- die deutsche Geschichte (z.B. Enderling, Paul: *Die Glocken von Danzig.* 1924 – Abwehr der Okkupation durch Polen im 16. Jh.; Fritsch, Oskar: *Friedrich der Große : unser Held und Führer.* 1924; Heyck, Hans: *Armin der Cherusker.* 1932; Lobsien, Wilhelm: *Jürgen Wullenweber.* 1929; Vesper, Will: u.a. *Der arme Konrad.* 1924 – Bauernkrieg). Natürlich fehlen in diesem Bereich auch nicht die nach 1933 fast sakrosankten Märtyrer-Geschichten aus der Geschichte der sogenannten Bewegung von Erwin Reitmann (*Horst Wessel : Leben und Sterben.* 1932) und Karl Aloys Schenzinger (*Der Hitlerjunge Quex.* 1932).

Für wichtig wurden offenbar auch Titel gehalten, die besondere Leistungen von Menschen erkennen lassen, vornehmlich von Deutschen, die also für das von nationalsozialistischer Seite proklamierte Leistungsprinzip fungibel gemacht werden konnten (z.B. Beinhorn, Elly: *Ein Mädchen fliegt um die Welt.* 1932; Benz, Carl: *Lebensfahrt eines deutschen Erfinders.* 1925; Buschik, Richard: *Die Eroberung der Erde.* 1930).

Auch etliche der schon in der Weimarer Zeit bekannten Abenteuer-Bücher wurden von den Zensoren des Karteiteils der *Jugendschriften-Warte* für empfehlenswert gehalten; so z.B.: Faber, Kurt: *Unter Eskimos und Walfischfän-*

gern. 1924; Gagern, Friedrich von: *Das Grenzerbuch.* 1927; Velter, Joseph Matthäus: *Wölfe, Bären und Banditen.* 1931; Steuben, Fritz (d.i. Erhard Wittek): *Der fliegende Pfeil.* 1930. Die Affinität Steubens und von Gagerns zum NS-Rassismus ist bereits in einer Studie dargelegt worden, ebenso die kontroverse Diskussion um die Frage der Akzeptierbarkeit Karl Mays, die letztlich positiv entschieden wurde. (Vgl. Haible 1998)

Insgesamt lässt sich sagen, dass den Themen, Titeln wie überhaupt den Auswahltendenzen nach eine weitgehende Übereinstimmung zwischen dem Karteiteil der *Jugendschriften-Warte* wie der Empfehlungsliste *Das Jugendbuch im Dritten Reich* von 1933 und ihren folgenden Jahreslisten sowie auch anderen Listen erkennbar ist (u.a. *Gutachtenanzeiger* der *Bücherkunde*; *Deutsche Bücher*; *Grundliste für Schülerbüchereien der Volksschulen*).

3.

Wenn man die in den Listen der literaturpolitischen Instanzen des NS-Staates aufgeführten Titel global überschaut, gewinnt man den Eindruck, dass – abgesehen von den durch Indizierung, Ablehnung oder direkte Maßnahmen unterdrückten Titeln – auf dem KJL-Markt vom späten 19. Jahrhundert bis in die NS-Zeit hinein eine weitgehende Kontinuität geherrscht hat. Vor allem die Bestseller und klassischen, zum gleichsam eisernen Bestand der KJL gehörenden Titel sind auch nach 1933 auf dem Buchmarkt, zumeist auch in Neuauflagen oder Bearbeitungen. Die Titel von James Fenimore Cooper, Daniel Defoe, Frederick Marryat, Agnes Sapper, Johanna Spyri, Tony Schumacher und Charles Sealsfield/Karl Anton Postl werden zwar nicht im Karteiteil der *Jugendschriften-Warte* besprochen, aber in etlichen anderen Listen empfohlen. Von den Märchen-Klassikern werden im Karteiteil zwar nur die *Kinder- und Hausmärchen* der Brüder Grimm empfohlen, aber die Märchen – in vollständigen oder Teil-Ausgaben – von Bechstein und Hauff und sogar die *Volksmärchen der Deutschen* von Musäus werden z.T. vielfach in anderen Listen empfohlen. Auch hier bestätigt sich also eine deutliche Kontinuität. Es ist durchaus zulässig zu folgern, dass die nationalsozialistische Literaturpolitik im Bereich der KJL darauf zielte, von der anerkannten, geschätzten und vielgelesenen KJL der Vergangenheit so viel wie möglich für die Lenkung des Marktes und insbesondere für die ideologische Lenkung der Leserschaft fungibel zu machen. Deshalb wurden von den Zensurinstanzen auch insgesamt viele Titel aus der Zeit vor 1918 berücksichtigt und überwiegend empfohlen, z.B.: Bayer, Maximilian: *Die Helden der Naukluft* (1912; 6. Aufl. 1939); Bonsels, Waldemar: *Die Biene Maja und ihre Abenteuer* (1912; 756.–760. Tsd. 1935); Frenssen, Gustav: *Peter Moors Fahrt nach Südwest* (1906; 370.–383. Tsd. 1943);Gerstäcker,

Friedrich: u.a. *Die Flußpiraten des Mississipi* (1848; 2. Aufl. 1941); Löns, Hermann: *Mein grünes Buch* (1901; 1936); May, Karl: u.a. *Die Sklavenkarawane* (1893; 151.–180. Tsd. 1940). (Vgl. Hopster/Josting/Neuhaus 2001, Sp. 1377–1388) Die feststellbare, von nationalsozialistischer Seite gewünschte Kontinuität auf dem KJL-Markt seit Ende des 19. Jahrhunderts entspricht der allgemein in der NS-Geschichtsschreibung unterstellten und beschworenen Kontinuität in der Entwicklung des germanisch-deutschen Volkes von den Anfängen an bis zur Schaffung des nationalsozialistischen Volks-Staates.

Eine andere Frage ist, in welchem Ausmaß und aus welchen Gründen die KJL auch nach 1933 weiterlief, die aus anderen Sprachen übersetzt worden war und der in der Weimarer Zeit oder z. T. sogar schon vorher eine gewisse Bedeutung zukam. Der auffälligste Befund ist der, dass die aus den skandinavischen Sprachen übersetzten Titel auch nach 1933 eindeutig dominierten und in der Regel empfohlen wurden. (Nachweise in: Hopster/Josting/Neuhaus 2001, Sp. 2163 f.) Viele dieser Titel waren vor 1933 für ihr jeweiliges Genre maßgeblich und bahnbrechend. Sie wurden auch nach 1933 favorisiert, weil sie gemäß NS-Terminologie der artverwandten nordischen Kultur angehörten. Neben den Märchen des Dänen Hans Christian Andersen, die als quasi-deutsche Märchen eingeschätzt wurden, kam den Tier-/Naturerzählungen des Dänen Svend Fleuron und des Norwegers Mikkjel Fönhus ein besonders hoher Stellenwert zu. Nicht geringe Bedeutung hatten auch weitere Titel aus dem Dänischen, z. B. von Bertha Holst, Helene Horlyck (*Inge*-Bücher!) und Anders Christian Westergaard (u.a. *Per von der Düne*. 1930). Außer den Titeln von Mikkjel Fönhus spielten auch Texte der Norweger Gösta af Geijerstam und Jens Hagerup vor wie nach 1933 eine Rolle, was die oftmalige Empfehlung dieser Titel erkennen lässt. Das Gleiche gilt für den aus dem Schwedischen übersetzten Klassiker der Kinderliteratur *Wunderbare Reise des kleinen Nils Holgersson mit den Wildgänsen* (1906–1907; 1913; [1937] u. ö.) von Selma Lagerlöf. Gemessen an der Häufigkeit der Empfehlungen wie der Zahl der empfohlenen Titel nehmen aber die aus dem Norwegischen übersetzten Erzählungen Marie Hamsuns über die *Langerudkinder* eine Sonderstellung ein. Die drei in der Weimarer Zeit erschienenen Titel wie auch der vierte, der 1933 folgte (*Die Langerudkinder wachsen heran*), wurden nach 1933 außerordentlich häufig empfohlen und gleichsam zu Vorbildern hochstilisiert.

Neben den Übersetzungen aus den skandinavischen Sprachen wurden auch zahlreiche Titel von Seiten der NS-Zensur hoch bewertet bzw. empfohlen, die aus dem Englischen übersetzt worden waren und in der Weimarer Zeit wie z. T. schon vorher einen festen Platz auf dem KJL-Markt einnahmen. Beispiele hierfür sind die Indianergeschichten von Olaf Baker (*Der staubige Stern*. 1927; 1936) und Charles Alexander Eastman (*Winona*. 1920; 1933 bis 1937 empfohlen), die abenteuerlichen Tier- und Naturerzählungen von Cherry Kearton (*Mein Freund Toto : die Abenteuer eines Schimpansen*. 1927; 1936), von denen einige auch noch nach 1933 in der Erstauflage erschienen; vor allem aber die für das Genre der Tiererzählung maßgeblichen Titel von Ernest Thompson Seton, dem Begründer der tierpsychologisch korrekten wie realitätsgetreuen Schilderung von Tieren in ihrem natürlichen Umfeld (u.a. *Domino Reinhard : die Lebensgeschichte eines Silberfuchses*. 1909; 1924; 1940; *Monarch der Riesenbär*. 1904; 1921; 1935), galten auch in der NS-Zeit als beispielhaft. Andere bekannte und vielgelesene Autorinnen und Autoren der aus dem Englischen übersetzten KJL waren auf dem Buchmark in der NS-Zeit nicht vorhanden, zumindest nicht mit Neuauflagen (z.B. Harriet B. Beecher-Stowe: *Onkel Toms Hütte*. 1851–52; 1933; Lewis Carroll: *Alice im Wunderland*. 1865; 1931), oder sie wurden von den Zensurinstanzen ignoriert. Von den bis 1933 verbreiteten *Doktor Dolittle*-Geschichten Hugh Loftings scheint immerhin eine (*Doktor Dolittles Postamt*) um 1934 neu aufgelegt worden zu sein. Nur die beiden berühmten Bücher von Mark Twain (*Tom Sawyers Abenteuer*. 1876; *Huckleberry Finns Fahrten und Abenteuer*. 1884) erschienen – in bearbeiteter Fassung – noch einmal im Jahr 1938. Übersetzungen aus anderen Sprachen haben auf dem KJL-Markt nach 1933 offenbar nur ein geringes Gewicht gehabt, abgesehen von Ausnahmen wie z.B. der aus dem Niederländischen übersetzten abenteuerlichen Seegeschichte *Kapitän Bontekoes Schiffsjungen* (1924; 1926; 1937) von Johan Fabricius, die mehrfach empfohlen wurde. Übersetzungen aus den slawischen Sprachen sind bis auf die abgelehnten Titel im Bereich der proletarisch-revolutionären KJL kaum nachgewiesen.

Zusammenfassend kann gesagt werden, dass auch die nach 1933 auf dem Markt vorhandene übersetzte KJL zumindest in weiten Teilen dieselbe war wie in der Weimarer Zeit.

Es bleibt noch zu fragen, welche Autorinnen / Autoren bzw. Titel der KJL der Zeit vor 1933 denn von nationalsozialistischer Seite besonders hochgeschätzt wurden. Die Häufigkeit der Empfehlungen für bestimmte Titel ist ein ergänzendes Indiz für die Tendenzen in der Rezeption der vornationalsozialistischen KJL durch die NS-Instanzen. (Nachweise in: Hopster / Josting / Neuhaus 2001). Wie nicht anders zu erwarten, werden auch die Autorinnen / Autoren am häufigsten empfohlen, denen auch unter dem Gesichtspunkt der thematischen oder nationenspezifischen Rezeptionsinteressen auf nationalsozialistischer Seite das größte Gewicht zukommt. Herausragend ist hierbei Marie Hamsun, gefolgt von den Brüdern Grimm, Werner Beumelburg, Paul von Lettow-Vorbeck, Hermann Löns, Karl Aloys Schenzinger (*Der Hitlerjunge Quex*. 1932), Fritz Steuben und Leopold Weber. Annähernd so häufig empfohlen wurden dann noch die Titel

z. B. von Arthur Bonus, Paul Enderling, Jens Hagerup, Wilhelm Lobsien (*Klaus Störtebecker*. 1927) und Hans Watzlik.

Es lässt sich insgesamt sagen, dass die Häufigkeit der Empfehlungen den Prinzipien der Selektion und Lenkung durch Favorisierung entspricht, die sich schon in der Struktur der Zensurlisten manifestieren, die wiederum Ausdruck der ideologischen Rezeptionsinteressen der nationalsozialistischen Zensurinstanzen sind, z. B. des Interesses, die Bücher von Marie Hamsun wie anderer skandinavischer Autorinnen und Autoren in den Dunstkreis der Blut- und Boden-Ideologie zu zerren.

Zum Schluss noch zwei Fragen: Weshalb betrieb der NS-Staat einen so ungeheuren Aufwand für die Selektion, Beurteilung und Umfunktionierung gerade der Literatur/KJL der Zeit vor 1933? Erstens wäre die Ersetzung des privatwirtschaftlich organisierten Literaturmarktes, der vornehmlich von der Literatur der vornationalsozialistischen Zeit lebte, durch einen staatlichen Markt ökonomisch nicht zu leisten gewesen. Und: Die Produktion einer neuen, ns-spezifischen Literatur, näherhin Literatur für Kinder und Jugendliche, wäre nicht in dem Umfang und in der Differenziertheit möglich gewesen, die nötig gewesen wären, um die traditionell geprägten Lese-Interessen der Kinder und Jugendlichen zu befriedigen. Trotz intensiver Förderung blieb die ns-spezifische KJL in der NS-Zeit, soweit sie nicht sowieso als *Konjunkturliteratur* abgelehnt wurde, eine Minderheit. Die zweite Frage: Wie soll denn nun aus heutiger Sicht die Tatsache bewertet werden, dass zum überwiegenden Teil die KJL der Weimarer Zeit wie auch der Zeit vor 1918 – einschließlich der Übersetzungen – aus dem ursprünglichen Kontext heraus in den neuen Kontext des NS-Staates transportiert und gleichsam gefügig gemacht werden konnte?

Dieser Transport hing stark von dem unterschiedlichen Widerstandspotential ab, das den Texten für Kinder und Jugendliche jeweils spezifisch inhärent war. Gemeint ist damit Widerstand gegen traditionelle Leseweisen, des bloßen sinnlichen Gebrauchslesens, des Lesens als Bestätigung von Einstellungen und Vorurteilen, des Lesens als Ausflucht oder auch zur Gleichschaltung mit den gegebenen Verhältnissen, der Erfahrung von Positivität in ihnen. Texte, die sich diesen Formen sich-anpassenden Lesens versagten, wie die linken, innovativen und kritisch-emanzipatorischen bürgerlichen, wurden abgelehnt, indiziert und vom Markt ferngehalten. Es wäre aber kurzschlüssig, allen Titeln aus der Zeit vor 1933, die sich nicht der In-Dienst-Nahme durch den Nationalsozialismus oder auch nur der Tolerierung von dessen Seite widersetzten, quasi automatisch eine Affinität zum Nationalsozialismus zu unterstellen. Auch Goethe und Schiller wurden durch diesen in Dienst genommen! Das Skandalon weiter Teile der KJL der Weimarer Zeit wie der Zeit vor 1918 besteht vielmehr darin, dass sie in ihrer ästhetischen Regressivität das regressive kollektive Bewusstsein in ihrer Zeit verbreitet und bestätigt haben.

Die Aneignung dieser KJL durch die Nationalsozialisten bedeutet, dass sie nach 1933 nicht störte, weil dieses regressiv-bürgerliche Kollektivbewusstsein in der Gesellschaft der NS-Zeit nicht überwunden war. Die Aneignung der bürgerlichen Literatur insgesamt durch die Nationalsozialisten bedeutet letztlich, dass die NS-Ideologie überhaupt, allein schon um die Massen für das neue Machtsystem zu loyalisieren, im Prinzip – auch – eine bürgerliche Ideologie blieb. Deren innere Notwendigkeit bestand darin, die Progressivität und das Utopische, die aller großen Literatur, auch KJL, inhärent sind und die die Legitimität des NS-Herrschaftssystems hätten in Frage stellen können, durch deren Aneignung gleichsam unschädlich zu machen.

Literaturverzeichnis

Primärliteratur

Bässler, Ferdinand: Germanische Heldensagen. – 3.Aufl. – Reutlingen : Enßlin & Laiblin, 1935 [EA: 1843–1856; 1924]

Baker, Olaf: Der staubige Stern : ein Indianer- und Wolfsroman. – 6. – 10. Tsd. – Leipzig : Altenburg, 1936 [EA: 1922 / dt. EA: 1927]

Balázs, Béla [d.i. Herbert Bauer]: Hans Urian geht nach Brot : eine Kindermärchenkomödie von heute. – Freiburg i. Br. : Reichard, 1929

Banniza von Bazan, Heinrich: Jungen am Feuer : Geschichte aus dem Leben einer Pfadfindergruppe. – Plauen : Wolff, 1932

Der Bau von Flugmodellen. 2 Bde. / hrsg. von F. Stamer u. A. Lippisch. – Berlin-Charlottenburg : Volckmann, 1927, 1929 [3.Aufl. 1935]

Bayer, Maximilian: Die Helden der Naukluft : eine Erzählung aus Deutsch-Südwest. – 6. Aufl. – Potsdam : Voggenreiter, 1939 [EA: 1912]

Beckmann, Adolf: U-Boote vor New York : die Kriegsfahrt eines deutschen Unterseebootes nach Amerika. – Stuttgart : Franckh, 1931 [9. Aufl. 1935]

Beecher-Stowe, Harriet Elizabeth: Onkel Toms Hütte / für d. Jugend bearb. von Karl Henniger. – Köln : Schaffstein, [1933] [EA: 1851–1852 / dt. EA: 1852]

Beinhorn, Elly: Ein Mädchen fliegt um die Welt. – Berlin : Hobbing 1932 [7. Aufl. [um 1938]]

Benz, Carl: Lebensfahrt eines deutschen Erfinders : die Erfindung des Automobils ; Erinnerungen eines Achtzigjährigen. – Leipzig : von Hase & Koehler, 1925 [27. – 31. Tsd. [1940]

Beumelburg, Werner: Sperrfeuer um Deutschland. – [Gesamtausg.]. – Oldenburg : Stalling, 1928. – Ab 1933 auch in einer gekürzten Jugendausgabe erschienen. Später auch unter dem Gesamttitel: Weihnachtsbuch der deutschen Jugend (München : Zentralverl. d. NSDAP, Eher)

Bjelych, Grigori Georgjewitsch: Schkid : die Republik der Strolche. – 8. – 18. Tsd. – Berlin : Verl. d. Jugendinternationale 1929 [EA: 1927 / dt. EA: 1929]

Bobinskaja, Elena Fedorovna: Die Rache des Kabunauri. – 1. – 14. Tsd. – Berlin : Verl. d. Jugendinternationale, 1931 [EA: 1931]

Bogdanov, Nikolaj Vladimirovic: Das erste Mädel : eine romantische Geschichte. – 1. – 14. Tsd. – Berlin : Verl. d. Jugendinternationale, 1930 [EA: 1928]

Bonsels, Waldemar: Die Biene Maja und ihre Abenteuer. – 756. – 760. Tsd. – Stuttgart [u.a.] : Dt. Verl.-Anst., 1935 [EA: 1912]

Bonus, Arthur: Isländerbuch : Sammlung altgermanischer Bauern- und Königsgeschichten. – München : Callwey, 1920 [Neue Ausg. 1935]

Brey, Henriette: Weiße Blüten : Kommunionerzählungen für Mädchen. – Wiesbaden : Rauch, 1926 [2. Aufl. 1933]

Brückner, Arno: Der große Paul und der kleine Karl : Geschichten für kleinere Kinder. – Leipzig : Dürr, 1926

Buschik, Richard: Die Eroberung der Erde : 3000 Jahre Entdeckungsgeschichte. – Leipzig : Dollheimer, 1930 [161. – 190. Tsd. 1934]

Busemann, Libertus: Deine Freunde in Wald und Flur : Tiergeschichten. – Hildesheim : Borgmeyer, 1932 [3. verb. Aufl. [1939]]

Carroll, Lewis [d.i. Charles Lutwige Dodgson]: Alice im Wunderland. – Berlin : Meidinger, [1931] [EA: 1865 / dt. EA: 1869]

Clementis, Maria: Ein braver Tunichtgut : Heldentum und Erlebnisse eines kleinen gutwilligen Jungen. – Hildesheim : Borgmeyer, [1925]

Dantz, Carl: Peter Stoll : der Lehrling erzählt von Flegel-, Lehr- und Wanderjahren. – Berlin : Dietz, 1930

Daum, Fritz: SA.-Sturmführer Horst Wessel : ein Lebensbild von Opfertreue ; für Deutschlands Jugend. – Reutlingen : Enßlin & Laiblin, 1933

Deutsches Anekdotenbuch : eine Sammlung von Kurzgeschichten aus vier Jahrhunderten. – 4. Aufl. – München : Callwey, 1941 [EA: 1927]

Dörfler, Peter: Der junge Don Bosco. – Freiburg im Breisgau : Herder, 1930

Eastman, Charles Alexander: Winona : Indianergeschichten aus alter Zeit. – 14. Tsd. – Potsdam : Ernte-Verl., 1930 [EA: 1907 / dt. EA: 1920]

Elkan, Adele: Im Drei-Engelhaus : eine Erzählung für junge Mädchen aus den Tagen von Franz Liszt und Richard Wagner. – Stuttgart : Levy & Müller, 1927 [7. Aufl. – Stuttgart : Herold-Verl., Lenk, [s.d.]]

Elkan, Adele: Mädel von heute : Erzählung für die weibliche Jugend. – Reutlingen : Enßlin & Laiblin, 1930

Elkan, Adele: Weidners Jüngste : Jungmädchen-Erzählung. – Reutlingen : Enßlin & Laiblin, 1932 [Neue Ausg.: 1935]

Emko [d.i. Emil Kortmann]: Der Sieg der 15 Giesserstifte. – Berlin : Verl. d. Jugendinternationale, 1932

Enderling, Paul;: Die Glocken von Danzig : eine Geschichte aus Danzigs großer Zeit. – Stuttgart : Thienemann, 1924; 47. – 56. Tsd. 1943

Eten, Günther: Horst : Geschichte eines Wölflings. – Plauen i.V. : Wolff, 1931

Etzel, Paul [d.i. Paul Jordan]: Sieben deutsche Jungen : Erlebnisse und Abenteuer einer Jugendgruppe. – Stuttgart [u.a.] : Union Dt. Verl.-Ges., 1932

Faber, Kurt: Unter Eskimos und Walfischfängern : Eismeerfahrten eines jungen Deutschen. – Stuttgart : Lutz, 1924 [56. – 57. Tsd. 1942]

Fabricius, Johan: Kapitän Bontekoes Schiffsjungen : die abenteuerlichste Fahrt aller Zeiten. – 6. Aufl. – Stuttgart [u.a.] : Union Dt. Verl.- Ges., [1937] [EA: 1924 / dt. EA: 1926]

Frank, Rudolf: Der Schädel des Negerhäuptlings Makaua : Kriegsroman für die junge Generation / Rudolf Frank ; Georg Lichey. – Potsdam : Müller & Kiepenheuer, 1931

Frenssen, Gustav: Peter Moors Fahrt nach Südwest : ein Feldzugsbericht. – 370. – 383. Tsd. – Berlin : Grote, 1943 [EA: 1906]

Fritsch, Oskar: Friedrich der Große : unser Held und Führer. – München : Lehmann, 1924 [3. Aufl. 1936]

Gagern, Friedrich von: Das Grenzerbuch : von Pfadfindern, Häuptlingen und Lederstrumpfen. – 34. – 49. Tsd. Berlin : Parey, [1941] [EA: 1927]

Gail, Otto Willi: Wir plaudern uns durch die Physik. – Stuttgart : Thienemann, 1931 [14. – 16. Tsd. 1941]

Geiger-Gog, Anni [d.i. Anni Geiger-Hof]: Heini Jermann : der Lebenstag eines Jungen. – Stuttgart : Gundert, 1929

Die Germanen / hrsg. von d. Pädagog. Arbeitsgemeinde für Literatur u. Kunst. – Wien [u.a.] : Dt. Verl. für Jugend u. Volk, 1931 [EA: 1924]

Gerstäcker, Friedrich: Die Flußpiraten des Mississippi. – 2. Aufl. – Reutlingen : Enßlin & Laiblin, 1941 [EA: 1848 / EA dieser Ausg.: 1904]

Gilbert, Hubert E.: Batterie Glahn : Erzählung aus dem Weltkrieg. – Stuttgart : Franckh, 1930 [9. Aufl. [1936]]

Griesbach, Georg Erich: Packt zu, Kameraden! : wie Großstadtjungen das Land kennenlernen. – Reutlingen : Enßlin & Laiblin, 1935

Gruhn, Karl: Bismarck : sein Leben und sein Werk ; für die reifere Jugend erzählt. – Langensalza [u.a.] : Beltz, 1931

Gumtau, Lotte: Lisis Geheimnis : Nöte und Freuden eines hilfreichen Herzens. – Leipzig : F. Schneider, 1930 [16. – 20. Tsd. 1939]

Haller, Johannes: Das altdeutsche Kaisertum. – 2. Aufl. – Stuttgart : Union Dt. Verl.-Ges., 1926

Hamsun, Marie: Die Langerudkinder wachsen heran : Erzählung. – 27. – 31. – Tsd. München : Langen/Müller, [1940] [EA: 1933]

Heyck, Hans: Armin der Cherusker : ein deutscher Roman. – 14. – 19. Tsd. – Leipzig : Staackmann, 1935 [EA: 1932]

Holst, Adolf: Osterhas reist in die Stadt : lustiges Hasenbilderbuch / Ill.: Ernst Kutzer. – Stuttgart : Levy & Müller, 1932 [7. Aufl. 1937]

Hundert lustige Geschichten / für die Jugend hrsg. von Hans Fraungruber. – Stuttgart : Loewe, 1944 [EA: 1912]

Jaeger, Paul: Christsonne : Weihnachtsgeschichten. – 27. – 30. Tsd. – Heilbronn : Salzer, 1938 [EA: 1931]

Jordan, Paul: Die Meute : aus dem Leben einer Jungengruppe. – 5. Aufl. – Stuttgart : Union Dt. Verl.-Ges., [s. d.] [EA: 1929]

Kästner, Erich: Arthur mit dem langen Arm : ein Bilderbuch / Ill. Walter Trier. – Berlin : Williams, 1931 [EA: 1929 / Neue Ausg.: Basel [u. a.] : Atrium-Verl., 1935]

Kästner, Erich: Emil und die Detektive : ein Roman für Kinder. – Berlin-Grunewald : Williams, 1930 [ausgeliefert 1929]

Kästner, Erich: Emil und die drei Zwillinge : die zweite Geschichte von Emil und den Detektiven. – Basel [u. a.] : Atrium-Verl., 1935

Kästner, Erich: Der 35. Mai oder Konrad reitet in die Südsee. – Berlin : Williams, 1933 [ausgeliefert 1932]

Kästner, Erich: Pünktchen und Anton : ein Roman für Kinder. – Berlin : Williams, 1932 [ausgeliefert 1931]

Kästner, Erich: Till Eulenspiegel : 11 seiner Geschichten frei nacherzählt. – Basel [u. a.] : Atrium-Verl., 1938

Kästner, Erich: Das verhexte Telefon : ein Bilderbuch / Ill. Walter Trier. – Berlin : Williams, 1931 [Neue Ausg.: Zürich : Atrium-Verl., 1935]

Kearton, Cherry: Mein Freund Toto : die Abenteuer eines Schimpansen. – 10. – 15. Tsd. – Stuttgart : Engelhorn, 1936 [EA: 1927]

Kloss, Erich: Geheimnisse der Schilfbucht. – Berlin [u. a.] : F. Schneider, 1931 [11. Tsd. [1940]]

Köster, Karl: Orientfahrt der Sturmvaganten : abenteuerliche Großfahrt einer Jungengruppe. – Stuttgart [u. a.] : Union Dt. Verl.-Ges., 1932 [3. Aufl. 1933]

Kyber, Manfred: Gesammelte Tiergeschichten. Unter Tieren und Neue Tiergeschichten. – [Volksausg.]. – Leipzig : Hesse & Becker, 1934 [Unveränd. Neudr.: 1936; 1938; 1940]

Kyber, Manfred: Märchen. – Neue Ausg. – Leipzig : Hesse & Becker, 1942 [EA: 1922]

Kyber, Manfred: Der Mausball und andere Tiermärchen. – Neue Ausg. – Stuttgart : Union Dt. Verl.-Ges., 1940 [EA: 1927]

Kyber, Manfred: Neue Tiergeschichten. – Leipzig : Hesse & Becker, 1926

Kyber, Manfred: Unter Tieren. – Charlottenburg : Vita-Verl., 1912

Lagerlöf, Selma: Wunderbare Reise des kleinen Nils Holgersson mit den Wildgänsen. – 89. – 100. Tsd. – München : Langen/Müller, [um 1937] [EA: 1906–1907 / dt. EA: 1907–1908]

Lask, Berta [d. i. Berta Jacobsohn-Lask]: Auf dem Flügelpferde durch die Zeiten : Bilder vom Klassenkampf der Jahrtausende ; Erzählung für junge Proletarier. – Berlin : Vereinigung internat. Verl.-Anst., 1925

Lettow-Vorbeck, Paul von: Heia Safari : Deutschlands Kampf in Ostafrika. – 193. – 203. Tsd. – Leipzig : von Hase & Koehler, 1941 [EA: 1920]

Lobsien, Wilhelm: Jürgen Wullenweber. – Stuttgart : Thienemann, [1929]

Lobsien, Wilhelm: Klaus Störtebeker : Erzählung aus der Zeit der Vitalienbrüder. – 67. – 77. Tsd. – Stuttgart : Thienemann, 1939 [EA: 1927]

Löns, Hermann: Mein grünes Buch : das klassische Löns-Werk ; Tier- und Jagdgeschichten, Naturschilderungen. – Bad Pyrmont : Gersbach, 1936 [EA: 1901]

Lofting, Hugh: Doktor Dolittles Postamt. – 16. – 20. Aufl. – Berlin-Grunewald : Williams, [um 1934] [EA: 1923 / dt. EA: 1929]

Mann, Erika: Stoffel fliegt übers Meer. – 7. Aufl. – Stuttgart : Levy & Müller, 1932

May, Karl: Die Sklavenkarawane : Erzählung aus dem Sudan. – 151. – 180. Tsd. – Radebeul bei Dresden : Karl-May-Verl., [1940] [EA: 1893; 1889 – 1890 in Forts.]

Menken, Hanne [d. i. Anni Geiger-Gog / Hof]: Anja : Erzählung. – Stuttgart : Franckh, 1939 [23. – 28. Tsd. [1941]]

Menken, Hanne [d. i. Anni Geiger-Gog / Hof]: Marli : von einem kleinen Mädchen und seiner großen Freude. – Stuttgart : Gundert, 1934

Menken, Hanne [d. i. Anni Geiger-Gog / Hof]: Nickel läuft ins Leben : die Geschichte von Dorothees Kindheit. – Stuttgart : Gundert, 1937 [15. – 24. Tsd. 1938]

Meyer, Arnold: Das Wunderbuch der Technik. – Stuttgart : Perthes, 1927

Michaelis, Karin: Bibi und die Verschworenen. – Berlin : Stuffer, 1931 [Neue Ausg.: 1933]

Michaelis, Karin: Bibi und Ole. – Berlin : Stuffer, 1931 [Neue Ausg.: 1935]

Michaelis, Karin: Bibis große Reise. – Berlin : Stuffer, 1929 [Neue Ausg.: 1935]

Mihaly, Jo [d. i. Elfriede Steckel]: Michael Arpad und sein Kind : ein Kinderschicksal auf der Landstraße. – Stuttgart : Gundert, 1930

Newerow, Alexander [d. i. Aleksandr Sergeevic Skobelev]: Taschkent, die brotreiche Stadt. – Berlin : Neuer dt. Verl. 1925 [EA: 1923 / dt. EA: 1925]

Nobbe, Uwe Lars: Kriegsfreiwillige. – Potsdam : Voggenreiter, 1929 [2. Aufl. [1937]]

Norden, Heinrich [d. i. Nikolaus Wöll]: Der Neffe des Zauberers : eine Erzählung aus Kamerun. – 8. durchges. Aufl. – Stuttgart [u. a.] : Evang. Missionsverl., 1939 [EA: 1913]

Ognjew, Nikolaj [d. i. Michail Rozanow]: Das Tagebuch des Schülers Kostja Rjabzew : Aufzeichnungen eines Fünfzehnjährigen. – 7. – 9. Tsd. – Berlin : Verl. d. Jugendinternationale, 1929 [EA: 1927 / dt. EA: 1927]

Pijet, Georg Waldemar: Die Straße der Hosenmätze. – Berlin : Landfahrer-Verl., 1929

Pijet, Georg Waldemar: Struppi! : eine lustige Geschichte von vier Jungen und einem Hund. – 1. – 3. Aufl. – Stuttgart : Herold-Verl., 1937

Plaßmann, Joseph: Das Sternenzelt und seine Wunder. – Berlin : Bong, 1924

Reitmann, Erwin: Horst Wessel : Leben und Sterben. – Potsdam [u. a.] : Steuben-Verl., 1932 [11. – 20. Tsd. 1933]

Rewald, Ruth: Müllerstraße : Jungens von heute. – Stuttgart : Gundert, 1932

Rewald, Ruth: Rudi und sein Radio : zwei Erzählungen. – Stuttgart : Gundert, 1931

Rhoden, Emmy von [d.i. Emma Friedrich-Friedrich]: Der Trotzkopf : eine Geschichte für junge Mädchen / neu bearb. von Helene Faber. – Reutlingen : Enßlin & Laiblin, 1939 [EA: 1885 ; 99. – 103. Tsd. – Berlin : Globus-Verl., 1944]

Sachsenmärchen aus Siebenbürgen / hrsg. von Erich Maschke. – 2. Aufl. – Potsdam : Voggenreiter, [1936] [EA: 1925]

Salten, Felix [d.i. Siegmund Salzmann]: Bambi : eine Lebensgeschichte aus dem Walde. – 56. – 59. Tsd. – Zürich : A. Müller, [1940] [EA: 1922 (= Vorabdr. in: Die Neue Freie Presse); 1923]

Schenzinger, Karl Aloys: Der Hitlerjunge Quex : Roman. – Berlin : Zeitgeschichte-Verl., 1932 [265. – 324. Tsd. 1942]

Schmid, Karl Friedrich: Das Wunderbuch unserer Heimat. – Stuttgart : Perthes, 1928

Schmitt, Cornel: Erlebte Naturgeschichte. – Leipzig : Teubner, 1918

Schnurbein, Anna Clotilde von: Wenn das Kindlein erwacht : zwanzig Geschichten für ganz Kleine. – Eßlingen [u.a.] : Schreiber, [1924]

Schönstedt, Walter: Kämpfende Jugend : Roman der arbeitenden Jugend. – Berlin : Internat. Arbeiter-Verl., 1932

Schumacher, Tony: Als Vater im Krieg war : eine Erzählung für die Jugend aus der Zeit des Weltkrieges. – 4. Aufl. – Stuttgart : Herold-Verl., [1935] [EA: 1915–1916 (frühere Einzeltitel)]

Schwarte, Max: Geschichte des Weltkrieges : ein deutsches Volksbuch. – 1. – 10. Tsd. – Berlin : Etthofen, 1932

Seton, Ernest Thompson: Domino Reinhard : die Lebensgeschichte eines Silberfuchses. – 27. Aufl. – Stuttgart : Franckh, [1940] [EA: 1909 / dt. EA: 1924]

Seton, Ernest Thompson: Monarch der Riesenbär : die Lebensgeschichte eines Einzelgängers. – 26. Aufl. – Stuttgart : Franckh, [1935] [EA: 1904 / dt. EA: 1921]

Siemsen, Anna: Buch der Mädel. – Jena : Urania-Verl.-Ges., [1927]

Sixtus, Albert: Die beiden Ausreißer und andere Abenteuer : der Jugend erzählt. – Hildesheim : Borgmeyer, 1931

Stamer, Fritz: Handbuch für den Jungsegelflieger. 2 Bde. – Berlin-Charlottenburg : Volckmann, 1930 [2. verm. Aufl. 1935]

Steuben, Fritz [d.i. Erhard Wittek]: Der fliegende Pfeil : eine Erzählung aus dem Leben Tecumsehs ; alten Quellen nacherzählt. – Stuttgart : Franckh, 1930 [42. – 46. Tsd. 1940]

Strauß, Fritz: Auf gefahrvollem Flug : abenteuerlicher Studienflug, der neben spannenden Erlebnissen eine Reihe wissenschaftlicher Erklärungen bietet, die das Interesse für diese Gebiete wecken soll. – Stuttgart : Loewe, 1932 [5. Aufl. [um 1934]]

Tanner, Ilse-Dore [d.i. Elsa Oelkers]: Gillhagens Töchter. – 3. Aufl. – Reutlingen : Enßlin & Laiblin, 1940 [EA: 1936]

Tetzner, Lisa: Der Fußball : eine Kindergeschichte aus Großstadt und Gegenwart. – Potsdam : Müller & Kiepenheuer, 1932

Thorbecke, Marie Pauline: Häuptling Ngambe : eine Erzählung aus Kamerun. – Potsdam : Voggenreiter, 1922 [3. neugestaltete Aufl. [1938]]

Twain, Mark [d.i. Samuel Langhorne Clemens]: Huckleberry Finns Fahrten und Abenteuer / Neubearb. von Julie Mathieu. – Berlin : Dt. Verl., 1938 [EA: 1884 / dt. EA: 1890]

Twain, Mark [d.i. Samuel Langhorne Clemens]: Tom Sawyers Abenteuer / Neubearb. von Julie Mathieu. – Berlin : Dt. Verl., 1938 [EA: 1876 / dt. EA: 1876]

Velter, Joseph Matthäus: Wölfe, Bären und Banditen : drei Jahre in sibirischer Wildnis. – Köln : Bachem, 1931 [verb. Neuaufl. [1936]]

Versunkene Volksmärchen / gehoben von Ernst Lorenzen. – Leipzig : Hegel & Schade, [1928]

Vesper, Will: Der arme Konrad : historische Erzählung. – Gütersloh : Bertelsmann, 1924 [9. – 11. Tsd. [1933]]

Voigt, Bernhard: Du meine Heimat Deutschsüdwest : ein afrikanisches Farmerleben. – Berlin : Safari-Verl. 1920 [12. Aufl. [s.d.]]

Weber, Leopold: Asgard : die Götterwelt unserer Ahnen. – Stuttgart : Thienemann, 1920 [73. – 88. Tsd. 1943]

Weber, Leopold: Midgard : die Heldensagen des Nordlandes. – Stuttgart : Thienemann, 1922 [38. – 42. Tsd. 1943]

Wedding, Alex [d.i. Margarete Weiskopf]: Ede und Unku : ein Roman für Jungen und Mädchen. – Berlin : Malik-Verl., 1931

Wendler, Otto Bernhard: Elf Jungen in einem Boot : eine lustige Jungengeschichte. – Stuttgart [u.a.] : Union Dt. Verl.-Ges., [1933] [3. Aufl. [um 1940]]

Wendler, Otto Bernhard: Die Hechte von Rotscherlinde. – Leipzig [u.a.] : F. Schneider, 1932 [10. – 11. Tsd. 1933]

Westergaard, Anders Christian: Per von der Düne. – 10. – 12. Tsd. – Köln a. Rh. : Schaffstein, [1938] [EA: 1930]

Willam, Franz Michel: Der Herrgott auf Besuch : Erzählung. – Freiburg im Breisgau : Herder, 1923 [2. neubearb. Aufl.1934]

Wolters, Friedrich: Heldensagen der Germanen. – Breslau : Hirt 1930 [Feldpost-Ausg. [1944]]

Zur Mühlen, Hermynia: Said der Träumer : ein Märchen. – Berlin : Verl. d. Jugendinternationale, 1927

Sekundärliteratur / Listen

Altner, Manfred: Kinder- und Jugendliteratur der Weimarer Republik. – Frankfurt/Main [u.a.] : Lang, 1991. – (Studien zur Germanistik und Anglistik ; 9)

Asper, Barbara: Adele Elkan. – In: Kinder- und Jugendliteratur : ein Lexikon / begr. von Alfred Clemens Baumgärtner u. Heinrich Pleticha. Hrsg. von Kurt Franz, Günter Lange u. Franz-Josef Payrhuber. – 40. Erg.Lfg. – Meitingen : Corian-Verl., 2010. – S. 1 – 9

Brandenburg, Hans-Christian: Die Geschichte der HJ : Wege und Irrwege einer Generation. – 2. durchges. Aufl. – Köln : Verl. Wissenschaft u. Politik, 1982

Das Buch der Jugend 1934/35 : ein Auswahl-Verzeichnis empfehlenswerter Bücher für die deutsche Jugend / Hrsg.: Die Reichsjugendführung; die Reichsamtsleitung des NSLB;

die Reichsstelle zur Förderung des deutschen Schrifttums, Berlin. – Stuttgart : Verl. d. Jugendschriftenverz. „Das Buch der Jugend“ (Franckh-Thienemann), [1934] [so mit geringen Veränd. bis 1942]

Deutsche Bücher. – München [u.a.] : Zentralverl. d. NSDAP, Eher. – Von 9. 1934 bis 16. 1941 (1940) nachgewiesen

Galle, Heinz Jürgen: Groschenhefte : die Geschichte der deutschen Trivialliteratur. – Frankfurt/Main [u.a.] : Ullstein, 1988

Galle, Heinz Jürgen: Serienliteratur im „Dritten Reich“. – In: Kinder- und Jugendliteratur : ein Lexikon / begr. von Alfred Clemens Baumgärtner u. Heinrich Pleticha. Hrsg. von Kurt Franz, Günter Lange u. Franz-Josef Payrhuber. – 12. Erg.Lfg. – Meitingen : Corian-Verl., 2001. – S. 1 – 18

Grundliste für Schülerbüchereien der Volksschulen / Hrsg.: Reichsministerium für Wissenschaft, Erziehung und Volksbildung. – In: Die Bücherei. – 4 (1937), S. 221 – 223. – 1939 als Grundliste für Schülerbüchereien an Volksschulen erschienen

Gutachtenanzeiger : Beilage zur „Bücherkunde“ / Hrsg.: Reichsstelle zur Förderung des dt. Schrifttums; Amt / Dienststelle für Schrifttumspflege ... – Von 1 (1935) – 10 (1944) erschienen

Haible, Barbara: Indianer im Dienste der NS-Ideologie : Untersuchungen zur Funktion von Jugendbüchern über nordamerikanische Indianer im Nationalsozialismus. – Hamburg : Kovač, 1998. – (Schriftenreihe Poetica ; 32). – Zugl.: Osnabrück, Univ., Diss., 1997

Hellfeld, Matthias von: Bündische Jugend und Hitlerjugend : zur Geschichte von Anpassung und Widerstand 1930 – 1939. – Köln : Verl. Wissenschaft u. Politik, 1987. – (Edition Archiv der deutschen Jugendbewegung ; 3). – Zugl.: Köln, Univ., Diss., 1985

Hopster, Norbert: Hand-, Haus-, Jahrbücher, Periodika. – In: Hopster, Norbert: Kinder- und Jugendliteratur 1933 – 1945 : ein Handbuch / Norbert Hopster ; Petra Josting ; Joachim Neuhaus. 2 Bde. – Stuttgart [u.a.] : Metzler. – 2 (2005b), Sp. 893 – 958

Hopster, Norbert: Literatur der Organisationen und der Dienste. – In: Hopster, Norbert: Kinder- und Jugendliteratur 1933 – 1945 : ein Handbuch / Norbert Hopster ; Petra Josting ; Joachim Neuhaus. 2 Bde. – Stuttgart [u.a.] : Metzler. – 2 (2005a), Sp. 121 – 186

Hopster, Norbert: Mädchenbild und Mädchenliteratur im Nationalsozialismus. – In: Schiefertafel. – 9 (1986), S. 21 – 35

Hopster, Norbert: Zur Geschichte und wissenschaftlichen Erarbeitung der Kinder- und Jugendliteratur in der NS-Zeit. – In: Hopster, Norbert: Kinder- und Jugendliteratur 1933 – 1945 : ein Handbuch / Norbert Hopster ; Petra Josting ; Joachim Neuhaus. 2 Bde. – Stuttgart [u.a.] : Metzler. – 2 (2005c), Sp. 5 – 54

Hopster, Norbert: Literaturlenkung im „Dritten Reich“. 2 Bde. / Norbert Hopster ; Petra Josting ; Joachim Neuhaus. – Hildesheim [u.a.] : Olms, 1993, 1994

Hopster, Norbert: Kinder- und Jugendliteratur 1933 – 1945 : ein Handbuch / Norbert Hopster ; Petra Josting ; Joachim Neuhaus. 2 Bde. – Stuttgart [u.a.] : Metzler, 2001, 2005

Hopster, Norbert: Konfessionelle Literatur / Norbert Hopster ; Heike Wegner. – In: Hopster, Norbert: Kinder- und Jugendliteratur 1933 – 1945 : ein Handbuch / Norbert Hopster ; Petra Josting ; Joachim Neuhaus. 2 Bde. – Stuttgart [u.a.] : Metzler. – 2 (2005), Sp. 733 – 796

Josting, Petra: Deutschsprachige jüdische Kinder- und Jugendliteratur im „Dritten Reich". – In: Hopster, Norbert: Kinder- und Jugendliteratur 1933 – 1945 : ein Handbuch / Norbert Hopster ; Petra Josting ; Joachim Neuhaus. 2 Bde. – Stuttgart [u. a.] : Metzler. – 2 (2005c), Sp. 797 – 836

Josting, Petra: Der Jugendschrifttums-Kampf des Nationalsozialistischen Lehrerbundes. – Hildesheim [u. a.] : Olms-Weidmann, 1995. – (Germanistische Texte und Studien ; 50). – Zugl.: Bielefeld, Univ., Diss., 1994

Josting, Petra: Kinder- und Jugendliteratur deutschsprachiger ExilautorInnen. – In: Hopster, Norbert: Kinder- und Jugendliteratur 1933 – 1945 : ein Handbuch / Norbert Hopster ; Petra Josting ; Joachim Neuhaus. 2 Bde. – Stuttgart [u. a.] : Metzler. – 2 (2005d), Sp. 837 – 892

Josting, Petra: Kinder- und Jugendliteratur im Kontext von Pädagogik, Ästhetik und NS-Ideologie. – In: Hopster, Norbert: Kinder- und Jugendliteratur 1933 – 1945 : ein Handbuch / Norbert Hopster ; Petra Josting ; Joachim Neuhaus. 2 Bde. – Stuttgart [u. a.] : Metzler. – 2 (2005b), Sp. 95 – 116

Josting, Petra: Kinder- und Jugendliteraturpolitik im NS-Staat. – In: Hopster, Norbert: Kinder- und Jugendliteratur 1933 – 1945 : ein Handbuch / Norbert Hopster ; Petra Josting ; Joachim Neuhaus. 2 Bde. – Stuttgart [u. a.] : Metzler. – 2 (2005a), Sp. 55 – 94

Josting, Petra: Der „Schmutz- und Schundkampf" im „Dritten Reich". – In: Kinder- und Jugendliteraturforschung 1995/96 / in Zus.arb. mit d. Arbeitsgemeinschaft Kinder- und Jugendliteraturforschung u. in Verbindung mit Carola Pohlmann u. a. hrsg. von Hans-Heino Ewers, Ulrich Nassen u. a. – Stuttgart [u. a.] : Metzler, 1996a. – S. 17 – 38

Josting, Petra: „Die Zeit ist kaputt" : Klaus Kordons Biographie über Erich Kästner. – In: Bücher haben ihre Geschichte : Kinder- und Jugendliteratur, Literatur und Nationalsozialismus, Deutschdidaktik ; Norbert Hopster zum 60. Geburtstag / hrsg. von Petra Josting u. Jan Wirrer. – Hildesheim [u. a.] : Olms, 1996b. – S. 192 – 204

Das Jugendbuch im Dritten Reich : Verzeichnis empfehlenswerter Jugendschriften / hrsg. von der Reichsleitung des Nationalsozialistischen Lehrerbundes. – Stuttgart : Franckh, [1933]

Jovy, Michael: Jugendbewegung und Nationalsozialismus : Zusammenhänge und Gegensätze ; Versuch einer Klärung / eingeleitet von Arno Klönne. – Münster : Lit-Verl., 1984. – (Geschichte der Jugend ; 6). – Zugl.: Köln, Univ., Diss., 1952

[Karteiteil der Jugendschriften-Warte]. – Von 40 (1935) bis 49 (1944) 1/3 als Beil. erschienen

Liste der für Jugendliche und Büchereien ungeeigneten Druckschriften / hrsg. vom Reichsministerium für Volksaufklärung u. Propaganda, Abt. Schrifttum. – Leipzig : Verl. d. Börsenvereins d. Dt. Buchhändler, 1940. – Ausg. 1942 enth. Nachtrag [2. veränd. Aufl. 1943]

Liste des schädlichen und unerwünschten Schrifttums / bearb. u. hrsg. von d. Reichsschrifttumskammer. – Berlin. – Von „Liste 1, Stand vom Okt. 1935" bis „Jahresliste 1943 des ..., [1944]" erschienen

Salentin, Ursula: Bibi im Nazi-Land : zur Wiederentdeckung der dänischen Schriftstellerin Karin Michaelis. – In: Beiträge Jugendliteratur und Medien. – 52 (2000), S. 227 – 231

[Schwarze Liste] Schwarze Liste für öffentliche Büchereien und gewerbliche Leihbüchereien. – Schwarze Liste für Volksbüchereien / Hrsg.: Kampfbund für Deutsche Kultur, Reichsleitung. – [Maschinenschriftl. autogr.] – [Berlin], [1934]

Strothmann, Dietrich: Nationalsozialistische Literaturpolitik : ein Beitrag zur Publizistik im Dritten Reich. – 4. Aufl. – Bonn : Bouvier, 1985. – (Abhandlungen zur Kunst-, Musik- und Literaturwissenschaft ; 13)

[Wir lehnen ab]. – In: Jugendschriften-Warte. –
Wir lehnen ab: [1. Liste] //41 (1936) 11
Wir lehnen ab: (2. Liste) //41 (1936) 12
Wir lehnen ab: (3. Liste) //42 (1937) 8
Wir lehnen ab: (4. Liste) //42 (1937) 9
Für Schüler- u. Jugendbüchereien ungeeignete Werke (5. Liste) //43 (1938) 5
Für Schüler- u. … (6. Liste) //43 (1938) 8

Luke Springman

Die Kinder- und Jugendliteratur der Weimarer Republik: Spiegel der gesellschaftlichen und politischen Situation in Deutschland vor der NS-Herrschaft?

Die Kinder- und Jugendliteratur der Weimarer Republik spiegelt Lebenswelten eben *der* Generation, die das lange neunzehnte Jahrhundert geerbt hatte und das zwanzigste Jahrhundert maßgeblich gestaltete. In welchem Maße Krieg und anschließendes Chaos der Weimarer Jugend „das Muttermal tiefster existentieller Unsicherheit und Zukunftsangst" (Peukert 1987a, S. 30) vermacht hatten, bleibt bei der Auswertung der kinder- und jugendliterarischen Artefakte aber noch dahingestellt. Ebenfalls kann kein unbeteiligter Beobachter aus der Sicht des 21. Jahrhunderts mit Gewißheit anhand der Kinder- und Jugendliteratur feststellen, wieso ein so großer Teil der Weimarer Jugend Hitler unterstützte bzw. – bei entsprechendem Alter – auch wählte. (Vgl. Götz von Olenhusen 1987, S. 34ff.) Man sucht bei der Kinder- und Jugendliteratur vergeblich nach Eigenschaften, die den von den Sozialgeschichten der Weimarer Republik festgestellten Befunden nahtlos entsprechen. Der Historiker Detlev Peukert bemerkte: „Das Bild der Jugend zwischen Weltkrieg und Weltwirtschaftskrise ist bemerkenswert uneinheitlich." (Peukert 1987a, S. 304) Die Beiträge des vorliegenden Sammelbandes erweitern und differenzieren das Gesamtverständnis der Weimarer Republik als solches ganz beträchtlich: denn als Sammelbecken unterschiedlichster Hoffnungen, Ängste, Errungenschaften, Fehlleistungen und auch ganz belangloser Trivialitäten erweist sich die deutschsprachige Kinder- und Jugendliteratur als ein immer noch weitgehend zu erforschendes Gebiet, das der Geschichte der Weimarer Republik unentbehrliche Zeitdokumente liefert. Was bleibt, schimmert durch Prismen von acht Jahrzehnten Geschichte – durch erstaunliche gesellschaftliche Umbrüche.

Wenn man von Literatur als einer Form der Widerspiegelung der Gesellschaft redet, muss auch die Position des Analysierenden mit in die Beweisführung eingehen. Erträge der Kinder- und Jugendliteraturforschung werden nach der üblichen wissenschaftlichen Methode erzielt, also zunächst durch empirische Datensammlung und die daran anschließende theoretische Reflexion, die in erster Linie die Organisation des Materials zu leisten hat. Aufgliederungen, Erstellen von Begriffsrubriken, Kategorisierungen und Aufdeckung von Zusammenhängen dienen der Suche nach der Bedeutung der Phänomene. Nach Gattungsbegriffen eingeteilt – Bilderbuch, Märchen, Theater, Prosa, Lyrik, usw. – ordnen sich die literarischen Texte entsprechend einer Tradition, die von Hermann Köster 1906 (vgl. Köster 1971) bis Manfred Altner 1991 (vgl. Altner 1991) bemüht wird, aber in vielen Fällen wegen des sich ständig weiter ausdifferenzierenden Spektrums literarischer Textsorten nicht zutreffend ist. Ansätze, nach denen faschistische, sozialistische, bürgerliche, konfessionelle, weibliche und auch pädagogische Prägungen von Texten untersucht werden, betreiben Literatursoziologie, nach der auch die Themen Zensur, Schulwesen und Sozialpädagogik im Hinblick auf die politischen Aspekte der Literatur in Betracht zu ziehen sind. Taxonomien wie diese erhellen die funktionalen Charakteristika literarischer Phänomene, und nicht zuletzt verdeutlichen sie das herrschende erkenntnisleitende Interesse der heutigen Literaturwissenschaftler. Denn ideologiekritische Ansätze, kulturanthropologische Methoden, psychoanalytische Textanalysen, postmoderne Dekonstruktion, Neuhistorismus wie alle reinen und hybriden Manifestationen der Hermeneutik beschwören die konzeptionellen Konstellationen: Gedankenmuster, durch die man symbolische Formen und sogar konkrete Welträtsel zu verstehen vorgibt. Wenn auch in Bezug auf die Weimarer Kinder- und Jugendliteratur untrennbar von allen Methoden das Wissen um Diktatur und Genozid im Anschluss an die Weimarer Zeit in die Forschung eingeht, könnte man vermuten, dass das Bewusstsein von einem deutschen Sonderweg das historische Selbstverständnis des gegenwärtigen Gelehrtentums geprägt hat. Die vorliegenden gesammelten Beiträge zeigen jedoch nuancierte und diverse Ansichten, die des historischen Fatalismus entbehren und dem vielfältigen Themenbereich Kinder- und Jugendliteratur der Weimarer Republik Rechnung tragen.

Dass die Kinder- und Jugendliteratur die sozialen und politischen Verhältnisse der Weimarer Zeit widerspiegelt, versteht sich von selbst, wenn auch nur mittelbar. Denn Literatur muss prinzipiell als integraler Bestandteil der sozialen Reproduktion verstanden werden, sie beeinflusst demnach auch die Gesellschaftsstrukturen und vollzieht gleichsam den klassischen hermeneutischen Zirkel. Relativ selten laufen Kinder- und Jugendliteraturhistoriker Gefahr, die Politik und die Gesellschaft der Weimarer Republik auf einen einfachen Nenner zu bringen und davon dann ihre Beziehungen zur Kinder- und Jugendliteratur abzuleiten. Häufiger ist in der Kinder- und Jugendliteraturkritik ein Mangel an historischen Schlussfolgerungen zu bemerken, zugunsten einer an Themenkomplexen und Gattungsbegriffen orientierten Argumentation. Obwohl die meisten Studien zur Weimarer Kinder- und Jugendliteratur, die in den letzten zwei Jahrzehnten erschienen sind, durchaus den historischen Kontext der Weimarer Republik berühren, setzen sich die Autoren nur ausnahmsweise im Einzelnen mit den historisch-kulturellen Zusammenhängen und mit dem geschichtstheoretischen Diskurs auseinander. (Vgl. Haywood 1998; Karrenbrock 2008) Einige Beiträge zur Geschichte der Weimarer Kinder- und Jugendliteratur lieferten zwar in den letzten Jahren neue Forschungsleistungen. (Vgl. u. a. Karrenbrock 1995, Tost 2005) Nur bleibt die Kluft zwischen Historikern und Kinder- und Jugendliteraturwissenschaftlern zumeist weitgehend unüberbrückt, was eine Analyse der literarischen Widerspiegelung der geschichtlichen Lage der Weimarer Gesellschaft erschwert.

Tatsächliches Zeitgeschehen taucht kaum unmittelbar in der Kinder- und Jugendliteratur auf, obwohl die zeitliche Spanne zwischen 1918 und 1933 in den literarischen Erzeugnissen aller Art durchaus bemerkbar ist. Viel ist in diesen Jahren geschehen, und das schlägt sich in allen kulturellen Artefakten deutlich nieder: es war die Zeit eines enormen Modernitätsschubs. Darum steht das Interesse an der Geschichte der Weimarer Republik nur dem an der NS-Zeit nach. Die neuere Geschichtsschreibung betont grob zusammen gefasst folgende, für die Geschichte der Weimarer Republik signifikante Themen: Nachkriegsrevolution, Verstädterung und Großstadtkultur (überwiegend Berlin), politische Uneinigkeit, Wirtschaftsturbulenzen, technisierte Massenkultur, Sexualität und Geschlechterfragen und Aufstieg der Hitlerbewegung. Den meisten Untersuchungen liegt eine Standardaufteilung der Weimarer Republik in drei Phasen – 1918–1924, 1925–1929, 1930–1933 – zugrunde, die inhaltlich folgenden Schlagwörtern zugeordnet werden können: Chaos, Stabilität, Wirtschaftskrise/ Nationalsozialismus. (Vgl. z. B. Peukert 1987b, Mommsen 1997, Winkler 1998, Weitz 2007, Hoeres 2008, Büttner 2008) Da die damaligen Einflüsse der Jugendschriftenbewegung, näherhin der *Vereinigten deutschen Prüfungsausschüsse für Jugendschriften*, bis 1930 bewirkten, dass die „gute“ Kinder- und Jugendliteratur nicht gegenwartsbezogen war und sozialen Themenkomplexen auswich, dienen oft nur weniger protegierte und verbreitete Bücher und Schriften als zeitdokumentarische Texte. Zum Beispiel vermittelte Wilhelm Lamszus in seinem *Irrenhaus* (1919) den realen Wahnsinn des Krieges (vgl. Kaes 2009, S. 72–73), wobei die riesigen Auflagen von Walter Flex‘ *Wanderer zwischen beiden Welten* (1916) bezeugen, wie man den Schrecken des Krieges durch eine romantisch-idealistische Darstellung aus dem kollektiven Gedächtnis verdrängte. Es herrschten eskapistische Volksmärchen, Heldensagen, Puppentheater, Kinderlyrik usw. in den Empfehlungslisten der Lehrerzeitschrift *Die Jugendschriften-Warte* vor. Andererseits gewannen aber doch Autoren sozialkritischer Kinder- und Jugendliteratur im Laufe der Weimarer Zeit an Einfluss und vermittelten der Kinder- und Jugendliteratur wenigstens zum Teil eine gewisse Aktualität. Beispielsweise vermochte die Märchenerzählerin Lisa Tetzner, weil sie die sich verändernden konkreten Verhältnisse durchschaute, auch die historischen Hauptthemen der Zeit zu formulieren: „Die Zuspitzung der wirtschaftlichen Lage, Ungerechtigkeiten sozialer Ordnung, von denen doch die Masse der Kinder schon stark berührt wird, die damit verbundenen Klassentrennungen, Machtfragen politischer Art, ferner Technik, Radio und ungezählte Zeiterscheinungen haben die Kinder unseres Jahrhunderts verändert." (Zit. in: Dolle 1983, S. 173) Die veränderte Jugend könne auch, so Tetzner, das Volksmärchen als aktuell empfinden, weil in althergebrachten Erzählungen kritische Verhaltensmuster angelegt seien. Auch andere herkömmliche Kinder- und Jugendliteraturformen, z. B. sogar die Backfischliteratur, die sonst kaum als sozialkritisch verstanden wird, zeigen eine bewusste Beziehung zu den Lebenswelten ihrer Leserinnen und Leser auf. Das heißt, auch die Bedeutung der Mädchenliteratur ist ein Reflex der jeweiligen Gesellschaft, sie hängt also genauso viel von der Art des Lesens wie von der literarischen Formung eines Stoffes ab. (Vgl. Redman 2006) So gesehen ist auch der *Trotzkopf* je nach Lesart ein anderer. (Vgl. Wilkending 1997)

Das veränderte Leseverhalten der modernen Jugend entfachte schon vor der Weimarer Republik ideologiebeladene Kontroversen. Der Fall des *Schmutz- und Schundgesetzes* von 1926 veranschaulicht eine Reihe politischer, konfessioneller und bildungspolitischer Konflikte in der Weimarer Gesellschaft. In diesem Band aktualisiert Ute Dettmar die Forschung über die literarische Zensur der Weimarer Republik. Dettmar bezeichnet „Schund und Schmutz" mit Recht als Projektionsfläche der Ängste vor Bedeutungs- und Machtverlust. Billige Heftchenreihen waren mit Abstand die Wahllektüre der jungen Leute, und darum bedeuteten die seichten Abenteuer- und Detektivgeschichten für die konservativen Pädagogen und Gesetzgeber eine nationale Beleidigung und eine Gefahr. Dettmar konstatiert, dass der Schundkampf nicht nur infolge der Sorge um die Jugend in der modernen Massengesellschaft entstanden ist. Die Weimarer Regierung verabschiedete eine Anzahl Jugendschutz- und Wohlfahrtsgesetze aus Angst vor einer ‚verdorbenen' oder ‚verwahrlosten' jungen Generation. Groschenhefte erzeugten angeblich soziopathologische Verhaltensmuster auf Seiten ihrer Leser. Überhaupt war der Schundkampf, so Dettmar, eine Aktion gegen das Anderssein und gegen die Moderne, die als Bedrohung empfunden wurden. Den billigen Lesestoff bewertete man als ein fragwürdiges Großstadtphänomen, als unterwertiges Massenprodukt und Zeichen des Kulturverfalls. Die so abqualifizierten Texte selbst waren kein Spiegel gesellschaftlicher Verhältnisse in der Weimarer Republik. Aber der Streit um die Schundliteratur entlarvte Brennpunkte der Kulturpolitik, die die Frage einer spezifisch deutschen nationalen Identität tangierten.

Das Ereignis, das mehr als alle anderen dem ‚kollektiven Gedächtnis' der Deutschen ‚einverleibt' wurde, war der Erste Weltkrieg. Uwe-K. Ketelsen trägt in seinem Beitrag (vgl. Tl. 1) eine Analyse des Kriegsthemas bei, die weit über die Grenzen des Großen Krieges hinausgeht. Er breitet eine Palette von Klassikern, Schmökern, Heldensagen, historischen Romanen, Kolonialliteratur, Abenteuerliteratur, Märchen, Kriegserinnerungen usw. aus, in denen eine konsistente Präsenz der Kriegsverherrlichung und -bereitschaft sich ausdrückte und demzufolge auch die Mentalität der Weimarer Jugend prägte. Ketelsens Ausgangspunkt, dass Krieg für die Deutschen ein unabwendbares Schicksal und also Kampfbewusstsein ein wesentlicher Bestandteil des deutschen Charakters sei, begründet seine Erweiterung der zu berücksichtigenden Texte auf Literaturgattungen, die sonst nicht in die Diskussion über Kriegsliteratur miteinbezogen werden. Die historische Situation rechtfertigt eine Ausweitung des Kriegsthemas auf eine Vielfalt von neuer und alter Jugendliteratur. Sinnverlust und Mangel an Möglichkeiten zur Identifikation mit dem Weimarer Staat schürten revanchistische Strömungen und wirkten sich auf die Kinder- und Jugendliteratur aus. Insbesondere in der späten Phase der Weimarer Republik wurden Jugendbücher zunehmend von einem kriegsverherrlichenden Revanchismus und von einem rechtsradikalen Idealismus infiltriert. (Vgl. Nassen 1987, S. 22–23; Kaminski 1990, S. 262–265) Beinahe fühlten sich „alle Gruppen der Bevölkerung" von dem Ausgang des Ersten Weltkriegs betrogen, was u. a. dazu führte, dass „in den Bünden der Jugendbewegung […] nicht mehr wie vor dem Kriege der Scholar oder Bacchant das Leitbild" war, „sondern der kriegerische Ritter; aus dem ‚wilden Haufen' der Wandervögel vor dem Kriege wurde die im Gleichschritt marschierende Gruppe." (Giesecke 1981, S. 82) Schriften von Paladinen der Nation entfachten in vielfältiger Form eine Militarisierung der Kultur einer entmilitarisierten Republik. Schulreformen und Weimarer Erziehungspolitik setzten die Erzeugung gebildeter Staatsbürger und Staatstreue voraus; doch die ideologische Verunsicherung des Bürgertums, die Republikfeindlichkeit der Lehrer, die wirtschaftliche Desorganisation und soziale Polarisierung verhinderten, dass nachhaltiges Vertrauen in den Frieden und die Bereitschaft, sich mit den politischen Verhältnissen abzufinden, in der Bevölkerung vorherrschten. Der Germanist Walter Müller-Seidel versteht die literarische Welt der Weimarer Republik überhaupt als eine von Kampf und Krieg durchdrungene Kultur. (Vgl. Müller-Seidel 1987, S. 429) In dieser Hinsicht stimmt die Kinder- und Jugendliteratur mit einer Hauptströmung der Literatur der Erwachsenen überein – als ein Pendant zur, wenn nicht sogar als ein Spiegelbild der Weimarer Kulturgeschichte.

Die Frage, wie die Kinder- und Jugendliteratur Gesellschaft und Politik der Weimarer Republik widerspiegelt, birgt in sich einen potentiellen historischen Irrtum, wenn man mit dieser Frage gleich auf die anschließende, nationalsozialistische Machtergreifung hindeutet. Faschismus war keineswegs die Entelechie einer krisenbelasteten Weimarer Republik. Die NSDAP fand zwar zunehmend nach 1928 breite Unterstützung, aber sie war auch die erste deutsche Partei, die breite Unterstützung überhaupt suchte. Etablierte Parteien, DVP, SPD, Zentrum, KPD, DNVP und die kleinen Parteien vertraten relativ abgegrenzte Interessengruppen. Obwohl der Kern der Nazi-Wähler dem Mittelstand – Kleinbauern, Handwerkern, Kleinunternehmern – zugeordnet werden kann, propagierte die NSDAP ein Programm, das auch intensiv die großstädtischen Arbeiter ansprach. (Vgl. Childers 1983, S. 262–263) In dem vorliegenden Band konstatiert Norbert Hopster, dass die Bekehrung eines Arbeiterjungen zur Hitlerbewegung ein Standardmotiv in den nationalsozialistischen Presseorganen wurde und dass Schenzingers *Hitlerjunge Quex* ein Roman unter etlichen war, die proletarischen NS- Märtyrern huldigten. Die Art und das Ausmaß des politischen Opportunismus der NSDAP kannten die Deutschen nicht und, weil sie noch ein nahezu unbeschriebenes Blatt in der Nationalpolitik waren, lockten die Nazis eine breite Protest-Wählerschaft an. (Vgl. Childers 1983, S. 265) Wie Hopster feststellt, machte die Hitler-Bewegung sich erstens den Jugendkult der Weimarer Zeit und zweitens die tiefe Abneigung in der Bevölkerung gegen das politische System der Weimarer Republik zunutze. Mit dem Jugendkult ging auch ein militärischer Heroenkult einher, der sich in der HJ-Literatur als Selbstaufopferung im Kampf und als Gleichschritt mit der Revolution manifestierte. Die nationalsozialistische Kinder- und Jugendliteratur wie das gesamte nationalsozialistische Schrifttum, das an die Jugend gerichtet war, entsprang der Kultur der untergehenden Republik und kann deshalb durchaus als Produkt der allgemeinen sozialen und politischen Situation angesehen werden. Und bis 1933 etablierte sich die NS-Jugendkultur als fester Bestandteil der Weimarer Öffentlichkeit. Immerhin verlor die NSDAP 1932 über zwei Millionen Wählerstimmen in den vier Monaten zwischen dem ersten Wahltag im Juli und dem zweiten im November, was zu umstrittenen Erklärungen und Spekulationen führte. Jedenfalls wurde dadurch die für unaufhaltsam gehaltene Zunahme des Nationalsozialismus in Frage gestellt. Doch pochte die Nazipropaganda unablässig auf ihre Jugendlichkeit und eignete sich damit gleichsam den Jugendwahn der Weimarer Kultur an.

In den einschlägigen literatur- und sozialhistorischen Untersuchungen wiederholt sich die Bewertung der Weimarer Zeit als einer jugendbewegten Kultur, deren Aufbruchsbegeisterung, Politisierung, Aktivierung und optimistischer Glaube, dass die Jugend die Gesellschaft zum Besseren verändern könne, die Ära kennzeichneten. (Vgl. u. a. Trommler 1985, S. 39–40; Leutheuser 1995, S. 38) Die Initiatoren des Weimarer Jugendwahns gehörten aber selten altersgemäß zur Jugend. Eine durch die Jugend bewirkte Umwandlung der Politik und der gesamten Gesellschaft beschworen zumeist Autoren, deren Jugendblüte meistens schon verblaßt war. Es mangelte nicht an Manifesten und Denkschriften von jugendbewegten Älteren, wie z. B. von dem im Jahre 1894 geborenen Werner Deubel, der 1931 die reaktionäre Schrift *Deutsche Kulturrevolution : Weltbild der Jugend* herausgab. Für Frank Matzke (Jahrgang 1903), der sein Manifest *Jugend bekennt: So sind wir!* 1930 veröffentlichte, zählten diejenigen zur Jugend, die als zur Nachkriegsgeneration gehörend galten. Jedenfalls spricht man nicht von der realen Welt der Kinder und Jugendlichen in der Weimarer Zeit, wenn man von Jugendbewegung spricht, sondern von Wunschwelten teils frustrierter und teils optimistischer und zumeist bürgerlicher Männer und nur weniger Frauen. Karl Mannheim kennzeichnet 1929 in seiner programmatischen Schrift *Das Problem der Generationen* eine *Generationseinheit*, die das Selbstverständnis einer kulturtragenden Altersschicht habe, das aber von einem dynamischen Spannungsverhältnis zu tradierten Kulturerscheinungen geprägt sei: „Wenn gesellschaftlich-geistige Umwälzungen ein Tempo einschlagen, das den Wandel der Einstellungen dermaßen beschleunigt, daß das latente kontinuierliche Abwandeln der hergebrachten Erlebnis-, Denk- und Gestaltungsformen nicht mehr möglich wird, dann kristallisieren sich irgendwo die neuen Ansatzpunkte zu einem als neu sich abhebenden Impuls und zu einer neuen gestaltgebenden Einheit.“ (Mannheim 1964, S. 550) Mannheim verstand seine eigene Zeit als eine Umwälzungperiode. Andere Stimmen mäßigten aber die vielfältigen Proklamationen einer revolutionären und zeitgestaltenden Wirkung dieser neuen Generation. Zum Beispiel zog Karl Jaspers im Jahre 1932 Bilanz in seinem philosophischen Kommentar zur geistigen Situation der Zeit: „Kennzeichnend ist die Rolle der *Jugend.* Wo aus dem Geiste eines Ganzen die Erziehung substantiell ist, ist Jugend an sich Unreife. Sie verehrt, gehorcht, vertraut und hat als Jugend keine Geltung; denn sie ist Vorbereitung und mögliches Berufensein für eine Zukunft. In der Auflösung aber gewinnt die Jugend Wert an sich selbst. Von ihr wird gereadezu erwartet, was in der Welt schon verloren ist.“ (Jaspers 1999, S. 96) Im Grunde sieht Jaspers den neuzeitlichen Jugendwahn als eine Umwertung des Begriffs ‚Jugend‘, der in schlechten Zeiten wie eine Ikone der Hoffnung fungiere und leicht mit irgendwelchen Ideologien aufgeladen werden könne. Wenn die Kultur der Weimarer Republik als eine von der Jugend markierte Kultur verstanden werden kann, so wie vielleicht vergleichsweise die Generation der 1968er, dann liegt es nahe, dass der von dem Diskurs über Jugendlichkeit bestimmte Weimarer Zeitgeist auch die Kinder- und Jugendliteratur maßgeblich beeinflusst hat. Titel, in denen Kinder oder Jugendliche durch eigene Initiative etwas erreichen, ohne die oder außerhalb der Gesellschaft der Erwachsenen, bestätigen die Auswirkungen des Jugendkults auf die Kulturproduktion in der Weimarer Zeit. Beispiele hierfür sind nicht nur Erich Kästners *Emil und die Detektive*, Wilhelm Matthießens *Das rote U*, Kadidja Wedekinds *Kalumina*, Wilhelm Speyers *Der Kampf der Tertia* und auch Annie Geiger-Gogs *Fiete, Paul & Co.* Geradezu prototypisch für die Prägung der Kinder- und Jugendliteratur durch die Debatten um das Verhältnis von Jugend und Gesellschaft ist die *Höhlenkinder*-Trilogie von Alois T. Sonnleitner. In ihr wird vorgeführt, dass Kinder bzw. Jugendliche zu eigenen Kulturleistungen fähig sind, Jugendlichkeit nicht ein leerer Mythos ist.

Eine spezifische Kinder- und Jugendliteraturgeschichte sollte also unmittelbarer als die allgemeine Geschichtsschreibung zeigen, wie sich das kollektive Bewusstsein und die materielle Situation der Zeit in der Kinder- und Jugendliteratur niederschlagen. Historiker und Soziologen untersuchen als Voraussetzungen hierfür Familienverhältnisse, die Bildungspolitik und -praxis, das Jugendrecht und dessen zuständige Behörden, Freizeitbeschäftigungen und allgemein die Alltagserfahrungen der jungen Menschen. (Vgl. Speitkamp 1998) Die Welt der Jugend in Deutschland änderte sich, wie die Kinder- und Jugendliteratur bezeugt, dramatischer zwischen 1919 und 1933 als in früherer oder späterer Zeit. Der Menschentypus ‚Jugend' von 1919 unterschied sich grundsätzlich von der jungen NS-Generation in der Bildung, im Fortschritt des technischen Wissens, im Verhältnis zum Weltkrieg, in der Bewertung des Sports, in der Politisierung der Jugendverbände, sogar in der Sprache und in dem Selbstverständnis der jungen Leute überhaupt. Darum ist es zwingend notwendig, den unterschiedlichen Interessen und Positionen der Kinder und Jugendlichen in der Zeit nachzugehen. Wenn auch der Versuch einer historischen Nachbildung der Weimarer Jugend fragwürdig wäre, so lässt sich doch durch eine auf Zeitzeugnisse und neuere Forschungen gestützte Analyse der Bereiche und Strukturen des gesellschaftlichen Lebens besser verstehen, wie und in welchem Ausmaße diese Bereiche wie u.a. Sport, Mode, Technik, aber auch die Bereiche Politik, Schul- und Bildungswesen wie auch Sozialwesen direkt oder indirekt auf die Kinder- und Jugendliteratur gewirkt haben. Dieser Frage gehen erst neuere Untersuchungen nach. Der Sport erweist sich z.B. als ein Bereich der Lebenswelt der Jugend, an dem viele der ihr Zugehörigen interessiert sind, was die entsprechenden Titel für Kinder und Jugendliche zu erkennen geben müssen.

Wenn es aber in der Kinder- und Jugendliteratur um die Lebenswelt von Kindern und Jugendlichen geht, dann müssten auch alle ihre körperlichen Funktionen primäre Themen sein, und es dürfte nicht – wie zumeist – darüber geschwiegen werden, obwohl sich eine Vielzahl wissenschaftlicher Studien in der Weimarer Zeit jugendlichen Trieben widmeten. (Vgl. z.B. den von S. Bernfeld herausgegebenen Sammelband) Der größte Widerspruch zwischen kinder- und jugendliterarischen Darstellungen und der alltäglichen Wirklichkeit der Kinder und Jugend besteht eben darin, dass die Kinder- und Jugendliteratur die immer präsente Sexualität junger Menschen übersieht und verdrängt, wahrscheinlich um so mehr, je intensiver sich die psychologischen, soziologischen und ästhetischen Diskurse mit libidinösen Trieben der Jugend befassten. Zieht man zum Vergleich als Beispiele unter vielen anderen aus den Vorkriegsjahren Stephan Zweigs Erzählung *Brennendes Geheimnis* (1911) oder Robert Musils Novelle *Die Verwirrungen des Zöglings Törless* (1906) heran, so könnte man meinen, dass die fortschreitende Offenheit der Weimarer Gesellschaft zwangsläufig auch für die Jugend aktuelle Geschlechterfragen als Thema der Jugendliteratur möglich gemacht hätte. Doch war auch die relativ liberale Weimarer Kultur noch nicht so weit entwickelt, dass man glaubte, solche die jugendlichen Leserinnen und Leser unmittelbar berührenden Fragen in ihrer Lektüre anschneiden zu dürfen. Dass Sexualität unmittelbar als Thema in der Weimarer Kinder- und Jugendliteratur so gut wie nicht vorkam, bedeutet beileibe nicht, dass sie den Kindern und vor allem den Jugendlichen in ihren konkreten Lebensverhältnissen unbekannt blieb; biedermeierlicher Prüderie konnte man die Weimarer Gesellschaft nicht bezichtigen. Viele vertraten aber den Grundsatz, dass durch Sport alles Leiden an den körperlichen Trieben in eine allseits anerkannte gesunde Sphäre der Jugenderziehung gelenkt werden könne. Wenn auch bis zum Ende der Weimarer Republik vor allem die von den *Vereinigten deutschen Prüfungsausschüssen für Jugendschriften* empfohlene Kinder- und Jugendliteratur in erster Linie der ästhetischen Erziehung dienen sollte, so wurde doch mehr und mehr klar, dass die sachlichen und wirklichkeitsnahen Interessen der Leserinnen und Leser nicht mehr übergangen werden konnten.

Die kinästhetische Erziehung der Jugend durchdrang die sozialen Interessen der Weimarer Gesellschaft von 1918 bis 1933 in zunehmendem Maße. Erst in den zwanziger Jahren wurde Sport ein Massenphänomen; Preussen allein hatte über 1700 Frei- und Strandbäder und über 9000 Turnhallen; ungefähr ein Zehntel aller deutschen Jugendlichen war in einem Sport- oder Turnverein tätig. (Vgl. The German Urban Experience 1900–1945, S. 119–120) Theodor Lewald, Gründer und Präsident des *Deutschen Reichsausschusses für Leibesübungen* (DRAL) 1919–1934, und Felix Linnemann, Präsident des *Deutschen Fußballbundes* (DFB) 1925–1945, waren fast jedem bekannt. Es wurde allgemein anerkannt, dass Sport längst eine Angelegenheit der großen Masse und ein Teil der Gesellschaftsordnung geworden war. Das Thema Sport als Wettkampf zur Steigerung der körperlichen Leistungsfähigkeit oder auch als Spiel wird bisher in Studien zur Kinder- und Jugendliteratur in der Weimarer Zeit noch wenig berücksichtigt, wie überhaupt alle Themen, die die physische Lebenswelt von Kindern betreffen (vgl. Tost 2005, S. 147), was unverständlich ist. Denn immerhin konnte Rolf Geßmann (vgl. Tl. 1, Beitr. R. Geßmann) einen reichen Bestand der neueren Kinder- und Jugendsportliteratur präsentieren – eine erstmalige Leistung in der Geschichtsschreibung der Weimarer Kinder- und Jugendliteratur. Für die Gesellschaft wie für die Politik gilt die Feststellung in Geßmanns Beitrag, dass „ein neues Körperbewusstsein“ entstand. „Sporttreiben wird zur Sigle für eine aktive, gesunde und damit auch fröhliche Lebensgestaltung. […] Damit reiht sich der organisierte Sport in die allgemeinen staatlichen Bemühungen um die *Hebung der Volksgesundheit* ein und unterstreicht gleichzeitig die eigene gesellschaftliche Bedeutung.“ Gerade aus diesem Grunde wurden Stimmen in allen öffentlichen Bereichen laut – in Politik, Presse, Kino usw. –, dass eine zeitgemäße Jugenderziehung sich intensiver mit Körperertüchtigung der angeblich schmächtigen Jungen und Mädchen befassen müsse, weil es auch hierbei um die Erneuerung Deutschlands gehe. Sport wurde also eine außerordentlich politische Angelegenheit. In den späten Jahren der Weimarer Republik entfachte die Presse hitzige Debatten über die Frage, ob Deutschland Sport sogar als Ersatz für die Wehrpflicht anerkennen solle. Wilhelm Groener, Verteidigungsminister in der Regierung Franz von Papens, wollte nämlich der Massenarbeitslosigkeit und der dadurch drohenden Verwahrlosung der Jugend mit einem massiven paramilitärischen Sportprogramm entgegenwirken. (Vgl. Harvey 1993, S. 269–270; Eggers 2001, S. 120) In der Politik der Großstädte galt es schon längst als eine Binsenweisheit, dass *loci amoeni,* Feld, Park, Wald und Wasser, zur Flucht aus der bedrückenden Enge der Hinterhöfe nötig seien, um die Proletarier wenigstens für einige Stunden aus der Not der armseligen städtischen Arbeiterviertel zu befreien. Aber auch an den herkömmlichen bürgerlichen Sportarten beteiligte sich zunehmend die Arbeiterklasse. (Vgl. Hau 2003, S. 177–180) Die erste große Arbeiterolympiade fand 1925 in Frankfurt am Main statt (vgl. McElligot 2001, S. 122), und 1931 dokumentiert Helmut Wagners Buch *Sport und Arbeitersport* den Arbeitersport sogar als einen wesentlichen Bestandteil der proletarischen Klassenformierung, weil Turnen, Segeln, Rudern, Leichtathletik, Schifahren und sogar Bergsteigen für die Herausbildung modernen proletarischen Bewusstseins wichtig seien und eine integrierende Funktion hätten. (Vgl. Wagner 1931)

Die ‚Versportlichung' der modernen westlichen Kulturen ergab sich zum Teil als Begleiterscheinung der Industrialisierung, die wiederum von den Individuen aller Klassen eine immer strenger geregelte Lebensweise und dazu auch eine wachsende Differenzierung des sozialen Handelns in dem immer dichteren Netz sozialer Wechselwirkungen und Verflechtungen forderte. (Vgl. Elias 1986, S. 151) Infolge der tiefgreifenden Veränderungen in den sozialen Systemen und Subsystemen konstatiert zum Beispiel Jürgen Habermas in der Weimarer Republik eine Verrechtlichung der Lebenswelt, die u. a. notwendigerweise Freiheitsentzug und Sinnverlust im Leben mit sich gebracht habe. (Vgl. Habermas 1981, Bd. 2, S. 525–535) Sport und Spiel schufen aber durchaus auch Freiräume für zwischenmenschliche Beziehungen mit überschaubaren Regeln, Zielen und Zwecken auf der Basis einer allgemein anerkannten Ethik des Fair Plays. Reale Ideologien blieben dem athletischen Diskurs und der Körperkultur inhärent. Geist und physische Mechanik setzten die Grenzen: Angeblich fragmentierten die Leistungen Einzelner in spezialisierten physischen Wettkämpfen den menschlichen Körper, weil der Athlet nur diejenigen Fähigkeiten übte, die die höchstmögliche Leistung in einer besonderen körperlichen Tätigkeit versprachen. Lebensreformer bevorzugten hingegen eine harmonische Entwicklung des Ganzen im holistischen Wechselspiel zwischen Körper, Geist und Seele. Für die Jugend war dieser Weltanschauungszwist ausschlaggebend, weil Schulen und Sportvereine seit der Zeit des Turnvaters Jahn ideologische Maßstäbe setzten. Doch in die deutsche Sportwelt der Weimarer Zeit drängte sich ein undeutsches Phänomen ein: Vermittelt vor allem durch die Jugendzeitschriften und Radiovorträge der späteren Weimarer Republik erwuchs das Gespenst der Vereinigten Staaten von Amerika als Mitspieler im Sport-, Spiel- und Spaß-Bewusstsein der deutschen Jugend.

Das viel bewunderte und viel gescholtene Land Amerika wurde zunehmend mehr zum Feind- als zum Vorbild der Jugendkultur Deutschlands in der Weimarer Zeit. Es ist anzunehmen, dass nur wenigen Jugendlichen die Bedeutung Amerikas entgangen war. Zwar erwähnen Carola Pohlmann (vgl. Tl. 1) und Bettina Kümmerling-Meibauer im vorliegenden Band die Popularität der amerikanischen Klassiker aus dem 19. Jahrhundert in der Weimarer Republik (Jack London, Herman Melville, Charles Sealsfield, James Fenimore Cooper und Mark Twain), und Geralde Schmidt-Dumont (vgl. Tl. 1) zeigt in ihrem Beitrag, dass auch die neuere amerikanische Tierliteratur auf dem Jugendbuchmarkt in der Weimarer Zeit stark vertreten war und auch Vorbildfunktion hatte, aber das Amerikabild der Zeit entstand in literarischer Vermittlung in erster Linie durch die populären Indianer- und Detektivgeschichten. Old Shatterhand und Nick Carter (Heftchenserie), zwei der bekanntesten Helden der deutschen Jugendliteratur vor der NS-Zeit, prägten wahrscheinlich auf Seiten vieler Leserinnen und Leser das Vorverständnis von Amerika und erzeugten sogar – zumindest potentiell – eine Facette der Zivilisationskritik: „Die Romane von Karl May, die wie kaum eine andere Literatur das Amerikabild von Generationen von Jugendlichen prägten, sind auch als Kritik an der Moderne zu lesen. Old Shatterhand und Winnetou kämpfen nicht nur gegen das Gewinnstreben der amerikanischen Siedler, sondern kritisieren auch die europäischen Gesellschaften mit ihren Beschränkungen und ihrer Enge.“ (Lüdtke / Marßolek / von Saldern 1996, S. 8) Möglicherweise besteht auch eine Verbindung zwischen dem Antiamerikanismus des späten 19. Jahrhunderts und dem der Spätphase der Weimarer Republik, weil in beiden Fällen die Schuld an der Weltwirtschaftskrise zu dieser Zeit den amerikanischen Großkapitalisten zugeschrieben wurde. Immerhin hatten Wild-West-Geschichten wie überhaupt etliche der Heftchenserien, wie z. B. *Nick Carter*, *Nat Pinkerton* und *John Kling*, um nur Detektivhelden zu nennen, längst vor dem Ende der Weimarer Zeit Vorstellungen von Amerika durch Mythen, Halbwahrheiten und Klischees vernebelt. Inge Marßolek resümiert dieses Zerrbild: „John Kling sieht und erlebt Amerika durch die europäische bzw. deutsche Brille So finden sich nahezu alle Stereotypen des Amerikabildes der Zwischenkriegszeit.“ (Marßolek 1996, S. 155) Also dominieren die üblichen Banalitäten: Wolkenkratzer, rasantes Großstadtleben, Werbung, Großindustrie zusammen mit Gangstertum, Oberflächlichkeit, aufsässige und eigensinnige Jugend, verwöhnte und egoistische Frauen. Wenn überhaupt mal ein eindeutig positives Bild von Amerika gezeichnet wurde, dann war aus den Eigenschaften, die Amerika zugebilligt wurden, herauszulesen, dass die Deutschen sie als die ihrigen verstanden, d.h. sich selbst entsprechend sahen: „Insbesondere die *Technikbegeisterung*, vor allem für Autos und Flugzeuge, spielt in nahezu allen Geschichten eine große Rolle und ist keineswegs auf die USA bezogen.“ (Ebd., S. 156) Dass Amerika mit den Scheinwirklichkeiten in Karl-May-Romanen, die schöngeistige Pädagogen für üble Machwerke hielten, und mit der sogenannten Schundliteratur assoziiert wurde, verstärkte noch die allgemein verbreitete Überzeugung von der Kulturlosigkeit Amerikas. (Vgl. Klautke 2003, S. 290)

Amerikanisierung, bzw. eine Begeisterung für Kulturphänomene, die den Geist des stereotypisierten Amerikanismus evozierten, hatte sich in der Weimarer Gesellschaft durch Kino, Sport, Musik und Technik ausgebreitet. Das Bild vom Land der unbegrenzten Möglichkeiten erzeugte zugleich aber auch Vorstellungen vom Land des zügellosen Opportunismus. Wie Carola Pohlmann in ihrer kenntnisreichen Analyse (vgl. Tl. 1) zeigt, erschienen durchaus positive Darstellungen der amerikanischen Unternehmungslust, z.B. vom schwedischen Jugendbuchautor Bengt Berg der Titel *Arizona Charleys Junge* (1927). Aber in anderen Jugenderzählungen erkennt man die Absicht, die Geldgier und den bornierten Hochmut der Amerikaner anzuprangern. Die Kritik an Amerika einerseits und das Fasziniertsein von Amerika andererseits gehörten offenbar zum Kulturdiskurs der Zeit. Die widersprüchliche Sicht und Bewertung Amerikas waren z.T. offenbar geprägt von Oswald Spenglers Sicht des Abendlandes, die er in seinem Buch *Der Untergang des Abendlandes* (2 Bde. 1918–1922) entwickelt hatte. Manche Urteile und Ideen Spenglers hatten sich als allgemeines Gedankengut ins kulturelle Bewusstsein gedrängt, und seine Ansicht, das Abendland befinde sich in der Spätphase des Verfalls, wurde auf die Vorstellungen von Amerika übertragen. (Vgl. Klautke 2003, S. 292f.) Letztlich war Amerika aber weniger vorrangig als die Auseinandersetzung mit der Moderne.

Intensive Zivilisationskritik der späten Weimarer Zeit schürte Anti-Amerikanismus und untermauerte zugleich den Diskurs um die Kinder- und Jugendliteratur. Der ihm zu Grunde liegende ideologische Zwiespalt der Pädagogen ist an einer Reihe von Aufsätzen erkennbar, die in der Zeitschrift *Jugendschriften-Warte* 1930 und 1931 erschienen. Denn diese Debatte, so wenig bekannt sie in der Weimarer Geschichtsschreibung sein mag, prägte die wesentlichen ideologischen Positionen nicht nur von Lehrern. Die Lehrerschaft bestand nicht ausschließlich aus republikfeindlichen Deutschnationalen. Im vorliegenden Sammelband merkt Sandra Ladwig an: „Das Leben in der Weimarer Republik bewegt sich demnach zwischen dem so genannten Amerikanismus, dem Synonym für Modernität, und einer Kulturkritik. [...] In der krisengeschüttelten Weimarer Republik aber nimmt der Kulturpessimismus zu.“ Dass in der

‚Gegenwärtigkeitsdebatte' der *Jugendschriften-Warte* keinerlei Hinweise auf Amerika zu finden sind, bedeutet aber nicht, dass die Debatte durch Pro-Amerikanismus motiviert war.

Wirklichkeitsnähe wurde von 1928 bis 1932 in der *Jugendschriften-Warte* heftig debattiert. „Gegenwärtigkeit" wurde zur Chiffre für linksgerichtete Tendenzen in einer zunehmend politisch polarisierten Öffentlichkeit. Mancher Befürworter der neuen kinderliterarischen Bestrebungen, junge Leser in ihrer eigenen Lebenswelt anzusprechen, neigte schon, wie Max Baumann, dazu, unverhohlen eine sozialistische Stellungnahme zur Literatur abzugeben: „Der Arbeiterjunge soll Bücher lesen, in denen ihm nicht nur seine Welt geschildert wird, sondern aus denen gleichzeitig klar wird, wie die ‚Sinnlosigkeit des Daseins' im proletarischen Schicksal am unverhülltesten aufbricht [...], damit er einen starken Impuls empfängt, künftig tätig mitzuarbeiten an der Umgestaltung seines eigenen Daseins." (Baumann 1930, S. 87) Andererseits gingen andere Pädagogen eher von psychologischen als politischen Ansätzen aus. Karl Vaupel vertrat zum Beispiel die These, dass Kinder für Kinder schreiben sollten, weil eine verfrühte Auseinandersetzung mit der Härte des Lebens Kinder entwicklungspsychologisch schaden könnte, womit er auch das Urteil verbindet, dass eine primär an Kunst orientierte Literatur für Kinder nicht auf die Lebenswirklichkeiten, Empfindungen, Vorstellungen und Aneignungsweisen von Kindern gegründet sei. (Vgl. Vaupel 1931, S. 59f.) (Vaupel hat drei Sammlungen von Erzählungen von Kindern herausgegeben: *Die Kinder sagen es* (1929); *Die Kinder und ihre Tiere* (1930); *Kinder erzählen* (1932), die nach 1933 für ‚entartet' erklärt wurden!). Gegner der Reformpädagogik, wie in dieser Debatte Severin Rüttgers, wandten ein, dass aktives Lernen ‚vom Kinde aus' und die Aktualität in der Kinder- und Jugendliteratur die geistige und seelische Bildung und den Sinn für höhere Werte zugunsten eines flachen Pragmatismus missachteten: „Der Schulmeister greift dem Schicksal nicht ins Rad: Der (Schüler, L. S.) war vor einem Jahr ‚roter Trommler' – heute geht er im Hermann-Josef-Bund, 32 bei der Hitler-Jugend. Und ich – sein Lehrer? Heute hier, morgen da? – Wo ich bin – da bleib ich: auf meinem Felsen, beim ‚Urmenschlichen' und bei der ‚ewigen Volkheit'! Aus ihnen wuchs zu aller Zeit (und wird ewig wachsen) der politische Mensch, der zugleich ganzer Mensch ist." (Rüttgers 1931, S. 25) Der Streit um Gegenwärtigkeit in der *Jugendschriften-Warte* bezeugte das Interesse einer Gruppe führender Experten und Kritiker an einer Literaturgattung, die in der Lage sei, die deutsche Gesellschaft auf eine davor ungekannte Weise literarisch darzustellen. Rüttgers sah aber die eigentliche Aufgabe des Lehrers darin, Bestehendes zu hüten und Vergängliches als solches wahrzunehmen. Rüttgers' Replik auf Baumann u. a., die literarische Geformtheit mit jugendpolitischen Tendenzen gleichsetzten, führt uns wieder zu Generationsfragen.

Leopold Dingräve (d. i. Hans Wilhelm Eschmann), Schriftsteller für die politische Monatsschrift *Die Tat*, hat die Weimarer Jugend in seiner 1931 erschienenen Denkschrift *Wo steht die junge Generation* in drei „Generationen" unterteilt: Jahrgänge 1900–1908 (23–31 Jahre), 1909–1911 (20–22 Jahre) und 1912–1916 (15–19 Jahre). Dingräves Anliegen, vor der links- und rechtsgerichteten politischen Radikalität zu warnen, bleibt hier Nebensache. Von Belang erweist sich sein Theorem, dass in drei Jahrzehnten bedeutende soziale Umbrüche die Entwicklungsjahre der Weimarer Jugend geprägt hätten, und demzufolge seien Altersgruppen mit entsprechenden Eigenschaften entstanden. Da Zustände und Ereignisse wie Vorkrieg und Krieg, Revolution und Inflation, Aufschwung und Stabilität die Lebensverhältnisse stark beeinflussten und beeinträchtigten, kann man mit Recht vermuten, dass das Zeitgeschehen sich stark auf die Persönlichkeitsformung der Adoleszenten auswirkte. Dass die Zeit um 1931 bei den Zwanzig- bis Zweiundzwanzigjährigen wegen ihres ‚Ruhebedürfnisses' eine „geringe Neigung, sich auf Experimente einzulassen", bewirkt habe und die später Geborenen „lebendiger, kräftiger, unbedenklicher" gewesen seien, könnte im Kern durchaus zutreffend sein. (Dingräve 1931, S. 17) Spiegelt die neusachliche Begeisterung für Sport, Kino, Technik usw. die vermeintliche Tatkraft der Jahrgänge 1912–1916? Einen schlagenden Beweis hierfür lieferte wohl die Welle von Großstadtromanen für Kinder in den Jahren 1929–1933. (Vgl. Tl. 1, Beitr. H. Karrenbrock: Großstadtromane für Kinder) (Es ist bemerkenswert, dass *Hannelore erlebt die Großstadt* von Clara Hohrath in den Vereinigten Staaten als Lesefibel für den Deutschunterricht herausgegeben wurde. Hohraths Buch wurde gewählt, weil es nach Ansicht der Herausgeber umfassend und wahrheitsgetreu ein Bild vom modernen Deutschland wiedergebe und Probleme darstelle, denen die damalige Jugend im Allgemeinen ausgesetzt gewesen sei. – Vgl. Hohrath 1935, S. V) Was Dingräve nicht auf die Waagschale legte, waren Mutmaßungen über die Heranwachsenden in der damaligen Wirtschaftskrise. Wenn die ‚neusachlichen' wirklichkeitsnahen Literaturbilder (Dingräve befasste sich nicht mit literarischen Fragen) aus der Nachfrage von Seiten einer gewissen Generation nach ereignisreichen Geschichten hervorgingen, wie hätten dann die Leseinteressen und die Buchproduktion ausgesehen, als die sozialen Verhältnisse sich drastisch veränderten?

Soziale Realität darf nicht einseitig mit den realen Verhältnissen in der modernen Großstadt gleichgesetzt werden. Trotz aller ‚Amerikanisierung' war die Gesellschaft in Deutschland in der Zeit vor 1933 letztlich keine großstädtische ‚Konsumgesellschaft' im heutigen Sinne. Vor der NS-Zeit lebte die Mehrheit der Deutschen noch in Kleinstädten und in ländlichen Gebieten, in denen Traditionen, örtliche Machtstrukturen und soziale Einheiten wie Familie, Kirche, Vereine und Verbände das moderne Konsumentenverhalten und den Modernitätswahn noch abwehren konnten. Doch, so Gideon Reuveni, nahmen Darstellungen der Konsumparadiese als Wunschwelt während der Weimarer Zeit erheblich zu: Projektionen, die in grellem Widerspruch zur alltäglichen Wirklichkeit standen. In einer Zeit, in der die Verbraucherkultur durch die populäre Publizistik in zunehmendem Maße identitätsbildend wirkte, wurde das Lesegut der Deutschen – einschließlich der Kinder- und Jugendliteratur – in dem Grad politisch provokant, in dem die Bilder einer idealisierten Wirklichkeit in den Medien mit der sozialen Misere unvereinbar wurden. (Vgl. Reuveni 2006, S. 282–283) Und die Realität wurde immer härter. Im Jahre 1932 zog zum Beispiel die *Vossische Zeitung* eine entsprechende Bilanz: „Das Schicksal der Jugendlichen, die in den nächsten Wochen die Schule verlassen, ist leider bekannt: es wird in den meisten Fällen Arbeitslosigkeit sein. [...] Als die vom Jahrgang 1905, 1906, 1907 auf dem Wege waren, den sie schnell zurückzulegen glaubten, da brach die Strecke ab, und sie standen vor einer Mauer – eingekeilt in der Masse der Aelteren. Noch nicht erprobt, und doch schon gescheitert – so findet sich diese Jugend wieder nach hoffnungsvollem Beginn. [...] Soviel Enttäuschungen und bittere Erfahrungen – die Lebenskraft bleibt ungebrochen. Eingekapselt wachen die Energien, und bei der ersten Chance werden sie mobil gemacht zu einem neuen Angriff, zum Kampf um Arbeit. Wer diese gewaltige Nervenprobe besteht – der findet eines Tages durch Zufall oder durch ein Wunder die ‚Gelegenheit', die dann endlich die Plattform für den Aufbau einer mörderisch hart erworbenen Existenz wird. Bis dahin hält die Hoffnung, daß jede Irrfahrt einmal ihr Ende findet, diese Jugend aufrecht." (Baumgarten 1932, S. 3) Aufmunternd und optimistisch, trotz der überwältigenden Schwierigkeiten, hatten auch Jugenderzählungen das Thema Arbeitslosigkeit behandelt, wie zum Beispiel Lisa Tetzners *Der Fußball* und Alex Weddings *Ede und Unku*. Die Frage aber ist, ob die Journalisten und Autoren nicht nur realitätsferne Hoffnungen beschworen. An den angeführten Beispielen von journalistischer Meinung und Kinder- und Jugendliteratur ist jedenfalls die Intention erkennbar, den Leserinnen und Lesern die dargestellten Verhältnisse als zu verändernde verständlich zu machen, womit, wie in vielen anderen Texten, indirekt für andere Verhältnisse plädiert wird.

Gerade in dieser Gegensätzlichkeit von Darstellung und In-Frage-Stellen des Dargestellten erweist sich der Wert der Kinder- und Jugendliteratur als Zeitdokument. Sie ist kein Spiegel, aber auch kein Zerrspiegel, sondern eher ein Symptom der Widersprüche und Ungereimtheiten in der gesellschaftlichen und politischen Situation in Deutschland vor der NS-Herrschaft. Aber so ist es bei jeder Art der Historiographie. Mimesis umfasst auch fiktive Umordnungen der Lebensumstände, was zur Folge hat, dass literarische Schilderungen über gelebte Wirklichkeit hinausgehen. Lebensnähe und Lebensechtheit spürt man daher nicht zuletzt in Romanen und anderen literarischen Texten, die sich nicht scheuen, gleichsam die Innereien der ansonsten unbegriffenen Verhältnisse offen zu legen, um auch die Härten des sogenannten normalen Lebens erfahrbar werden zu lassen. Eine zweite Funktion hat aber die Literatur auch, besonders die Kinder- und Jugendliteratur, nämlich nicht nur in Frage zu stellen, sondern auch eine gewisse Zuversicht und Lebensbejahung zu vermitteln, nicht zuletzt durch Zukunft antizipierende Bilder.

Literaturverzeichnis

Abels, Heinz: Jugend vor der Moderne : soziologische und psychologische Theorien des 20. Jahrhunderts. - Opladen : Leske + Budrich, 1993

Altner, Manfred: Kinder- und Jugendliteratur der Weimarer Republik. - Frankfurt/Main [u. a.] : Lang, 1991. - (Studien zur Germanistik und Anglistik ; 9)

Baumann, Max: Von der Notwendigkeit, gegenwartsbetonte Bücher in die Schule zu bringen. - In: Jugendschriften-Warte. - 35 (1930), S. 86f.

Baumgarten, Paul: „Odyssee der Jugend". - In: Vossische Zeitung. - (1932) 51 [Abend-Ausg.] vom Sonnabend, 30. Januar, S. 2f.

Becker, Frank: Amerikanismus in Weimar : Sportsymbole und politische Kultur 1918-1933. - Wiesbaden : Dt. Universitätsverl., 1993

Büttner, Ursula: Weimar : die überforderte Republik 1918-1933. - Stuttgart : Klett-Cotta, 2008

Childers, Thomas: The nazi voter : the social foundations of fascism in Germany, 1919-1933. - Chapel Hill, USA : Univers. of North Carolina Pr., 1983

Deutsche Kulturrevolution : Weltbild der Jugend / hrsg. von Werner Deubel. - Berlin : Verl. f. Zeitkritik, 1931

Dingräve, Leopold [d. i. Hans Wilhelm Eschmann]: Wo steht die junge Generation?. - Jena : Diederichs, 1931

Dolle, Bernd: Märchen der Wirklichkeit. - In: Es wird einmal : soziale Märchen der zwanziger Jahre. - München : Weismann, 1983. - S. 165 - 175

Dyhrenfurth, Irene: Geschichte des deutschen Jugendbuches. - 3. neubearb. Aufl. - Zürich [u. a.] : Atlantis-Verl., 1967

Eggers, Erik: Fußball in der Weimarer Republik. - Kassel : Agon-Verl., 2001

Einleitung : Amerikanisierung: Traum und Alptraum im Deutschland des 20. Jahrhunderts / Alf Lüdtke ; Inge Marßolek ; Adelheid von Saldern. - In: Amerikanisierung : Traum und Alptraum im Deutschland des 20. Jahrhunderts / hrsg. von Alf Lüdtke, Inge Marßolek u. Adelheid von Saldern. - Stuttgart : Steiner, 1996. - S. 7 - 33

Elias, Norbert: An Essay on Sport and Violence. - In: Quest of Excitement : Sport and Leisure in the Civilizing Process / Norbert Elias ; Eric Dunning. - Oxford : Blackwell, 1986, S. 150 - 174

Familienleben im Schatten der Krise : Dokumente und Analysen zur Sozialgeschichte der Weimarer Republik 1918-1933 / hrsg. von Jens Flemming, Klaus Saul u. Peter-Christian Witt. - Düsseldorf : Droste, 1988

Fröse, Egbert: Jugendschriften und Jugendschriftentheorie in der Zeit der Weimarer Republik : zur Ideologie eines literarischen Genres in den Jahren 1918-1933. - Wuppertal, Univ./ Gesamthochsch., Diss., 1988

Vom Gemeinschaftsleben der Jugend : Beiträge zur Jugendforschung / hrsg. von Siegfried Bernfeld. - Leipzig [u. a.] : Internat. Psychoanalytischer Verl., 1922

The German urban experience 1900-1945 : modernity and crisis / hrsg. von Anthony McElligot. - London : Routledge, 2001

Giesecke, Hermann: Vom Wandervogel bis zur Hitlerjugend : Jugendarbeit zwischen Politik und Pädagogik. - München : Juventa Verl., 1981

Götz von Olenhusen, Irmtraud: Jugendreich, Gottesreich, Deutsches Reich : junge Generation, Religion und Politik 1928-1933. - Köln : Verl. Wissenschaft u. Politik, 1987. - (Edition Archiv der deutschen Jugendbewegung ; 2). - Zugl.: Freiburg (Breisgau), Univ., Diss., 1983 u. d. T.: Götz von Olenhusen, Irmgard: Generationen in der Weimarer Republik

Habermas, Jürgen: Theorie des kommunikativen Handelns. 2 Bde. - Frankfurt/Main : Suhrkamp, 1981

Harvey, Elizabeth: Youth and the welfare state in weimar Germany. - Oxford : Clarendon Pr., 1993

Hau, Michael: The cult of health and beauty in Germany : a social history 1890-1930. - Chicago : Univers. of Chicago Pr., 2003

Haywood, Susanne: Kinderliteratur als Zeitdokument : Alltagsnormalität der Weimarer Republik in Erich Kästners Kinderromanen. - Frankfurt/Main : Lang, 1998

Herrmann, Ulrich: „Neue Schule“ und „Neue Erziehung“ – „Neue Menschen“ und „Neue Gesellschaft“ : pädagogische Hoffnungen und Illusionen nach dem Ersten Weltkrieg in Deutschland. - In: „Neue Erziehung“ – „Neue Menschen“ : Ansätze zur Erziehungs- und Bildungsreform in Deutschland zwischen Kaiserreich und Diktatur / hrsg. von Ulrich Herrmann. - Weinheim [u. a.] : Beltz, 1987. - S. 11 - 32

Hoeres, Peter: Die Kultur von Weimar : Durchbruch der Moderne. - Berlin : be.bra Verl., 2008

Hohrath, Clara: Hannelore erlebt die Großstadt / hrsg. von E. P. Appelt u. Selina Meyer. - New York : Crofts, 1935

Hong, Young-Sun: Welfare, modernity, and the Weimar State 1919-1933. - Princeton : Princeton Univers. Pr., 1998

Hopster, Norbert: Vom „Bekenntnis“ zum „Kampf“ : Jugend und Jugendliteratur auf dem Weg ins „jugendliche Reich“ / Norbert Hopster ; Ulrich Nassen. - In: „Mit uns zieht die neue Zeit“ : der Mythos Jugend / Hrsg.: Thomas Koebner, Rolf-Peter Janz u. Frank Trommler. - Frankfurt/Main : Suhrkamp, 1985. - S. 546 - 562

Jaspers, Karl: Die geistige Situation der Zeit (1932). - Berlin : de Gruyter, 1999

Kaes, Anton: Shell shock cinema : weimar culture and the wounds of war. - Princeton : Princeton Univers. Pr., 2009

Kaminski, Winfried: Weimarer Republik. - In: Geschichte der deutschen Kinder- und Jugendliteratur / hrsg. von Reiner Wild. - Stuttgart : Metzler, 1990. - S. 251 - 265

Karrenbrock, Helga: Märchenkinder – Zeitgenossen : Untersuchungen zur Kinderliteratur der Weimarer Republik. - Stuttgart : M & P Verl. f. Wiss. u. Forschung, 1995. - Zugl.: Osnabrück, Univ., Diss., 1993

Karrenbrock, Helga: Weimarer Republik. - In: Geschichte der deutschen Kinder- und Jugendliteratur / hrsg. von Reiner Wild. - 3. vollst. überarb. u. erw. Aufl. - Stuttgart : Metzler, 2008. - S. 241 - 259

Klautke, Egbert: Unbegrenzte Möglichkeiten : „Amerikanisierung“ in Deutschland und Frankreich (1900-1933). - Wiesbaden : Steiner, 2003

Köster, Hermann Leopold: Geschichte der Deutschen Jugendliteratur in Monographien (1906) / hrsg. von Walter Scherf. - Nachdr. d. 4. Aufl. von 1927. - München [u. a.] : Verl. Dokumentation, 1971

Lamberti, Marjorie: The politics of education : teachers and school reform in weimar Germany. - New York : Berghahn, 2002

Leutheuser, Karsten: Freie, geführte und verführte Jugend : politisch motivierte Jugendliteratur in Deutschland 1919-1989. - Paderborn : Igel-Verl. Wiss., 1995. - (Literatur- und Medienwissenschaft ; 45). - Zugl.: Saarbrücken, Univ., Diss., 1995

Mannheim, Karl: Das Problem der Generationen (1929). - In: Wissenssoziologie : Auswahl aus dem Werk. - Berlin : Luchterhand, 1964. - S. 509 - 565

Marßolek, Inge: Internationalität und kulturelle Klischees : die John-Kling-Heftromane. - In: Amerikanisierung: Traum und Alptraum im Deutschland des 20. Jahrhunderts / hrsg. von Alf Lüdtke, Inge Marßolek u. Adelheid von Saldern. - Stuttgart : Steiner, 1996. - S. 144 - 160

Matzke, Frank: Jugend bekennt: So sind wir!. - Leipzig : Reclam, 1930

Mommsen, Hans: Aufstieg und Untergang der Republik von Weimar 1918-1933. - Berlin : Ullstein, 1997

Müller-Seidel, Walter: Literarische Moderne und Weimarer Republik. - In: Die Weimarer Republik 1918 - 1933 : Politik, Wirtschaft, Gesellschaft / hrsg. von Karl Dietrich Bracher, Manfred Funke u. Hans-Adolf Jacobsen. - Düsseldorf : Droste, 1987. - S. 429 - 453

Nassen, Ulrich: Jugend, Buch und Konjunktur 1933 - 1945 : Studien zum Ideologiepotential des genuin nationalsozialistischen und des konjunkturellen „Jugendschrifttums“. - München : Fink, 1987

Peukert, Detlev J. K.: Grenzen der Sozialdisziplinierung : Aufstieg und Krise der deutschen Jugendfürsorge 1878 bis 1932. - Köln : Bund-Verl., 1986

Peukert, Detlev J. K.: Jugend zwischen Krieg und Krise : Lebenswelten von Arbeiterjungen in der Weimarer Republik. - Köln : Bund-Verl., 1987a

Peukert, Detlev J. K.: Die Weimarer Republik : Krisenjahre der Klassischen Moderne. - Frankfurt/Main : Suhrkamp, 1987

Redman, Jennifer: Nostalgia and optimism in Else Ury‘s Nesthäkchen books for young girls in the Weimar Republic. - In: The German Quarterly. - 79 (2006) 4, S. 465 - 483

Reulecke, Jürgen: Männerbund versus Familie : bürgerliche Jugendbewegung und Familie in Deutschland im ersten Drittel des 20. Jahrhunderts. - In: „Mit uns zieht die neue

Zeit“ : der Mythos Jugend / hrsg. von Thomas Koebner, Rolf-Peter Janz u. Frank Trommler. - Frankfurt/Main : Suhrkamp, 1985. - S. 199 - 223

Reuveni, Gideon: Reading Germany : literature and consumer culture in Germany before 1933. - New York : Berghahn, 2006

Rüttgers, Severin: Das Urmenschliche und die ewige Volkheit. (Zu Max Baumanns Antwort). - In: Jugendschriften-Warte. - 36 (1931), S. 24ff.

Sommer, Monika: Literarische Jugendbilder zwischen Expressionismus und Neuer Sachlichkeit : Studien zum Adoleszenzroman der Weimarer Republik. - Frankfurt/Main : Lang, 1996

Speitkamp, Winfried: Jugend in der Neuzeit. - Göttingen : Vandenhoeck & Ruprecht, 1998

Tost, Birte: Moderne und Modernisierung in der Kinder- und Jugendliteratur der Weimarer Republik. - Frankfurt/Main : Lang, 2005. - (Kinder- und Jugendkultur, -literatur und -medien : Theorie – Geschichte – Didaktik ; 35). - Zugl.: Osnabrück, Univ., Diss., 2004

Trommler, Frank: Mission ohne Ziel : über den Kult der Jugend im modernen Deutschland. - In: „Mit uns zieht die neue Zeit“ : der Mythos Jugend. Hrsg. von Thomas Koebner, Rolf-Peter Janz u. Frank Trommler. - Frankfurt/Main : Suhrkamp, 1985. - S. 14 - 49

Vaupel, Karl: Jugend und Buch in der Gegenwart. (Vortrag, gehalten auf der Hauptversammlung der ‚Vereinigten Deutschen Prüfungsausschüsse für Jugendschriften‘ in Frankfurt am Main am 26. Mai 1931.). - In: Jugendschriften-Warte. - 36 (1931), S. 57 - 64

Wagner, Helmut: Sport und Arbeitersport. - Berlin : Büchergilde Gutenberg, 1931

Weitz, Eric D.: Weimar Germany : promise and tragedy. - Princeton : Princeton Univers. Pr., 2007

Wilkending, Gisela: Man sollte den Trotzkopf noch einmal lesen : Anmerkungen zu einer anderen Lesart. - In: Geschichte der Mädchenlektüre : Mädchenliteratur und die gesellschaftliche Situation der Frauen vom 18. Jahrhundert bis zur Gegenwart / hrsg. von Dagmar Grenz u. Gisela Wilkending. - Weinheim [u. a.] : Juventa Verl., 1997. - (Lesesozialisation und Medien). - S. 123 - 137

Winkler, Heinrich August: Weimar 1918-1933 : die Geschichte der ersten deutschen Demokratie. - München : Beck, 1998

Bildanhang

Der Kampf gegen „Schmutz und Schund“

Werbt für das gute Buch!. Schundkampfplakat

Schützt die Jugend vor der Schundliteratur. Schundkampfplakat

Lord Lister genannt Raffles der große Unbekannte. Bd. 19. *Das Erbe vom Eaglestone*. Nachdruck 1979. [EA: 1908-1910]

Lord Lister genant Raffles der große Unbekannte. Nr. 7. *Pariser Apachen*. 2. Aufl. 1932

Sozialistische Kinder- und Jugendliteratur

Der junge Genosse. 2 (1922) 9

Berta Lask, *Wie Franz und Grete nach Russland reisten*. 1926. – Ill. Doris Homann

Walter Schönstedt, *Kämpfende Jugend*. 1932

Alex Wedding, *Ede und Unku*. 1931. – Ill. John Heartfield - © The Heartfield Community of Heirs / VG Bild-Kunst, Bonn 2011

Jüdische Kinder- und Jugendliteratur

Ilse Herlinger, *Jüdische Kindermärchen*. 1928

Siegfried Abeles, *Tams Reise durch die jüdische Märchenwelt*. 1922. – Ill. F. D. Kosak

Cheskel Zwi Klötzel, *Moses Pipenbrinks Abenteuer*. 1920

Emil Bernhard Cohn, *Legenden*. 1925

Das jüdische Jugendbuch. 1920

Blau-Weiss Liederbuch. 1914

Jüdischer Jugendkalender.
3 (1930/31)

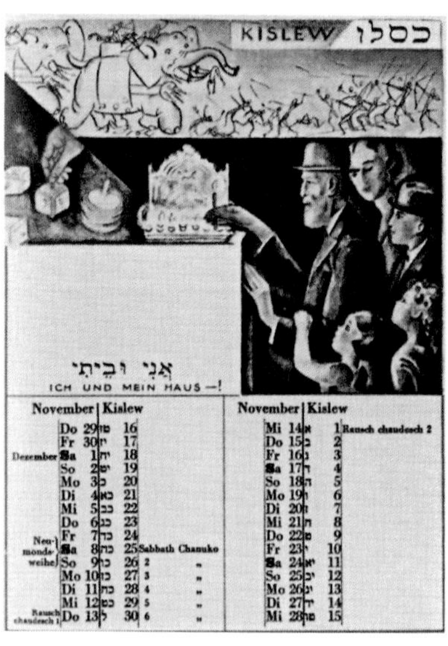

Jüdischer Jugendkalender
(Kalenderblatt)

Nationalsozialistische Literatur und nationalsozialistisches Schrifttum für die Jugend vor 1933

Eva-Maria Wisser, *Kämpfen und Glauben*. 1933, [anonym 1932]

Filmplakat 1933 zu: Aloys Schenzinger, *Der Hitlerjunge Quex*. 1932

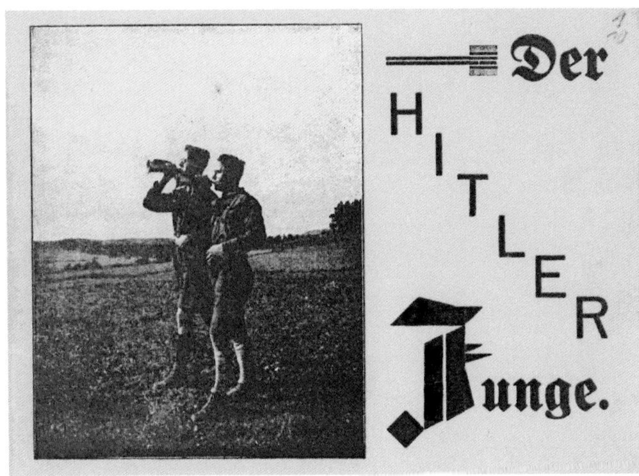

Der Hitlerjunge. (Werbebroschüre). 1930

Logo des *Jungfront-Verlages*. 1930

Bündische Literatur - die Literatur der Jugendbewegung

Paul Jordan, *Mit Barett und bunter Mütze*. 1931. – Ill. Fritz Franke

Paul Jordan, *Fahrt, Nest und Lager*. [1930]

Das glückhaft Schiff : Fahrtenbuch für Sonne, Wind und Wetter. 1928 - 1932

Herbert Pfretzschner, *Wir keilen Bengt*. 1933. – Ill. o. A.

Heinrich Zille, *Wandervögel*. (Zeichn. in: *Zwischen Spree und Panke*. Dresden : Reissner, 1925, S. 6 von hinten)

Schattenriss von Karl Bloßfeld, *Klotzfahrt*. (Postkarte) [um 1920]

Lustig Blut und leichter Sinn. (Postkarte) [ca. 1914]

Das Lagerfeuer, Einband der Zeitschrift. 1930

Ein letzter Blick. (Postkarte) [ca. 1929]

Künstlerisches Puppenspiel

Illustration aus: Böcklin / Bonus, *Kasperl Bilder-Bücher,* Band 1, *Der hohle Zahn*, Halle 1911. – © Münchner Stadtmuseum

Blick hinter die Bühne des *Karlsruher Puppentheaters* von Georg Deininger, 1920. – © Münchner Stadtmuseum

Kinder jubeln dem Kasperle zu. Aufnahme während einer Vorstellung des Handpuppentheaters *Max Radestock's Künstlerische Puppenspiele*, [um 1930]. – © Münchner Stadtmuseum

Aufführung des Kaspertheaters der *Wandervogel-Arbeitsgemeinschaft für Volkskunst* unter Leitung von Carl Iwowski, Berlin 1920. – © Münchner Stadtmuseum

Zwei Kasperspiele von Max Jacob aus der fünf Hefte umfassenden Reihe *Hohnsteiner Puppenspiele*, Leipzig 1930. – © Münchner Stadtmuseum

Kinder- und Jugendzeitschriften

Der Kinderfreund. Beilage zu: Vorwärts. (1929) 8

Die Kinderwelt. (1928) 14. Ill. Marianne Frimberger

Die Rama-Post : vom kleinen Coco. 12 (1928) 9

Der heitere Fridolin. 1 (1922) 1. Ill. Albert Schaefer-Ast

Béla Szenes, *Der Schandfleck der Klasse : ein Roman für Kinder*. 1931

Barbra Ring, *Peik : die Geschichte eines kleinen Jungen*. 9.-13. Tsd. [o.J.] (EA: 1928)

Nikolai Ognjew, *Das Tagebuch des Schülers Kostja Rjabzew*. 12.-21. Tsd. 1930

Eleanor Porter, *Pollyanna : ein frohes Buch*. 7. Tsd. [ca. 1928]

Bildnachweise

Umschlagcollage:

Schlichter, Rudolf - Umschlag zu Berta Lask: Auf dem Flügelpferde durch die Zeiten. - © Viola Roehr von Alvensleben, München 2011

Franke, Fritz - Umschlag zu Paul Jordan: Mit Barett und bunter Mütze. - Mit Erlaubnis des Bundes zur Errichtung der Rheinischen Jugendburg „Nerother Wandervogel", Dommershausen-Dorweiler 2011

Ruckteschell, Walter von – Umschlag zu Paul von Lettow-Vorbeck: Heia Safari! : Deutschlands Kampf in Ostafrika. – Leipzig : Koehler, 1920. – Mit freundlicher Genehmigung von Christian von Lettow-Vorbeck, Düsseldorf 2011

Günther, Hanns - Umschlag zu Hanns Günther: Die Eroberung der Tiefe. - © 1928, Franck-Kosmos Verlags-GmbH & Co. KG, Stuttgart 2011

Herausgeber und Verlag haben sich bemüht, alle Rechteinhaber ausfindig zu machen. Sollten geltende Ansprüche nicht berücksichtigt sein, bitten wir um Nachricht an den Verlag.

Verzeichnis der Autorinnen und Autoren

Asper, Barbara, freie Jugendbuchforscherin

Bigl, Benjamin, M. A., Wissenschaftlicher Mitarbeiter, Institut für Kommunikations- und Medienwissenschaft der Universität Leipzig

Bode, Andreas, Dr. phil., Bibliotheksdirektor; Historiker; ehemaliger Direktor der Internationalen Jugendbibliothek München

Dettmar, Ute, Prof. Dr. phil., Juniorprofessorin für Kinder- und Jugendliteratur und Direktorin der Forschungsstelle Kinder- und Jugendliteratur der Carl von Ossietzky Universität Oldenburg

Franz, Kurt, Prof. Dr. phil., Ordinarius i. R. Institut für Germanistik der Universität Regensburg

Gessmann, Rolf, StD. i. H., i. R., Institut für Schulsport und Schulentwicklung der Deutschen Sporthochschule Köln

Glasenapp, Gabriele von, Prof. Dr., Leiterin der Arbeitsstelle für Leseforschung und Jugendmedien (ALEKI) der Universität zu Köln

Hopster, Norbert, Prof. Dr., em., Universität Bielefeld, Fakultät für Linguistik und Literaturwissenschaft

Karrenbrock, Helga, Dr. phil., Literaturwissenschaftlerin, bis 2011 an der Universität Duisburg/Essen als OStR. i. H., Fachbereich Geisteswissenschaft/Germanistik

Ketelsen, Uwe-K., Prof. Dr. phil., i. R., Fak. für Philologie der Universität Bochum

Kümmerling-Meibauer, Bettina, Prof. Dr. phil., Universität Tübingen, Deutsches Seminar

Ladwig, Sandra, Literaturwissenschaftlerin M. A., freie Kinder- und Jugendbuchlektorin

Mikota, Jana, Dr. phil., Wissenschaftliche Mitarbeiterin; Lehrkraft für besondere Aufgaben am Lehrstuhl Literatur-Didaktik der Universität Siegen

Pohlmann, Carola, Leiterin der Kinder- und Jugendbuchabteilung der Staatsbibliothek zu Berlin – Preußischer Kulturbesitz

Schmidt-Dumont, Geralde, Dipl.-Bibliothekarin

Schorb, Bernd, Prof. Dr., Lehrstuhl Medienpädagogik, Institut für Kommunikations- und Medienwissenschaft der Universität Leipzig

Springman, Luke, Prof. Dr., Department of Languages and Cultures Bloomsburg University of Pennsylvania

Stark, Roland, Dr. rer. pol., freier Kinderbuchforscher

Taube, Gerhard, Dr. phil., Theaterwissenschaftler, Leiter des Kinder- und Jugendtheaterzentrums in der Bundesrepublik Deutschland

Wegner, Manfred, Theaterwissenschaftler M. A., Leiter der Abteilung Puppentheater und Schaustellerei des Münchener Stadtmuseums

Zimmermann, Holger, Dr. phil., Akademischer Rat a. Z., am Lehrstuhl für Didaktik der Deutschen Sprache und Literatur der Universität Augsburg

Kinder- und Jugendkultur, -literatur und -medien
Theorie – Geschichte – Didaktik

Herausgeber: Prof. Dr. Hans-Heino Ewers, Prof. Dr. Ute Dettmar
und Prof. Dr. Gabriele von Glasenapp

Band 1 Susanne Haywood: Kinderliteratur als Zeitdokument. Alltagsnormalität der Weimarer Republik in Erich Kästners Kinderromanen. 1998.

Band 2 Klaus Maiwald: Literarisierung als Aneignung von Alterität. Theorie und Praxis einer literaturdidaktischen Konzeption zur Leseförderung im Sekundarbereich. 1999.

Band 3 Evelyn Sauerbaum: Selbstentfaltung zwischen Autonomie und Intimität. Literarische Darstellungen weiblicher Adoleszenz in Mädchenbuch und Frauenroman. 1999.

Band 4 Gudrun Wilcke: Vergessene Jugendschriftsteller der Erich-Kästner-Generation. 1999.

Band 5 Heinz-Jürgen Kliewer: Was denkt die Maus? Gesammelte Aufsätze zur Kinderlyrik. 1999.

Band 6 Iris C. Seemann: Jugendlektüre zwischen interkultureller Information und entpolitisierter Unterhaltung. Übersetzungen sowjetischer Kinder- und Jugendliteratur in der Bundesrepublik Deutschland 1945 bis 1989. 1999.

Band 7 Jörg Meyenbörg: Entwurf einer Didaktik der Kinder- und Jugendliteratur für die Sekundarstufe I. Beiträge zur Debatte um ihre Eigenständigkeit. Herausgegeben von Malte Dahrendorf. 2000.

Band 8 Maria Lypp: Vom Kasper zum König. Studien zur Kinderliteratur. 2000.

Band 9 Henner Barthel/Jürgen Beckmann/Helmut Deck/Gerhard Fieguth/Nikolaus Hofen/Inge Pohl (Hrsg.): Aus „Wundertüte" und „Zauberkasten". Über die Kunst des Umgangs mit Kinder- und Jugendliteratur. Festschrift zum 65. Geburtstag von Heinz-Jürgen Kliewer. 2000.

Band 10 Karin Wieckhorst: Die Darstellung des „antifaschistischen Widerstandes" in der Kinder- und Jugendliteratur der SBZ/DDR. 2000.

Band 11 Dorothee Hesse-Hoerstrup: Lebensbeschreibungen für junge Leser. Die Biographie als Gattung der Jugendliteratur – am Beispiel von Frauenbiographien. 2001.

Band 12 Gunter Reiß (Hrsg.): Theater und Musik für Kinder. Beiträge und Quellen zu Herfurtner, Hiller, Ponsioen, Schwaen, zum Kinderschauspiel und Figurentheater. 2001.

Band 13 Katalin Nun: Mädchenleben in Ost und West – DDR, Ungarn, Bundesrepublik Deutschland. Gesellschaftlicher Wandel im Hohlspiegel ausgewählter Mädchenbücher aus drei Ländern. 2001.

Band 14 Jutta Krienke: „Liebste Freundin! Ich will dir gleich schreiben...". Zur Ausbildung des unmittelbaren Erzählens am Beispiel der Verwendung des Briefes in der Kinderliteratur des 19. Jahrhunderts (Anna Stein, Elise Averdieck, Ottilie Wildermuth, Tony Schumacher). 2001.

Band 15 Anita Schilcher: Geschlechtsrollen, Familie, Freundschaft und Liebe in der Kinderliteratur der 90er Jahre. Studien zum Verhältnis von Normativität und Normalität im Kinderbuch und zur Methodik der Werteerziehung. 2001.

Band 16 Birgit Patzelt: Phantastische Kinder- und Jugendliteratur der 80er und 90er Jahre. Strukturen – Erklärungsstrategien – Funktionen. 2001.

Band 17 Elke Richlick: Zwerge und Kleingestaltige in der Kinder- und Jugendliteratur vom Beginn des 19. Jahrhunderts bis zur Gegenwart. 2002.

Band 18 Bernd Dolle-Weinkauff/Hans Heino Ewers (Hrsg.): Erich Kästners weltweite Wirkung als Kinderschriftsteller. Studien zur internationalen Rezeption des kinderliterarischen Werks. Unter Mitarbeit von Ute Dettmar. 2002.

Band 19 Jörg Richard (Hrsg.): Netkids und Theater. Studien zum Verhältnis von Jugend, Theater und neuen Medien. 2002.

Band 20 Rolf und Heide Augustin: Gelebt in Traum und Wirklichkeit. Biographie und Bibliographie der einst berühmten Ludwigsburger Kinderbuchautorin Tony Schumacher – eine Recherche. 2002.

Band 21 Veljka Ruzicka Kenfel (Hrsg.): Kulturelle Regionalisierung in Spanien und literarische Übersetzung. Studien zur Rezeption deutschsprachiger Kinder- und Jugendliteratur in den zweisprachigen autonomen Regionen Baskenland, Galicien und Katalonien. 2002.

Band 22 Gerhard Haas: Aspekte der Kinder- und Jugendliteratur. Genres – Formen und Funktionen – Autoren. 2003.

Band 23 Roland Stark: Der Schaffstein Verlag. Verlagsgeschichte und Bibliographie der Publikationen 1894–1973. 2003.

Band 24 Kodjo Attikpoe: Von der Stereotypisierung zur Wahrnehmung des ‚Anderen'. Zum Bild der Schwarzafrikaner in neueren deutschsprachigen Kinder- und Jugendbüchern (1980–1999). 2003.

Band 25 Rüdiger Steinlein: Kinder- und Jugendliteratur als Schöne Literatur. Gesammelte Aufsätze zu ihrer Geschichte und Ästhetik. 2004.

Band 26 Maria Rutenfranz: Götter, Helden, Menschen. Rezeption und Adaption antiker Mythologie in der deutschen Kinder- und Jugendliteratur. 2004.

Band 27 Susanne Richter: Die Nutzung des Internets durch Kinder. Eine qualitative Studie zu internetspezifischen Nutzungsstrategien, Kompetenzen und Präferenzen von Kindern im Alter zwischen 11 und 13 Jahren. 2004.

Band 28 Jutta Schödel: Erziehung im Untertanengeist – wider Willen? Anpassungen und Widerstände in Leben und Werk der Kinderbuchautorin Tony Schumacher. 2004.

Band 29 Hajna Stoyan: Die phantastischen Kinderbücher von Michael Ende. Mit einer Einleitung zur Entwicklung der Gattungstheorie und einem Exkurs zur phantastischen Kinderliteratur der DDR. 2004.

Band 30 Jana Mikota: Alice Rühle-Gerstel. Ihre kinderliterarischen Arbeiten im Kontext der Kinder- und Jugendliteratur der Weimarer Republik, des Nationalsozialismus und des Exils. 2004.

Band 31 Nicolette Bohn: *Im Bann der Seelenfänger.* Jugendbücher über Sekten (1981–2000). 2004.

Band 32 Holger Zimmermann: Geschichte(n) erzählen – Geschichtliche Kinder- und Jugendliteratur und ihre Didaktik. 2004.

Band 33 Nils Kulik: Das Gute und das Böse in der phantastischen Kinder- und Jugendliteratur. Eine Untersuchung bezogen auf Werke von Joanne K. Rowling, J.R.R. Tolkien, Michael Ende, Astrid Lindgren, Wolfgang und Heike Hohlbein, Otfried Preußler und Frederik Hetmann. 2005.

Band 34 Elisabeth Pries-Kümmel: Das Alter in der Literatur für junge Leser. Lebenswirklichkeiten älterer Menschen und ihre Darstellung im Kinder- und Jugendbuch der Gegenwart. 2005.

Band 35 Birte Tost: *Moderne* und *Modernisierung* in der Kinder- und Jugendliteratur der Weimarer Republik. 2005.

Band 36 Anchalee Topeongpong: Familienbilder in der deutschsprachigen und der thailändischen Kinderliteratur der Gegenwart. Kulturvergleichende Analysen und didaktische Möglichkeiten für den Unterricht *Deutsch als Fremdsprache* in Thailand. 2005.

Band 37 Verena Köbler: Jugend thematisierende Literatur junger AutorInnen. Postadoleszente Identitäten an der Wende vom 20. zum 21. Jahrhundert. 2005.

Band 38 Ernst Seibert: Kindheitsmuster in der österreichischen Gegenwartsliteratur. Zur Genealogie von Kindheit. Ein mentalitätsgeschichtlicher Diskurs im Umfeld von Kindheits- und Kinderliteratur. 2005.

Band 39 Bernhard Engelen: Aufsätze zur Kinderliteratur. Geschichte – Rezeption – Sprache. 2005.

Band 40 Gudrun Wilcke: Die Kinder- und Jugendliteratur des Nationalsozialismus als Instrument ideologischer Beeinflussung. Liedertexte – Erzählungen und Romane – Schulbücher – Zeitschriften – Bühnenwerke. 2005.

Band 41 Gabriele von Glasenapp/Gisela Wilkending (Hrsg.): Geschichte und Geschichten. Die Kinder- und Jugendliteratur und das kulturelle und politische Gedächtnis. 2005.

Band 42 Klaus Dieter Füller: Erfolgreiche Kinderbuchautoren des Biedermeier. Christoph von Schmid, Leopold Chimani, Gustav Nieritz, Christian Gottlob Barth. Von der Erbauung zur Unterhaltung. 2005.

Band 43 Martin B. Fischer: *Konrad* und *Gurkenkönig* jenseits der Pyrenäen. Christine Nöstlinger auf Spanisch und Katalanisch. 2006.

Band 44 Caroline Roeder: Phantastisches im Leseland. Die Entwicklung phantastischer Kinderliteratur der DDR (einschließlich der SBZ). Eine gattungsgeschichtliche Analyse. 2006.

Band 45 Sevgi Arkýlýç-Songören: Familienleben in Deutschland und in der Türkei im Spiegel der Kinder- und Jugendliteratur. Vergleichende Analyse ausgewählter deutschsprachiger und türkischer Kinder- und Jugendromane der Gegenwart. 2007.

Band 46 Inge Wild: Rollenmuster – Rollenspiele. Literarische Erkundungen von Pubertät und Adoleszenz. Gesammelte Aufsätze zur neueren Jugendliteratur. 2006.

Band 47 Moon Sun Choi: Märchen als Mädchenliteratur. Mädchenbilder in literarischen Märchen des 18. und frühen 19. Jahrhunderts. 2007.

Band 48 Annette Wagner: Postmoderne im Adoleszenzroman der Gegenwart. Studien zu Bret Easton Ellis, Douglas Coupland, Benjamin von Stuckrad-Barre und Alexa Hennig von Lange. 2007.

Band 49 Uta Strewe: *Bücher von heute sind morgen Taten* – Geschichtsdarstellung im Kinder- und Jugendbuch der DDR. 2007.

Band 50 Luke Springman: Carpe Mundum. German Youth Culture of the Weimar Republic. 2007.

Band 51 Nalda San Martín Saldías: Deutsche und südamerikanische Phantastik für Kinder. Ein Vergleich der grundlegenden Erzählmodelle. 2007.

Band 52 Susan Kreller: Englischsprachige Kinderlyrik. Deutsche Übersetzungen im 20. Jahrhundert. 2007.

Band 53 Haimaa El Wardy: Das Märchen und das Märchenhafte in den politisch engagierten Werken von Günter Grass und Rafik Schami. 2007.

Band 54 Hubert Mittler: Prinz Eisenherz oder: Das Mittelalter in der Sprechblase. Das Bild von Ritter und Rittertum zwischen 1000 und 1200 in ausgewählten historisierenden Comics. 2008.

Band 55 Gunter Reiß (Hrsg.): Kindertheater und populäre bürgerliche Musikkultur um 1900. Studien zum Weihnachtsmärchen (C. A. Görner, G. v. Bassewitz), zum patriotischen Festspiel, zur Märchenoper, zur Hausmusik (C. Reinecke, E. Fischer) und zur frühen massenmedialen Kinderkultur. 2008.

Band 56 Andrea Grandjean-Gremminger: Oper für Kinder. Zur Gattung und ihrer Geschichte. Mit einer Fallstudie zu Wilfried Hiller. 2008

Band 57 Gabriele von Glasenapp/Hans-Heino Ewers (Hrsg.): Kriegs- und Nachkriegskindheiten. Studien zur literarischen Erinnerungskultur für junge Leser. 2008.

Band 58 Nazli Hodaie: Der Orient in der deutschen Kinder- und Jugendliteratur – Fallstudien aus drei Jahrhunderten. 2008.

Band 59 Kinga Erzse-Boitor: Das Bild des Anderen in der rumäniendeutschen Kinder- und Jugendliteratur. 2009.

Band 60 Svenja Blume/Bettina Kümmerling-Meibauer/Angelika Nix (Hrsg.): Astrid Lindgren – Werk und Wirkung. Internationale und interkulturelle Aspekte. 2009.

Band 61 Ursula Kliewer/Heinz-Jürgen Kliewer (Hrsg.): Nur das Denken, das wir leben, hat einen Wert. Zur Erinnerung an den Literaturdidaktiker und Kinder- und Jugendliteraturforscher Malte Dahrendorf (1928–2008). 2009.

Band 62 Wolfgang Biesterfeld: Spannungen. Zur Adaption überlieferter Stoffe in der Abenteuerliteratur für Jugendliche und Erwachsene. Studien zu Daniel Dafoe, René Caillié, Richard Wagner und Karl May. 2009.

Band 63 Heinke Kilian: Von Hexen, Zauberern und magischen Gestalten. Hexenverfolgung in der Jugendliteratur der Gegenwart – ein Thema mit aktuellen Bezügen. 2010.

Band 64 Melanie Rossi: Das Mittelalter in Romanen für Jugendliche. Historische Jugendliteratur und Identitätsbildung. 2010.

Band 65 Regina Hofmann: Der kindliche Ich-Erzähler in der modernen Kinderliteratur. Eine erzähltheoretische Analyse mit Blick auf aktuelle Kinderromane. 2010.

Band 66 Christine Gölz/Karin Hoff/Anja Tippner (Hrsg.): Filme der Kindheit – Kindheit im Film. Beispiele aus Skandinavien, Mittel- und Osteuropa. 2010.

Band 67 Anna Ulrike Schütte: Ein ferner Kontinent der Abenteuer und der Armut. Lateinamerika in der deutschsprachigen Kinder- und Jugendliteratur. 2010.

Band 68 Hans-Heino Ewers: Erfahrung schrieb's und reicht's der Jugend. Geschichte der deutschen Kinder- und Jugendliteratur vom 18. bis zum 20. Jahrhundert. Gesammelte Beiträge aus drei Jahrzehnten. 2010.

Band 69 Britta Benert / Philippe Clermont (éds.): Contre l'innocence. Esthétique de l'engagement en littérature de jeunesse. 2011.

Band 70 Ragna Metzdorf: Stilwandel des Kinderfilms. 1960er bis 1980er Jahre. 2011.

Band 71 Muriel Büsser: Affektstrategien erfolgreicher Kinderliteratur. Eine rhetorische Wirkungsanalyse. 2011.

Band 72 Judith Mohr: Zwischen Mittelerde und Tintenwelt. Zur Struktur Fantastischer Welten in der Fantasy. 2012.

Band 73 David Nikolas Schmidt: Zwischen Simulation und Narration. Theorie des Fantasy-Rollenspiels. Mit einer Analyse der Spielsysteme *Das Schwarze Auge*, *Shadowrun* und *H.P. Lovecraft's Cthulhu*. 2012.

Band 74 Norbert Hopster (Hrsg.): Die Kinder- und Jugendliteratur in der Zeit der Weimarer Republik. Zwei Teile. 2012.

www.peterlang.de